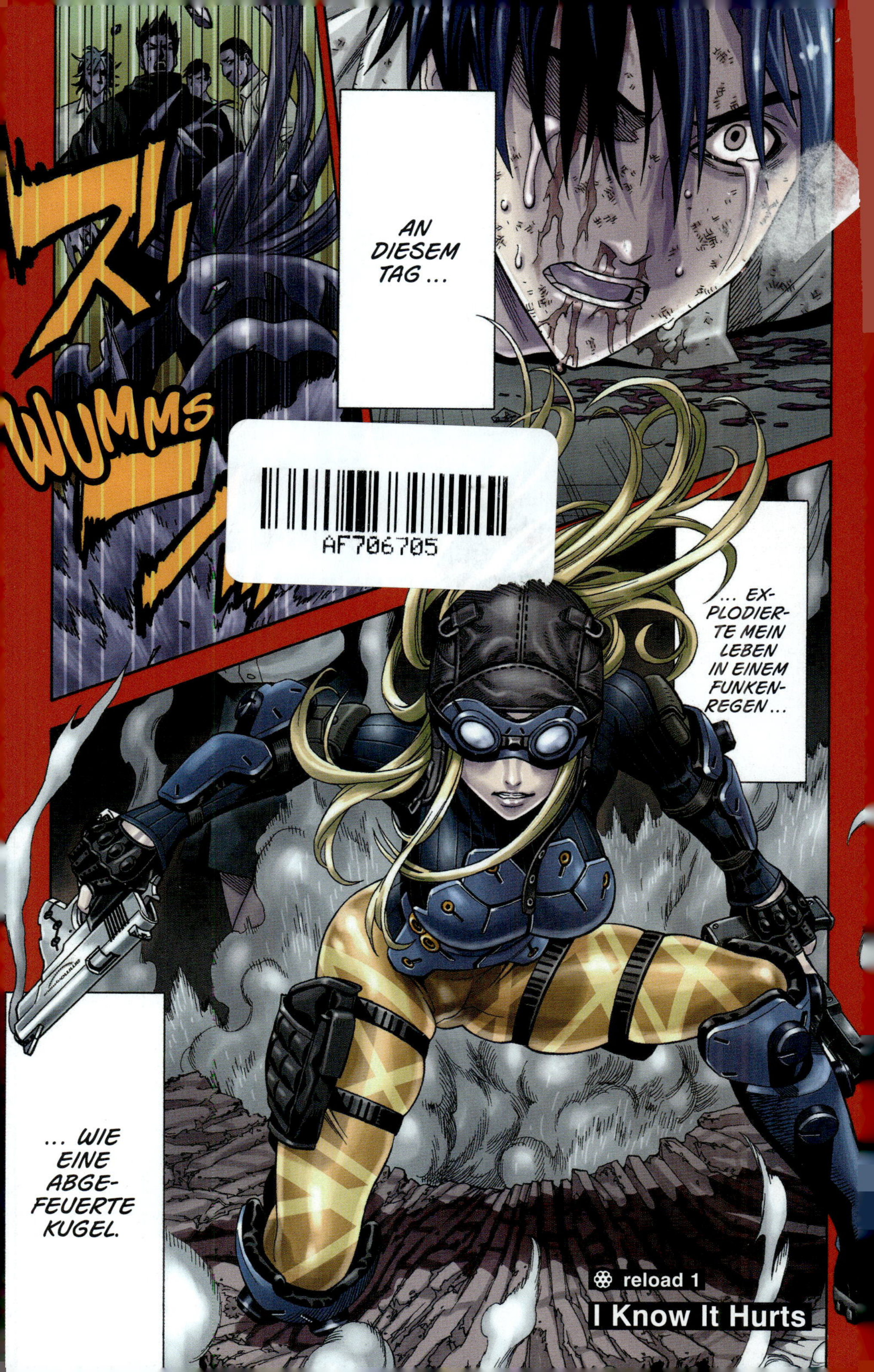
AN DIESEM TAG ...
WUMMS
... EXPLODIERTE MEIN LEBEN IN EINEM FUNKENREGEN ...
... WIE EINE ABGEFEUERTE KUGEL.
reload 1
I Know It Hurts

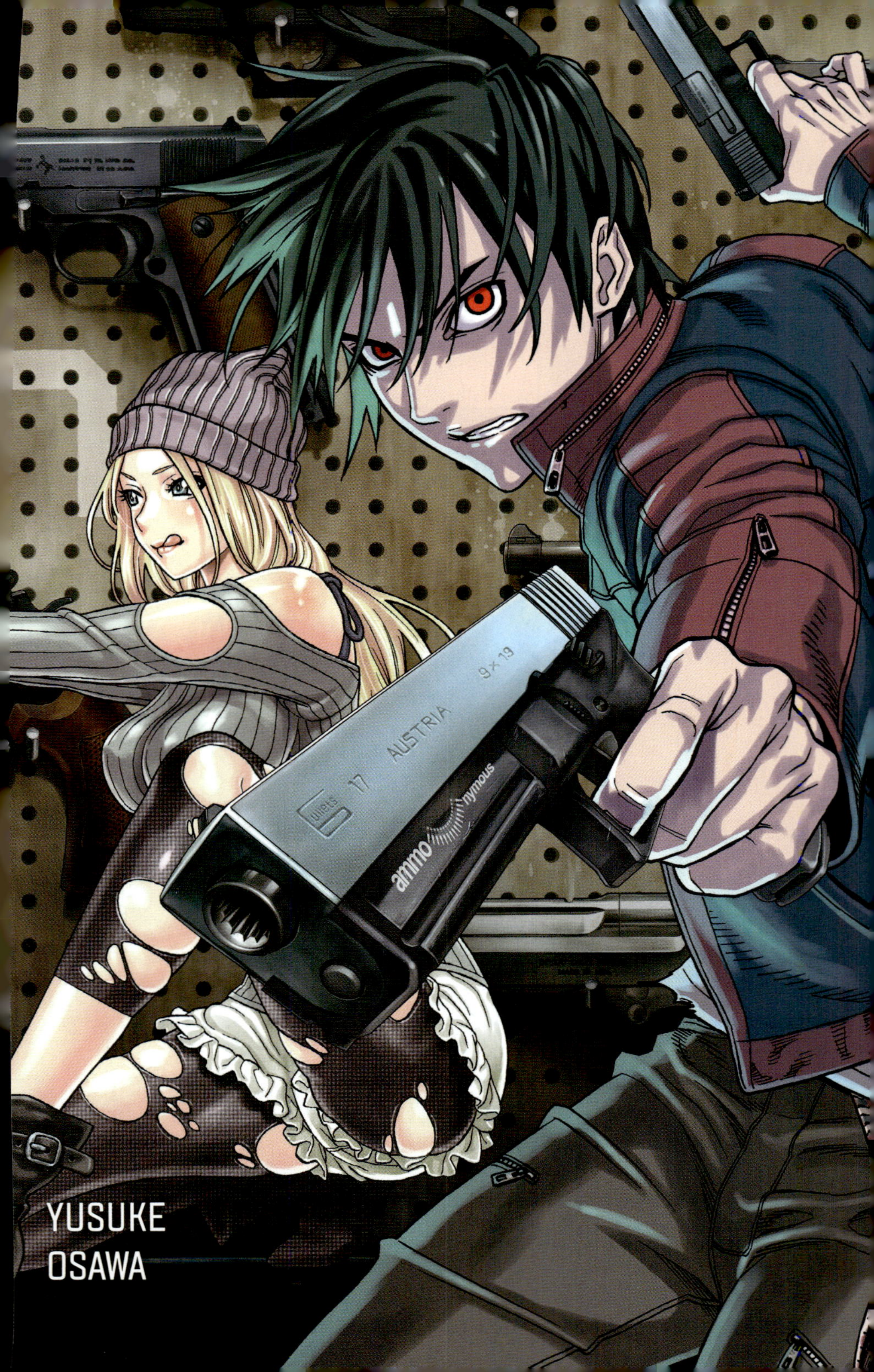
YUSUKE
OSAWA

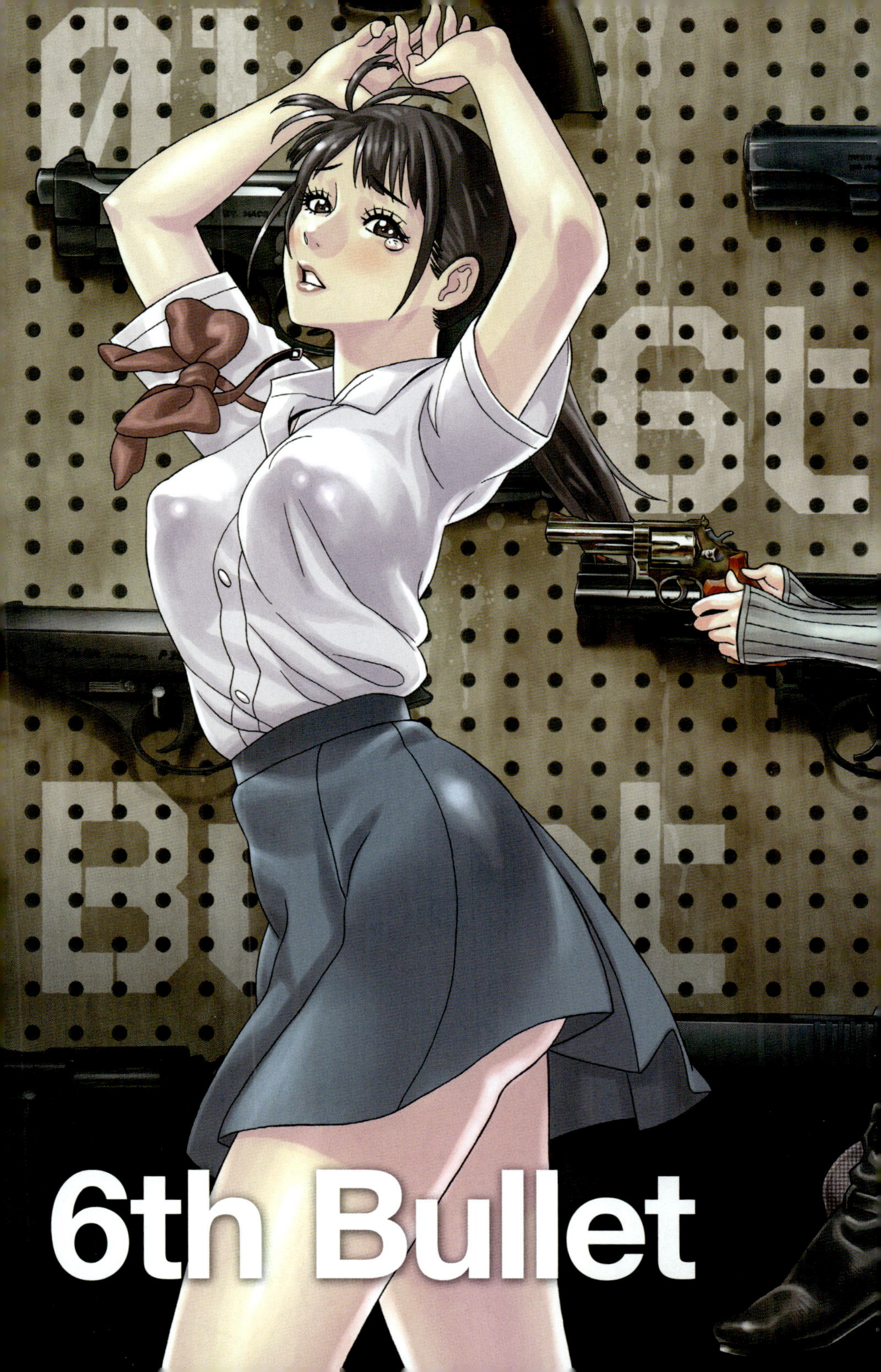
6th Bullet

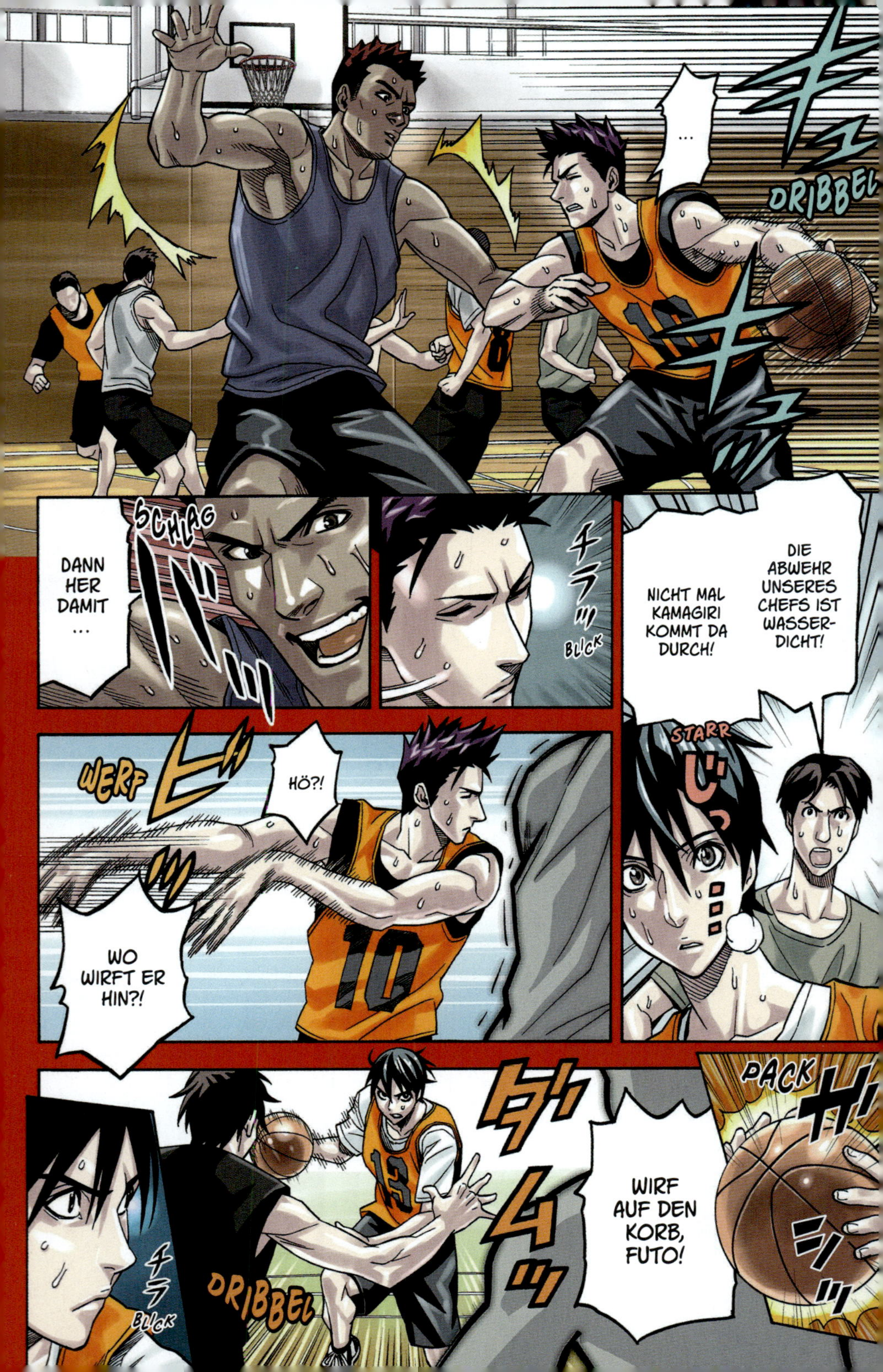
…
DRIBBEL
DANN HER DAMIT …
SCHLAG
BLICK
DIE ABWEHR UNSERES CHEFS IST WASSERDICHT!
NICHT MAL KAMAGIRI KOMMT DA DURCH!
WERF
HÖ?!
WO WIRFT ER HIN?!
STARR
PACK
WIRF AUF DEN KORB, FUTO!
BLICK
DRIBBEL

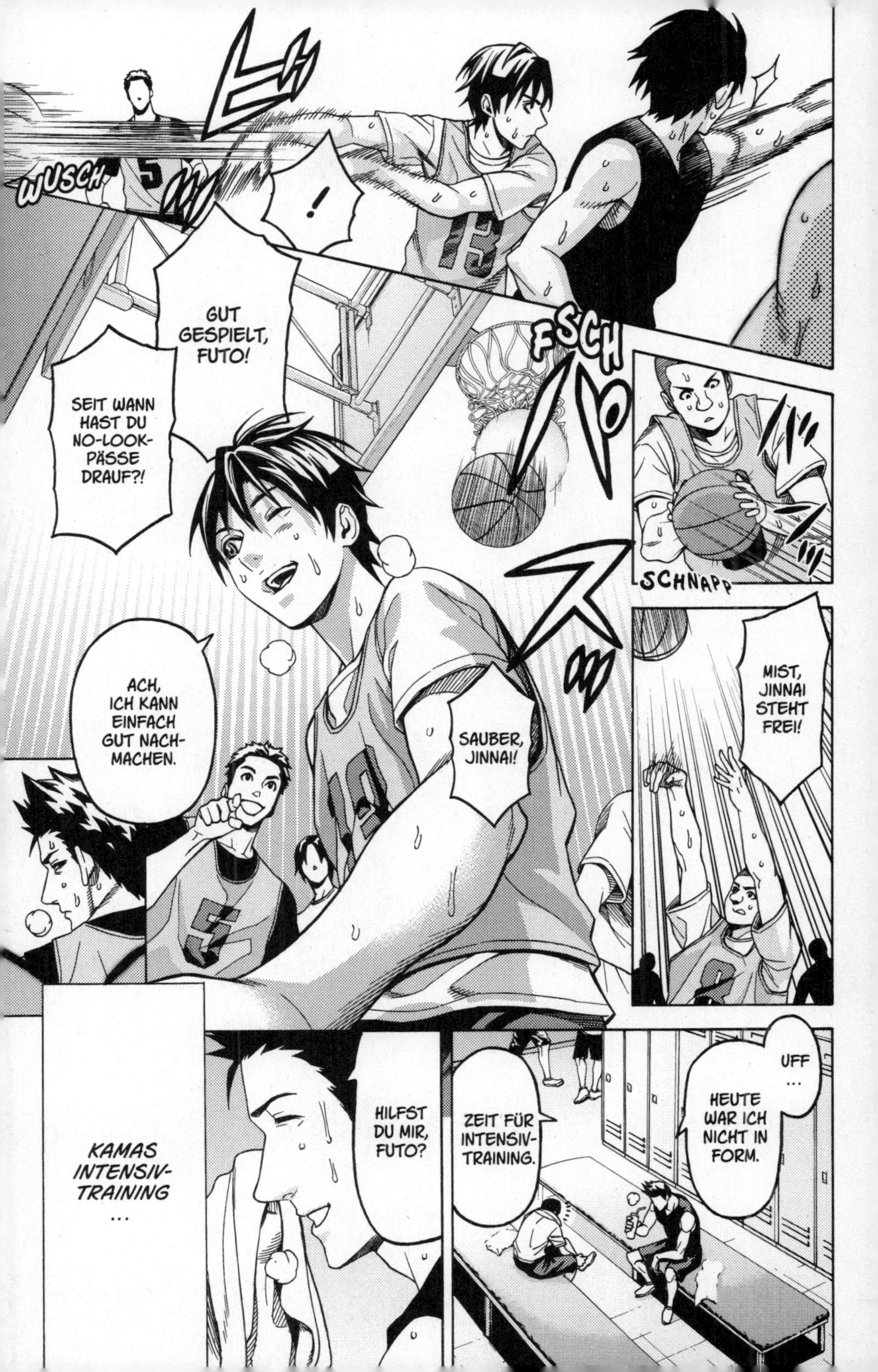
WUSCH
!
FSCH
SCHNAPP
MIST, JINNAI STEHT FREI!
SAUBER, JINNAI!
GUT GESPIELT, FUTO!
SEIT WANN HAST DU NO-LOOK-PÄSSE DRAUF?!
ACH, ICH KANN EINFACH GUT NACH-MACHEN.
UFF …
HEUTE WAR ICH NICHT IN FORM.
ZEIT FÜR INTENSIV-TRAINING.
HILFST DU MIR, FUTO?
KAMAS INTENSIV-TRAINING …

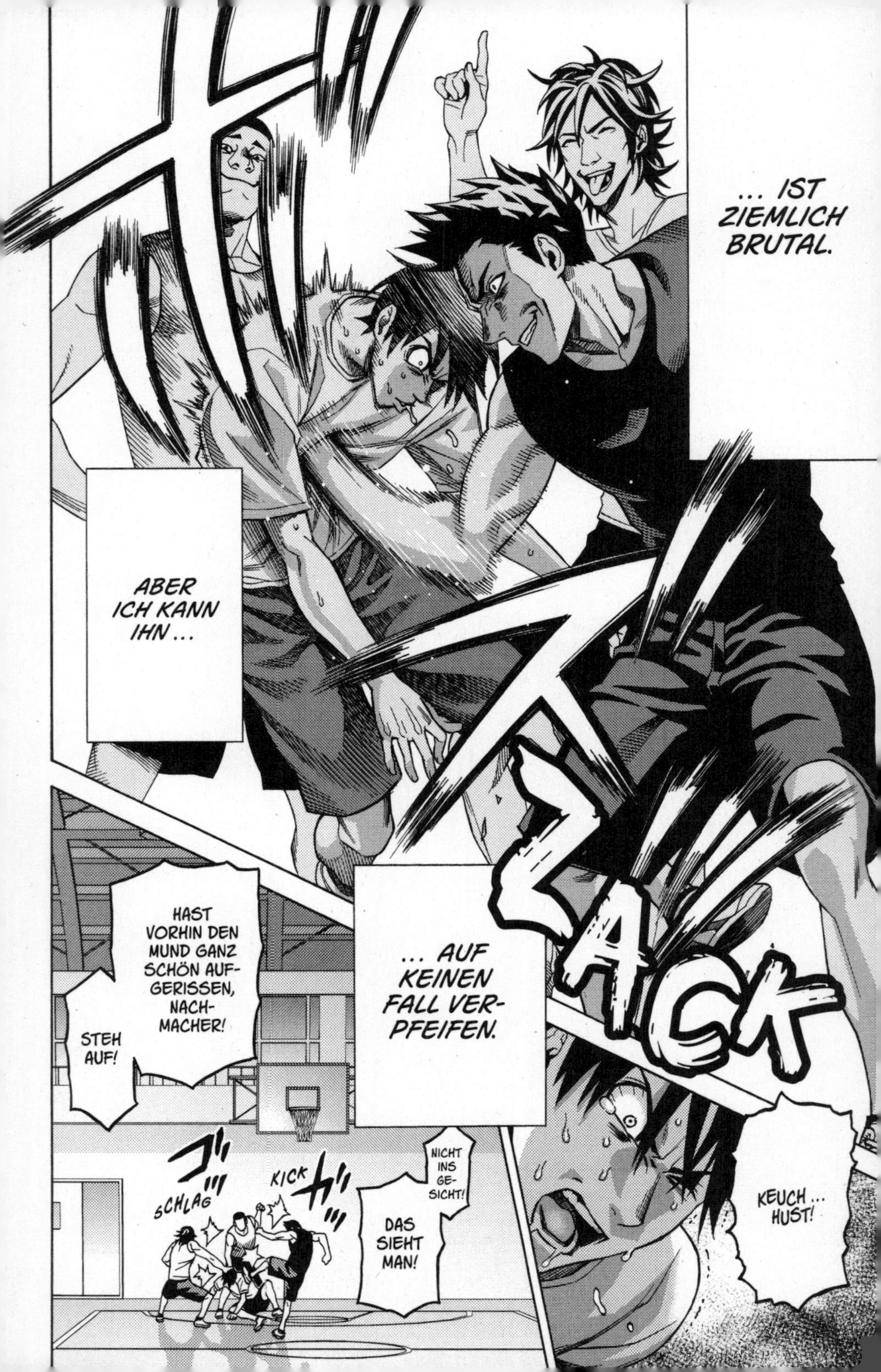
... IST ZIEMLICH BRUTAL.
ABER ICH KANN IHN ...
ZACK
KEUCH ... HUST!
... AUF KEINEN FALL VERPFEIFEN.
NICHT INS GESICHT!
DAS SIEHT MAN!
KICK
SCHLAG
HAST VORHIN DEN MUND GANZ SCHÖN AUFGERISSEN, NACHMACHER!
STEH AUF!

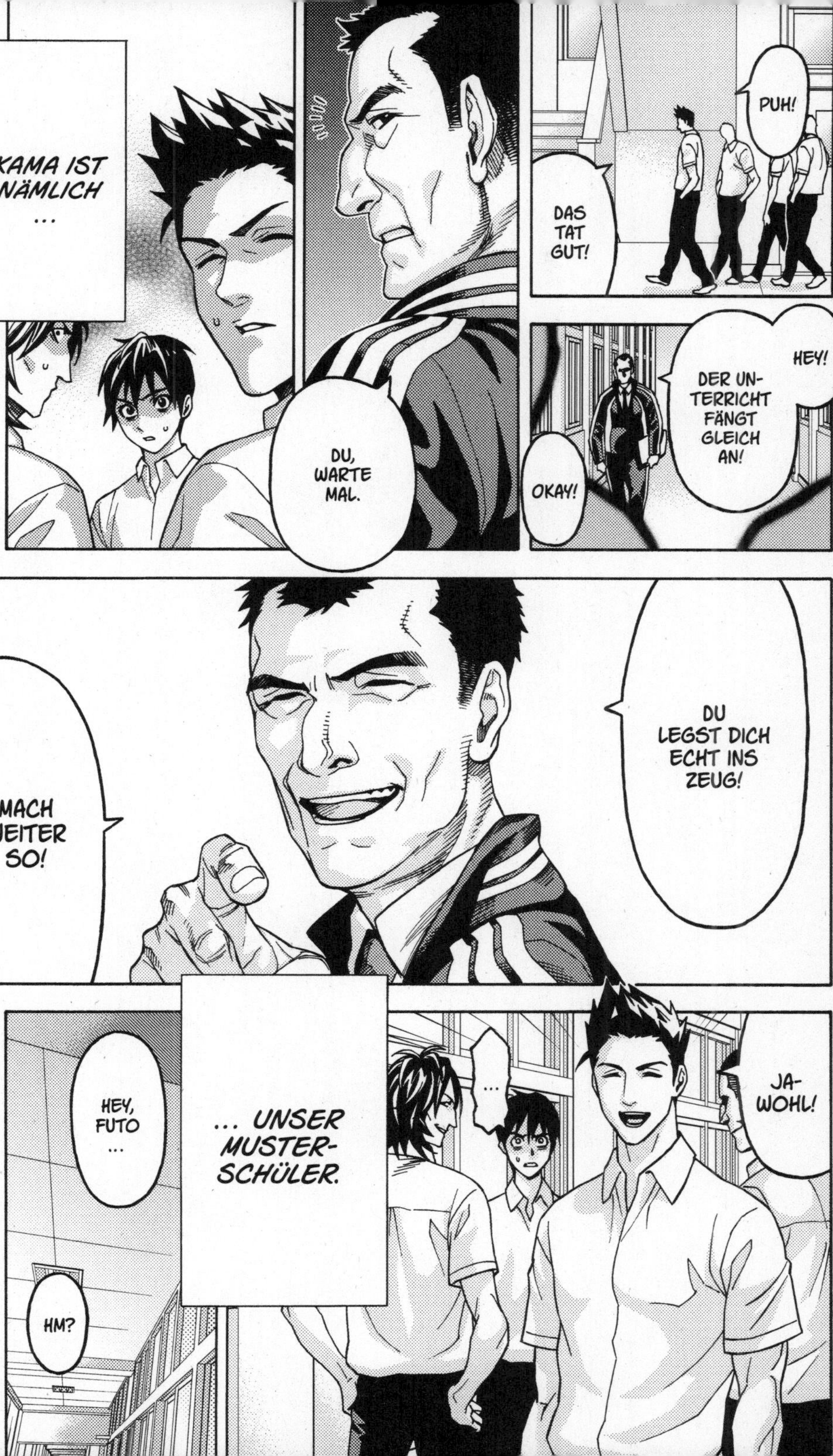
PUH!
DAS TAT GUT!
HEY!
DER UNTERRICHT FÄNGT GLEICH AN!
OKAY!
DU, WARTE MAL.
KAMA IST NÄMLICH …
DU LEGST DICH ECHT INS ZEUG!
MACH WEITER SO!
JA-WOHL!
…
… UNSER MUSTER-SCHÜLER.
HEY, FUTO …
HM?

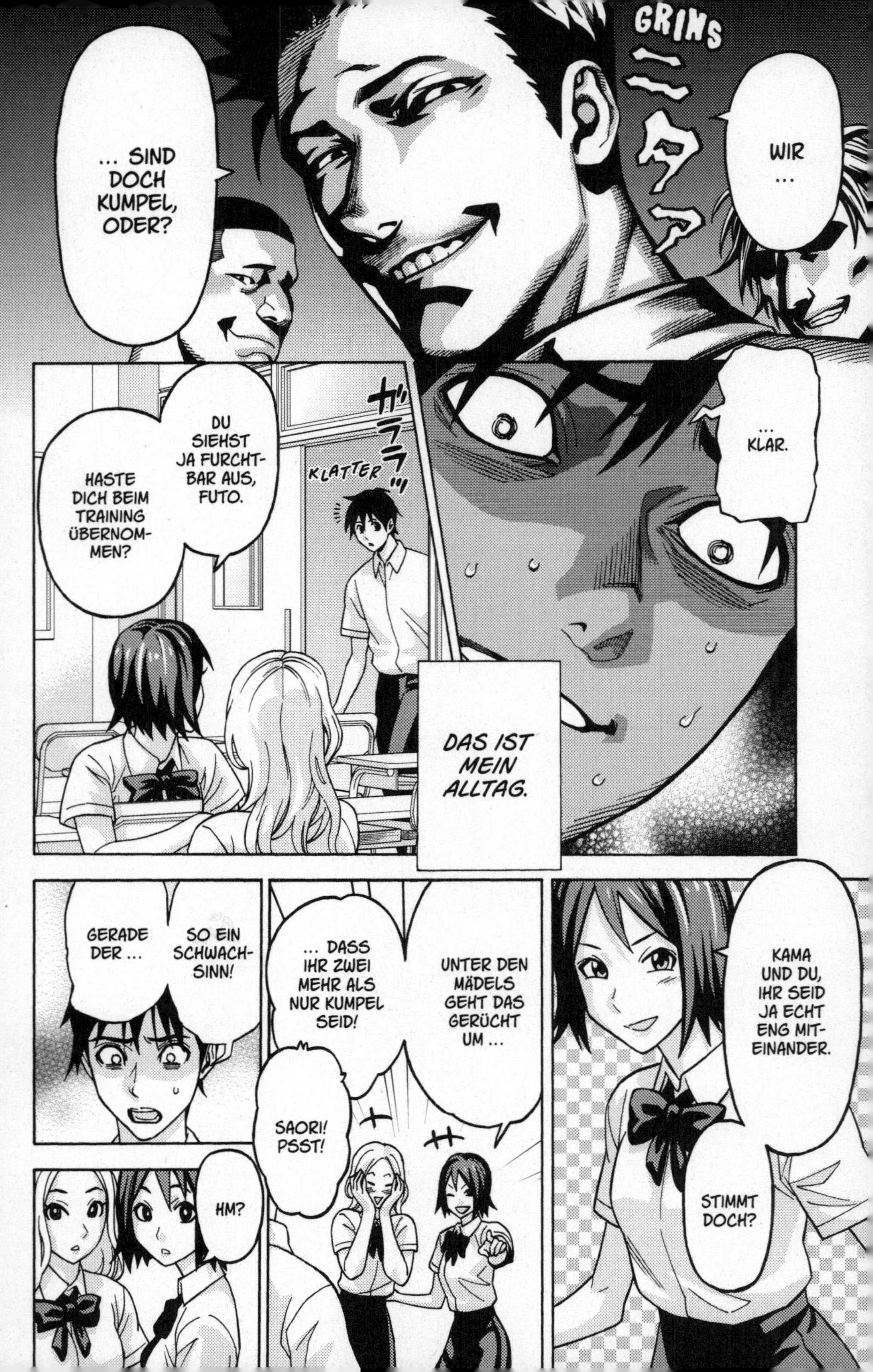
GRINS
WIR …
… SIND DOCH KUMPEL, ODER?
… KLAR.
DAS IST MEIN ALLTAG.
KLATTER
DU SIEHST JA FURCHTBAR AUS, FUTO.
HASTE DICH BEIM TRAINING ÜBERNOMMEN?
KAMA UND DU, IHR SEID JA ECHT ENG MITEINANDER.
STIMMT DOCH?
UNTER DEN MÄDELS GEHT DAS GERÜCHT UM …
… DASS IHR ZWEI MEHR ALS NUR KUMPEL SEID!
SAORI! PSST!
SO EIN SCHWACHSINN!
GERADE DER …
HM?

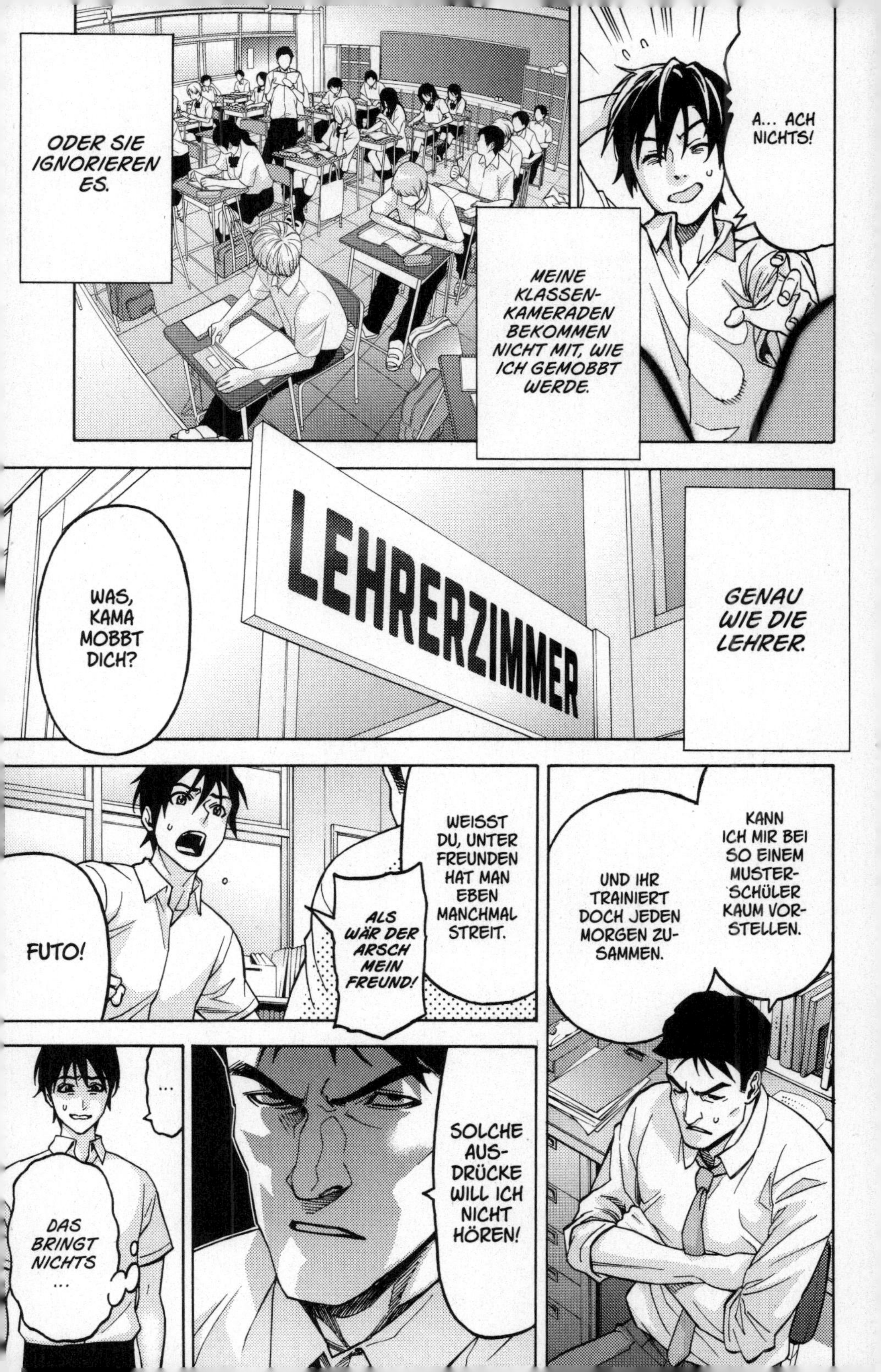
A... ACH NICHTS!
MEINE KLASSENKAMERADEN BEKOMMEN NICHT MIT, WIE ICH GEMOBBT WERDE.
ODER SIE IGNORIEREN ES.
GENAU WIE DIE LEHRER.
LEHRERZIMMER
WAS, KAMA MOBBT DICH?
KANN ICH MIR BEI SO EINEM MUSTERSCHÜLER KAUM VORSTELLEN.
UND IHR TRAINIERT DOCH JEDEN MORGEN ZUSAMMEN.
WEISST DU, UNTER FREUNDEN HAT MAN EBEN MANCHMAL STREIT.
ALS WÄR DER ARSCH MEIN FREUND!
FUTO!
SOLCHE AUSDRÜCKE WILL ICH NICHT HÖREN!
...
DAS BRINGT NICHTS ...

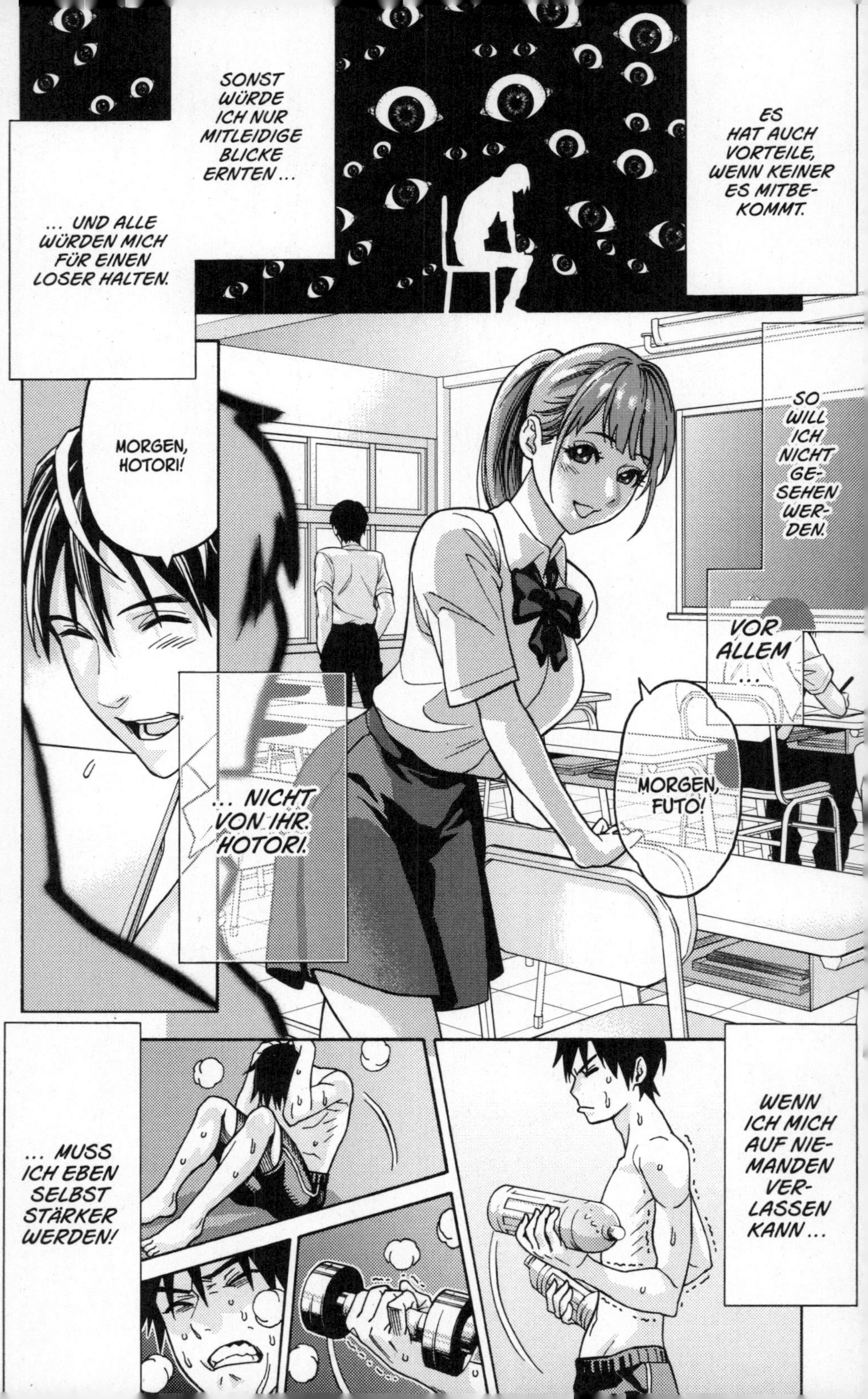
ES HAT AUCH VORTEILE, WENN KEINER ES MITBEKOMMT.
SONST WÜRDE ICH NUR MITLEIDIGE BLICKE ERNTEN …
… UND ALLE WÜRDEN MICH FÜR EINEN LOSER HALTEN.
SO WILL ICH NICHT GESEHEN WERDEN.
VOR ALLEM …
MORGEN, FUTO!
… NICHT VON IHR. HOTORI.
MORGEN, HOTORI!
WENN ICH MICH AUF NIEMANDEN VERLASSEN KANN …
… MUSS ICH EBEN SELBST STÄRKER WERDEN!

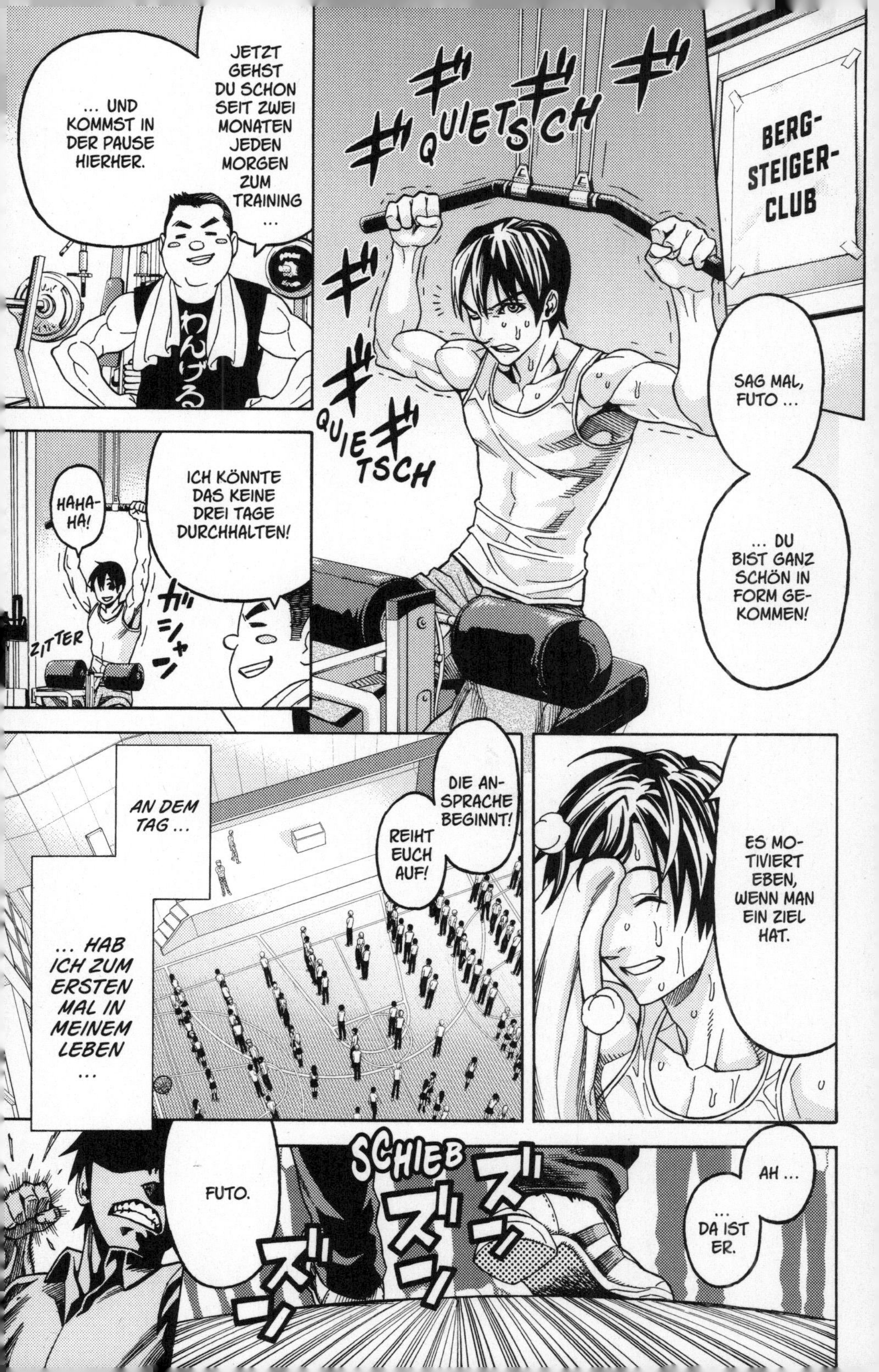
BERG-STEIGER-CLUB
QUIETSCH
SAG MAL, FUTO …
… DU BIST GANZ SCHÖN IN FORM GE-KOMMEN!
QUIETSCH
JETZT GEHST DU SCHON SEIT ZWEI MONATEN JEDEN MORGEN ZUM TRAINING …
… UND KOMMST IN DER PAUSE HIERHER.
ICH KÖNNTE DAS KEINE DREI TAGE DURCHHALTEN!
HAHA-HA!
ZITTER
ES MO-TIVIERT EBEN, WENN MAN EIN ZIEL HAT.
DIE AN-SPRACHE BEGINNT!
REIHT EUCH AUF!
AN DEM TAG …
… HAB ICH ZUM ERSTEN MAL IN MEINEM LEBEN …
AH …
… DA IST ER.
SCHIEB
FUTO.

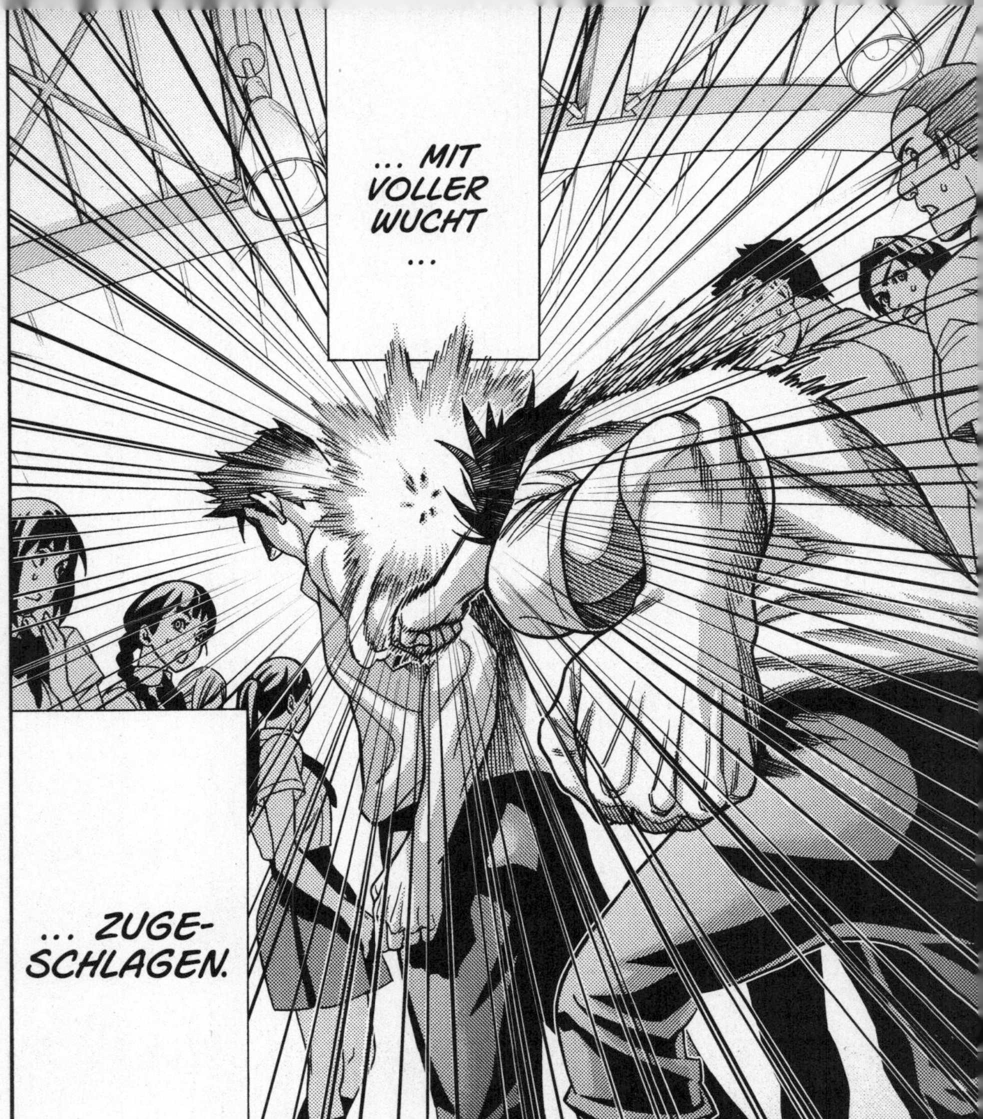
... MIT VOLLER WUCHT ...
... ZUGE-SCHLAGEN.
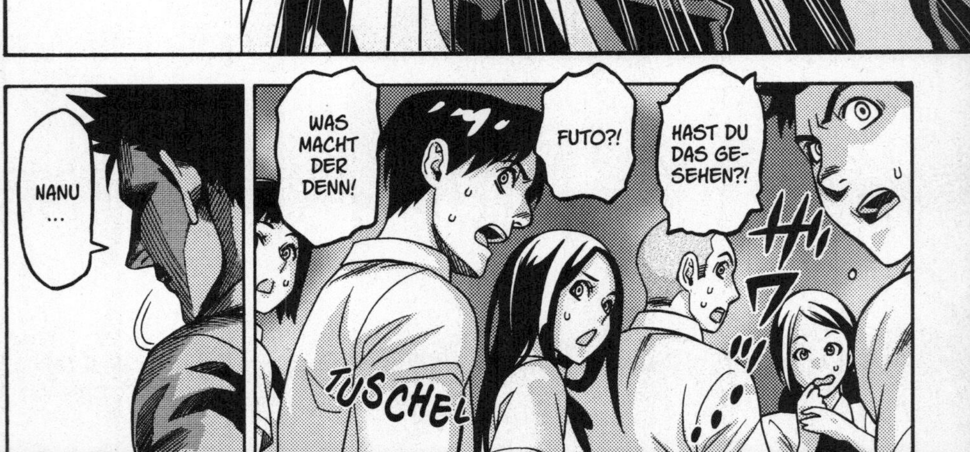
HAST DU DAS GE-SEHEN?!
FUTO?!
WAS MACHT DER DENN!
TUSCHEL
NANU ...

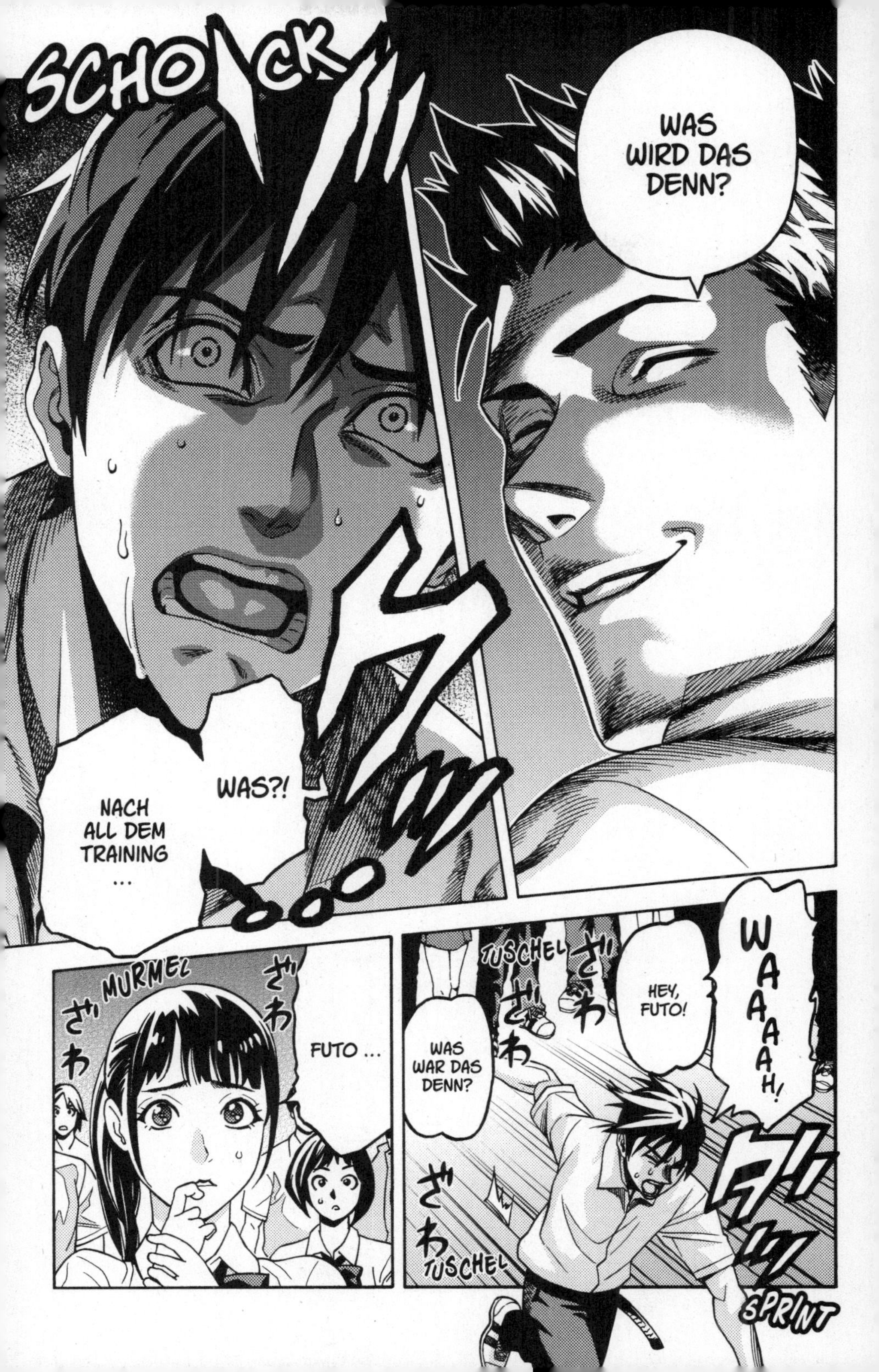

SCHOCK
WAS WIRD DAS DENN?
WAS?!
NACH ALL DEM TRAINING ...
WAAAAH!
HEY, FUTO!
TUSCHEL
ざわ ざわ
WAS WAR DAS DENN?
ざわ
TUSCHEL
SPRINT
FUTO ...
ざわ ざわ
MURMEL

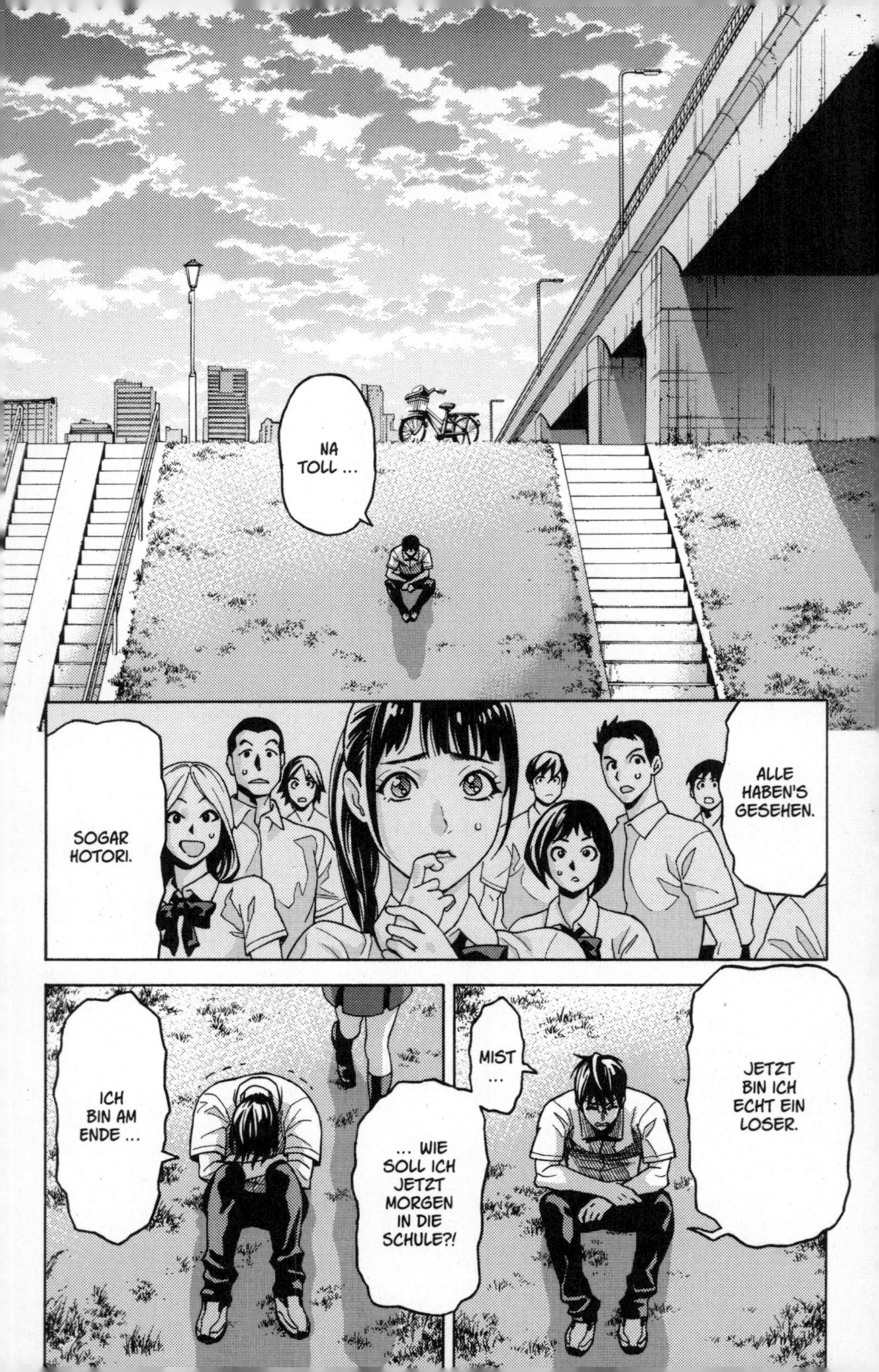
NA TOLL …
ALLE HABEN'S GESEHEN.
SOGAR HOTORI.
JETZT BIN ICH ECHT EIN LOSER.
MIST …
… WIE SOLL ICH JETZT MORGEN IN DIE SCHULE?!
ICH BIN AM ENDE …

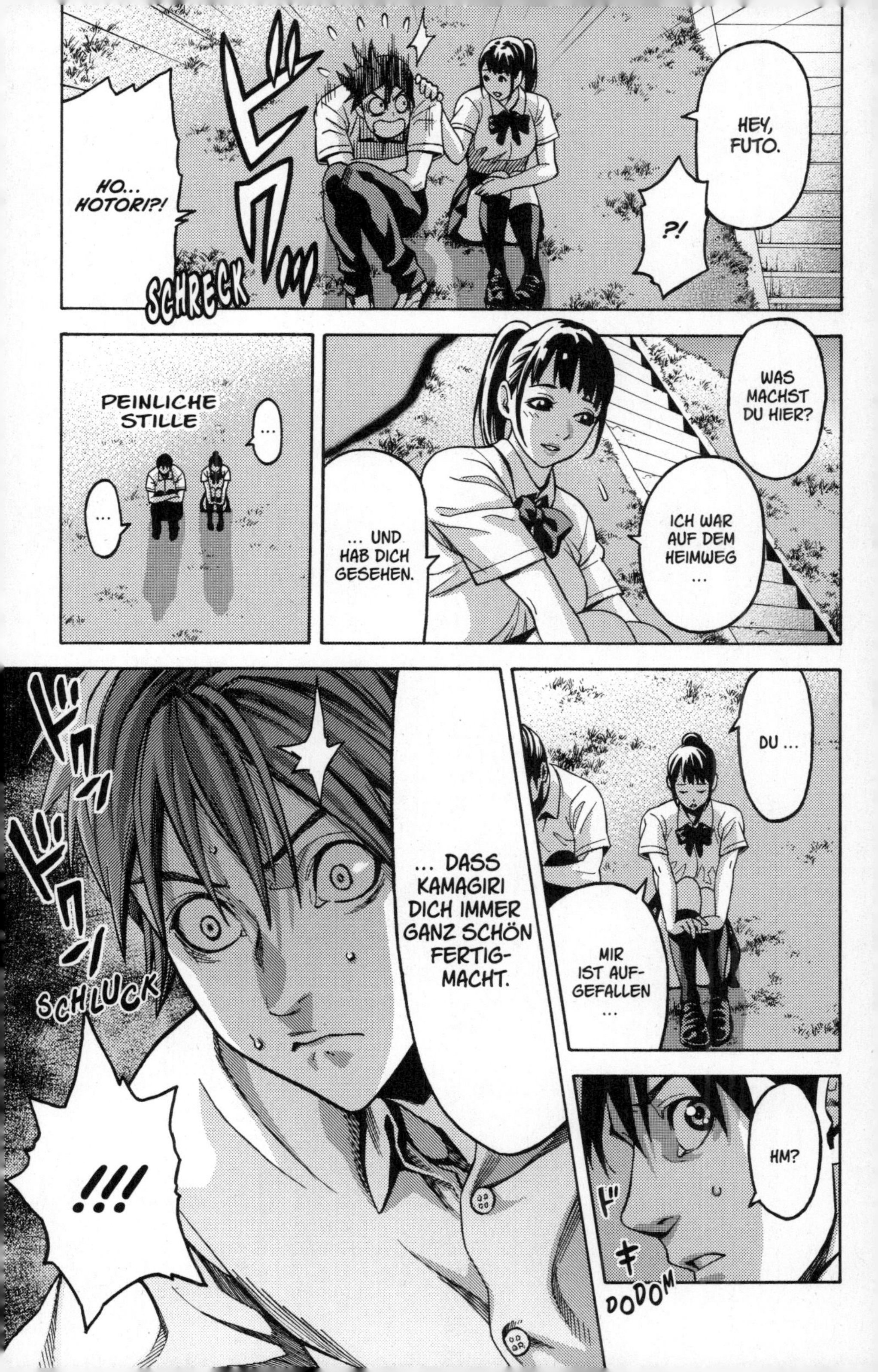
HEY, FUTO.
?!
HO... HOTORI?!
SCHRECK
WAS MACHST DU HIER?
ICH WAR AUF DEM HEIMWEG …
… UND HAB DICH GESEHEN.
…
…
PEINLICHE STILLE
DU …
MIR IST AUFGEFALLEN …
… DASS KAMAGIRI DICH IMMER GANZ SCHÖN FERTIGMACHT.
SCHLUCK
!!!
HM?
DODOM

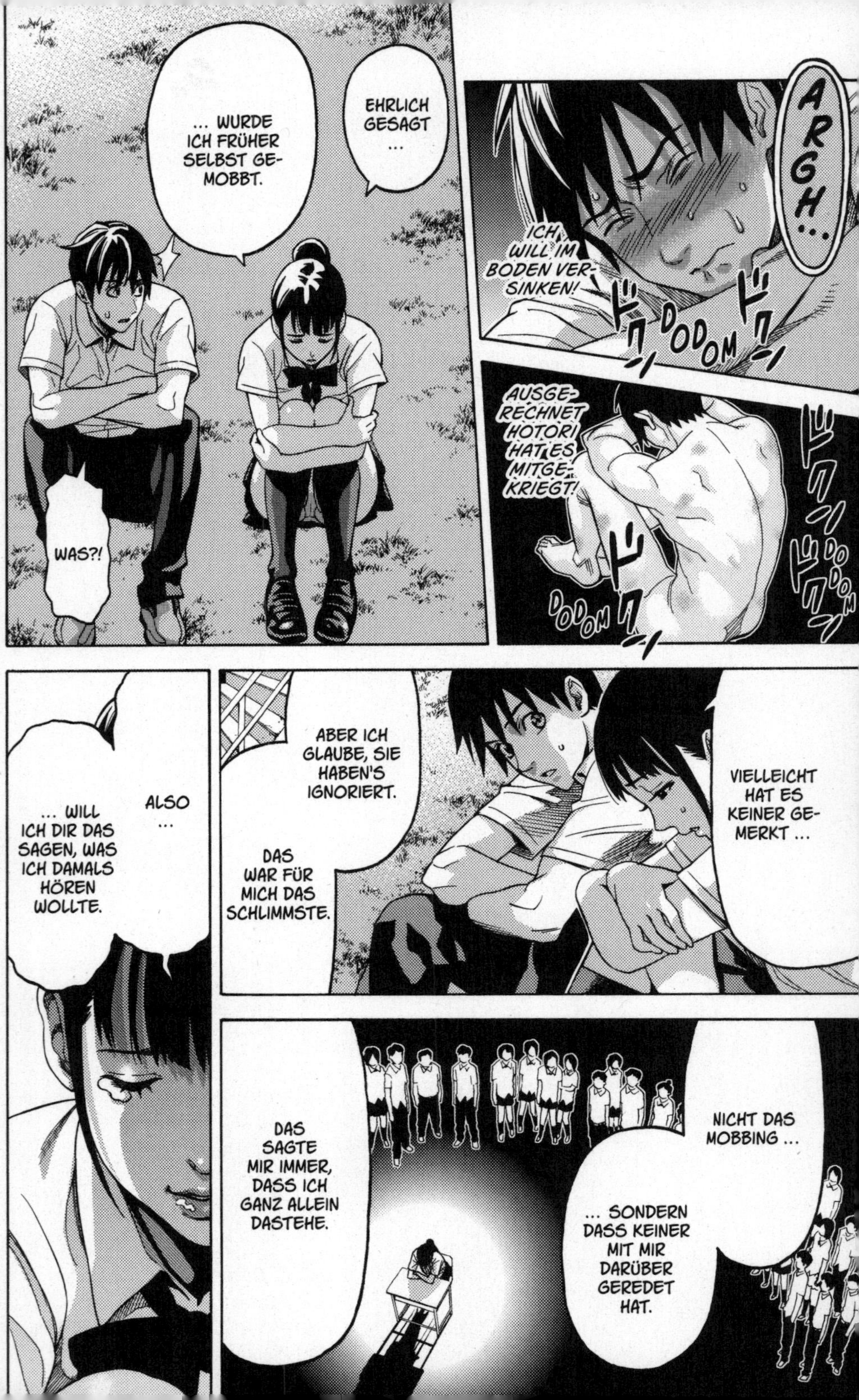
ARGH …
ICH WILL IM BODEN VERSINKEN!
DODOM
AUSGERECHNET HOTORI HAT ES MITGEKRIEGT!
DODOM
DODOM
EHRLICH GESAGT …
… WURDE ICH FRÜHER SELBST GEMOBBT.
WAS?!
VIELLEICHT HAT ES KEINER GEMERKT …
ABER ICH GLAUBE, SIE HABEN'S IGNORIERT.
DAS WAR FÜR MICH DAS SCHLIMMSTE.
NICHT DAS MOBBING …
… SONDERN DASS KEINER MIT MIR DARÜBER GEREDET HAT.
DAS SAGTE MIR IMMER, DASS ICH GANZ ALLEIN DASTEHE.
ALSO …
… WILL ICH DIR DAS SAGEN, WAS ICH DAMALS HÖREN WOLLTE.

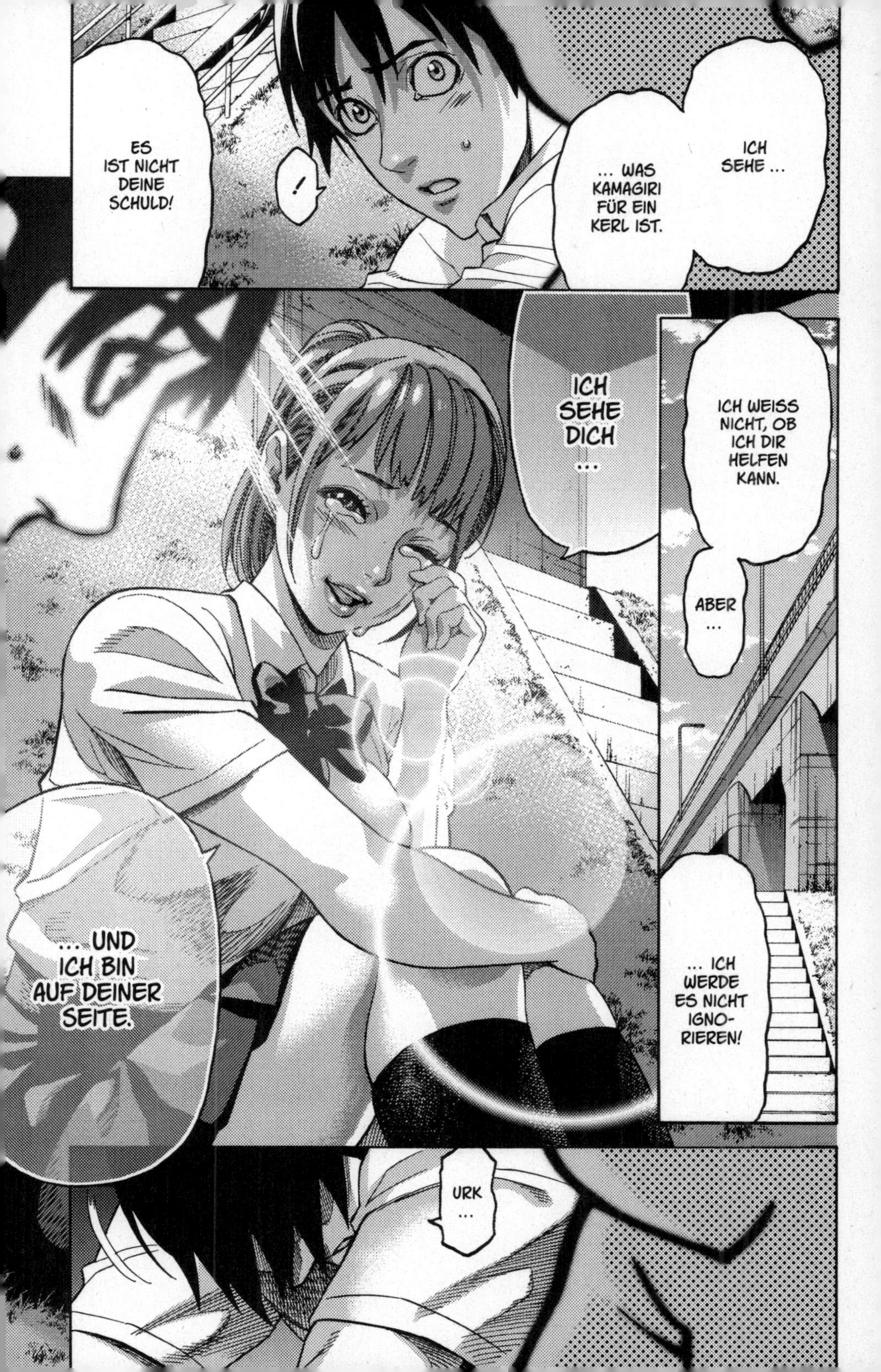

ICH SEHE …
… WAS KAMAGIRI FÜR EIN KERL IST.
!
ES IST NICHT DEINE SCHULD!
ICH WEISS NICHT, OB ICH DIR HELFEN KANN.
ABER …
… ICH WERDE ES NICHT IGNORIEREN!
ICH SEHE DICH …
… UND ICH BIN AUF DEINER SEITE.
URK …

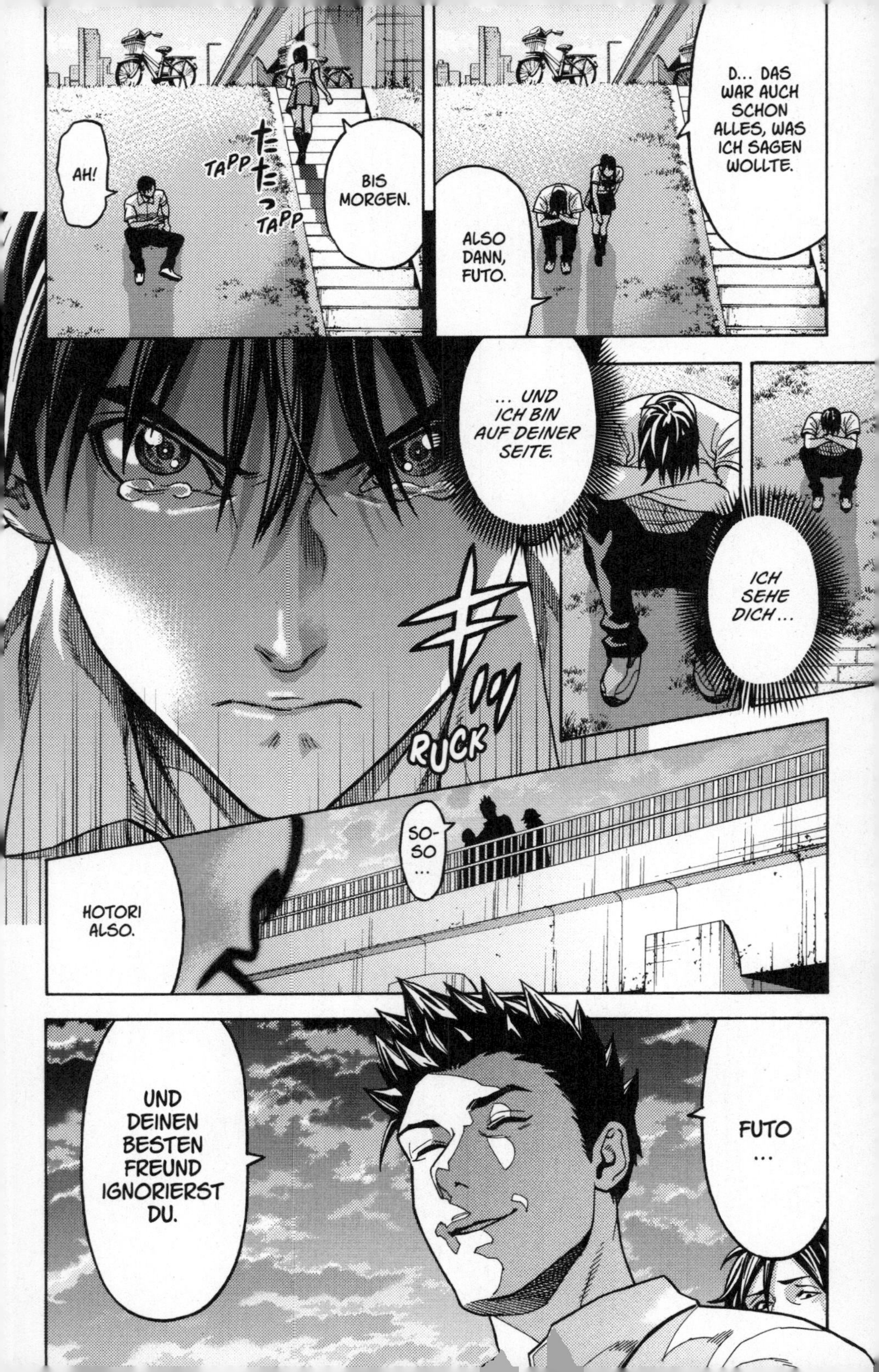
D… DAS WAR AUCH SCHON ALLES, WAS ICH SAGEN WOLLTE.
ALSO DANN, FUTO.
BIS MORGEN.
たたっ
TAPP TAPP
AH!
… UND ICH BIN AUF DEINER SEITE.
ICH SEHE DICH…
キッ
RUCK
SO-SO …
HOTORI ALSO.
FUTO …
UND DEINEN BESTEN FREUND IGNORIERST DU.

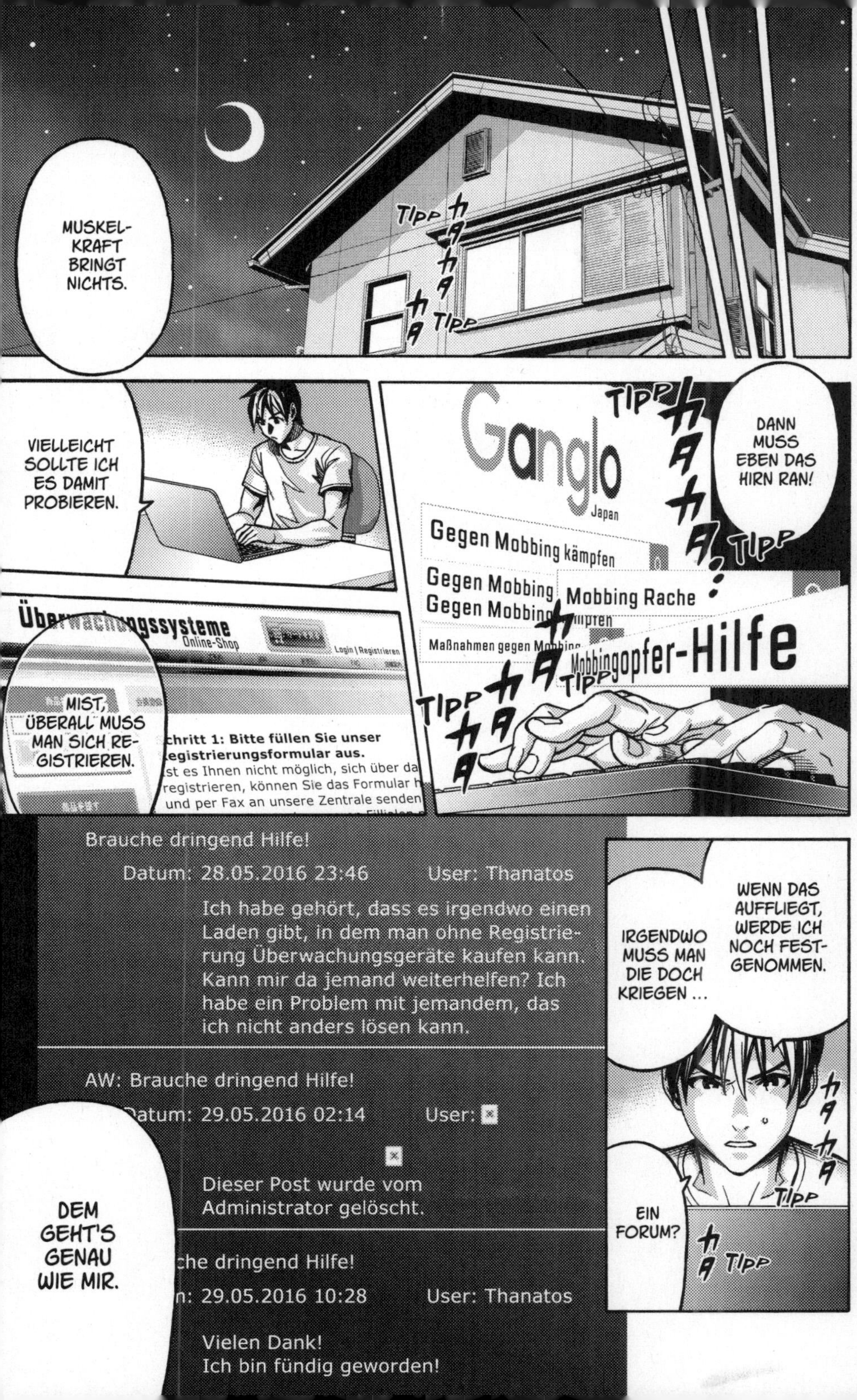

MUSKEL-KRAFT BRINGT NICHTS.
TIPP
TIPP
DANN MUSS EBEN DAS HIRN RAN!
Ganglo
Japan
Gegen Mobbing kämpfen
Gegen Mobbing
Gegen Mobbing
Mobbing Rache
Maßnahmen gegen Mobbing
Mobbingopfer-Hilfe
TIPP
TIPP
TIPP
TIPP
VIELLEICHT SOLLTE ICH ES DAMIT PROBIEREN.
Überwachungssysteme
Online-Shop
Login | Registrieren
Schritt 1: Bitte füllen Sie unser Registrierungsformular aus.
Ist es Ihnen nicht möglich, sich über da registrieren, können Sie das Formular h und per Fax an unsere Zentrale senden
MIST, ÜBERALL MUSS MAN SICH REGISTRIEREN.
WENN DAS AUFFLIEGT, WERDE ICH NOCH FESTGENOMMEN.
IRGENDWO MUSS MAN DIE DOCH KRIEGEN …
TIPP
EIN FORUM?
TIPP
Brauche dringend Hilfe!
Datum: 28.05.2016 23:46 User: Thanatos
Ich habe gehört, dass es irgendwo einen Laden gibt, in dem man ohne Registrierung Überwachungsgeräte kaufen kann. Kann mir da jemand weiterhelfen? Ich habe ein Problem mit jemandem, das ich nicht anders lösen kann.
AW: Brauche dringend Hilfe!
Datum: 29.05.2016 02:14 User:
Dieser Post wurde vom Administrator gelöscht.
che dringend Hilfe!
n: 29.05.2016 10:28 User: Thanatos
Vielen Dank!
Ich bin fündig geworden!
DEM GEHT'S GENAU WIE MIR.

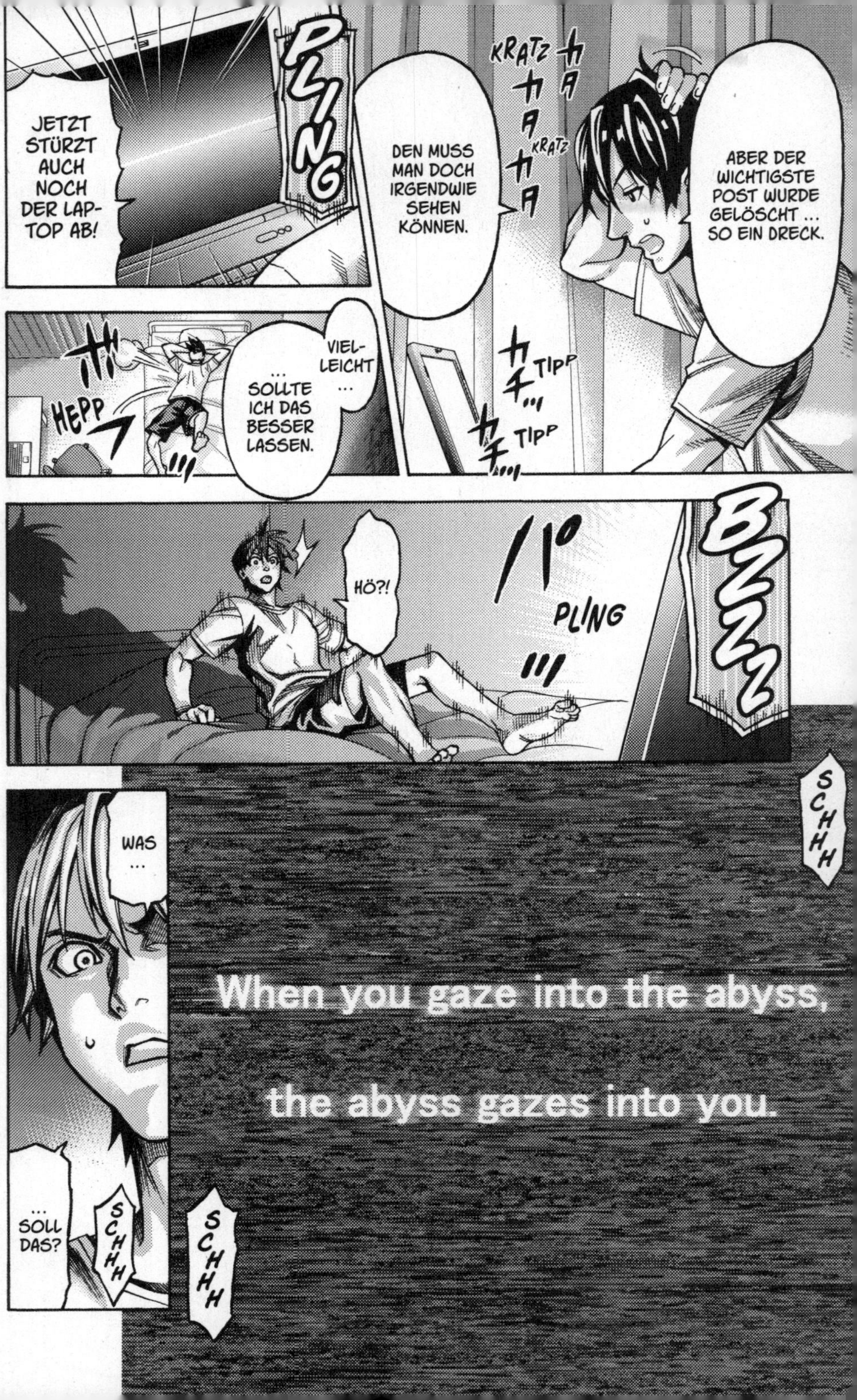
ABER DER WICHTIGSTE POST WURDE GELÖSCHT … SO EIN DRECK.
KRATZ
KRATZ
DEN MUSS MAN DOCH IRGENDWIE SEHEN KÖNNEN.
PLING
JETZT STÜRZT AUCH NOCH DER LAPTOP AB!
TIPP
TIPP
VIEL-LEICHT …
… SOLLTE ICH DAS BESSER LASSEN.
HEPP
BZZZ
PLING
HÖ?!
SCHHH
WAS …
When you gaze into the abyss,
the abyss gazes into you.
SCHHH
SCHHH
… SOLL DAS?

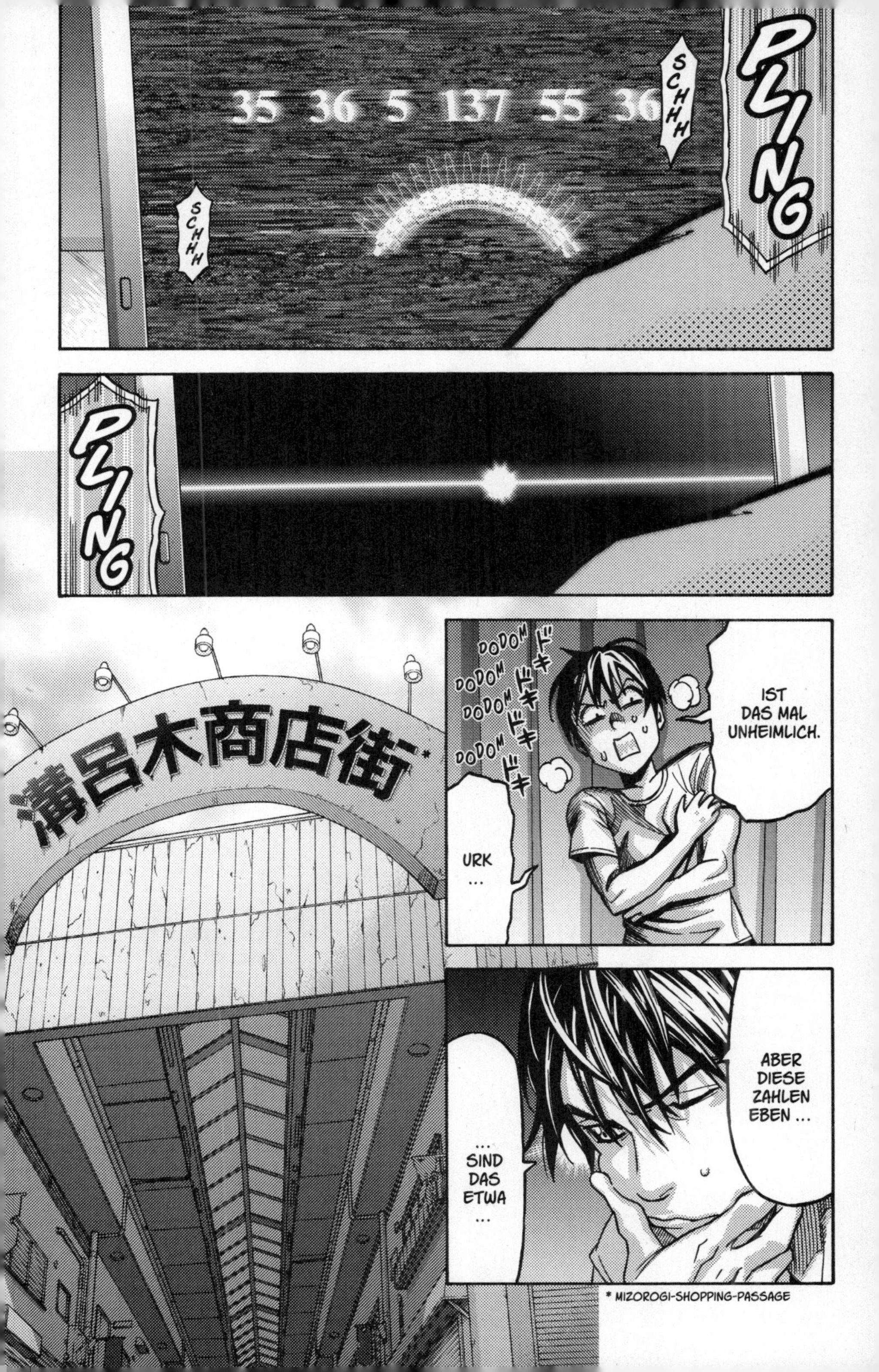

* MIZOROGI-SHOPPING-PASSAGE

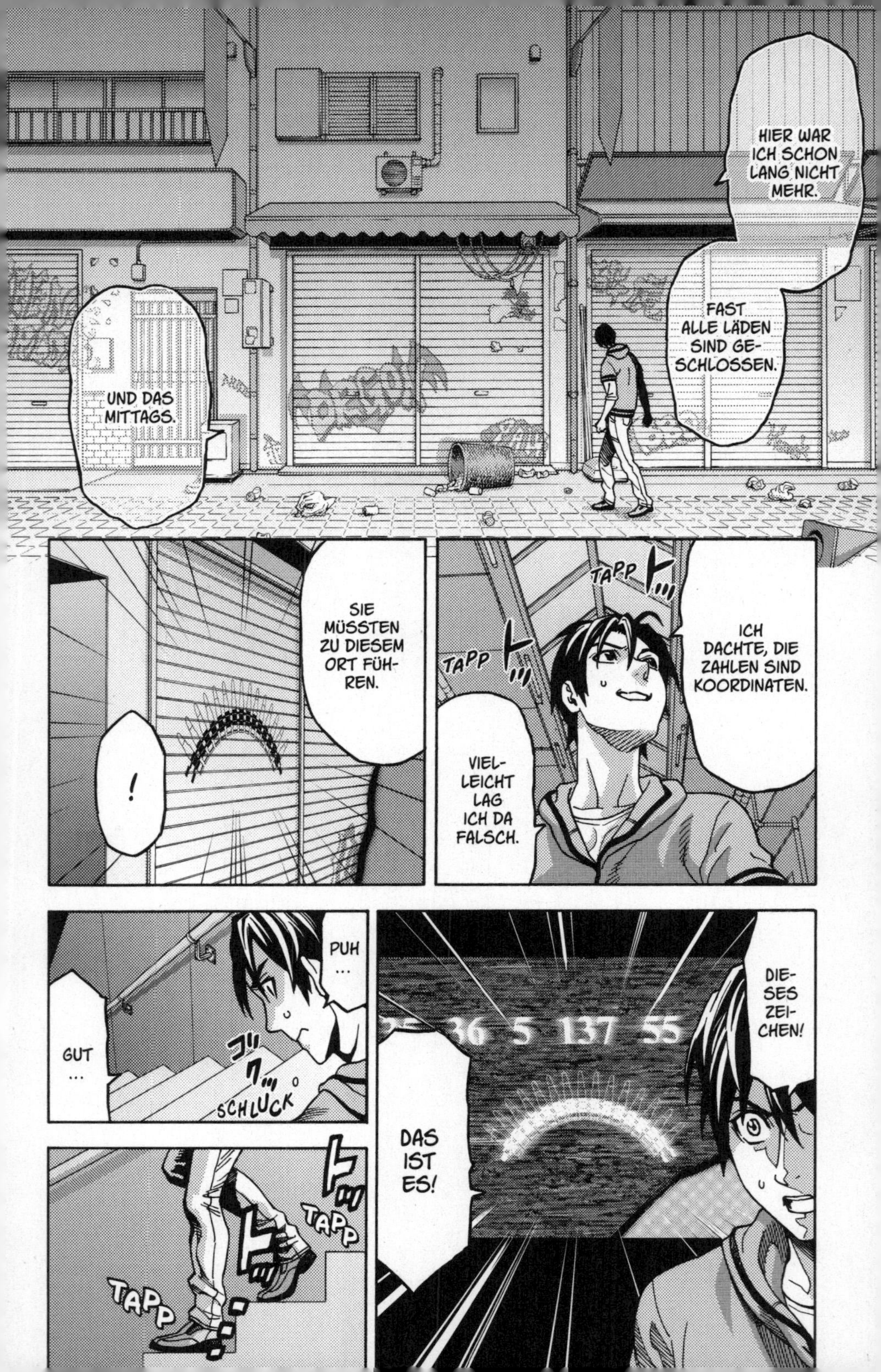
HIER WAR ICH SCHON LANG NICHT MEHR.
FAST ALLE LÄDEN SIND GE-SCHLOSSEN.
UND DAS MITTAGS.
TAPP
TAPP
ICH DACHTE, DIE ZAHLEN SIND KOORDINATEN.
VIEL-LEICHT LAG ICH DA FALSCH.
SIE MÜSSTEN ZU DIESEM ORT FÜH-REN.
!
DIE-SES ZEI-CHEN!
36 5 137 55
DAS IST ES!
PUH …
GUT …
SCHLUCK
TAPP
TAPP

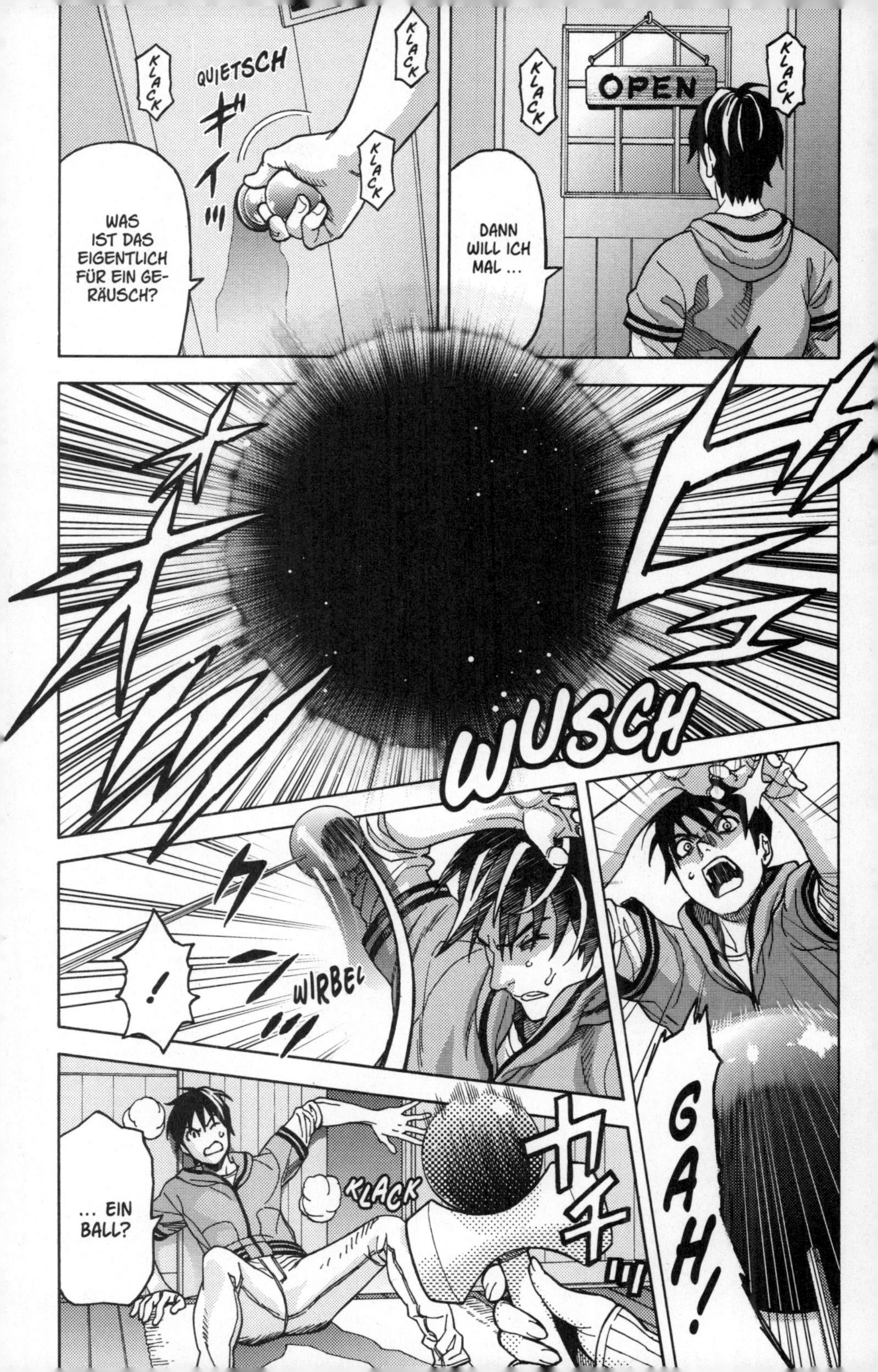
KLACK
DANN WILL ICH MAL …
KLACK
KLACK
KLACK
QUIETSCH
KLACK
WAS IST DAS EIGENTLICH FÜR EIN GERÄUSCH?
WUSCH
!
WIRBEL
GAH!
KLACK
… EIN BALL?

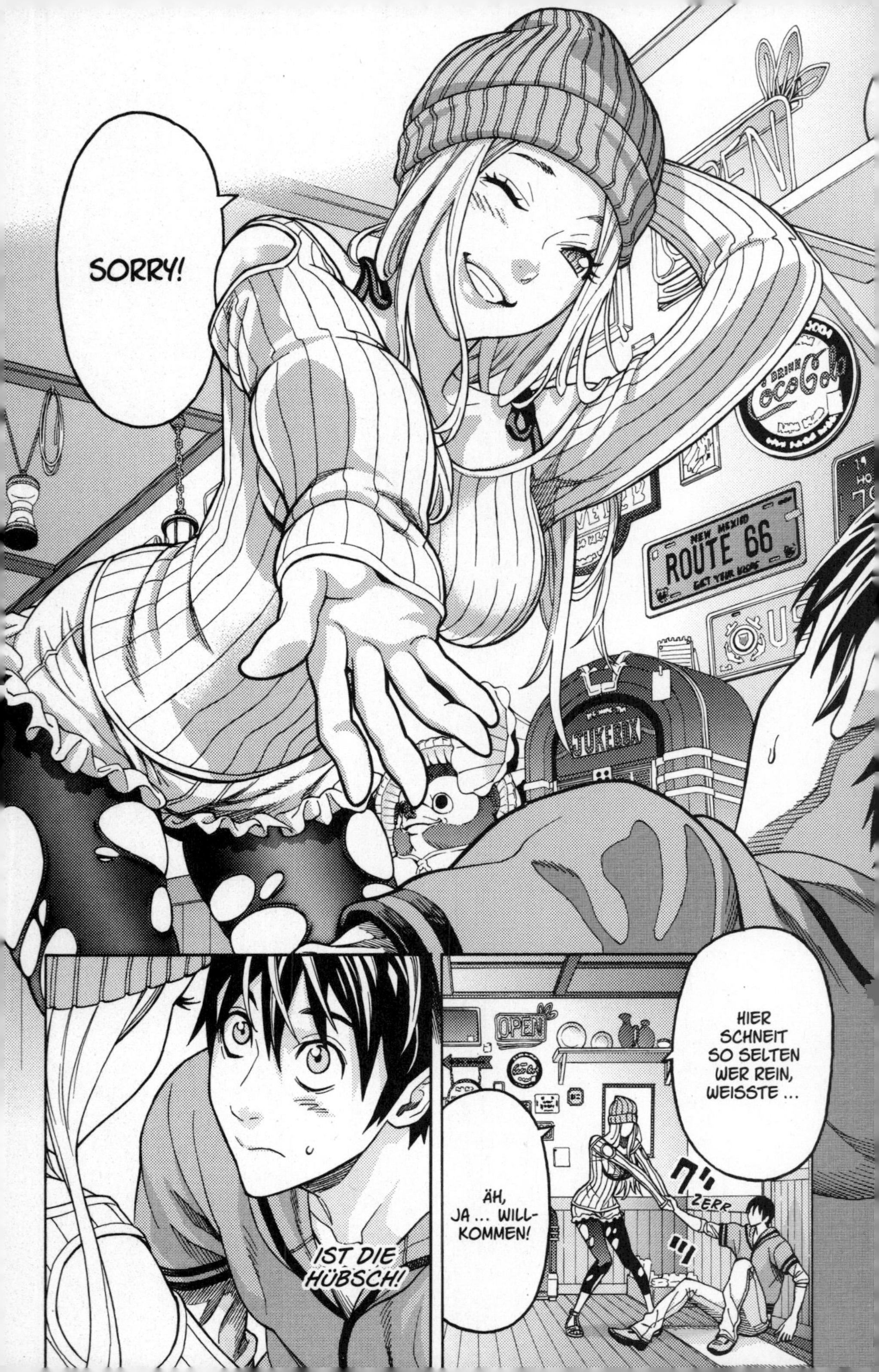
SORRY!
ROUTE 66
JUKEBOX
OPEN
HIER SCHNEIT SO SELTEN WER REIN, WEISSTE …
ÄH, JA … WILL-KOMMEN!
ZERR
IST DIE HÜBSCH!

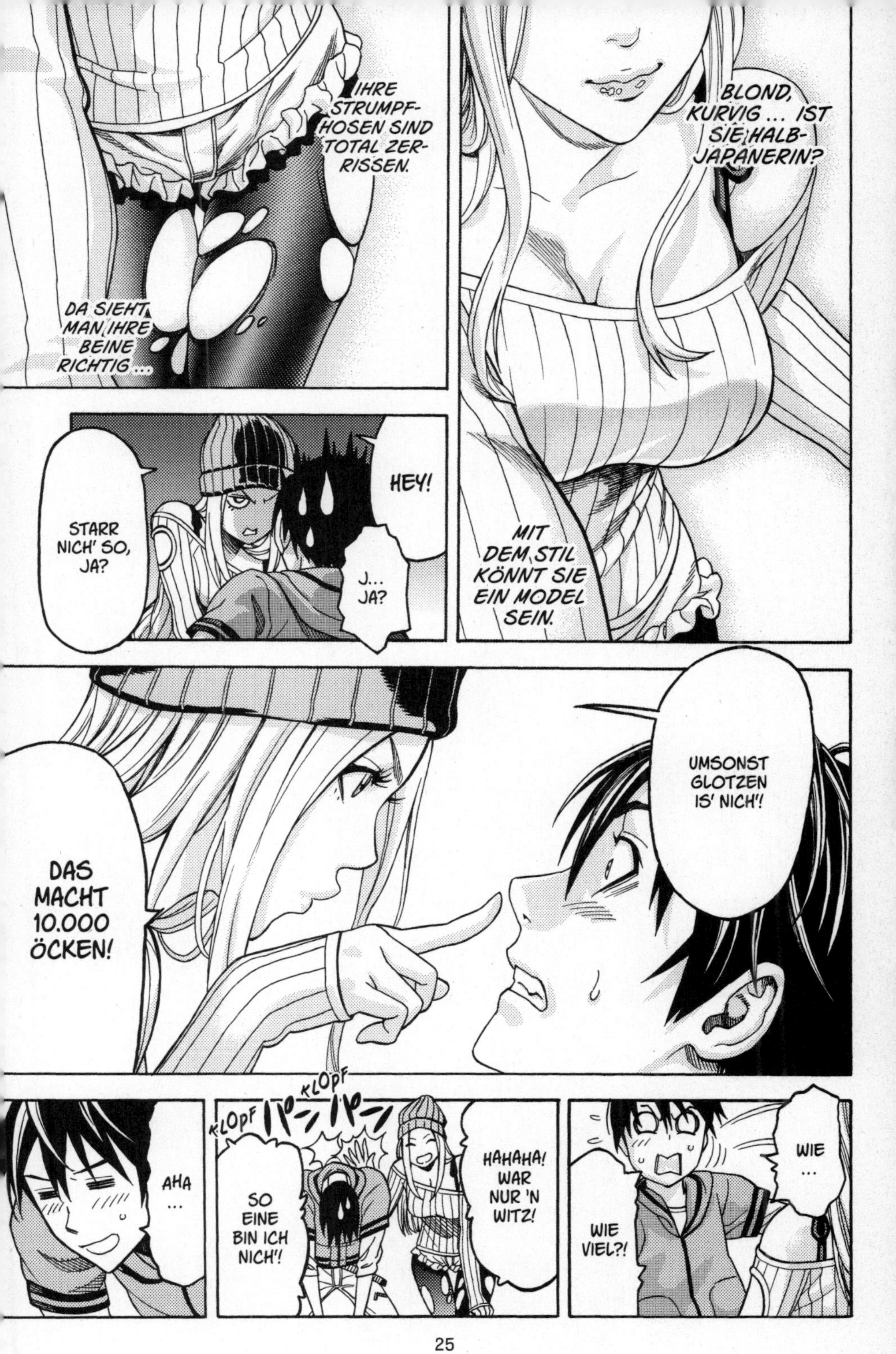
BLOND, KURVIG ... IST SIE HALB-JAPANERIN?
MIT DEM STIL KÖNNT SIE EIN MODEL SEIN.
IHRE STRUMPFHOSEN SIND TOTAL ZERRISSEN.
DA SIEHT MAN IHRE BEINE RICHTIG ...
HEY!
J... JA?
STARR NICH' SO, JA?
UMSONST GLOTZEN IS' NICH'!
DAS MACHT 10.000 ÖCKEN!
WIE ...
WIE VIEL?!
HAHAHA! WAR NUR 'N WITZ!
KLOPF
KLOPF
KLOPF
SO EINE BIN ICH NICH'!
AHA ...

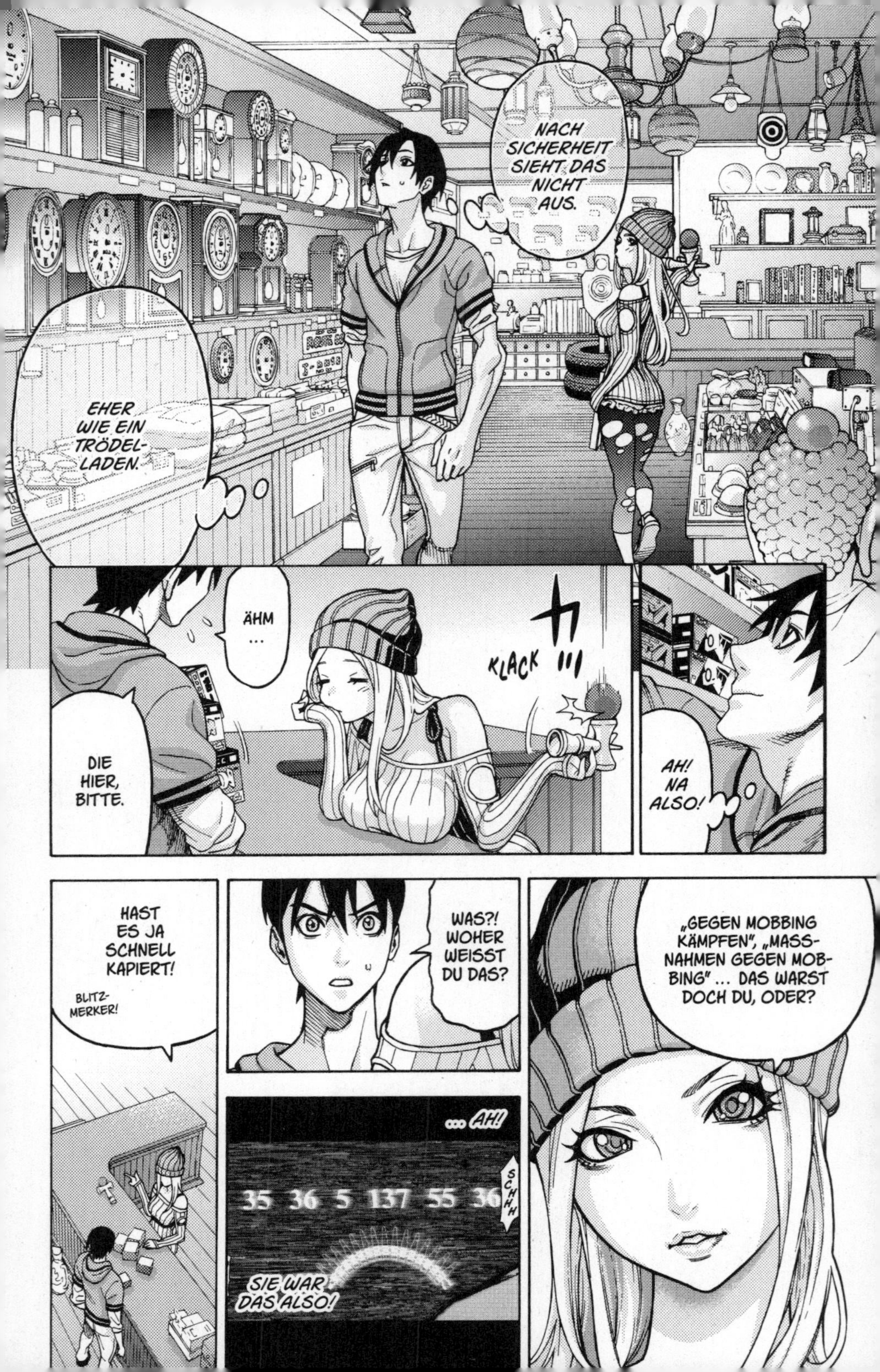
NACH SICHERHEIT SIEHT DAS NICHT AUS.
EHER WIE EIN TRÖDEL-LADEN.
KLACK
ÄHM …
DIE HIER, BITTE.
AH! NA ALSO!
„GEGEN MOBBING KÄMPFEN", „MASS-NAHMEN GEGEN MOB-BING" … DAS WARST DOCH DU, ODER?
WAS?! WOHER WEISST DU DAS?
HAST ES JA SCHNELL KAPIERT!
BLITZ-MERKER!
… AH!
SCHHH
35 36 5 137 55 36
SIE WAR DAS ALSO!

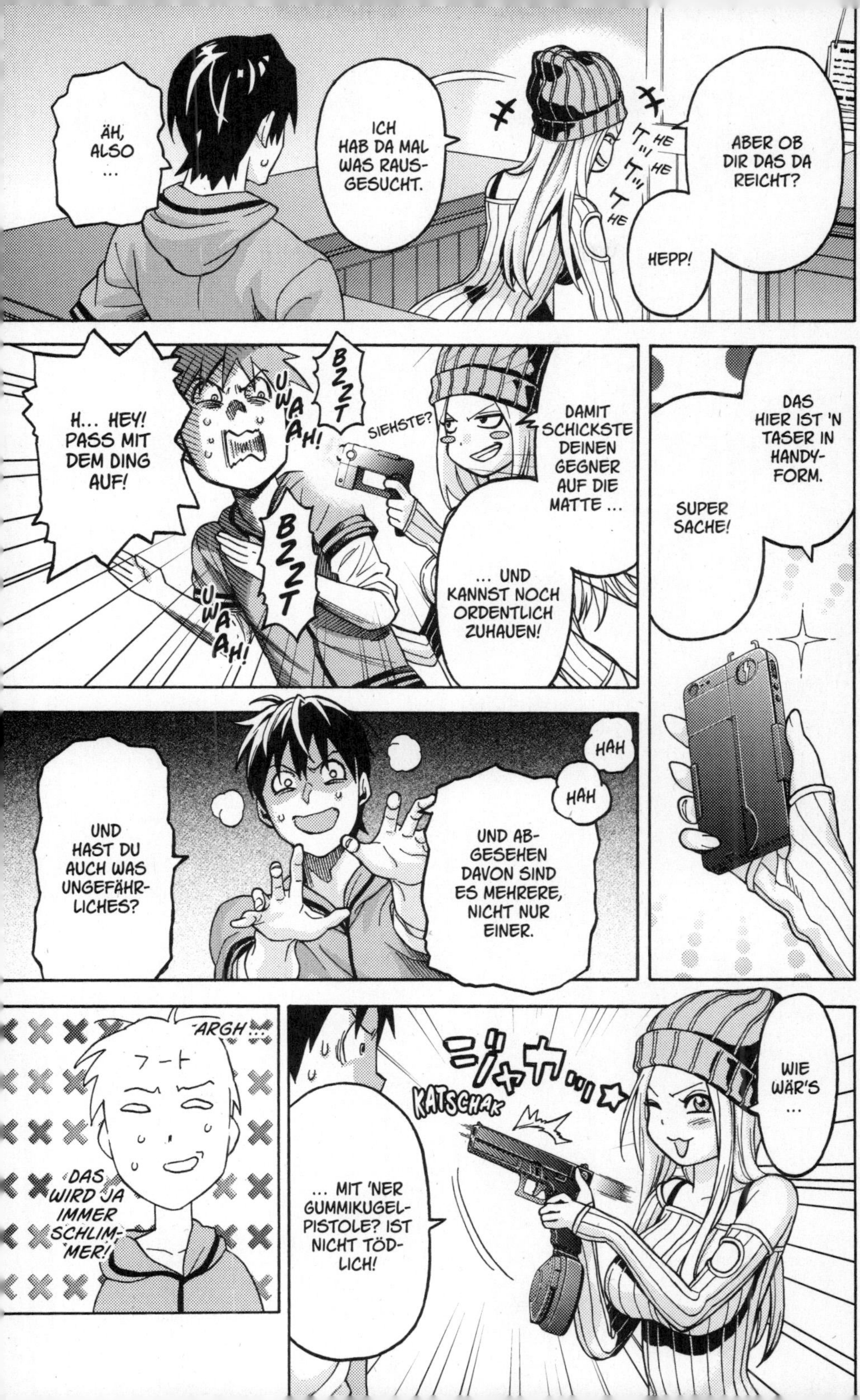
ABER OB DIR DAS DA REICHT?
HEPP!
HE HE HE
ICH HAB DA MAL WAS RAUS-GESUCHT.
ÄH, ALSO …
DAS HIER IST 'N TASER IN HANDY-FORM.
SUPER SACHE!
DAMIT SCHICKSTE DEINEN GEGNER AUF DIE MATTE …
SIEHSTE?
… UND KANNST NOCH ORDENTLICH ZUHAUEN!
BZZT
UWAAH!
BZZT
UWAAH!
H… HEY! PASS MIT DEM DING AUF!
HAH
HAH
UND AB-GESEHEN DAVON SIND ES MEHRERE, NICHT NUR EINER.
UND HAST DU AUCH WAS UNGEFÄHR-LICHES?
WIE WÄR'S …
KATSCHAK
… MIT 'NER GUMMIKUGEL-PISTOLE? IST NICHT TÖD-LICH!
ARGH …
DAS WIRD JA IMMER SCHLIM-MER!

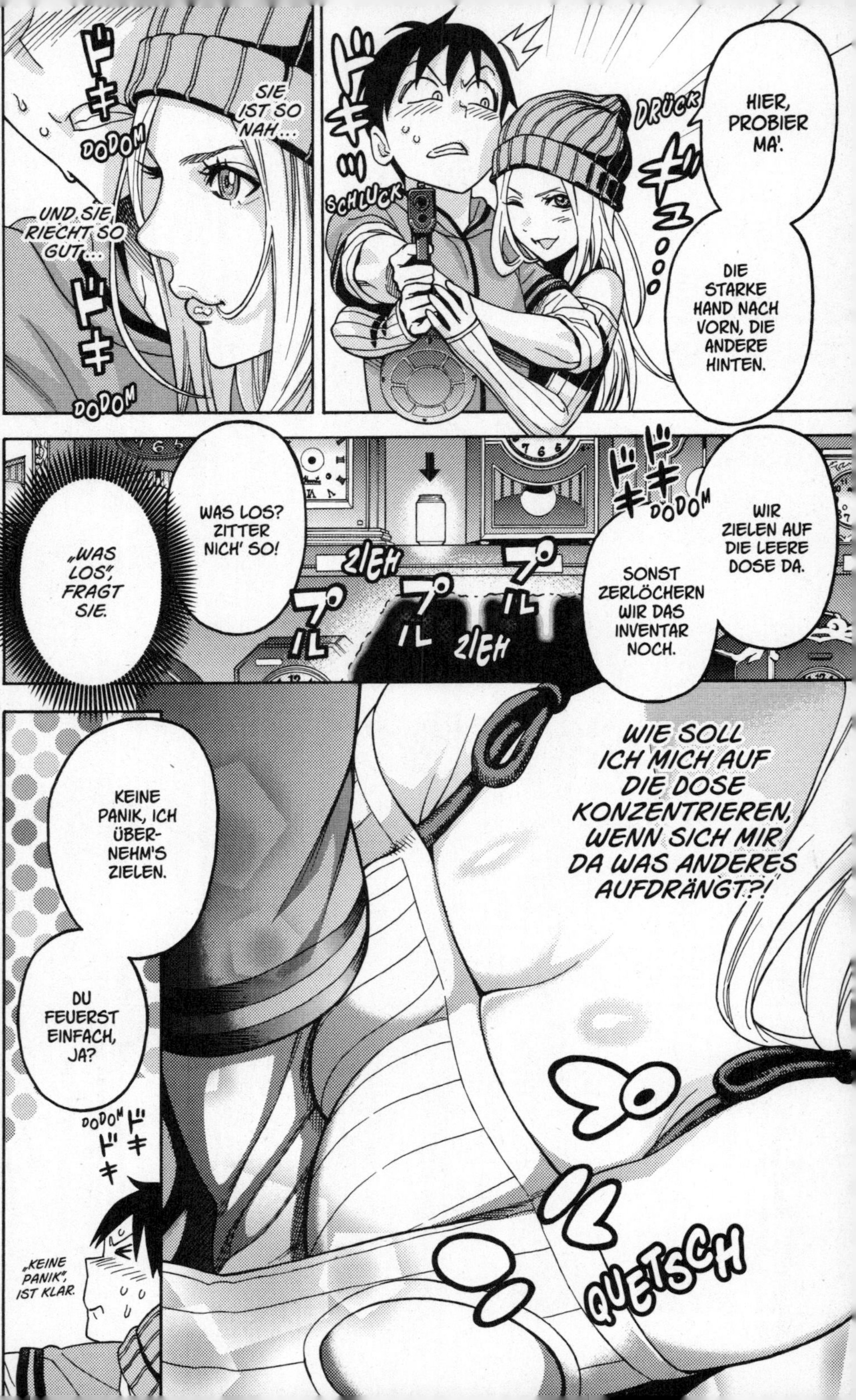
HIER, PROBIER MA'.
DIE STARKE HAND NACH VORN, DIE ANDERE HINTEN.
DRÜCK
SCHLUCK
SIE IST SO NAH ...
UND SIE RIECHT SO GUT ...
DODOM
DODOM
WIR ZIELEN AUF DIE LEERE DOSE DA.
SONST ZERLÖCHERN WIR DAS INVENTAR NOCH.
DODOM
ZIEH
ZIEH
WAS LOS? ZITTER NICH' SO!
„WAS LOS", FRAGT SIE.
WIE SOLL ICH MICH AUF DIE DOSE KONZENTRIEREN, WENN SICH MIR DA WAS ANDERES AUFDRÄNGT?!
KEINE PANIK, ICH ÜBERNEHM'S ZIELEN.
DU FEUERST EINFACH, JA?
DODOM
QUETSCH
„KEINE PANIK", IST KLAR.

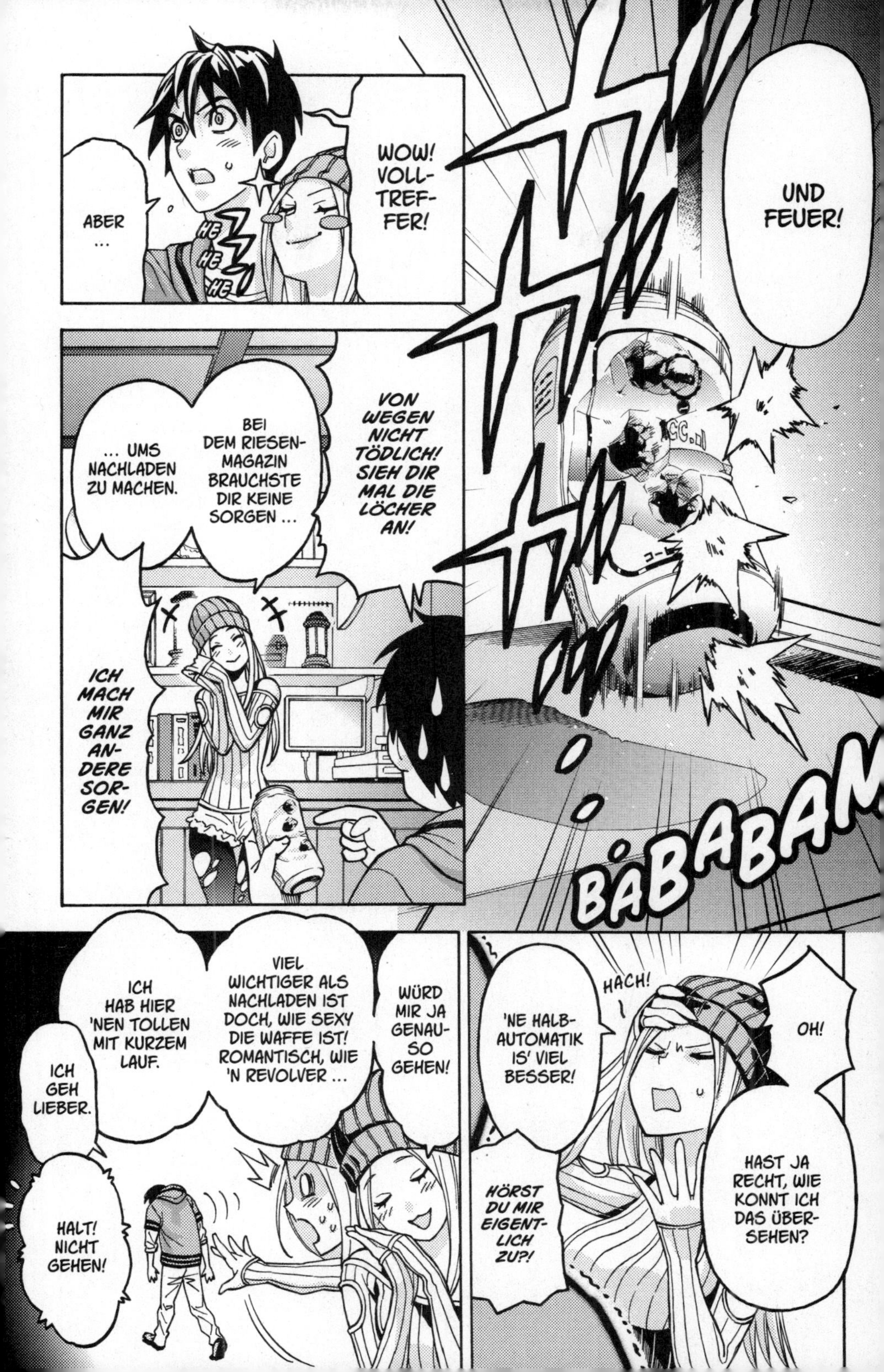
UND FEUER!
BABABAM
WOW! VOLLTREFFER!
HE HE HE HE
ABER …
VON WEGEN NICHT TÖDLICH! SIEH DIR MAL DIE LÖCHER AN!
BEI DEM RIESENMAGAZIN BRAUCHSTE DIR KEINE SORGEN …
… UMS NACHLADEN ZU MACHEN.
ICH MACH MIR GANZ ANDERE SORGEN!
OH!
HACH!
'NE HALBAUTOMATIK IS' VIEL BESSER!
HAST JA RECHT, WIE KONNT ICH DAS ÜBERSEHEN?
HÖRST DU MIR EIGENTLICH ZU?!
WÜRD MIR JA GENAUSO GEHEN!
VIEL WICHTIGER ALS NACHLADEN IST DOCH, WIE SEXY DIE WAFFE IST! ROMANTISCH, WIE 'N REVOLVER …
ICH HAB HIER 'NEN TOLLEN MIT KURZEM LAUF.
ICH GEH LIEBER.
HALT! NICHT GEHEN!

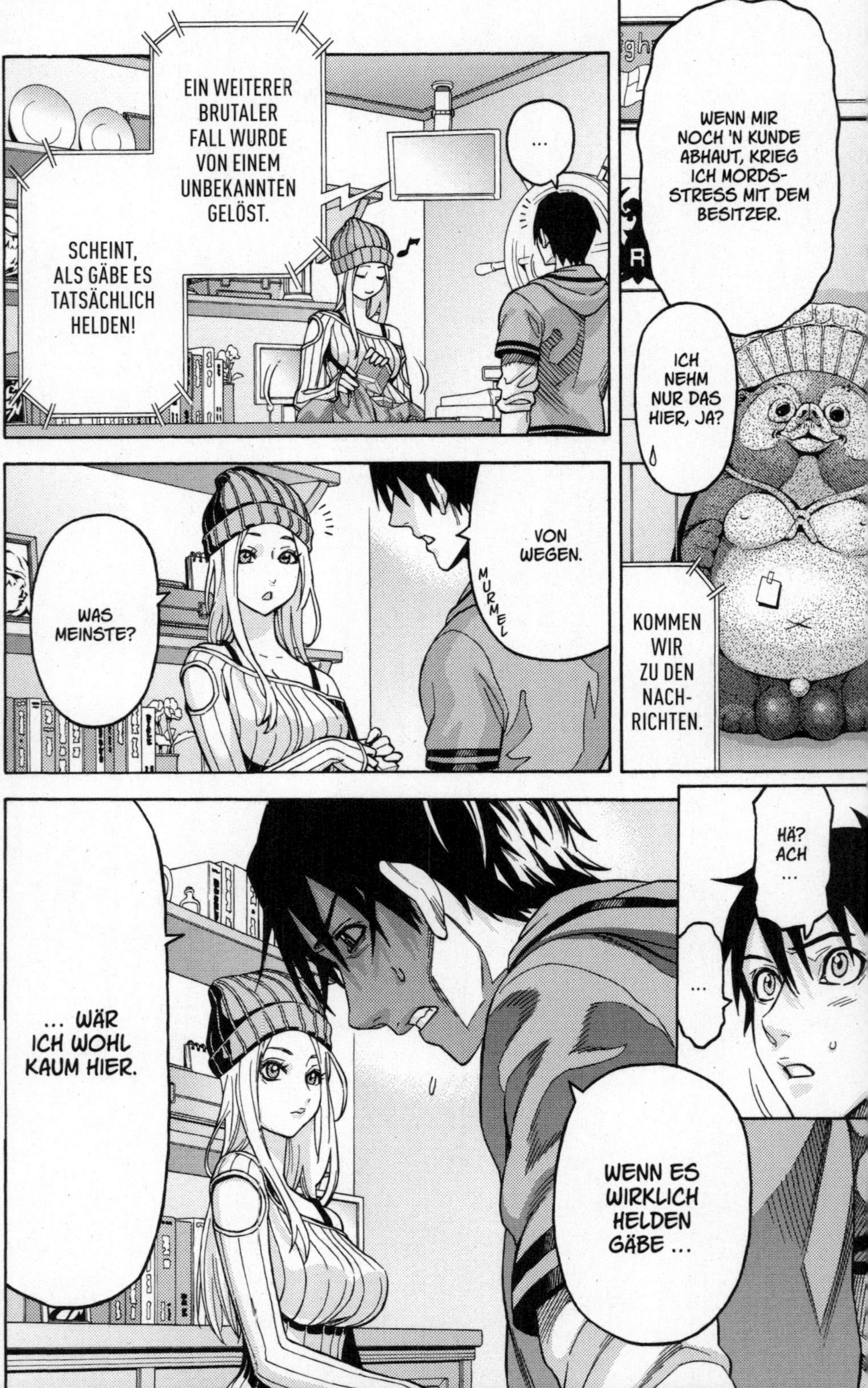
WENN MIR NOCH 'N KUNDE ABHAUT, KRIEG ICH MORDS-STRESS MIT DEM BESITZER.
ICH NEHM NUR DAS HIER, JA?
KOMMEN WIR ZU DEN NACHRICHTEN.
...
EIN WEITERER BRUTALER FALL WURDE VON EINEM UNBEKANNTEN GELÖST.
SCHEINT, ALS GÄBE ES TATSÄCHLICH HELDEN!
VON WEGEN.
MURMEL
WAS MEINSTE?
HÄ? ACH ...
...
WENN ES WIRKLICH HELDEN GÄBE ...
... WÄR ICH WOHL KAUM HIER.

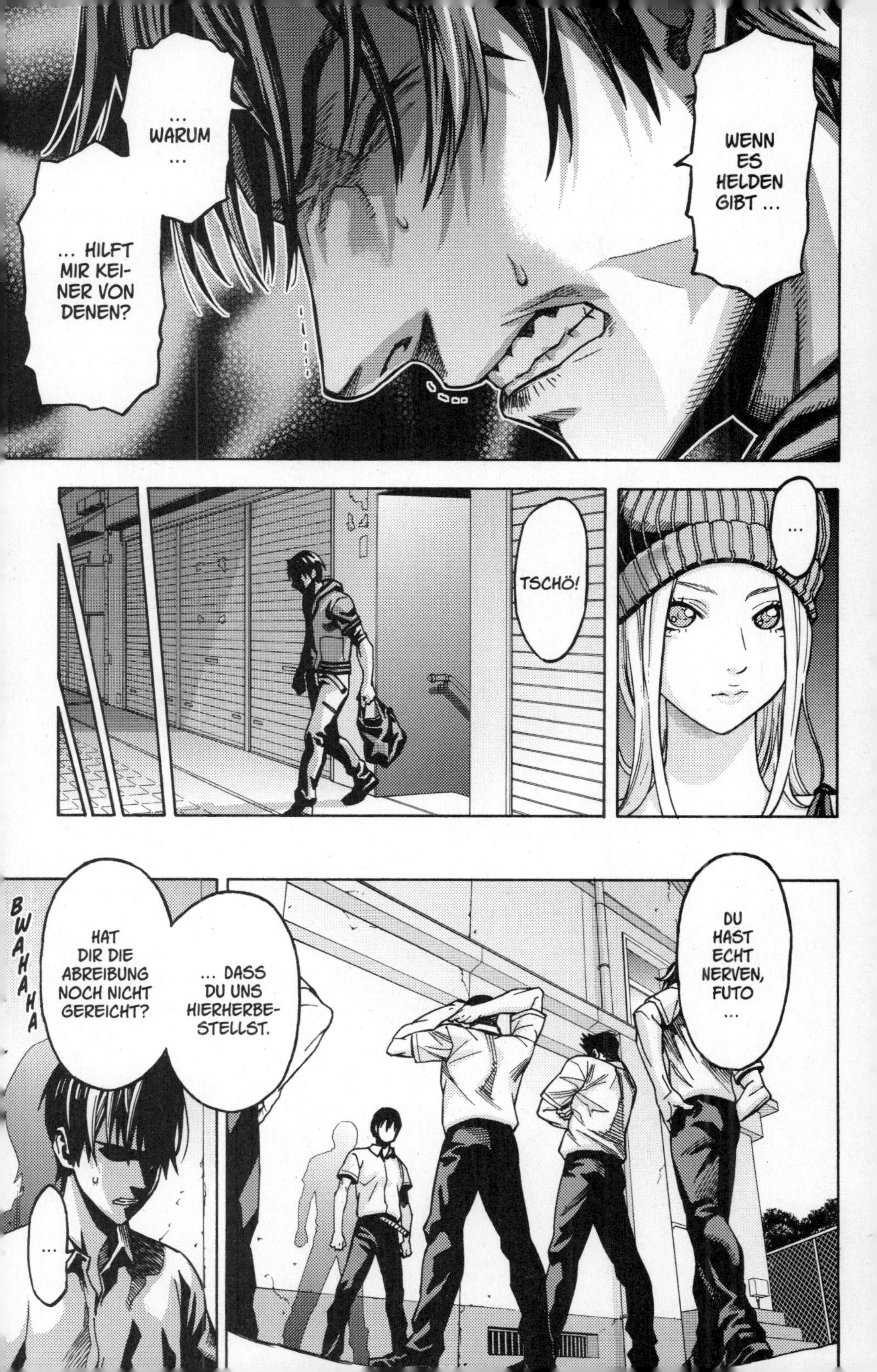
WENN ES HELDEN GIBT …
… WARUM …
… HILFT MIR KEI-NER VON DENEN?
…
TSCHÖ!
DU HAST ECHT NERVEN, FUTO …
… DASS DU UNS HIERHERBE-STELLST.
HAT DIR DIE ABREIBUNG NOCH NICHT GEREICHT?
BWAHAHAHA
…

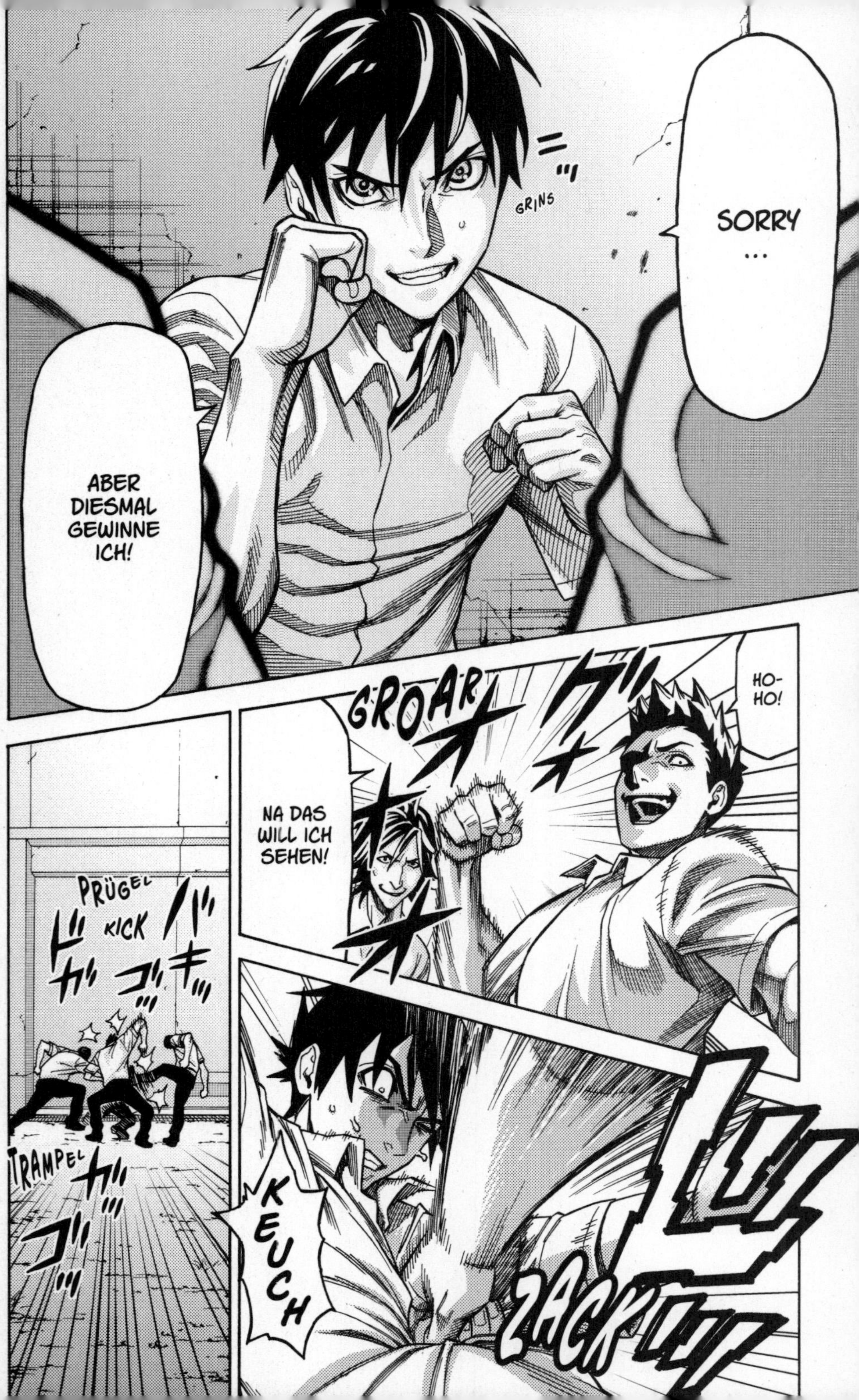

GRINS
SORRY …
ABER DIESMAL GEWINNE ICH!
HO-HO!
GROAR
NA DAS WILL ICH SEHEN!
PRÜGEL
KICK
TRAMPEL
KEUCH
ZACK

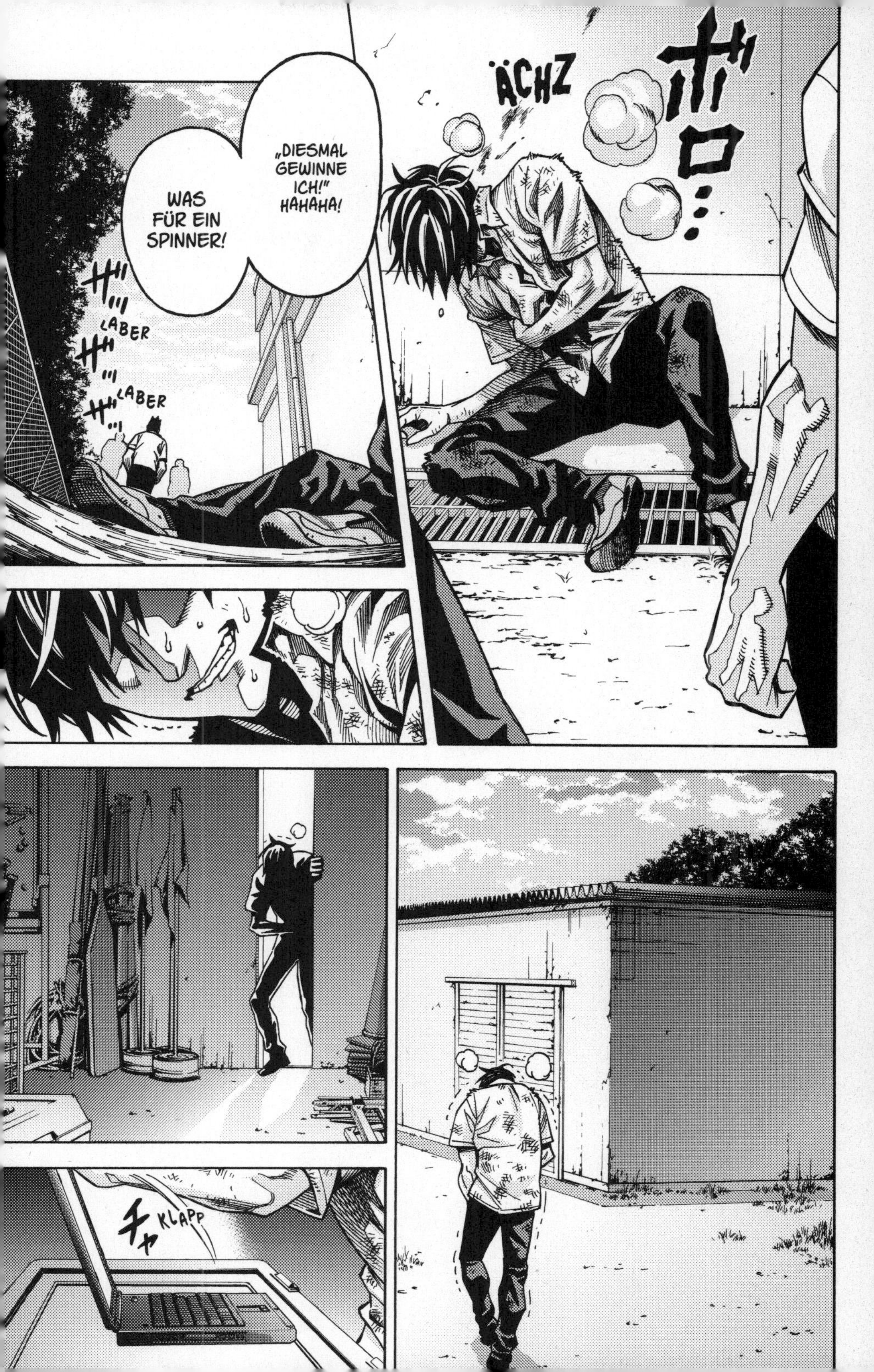
ÄCHZ
„DIESMAL GEWINNE ICH!" HAHAHA!
WAS FÜR EIN SPINNER!
LABER
LABER
KLAPP

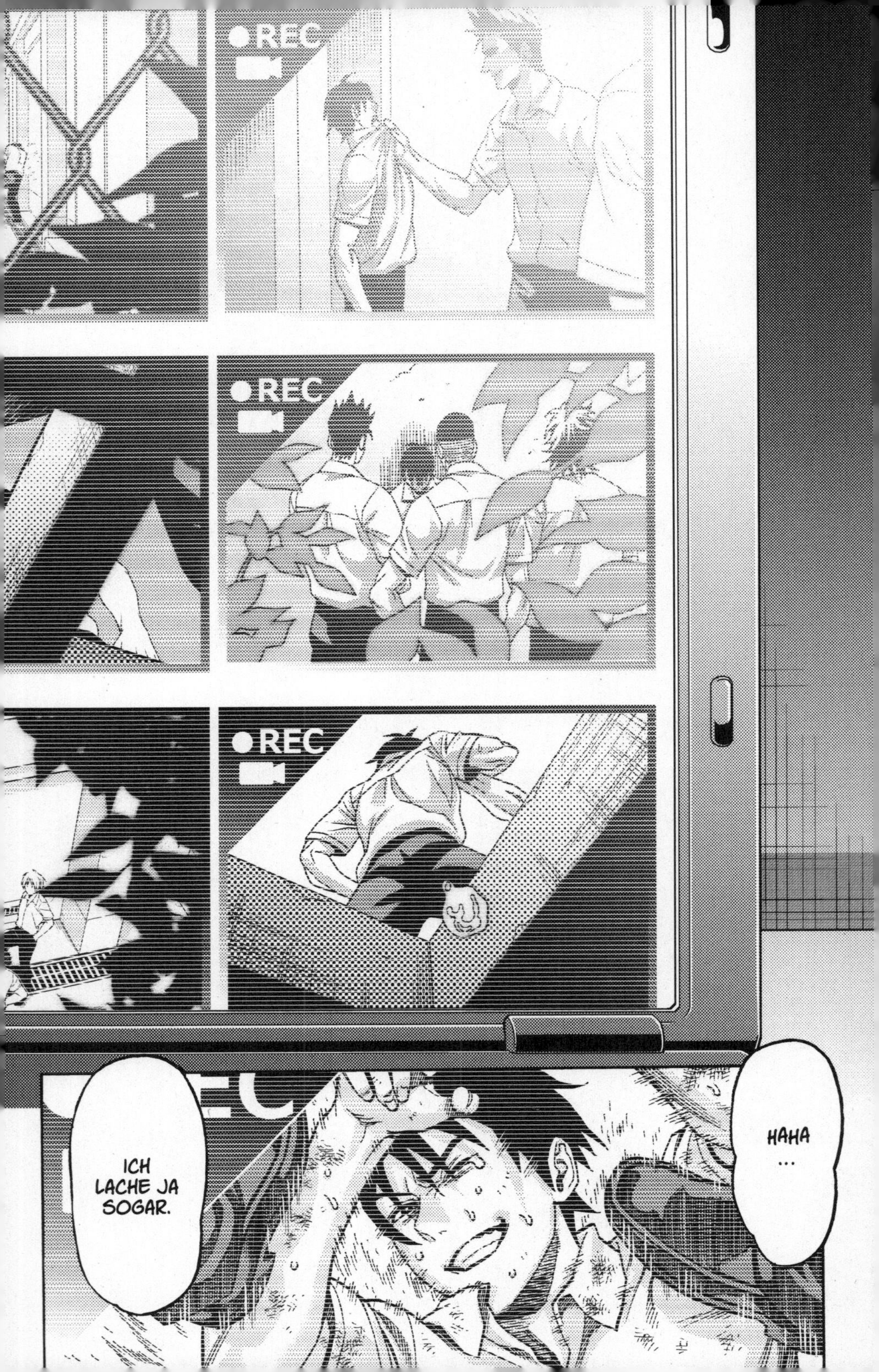
●REC
●REC
●REC
HAHA …
ICH LACHE JA SOGAR.

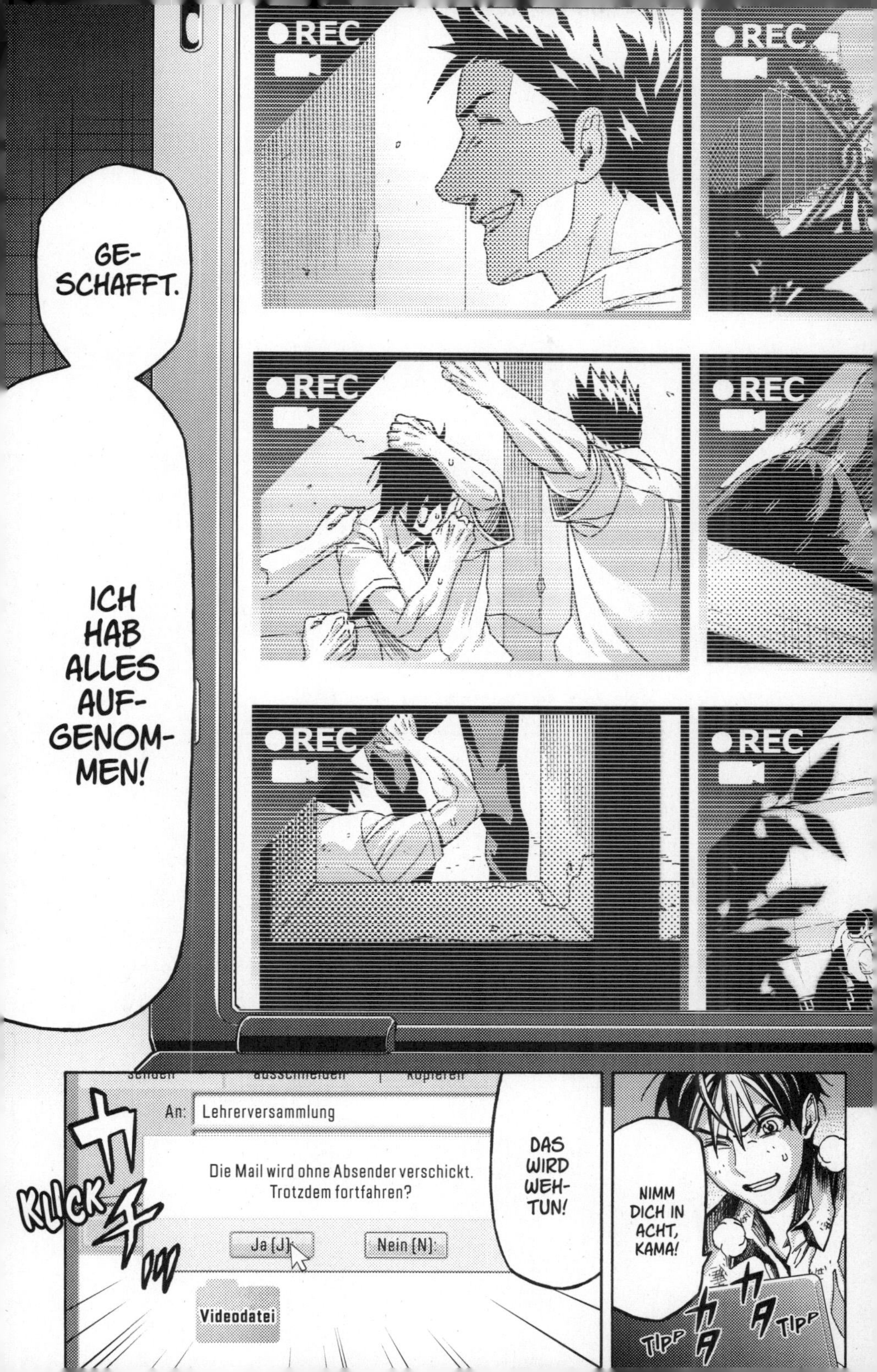

REC
GE-SCHAFFT.
ICH HAB ALLES AUF-GENOM-MEN!
An: Lehrerversammlung
Die Mail wird ohne Absender verschickt.
Trotzdem fortfahren?
Ja [J]
Nein [N]
Videodatei
KLICK
DAS WIRD WEH-TUN!
NIMM DICH IN ACHT, KAMA!
TIPP
TIPP

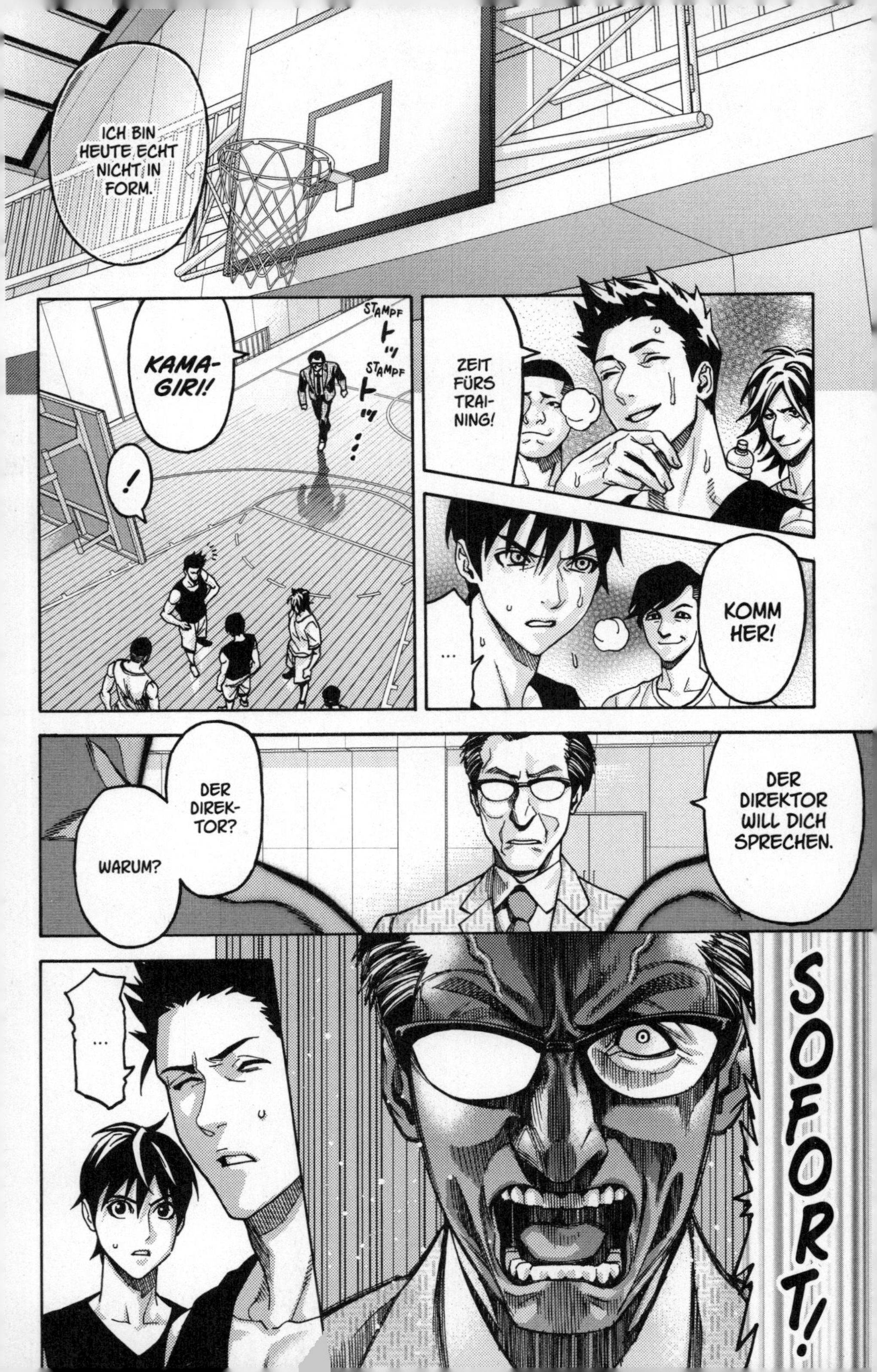
ICH BIN HEUTE ECHT NICHT IN FORM.
ZEIT FÜRS TRAINING!
KAMAGIRI!
STAMPF
STAMPF
!
KOMM HER!
...
DER DIREKTOR WILL DICH SPRECHEN.
DER DIREKTOR?
WARUM?
SOFORT!
...

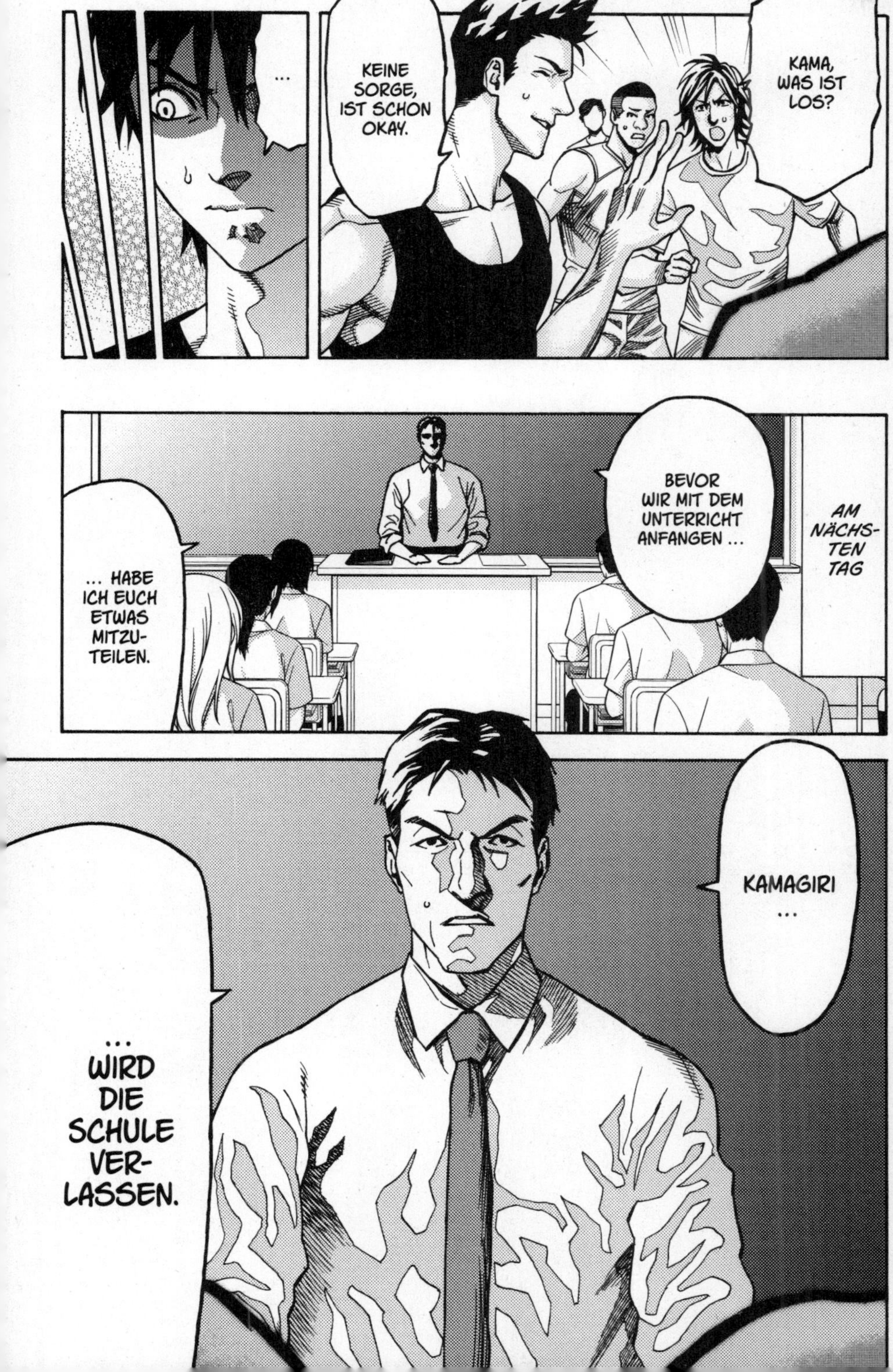

KAMA, WAS IST LOS?
KEINE SORGE, IST SCHON OKAY.
...
AM NÄCHSTEN TAG
BEVOR WIR MIT DEM UNTERRICHT ANFANGEN ...
... HABE ICH EUCH ETWAS MITZUTEILEN.
KAMAGIRI ...
... WIRD DIE SCHULE VERLASSEN.

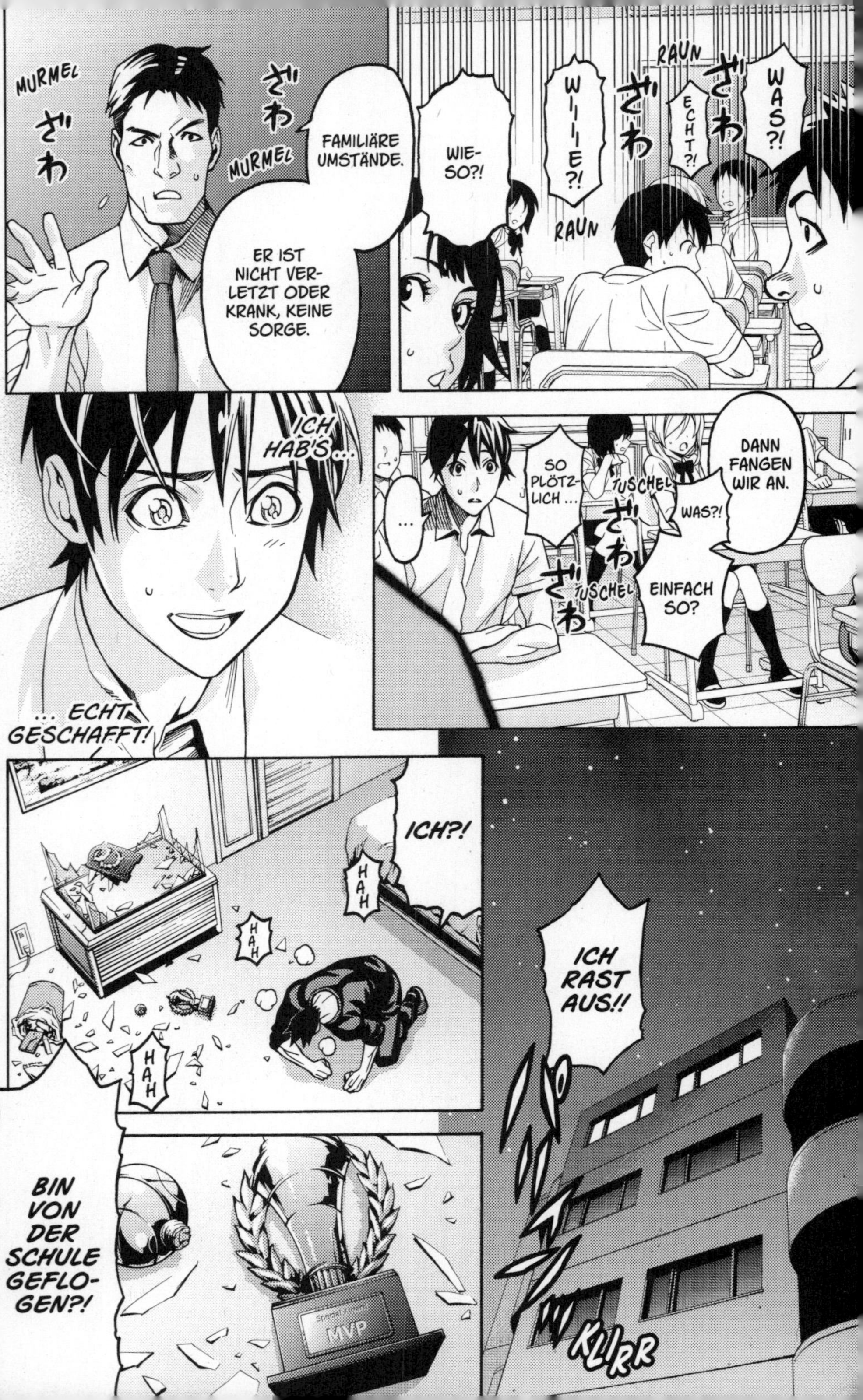
WAS?!
ざわ
ECHT?!
ざわ
RAUN
W-I-I-I-E?!
RAUN
WIE-SO?!
FAMILIÄRE UMSTÄNDE.
ER IST NICHT VERLETZT ODER KRANK, KEINE SORGE.
MURMEL
ざわ
MURMEL
ざわ
DANN FANGEN WIR AN.
WAS?!
EINFACH SO?
TUSCHEL
ざわ
TUSCHEL
ざわ
SO PLÖTZLICH ...
...
ICH HAB'S ...
... ECHT GESCHAFFT!
ICH?!
HAH
HAH
HAH
BIN VON DER SCHULE GEFLOGEN?!
MVP
ICH RAST AUS!!
KLIRR

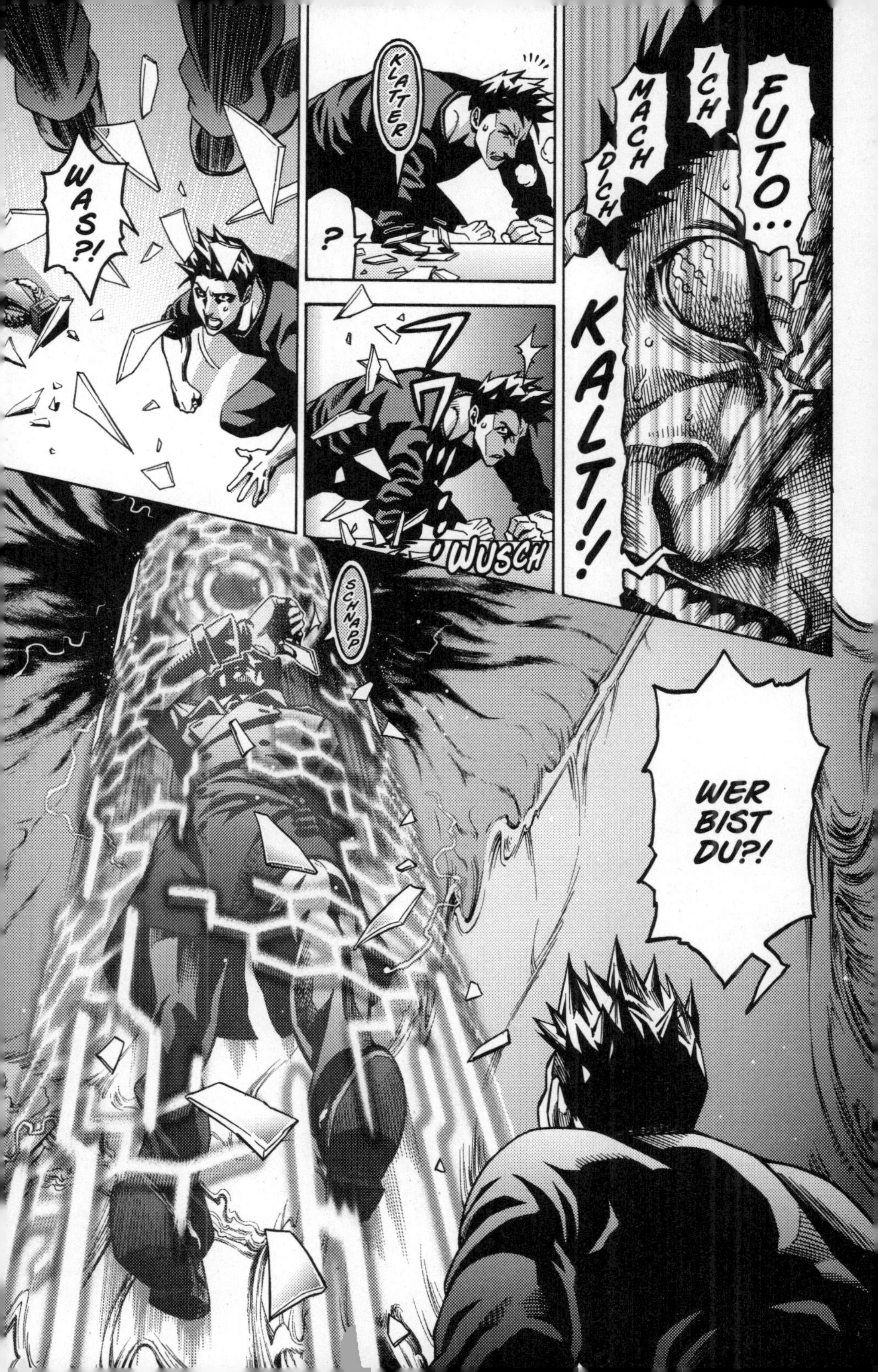
FUTO...
ICH MACH DICH KALT!!
KLATTER
?
WUSCH
WAS?!
SCHNAPP
WER BIST DU?!

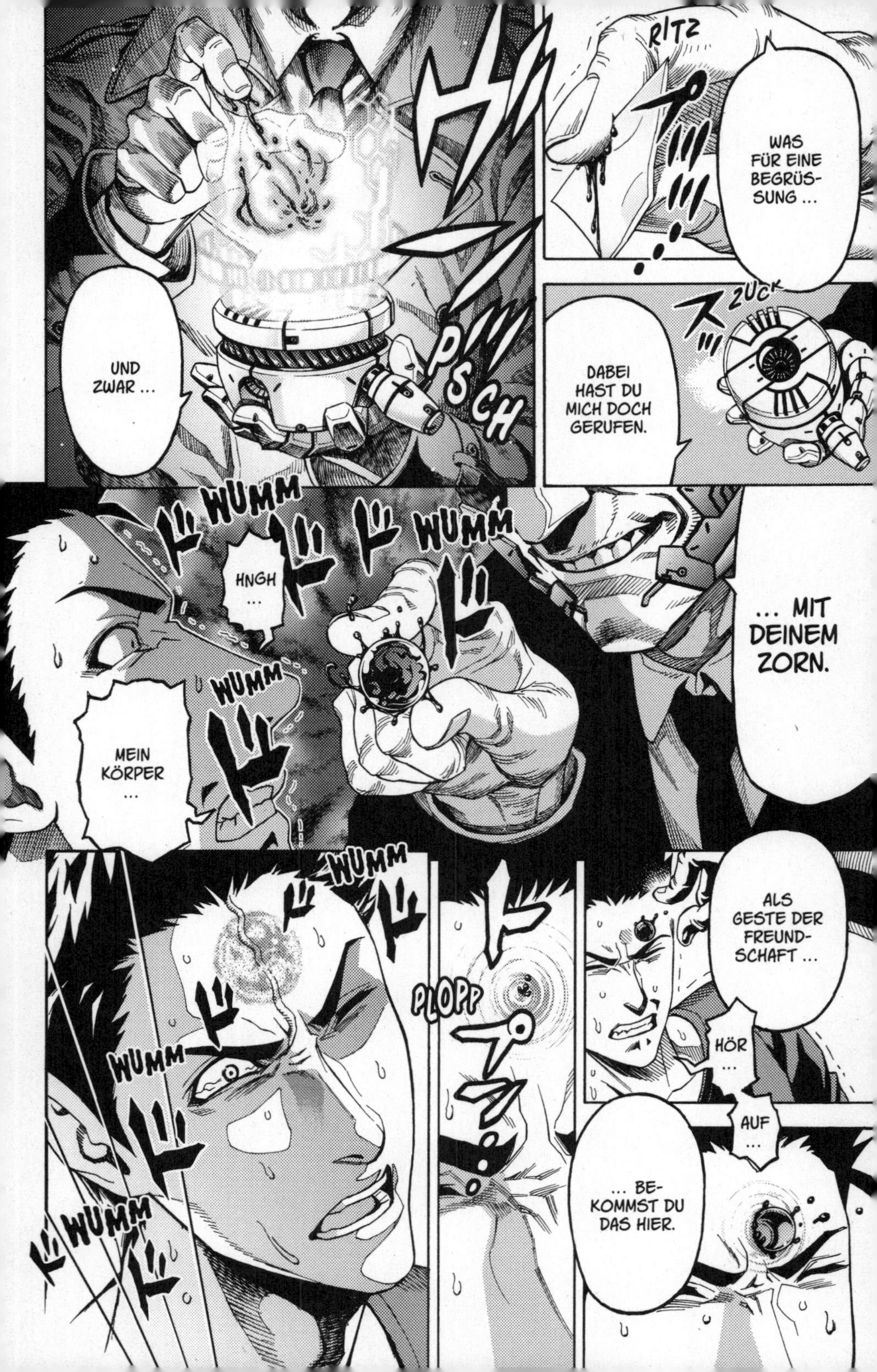
RITZ
WAS FÜR EINE BEGRÜS-SUNG …
ZUCK
DABEI HAST DU MICH DOCH GERUFEN.
PSCH
UND ZWAR …
… MIT DEINEM ZORN.
WUMM
WUMM
HNGH …
WUMM
MEIN KÖRPER …
ALS GESTE DER FREUND-SCHAFT …
HÖR …
AUF …
… BE-KOMMST DU DAS HIER.
PLOPP
WUMM
WUMM
WUMM

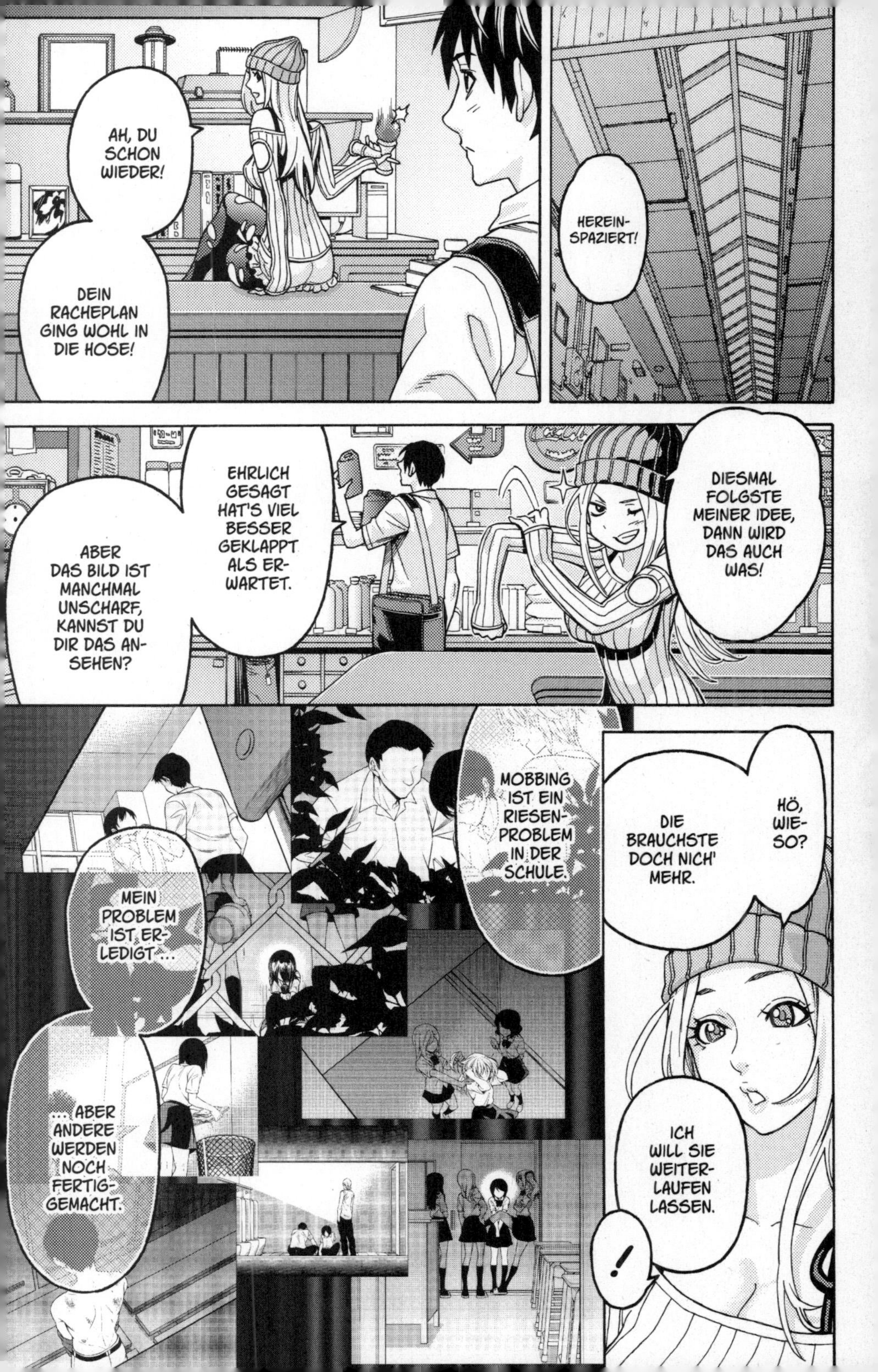
HEREIN-SPAZIERT!
AH, DU SCHON WIEDER!
DEIN RACHEPLAN GING WOHL IN DIE HOSE!
DIESMAL FOLGSTE MEINER IDEE, DANN WIRD DAS AUCH WAS!
EHRLICH GESAGT HAT'S VIEL BESSER GEKLAPPT ALS ER-WARTET.
ABER DAS BILD IST MANCHMAL UNSCHARF, KANNST DU DIR DAS AN-SEHEN?
HÖ, WIE-SO?
DIE BRAUCHSTE DOCH NICH' MEHR.
ICH WILL SIE WEITER-LAUFEN LASSEN.
!
MOBBING IST EIN RIESEN-PROBLEM IN DER SCHULE.
MEIN PROBLEM IST ER-LEDIGT ...
... ABER ANDERE WERDEN NOCH FERTIG-GEMACHT.

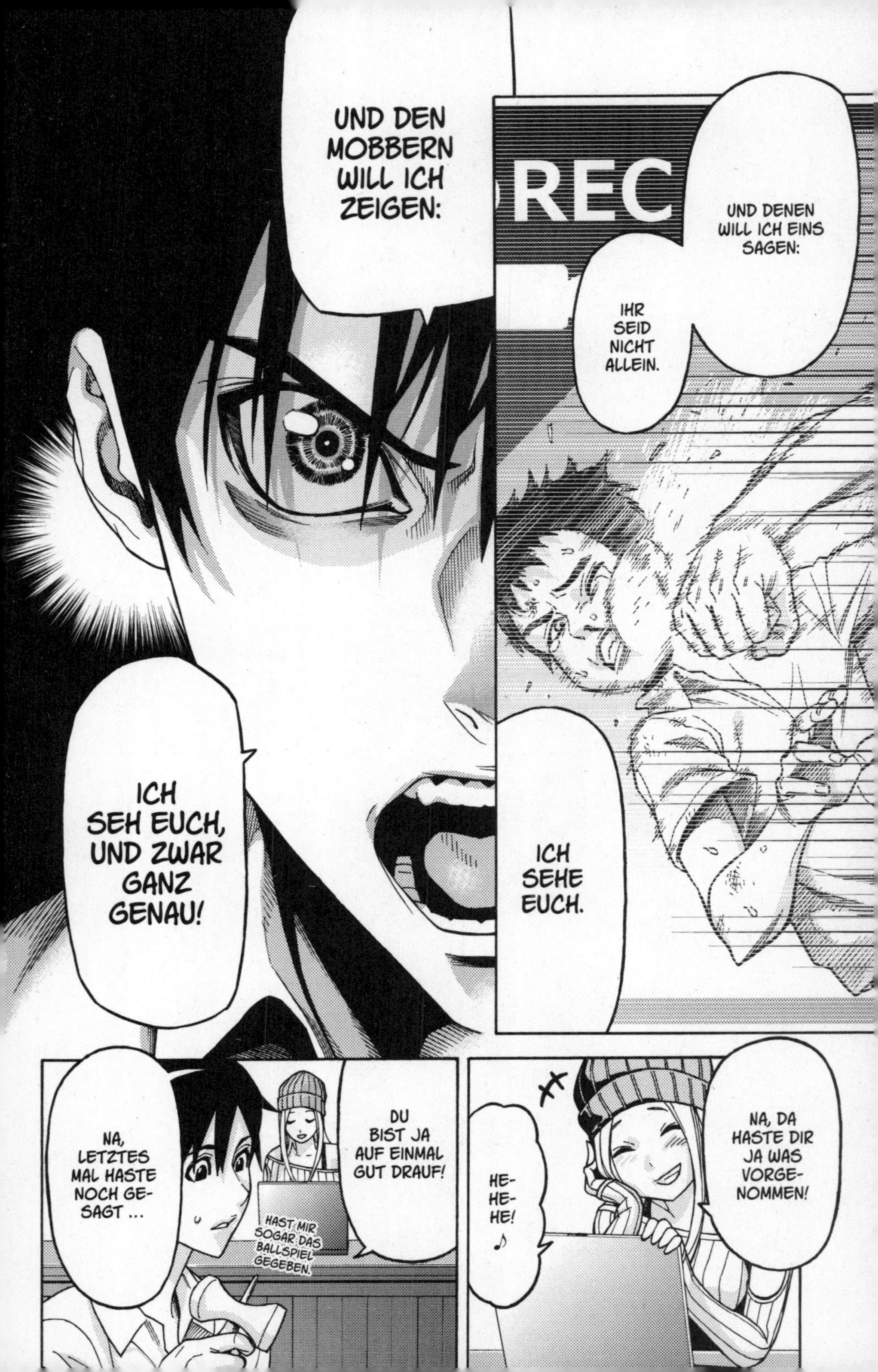

UND DENEN WILL ICH EINS SAGEN:
IHR SEID NICHT ALLEIN.
ICH SEHE EUCH.
UND DEN MOBBERN WILL ICH ZEIGEN:
ICH SEH EUCH, UND ZWAR GANZ GENAU!
REC
NA, DA HASTE DIR JA WAS VORGE-NOMMEN!
HE-HE-HE! ♪
DU BIST JA AUF EINMAL GUT DRAUF!
HAST MIR SOGAR DAS BALLSPIEL GEGEBEN.
NA, LETZTES MAL HASTE NOCH GE-SAGT …

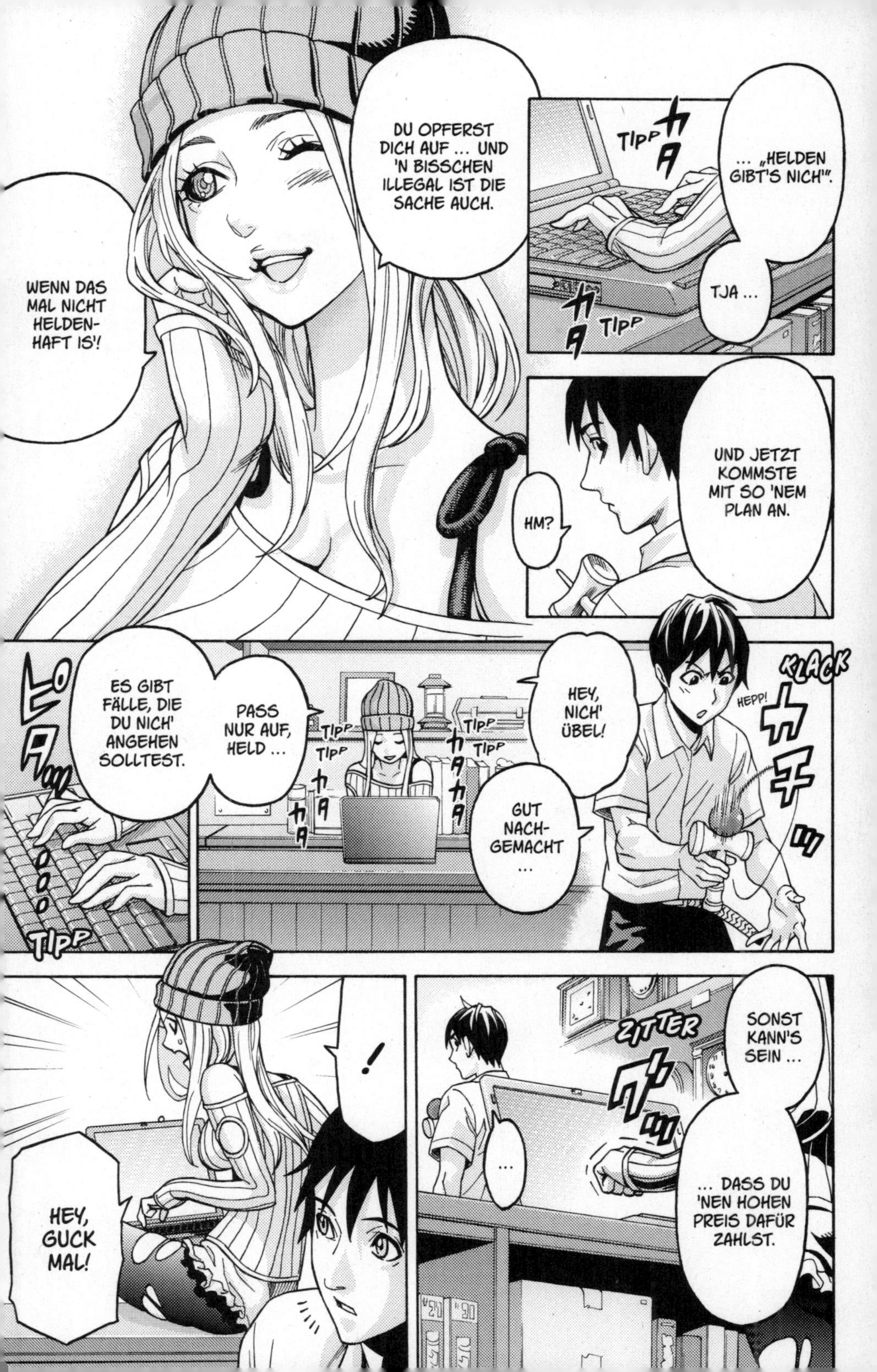
… „HELDEN GIBT'S NICH'".
TIPP
TJA …
TIPP
DU OPFERST DICH AUF … UND 'N BISSCHEN ILLEGAL IST DIE SACHE AUCH.
WENN DAS MAL NICHT HELDEN-HAFT IS'!
UND JETZT KOMMSTE MIT SO 'NEM PLAN AN.
HM?
KLACK
HEPP!
HEY, NICH' ÜBEL!
GUT NACH-GEMACHT …
TIPP
TIPP
TIPP
TIPP
PASS NUR AUF, HELD …
ES GIBT FÄLLE, DIE DU NICH' ANGEHEN SOLLTEST.
TIPP
SONST KANN'S SEIN …
ZITTER
… DASS DU 'NEN HOHEN PREIS DAFÜR ZAHLST.
…
!
HEY, GUCK MAL!

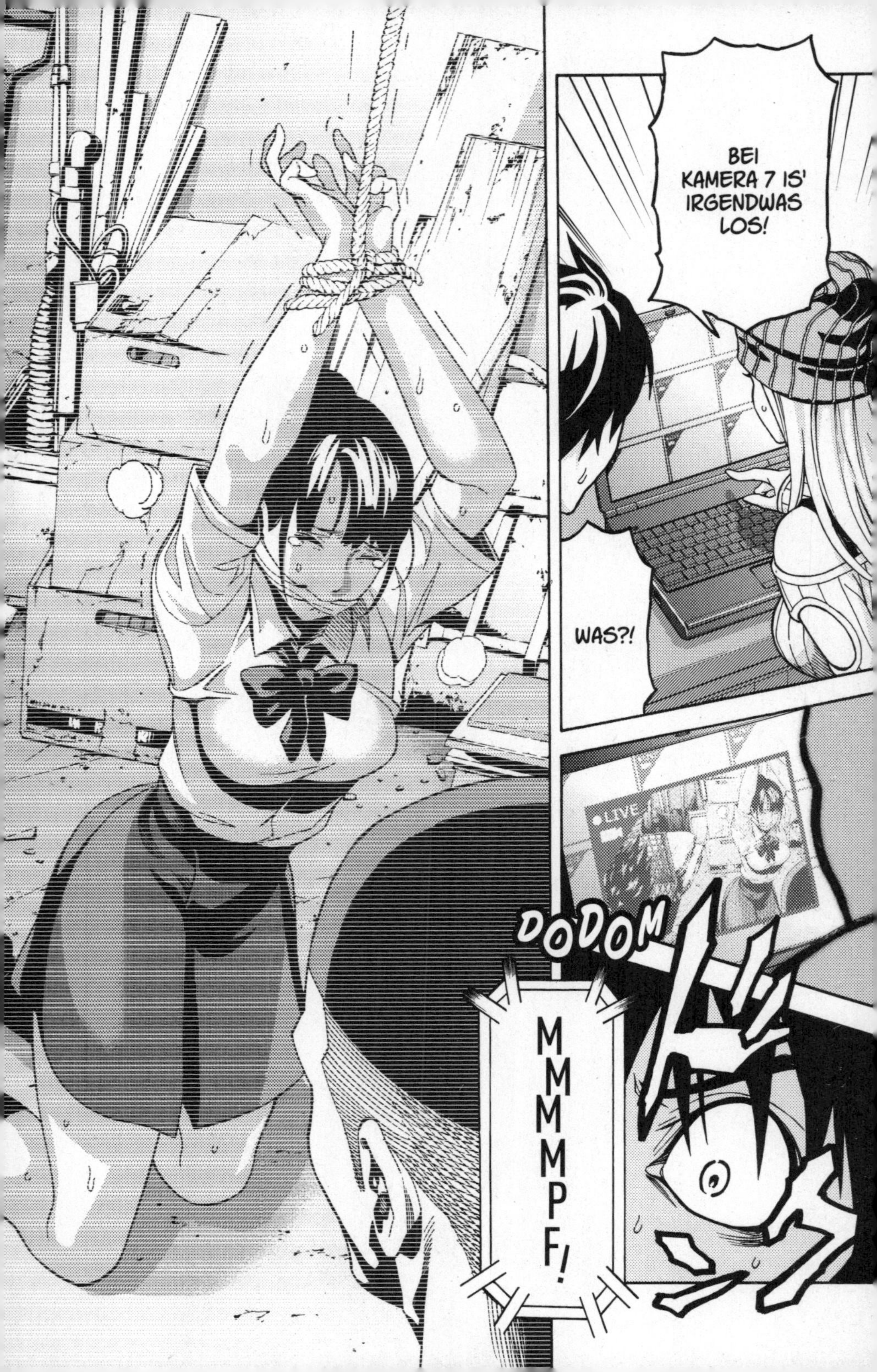

BEI KAMERA 7 IS' IRGENDWAS LOS!
WAS?!
LIVE
DODOM
MMMMPF!

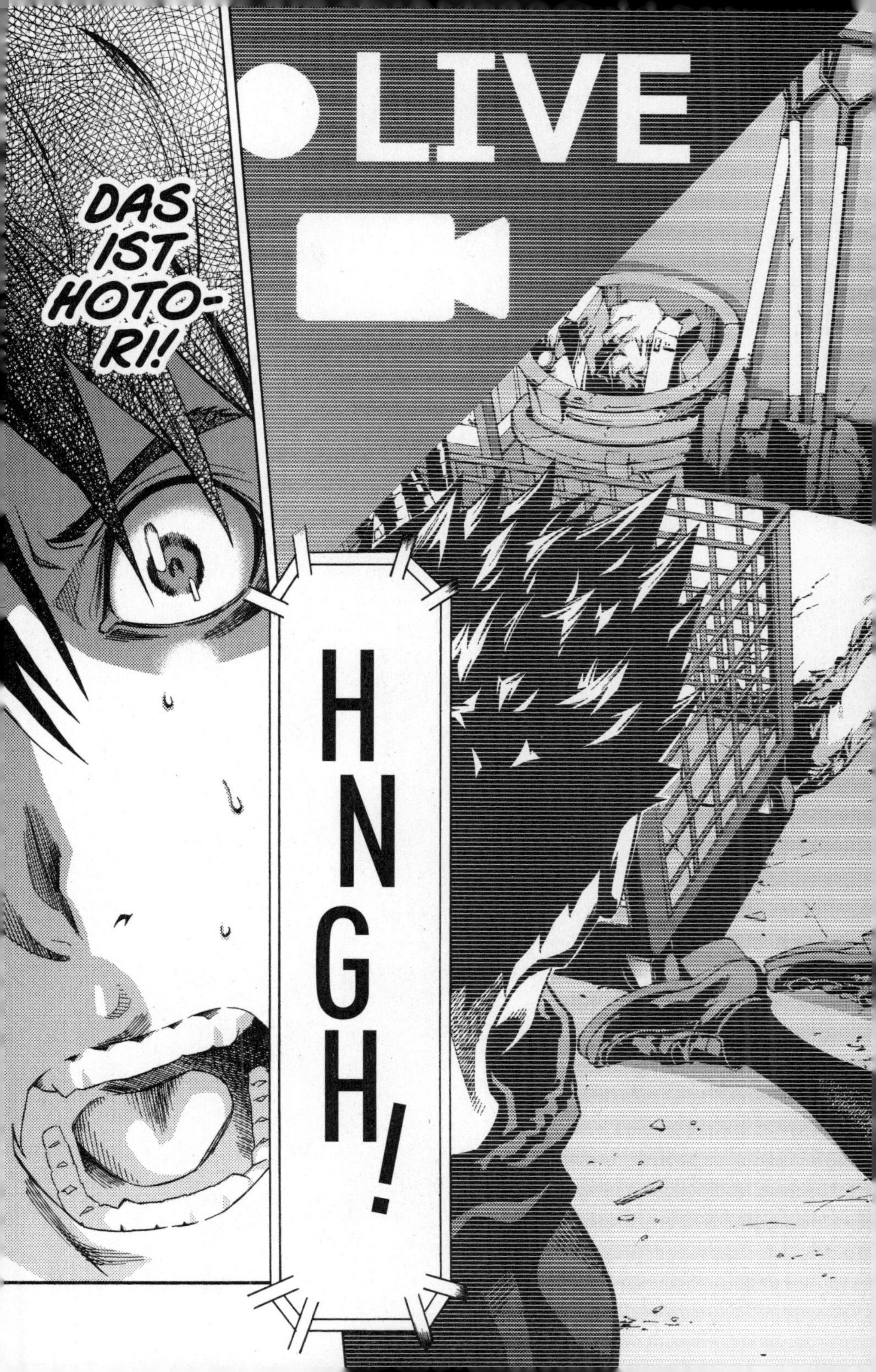
LIVE
DAS IST HOTO-RI!
HNGH!

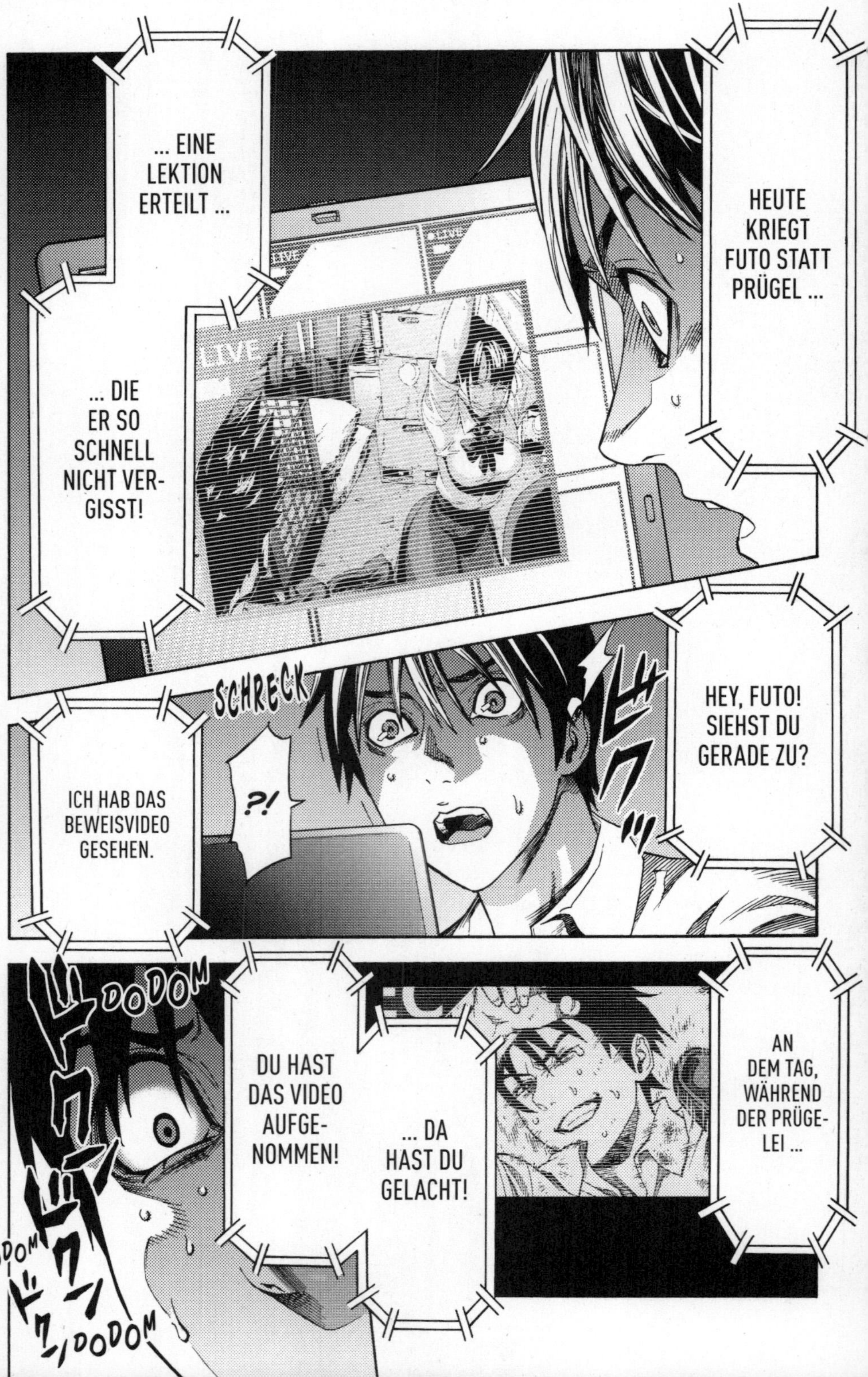
HEUTE KRIEGT FUTO STATT PRÜGEL ...
... EINE LEKTION ERTEILT ...
LIVE
... DIE ER SO SCHNELL NICHT VER-GISST!
HEY, FUTO! SIEHST DU GERADE ZU?
SCHRECK
?!
ICH HAB DAS BEWEISVIDEO GESEHEN.
AN DEM TAG, WÄHREND DER PRÜGE-LEI ...
... DA HAST DU GELACHT!
DU HAST DAS VIDEO AUFGE-NOMMEN!
DODOM
DODOM
DODOM

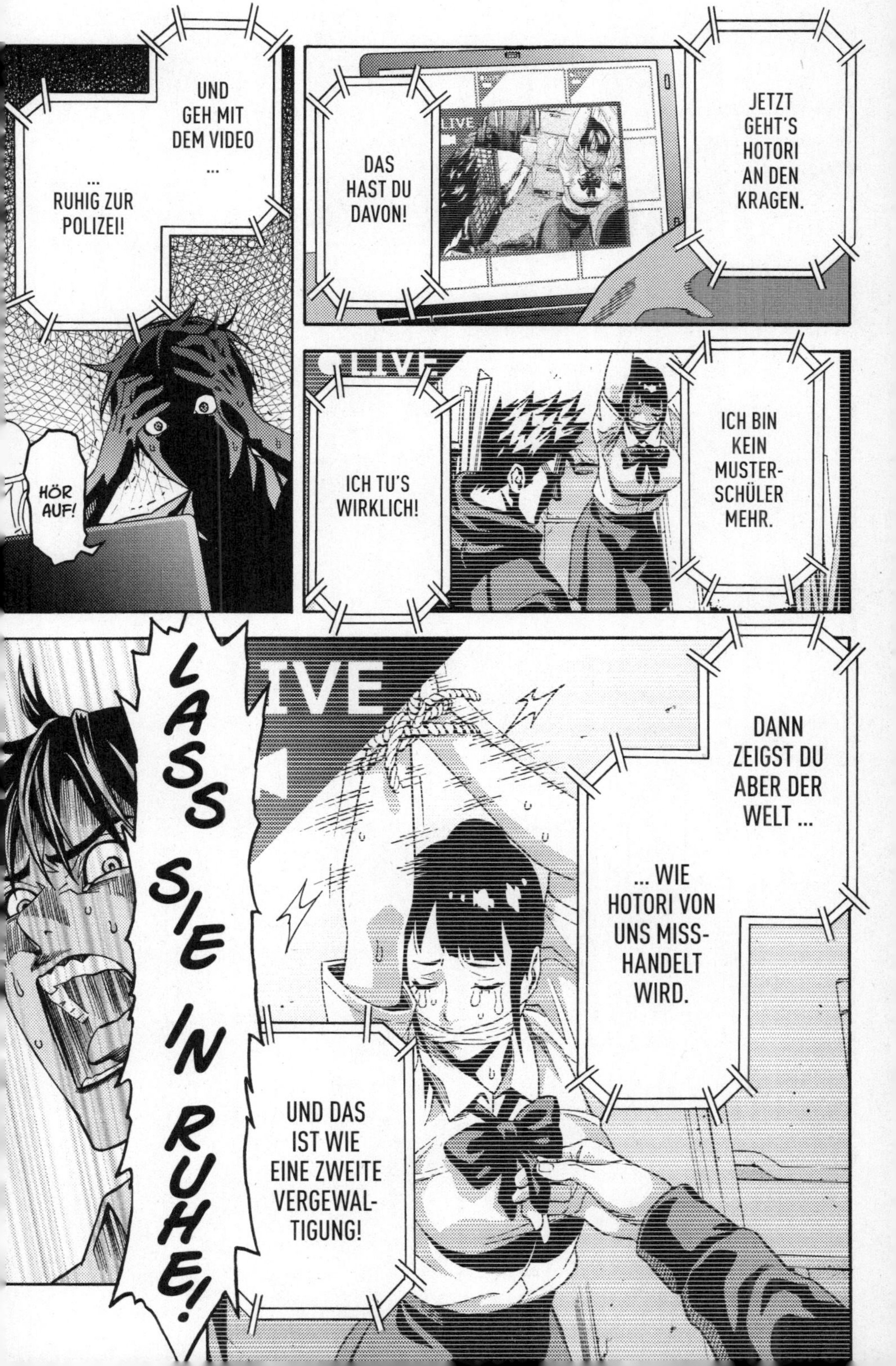
JETZT GEHT'S HOTORI AN DEN KRAGEN.
DAS HAST DU DAVON!
LIVE
UND GEH MIT DEM VIDEO ...
... RUHIG ZUR POLIZEI!
ICH BIN KEIN MUSTER-SCHÜLER MEHR.
ICH TU'S WIRKLICH!
LIVE
HÖR AUF!
DANN ZEIGST DU ABER DER WELT ...
... WIE HOTORI VON UNS MISS-HANDELT WIRD.
IVE
UND DAS IST WIE EINE ZWEITE VERGEWAL-TIGUNG!
LASS SIE IN RUHE!

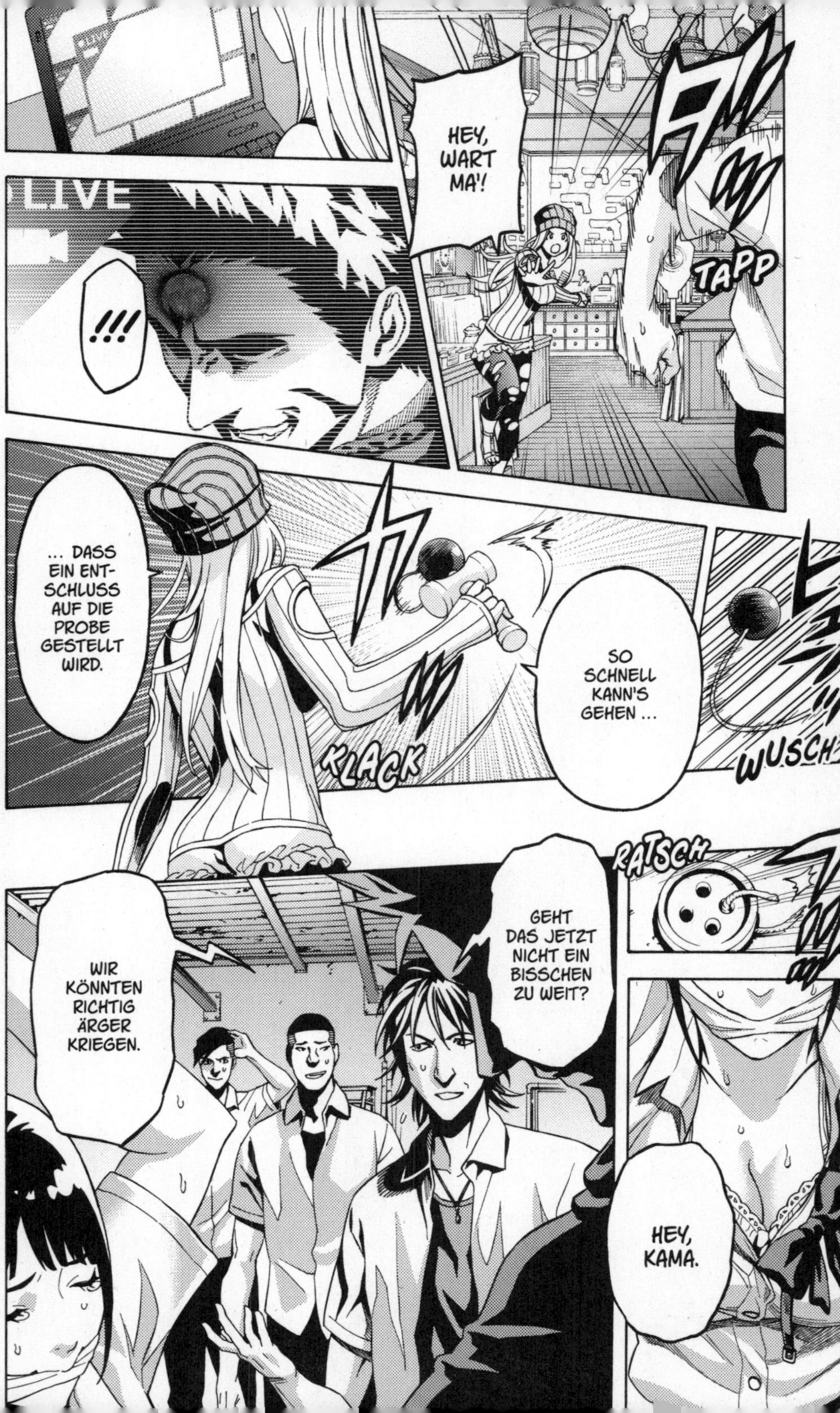
HEY, WART MA'!
TAPP
LIVE
!!!
WUSCH
SO SCHNELL KANN'S GEHEN ...
KLACK
... DASS EIN ENT-SCHLUSS AUF DIE PROBE GESTELLT WIRD.
RATSCH
HEY, KAMA.
GEHT DAS JETZT NICHT EIN BISSCHEN ZU WEIT?
WIR KÖNNTEN RICHTIG ÄRGER KRIEGEN.

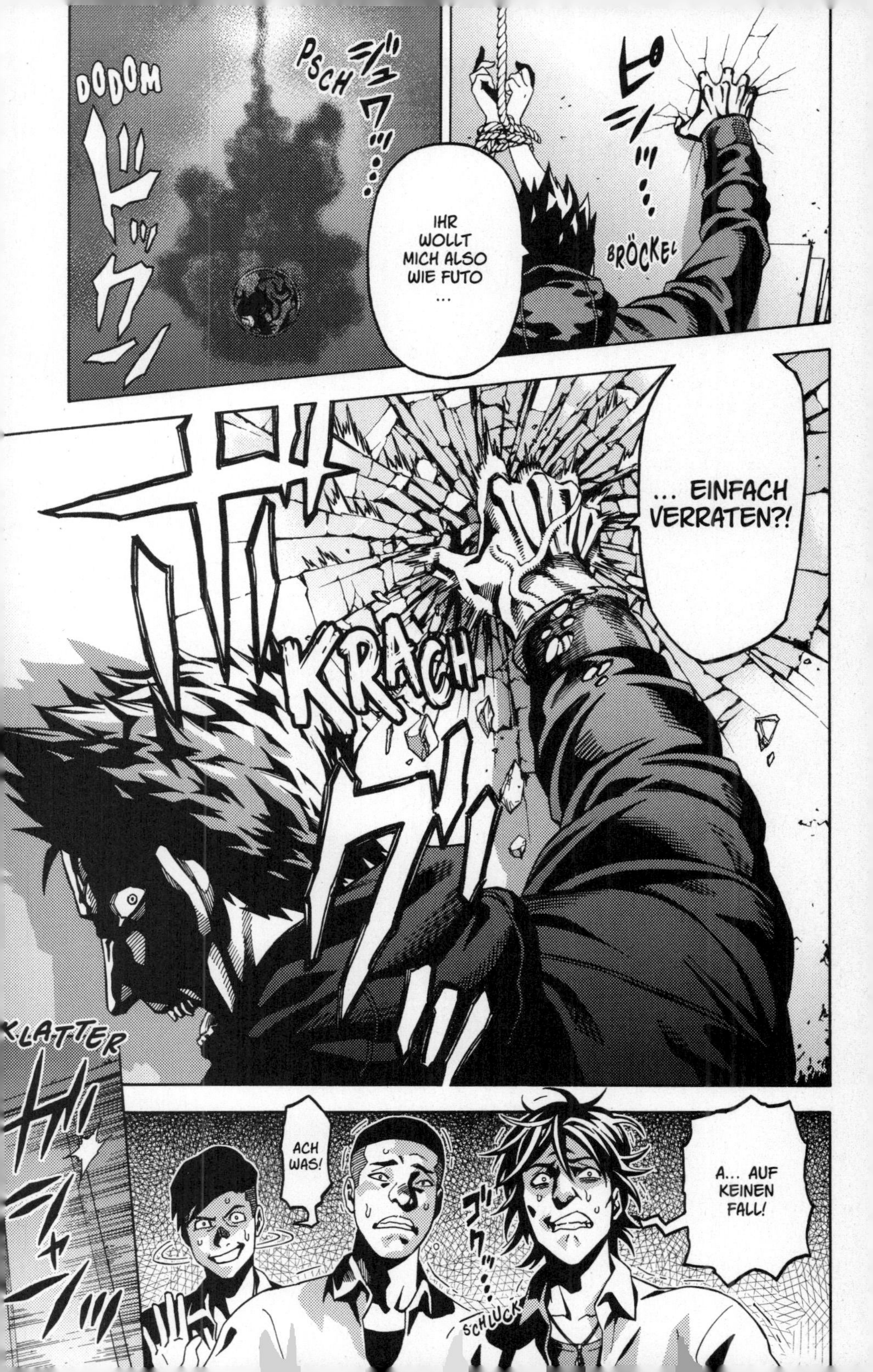
BRÖCKEL
IHR WOLLT MICH ALSO WIE FUTO …
PSCH
DODOM
… EINFACH VERRATEN?!
KRACH
KLATTER
A… AUF KEINEN FALL!
SCHLUCK
ACH WAS!

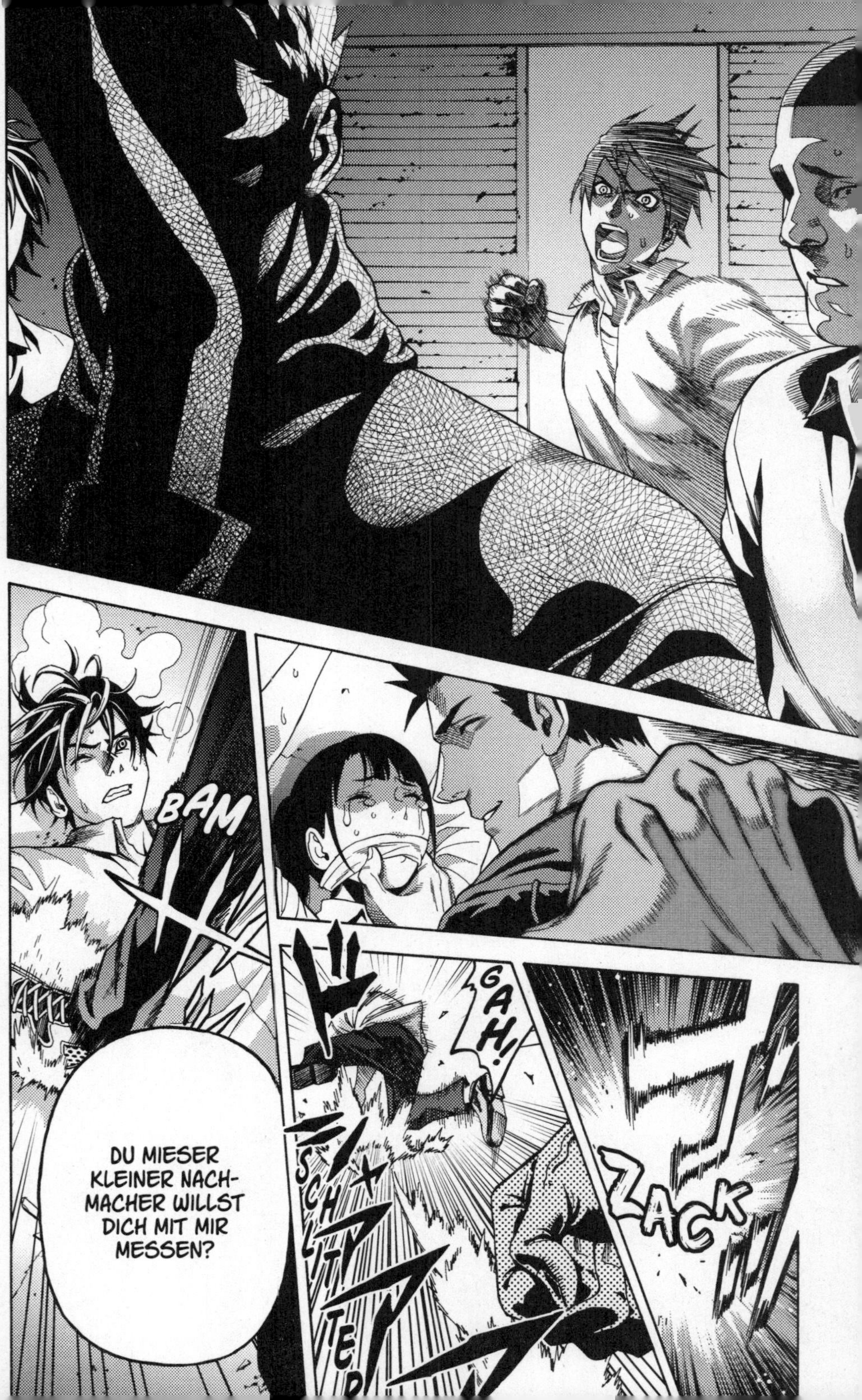

BAM
GAH!
ZACK
SCHLITTER
DU MIESER KLEINER NACH-MACHER WILLST DICH MIT MIR MESSEN?

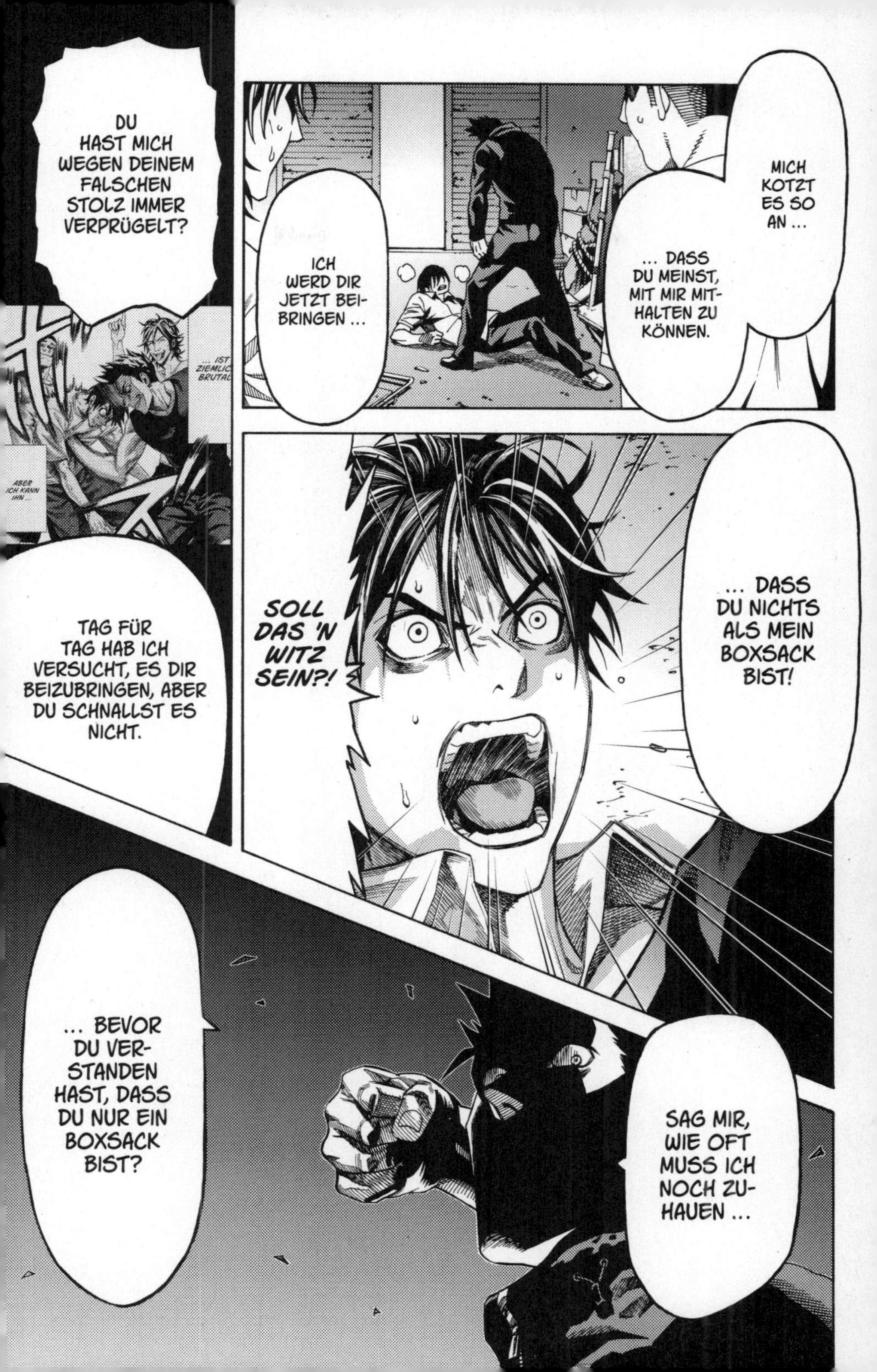
MICH KOTZT ES SO AN …
… DASS DU MEINST, MIT MIR MITHALTEN ZU KÖNNEN.
ICH WERD DIR JETZT BEIBRINGEN …
DU HAST MICH WEGEN DEINEM FALSCHEN STOLZ IMMER VERPRÜGELT?
… IST ZIEMLIC BRUTAL
ABER ICH KANN IHN …
… DASS DU NICHTS ALS MEIN BOXSACK BIST!
SOLL DAS 'N WITZ SEIN?!
TAG FÜR TAG HAB ICH VERSUCHT, ES DIR BEIZUBRINGEN, ABER DU SCHNALLST ES NICHT.
SAG MIR, WIE OFT MUSS ICH NOCH ZUHAUEN …
… BEVOR DU VERSTANDEN HAST, DASS DU NUR EIN BOXSACK BIST?

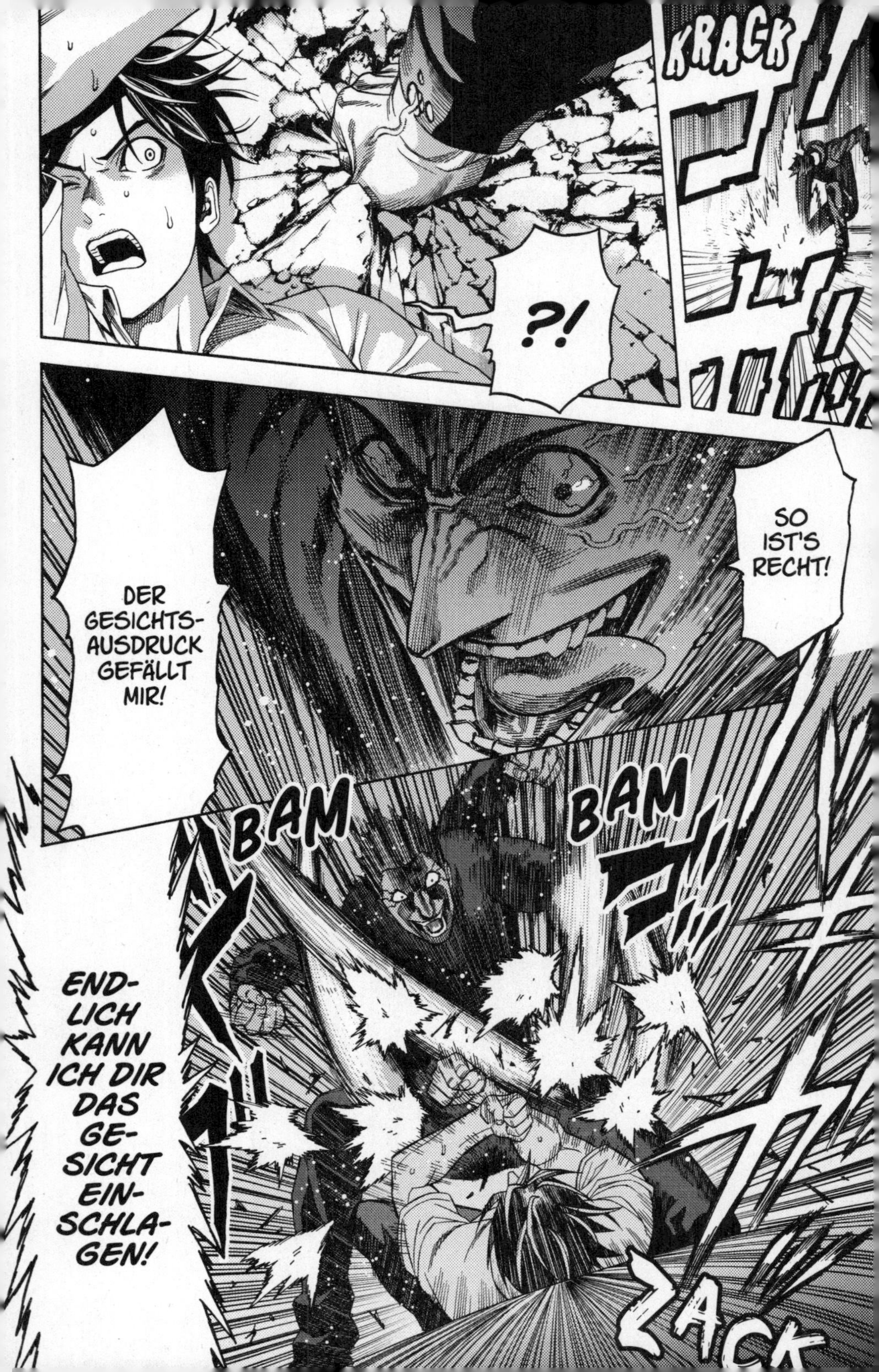
KRACK
?!
SO IST'S RECHT!
DER GESICHTS-AUSDRUCK GEFÄLLT MIR!
BAM
BAM
ENDLICH KANN ICH DIR DAS GE-SICHT EIN-SCHLA-GEN!
ZACK

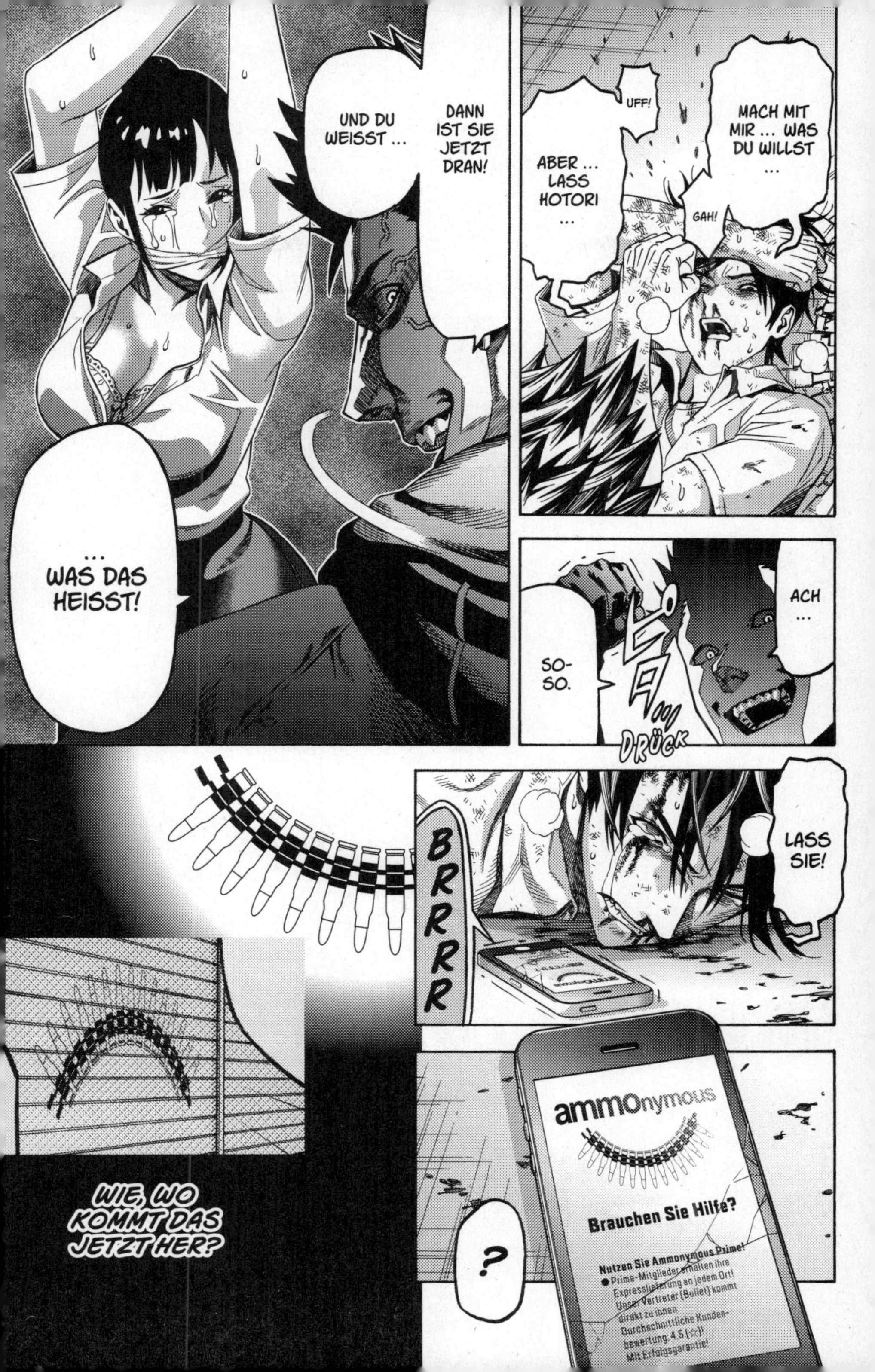
UFF!
MACH MIT MIR … WAS DU WILLST …
GAH!
ABER … LASS HOTORI …
DANN IST SIE JETZT DRAN!
UND DU WEISST …
… WAS DAS HEISST!
ACH …
SO-SO.
DRÜCK
LASS SIE!
BRRRR
WIE, WO KOMMT DAS JETZT HER?
ammOnymous
Brauchen Sie Hilfe?
Nutzen Sie Ammonymous Prime!
Prime-Mitglieder erhalten ihre Expresslieferung an jedem Ort! Unser Vertreter [Bullet] kommt direkt zu Ihnen
Durchschnittliche Kundenbewertung 4.5 [☆]!
Mit Erfolgsgarantie!
?

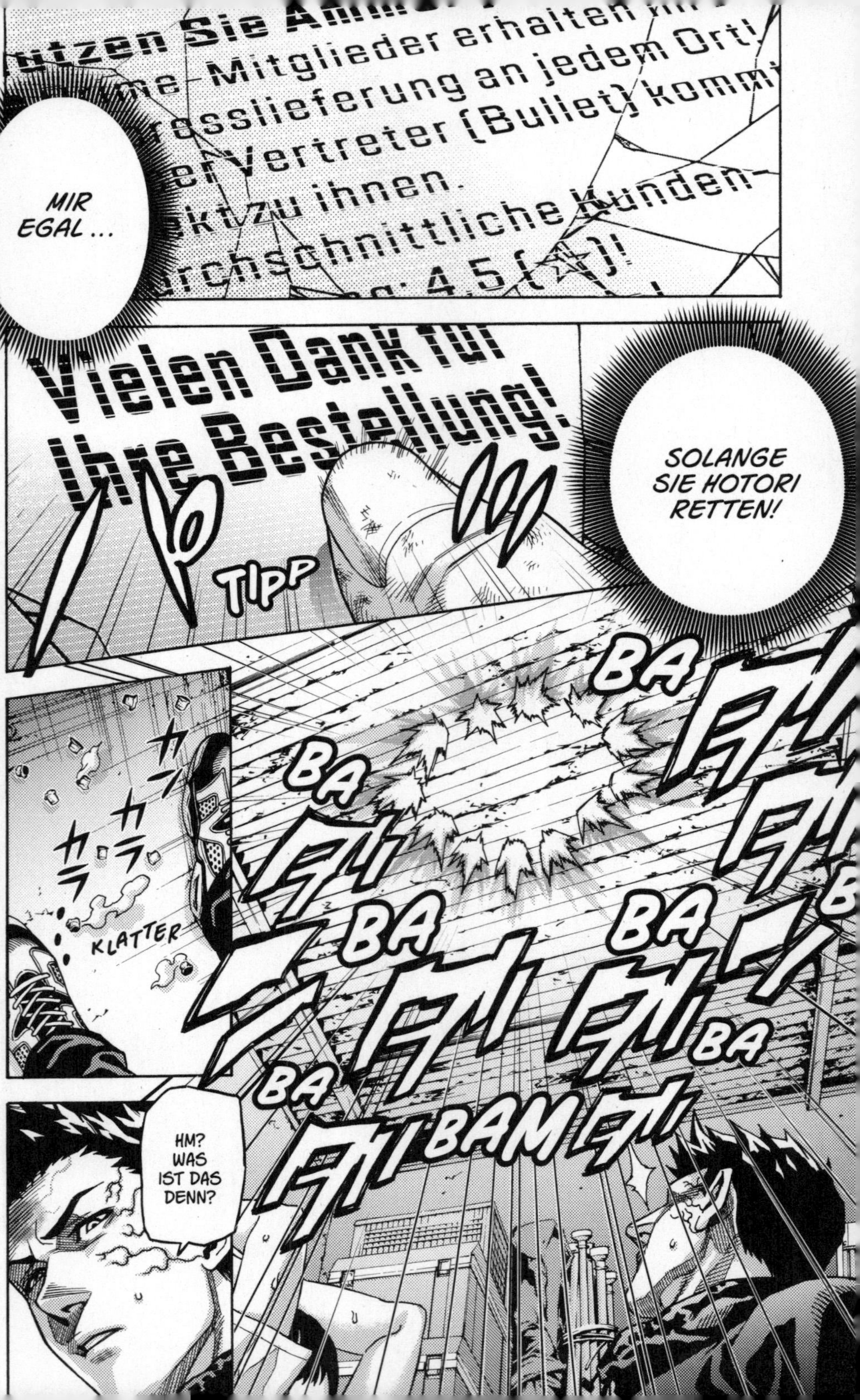
utzen Sie Amm
me-Mitglieder erhalten
resslieferung an jedem Ort!
er Vertreter (Bullet) komm
ktzu ihnen.
rchschnittliche Kunden-
4.5 ( )!
MIR EGAL …
SOLANGE SIE HOTORI RETTEN!
Vielen Dank für Ihre Bestellung!
TIPP
BA BA BA BA BA BA BA BAM
KLATTER
カン カラ カラ
HM? WAS IST DAS DENN?

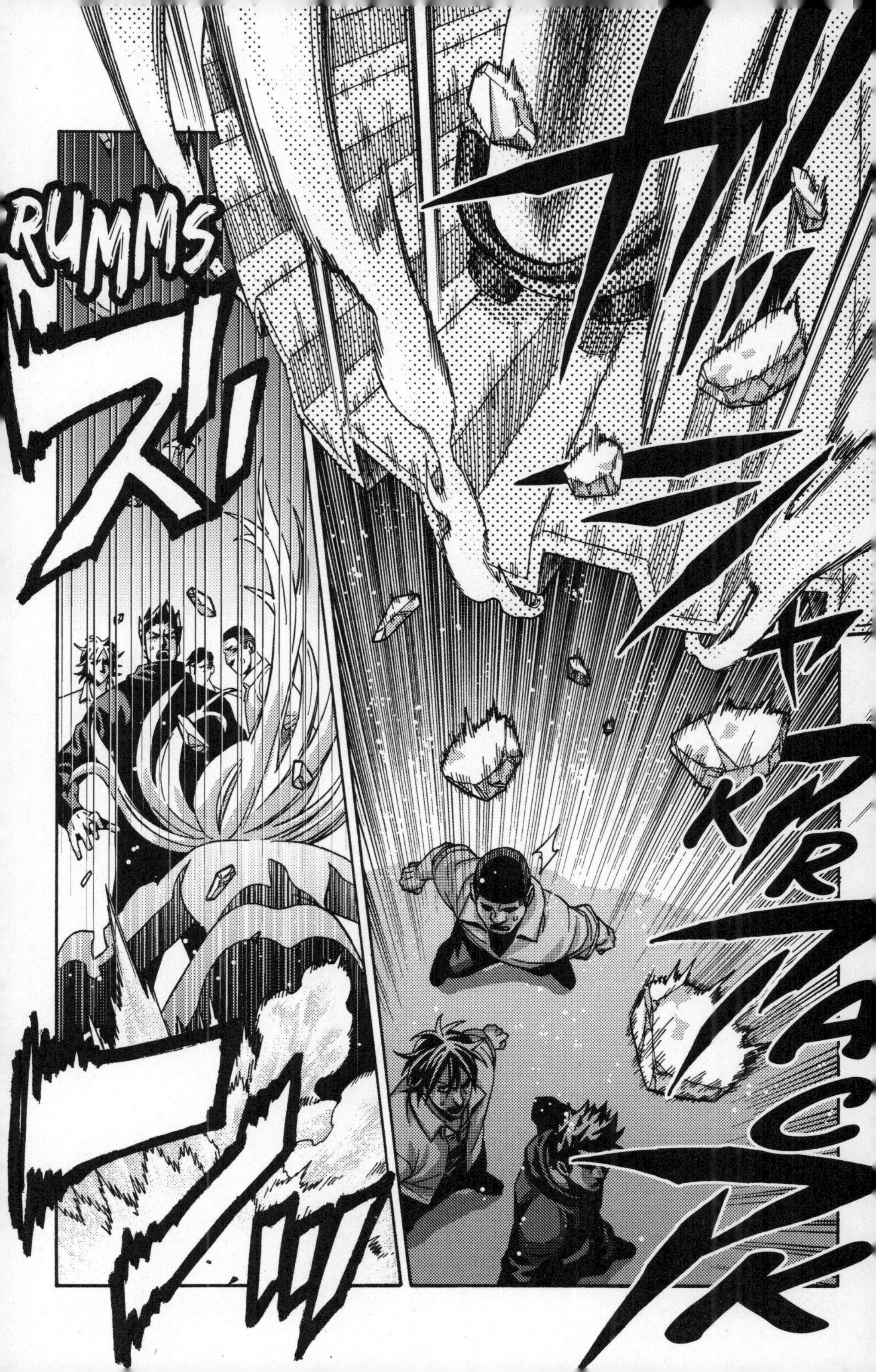
RUMMS.
KRRACK

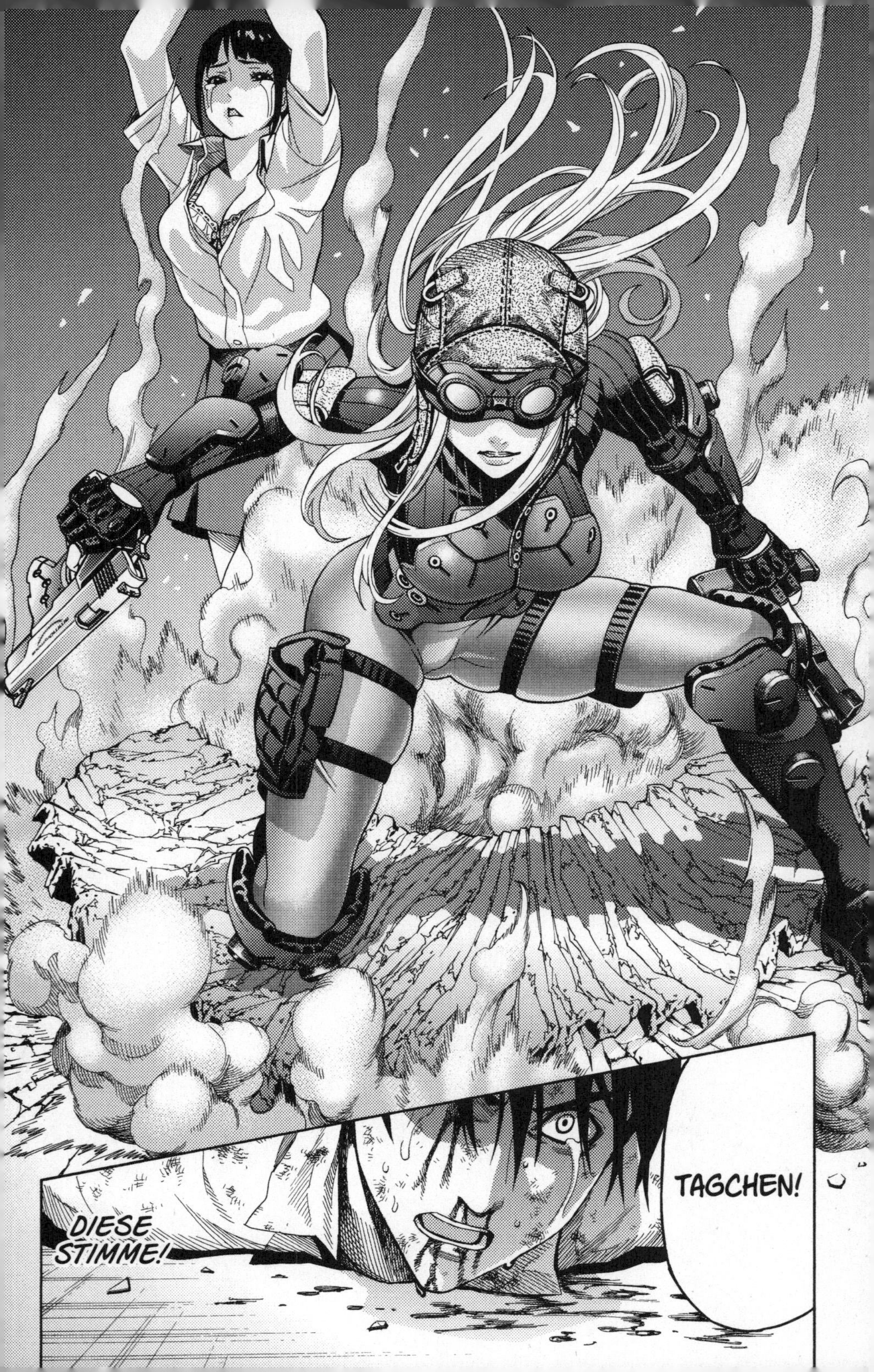
TAGCHEN!
DIESE STIMME!

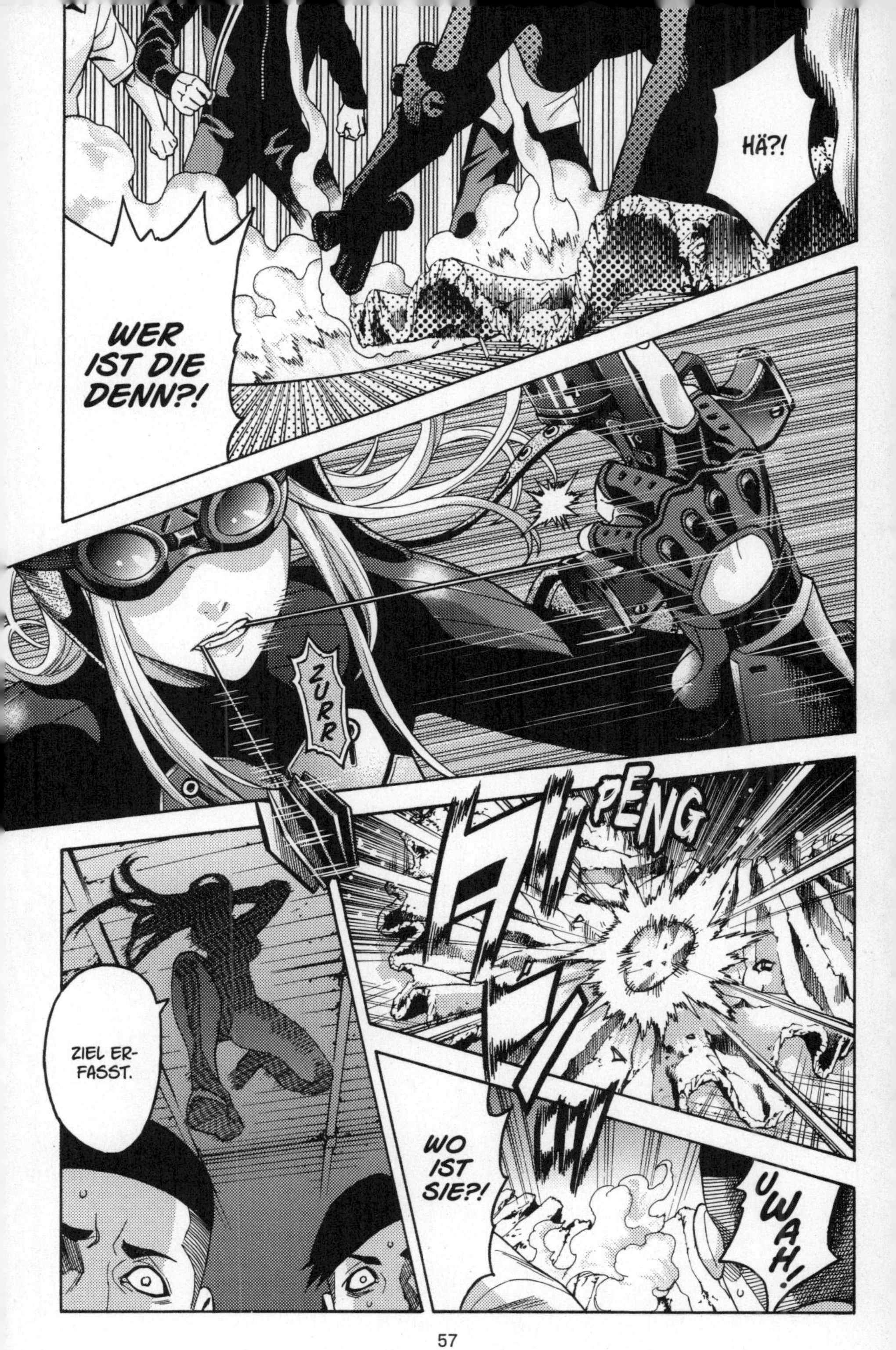
HÄ?!
WER IST DIE DENN?!
ZURR
PENG
ZIEL ERFASST.
WO IST SIE?!
UWAH!

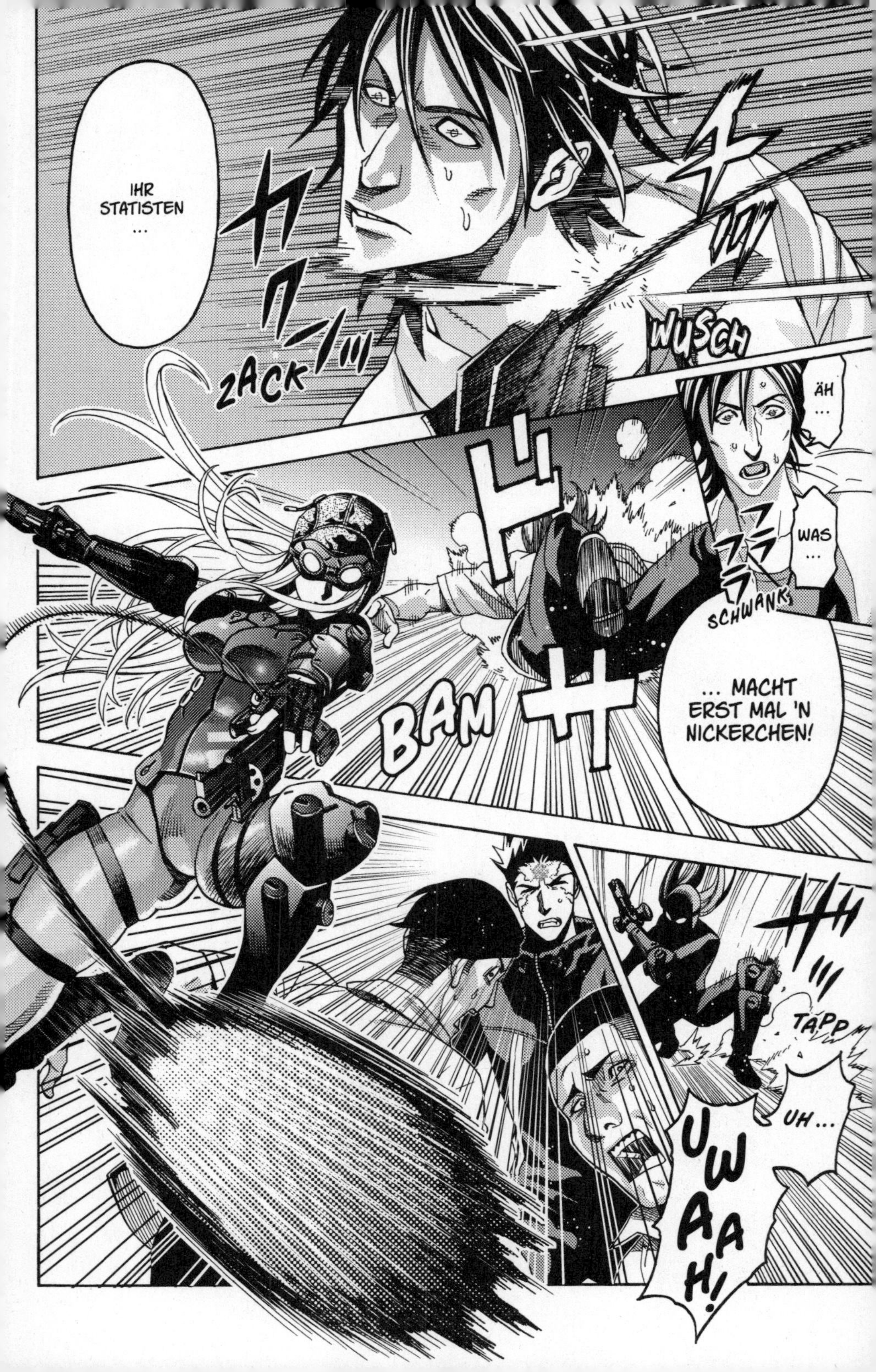
IHR STATISTEN …
ZACK
WUSCH
ÄH …
WAS …
SCHWANK
BAM
… MACHT ERST MAL 'N NICKERCHEN!
TAPP
UH …
UWAAH!

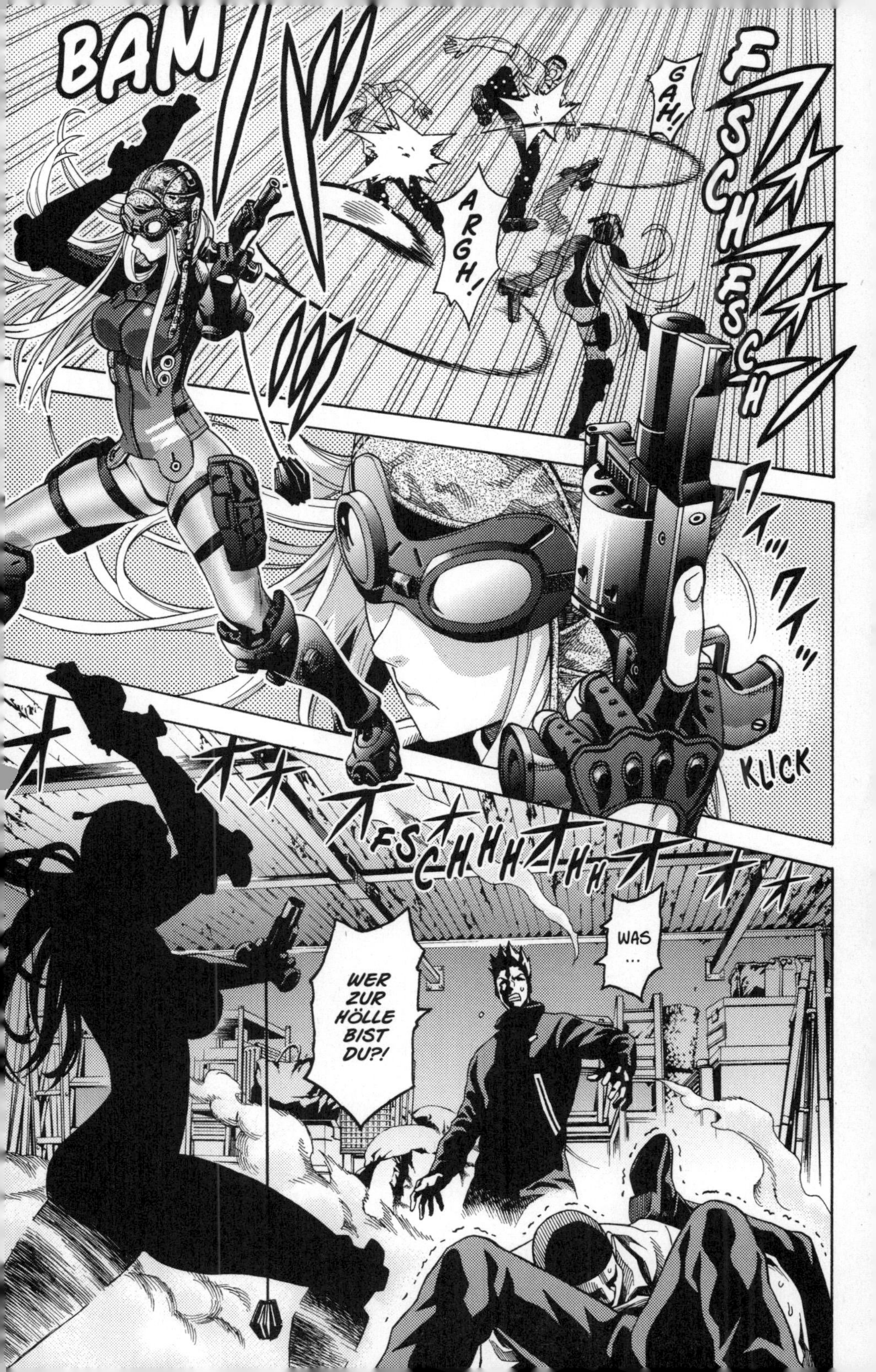
FSCHFSCH
GAH!
ARGH!
BAM
KLICK
FSCHHHHHHH
WAS ...
WER ZUR HÖLLE BIST DU?!

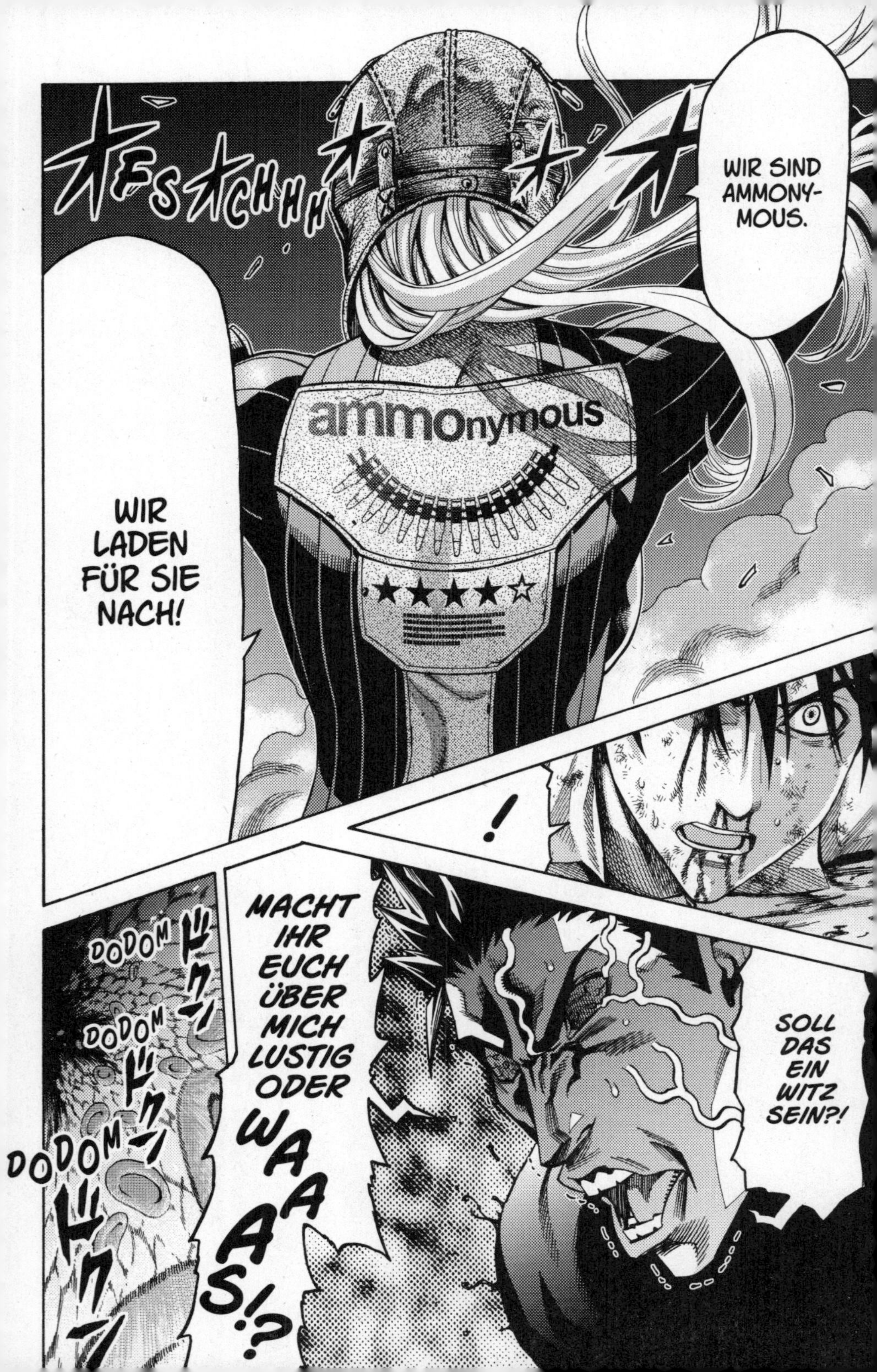
WIR SIND AMMONY-MOUS.
FSCHHH
ammOnymous
WIR LADEN FÜR SIE NACH!
!
SOLL DAS EIN WITZ SEIN?!
MACHT IHR EUCH ÜBER MICH LUSTIG ODER WAAAAS!?
DODOM
DODOM
DODOM

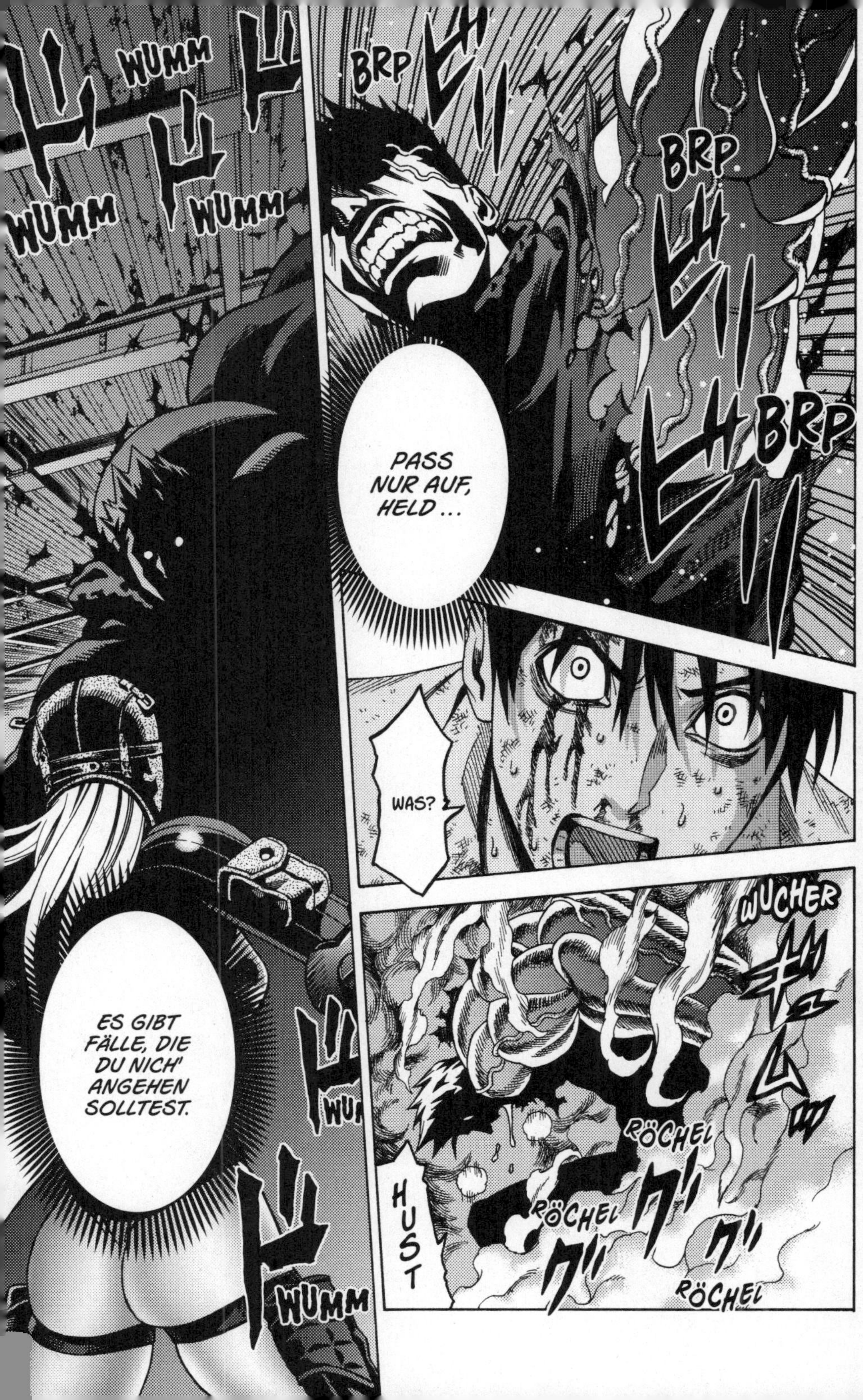
BRP
BRP
BRP
WUMM
WUMM
WUMM
PASS NUR AUF, HELD ...
ES GIBT FÄLLE, DIE DU NICH' ANGEHEN SOLLTEST.
WUMM
WAS?
WUCHER
RÖCHEL
RÖCHEL
RÖCHEL
HUST

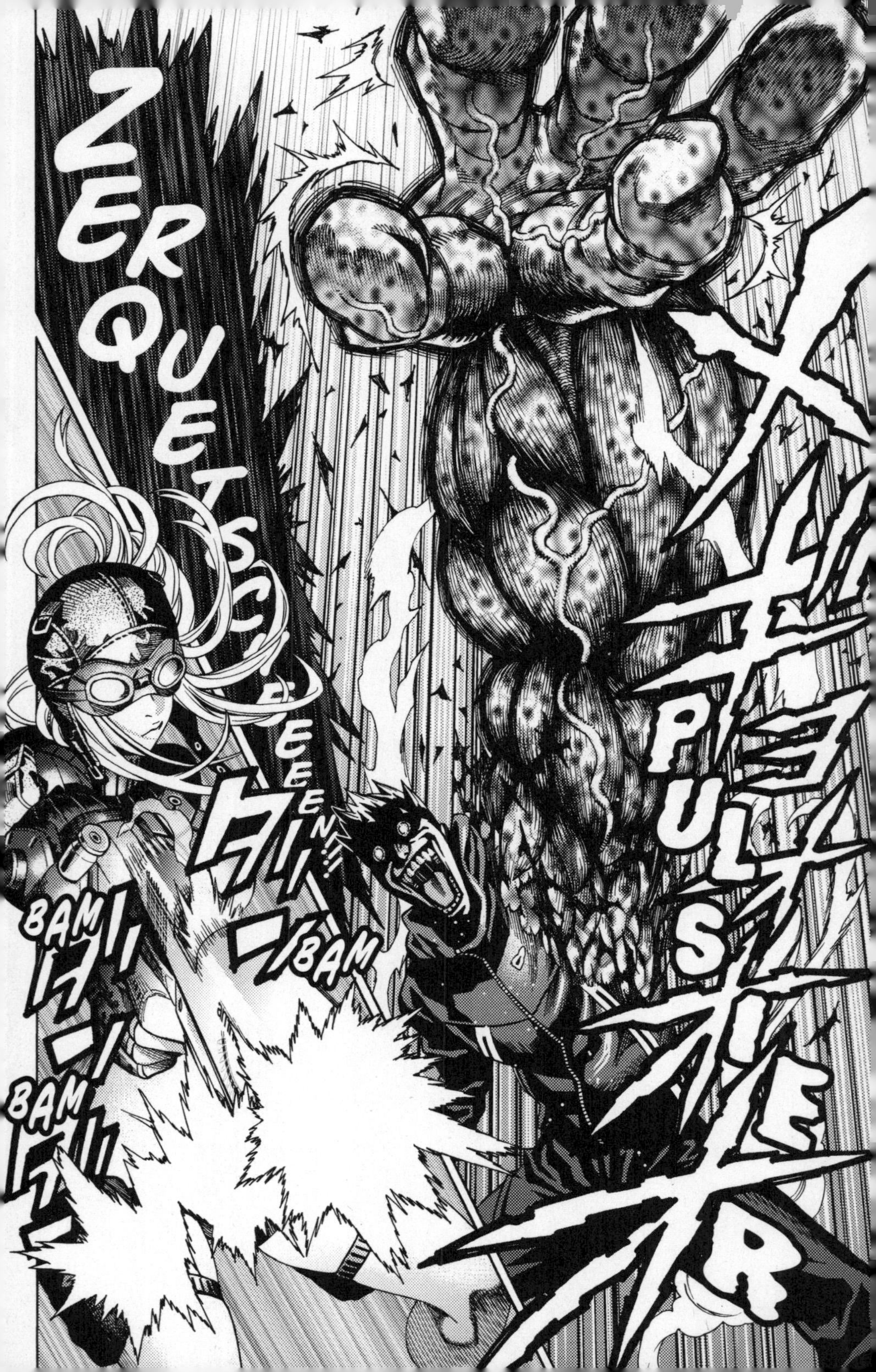
PULSIER
ZERQUETSCHEEEEN!!!
BAM
BAM
BAM

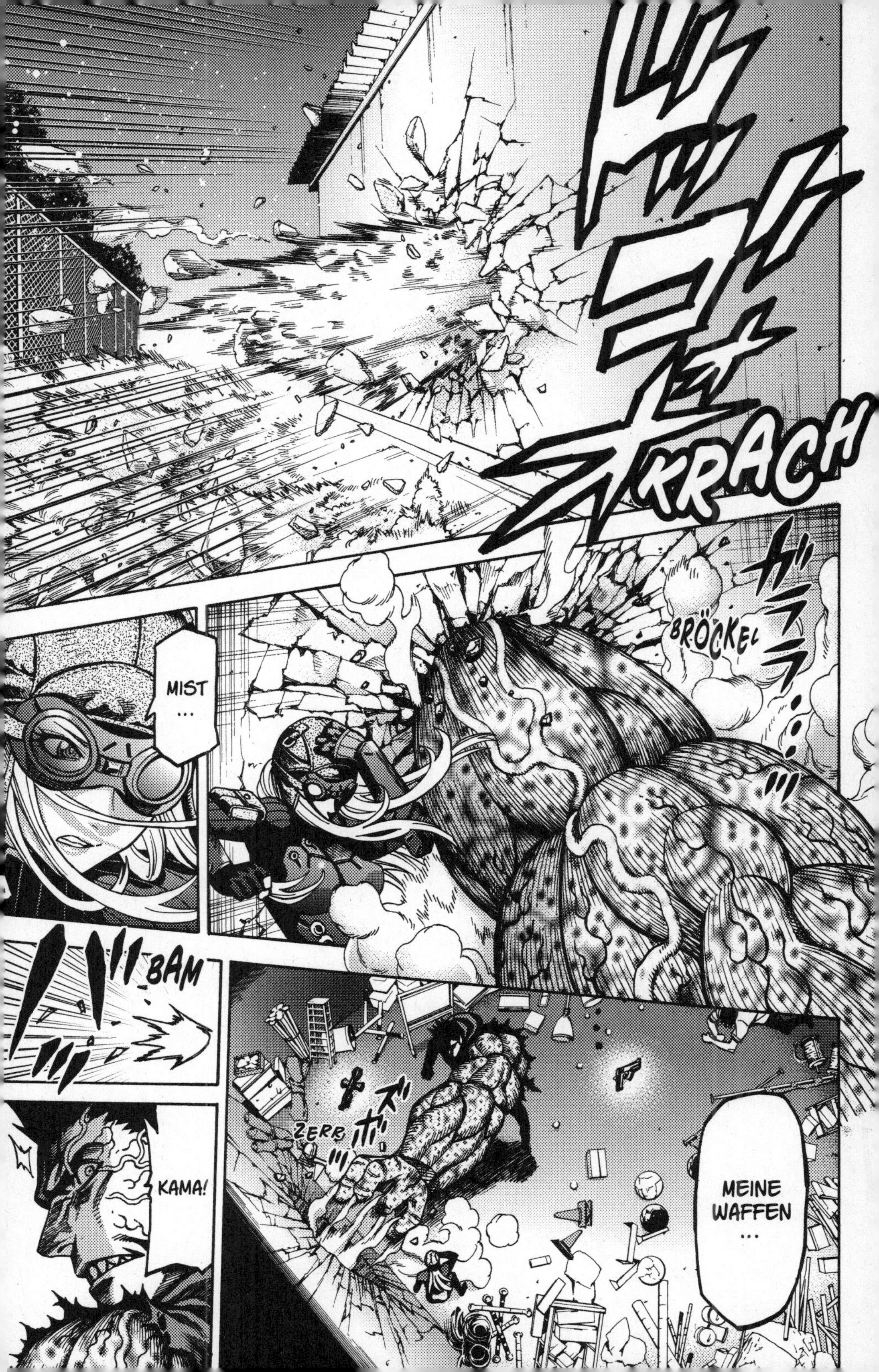

KRACH
BRÖCKEL
MIST …
BAM
KAMA!
ZERB
MEINE WAFFEN …

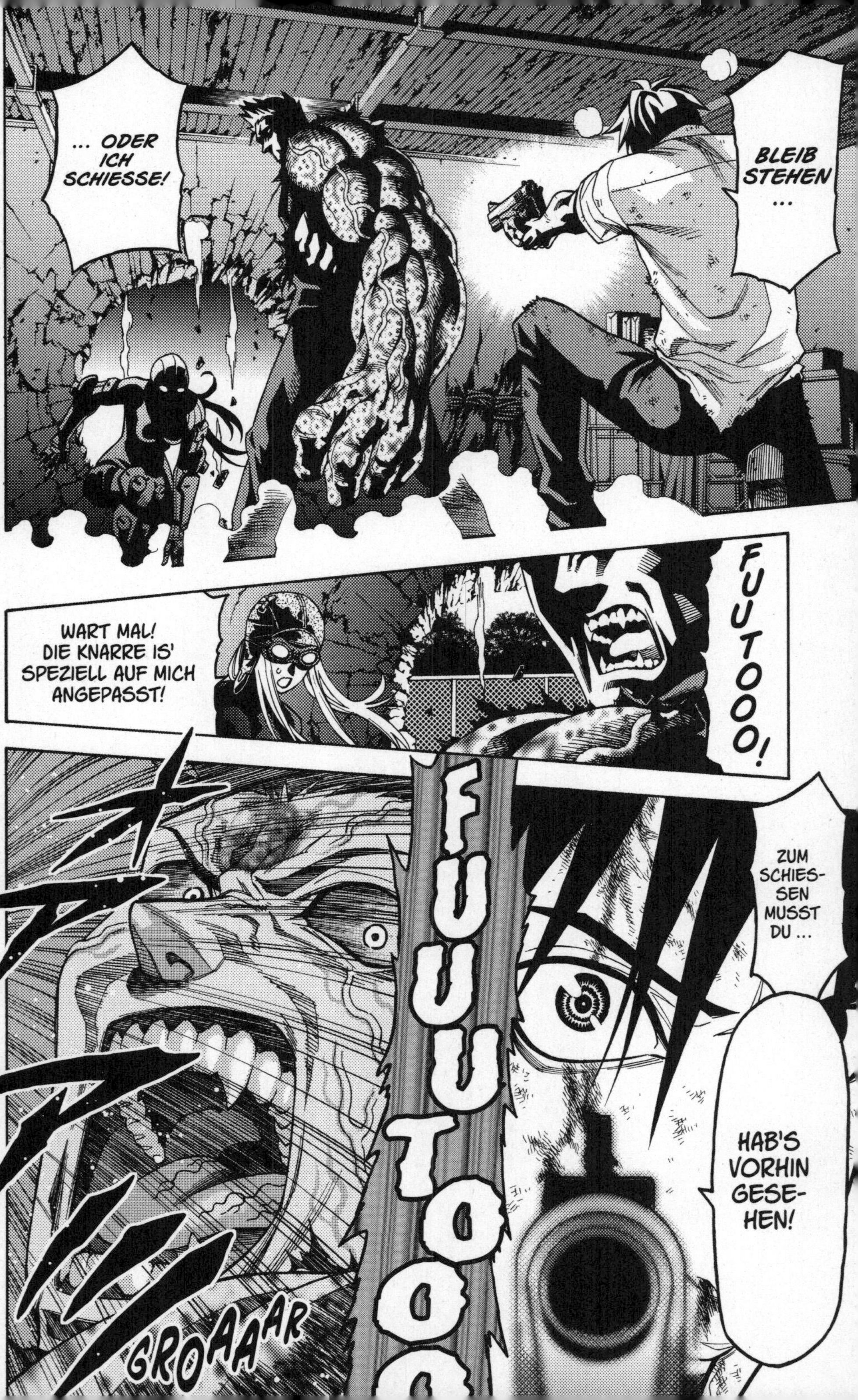
BLEIB STEHEN …
… ODER ICH SCHIESSE!
FUUTOOOO!
WART MAL! DIE KNARRE IS' SPEZIELL AUF MICH ANGEPASST!
ZUM SCHIES-SEN MUSST DU …
HAB'S VORHIN GESE-HEN!
FUUUTOO
GROAAAAR

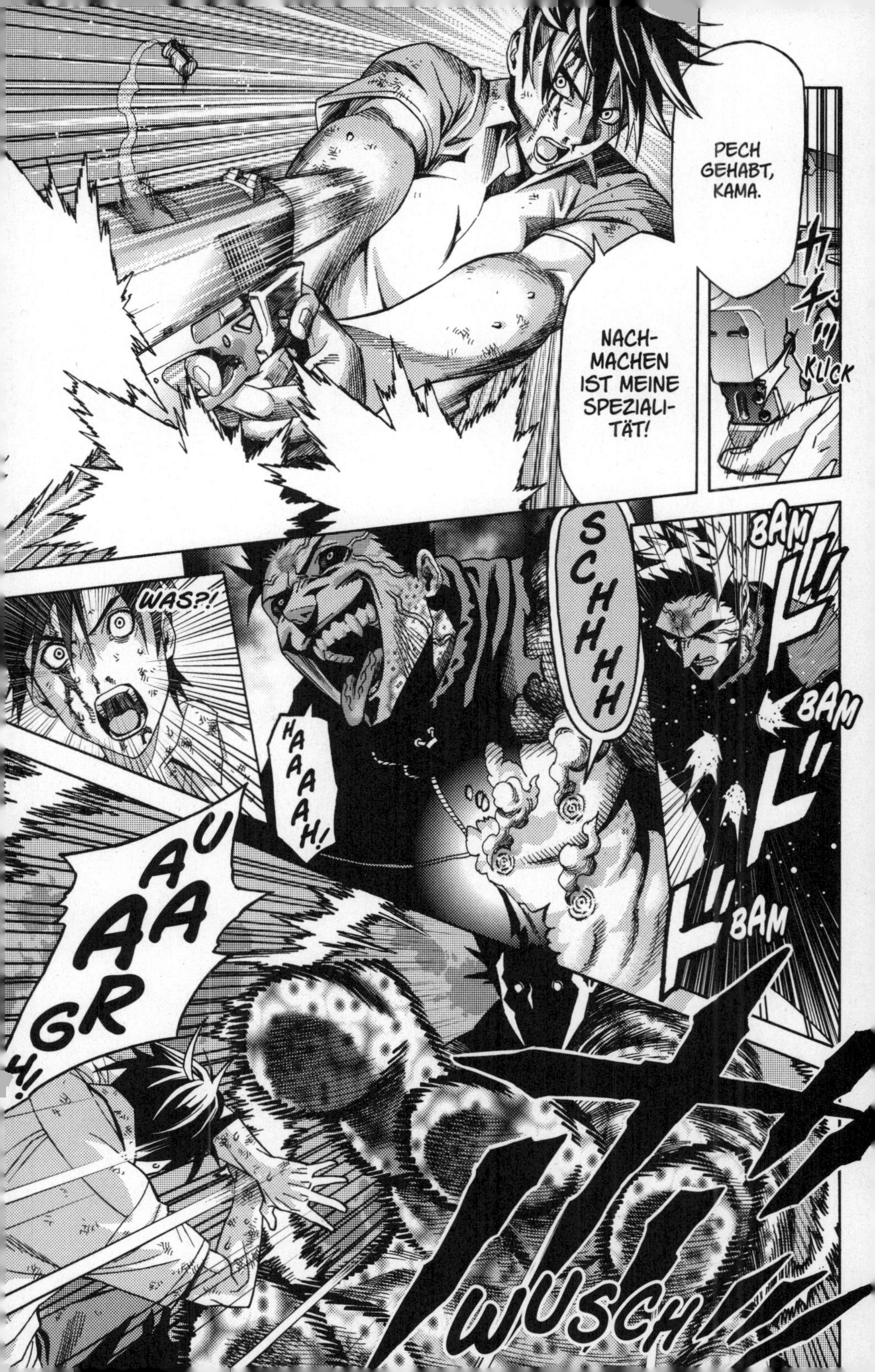

KLICK
PECH GEHABT, KAMA.
NACHMACHEN IST MEINE SPEZIALITÄT!
BAM
SCHHHH
WAS?!
BAM
HAAAAAH!
BAM
AAAAAUGRGH!
WUSCH

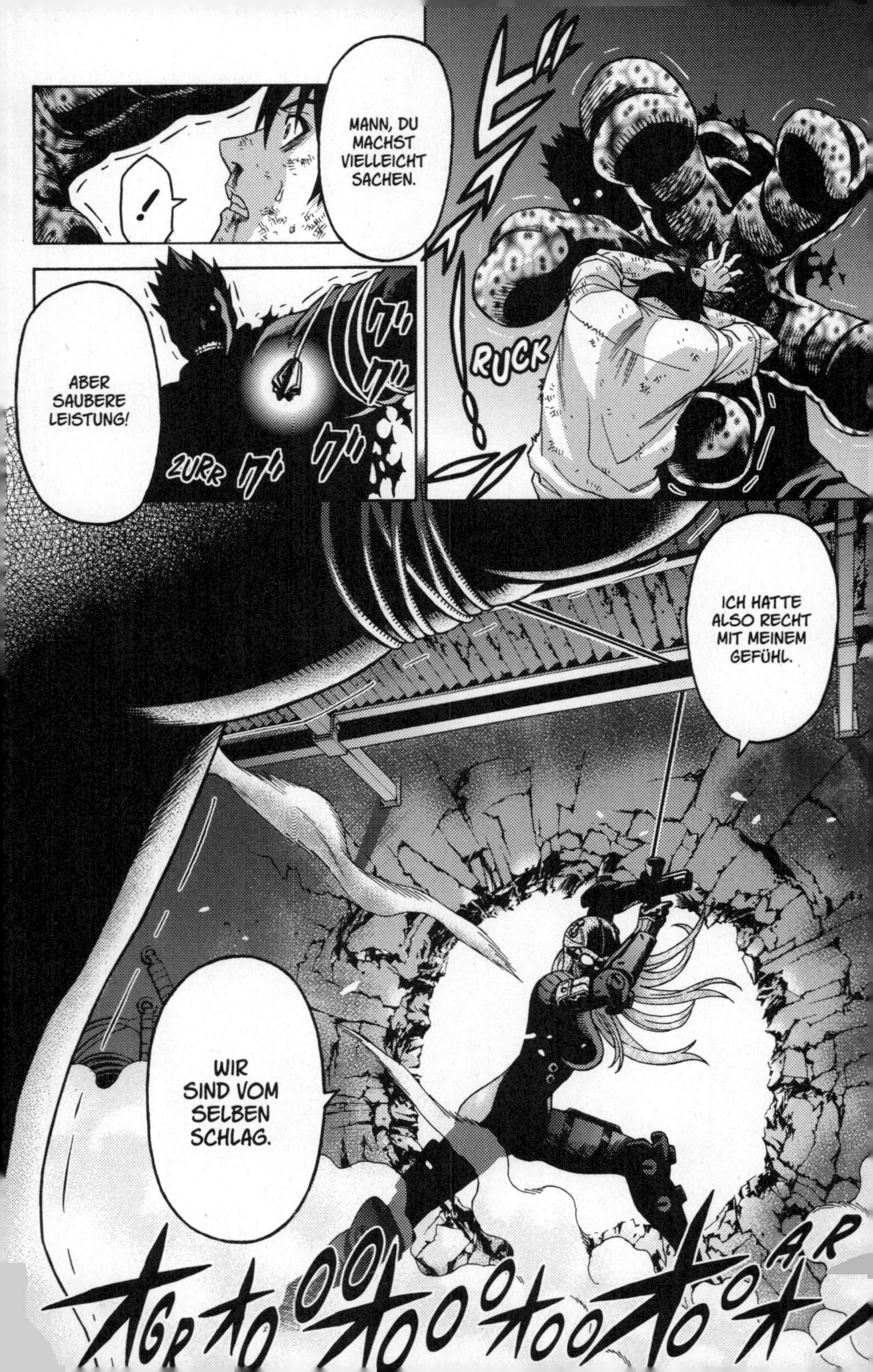
RUCK
!
MANN, DU MACHST VIELLEICHT SACHEN.
ABER SAUBERE LEISTUNG!
ZURR
ICH HATTE ALSO RECHT MIT MEINEM GEFÜHL.
WIR SIND VOM SELBEN SCHLAG.

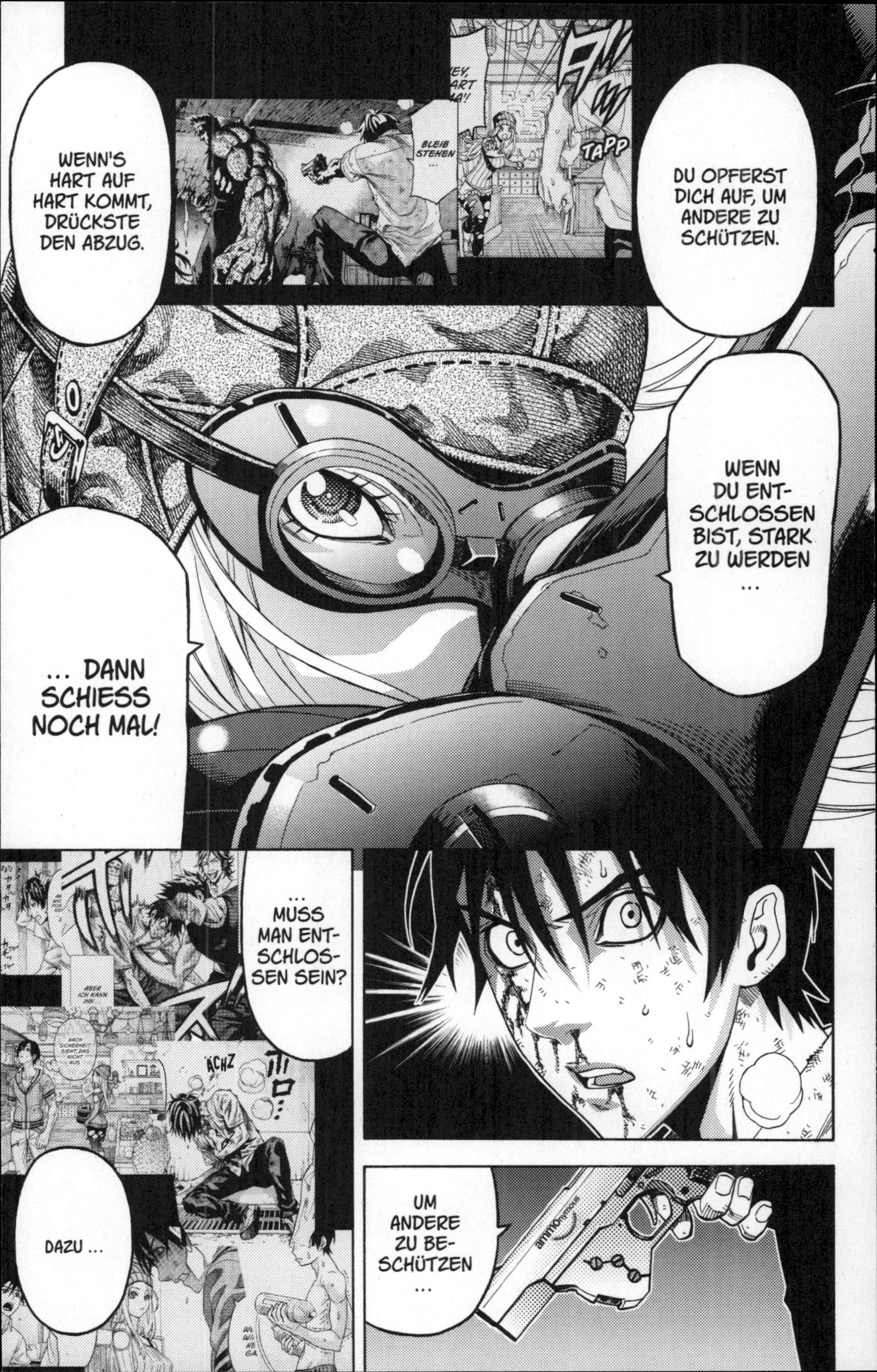

TAPP
BLEIB STEHEN ...
DU OPFERST DICH AUF, UM ANDERE ZU SCHÜTZEN.
WENN'S HART AUF HART KOMMT, DRÜCKSTE DEN ABZUG.
WENN DU ENT-SCHLOSSEN BIST, STARK ZU WERDEN ...
... DANN SCHIESS NOCH MAL!
... MUSS MAN ENT-SCHLOS-SEN SEIN?
ÄCHZ
UM ANDERE ZU BE-SCHÜTZEN ...
DAZU ...

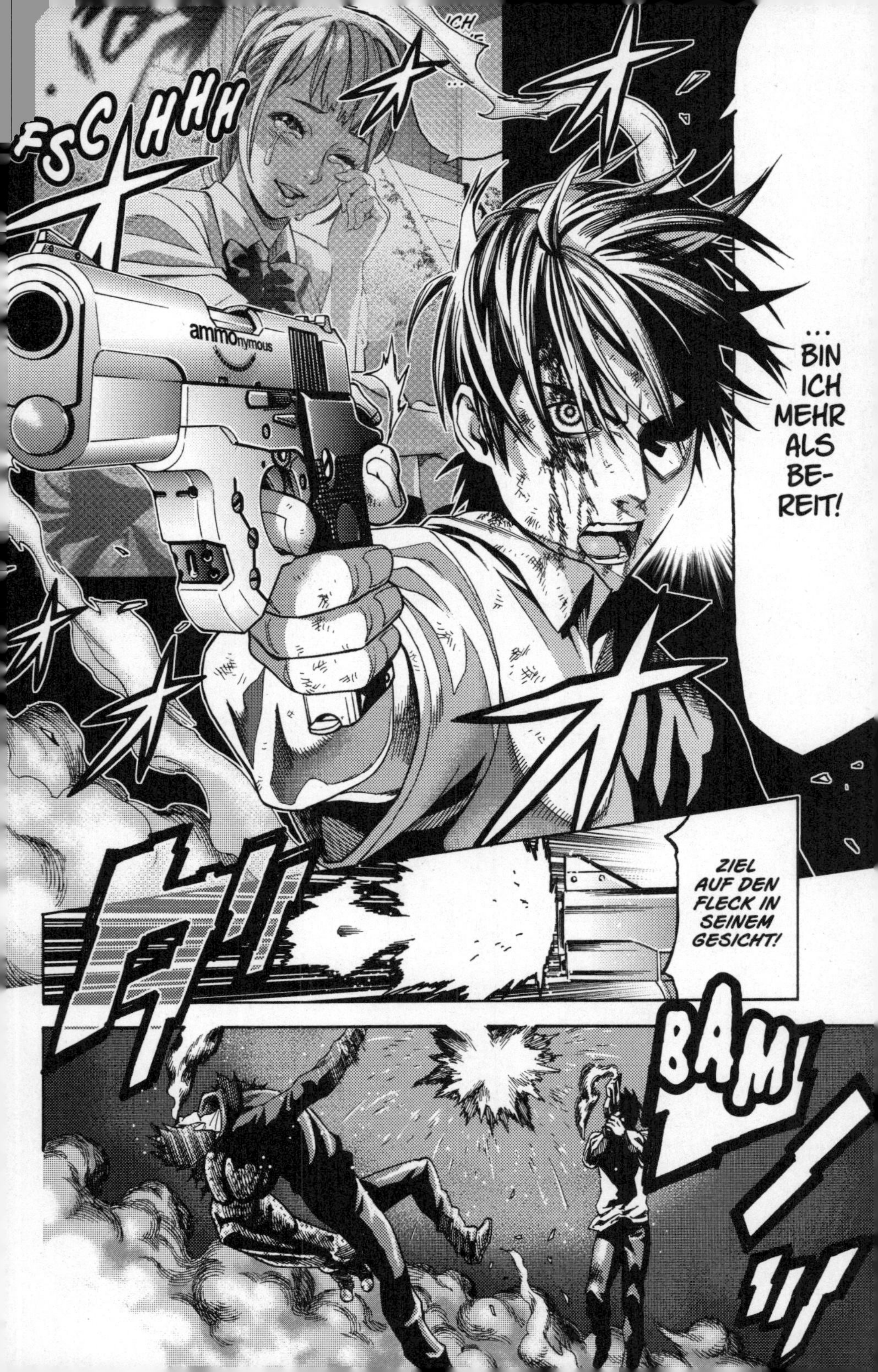
ICH
FSCHHHH
... BIN ICH MEHR ALS BE-REIT!
ZIEL AUF DEN FLECK IN SEINEM GESICHT!
BAM!!
ammOnymous

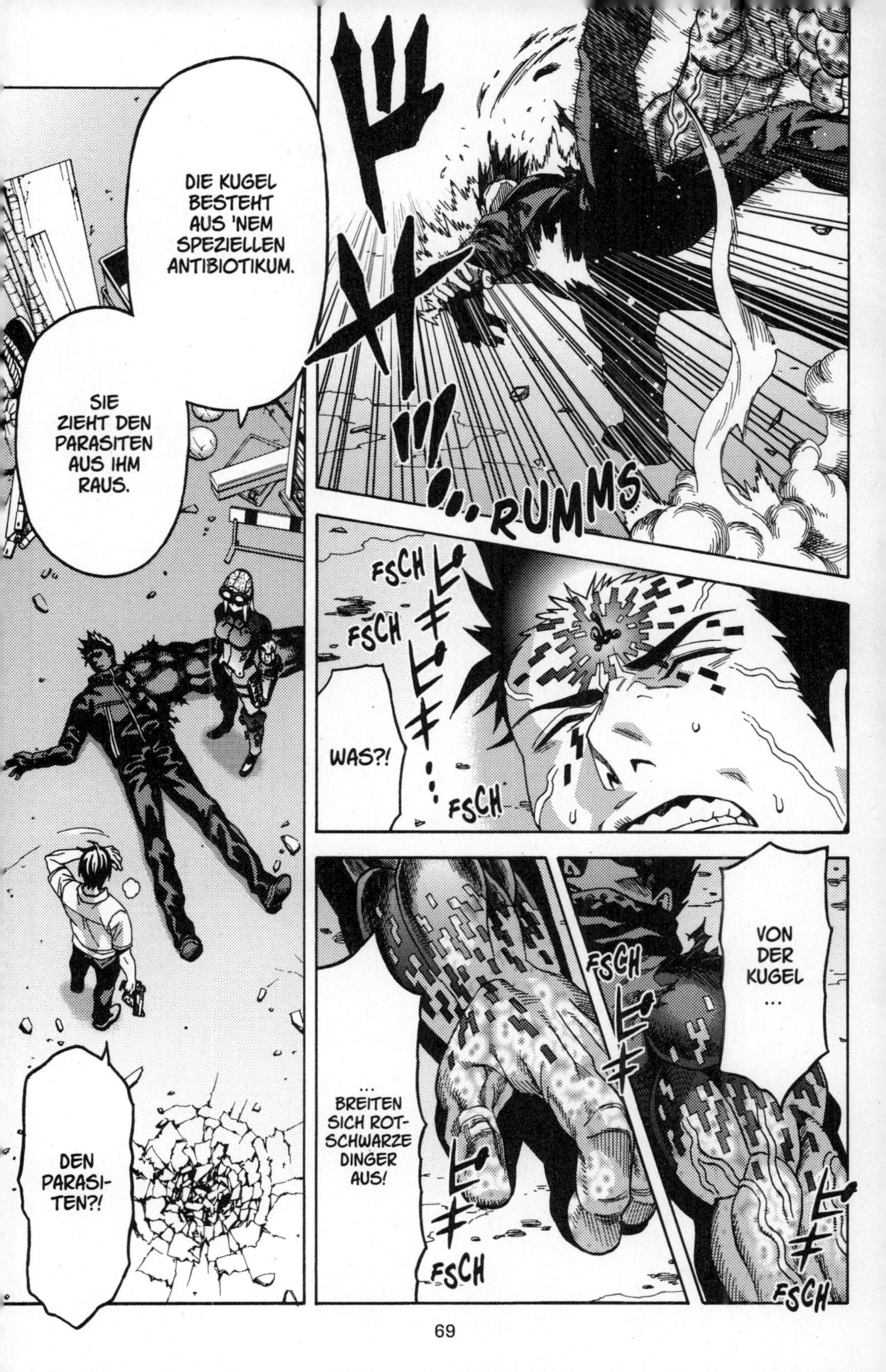

RUMMS
DIE KUGEL BESTEHT AUS 'NEM SPEZIELLEN ANTIBIOTIKUM.
SIE ZIEHT DEN PARASITEN AUS IHM RAUS.
FSCH
FSCH
WAS?!
FSCH
DEN PARASI-TEN?!
VON DER KUGEL ...
FSCH
... BREITEN SICH ROT-SCHWARZE DINGER AUS!
FSCH
FSCH

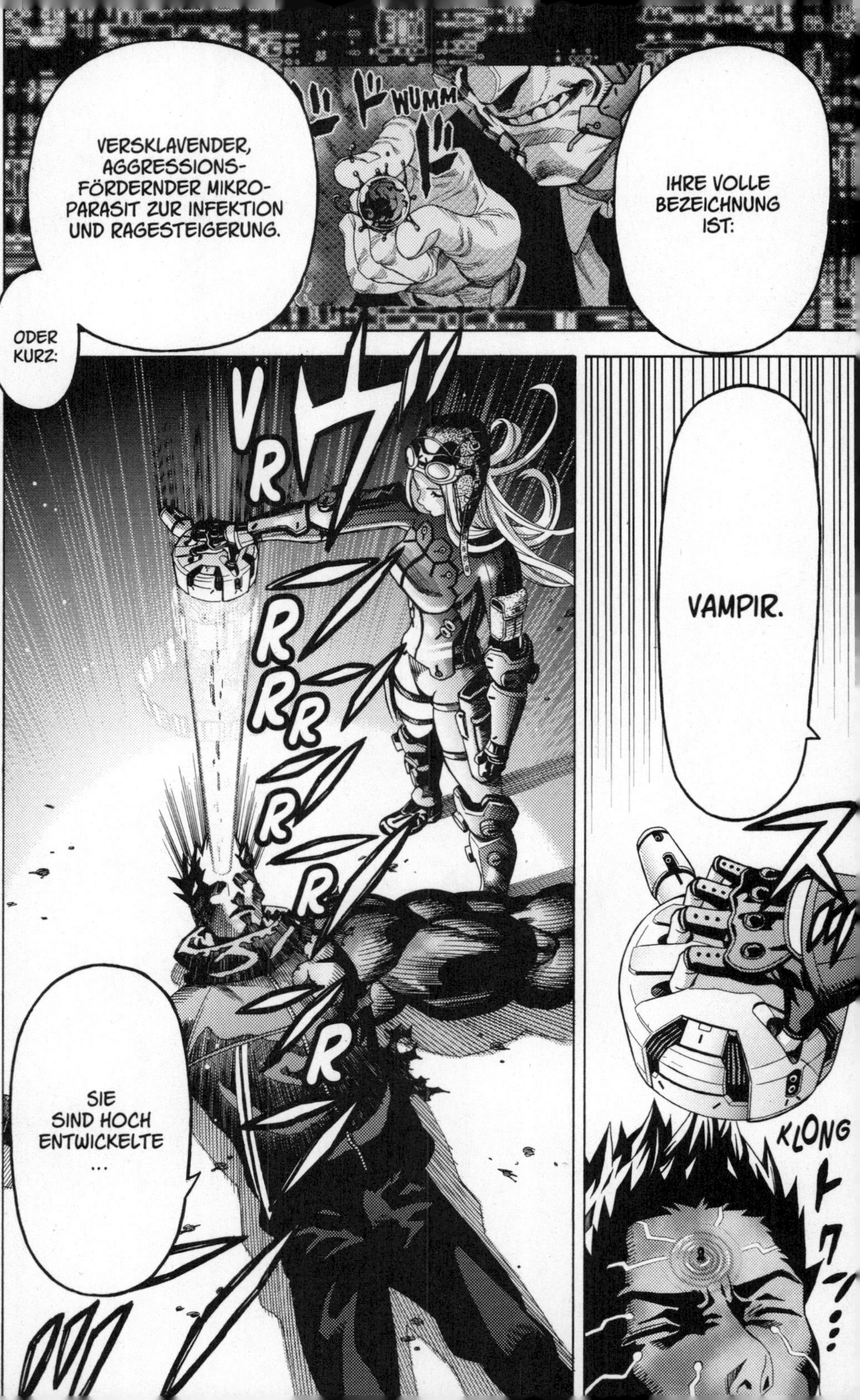

IHRE VOLLE BEZEICHNUNG IST:
WUMM
VERSKLAVENDER, AGGRESSIONS-FÖRDERNDER MIKRO-PARASIT ZUR INFEKTION UND RAGESTEIGERUNG.
ODER KURZ:
VAMPIR.
VRRRRRRR
KLONG
SIE SIND HOCH ENTWICKELTE ...

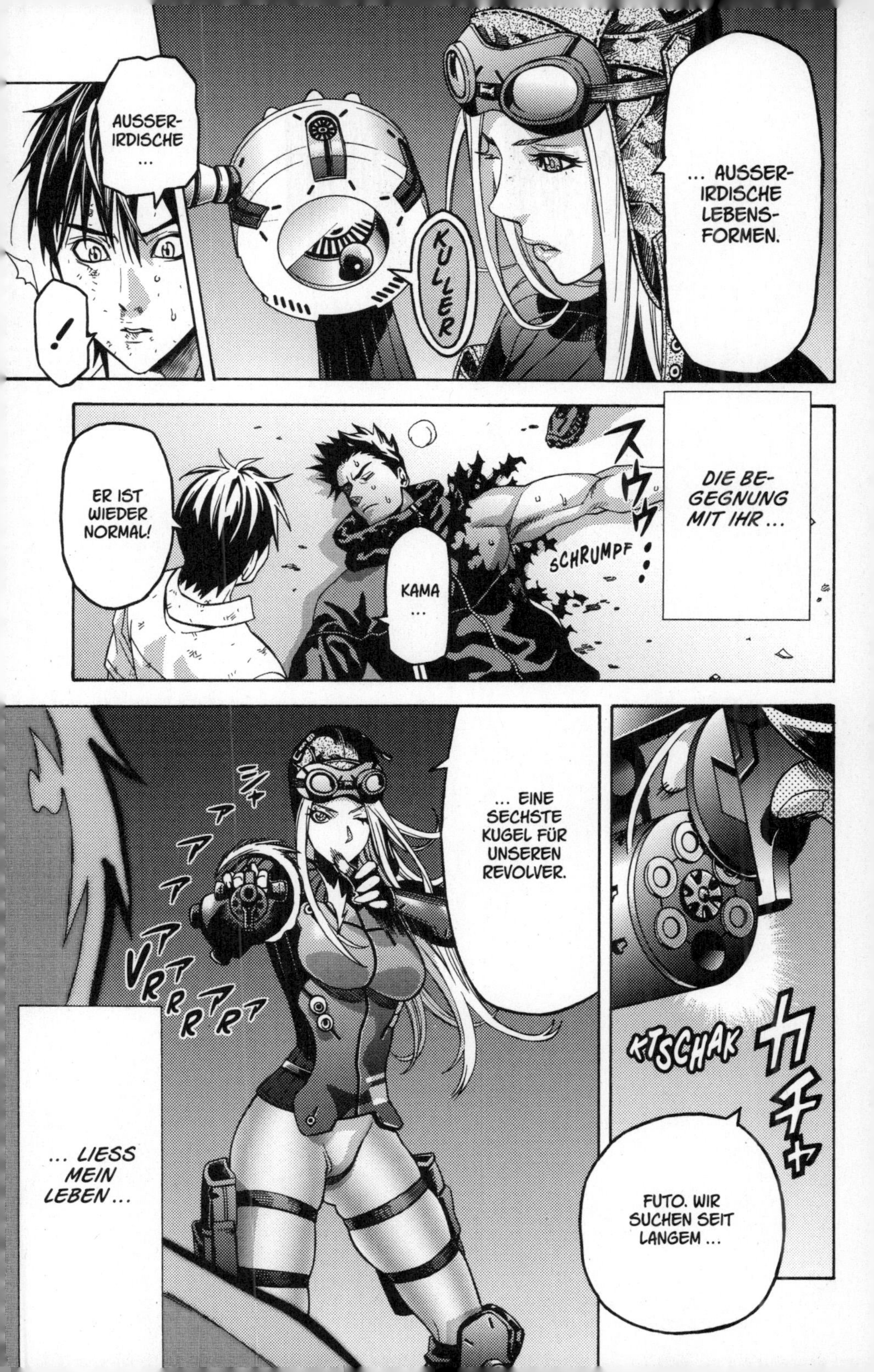

... AUSSER-IRDISCHE LEBENS-FORMEN.
KULLER
AUSSER-IRDISCHE ...
!
DIE BE-GEGNUNG MIT IHR ...
SCHRUMPF
KAMA ...
ER IST WIEDER NORMAL!
KTSCHAK
FUTO. WIR SUCHEN SEIT LANGEM ...
... EINE SECHSTE KUGEL FÜR UNSEREN REVOLVER.
VRRRRRRR
... LIESS MEIN LEBEN ...

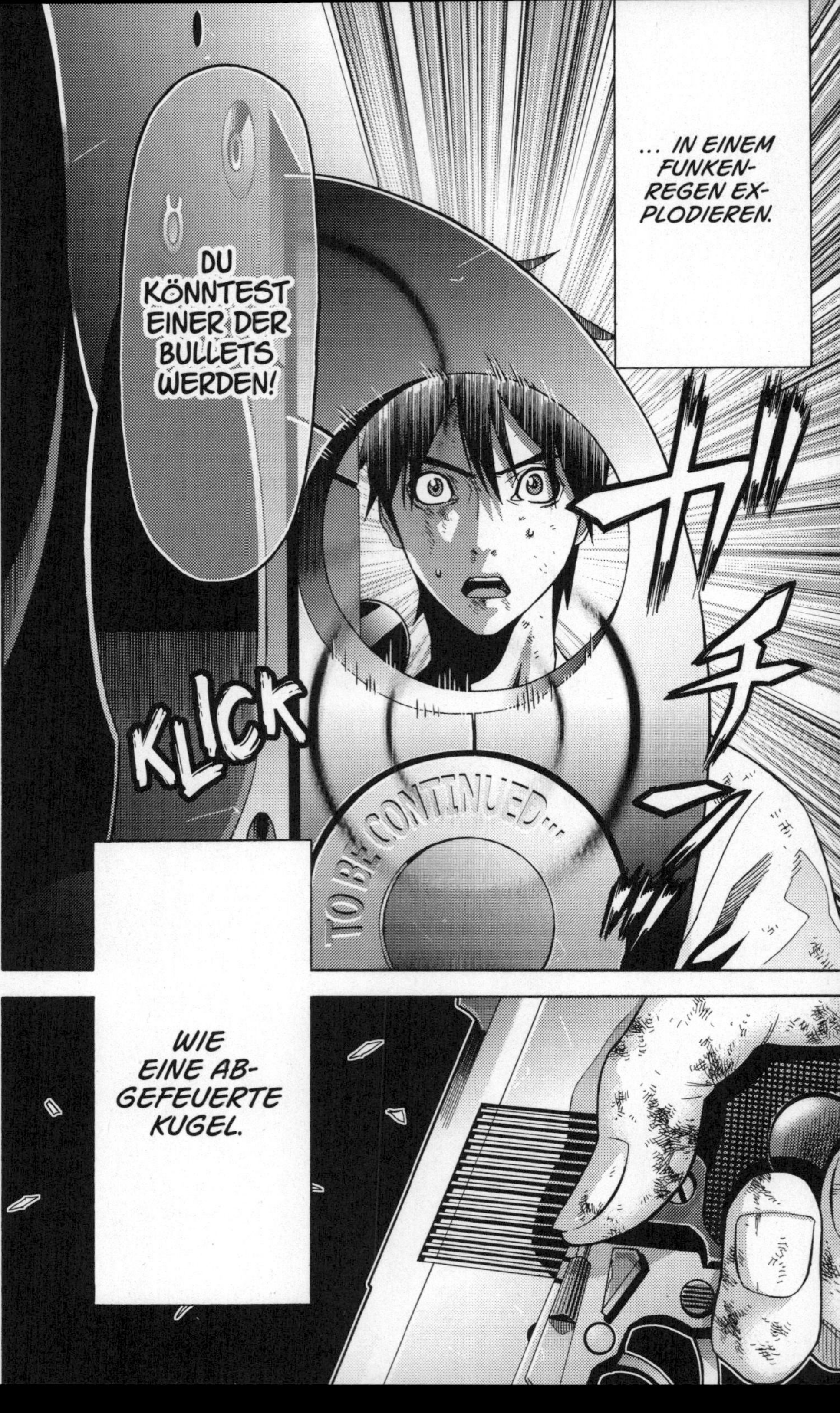
... IN EINEM FUNKEN-REGEN EX-PLODIEREN.
DU KÖNNTEST EINER DER BULLETS WERDEN!
ガチッ
KLICK
TO BE CONTINUED...
WIE EINE AB-GEFEUERTE KUGEL.

reload 2 Baptize

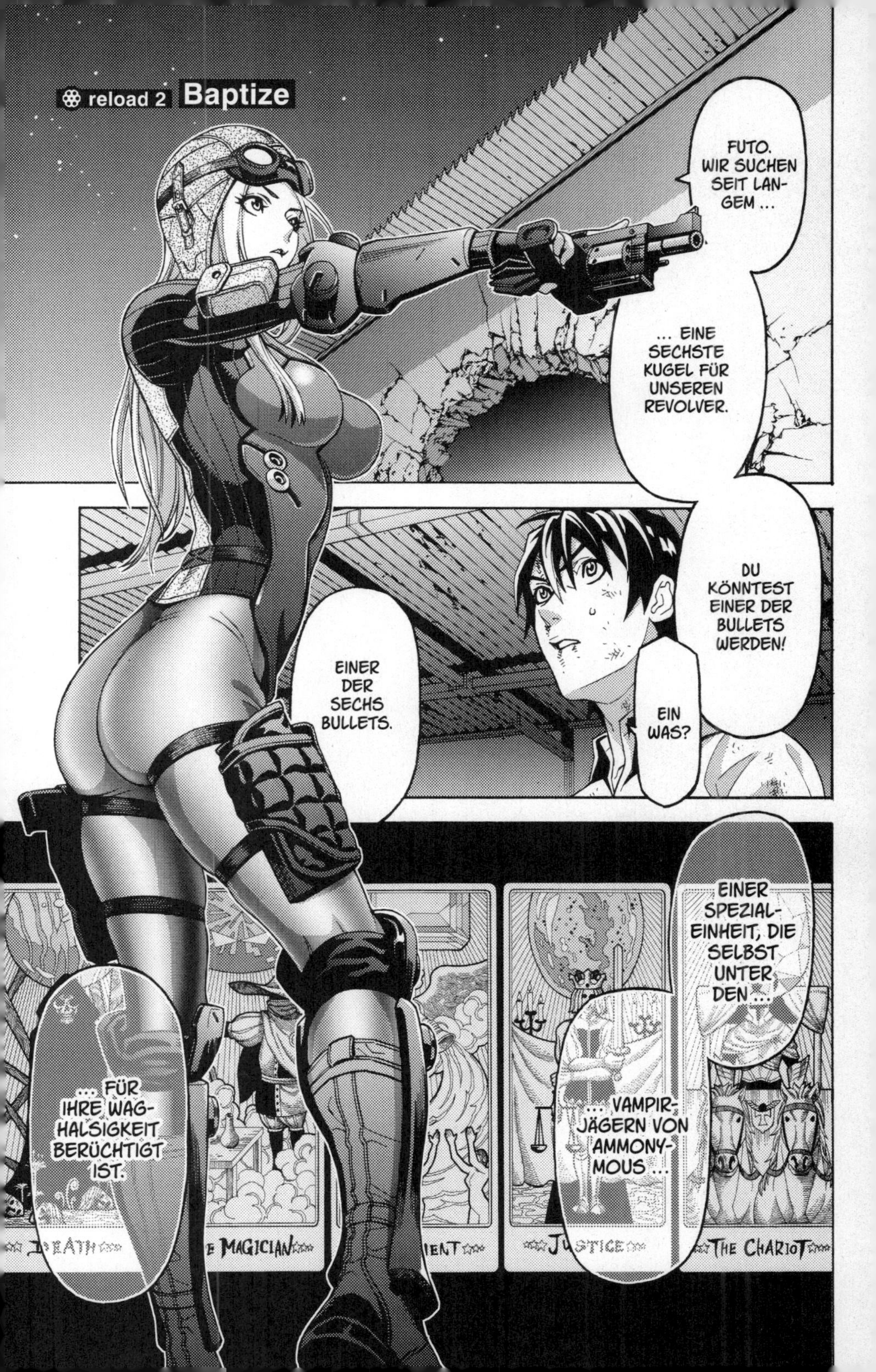

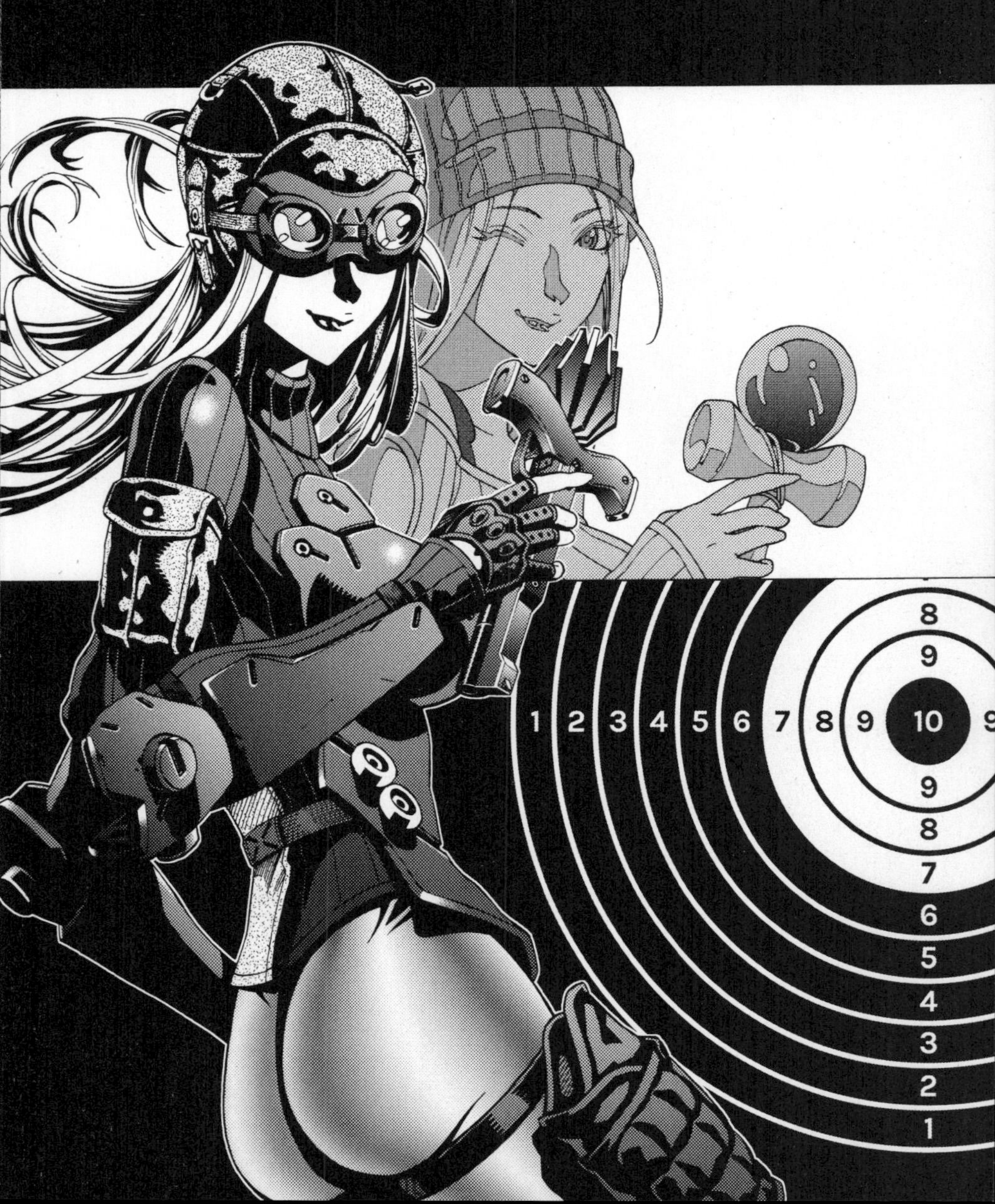

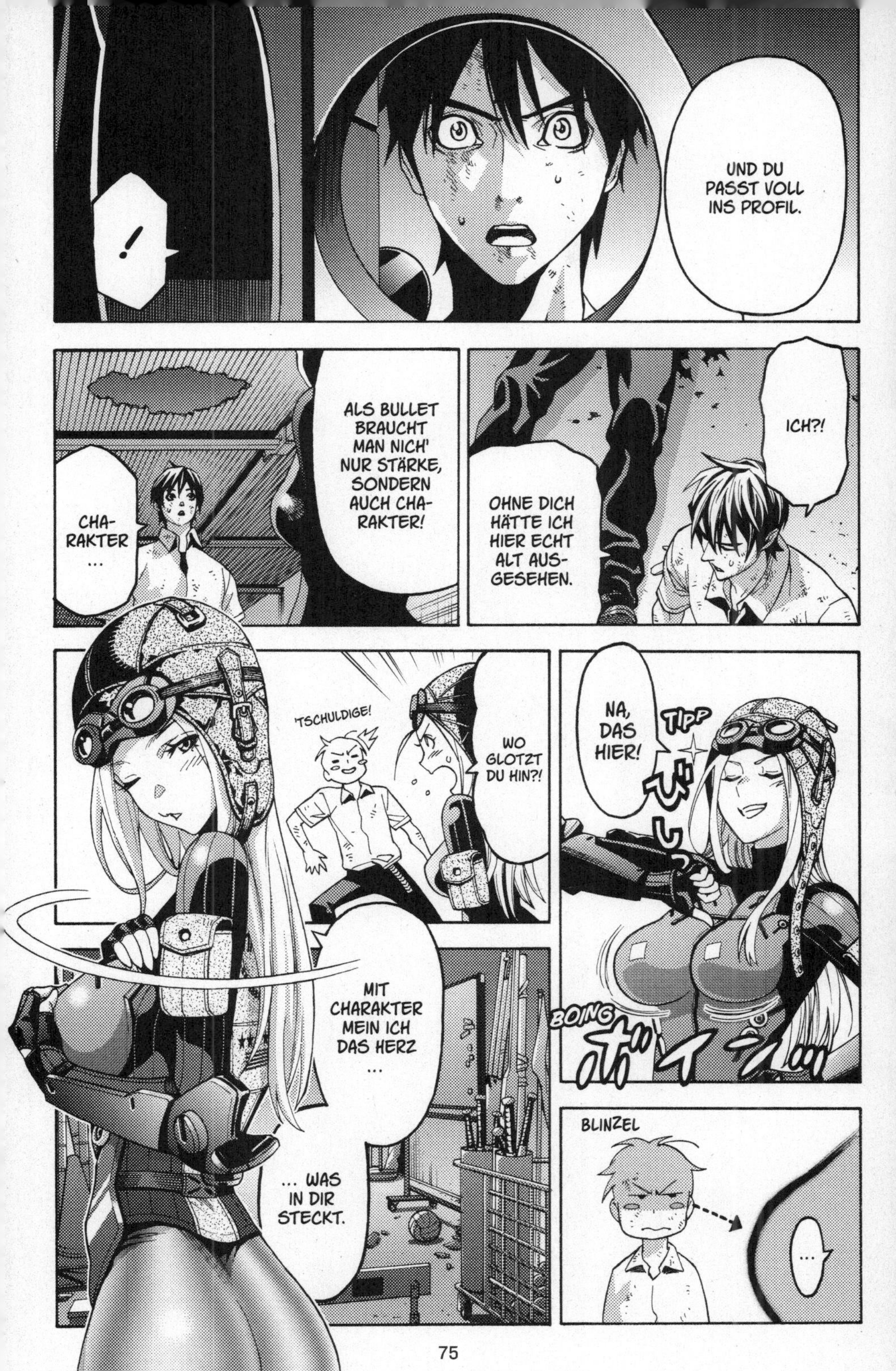
UND DU PASST VOLL INS PROFIL.
!
ICH?!
OHNE DICH HÄTTE ICH HIER ECHT ALT AUS-GESEHEN.
ALS BULLET BRAUCHT MAN NICH' NUR STÄRKE, SONDERN AUCH CHA-RAKTER!
CHA-RAKTER ...
NA, DAS HIER!
TIPP
BOING
WO GLOTZT DU HIN?!
'TSCHULDIGE!
MIT CHARAKTER MEIN ICH DAS HERZ ...
... WAS IN DIR STECKT.
BLINZEL
...

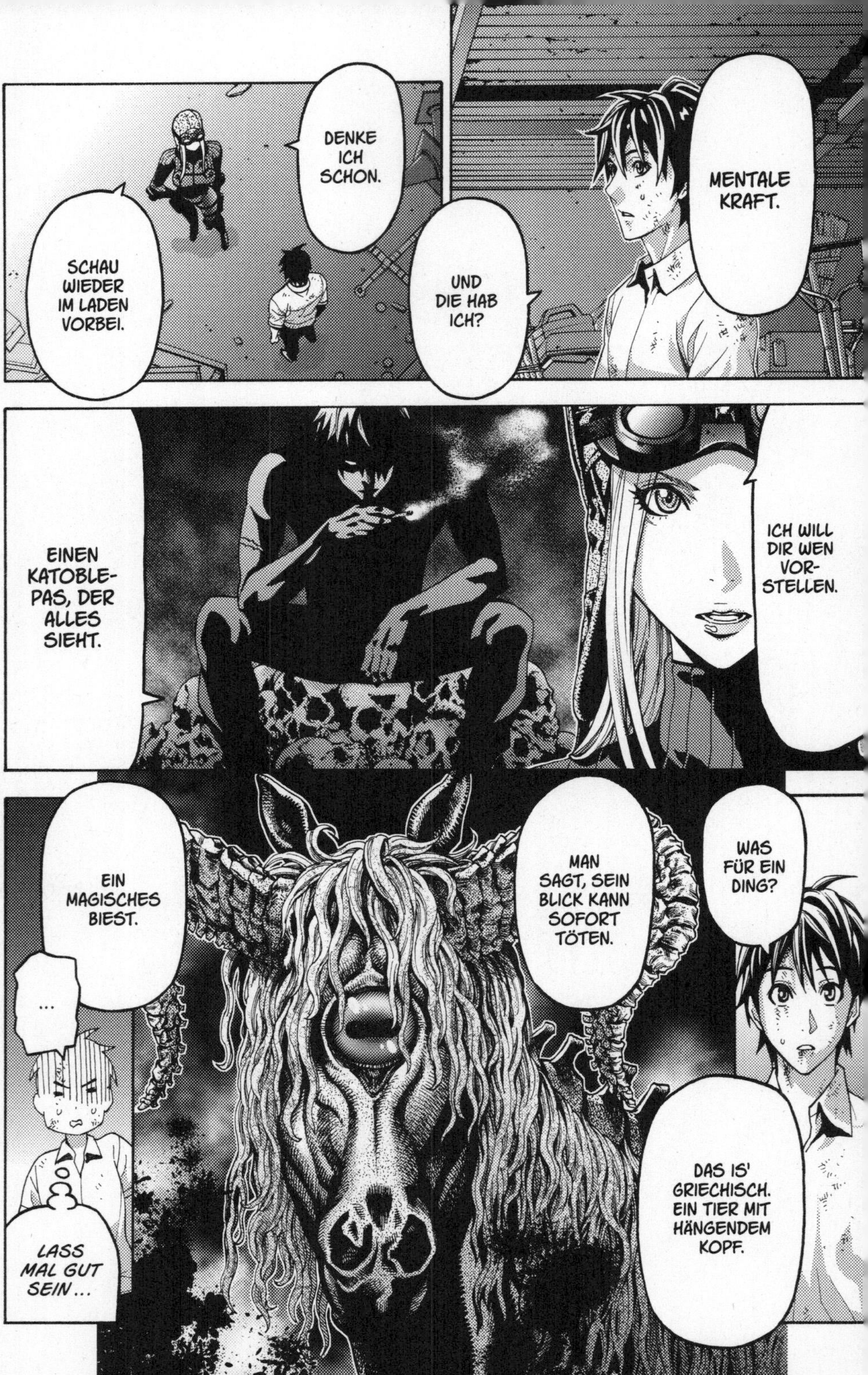
MENTALE KRAFT.
UND DIE HAB ICH?
DENKE ICH SCHON.
SCHAU WIEDER IM LADEN VORBEI.
ICH WILL DIR WEN VOR-STELLEN.
EINEN KATOBLE-PAS, DER ALLES SIEHT.
WAS FÜR EIN DING?
MAN SAGT, SEIN BLICK KANN SOFORT TÖTEN.
EIN MAGISCHES BIEST.
DAS IS' GRIECHISCH. EIN TIER MIT HÄNGENDEM KOPF.
...
LASS MAL GUT SEIN ...

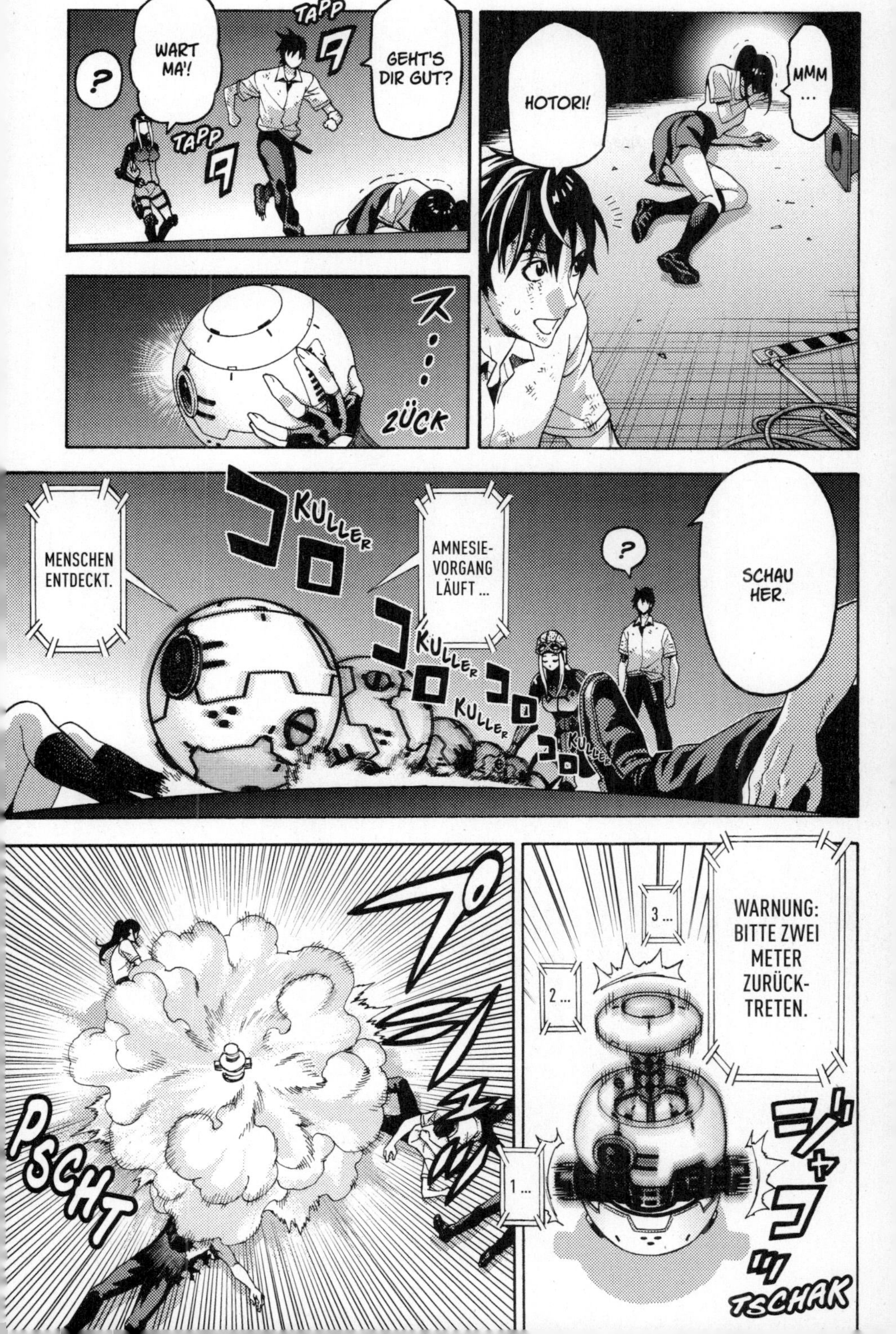
MMM …
HOTORI!
GEHT'S DIR GUT?
TAPP
WART MA'!
TAPP
?
ZÜCK
SCHAU HER.
?
AMNESIE-VORGANG LÄUFT …
KULLER
KULLER
KULLER
KULLER
MENSCHEN ENTDECKT.
WARNUNG: BITTE ZWEI METER ZURÜCK-TRETEN.
3 …
2 …
1 …
TSCHAK
PSCHT

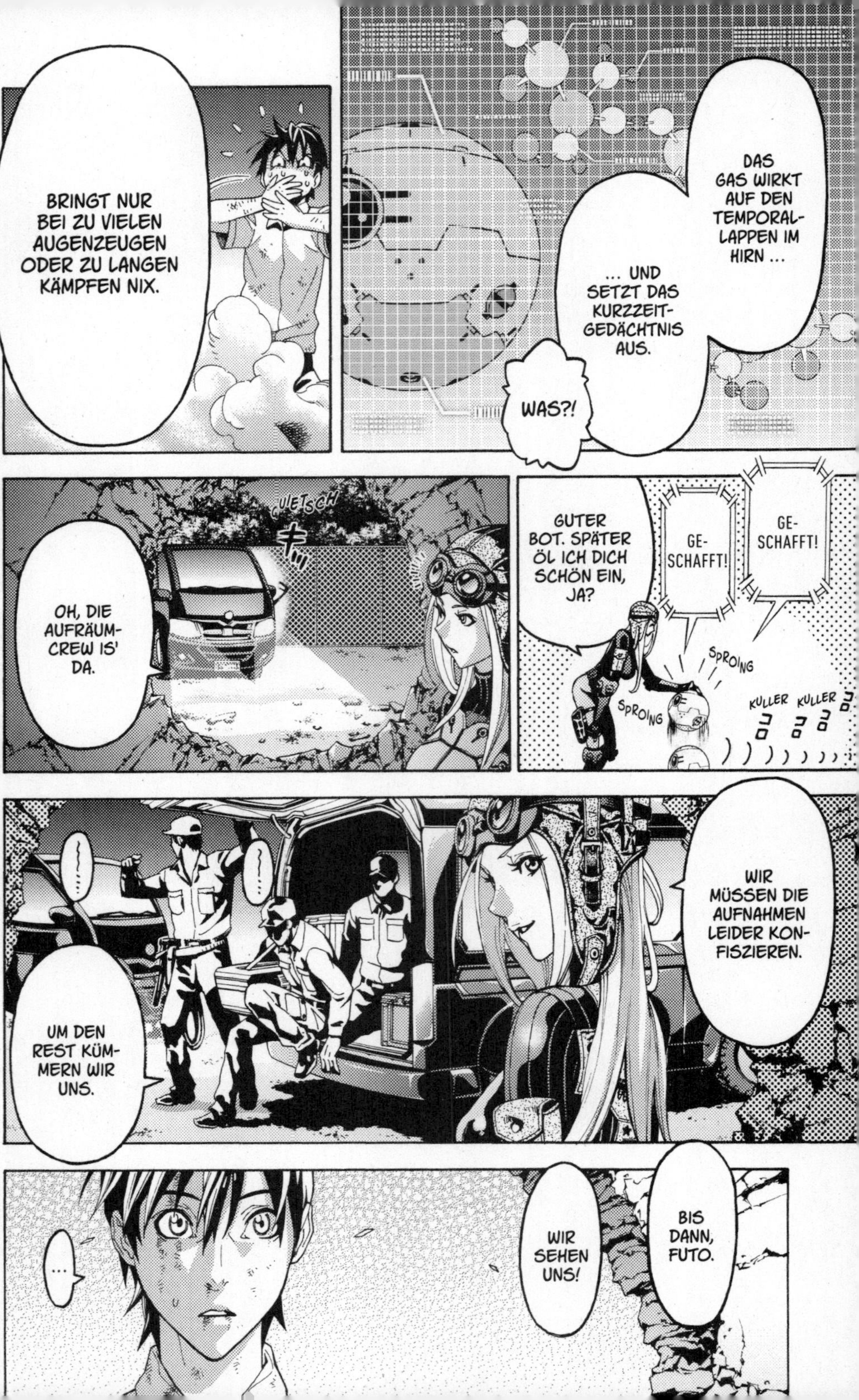
DAS GAS WIRKT AUF DEN TEMPORAL-LAPPEN IM HIRN …
… UND SETZT DAS KURZZEIT-GEDÄCHTNIS AUS.
WAS?!
BRINGT NUR BEI ZU VIELEN AUGENZEUGEN ODER ZU LANGEN KÄMPFEN NIX.
GE-SCHAFFT!
GE-SCHAFFT!
GUTER BOT. SPÄTER ÖL ICH DICH SCHÖN EIN, JA?
SPROING
SPROING
KULLER KULLER
QUIETSCH
OH, DIE AUFRÄUM-CREW IS' DA.
WIR MÜSSEN DIE AUFNAHMEN LEIDER KON-FISZIEREN.
UM DEN REST KÜM-MERN WIR UNS.
BIS DANN, FUTO.
WIR SEHEN UNS!
…

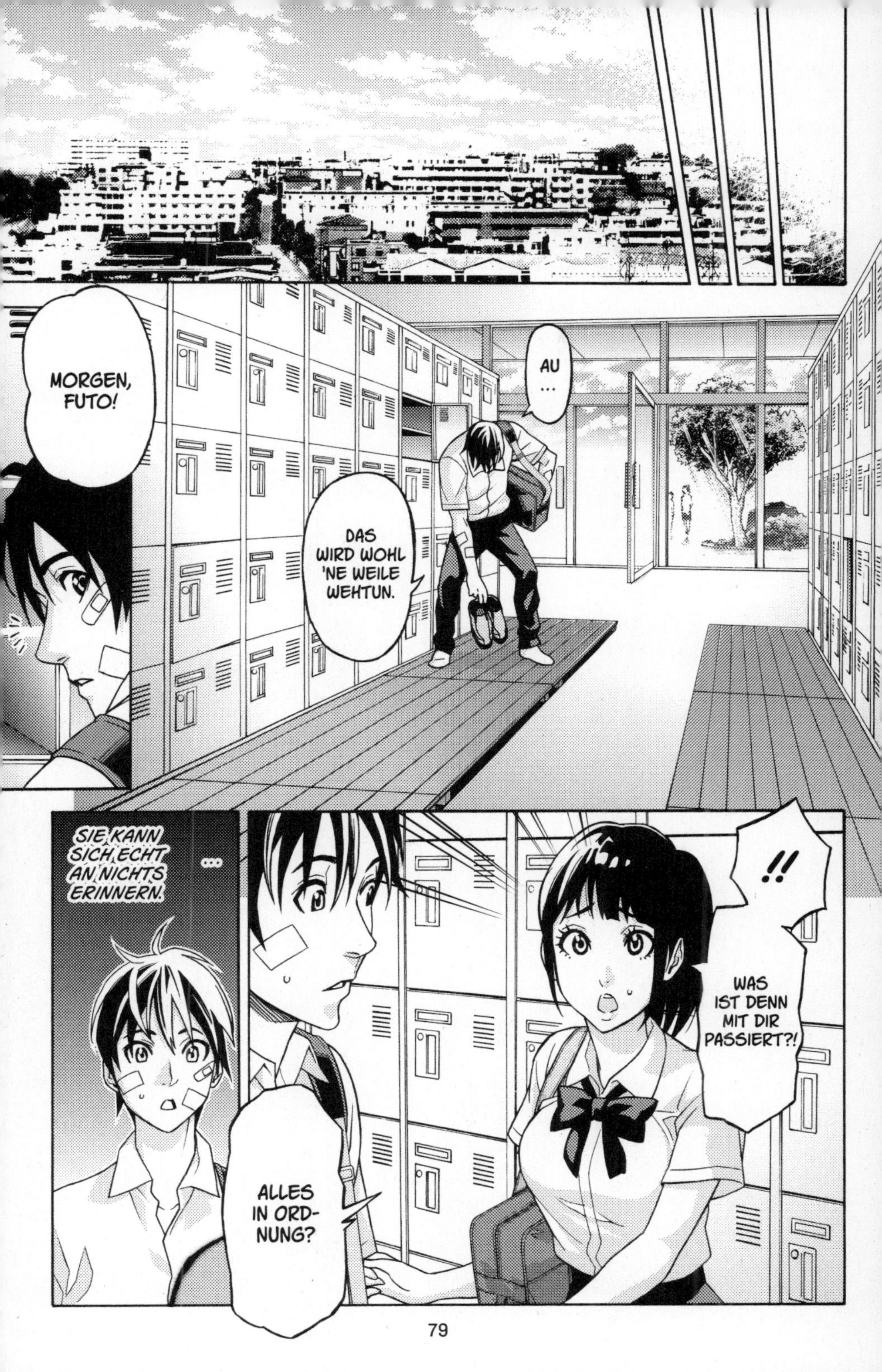
AU …
MORGEN, FUTO!
DAS WIRD WOHL 'NE WEILE WEHTUN.
!!
WAS IST DENN MIT DIR PASSIERT?!
…
SIE KANN SICH ECHT AN NICHTS ERINNERN.
ALLES IN ORD-NUNG?

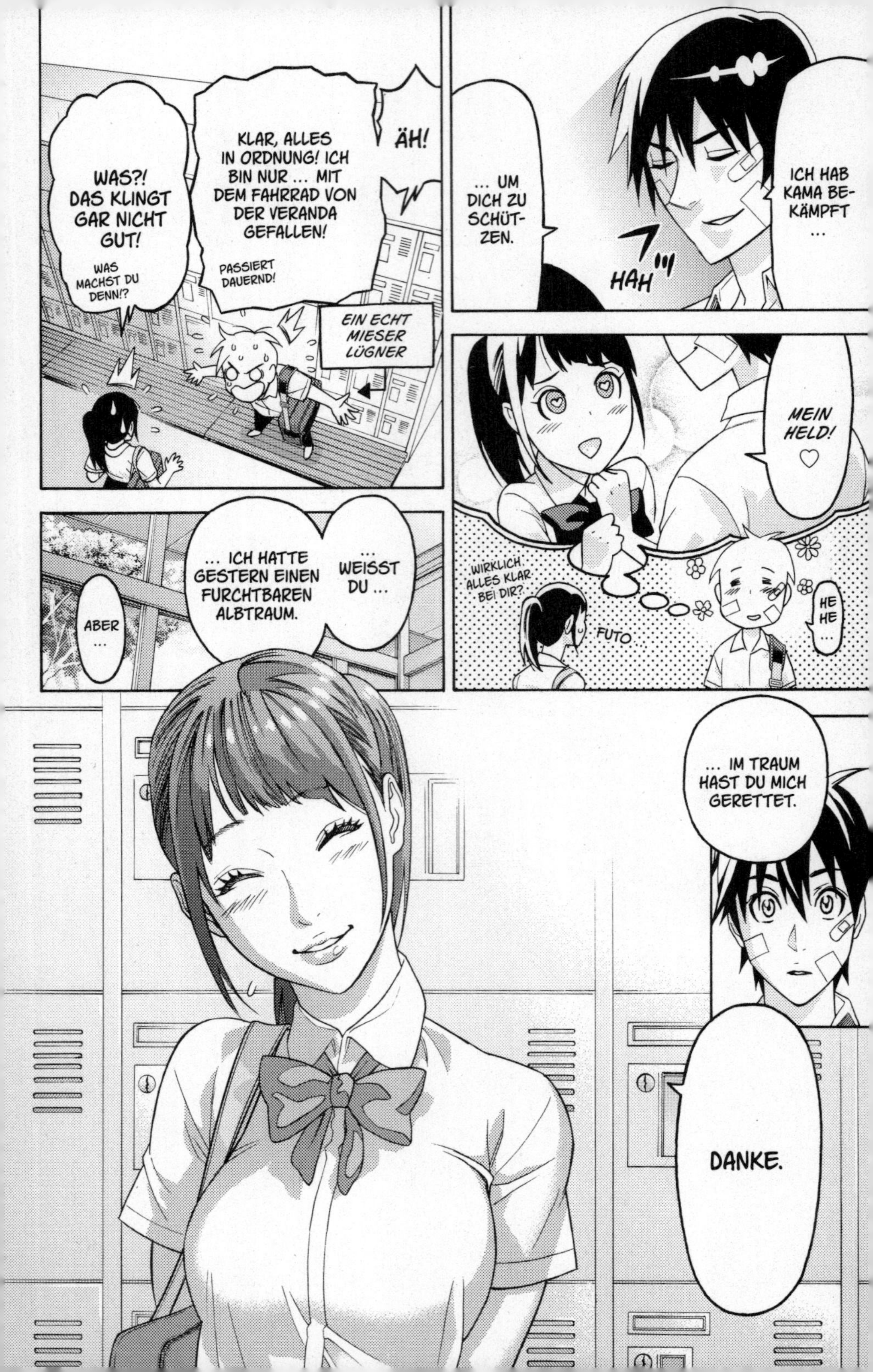
ICH HAB KAMA BEKÄMPFT …
HAH
… UM DICH ZU SCHÜTZEN.
ÄH!
KLAR, ALLES IN ORDNUNG! ICH BIN NUR … MIT DEM FAHRRAD VON DER VERANDA GEFALLEN!
PASSIERT DAUERND!
WAS?! DAS KLINGT GAR NICHT GUT!
WAS MACHST DU DENN!?
EIN ECHT MIESER LÜGNER
MEIN HELD! ♡
HE HE …
WIRKLICH ALLES KLAR BEI DIR?
FUTO
… WEISST DU …
… ICH HATTE GESTERN EINEN FURCHTBAREN ALBTRAUM.
ABER …
… IM TRAUM HAST DU MICH GERETTET.
DANKE.

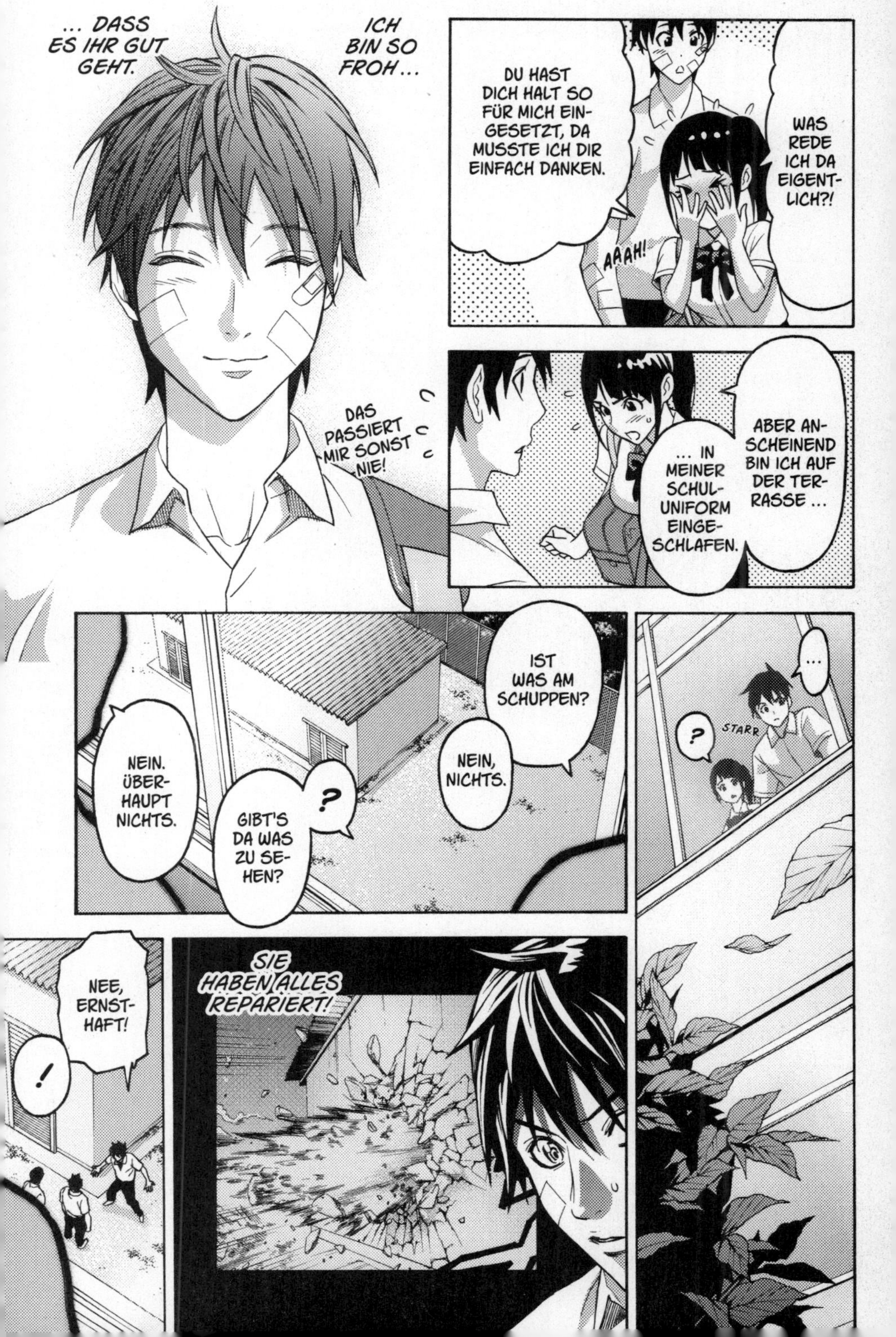
ICH BIN SO FROH ...
... DASS ES IHR GUT GEHT.
WAS REDE ICH DA EIGENTLICH?!
DU HAST DICH HALT SO FÜR MICH EINGESETZT, DA MUSSTE ICH DIR EINFACH DANKEN.
AAAH!
ABER ANSCHEINEND BIN ICH AUF DER TERRASSE ...
... IN MEINER SCHULUNIFORM EINGESCHLAFEN.
DAS PASSIERT MIR SONST NIE!
...
?
STARR
IST WAS AM SCHUPPEN?
NEIN, NICHTS.
?
GIBT'S DA WAS ZU SEHEN?
NEIN. ÜBERHAUPT NICHTS.
SIE HABEN ALLES REPARIERT!
NEE, ERNSTHAFT!
!

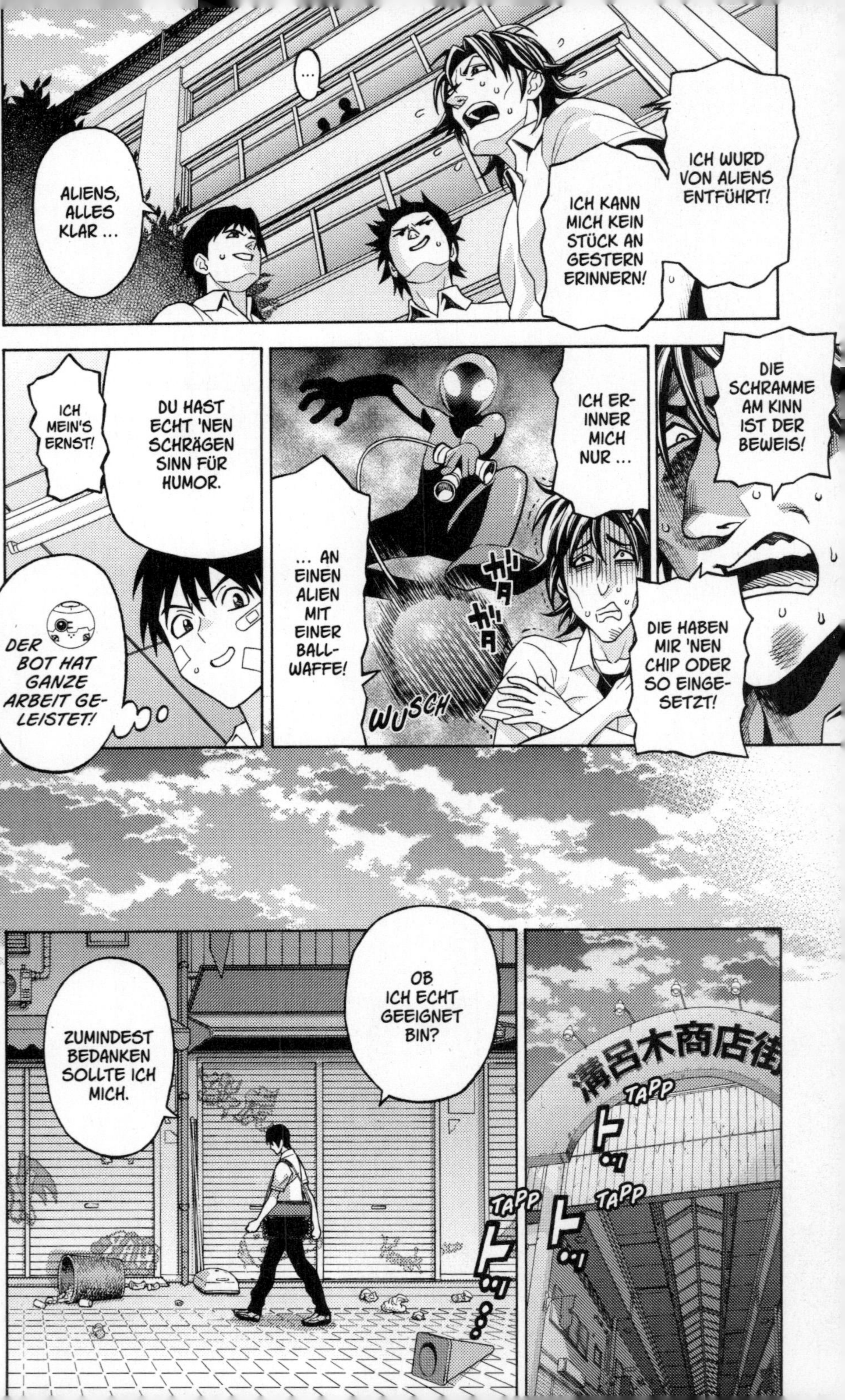
…
ICH WURD VON ALIENS ENTFÜHRT!
ICH KANN MICH KEIN STÜCK AN GESTERN ERINNERN!
ALIENS, ALLES KLAR …
DIE SCHRAMME AM KINN IST DER BEWEIS!
DIE HABEN MIR 'NEN CHIP ODER SO EINGE-SETZT!
ICH ER-INNER MICH NUR …
… AN EINEN ALIEN MIT EINER BALL-WAFFE!
WUSCH
DU HAST ECHT 'NEN SCHRÄGEN SINN FÜR HUMOR.
ICH MEIN'S ERNST!
DER BOT HAT GANZE ARBEIT GE-LEISTET!
溝呂木商店街
TAPP
TAPP
TAPP
OB ICH ECHT GEEIGNET BIN?
ZUMINDEST BEDANKEN SOLLTE ICH MICH.

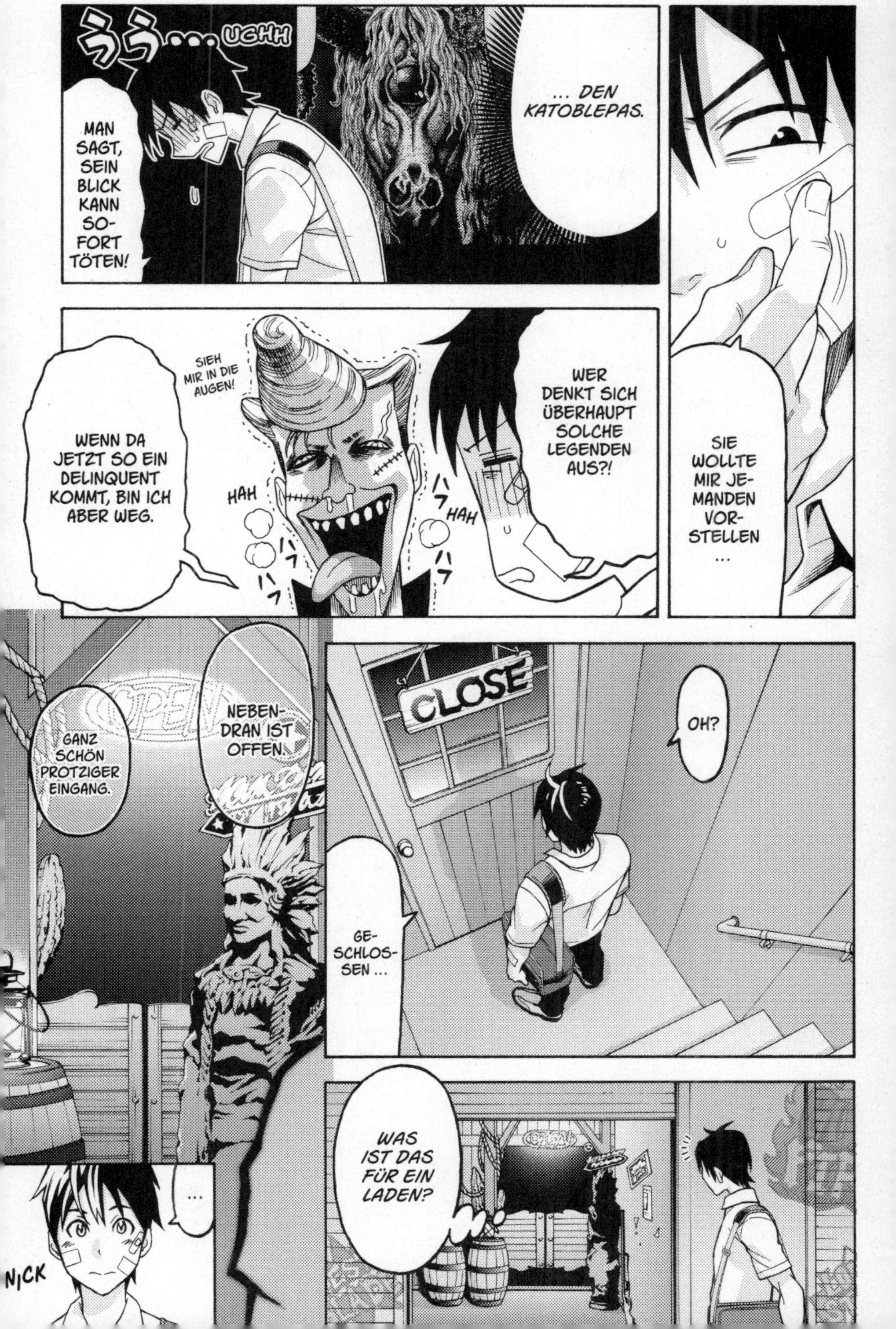

SIE WOLLTE MIR JEMANDEN VORSTELLEN …
… DEN KATOBLEPAS.
MAN SAGT, SEIN BLICK KANN SOFORT TÖTEN!
うう… UGHH
WER DENKT SICH ÜBERHAUPT SOLCHE LEGENDEN AUS?!
SIEH MIR IN DIE AUGEN!
HAH
HAH
WENN DA JETZT SO EIN DELINQUENT KOMMT, BIN ICH ABER WEG.
OH?
CLOSE
GESCHLOSSEN …
NEBENDRAN IST OFFEN.
GANZ SCHÖN PROTZIGER EINGANG.
WAS IST DAS FÜR EIN LADEN?
…
NICK

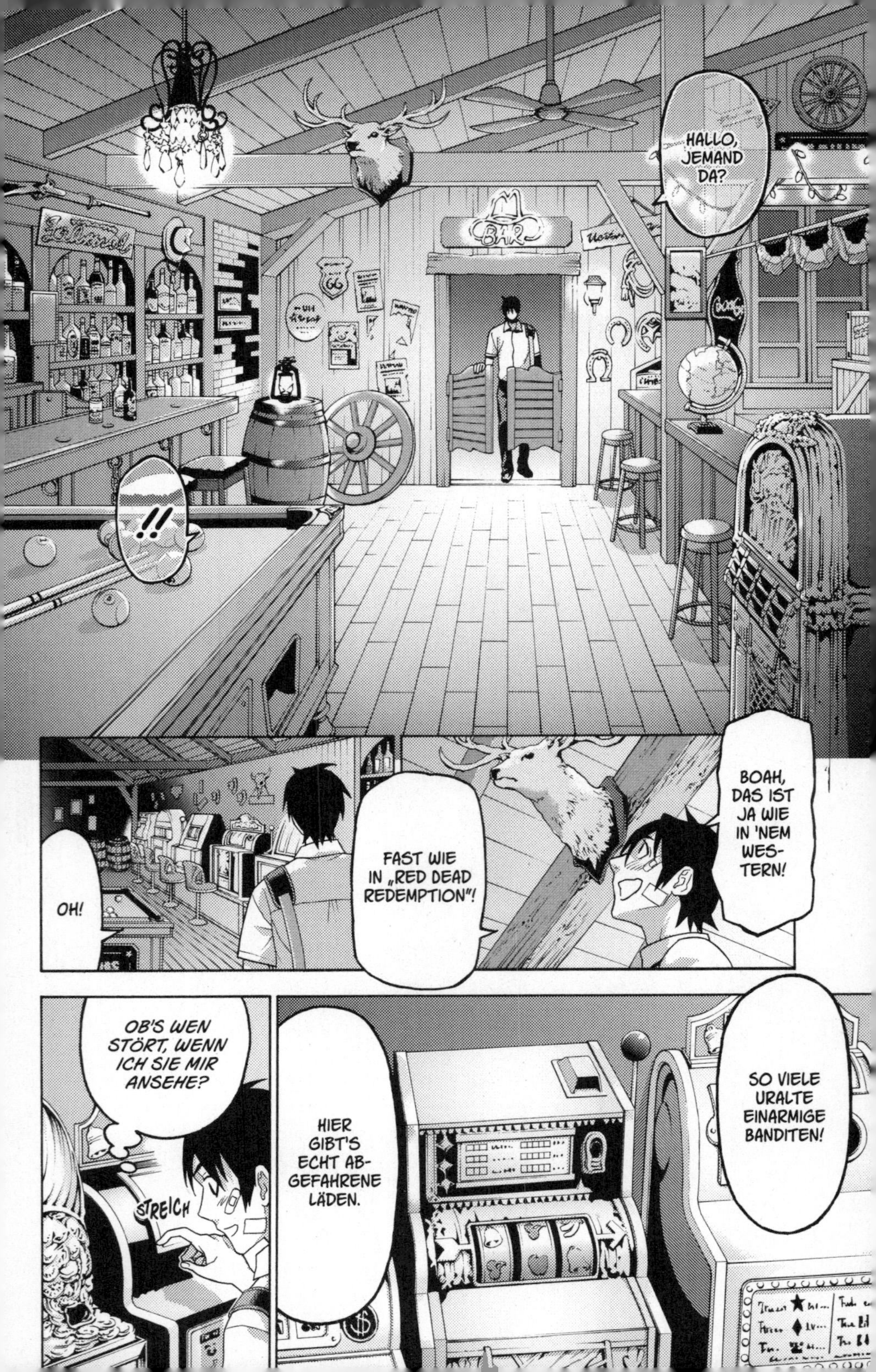
HALLO, JEMAND DA?
!!
BOAH, DAS IST JA WIE IN 'NEM WES-TERN!
FAST WIE IN „RED DEAD REDEMPTION"!
OH!
SO VIELE URALTE EINARMIGE BANDITEN!
HIER GIBT'S ECHT AB-GEFAHRENE LÄDEN.
OB'S WEN STÖRT, WENN ICH SIE MIR ANSEHE?
STREICH

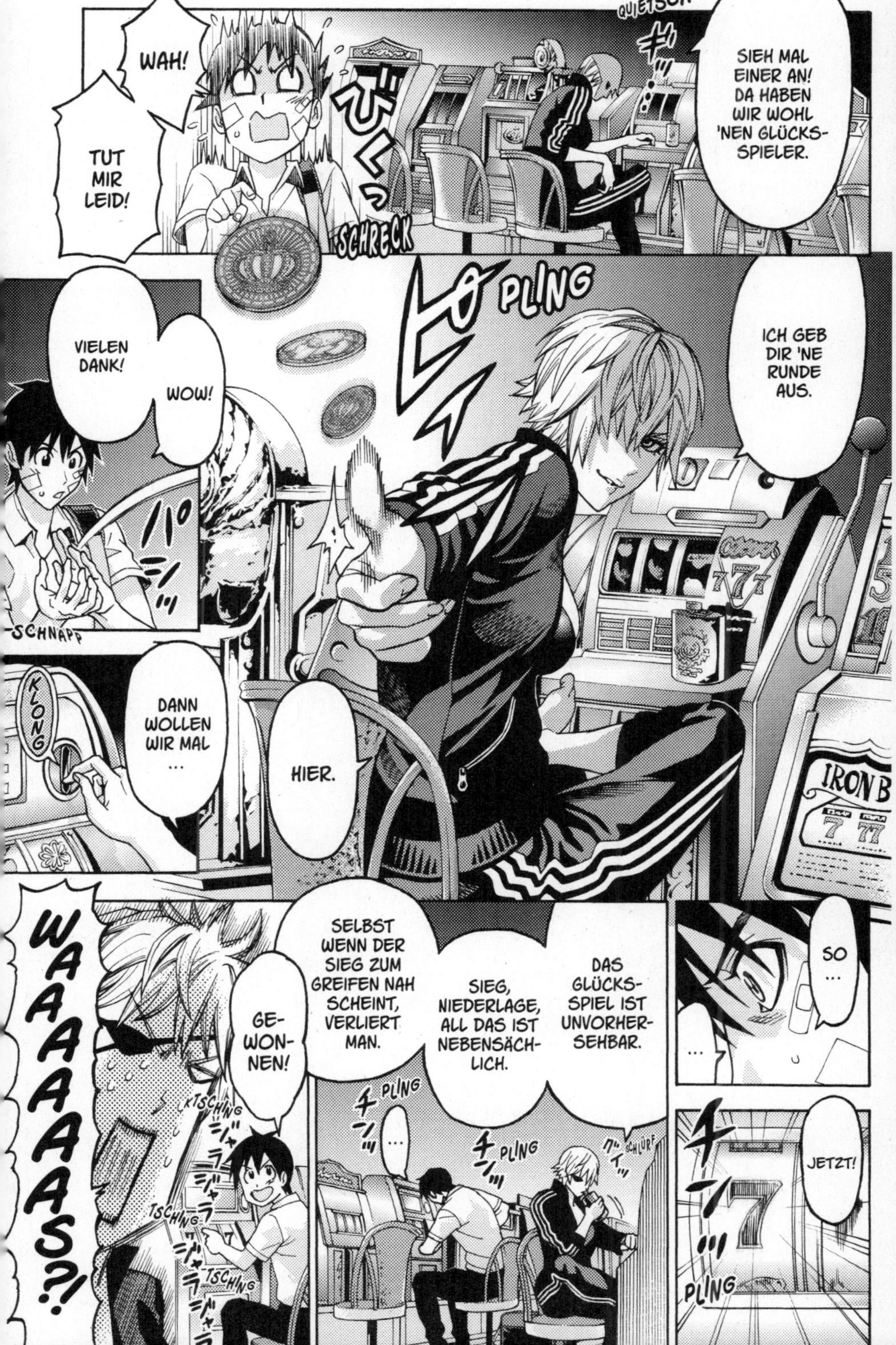
SIEH MAL EINER AN! DA HABEN WIR WOHL 'NEN GLÜCKS-SPIELER.
QUIETSCH
SCHRECK
WAH!
TUT MIR LEID!
PLING
ICH GEB DIR 'NE RUNDE AUS.
VIELEN DANK!
WOW!
SCHNAPP
HIER.
DANN WOLLEN WIR MAL …
KLONG
SO …
…
DAS GLÜCKS-SPIEL IST UNVORHER-SEHBAR.
SIEG, NIEDERLAGE, ALL DAS IST NEBENSÄCHLICH.
SELBST WENN DER SIEG ZUM GREIFEN NAH SCHEINT, VERLIERT MAN.
GE-WON-NEN!
WAAAAAAAAAS?!
JETZT!
PLING
SCHLÜRF
PLING
…
PLING
KTSCHING
TSCHING
TSCHING

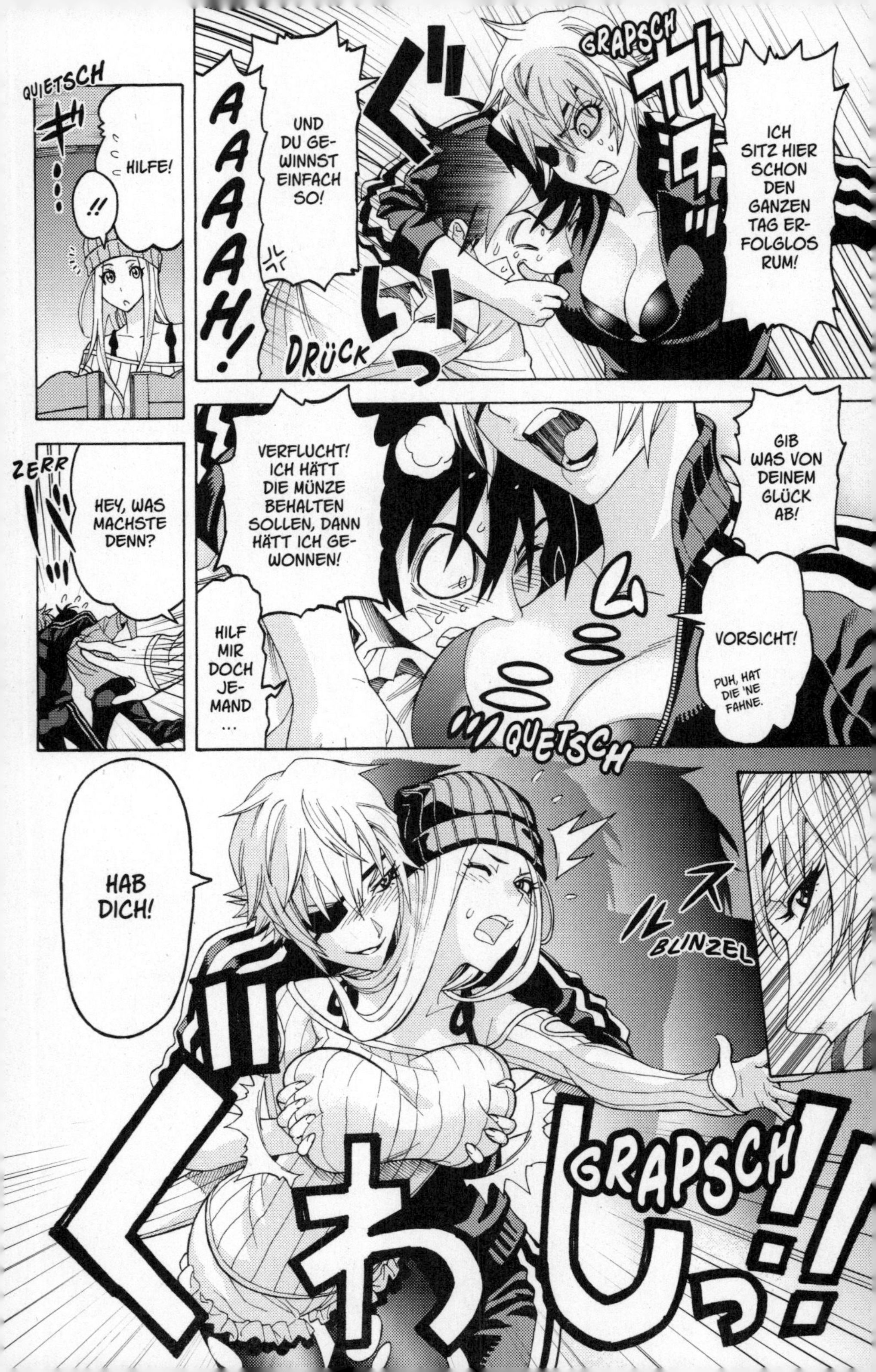
GRAPSCH
ICH SITZ HIER SCHON DEN GANZEN TAG ERFOLGLOS RUM!
UND DU GEWINNST EINFACH SO!
AAAAAH!
DRÜCK
QUIETSCH
HILFE!
!!
GIB WAS VON DEINEM GLÜCK AB!
VORSICHT!
PUH, HAT DIE 'NE FAHNE.
VERFLUCHT! ICH HÄTT DIE MÜNZE BEHALTEN SOLLEN, DANN HÄTT ICH GEWONNEN!
HILF MIR DOCH JEMAND …
QUETSCH
ZERR
HEY, WAS MACHSTE DENN?
BLINZEL
HAB DICH!
GRAPSCH

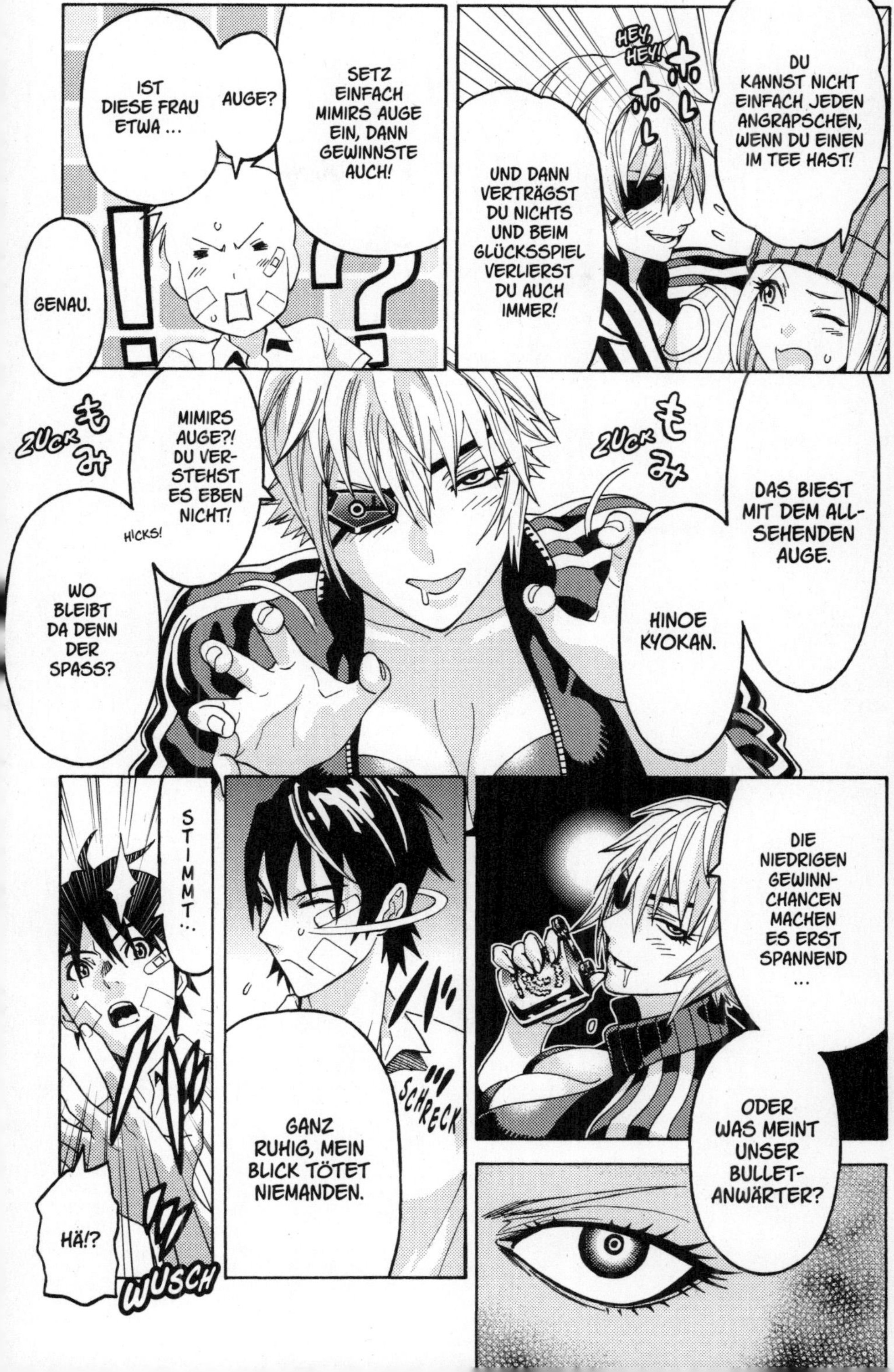
DU KANNST NICHT EINFACH JEDEN ANGRAPSCHEN, WENN DU EINEN IM TEE HAST!
HEY, HEY!
UND DANN VERTRÄGST DU NICHTS UND BEIM GLÜCKSSPIEL VERLIERST DU AUCH IMMER!
SETZ EINFACH MIMIRS AUGE EIN, DANN GEWINNSTE AUCH!
AUGE?
IST DIESE FRAU ETWA …
GENAU.
DAS BIEST MIT DEM ALL-SEHENDEN AUGE.
HINOE KYOKAN.
ZUCK
MIMIRS AUGE?! DU VERSTEHST ES EBEN NICHT!
HICKS!
WO BLEIBT DA DENN DER SPASS?
ZUCK
DIE NIEDRIGEN GEWINNCHANCEN MACHEN ES ERST SPANNEND …
ODER WAS MEINT UNSER BULLET-ANWÄRTER?
SCHRECK
GANZ RUHIG, MEIN BLICK TÖTET NIEMANDEN.
STIMMT …
HÄ!?
WUSCH

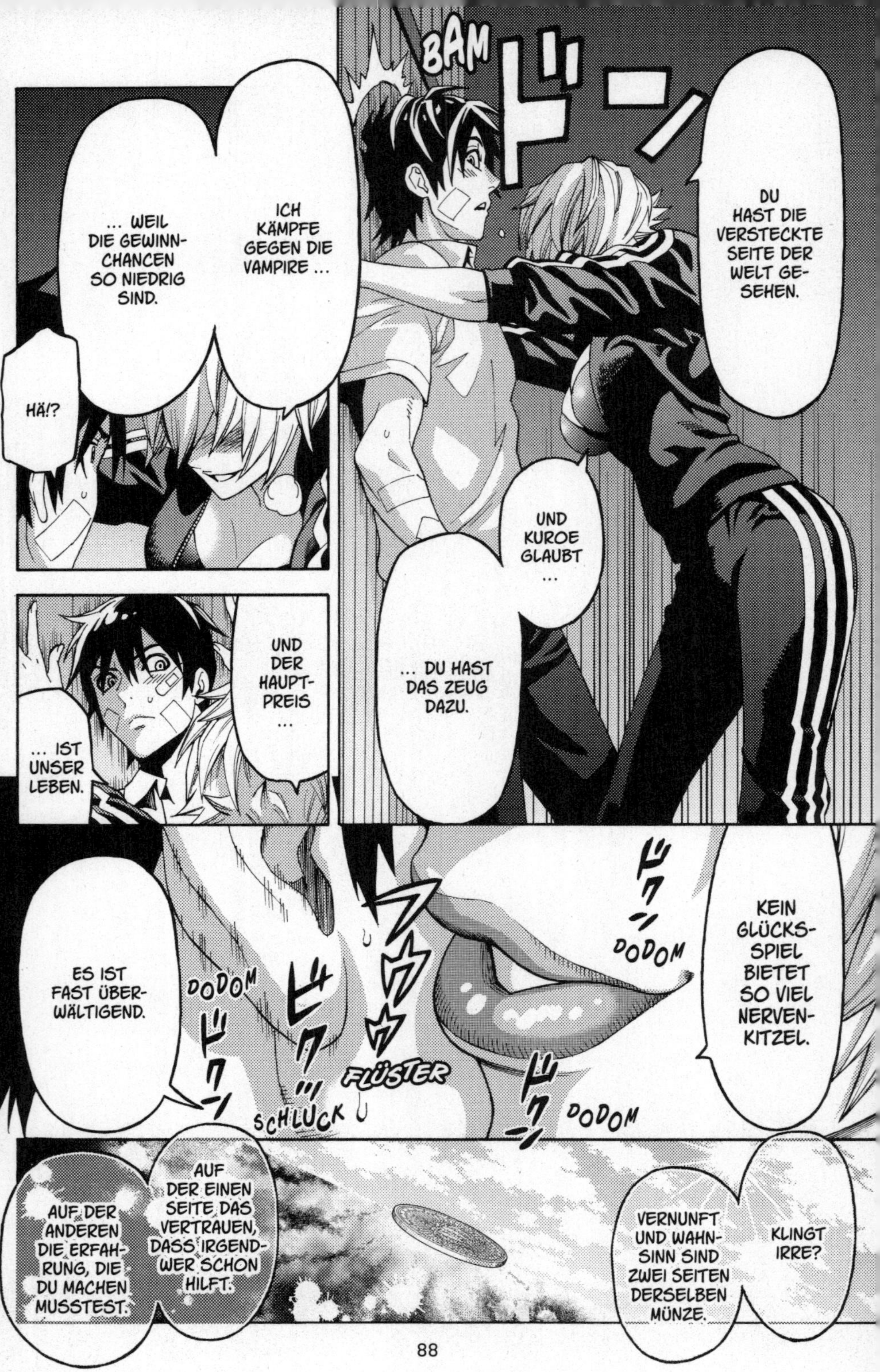

BAM
DU HAST DIE VERSTECKTE SEITE DER WELT GESEHEN.
UND KUROE GLAUBT …
… DU HAST DAS ZEUG DAZU.
ICH KÄMPFE GEGEN DIE VAMPIRE …
… WEIL DIE GEWINNCHANCEN SO NIEDRIG SIND.
HÄ!?
UND DER HAUPTPREIS …
… IST UNSER LEBEN.
KEIN GLÜCKSSPIEL BIETET SO VIEL NERVENKITZEL.
DODOM
FLÜSTER
DODOM
SCHLUCK
DODOM
ES IST FAST ÜBERWÄLTIGEND.
KLINGT IRRE?
VERNUNFT UND WAHNSINN SIND ZWEI SEITEN DERSELBEN MÜNZE.
AUF DER EINEN SEITE DAS VERTRAUEN, DASS IRGENDWER SCHON HILFT.
AUF DER ANDEREN DIE ERFAHRUNG, DIE DU MACHEN MUSSTEST.

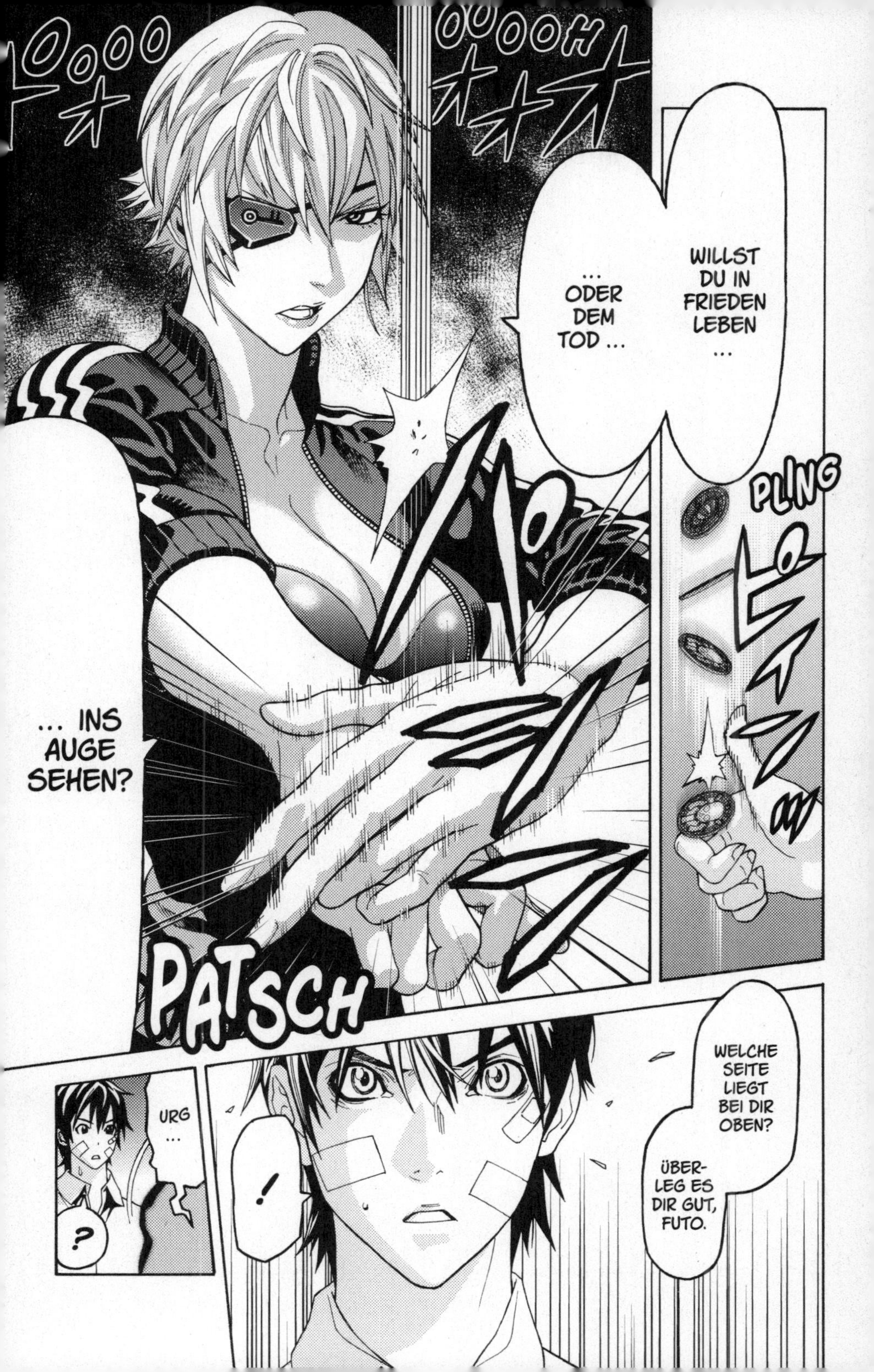

OOOO
OOOOOH
WILLST DU IN FRIEDEN LEBEN ...
... ODER DEM TOD ...
... INS AUGE SEHEN?
PLING
PATSCH
WELCHE SEITE LIEGT BEI DIR OBEN?
ÜBER-LEG ES DIR GUT, FUTO.
!
URG ...
?

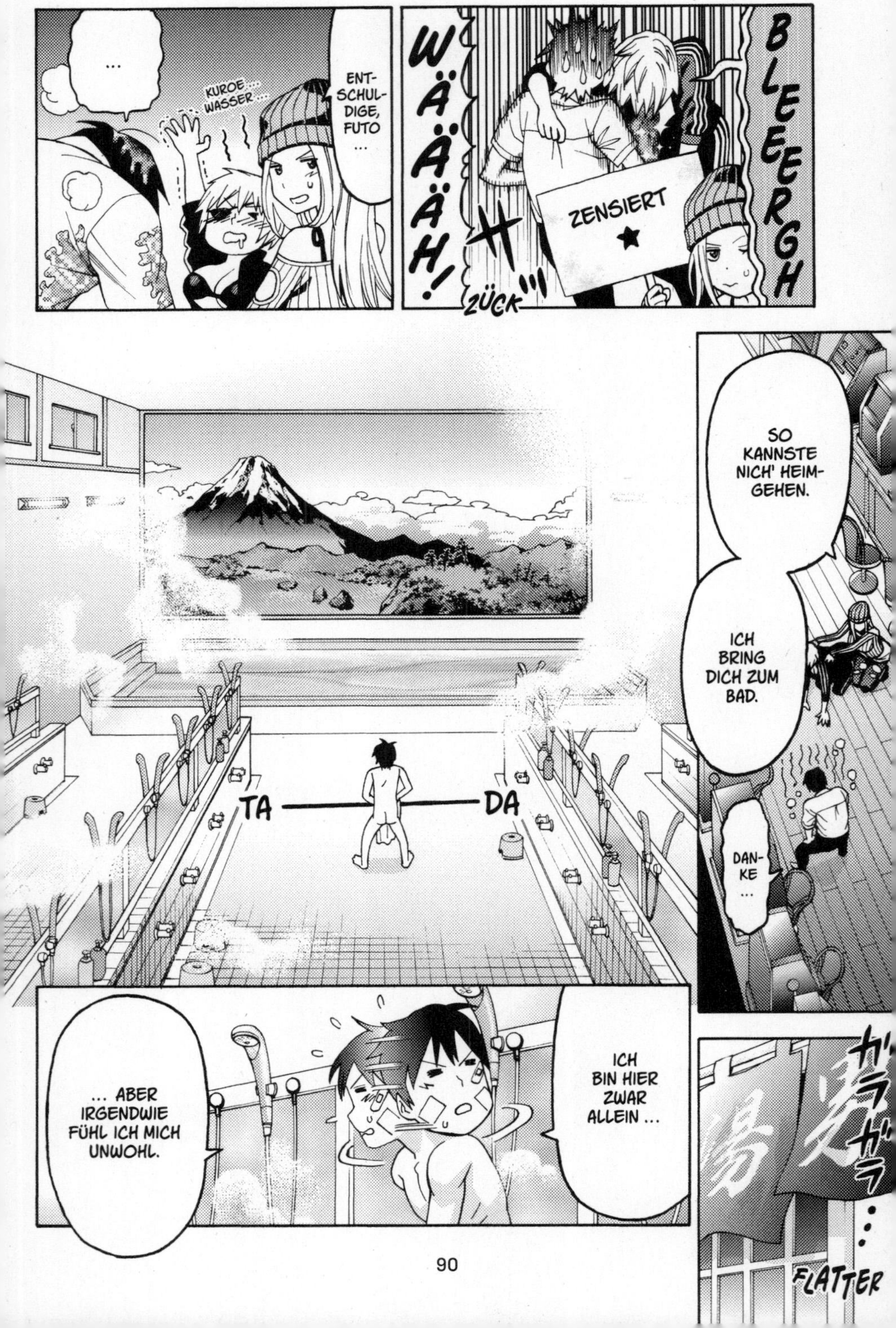
BLEEERGH
ZENSIERT
WÄÄÄH!
ZÜCK
ENT-SCHUL-DIGE, FUTO …
KUROE … WASSER …
…
SO KANNSTE NICH' HEIM-GEHEN.
ICH BRING DICH ZUM BAD.
DAN-KE …
TA — DA
FLATTER
ICH BIN HIER ZWAR ALLEIN …
… ABER IRGENDWIE FÜHL ICH MICH UNWOHL.

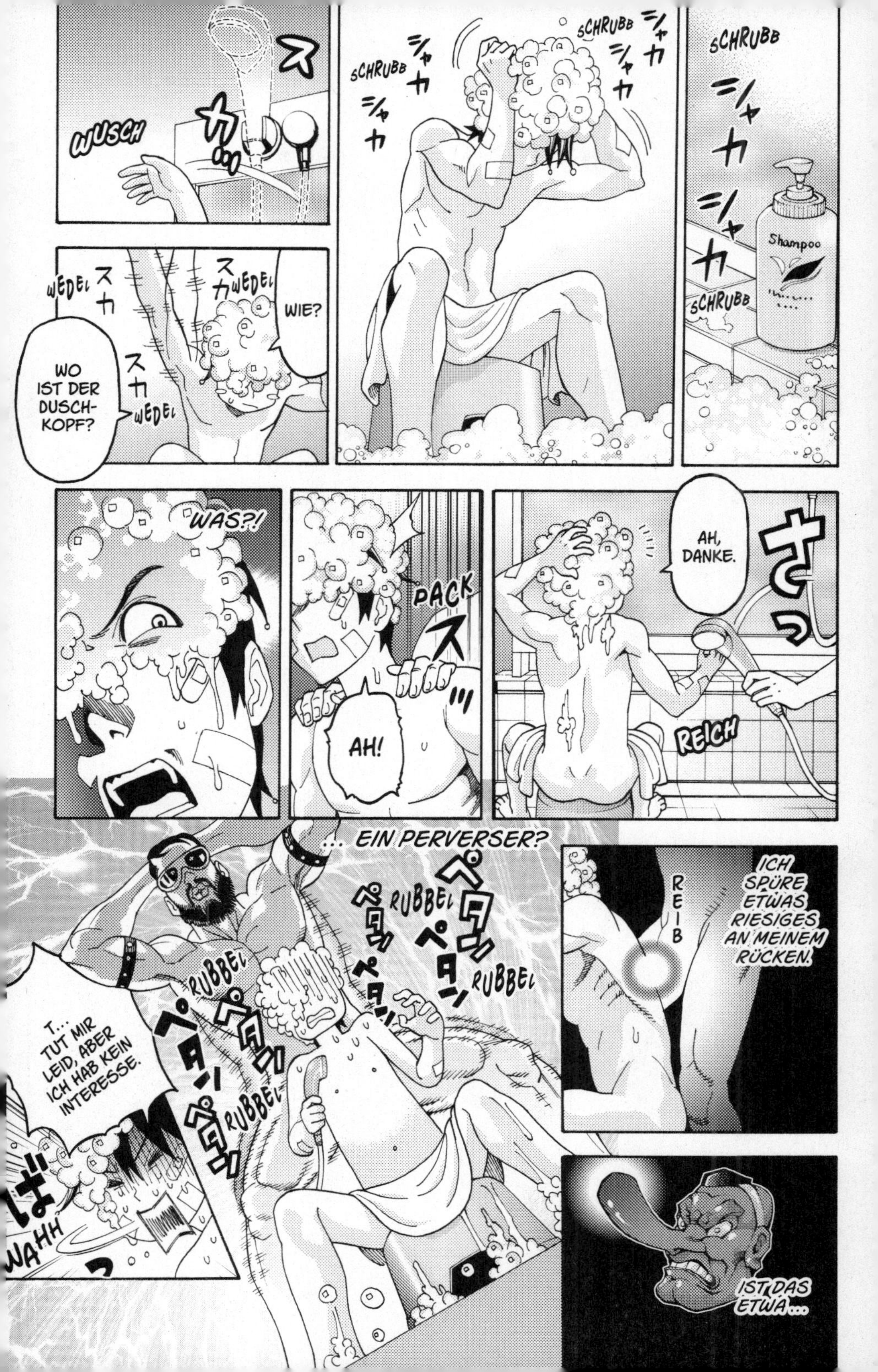
SCHRUBB
シャカシャカ
SCHRUBB
SCHRUBB
シャカシャカ
SCHRUBB
シャカシャカ
ス
WUSCH
カッ
WIE?
WEDEL
スカ
WO IST DER DUSCHKOPF?
AH, DANKE.
さっ
REICH
PACK
ス
AH!
WAS?!
ICH SPÜRE ETWAS RIESIGES AN MEINEM RÜCKEN.
REIB
IST DAS ETWA ...
... EIN PERVERSER?
RUBBEL
ペタン
T... TUT MIR LEID, ABER ICH HAB KEIN INTERESSE.
WAHH

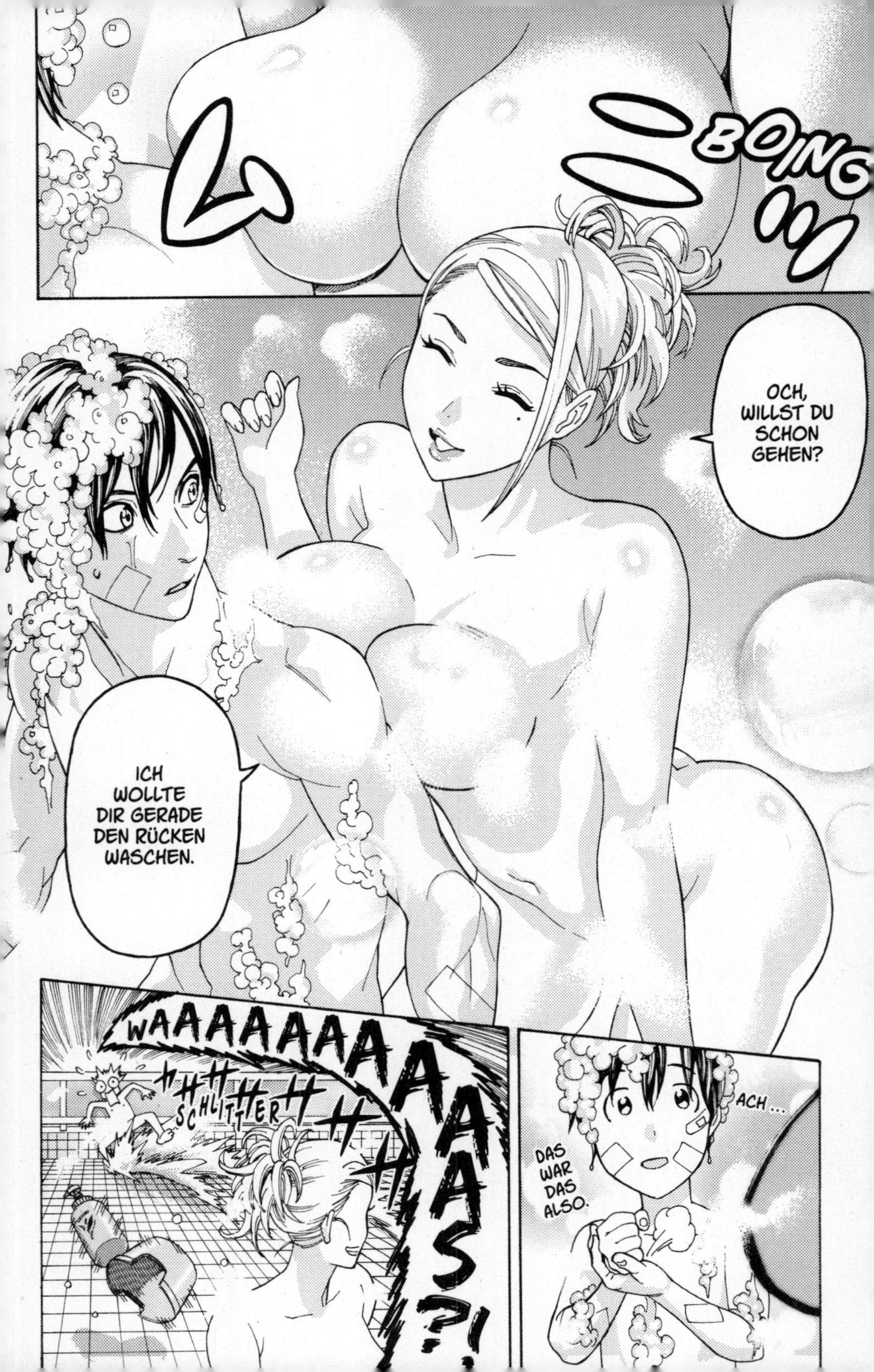
BOING
OCH, WILLST DU SCHON GEHEN?
ICH WOLLTE DIR GERADE DEN RÜCKEN WASCHEN.
ACH ...
DAS WAR DAS ALSO.
WAAAAAAAAAAAAAS?!
SCHLITTER

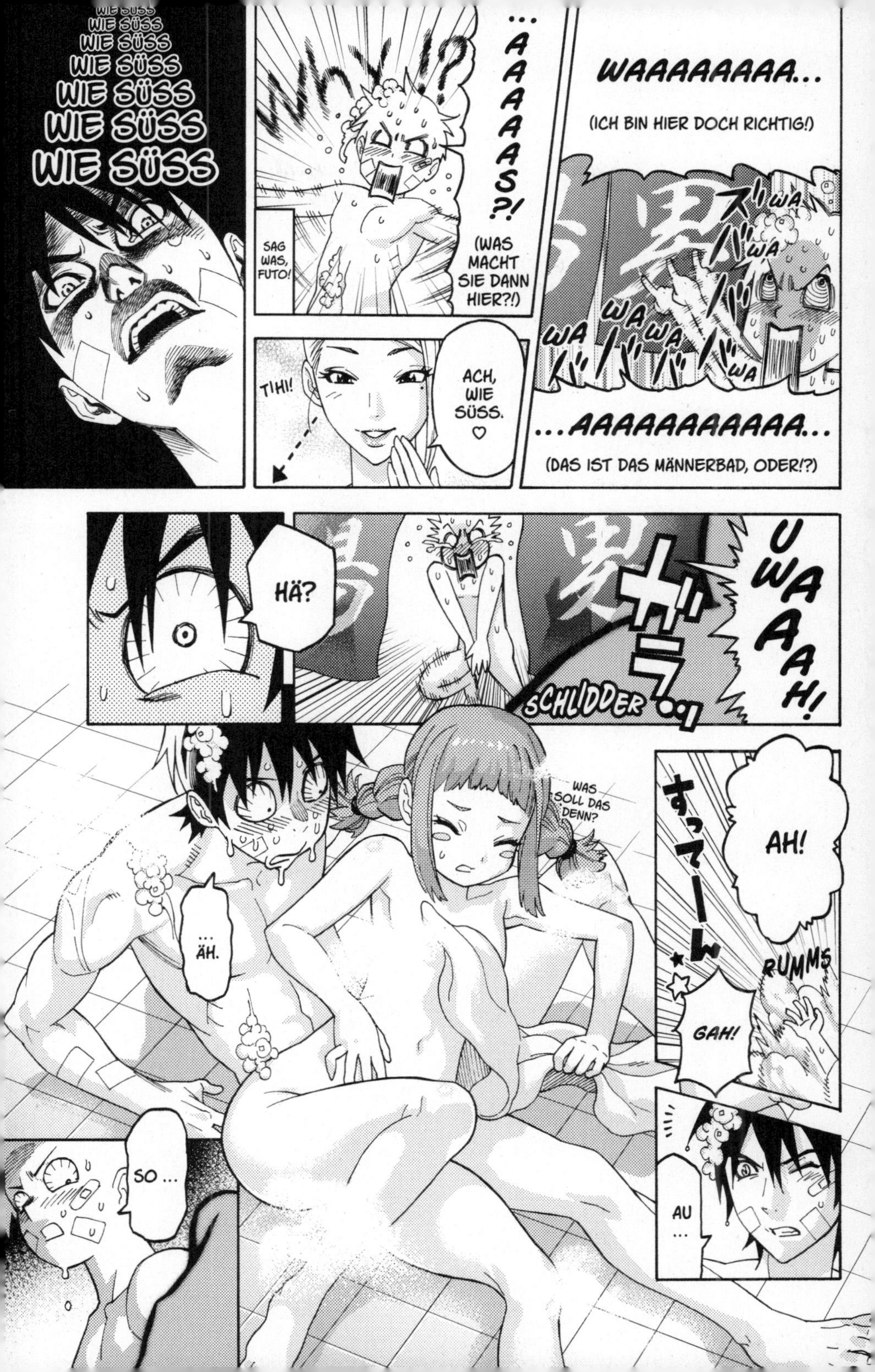
WAAAAAAAA...
(ICH BIN HIER DOCH RICHTIG!)
WA WA WA WA WA WA WA
...AAAAAAAAAAA...
(DAS IST DAS MÄNNERBAD, ODER!?)
...AAAAAAAS?!
(WAS MACHT SIE DANN HIER?!)
WHY!?
SAG WAS, FUTO!
ACH, WIE SÜSS. ♡
TIHI!
WIE SÜSS
WIE SÜSS
WIE SÜSS
WIE SÜSS
WIE SÜSS
WIE SÜSS
WIE SÜSS
UWAAAAH!
SCHLIDDER
HÄ?
AH!
RUMMS
GAH!
WAS SOLL DAS DENN?
... ÄH.
AU ...
SO ...

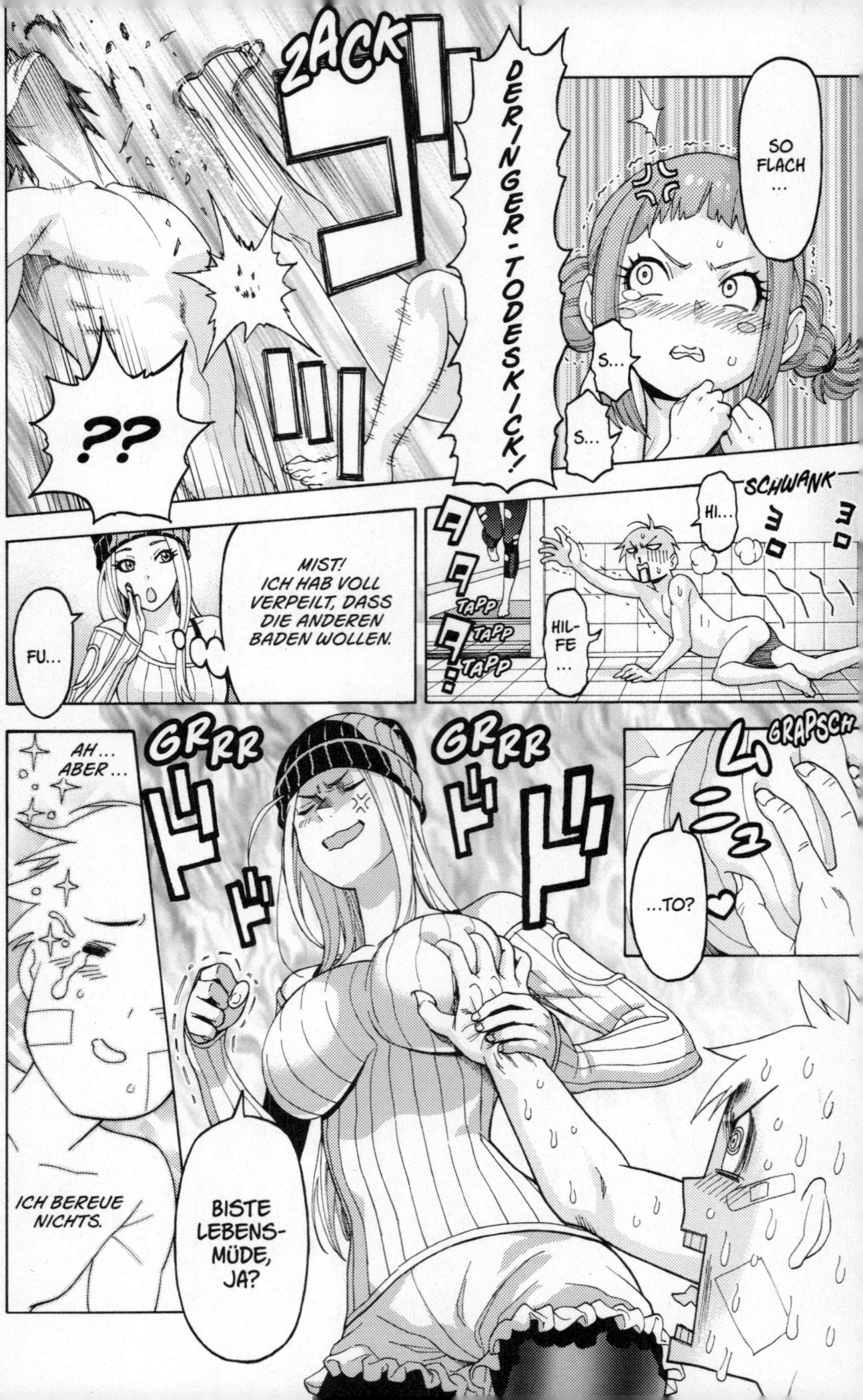
SO FLACH …
S…
S…
ZACK
DERINGER-TODESKICK!
??
SCHWANK
HI…
HIL-FE …
TAPP
TAPP
TAPP
MIST! ICH HAB VOLL VERPEILT, DASS DIE ANDEREN BADEN WOLLEN.
FU…
GRAPSCH
…TO?
GRRR
GRRR
BISTE LEBENS-MÜDE, JA?
AH … ABER …
ICH BEREUE NICHTS.

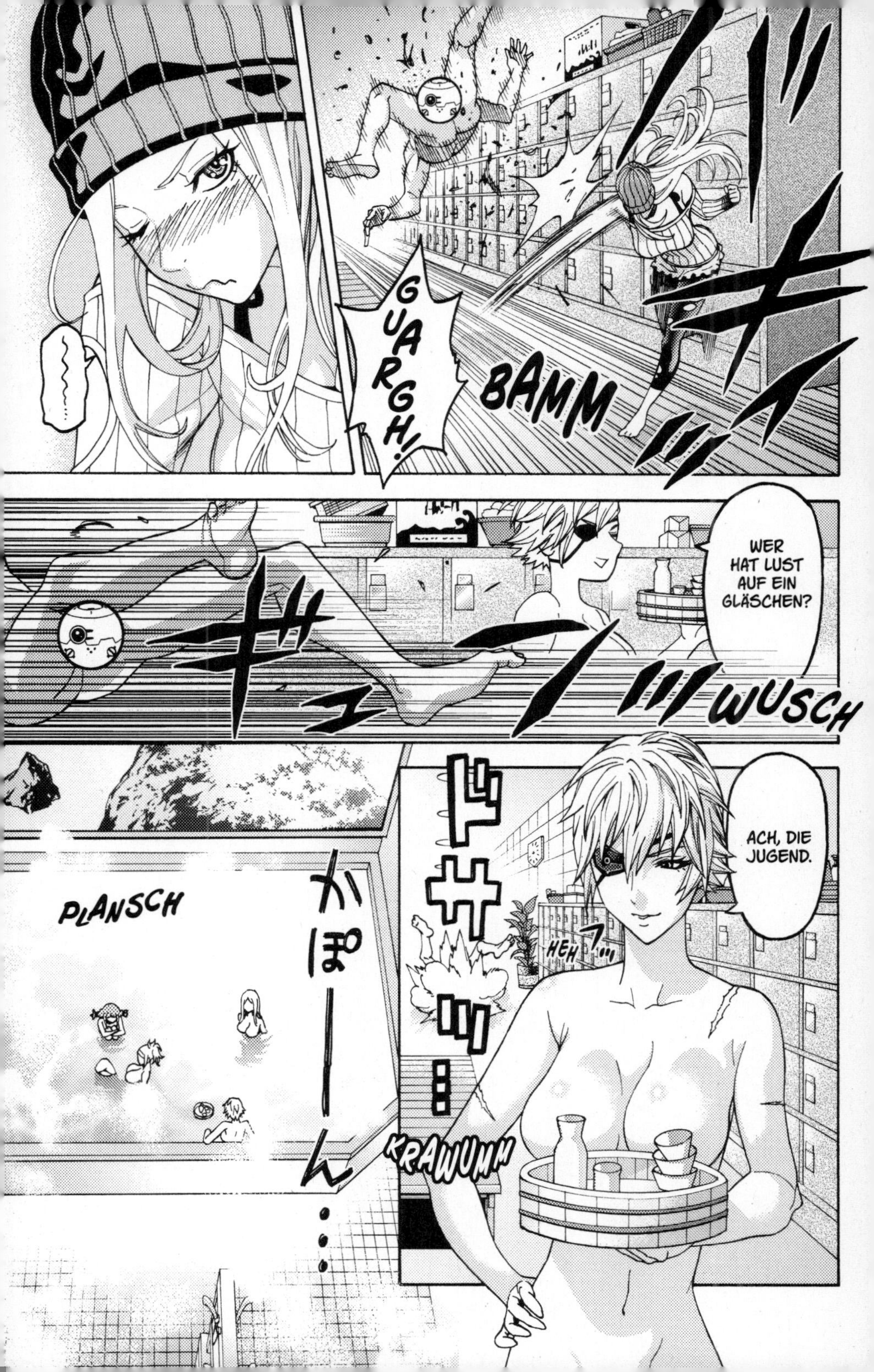
BAMM
GUARGH!!
...
WER HAT LUST AUF EIN GLÄSCHEN?
WUSCH
ACH, DIE JUGEND.
HEH...
KRAWUMM
かぽーーん…
PLANSCH

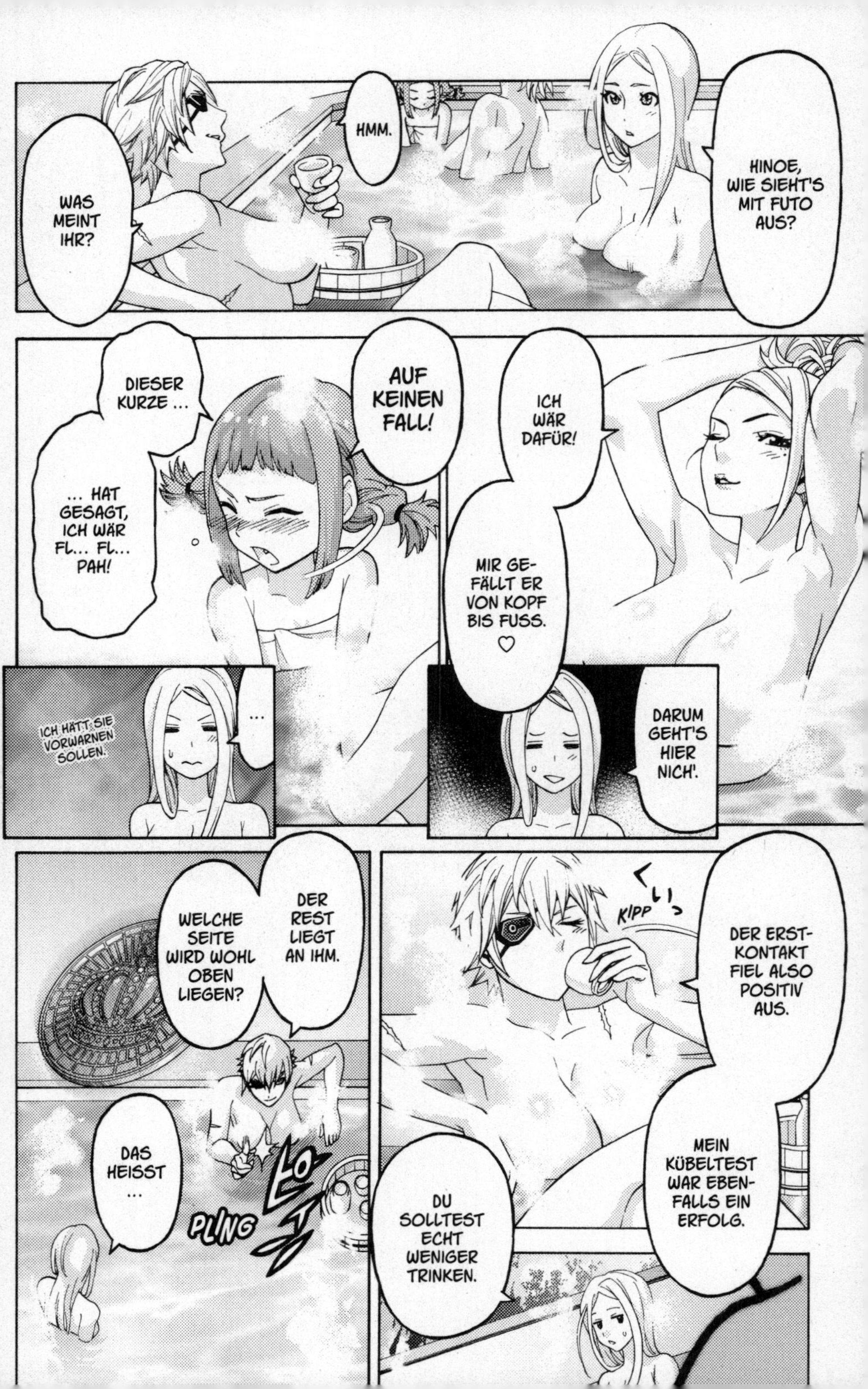
HINOE, WIE SIEHT'S MIT FUTO AUS?
HMM.
WAS MEINT IHR?
ICH WÄR DAFÜR!
MIR GE-FÄLLT ER VON KOPF BIS FUSS. ♡
AUF KEINEN FALL!
DIESER KURZE ...
... HAT GESAGT, ICH WÄR FL... FL... PAH!
DARUM GEHT'S HIER NICH'.
...
ICH HÄTT SIE VORWARNEN SOLLEN.
KIPP
DER ERST-KONTAKT FIEL ALSO POSITIV AUS.
MEIN KÜBELTEST WAR EBEN-FALLS EIN ERFOLG.
DER REST LIEGT AN IHM.
WELCHE SEITE WIRD WOHL OBEN LIEGEN?
DU SOLLTEST ECHT WENIGER TRINKEN.
PLING
DAS HEISST ...

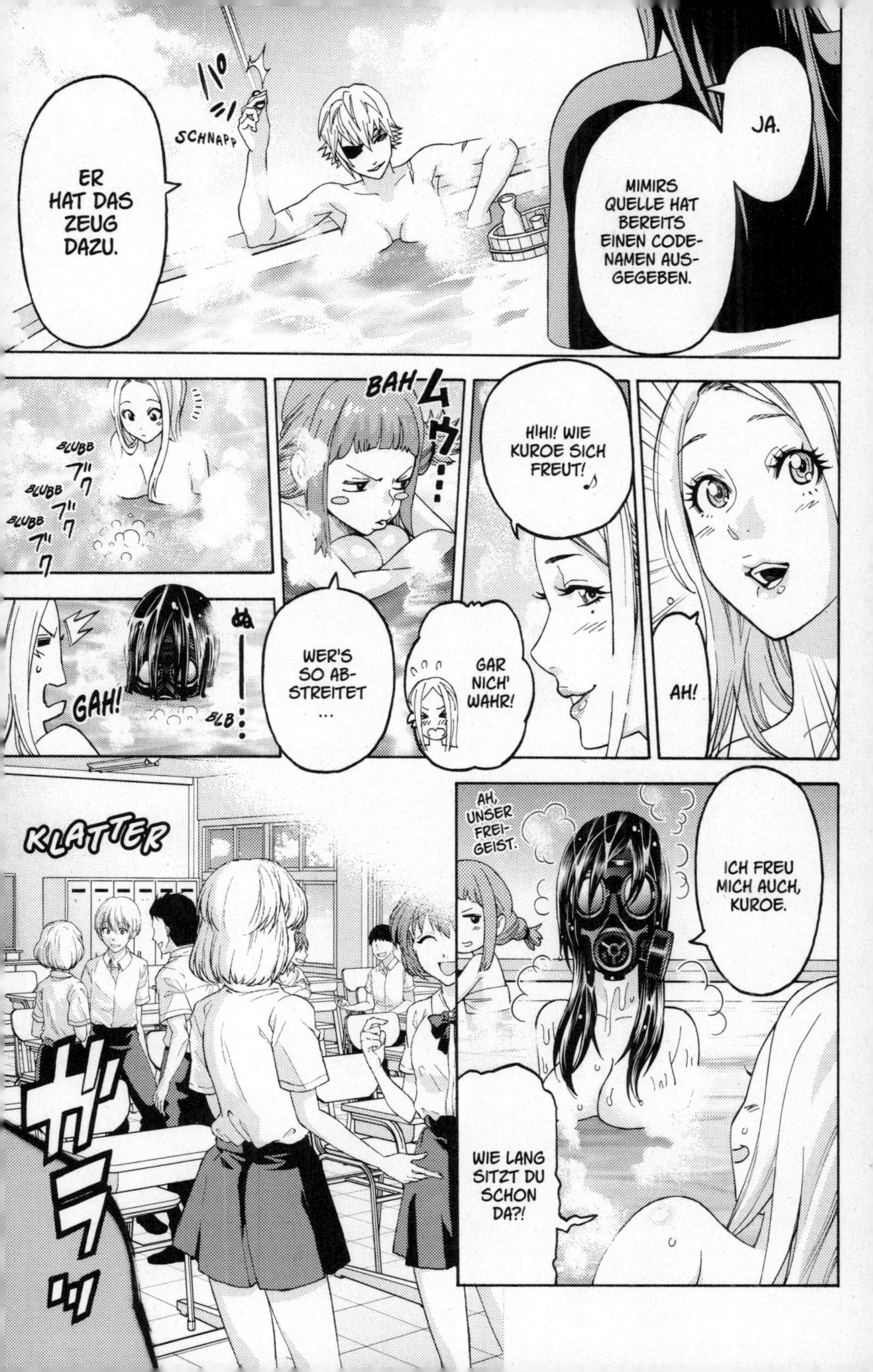
JA.
MIMIRS QUELLE HAT BEREITS EINEN CODENAMEN AUSGEGEBEN.
SCHNAPP
ER HAT DAS ZEUG DAZU.
AH!
HIHI! WIE KUROE SICH FREUT! ♪
BAH
BLUBB
BLUBB
BLUBB
GAR NICH' WAHR!
WER'S SO ABSTREITET …
BLB
GAH!
ICH FREU MICH AUCH, KUROE.
AH, UNSER FREIGEIST.
WIE LANG SITZT DU SCHON DA?!
KLATTER

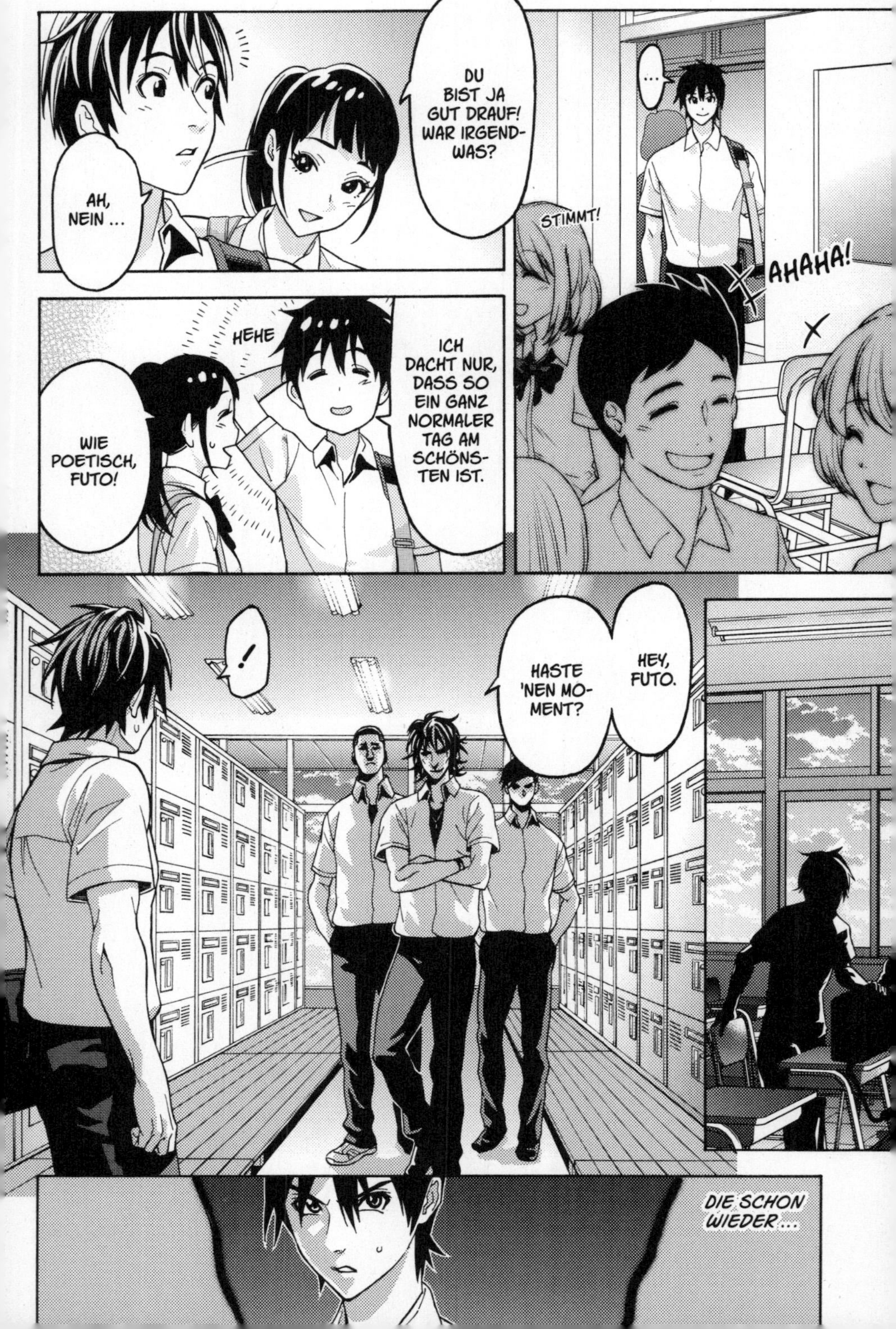
…
STIMMT!
AHAHA!
DU BIST JA GUT DRAUF! WAR IRGENDWAS?
AH, NEIN …
ICH DACHT NUR, DASS SO EIN GANZ NORMALER TAG AM SCHÖNSTEN IST.
HEHE
WIE POETISCH, FUTO!
HEY, FUTO.
HASTE 'NEN MOMENT?
!
DIE SCHON WIEDER …

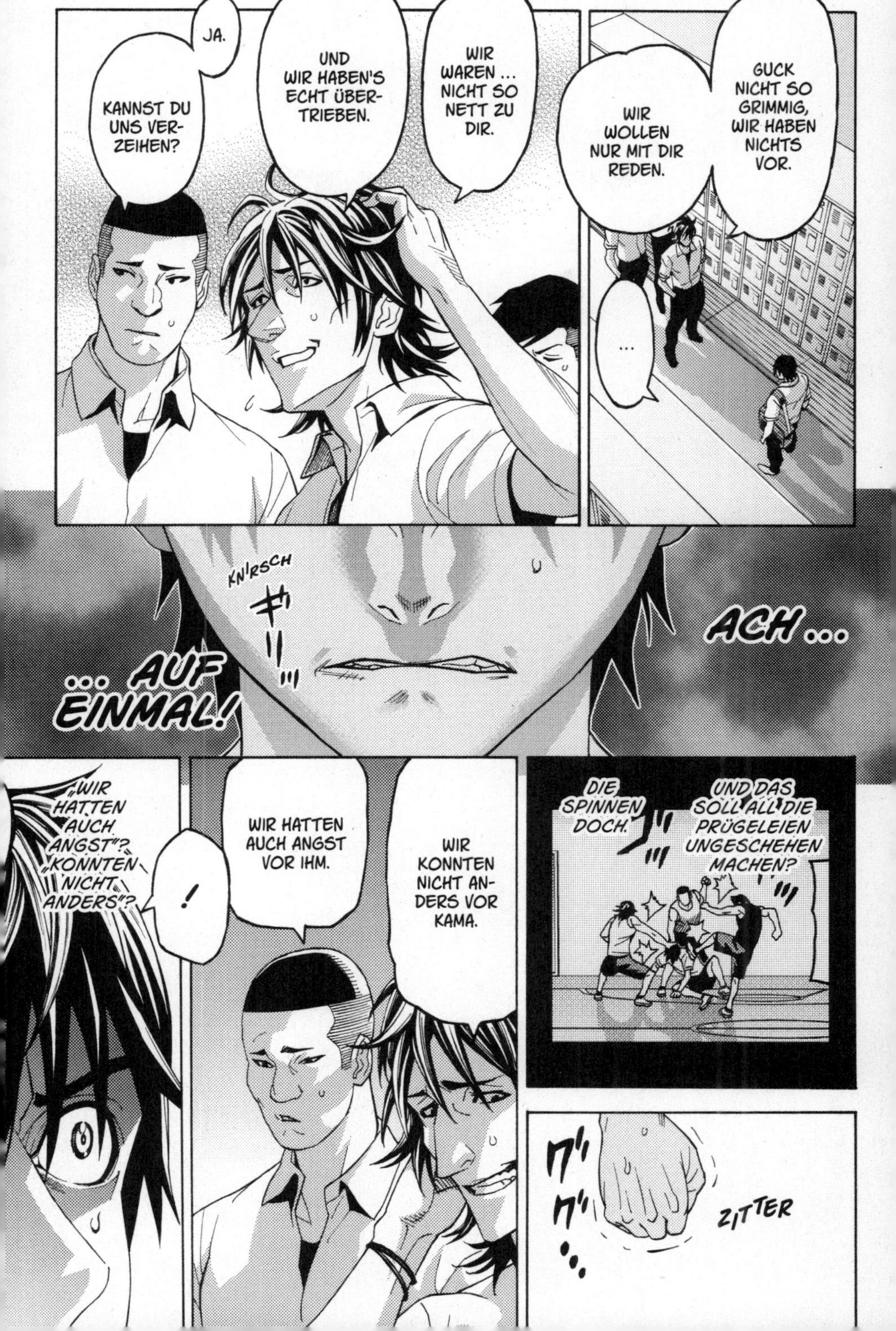
GUCK NICHT SO GRIMMIG, WIR HABEN NICHTS VOR.
WIR WOLLEN NUR MIT DIR REDEN.
…
WIR WAREN … NICHT SO NETT ZU DIR.
UND WIR HABEN'S ECHT ÜBERTRIEBEN.
KANNST DU UNS VERZEIHEN?
JA.
ACH …
KNIRSCH
… AUF EINMAL!
UND DAS SOLL ALL DIE PRÜGELEIEN UNGESCHEHEN MACHEN?
DIE SPINNEN DOCH.
WIR KONNTEN NICHT ANDERS VOR KAMA.
WIR HATTEN AUCH ANGST VOR IHM.
!
„WIR HATTEN AUCH ANGST"? „KONNTEN NICHT ANDERS"?
ZITTER

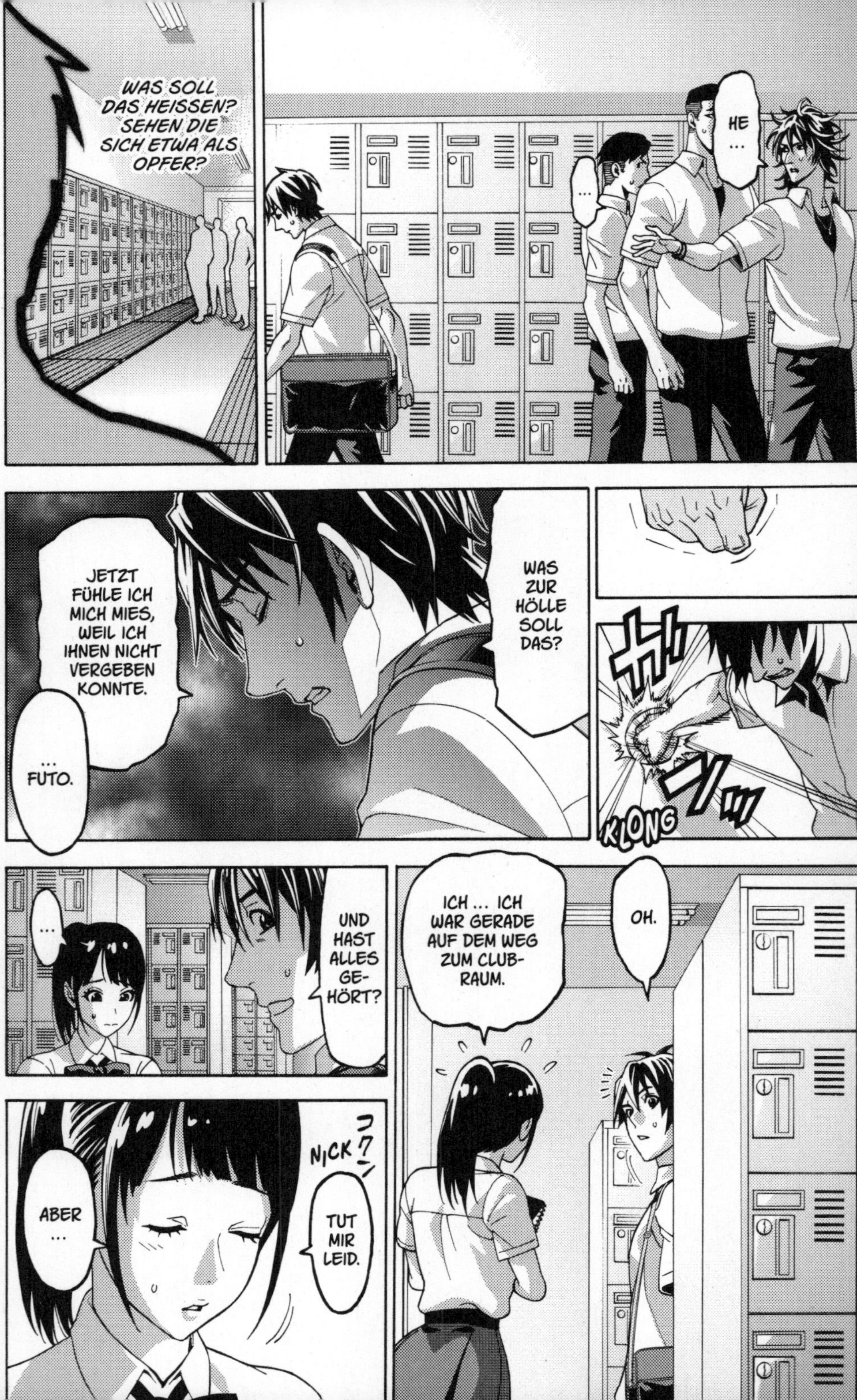
HE ...
...
WAS SOLL DAS HEISSEN? SEHEN DIE SICH ETWA ALS OPFER?
KLONG
WAS ZUR HÖLLE SOLL DAS?
JETZT FÜHLE ICH MICH MIES, WEIL ICH IHNEN NICHT VERGEBEN KONNTE.
... FUTO.
OH.
ICH ... ICH WAR GERADE AUF DEM WEG ZUM CLUB-RAUM.
UND HAST ALLES GE-HÖRT?
...
NICK
TUT MIR LEID.
ABER ...

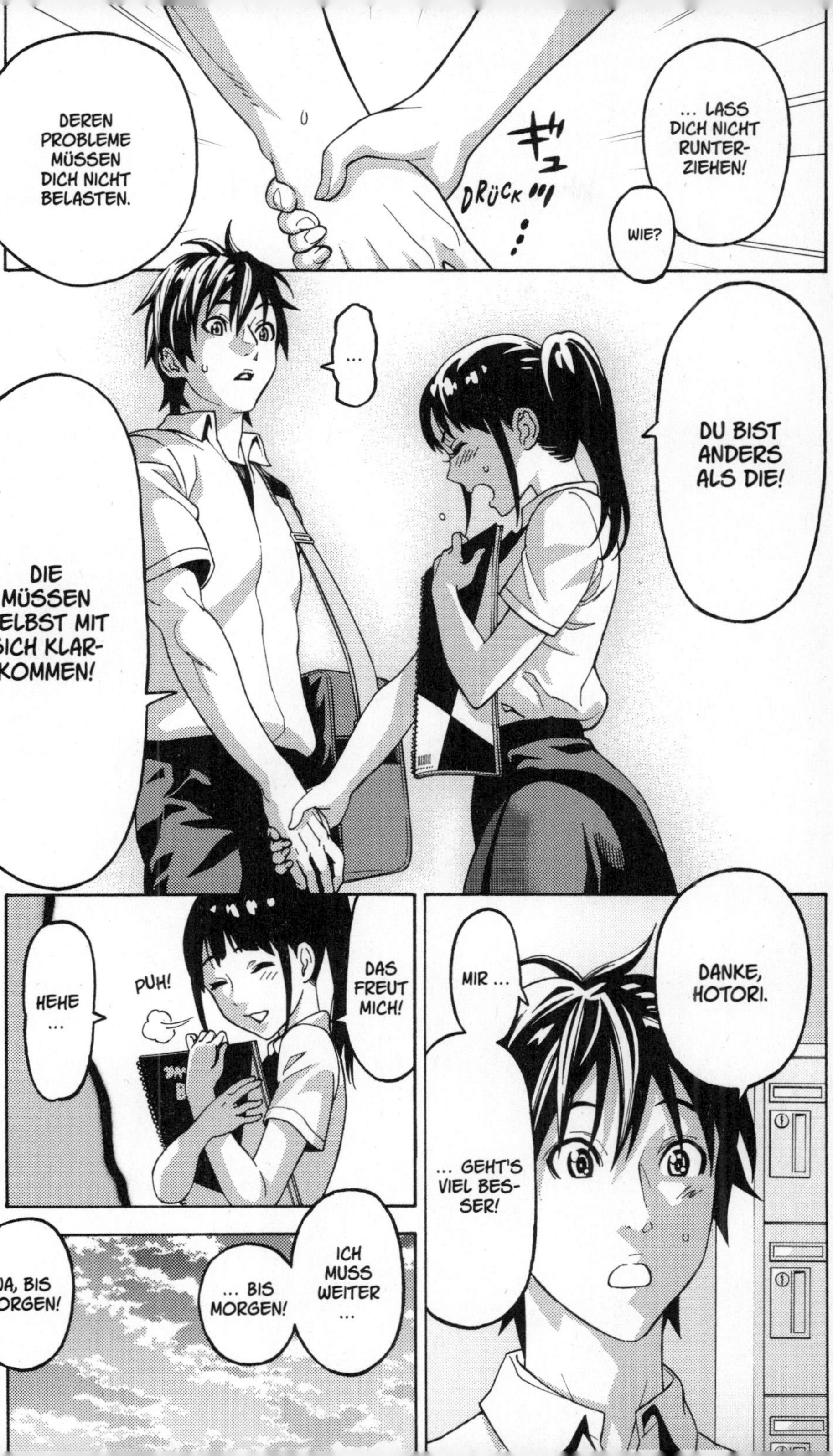
ギュ
DRÜCK
... LASS DICH NICHT RUNTER-ZIEHEN!
WIE?
DEREN PROBLEME MÜSSEN DICH NICHT BELASTEN.
DU BIST ANDERS ALS DIE!
...
DIE MÜSSEN SELBST MIT SICH KLAR-KOMMEN!
DANKE, HOTORI.
MIR ...
... GEHT'S VIEL BES-SER!
DAS FREUT MICH!
PUH!
HEHE ...
ICH MUSS WEITER ...
... BIS MORGEN!
JA, BIS MORGEN!

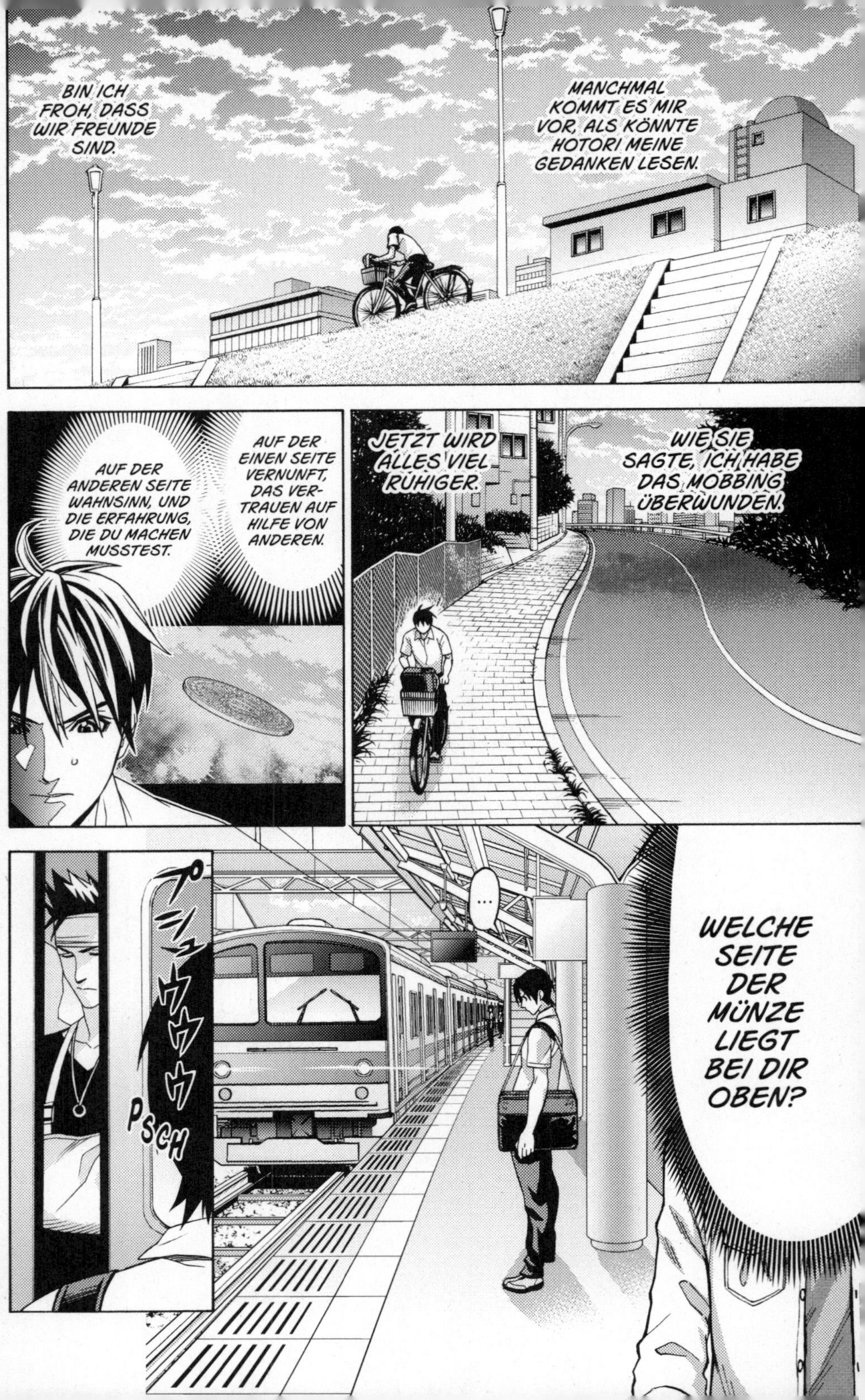
MANCHMAL KOMMT ES MIR VOR, ALS KÖNNTE HOTORI MEINE GEDANKEN LESEN.
BIN ICH FROH, DASS WIR FREUNDE SIND.
WIE SIE SAGTE, ICH HABE DAS MOBBING ÜBERWUNDEN.
JETZT WIRD ALLES VIEL RUHIGER.
AUF DER EINEN SEITE VERNUNFT, DAS VERTRAUEN AUF HILFE VON ANDEREN.
AUF DER ANDEREN SEITE WAHNSINN, UND DIE ERFAHRUNG, DIE DU MACHEN MUSSTEST.
WELCHE SEITE DER MÜNZE LIEGT BEI DIR OBEN?
…
PSCH

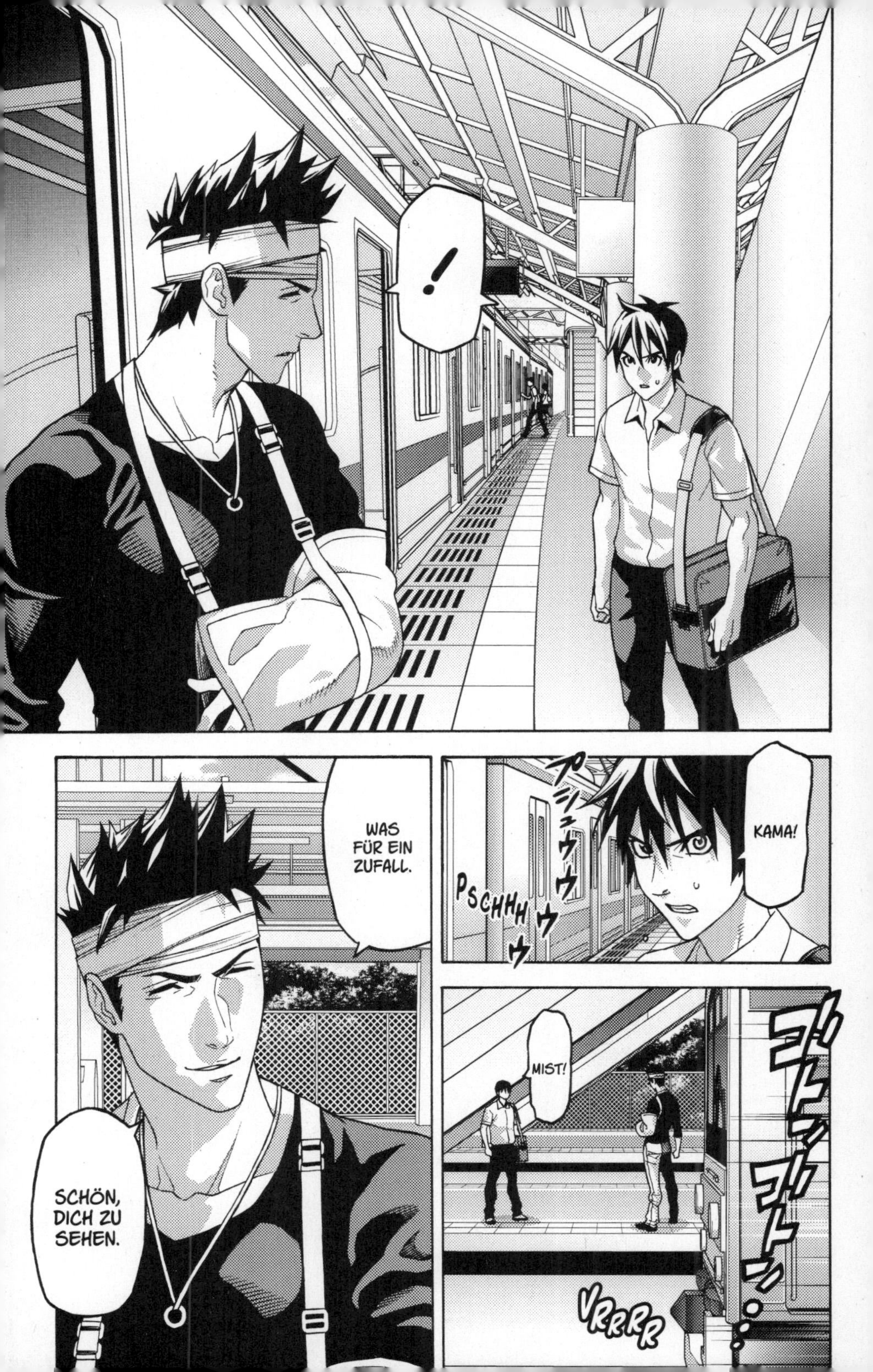
!
KAMA!
PSCHHHH
WAS FÜR EIN ZUFALL.
SCHÖN, DICH ZU SEHEN.
MIST!
VRRRR

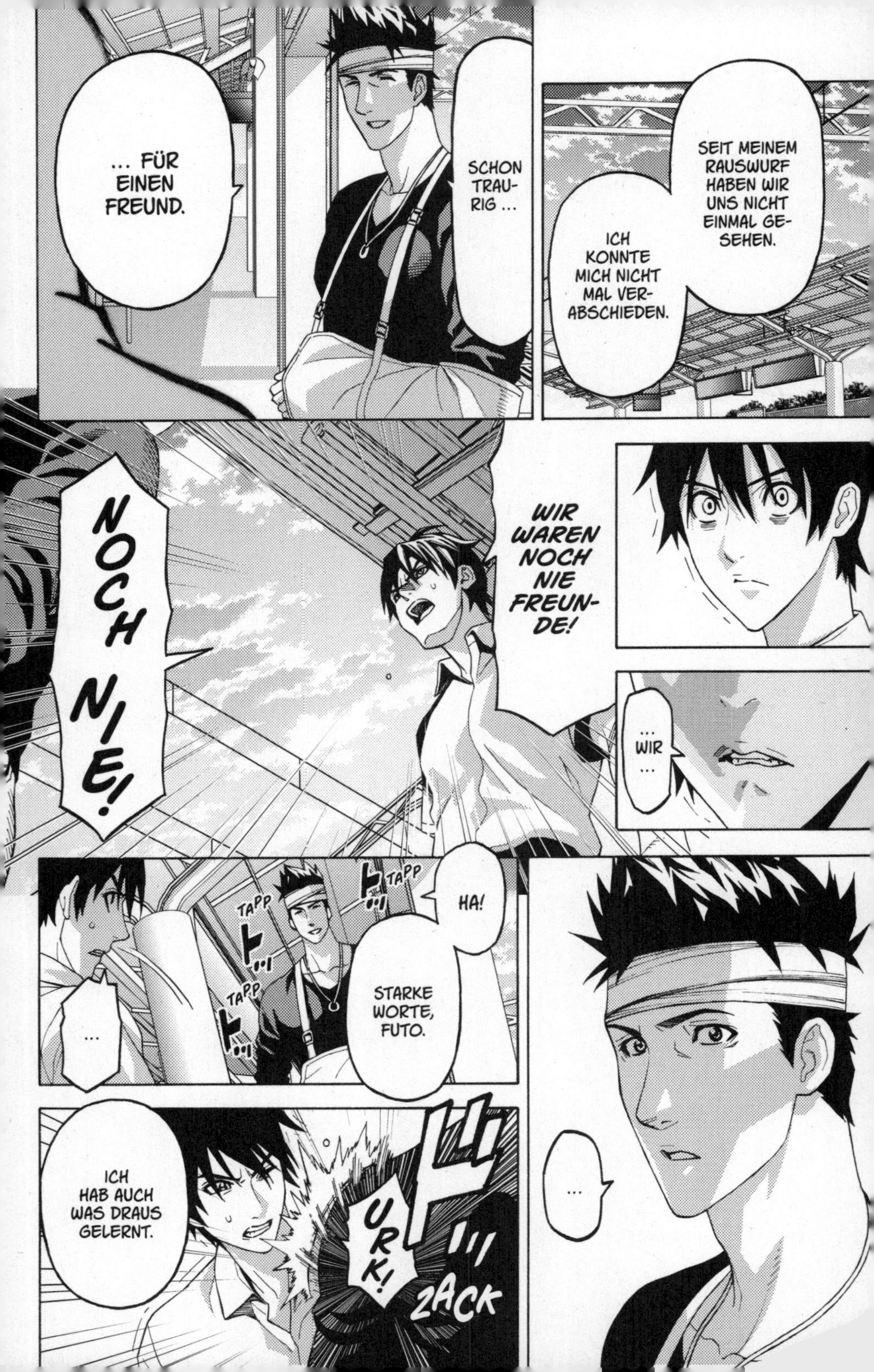
SEIT MEINEM RAUSWURF HABEN WIR UNS NICHT EINMAL GE-SEHEN.
ICH KONNTE MICH NICHT MAL VER-ABSCHIEDEN.
SCHON TRAU-RIG …
… FÜR EINEN FREUND.
… WIR …
WIR WAREN NOCH NIE FREUN-DE!
NOCH NIE!
…
HA!
TAPP
TAPP
TAPP
STARKE WORTE, FUTO.
…
ICH HAB AUCH WAS DRAUS GELERNT.
URK!
ZACK

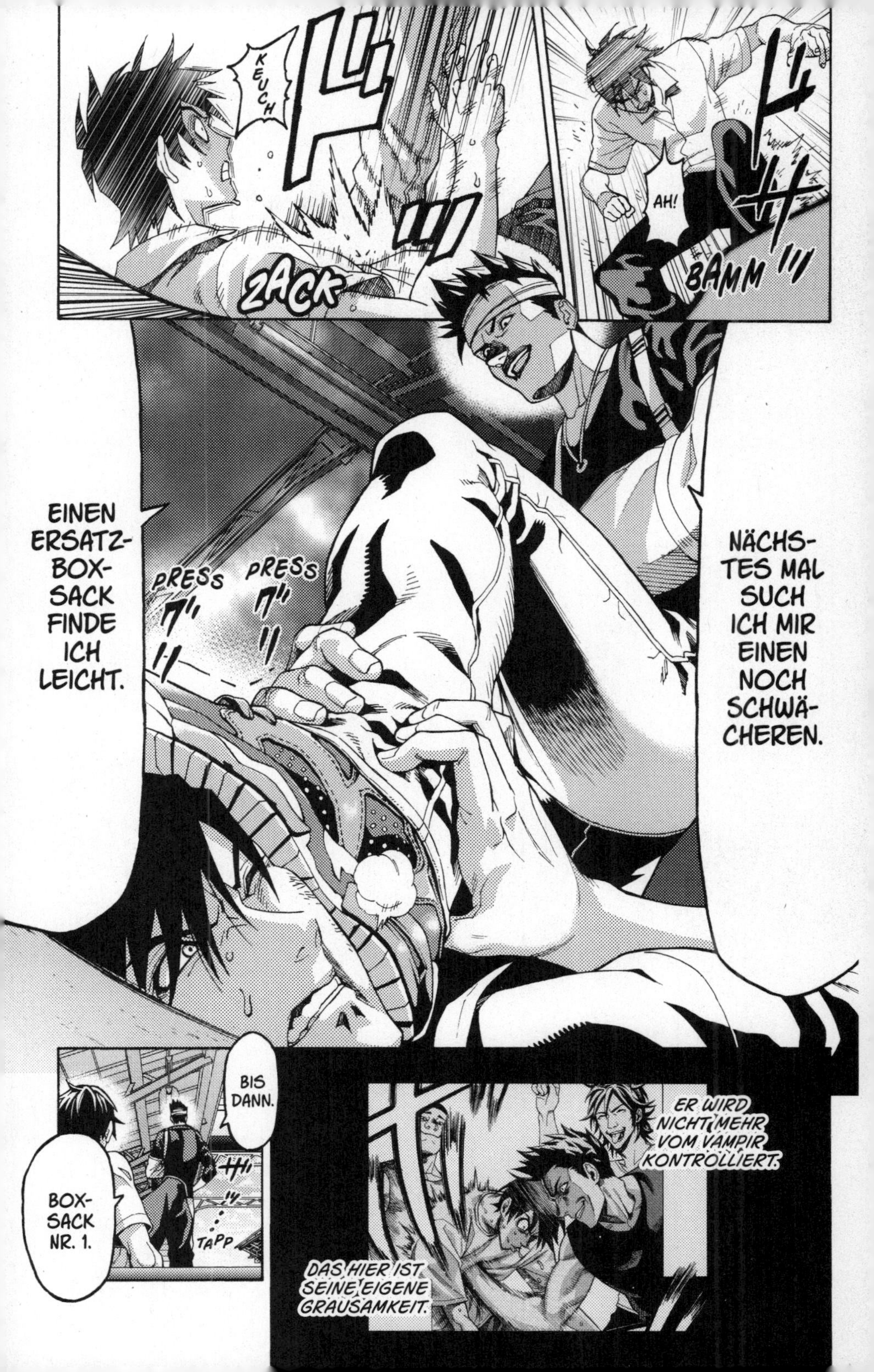

AH!
BAMM
KEUCH
ZACK
NÄCHSTES MAL SUCH ICH MIR EINEN NOCH SCHWÄCHEREN.
PRESS
PRESS
EINEN ERSATZ-BOX-SACK FINDE ICH LEICHT.
ER WIRD NICHT MEHR VOM VAMPIR KONTROLLIERT.
DAS HIER IST SEINE EIGENE GRAUSAMKEIT.
BIS DANN.
TAPP
BOX-SACK NR. 1.

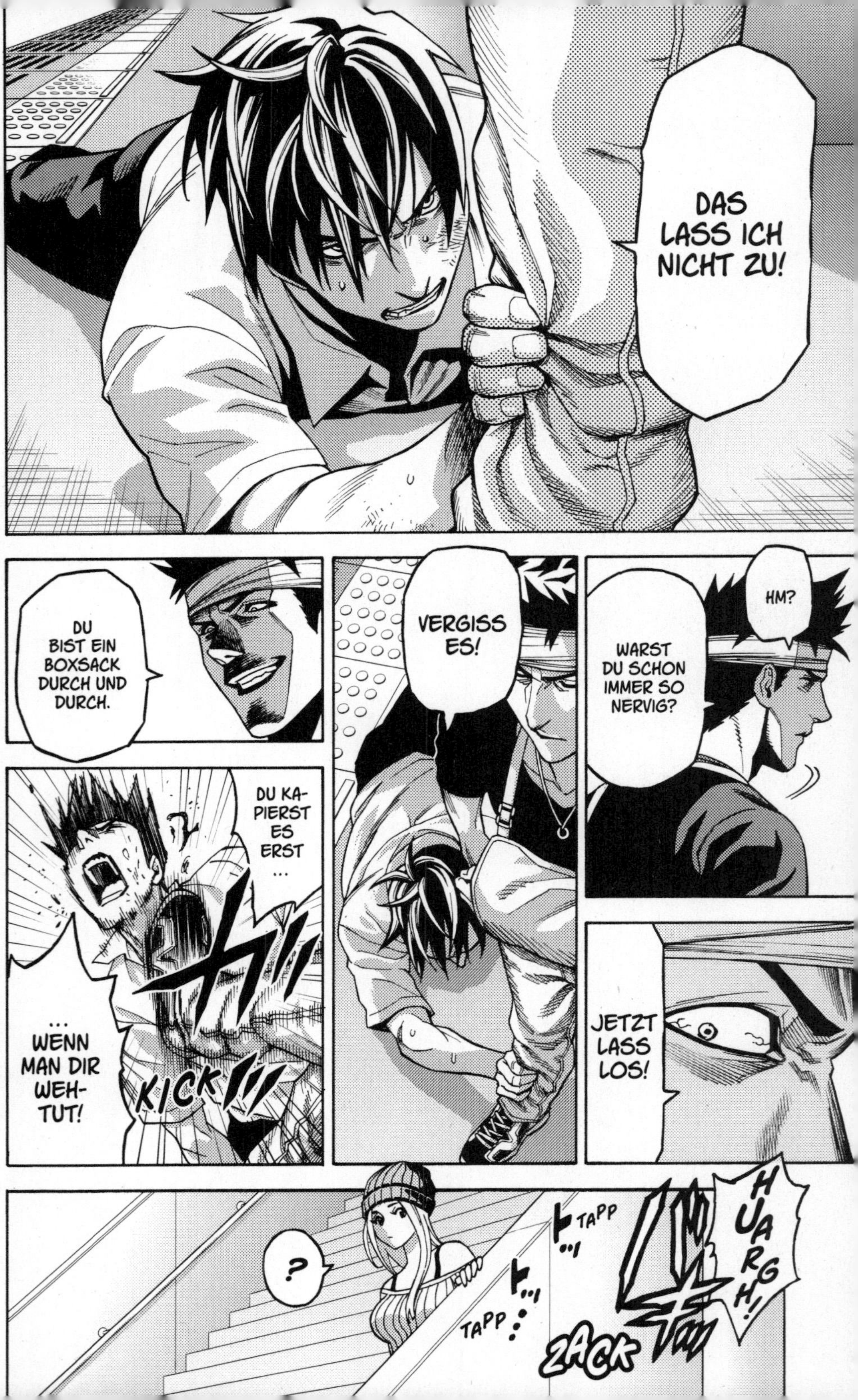
DAS LASS ICH NICHT ZU!
HM?
WARST DU SCHON IMMER SO NERVIG?
VERGISS ES!
DU BIST EIN BOXSACK DURCH UND DURCH.
JETZT LASS LOS!
DU KAPIERST ES ERST …
… WENN MAN DIR WEHTUT!
KICK!!!
HUARGH!
ZACK
TAPP
TAPP
?

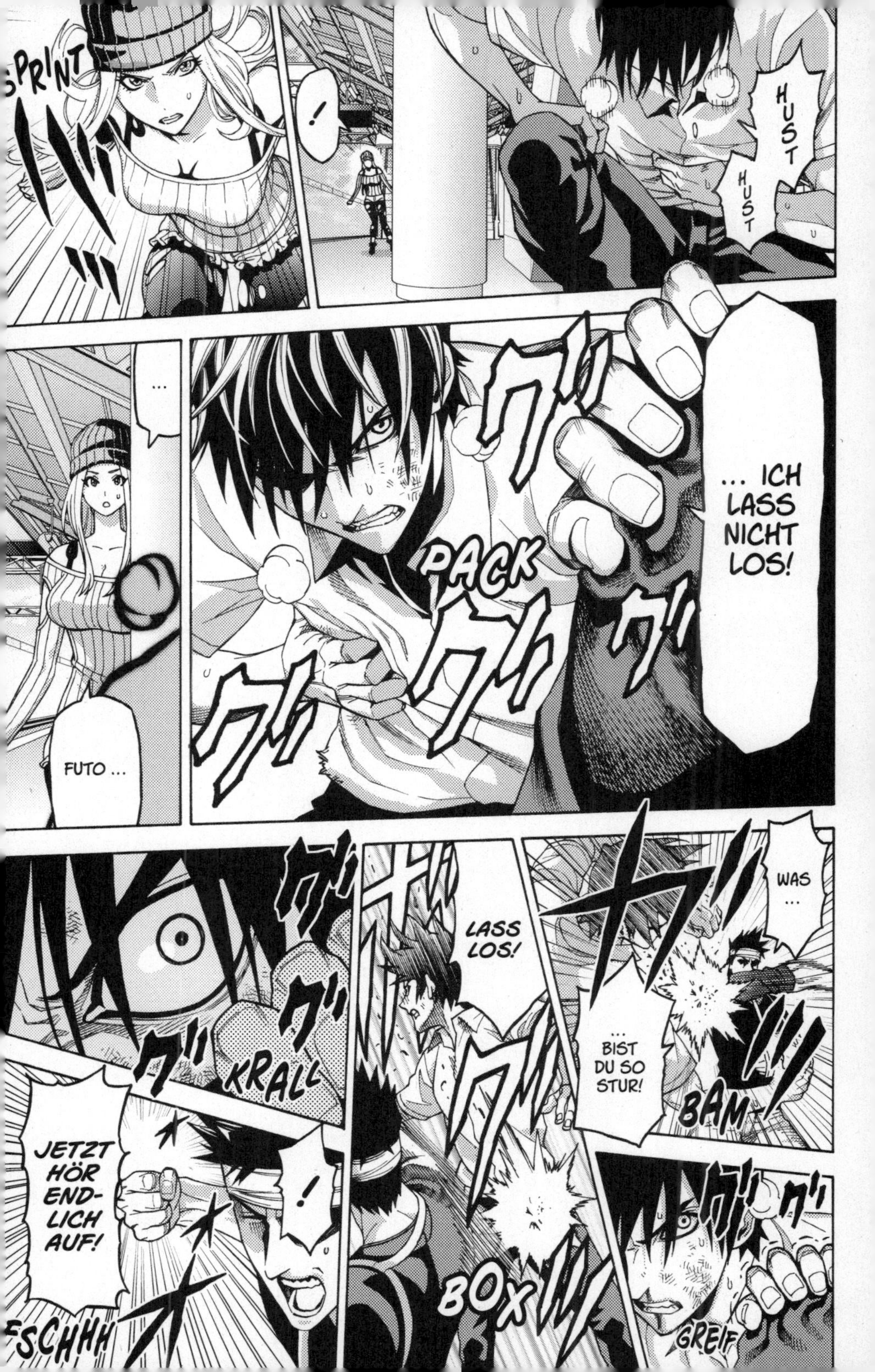

HUST
HUST
!
SPRINT
… ICH LASS NICHT LOS!
PACK
…
FUTO …
WAS …
BAM
… BIST DU SO STUR!
LASS LOS!
KRALL
!
JETZT HÖR END-LICH AUF!
ESCHHH
BOX
GREIF

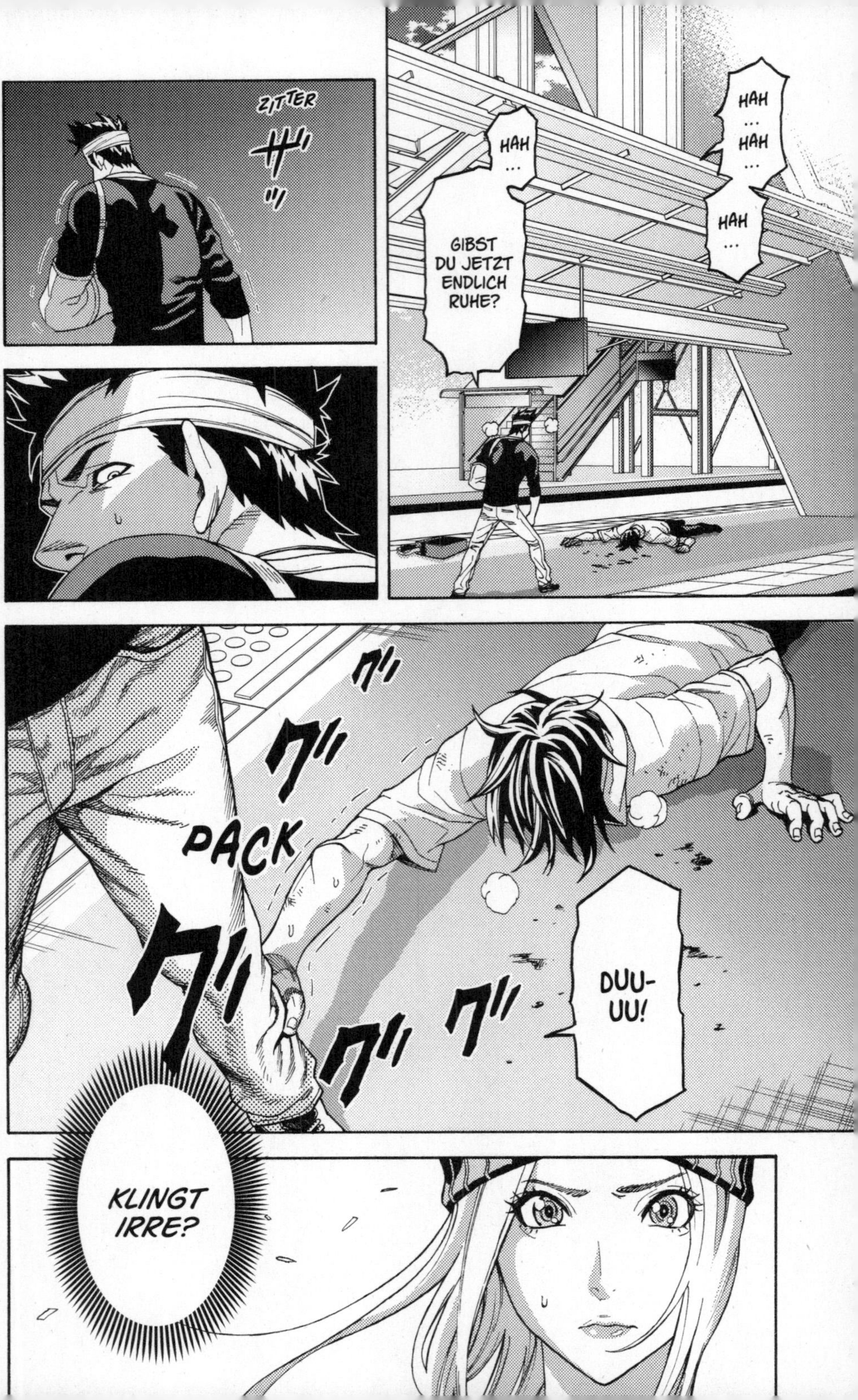
HAH ... HAH ...
HAH ...
HAH ...
GIBST DU JETZT ENDLICH RUHE?
ZITTER
PACK
DUUU-UU!
KLINGT IRRE?

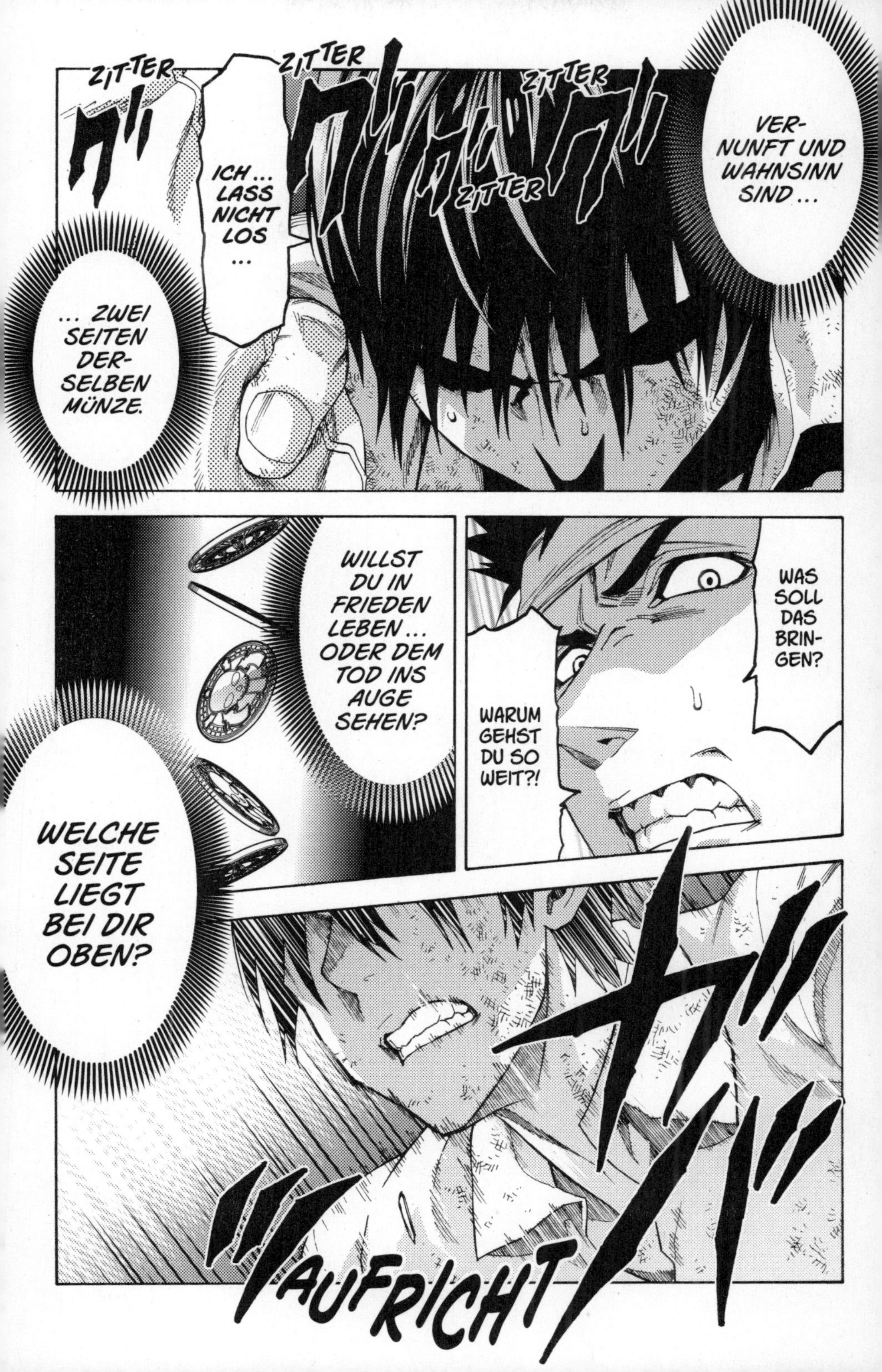
VER-NUNFT UND WAHNSINN SIND …
ZITTER
ZITTER
ZITTER
ZITTER
ICH … LASS NICHT LOS …
… ZWEI SEITEN DER-SELBEN MÜNZE.
WAS SOLL DAS BRIN-GEN?
WARUM GEHST DU SO WEIT?!
WILLST DU IN FRIEDEN LEBEN … ODER DEM TOD INS AUGE SEHEN?
WELCHE SEITE LIEGT BEI DIR OBEN?
AUFRICHT

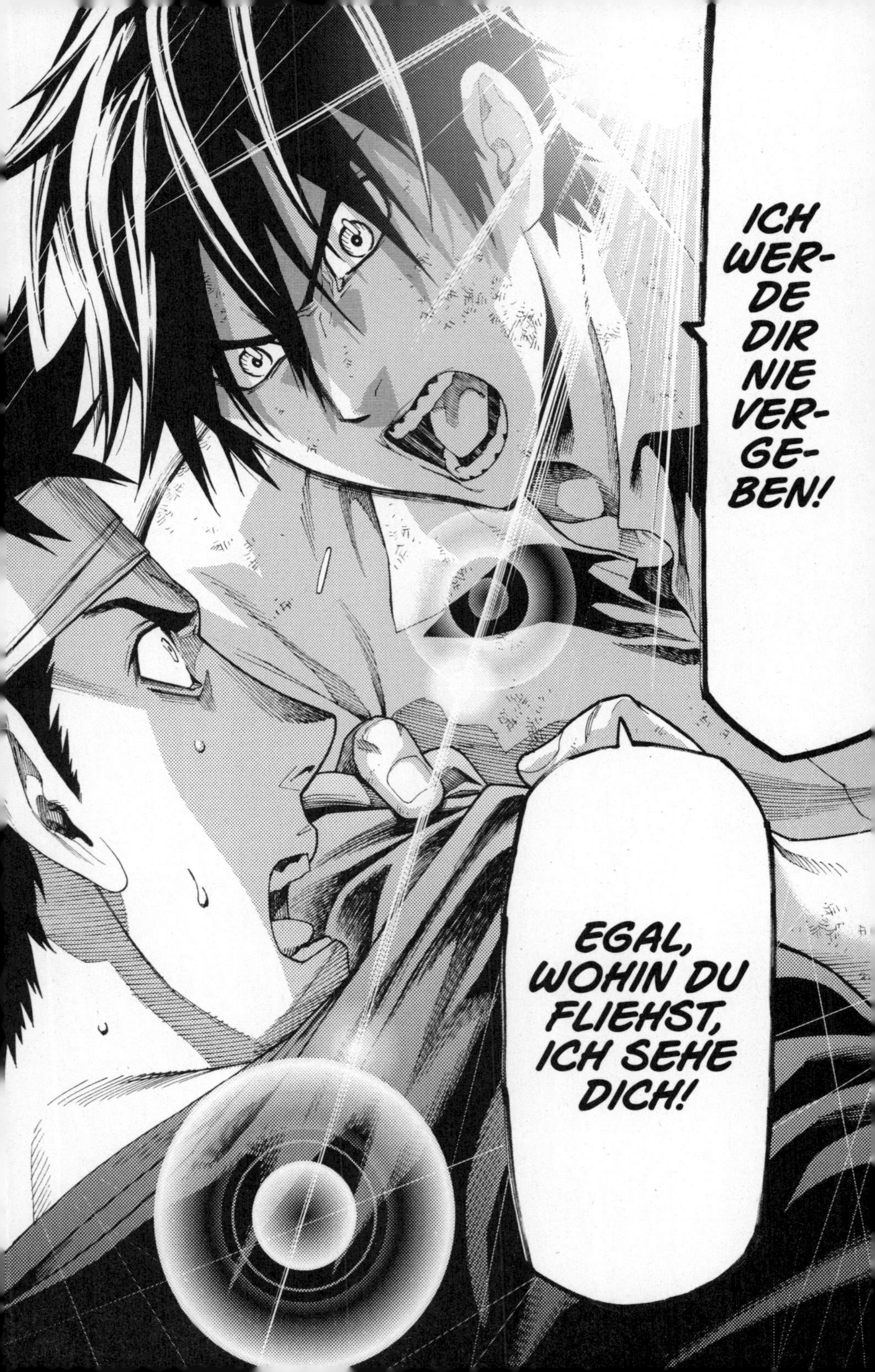
ICH WER-DE DIR NIE VER-GE-BEN!
EGAL, WOHIN DU FLIEHST, ICH SEHE DICH!

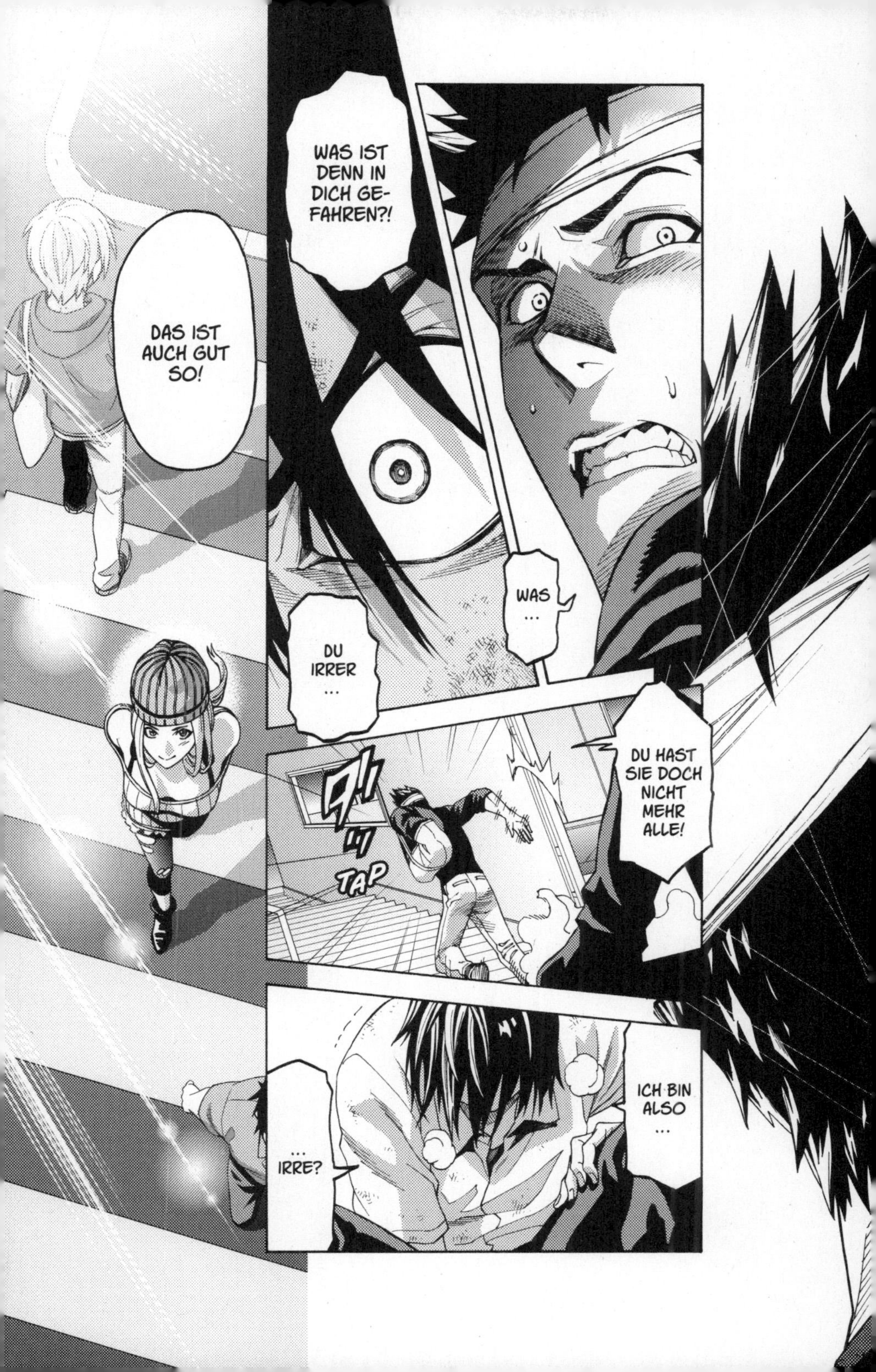
WAS IST DENN IN DICH GE-FAHREN?!
WAS ...
DU IRRER ...
DU HAST SIE DOCH NICHT MEHR ALLE!
TAP
ICH BIN ALSO ...
... IRRE?
DAS IST AUCH GUT SO!

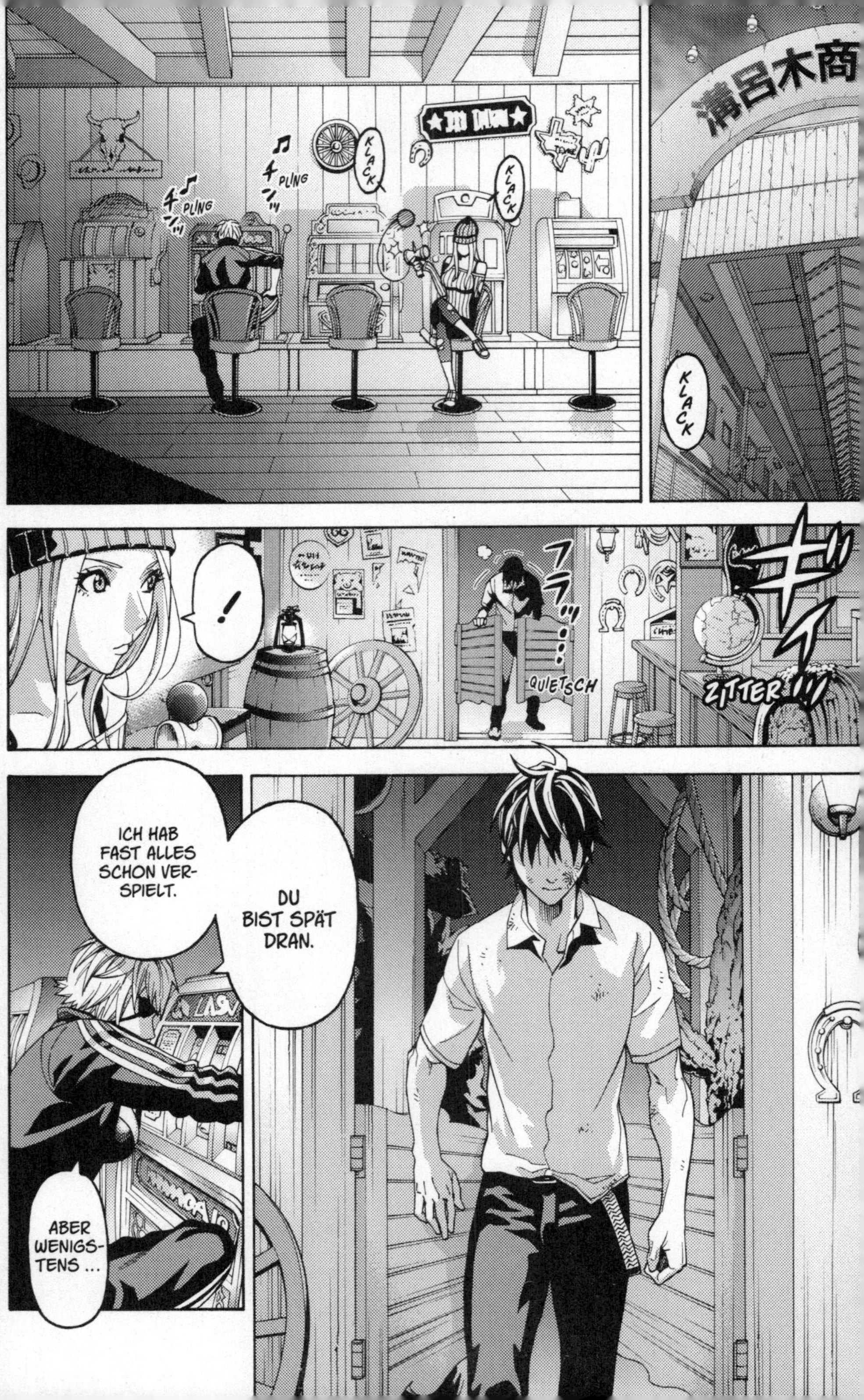

KLACK
PLING
PLING
KLACK
KLACK
!
QUIETSCH
ZITTER
ICH HAB FAST ALLES SCHON VERSPIELT.
DU BIST SPÄT DRAN.
ABER WENIGSTENS …

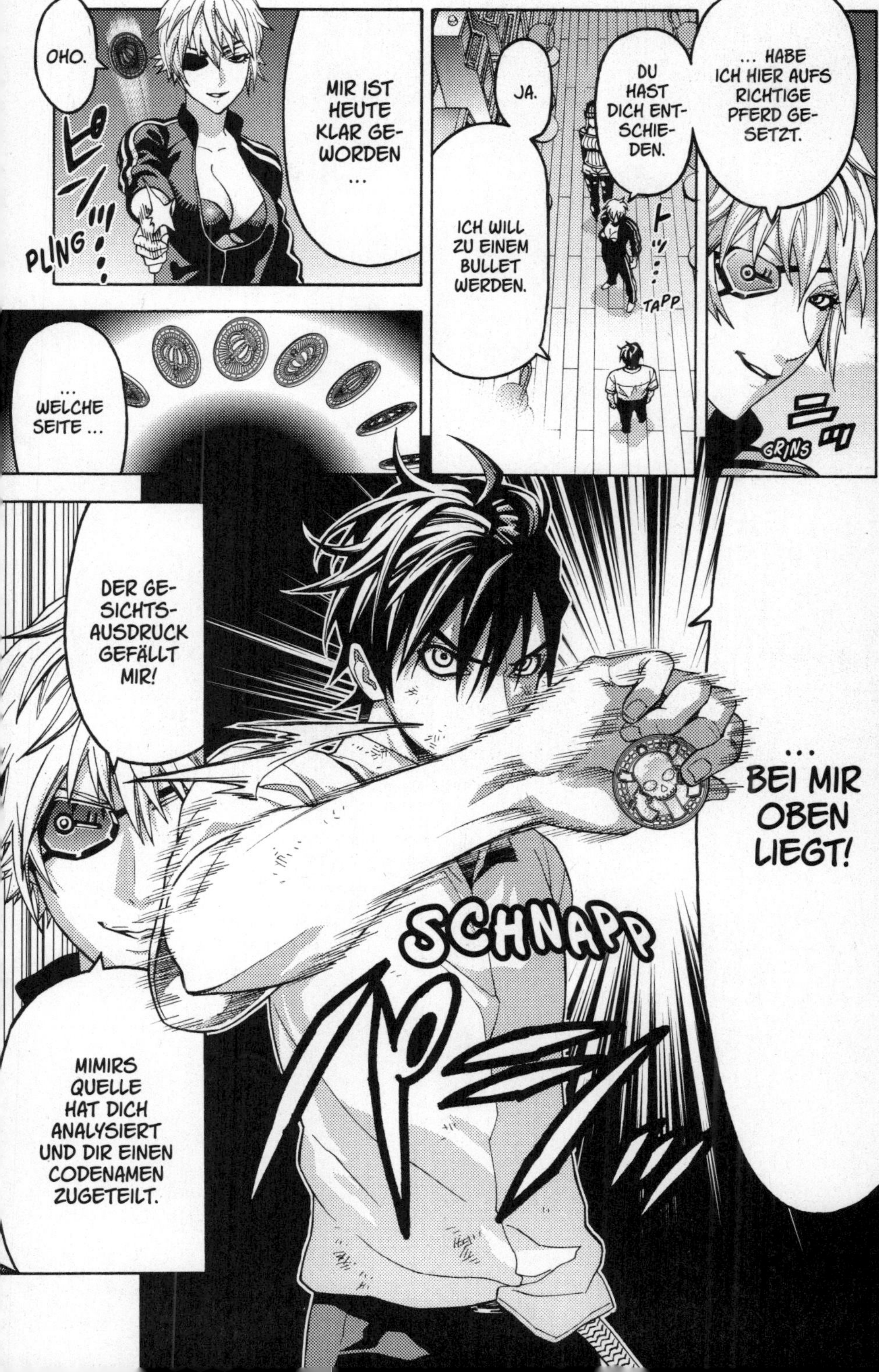
... HABE ICH HIER AUFS RICHTIGE PFERD GESETZT.
DU HAST DICH ENTSCHIEDEN.
JA.
ICH WILL ZU EINEM BULLET WERDEN.
TAPP
GRINS
MIR IST HEUTE KLAR GEWORDEN ...
OHO.
PLING
... WELCHE SEITE ...
... BEI MIR OBEN LIEGT!
SCHNAPP
DER GESICHTSAUSDRUCK GEFÄLLT MIR!
MIMIRS QUELLE HAT DICH ANALYSIERT UND DIR EINEN CODENAMEN ZUGETEILT.

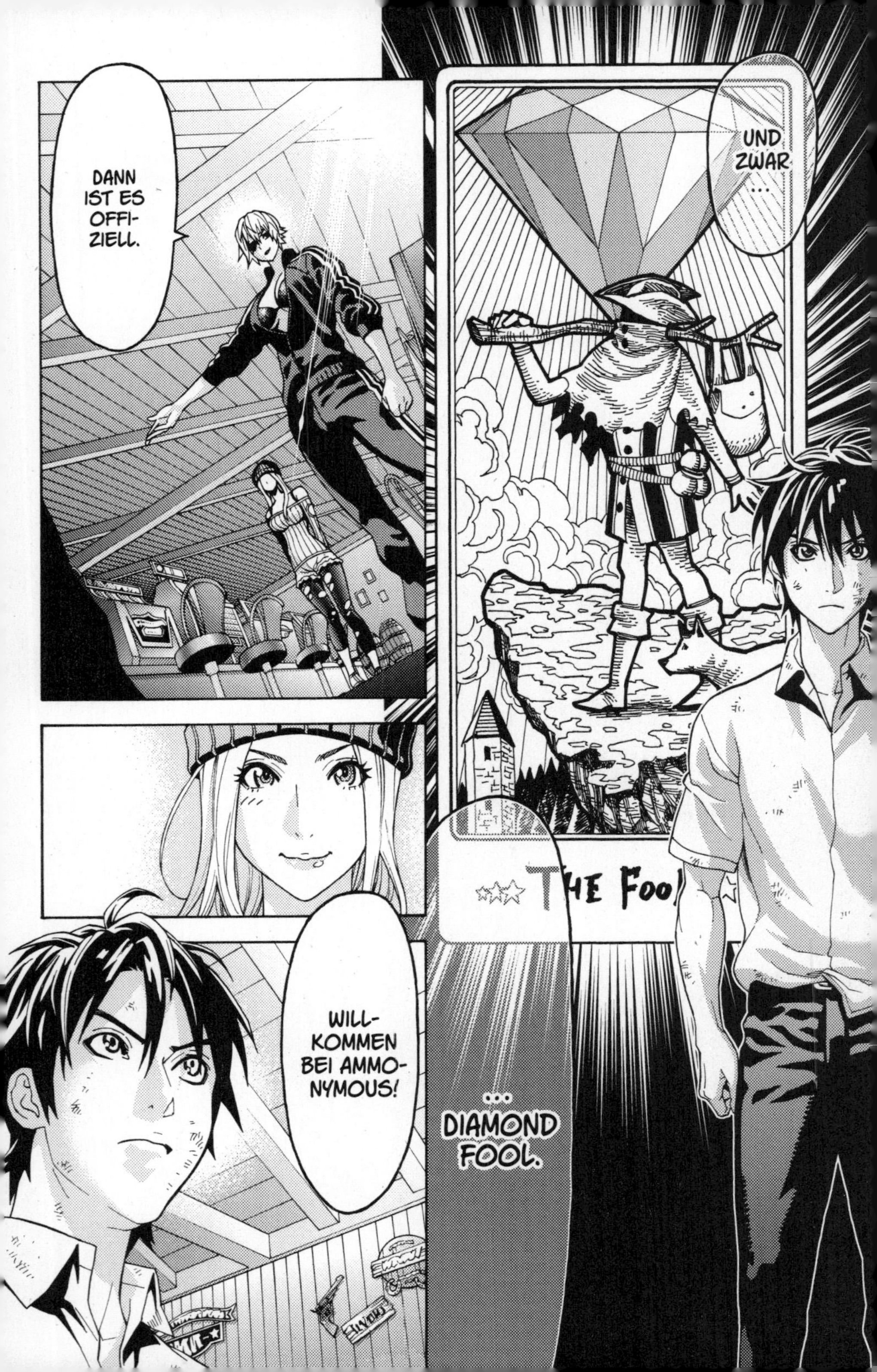
UND ZWAR ...
DANN IST ES OFFI-ZIELL.
THE FOOL
... DIAMOND FOOL.
WILL-KOMMEN BEI AMMO-NYMOUS!

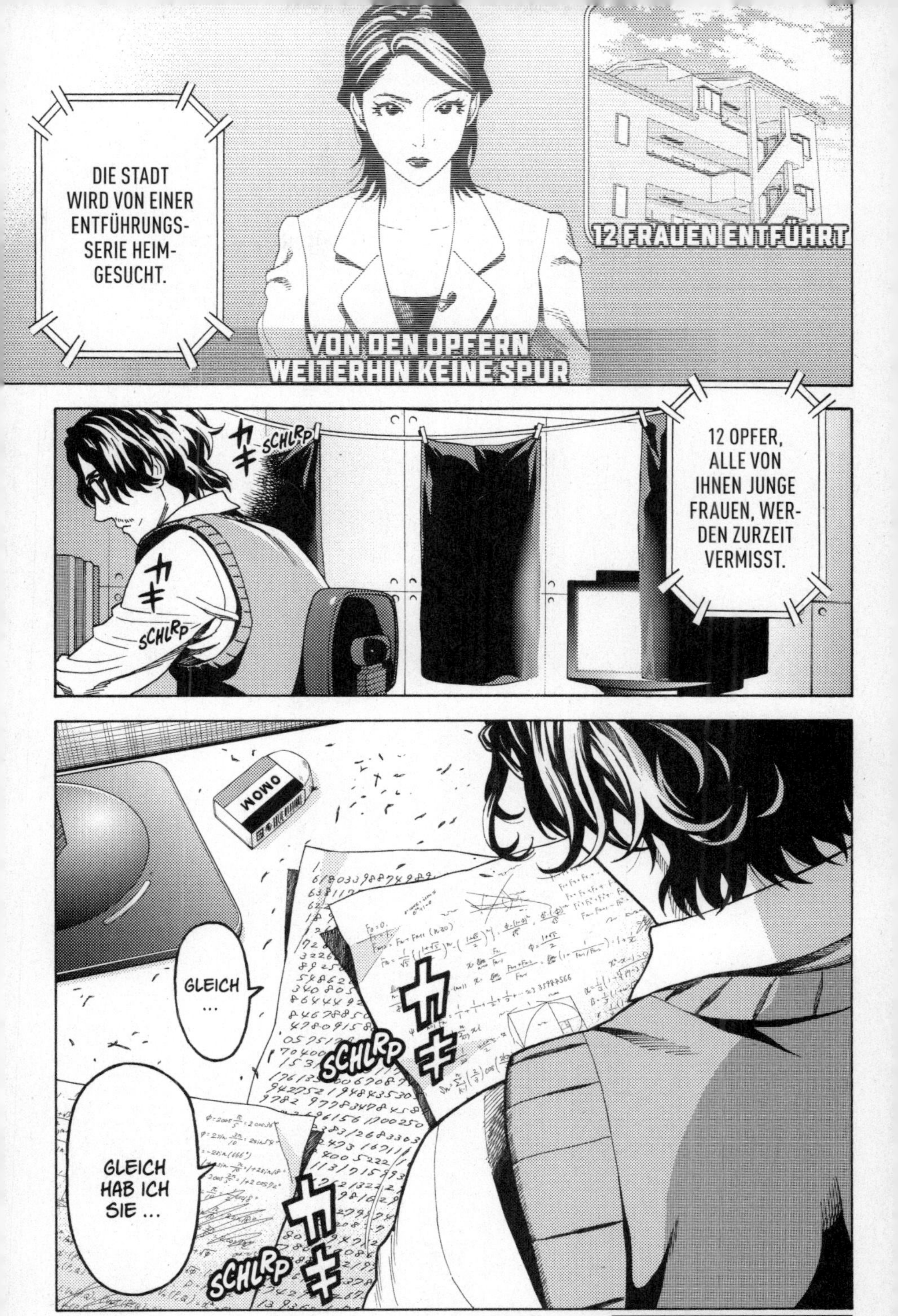

reload 3 **FOLIE à DEUX 1**

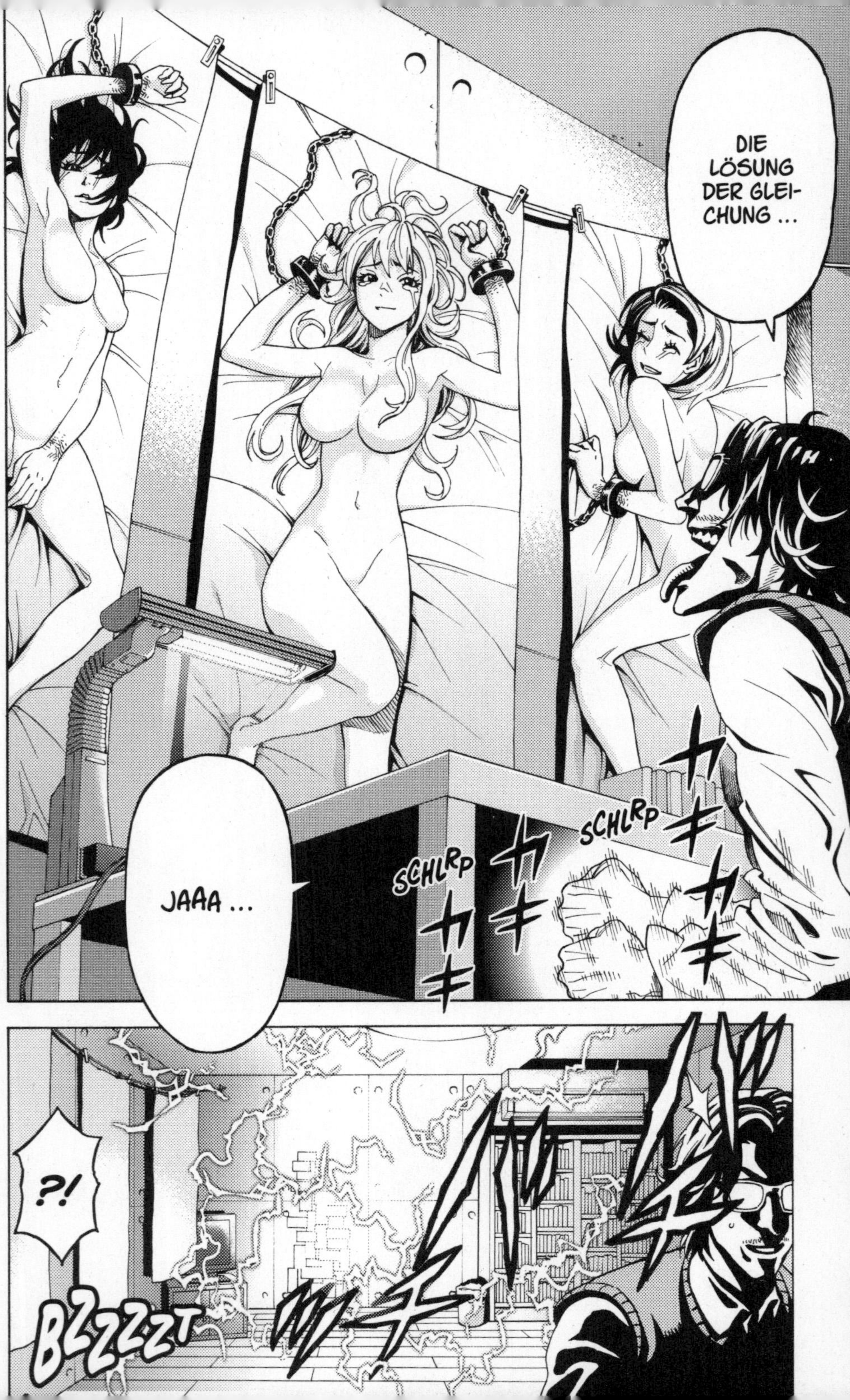
DIE LÖSUNG DER GLEICHUNG ...
JAAA ...
SCHLRP
SCHLRP
?!
BZZZZT

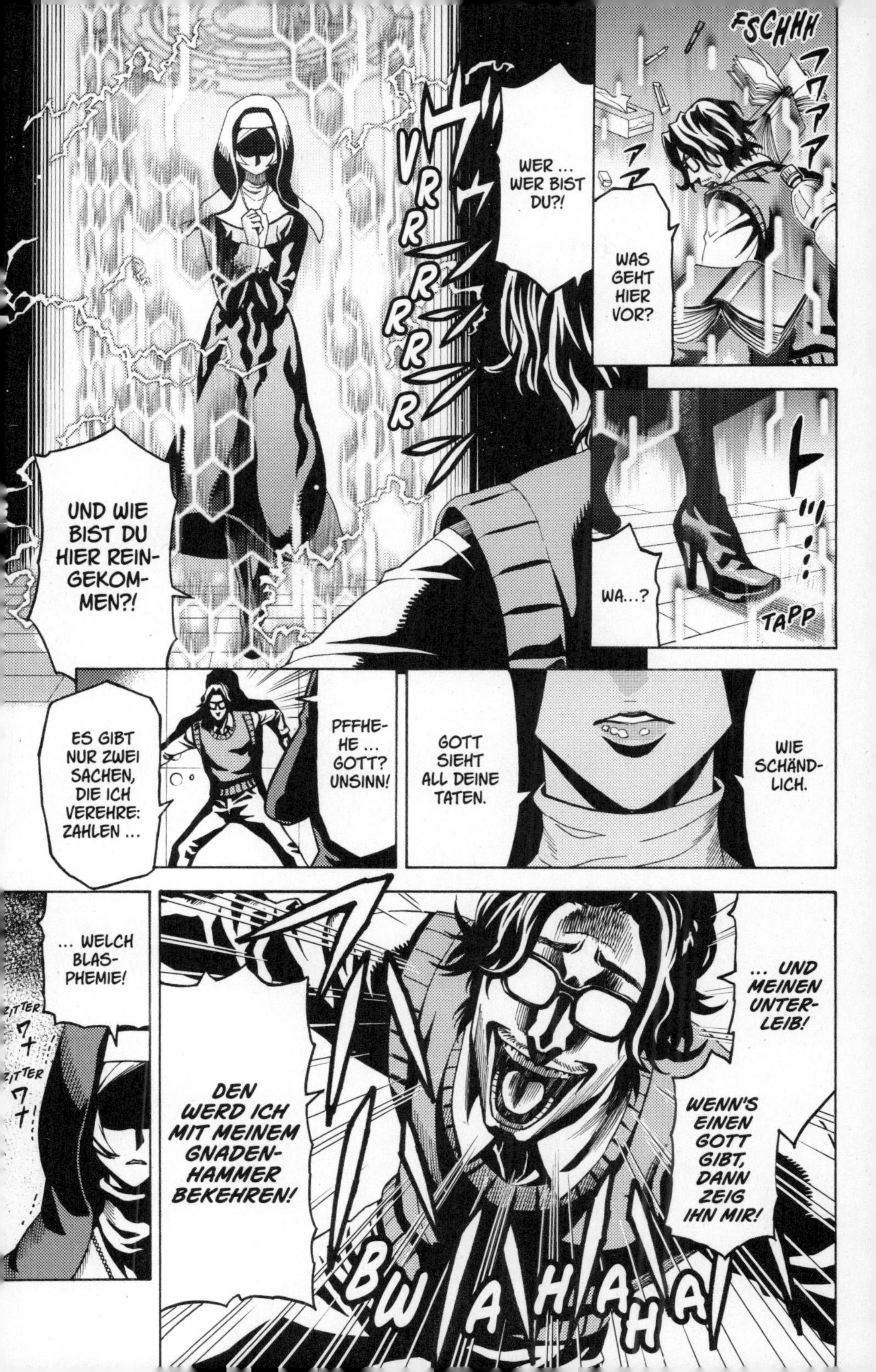
FSCHHH
WAS GEHT HIER VOR?
WER ... WER BIST DU?!
VRRRRRRR
TAPP
WA...?
UND WIE BIST DU HIER REINGEKOMMEN?!
WIE SCHÄNDLICH.
GOTT SIEHT ALL DEINE TATEN.
PFFHEHE ... GOTT? UNSINN!
ES GIBT NUR ZWEI SACHEN, DIE ICH VEREHRE: ZAHLEN ...
... UND MEINEN UNTERLEIB!
WENN'S EINEN GOTT GIBT, DANN ZEIG IHN MIR!
DEN WERD ICH MIT MEINEM GNADENHAMMER BEKEHREN!
BWAHAHAHA
... WELCH BLASPHEMIE!
ZITTER
ZITTER

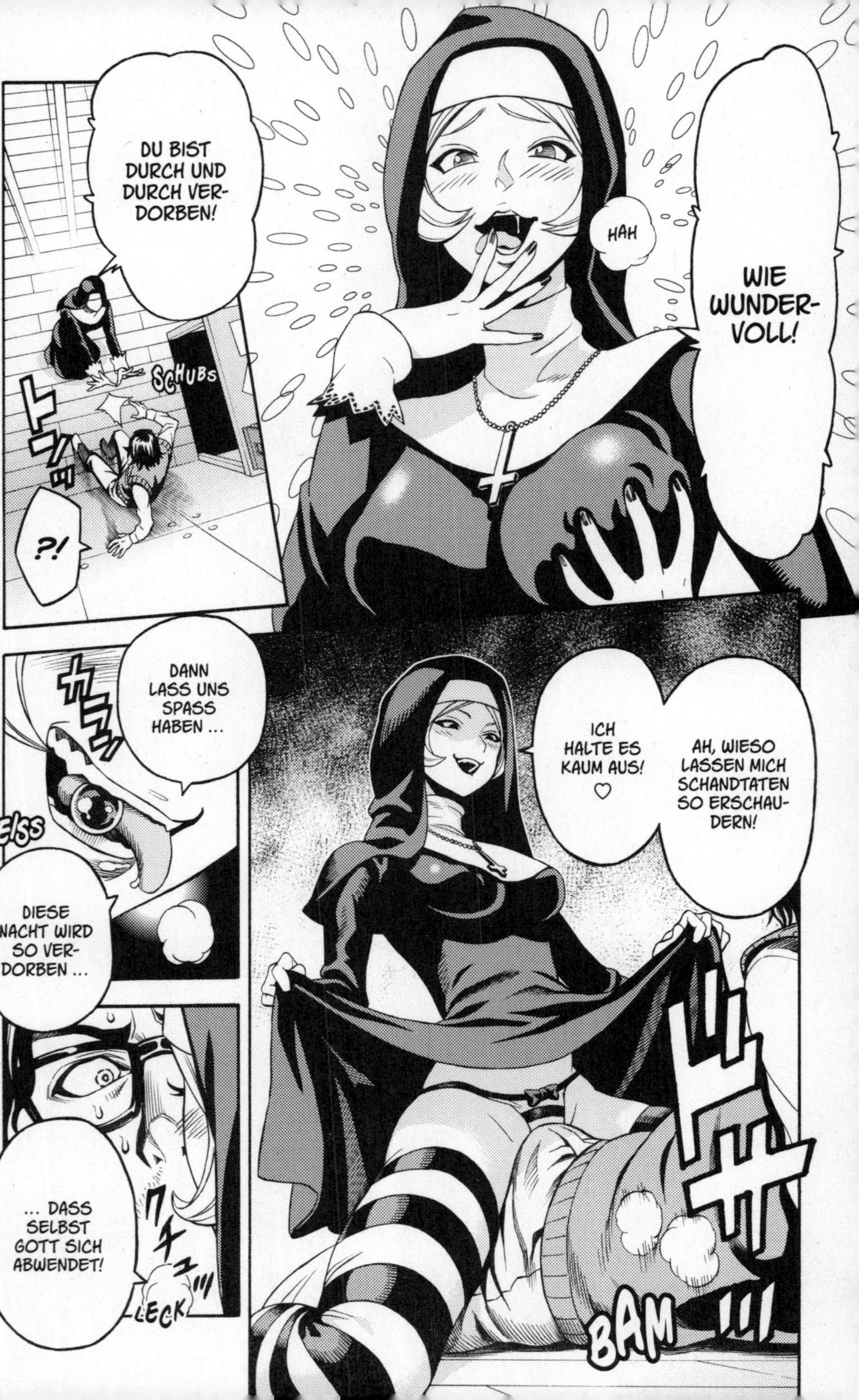
WIE WUNDER-VOLL!
HAH
DU BIST DURCH UND DURCH VER-DORBEN!
SCHUBS
?!
AH, WIESO LASSEN MICH SCHANDTATEN SO ERSCHAU-DERN!
ICH HALTE ES KAUM AUS! ♡
DANN LASS UNS SPASS HABEN …
BEISS
DIESE NACHT WIRD SO VER-DORBEN …
BAM
… DASS SELBST GOTT SICH ABWENDET!
LECK

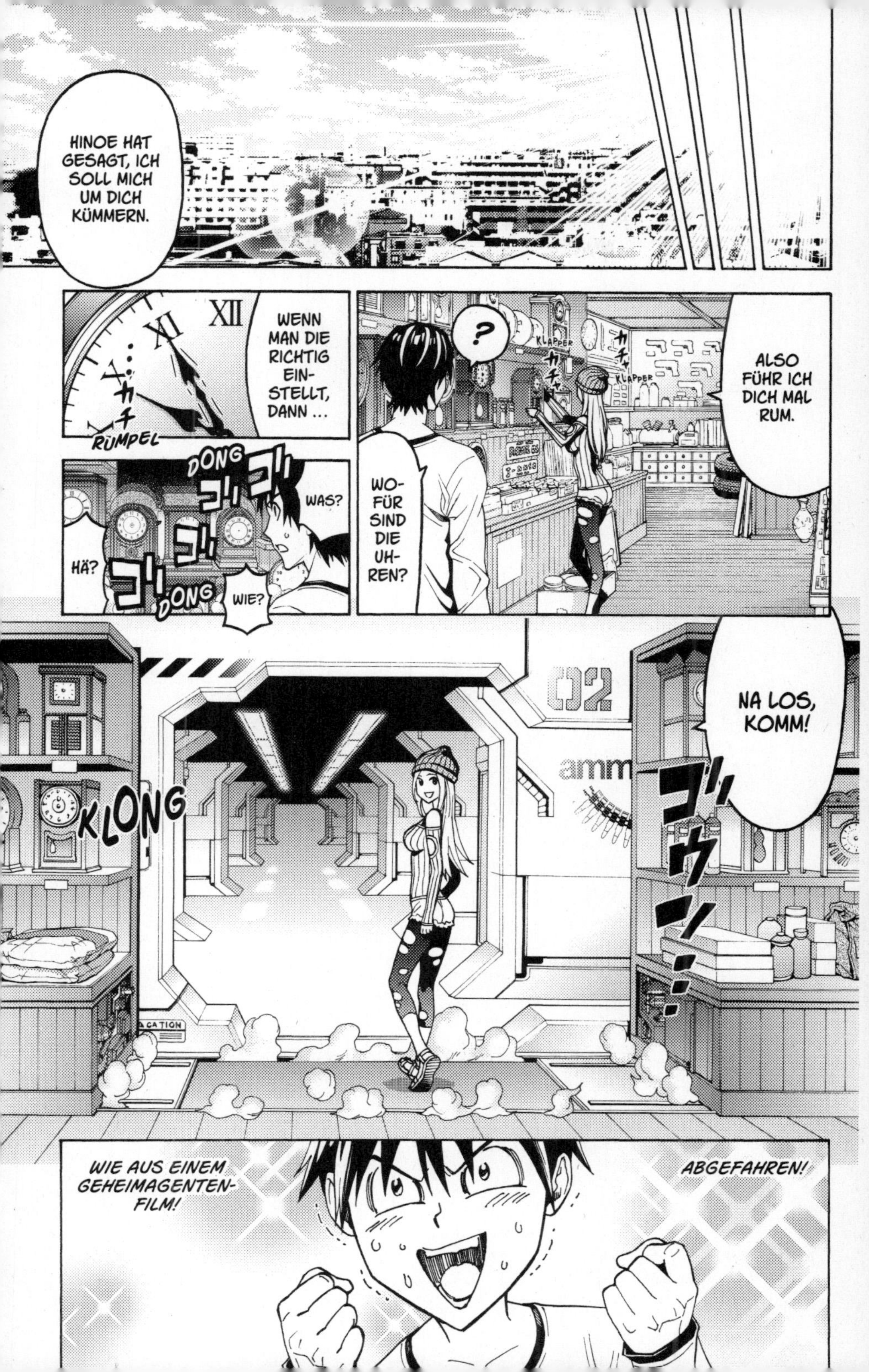
HINOE HAT GESAGT, ICH SOLL MICH UM DICH KÜMMERN.
ALSO FÜHR ICH DICH MAL RUM.
?
KLAPPER
KLAPPER
WOFÜR SIND DIE UHREN?
WENN MAN DIE RICHTIG EINSTELLT, DANN ...
RUMPEL
DONG
WAS?
HÄ?
DONG
WIE?
NA LOS, KOMM!
KLONG
ABGEFAHREN!
WIE AUS EINEM GEHEIMAGENTENFILM!

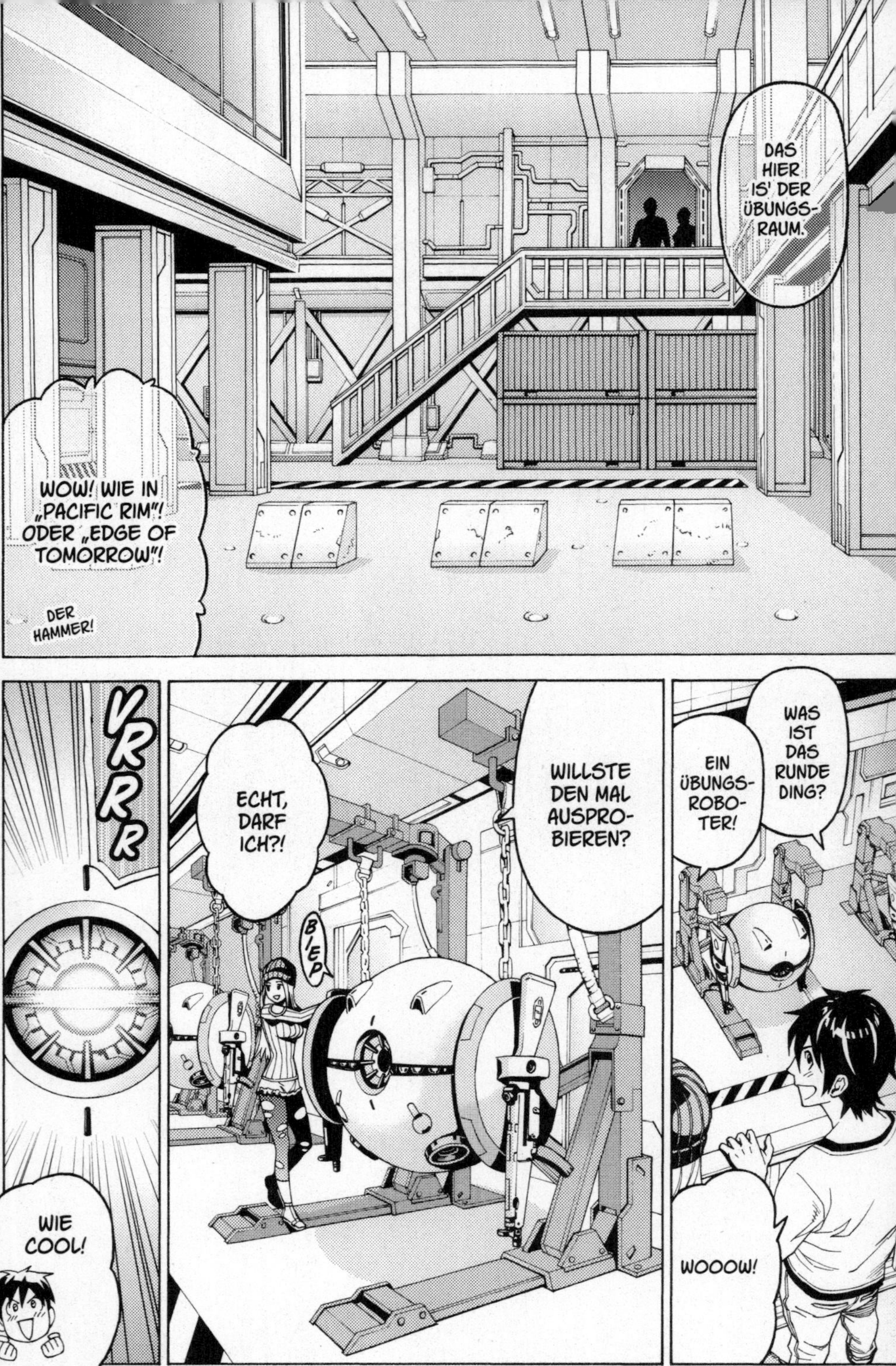
DAS HIER IS' DER ÜBUNGSRAUM.
WOW! WIE IN „PACIFIC RIM"! ODER „EDGE OF TOMORROW"!
DER HAMMER!
WAS IST DAS RUNDE DING?
EIN ÜBUNGSROBOTER!
WOOOW!
WILLSTE DEN MAL AUSPROBIEREN?
ECHT, DARF ICH?!
BIEP
VRRR
WIE COOL!

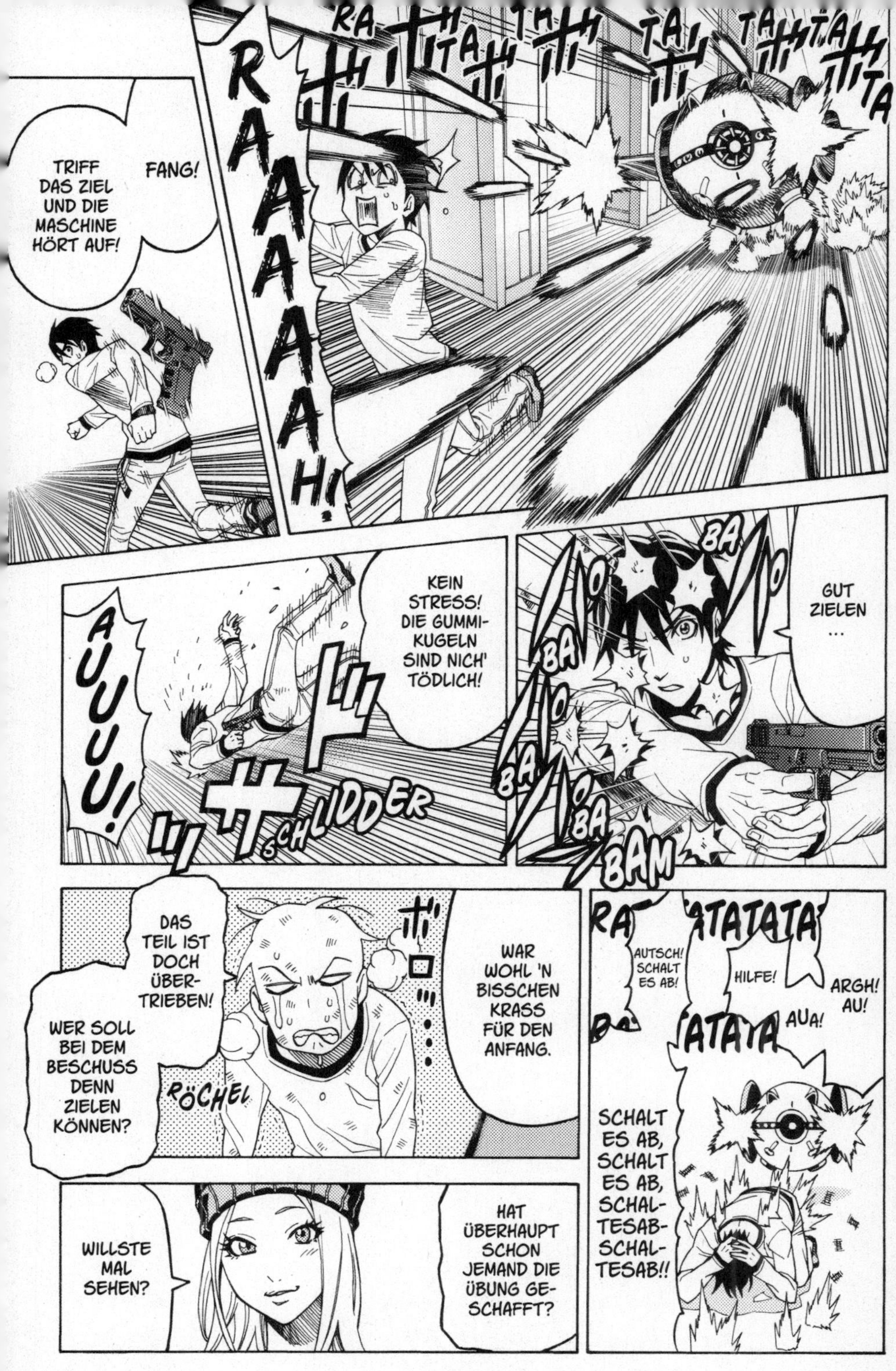
RATATATATATATATATATA
RAAAAAAAH!
FANG!
TRIFF DAS ZIEL UND DIE MASCHINE HÖRT AUF!
GUT ZIELEN …
BA BA BA BA BAM
KEIN STRESS! DIE GUMMIKUGELN SIND NICH' TÖDLICH!
SCHLIDDER
AUUUUU!
RATATATATA
AUTSCH! SCHALT ES AB!
HILFE!
ARGH! AU!
AUA!
SCHALT ES AB, SCHALT ES AB, SCHALTESABSCHALTESAB!!
WAR WOHL 'N BISSCHEN KRASS FÜR DEN ANFANG.
DAS TEIL IST DOCH ÜBERTRIEBEN!
WER SOLL BEI DEM BESCHUSS DENN ZIELEN KÖNNEN?
RÖCHEL
HAT ÜBERHAUPT SCHON JEMAND DIE ÜBUNG GESCHAFFT?
WILLSTE MAL SEHEN?

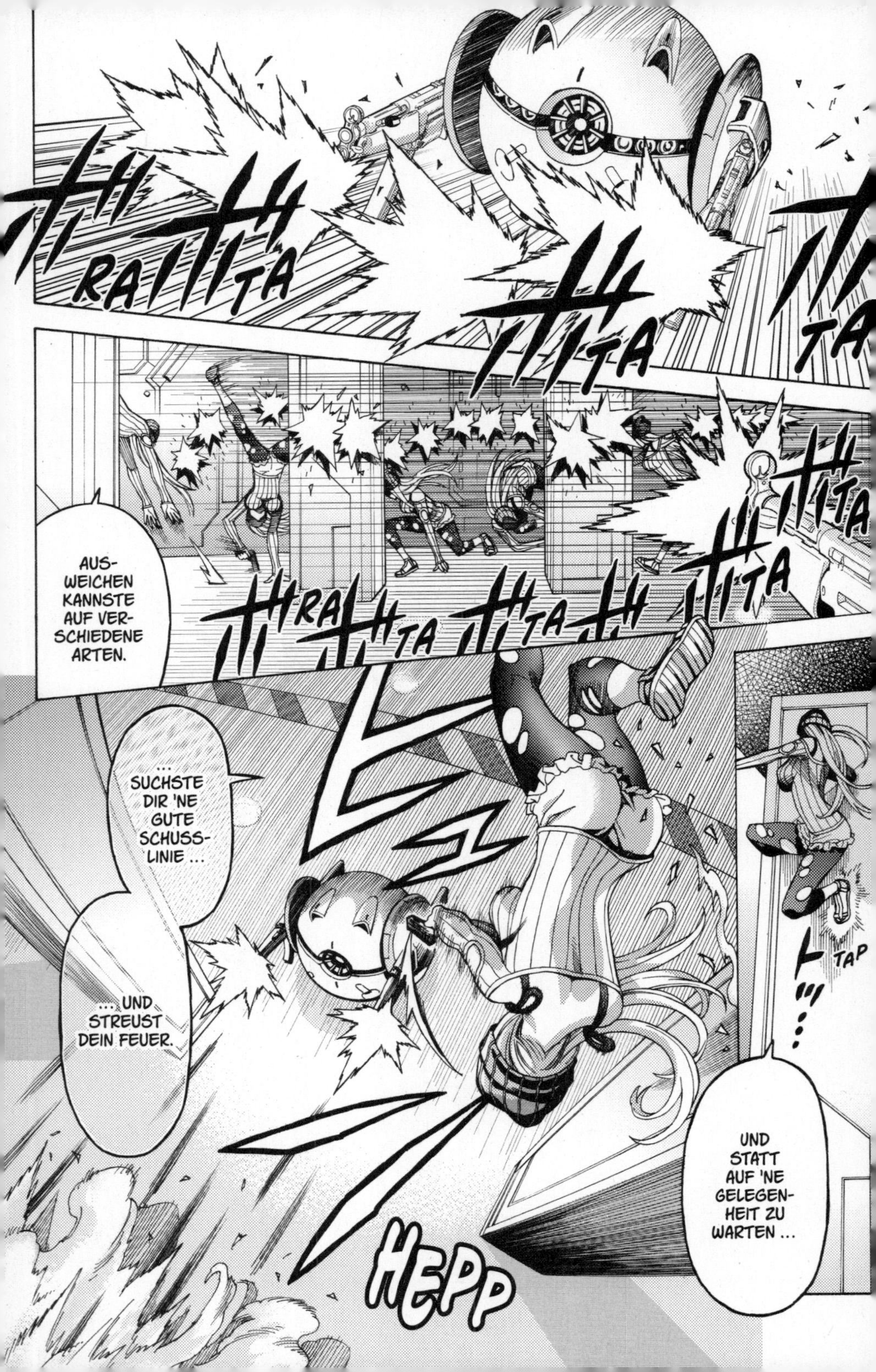

RA TA
TA
TA
TA
TA
RA
TA
TA
TA
AUS-WEICHEN KANNSTE AUF VER-SCHIEDENE ARTEN.
UND STATT AUF 'NE GELEGEN-HEIT ZU WARTEN ...
TAP
... SUCHSTE DIR 'NE GUTE SCHUSS-LINIE ...
... UND STREUST DEIN FEUER.
HEPP

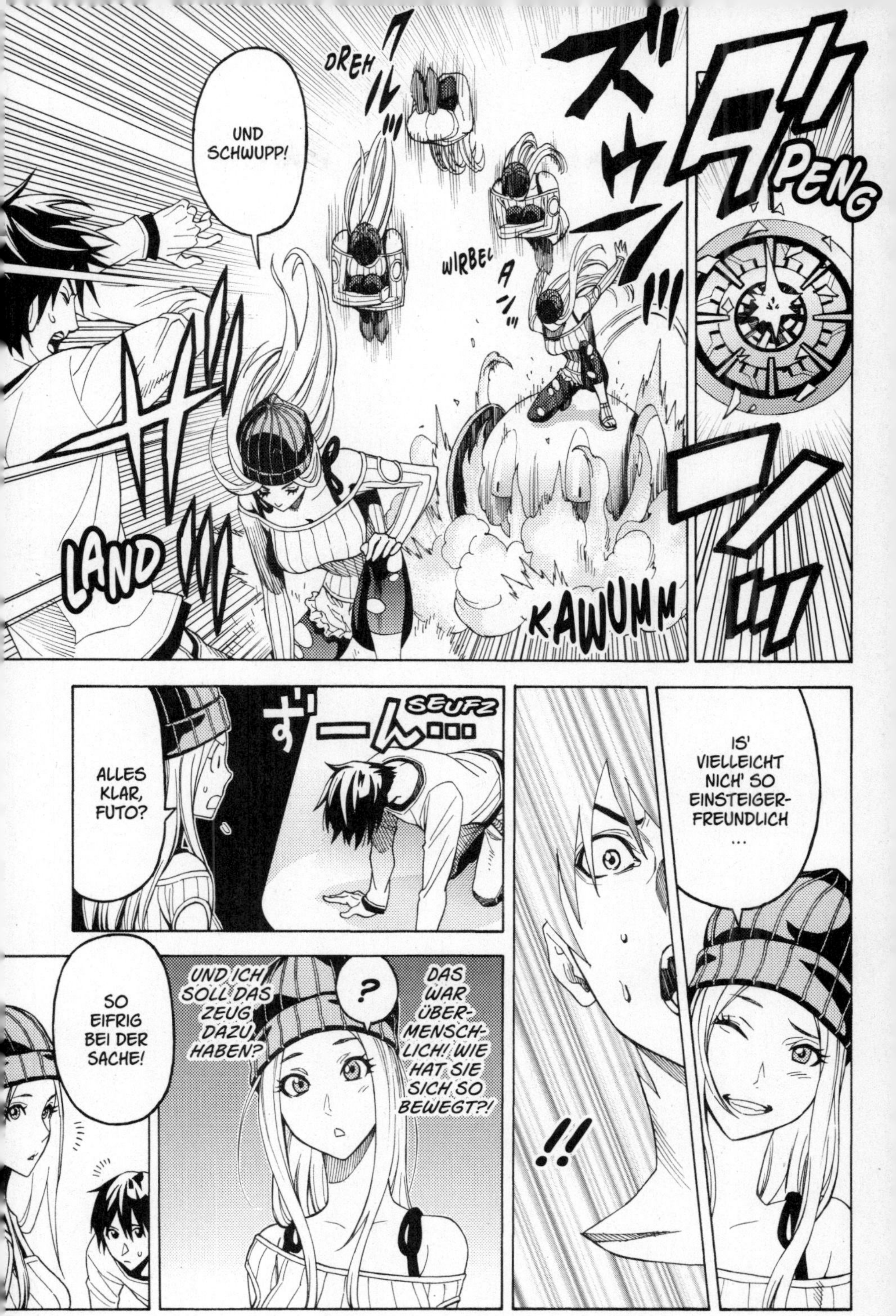
PENG
DREH
UND SCHWUPP!
WIRBEL
KAWUMM
LAND
IS' VIELLEICHT NICH' SO EINSTEIGER-FREUNDLICH ...
!!
SEUFZ
ALLES KLAR, FUTO?
DAS WAR ÜBER-MENSCH-LICH! WIE HAT SIE SICH SO BEWEGT?!
?
UND ICH SOLL DAS ZEUG DAZU HABEN?
SO EIFRIG BEI DER SACHE!

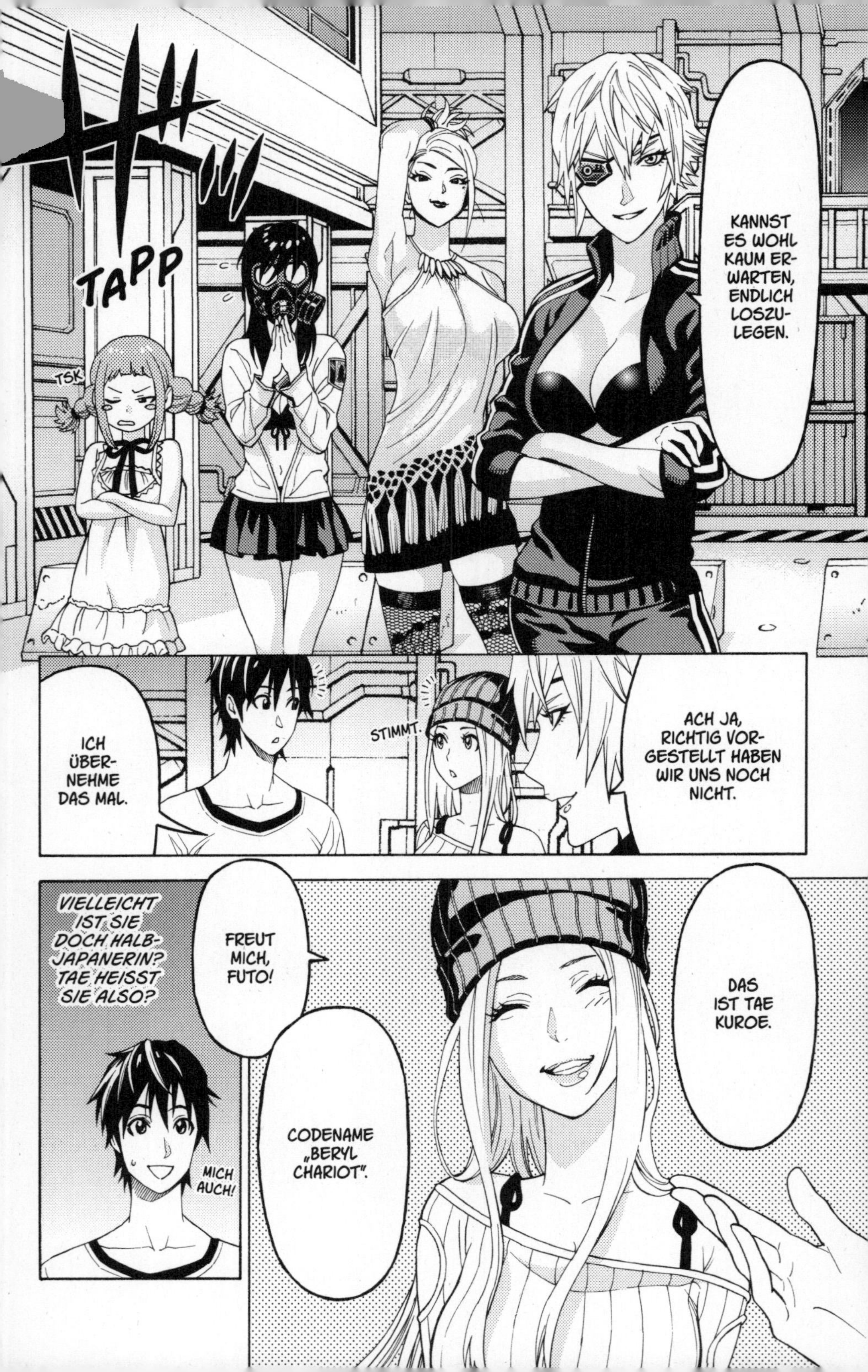

TAPP
KANNST ES WOHL KAUM ER-WARTEN, ENDLICH LOSZU-LEGEN.
TSK
ACH JA, RICHTIG VOR-GESTELLT HABEN WIR UNS NOCH NICHT.
STIMMT.
ICH ÜBER-NEHME DAS MAL.
DAS IST TAE KUROE.
CODENAME „BERYL CHARIOT".
FREUT MICH, FUTO!
VIELLEICHT IST SIE DOCH HALB-JAPANERIN? TAE HEISST SIE ALSO?
MICH AUCH!

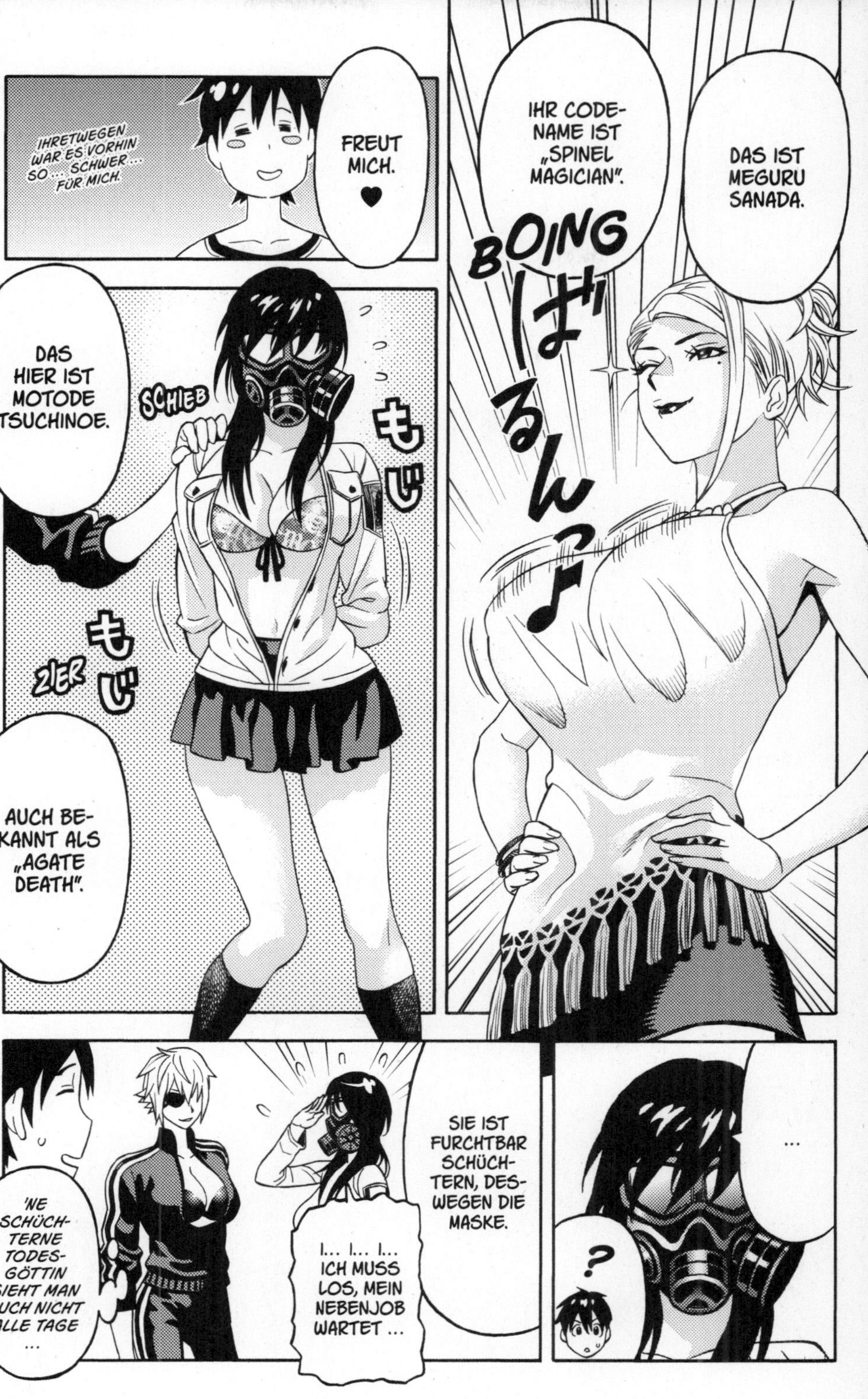
DAS IST MEGURU SANADA.
IHR CODE-NAME IST „SPINEL MAGICIAN".
BOING
ばるんっ♪
FREUT MICH. ♥
IHRETWEGEN WAR ES VORHIN SO ... SCHWER ... FÜR MICH.
DAS HIER IST MOTODE TSUCHINOE.
SCHIEB
もじ
もじ
ZIER
AUCH BE-KANNT ALS „AGATE DEATH".
...
?
SIE IST FURCHTBAR SCHÜCH-TERN, DES-WEGEN DIE MASKE.
I... I... I... ICH MUSS LOS, MEIN NEBENJOB WARTET ...
'NE SCHÜCH-TERNE TODES-GÖTTIN SIEHT MAN AUCH NICHT ALLE TAGE ...

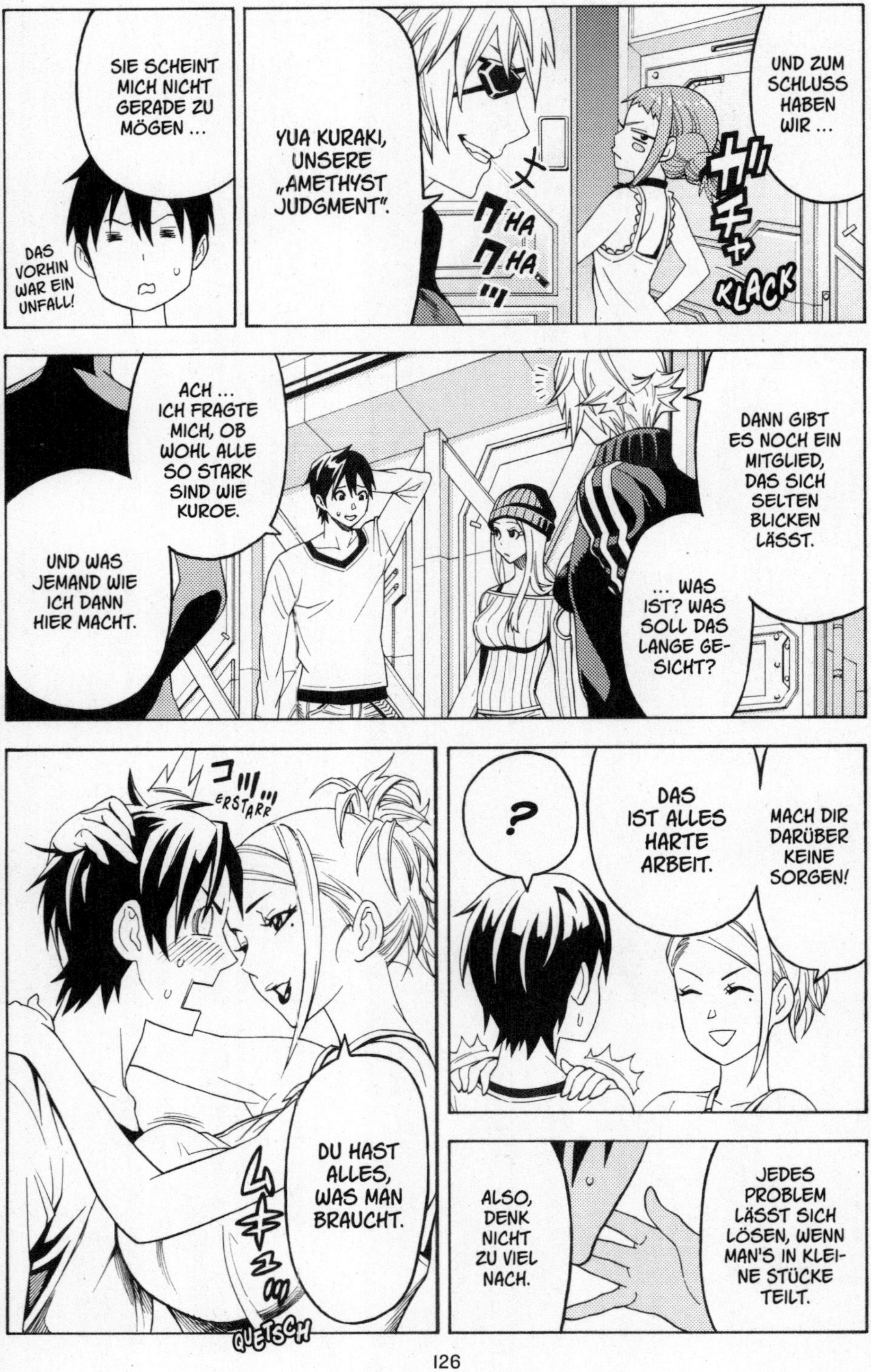
UND ZUM SCHLUSS HABEN WIR …
KLACK
YUA KURAKI, UNSERE „AMETHYST JUDGMENT“.
HA HA
SIE SCHEINT MICH NICHT GERADE ZU MÖGEN …
DAS VORHIN WAR EIN UNFALL!
DANN GIBT ES NOCH EIN MITGLIED, DAS SICH SELTEN BLICKEN LÄSST.
… WAS IST? WAS SOLL DAS LANGE GESICHT?
ACH … ICH FRAGTE MICH, OB WOHL ALLE SO STARK SIND WIE KUROE.
UND WAS JEMAND WIE ICH DANN HIER MACHT.
MACH DIR DARÜBER KEINE SORGEN!
DAS IST ALLES HARTE ARBEIT.
?
JEDES PROBLEM LÄSST SICH LÖSEN, WENN MAN'S IN KLEINE STÜCKE TEILT.
ALSO, DENK NICHT ZU VIEL NACH.
ERSTARR
DU HAST ALLES, WAS MAN BRAUCHT.
QUETSCH

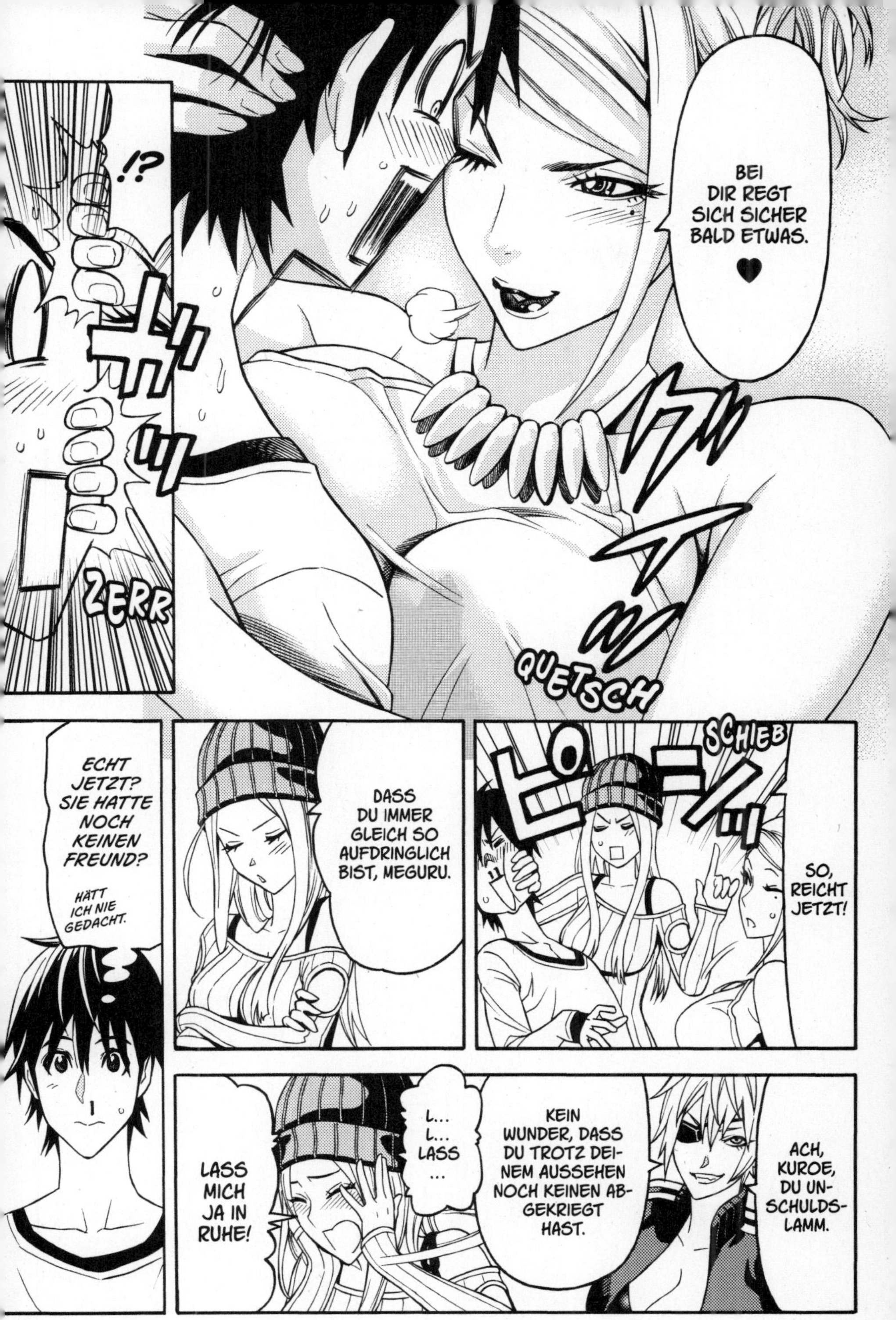
BEI DIR REGT SICH SICHER BALD ETWAS. ♥
!?
ZERR
QUETSCH
SCHIEB
SO, REICHT JETZT!
DASS DU IMMER GLEICH SO AUFDRINGLICH BIST, MEGURU.
ECHT JETZT? SIE HATTE NOCH KEINEN FREUND?
HÄTT ICH NIE GEDACHT.
ACH, KUROE, DU UN-SCHULDS-LAMM.
KEIN WUNDER, DASS DU TROTZ DEI-NEM AUSSEHEN NOCH KEINEN AB-GEKRIEGT HAST.
L… L… LASS …
LASS MICH JA IN RUHE!

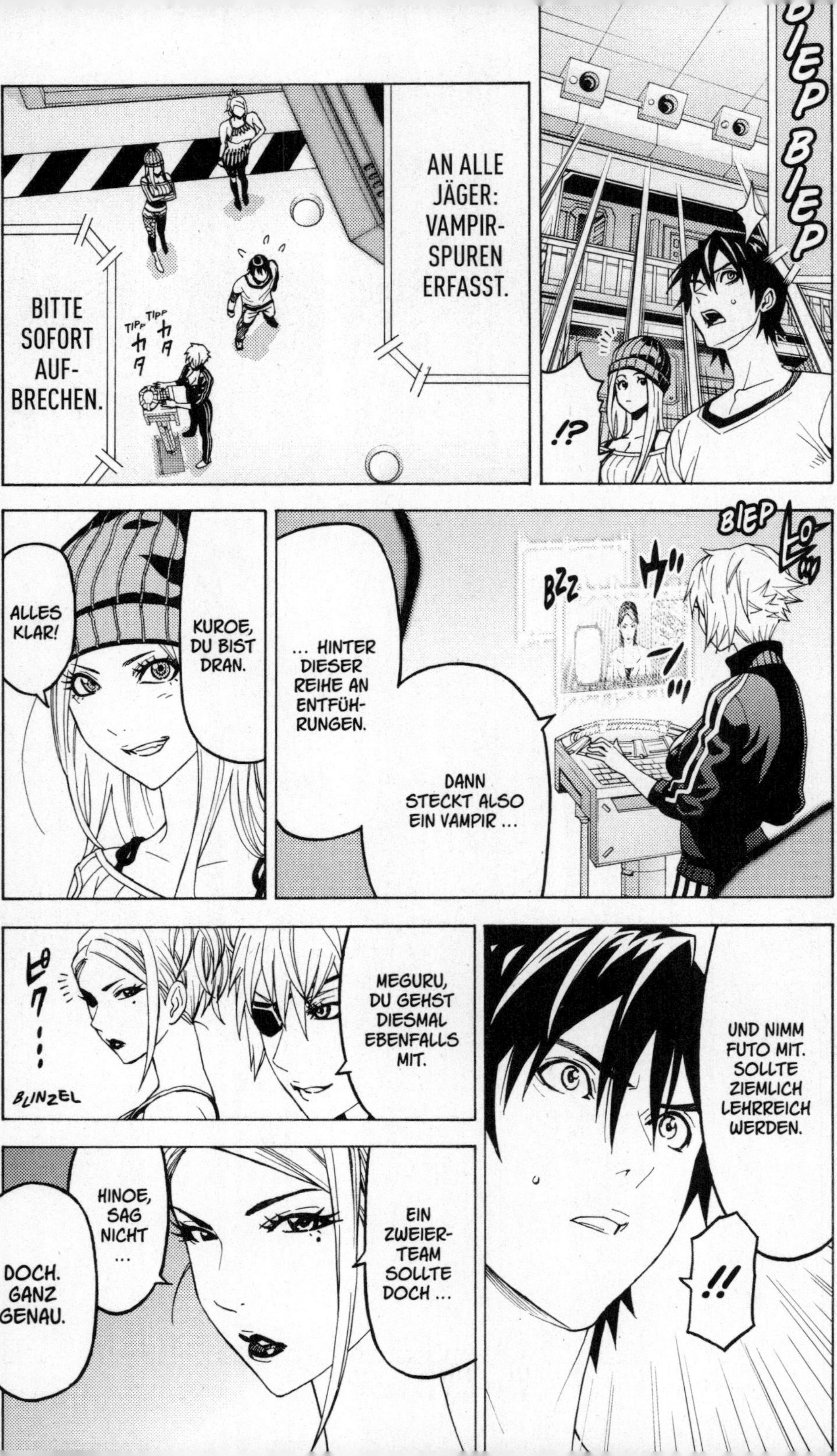
BIEP BIEP BIEP
!?
AN ALLE JÄGER: VAMPIR-SPUREN ERFASST.
BITTE SOFORT AUF-BRECHEN.
TIPP TIPP
BIEP
BZZ
DANN STECKT ALSO EIN VAMPIR …
… HINTER DIESER REIHE AN ENTFÜH-RUNGEN.
KUROE, DU BIST DRAN.
ALLES KLAR!
UND NIMM FUTO MIT. SOLLTE ZIEMLICH LEHRREICH WERDEN.
MEGURU, DU GEHST DIESMAL EBENFALLS MIT.
BLINZEL
!!
EIN ZWEIER-TEAM SOLLTE DOCH …
HINOE, SAG NICHT …
DOCH. GANZ GENAU.

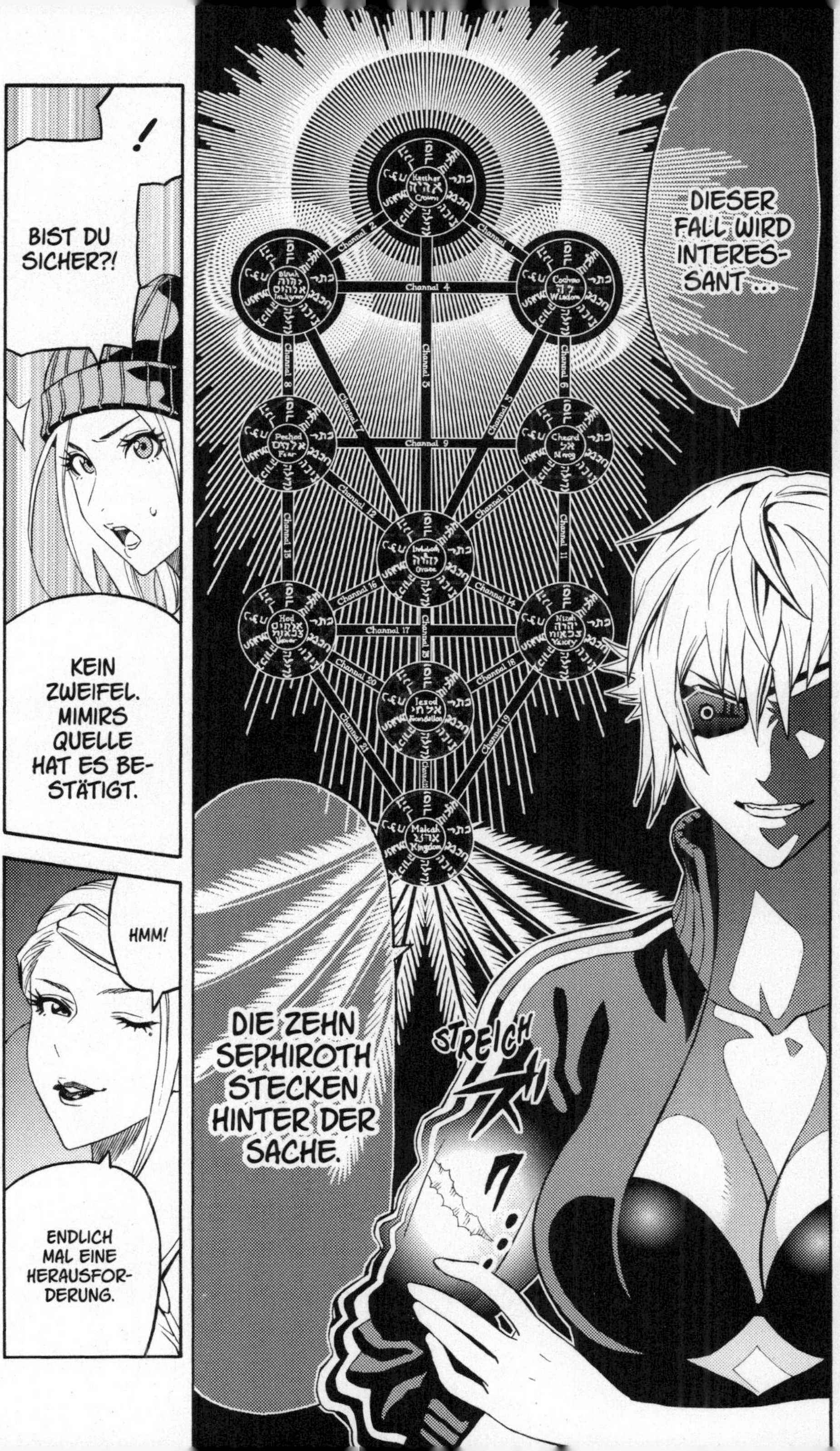
DIE ZEHN SEPHIROTH STECKEN HINTER DER SACHE.
!
BIST DU SICHER?!
KEIN ZWEIFEL. MIMIRS QUELLE HAT ES BESTÄTIGT.
HMM!
ENDLICH MAL EINE HERAUSFORDERUNG.
DIESER FALL WIRD INTERESSANT ...
STREICH

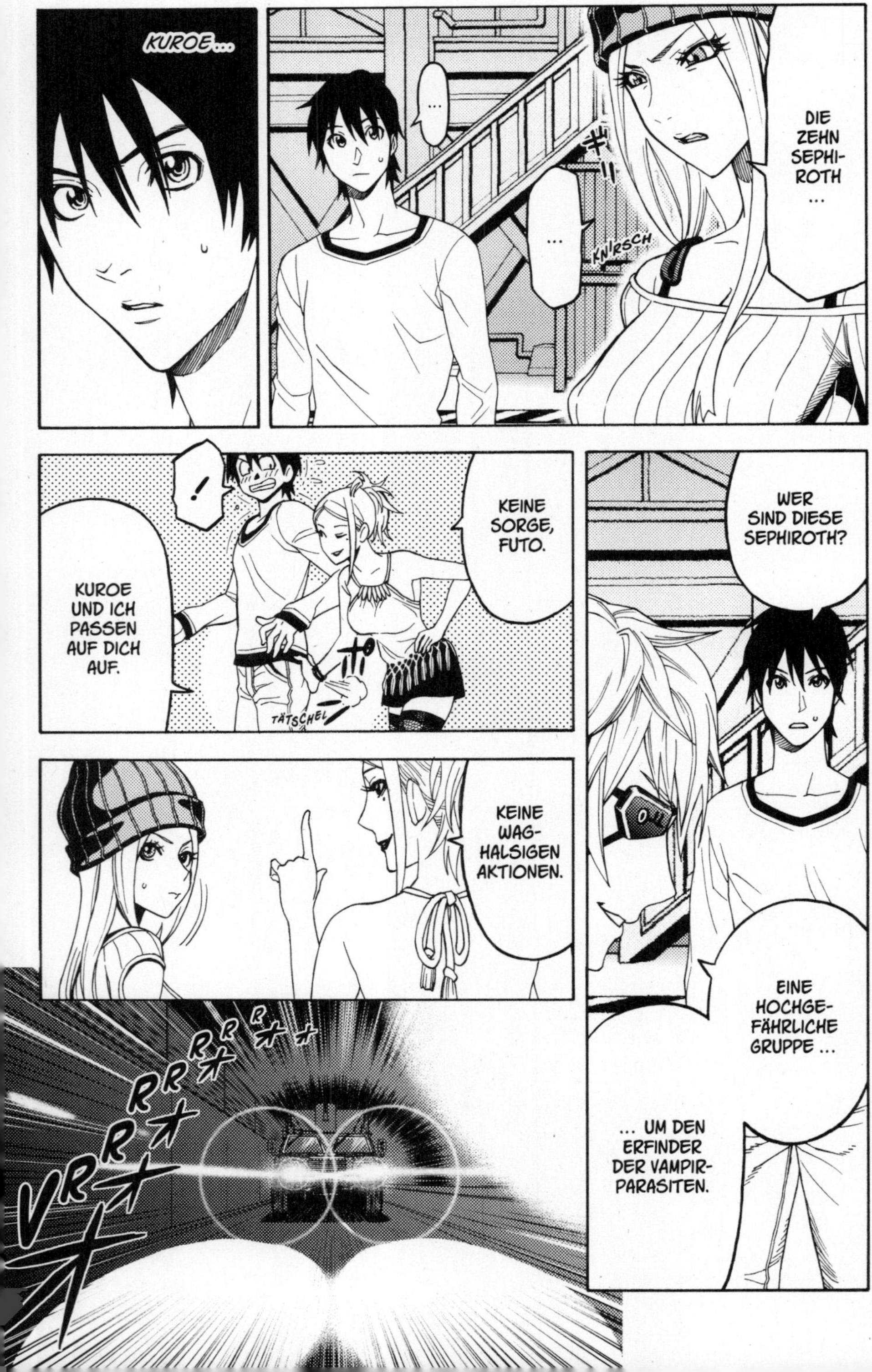
DIE ZEHN SEPHI-ROTH ...
...
KNIRSCH
...
KUROE ...
WER SIND DIESE SEPHIROTH?
EINE HOCHGE-FÄHRLICHE GRUPPE ...
... UM DEN ERFINDER DER VAMPIR-PARASITEN.
KEINE SORGE, FUTO.
!
KUROE UND ICH PASSEN AUF DICH AUF.
TÄTSCHEL
KEINE WAG-HALSIGEN AKTIONEN.
VRRRRRR

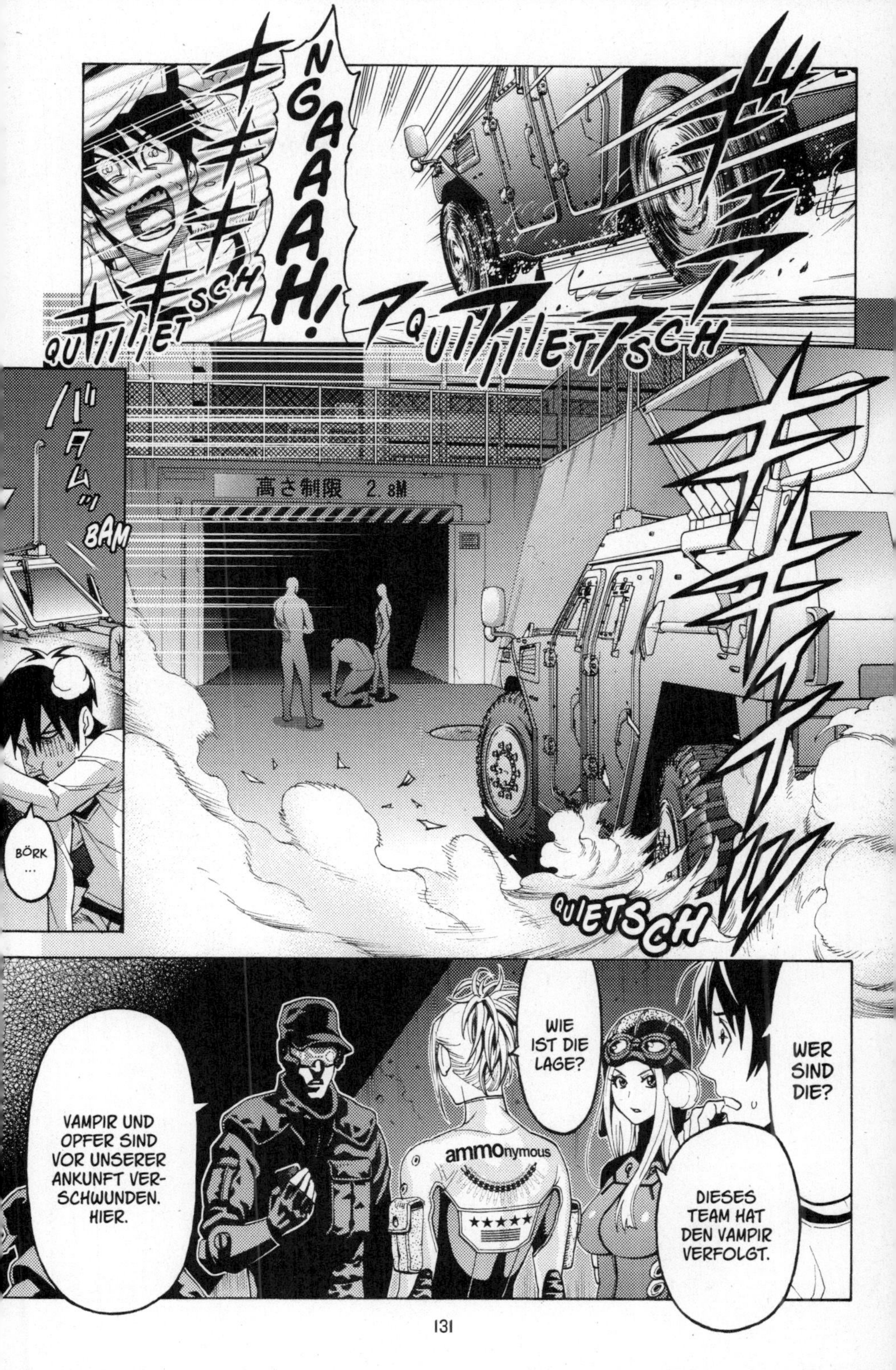
QUIIETSCH
NGAAAH!
QUIIETSCH
高さ制限 2.8M
QUIETSCH
BAM
BÖRK ...
WER SIND DIE?
DIESES TEAM HAT DEN VAMPIR VERFOLGT.
WIE IST DIE LAGE?
ammonymous
VAMPIR UND OPFER SIND VOR UNSERER ANKUNFT VER-SCHWUNDEN. HIER.

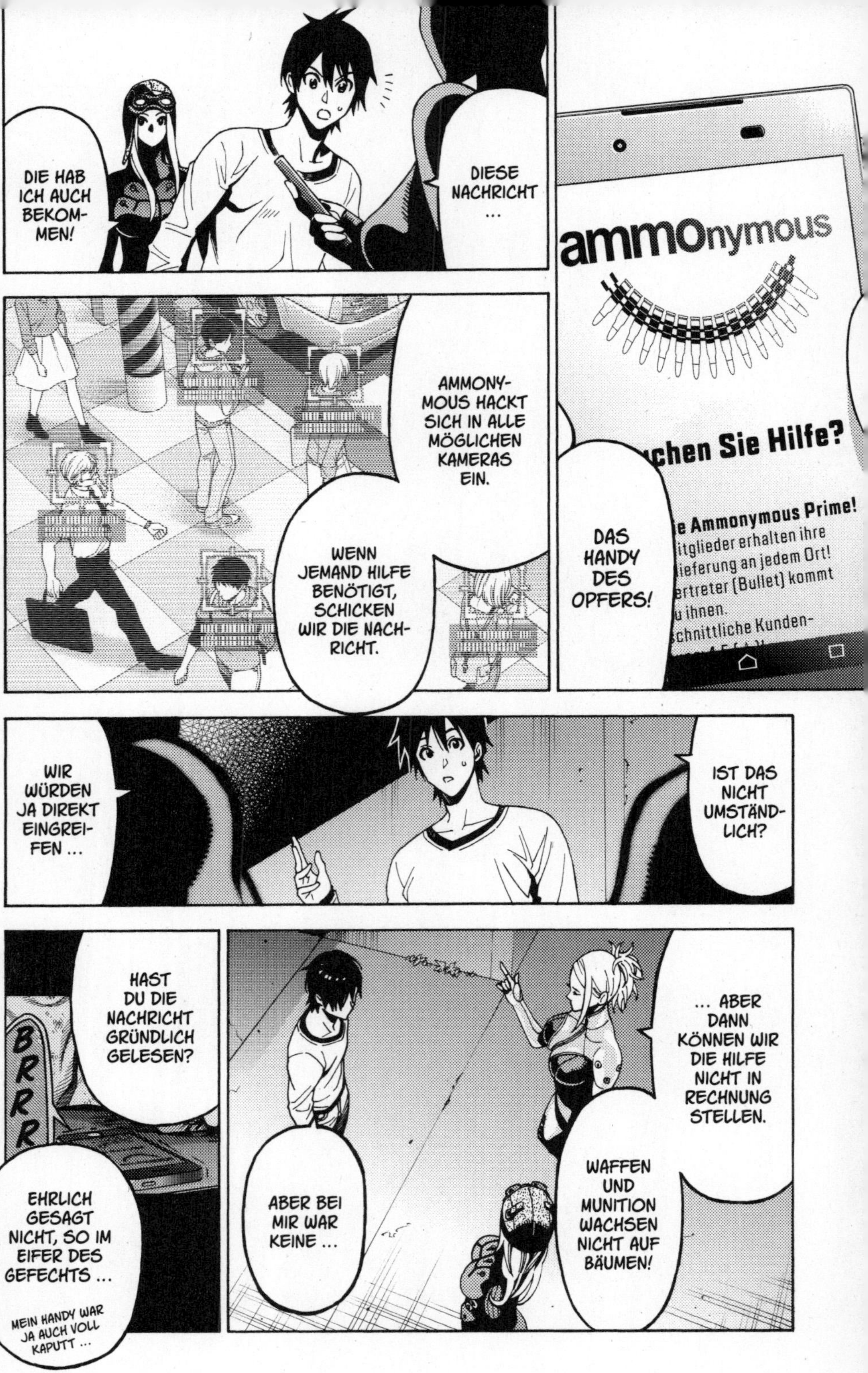
ammOnymous
chen Sie Hilfe?
e Ammonymous Prime!
itglieder erhalten ihre
ieferung an jedem Ort!
ertreter (Bullet) kommt
u ihnen.
schnittliche Kunden-
DAS HANDY DES OPFERS!
DIESE NACHRICHT …
DIE HAB ICH AUCH BEKOMMEN!
AMMONYMOUS HACKT SICH IN ALLE MÖGLICHEN KAMERAS EIN.
WENN JEMAND HILFE BENÖTIGT, SCHICKEN WIR DIE NACHRICHT.
IST DAS NICHT UMSTÄNDLICH?
WIR WÜRDEN JA DIREKT EINGREIFEN …
… ABER DANN KÖNNEN WIR DIE HILFE NICHT IN RECHNUNG STELLEN.
WAFFEN UND MUNITION WACHSEN NICHT AUF BÄUMEN!
ABER BEI MIR WAR KEINE …
HAST DU DIE NACHRICHT GRÜNDLICH GELESEN?
BRRR
EHRLICH GESAGT NICHT, SO IM EIFER DES GEFECHTS …
MEIN HANDY WAR JA AUCH VOLL KAPUTT …

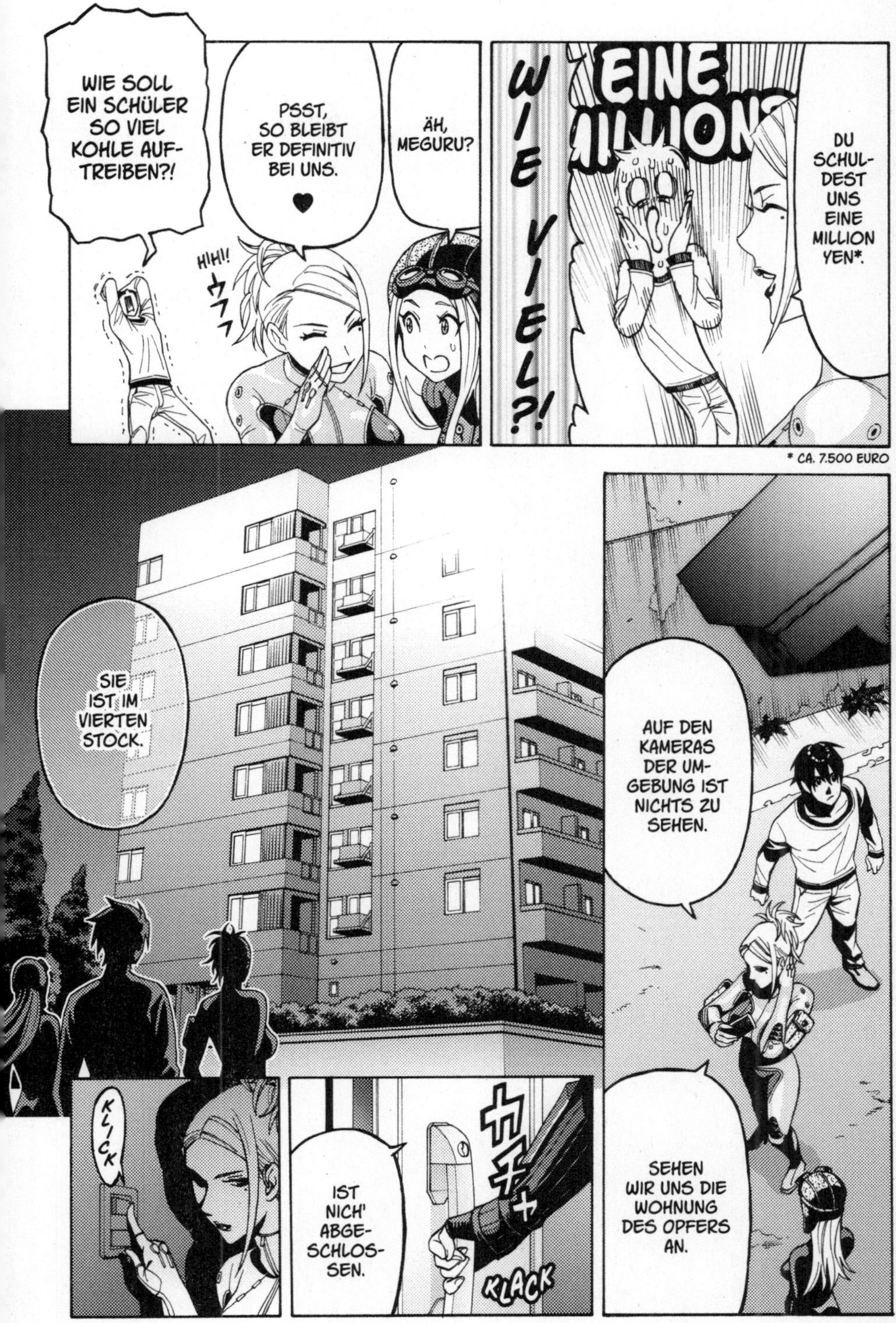
DU SCHULDEST UNS EINE MILLION YEN*.
EINE MILLION?
WIE VIEL?!
ÄH, MEGURU?
PSST, SO BLEIBT ER DEFINITIV BEI UNS. ♥
HIHI!
ウフフ
WIE SOLL EIN SCHÜLER SO VIEL KOHLE AUFTREIBEN?!
* CA. 7.500 EURO
AUF DEN KAMERAS DER UMGEBUNG IST NICHTS ZU SEHEN.
SIE IST IM VIERTEN STOCK.
SEHEN WIR UNS DIE WOHNUNG DES OPFERS AN.
カチャ
KLACK
IST NICH' ABGESCHLOSSEN.
KLICK

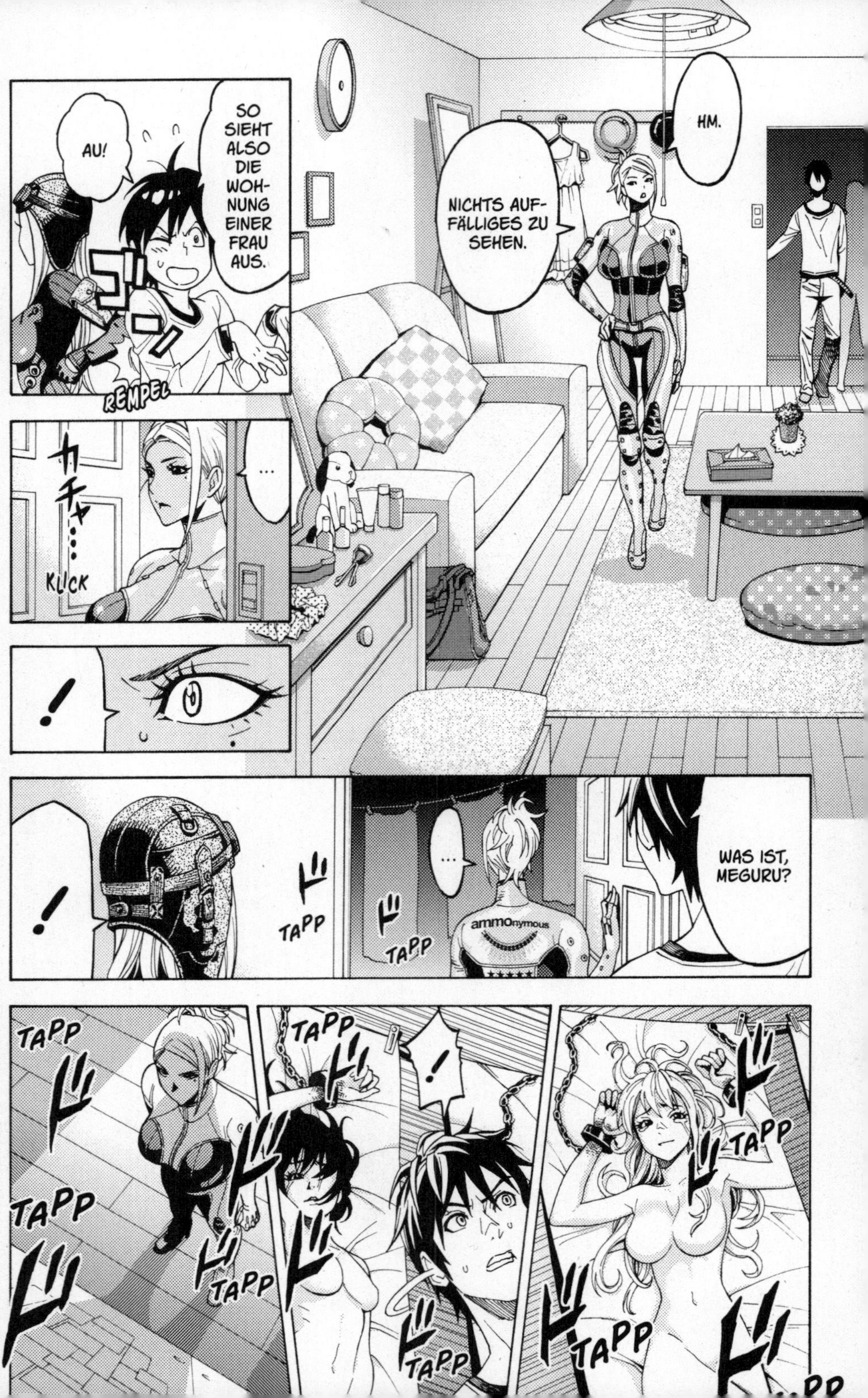
HM.
NICHTS AUFFÄLLIGES ZU SEHEN.
SO SIEHT ALSO DIE WOHNUNG EINER FRAU AUS.
AU!
REMPEL
...
KLICK
!
WAS IST, MEGURU?
...
TAPP
TAPP
!
TAPP
!
TAPP
TAPP
TAPP
TAPP
TAPP
TAPP
TAPP

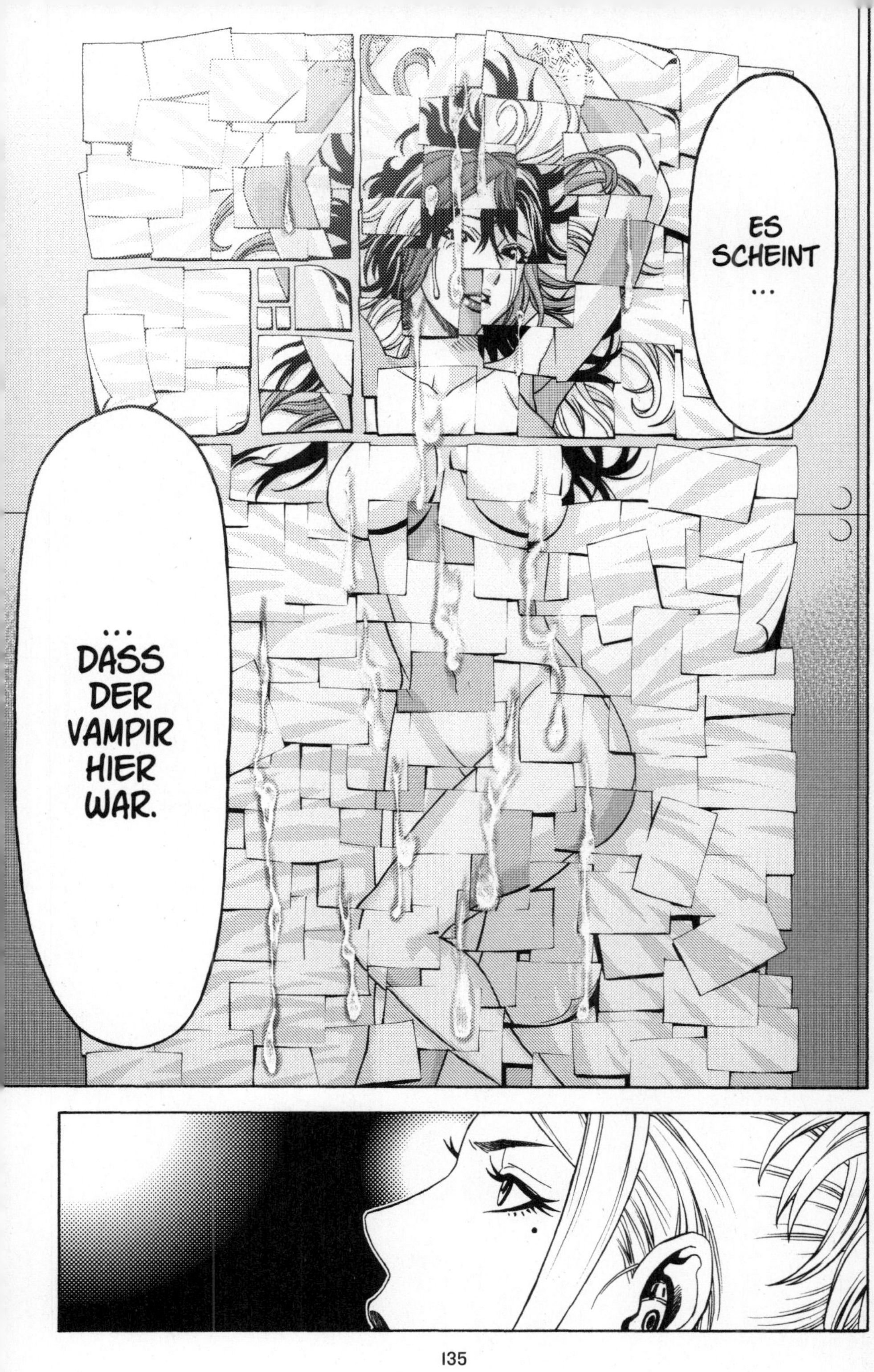
ES SCHEINT ...
... DASS DER VAMPIR HIER WAR.

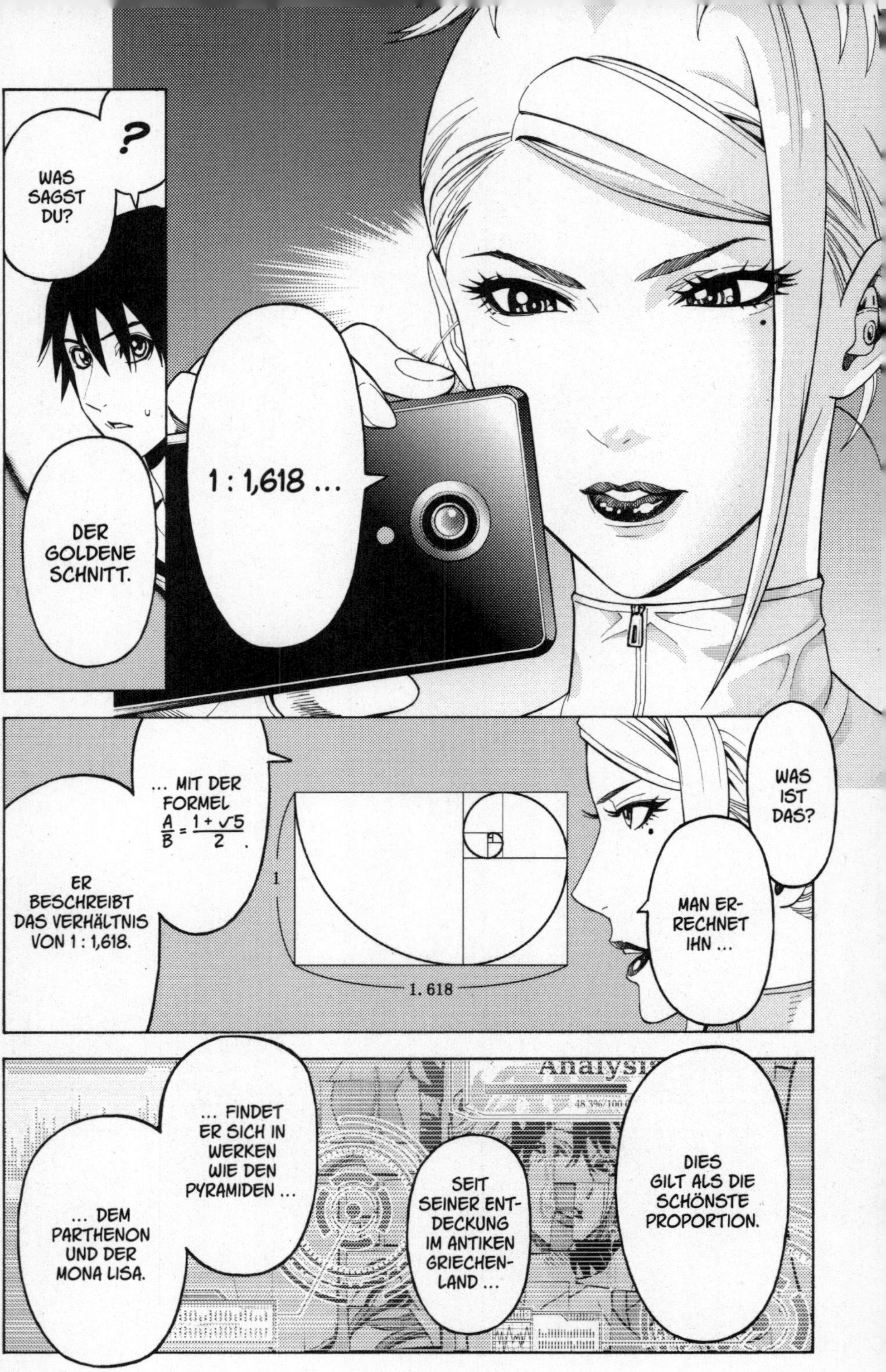
1 : 1,618 …
WAS SAGST DU?
DER GOLDENE SCHNITT.
WAS IST DAS?
MAN ERRECHNET IHN …
… MIT DER FORMEL $\frac{A}{B} = \frac{1 + \sqrt{5}}{2}$.
ER BESCHREIBT DAS VERHÄLTNIS VON 1 : 1,618.
1
1.618
DIES GILT ALS DIE SCHÖNSTE PROPORTION.
SEIT SEINER ENTDECKUNG IM ANTIKEN GRIECHENLAND …
… FINDET ER SICH IN WERKEN WIE DEN PYRAMIDEN …
… DEM PARTHENON UND DER MONA LISA.

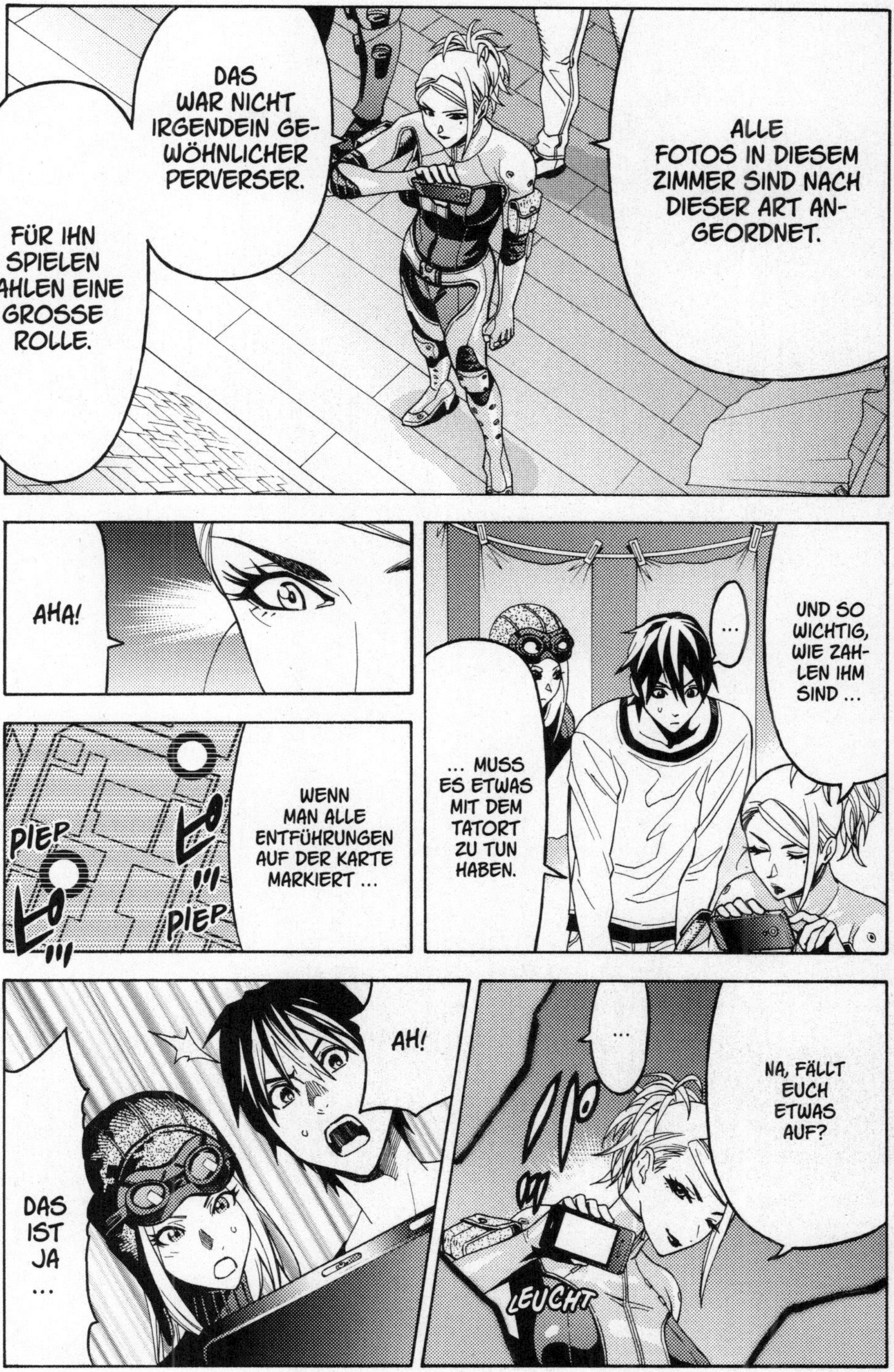
ALLE FOTOS IN DIESEM ZIMMER SIND NACH DIESER ART AN-GEORDNET.
DAS WAR NICHT IRGENDEIN GE-WÖHNLICHER PERVERSER.
FÜR IHN SPIELEN ZAHLEN EINE GROSSE ROLLE.
UND SO WICHTIG, WIE ZAH-LEN IHM SIND …
…
… MUSS ES ETWAS MIT DEM TATORT ZU TUN HABEN.
AHA!
WENN MAN ALLE ENTFÜHRUNGEN AUF DER KARTE MARKIERT …
PIEP
PIEP
NA, FÄLLT EUCH ETWAS AUF?
…
LEUCHT
AH!
DAS IST JA …

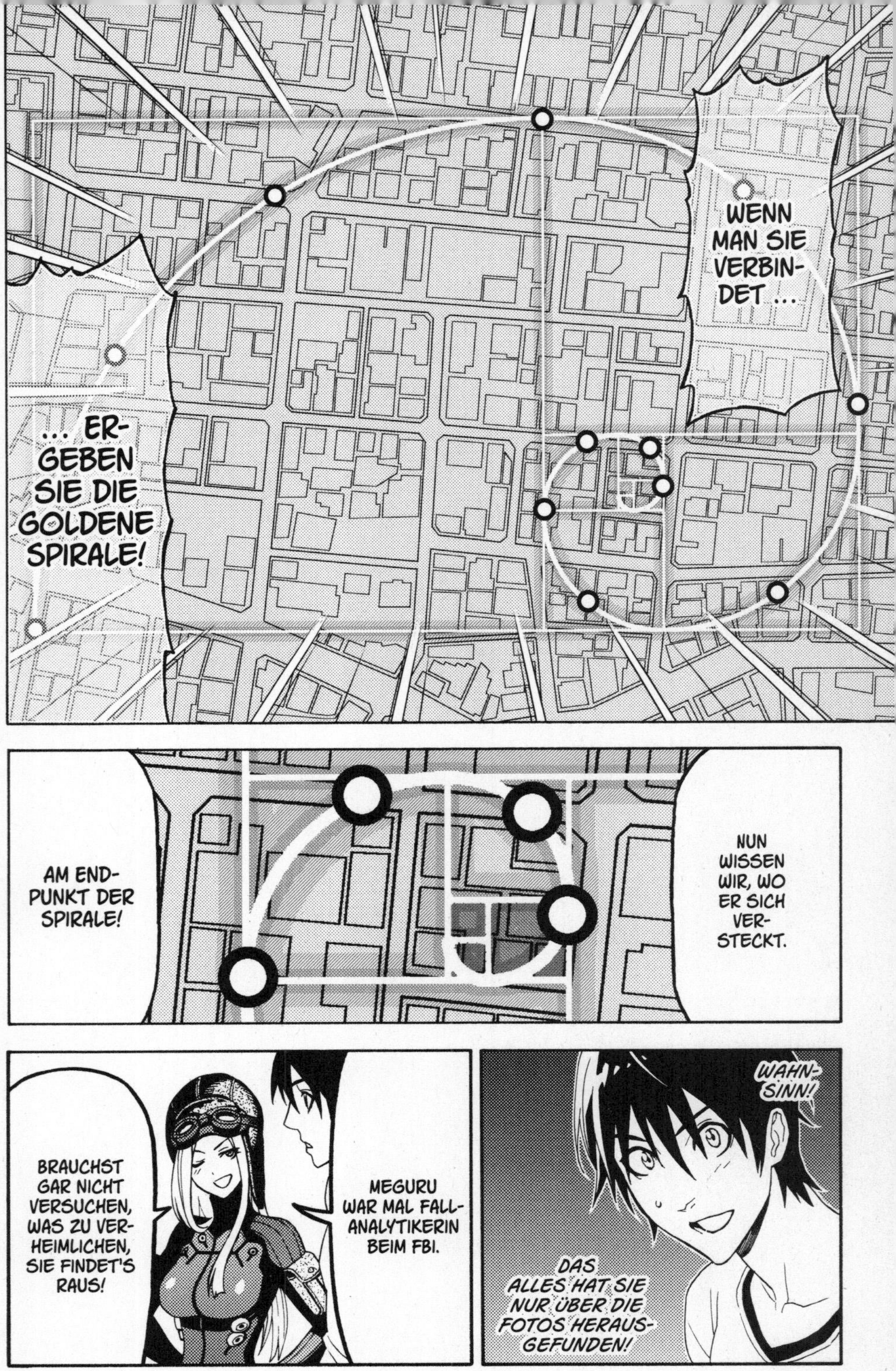

WENN MAN SIE VERBIN-DET ...
... ER-GEBEN SIE DIE GOLDENE SPIRALE!
NUN WISSEN WIR, WO ER SICH VER-STECKT.
AM END-PUNKT DER SPIRALE!
WAHN-SINN!
DAS ALLES HAT SIE NUR ÜBER DIE FOTOS HERAUS-GEFUNDEN!
MEGURU WAR MAL FALL-ANALYTIKERIN BEIM FBI.
BRAUCHST GAR NICHT VERSUCHEN, WAS ZU VER-HEIMLICHEN, SIE FINDET'S RAUS!

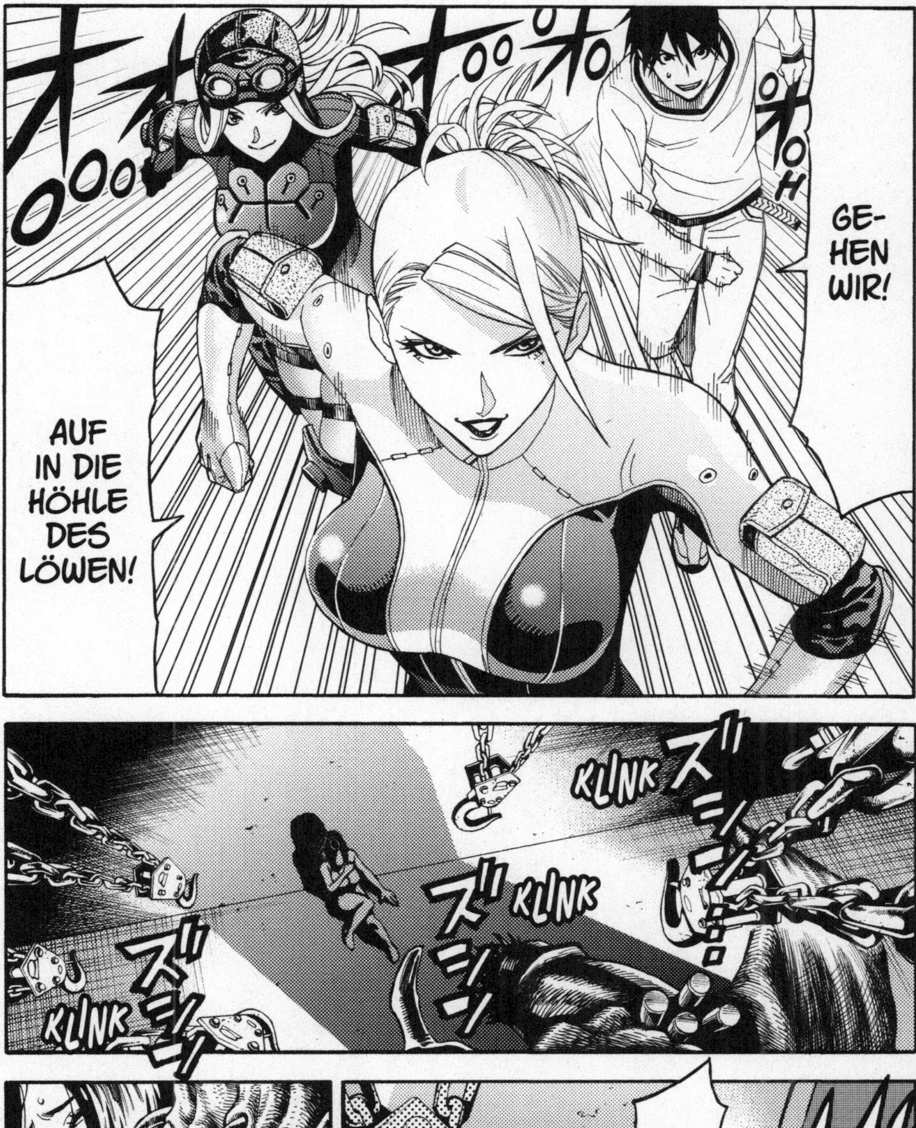
GE-
HEN
WIR!
AUF
IN DIE
HÖHLE
DES
LÖWEN!
KLINK
KLINK
KLINK
BLEIB
WEG!
RASCHEL
NEIIIN!
SABBER
SABBER
SCHMATZ

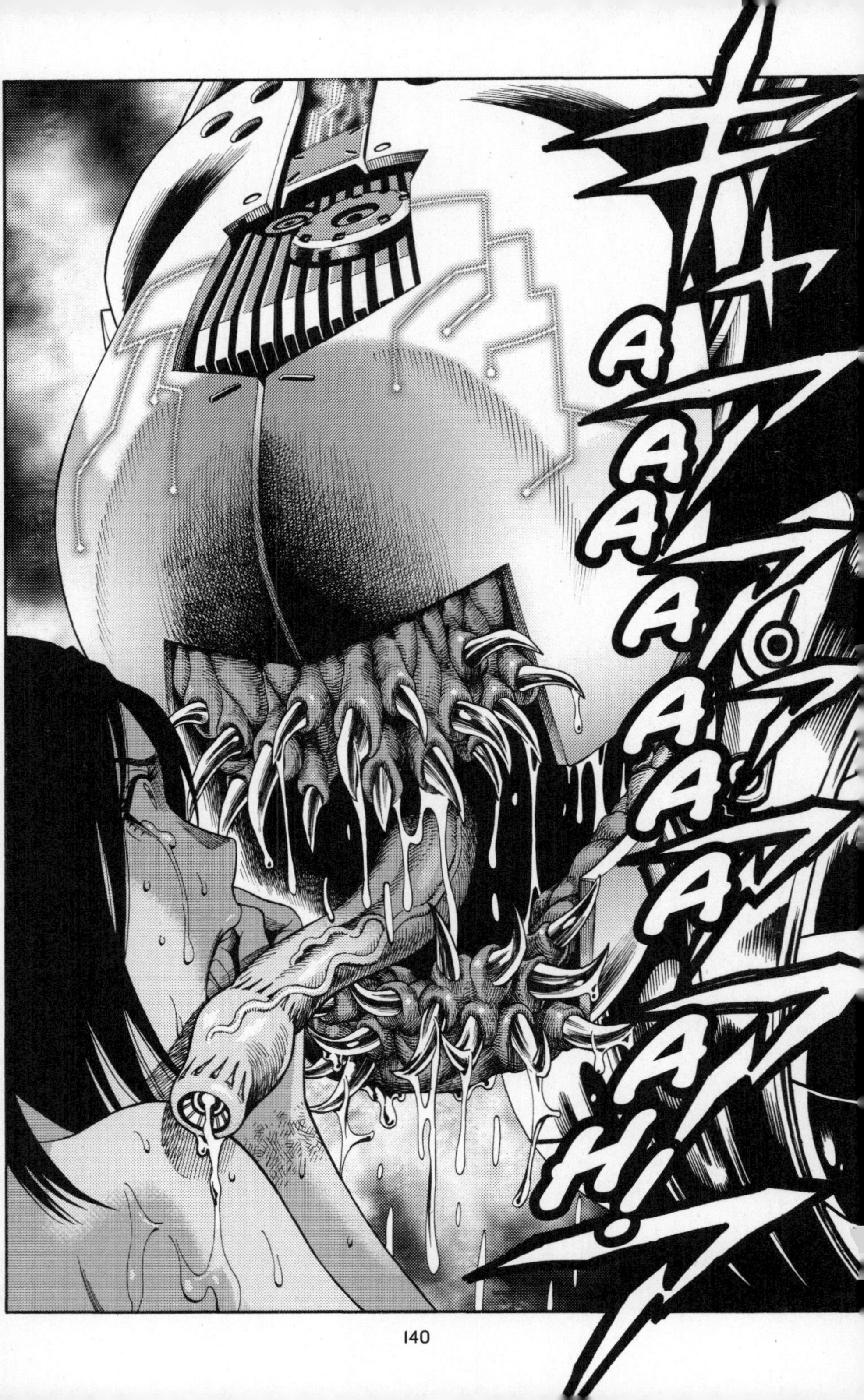
AAAAAAAAAH!

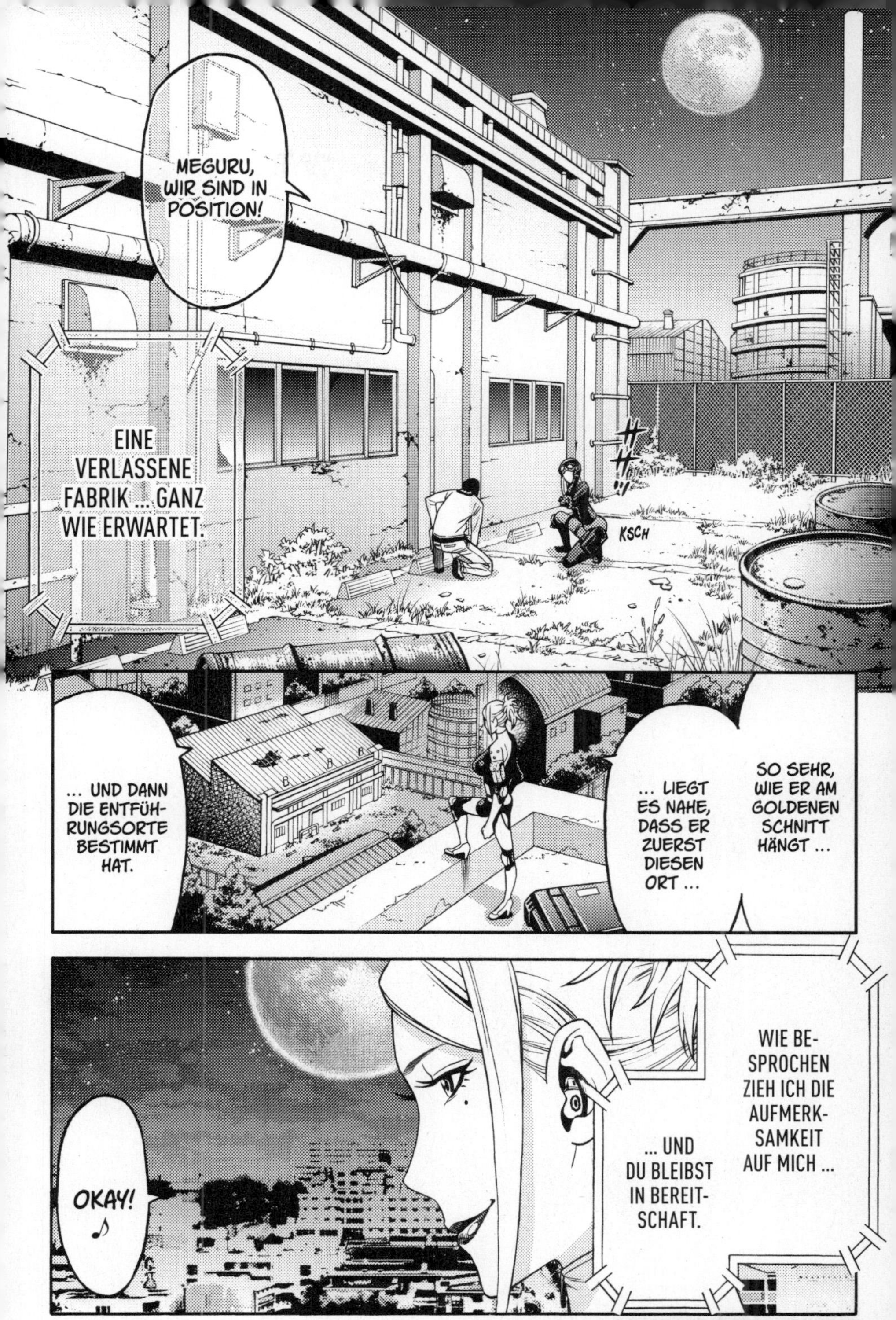

reload 4 FOLIE à DEUX 2

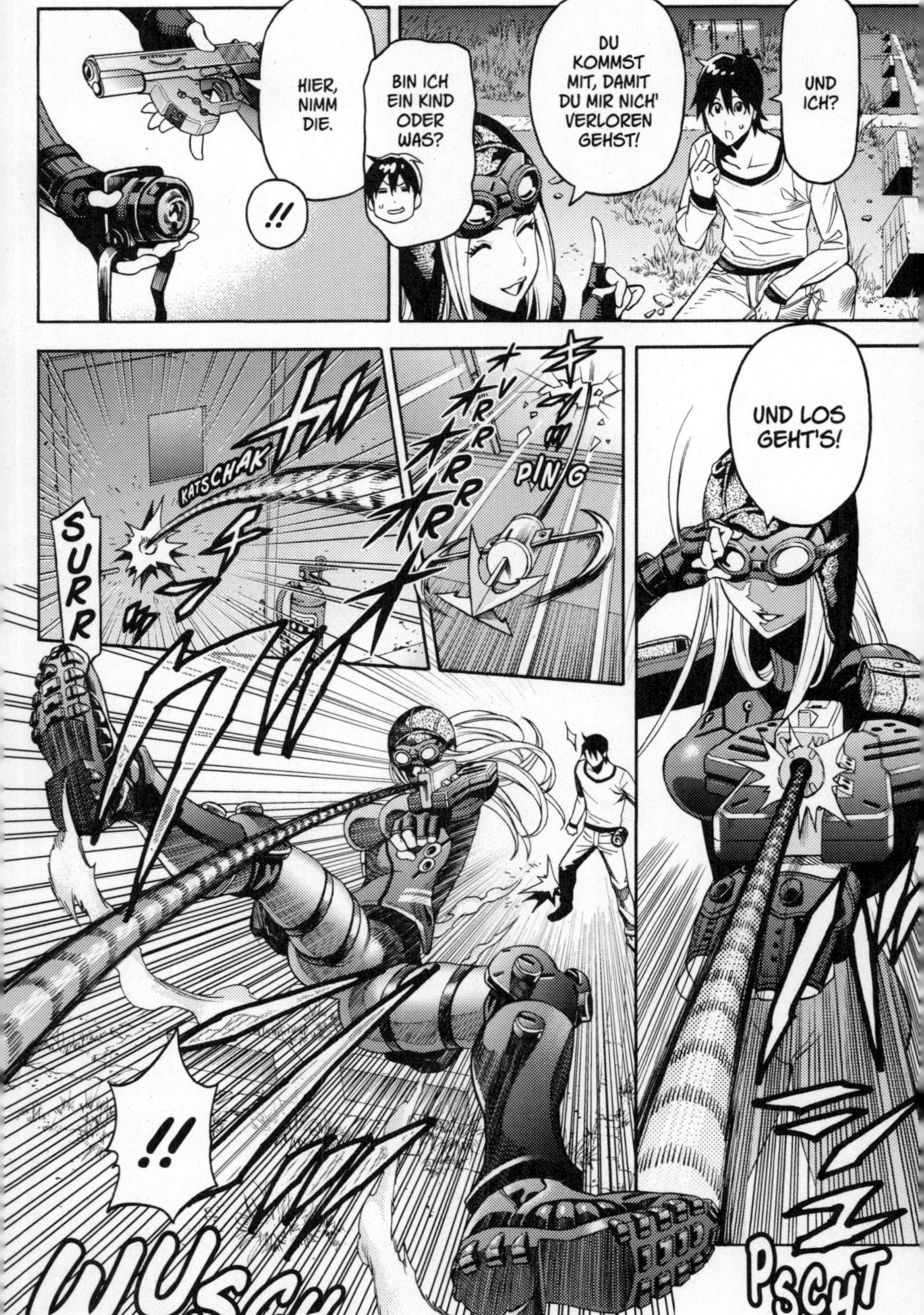
UND ICH?
DU KOMMST MIT, DAMIT DU MIR NICH' VERLOREN GEHST!
BIN ICH EIN KIND ODER WAS?
HIER, NIMM DIE.
!!
UND LOS GEHT'S!
PING
KATSCHAK
SURR
!!
WUSCH
PSCHT

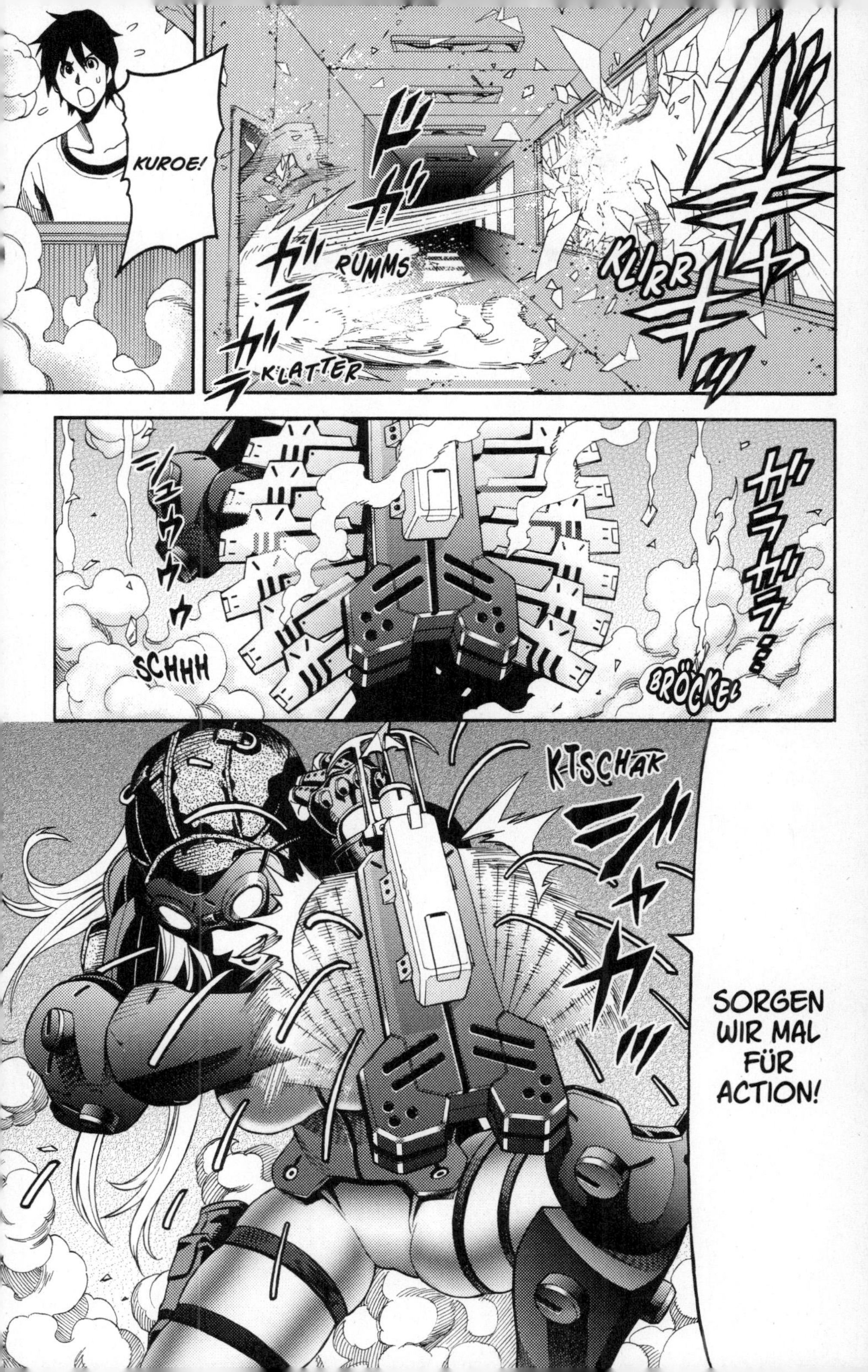
KUROE!
KLIRR
RUMMS
KLATTER
BRÖCKEL
SCHHH
K-TSCHAK
SORGEN WIR MAL FÜR ACTION!

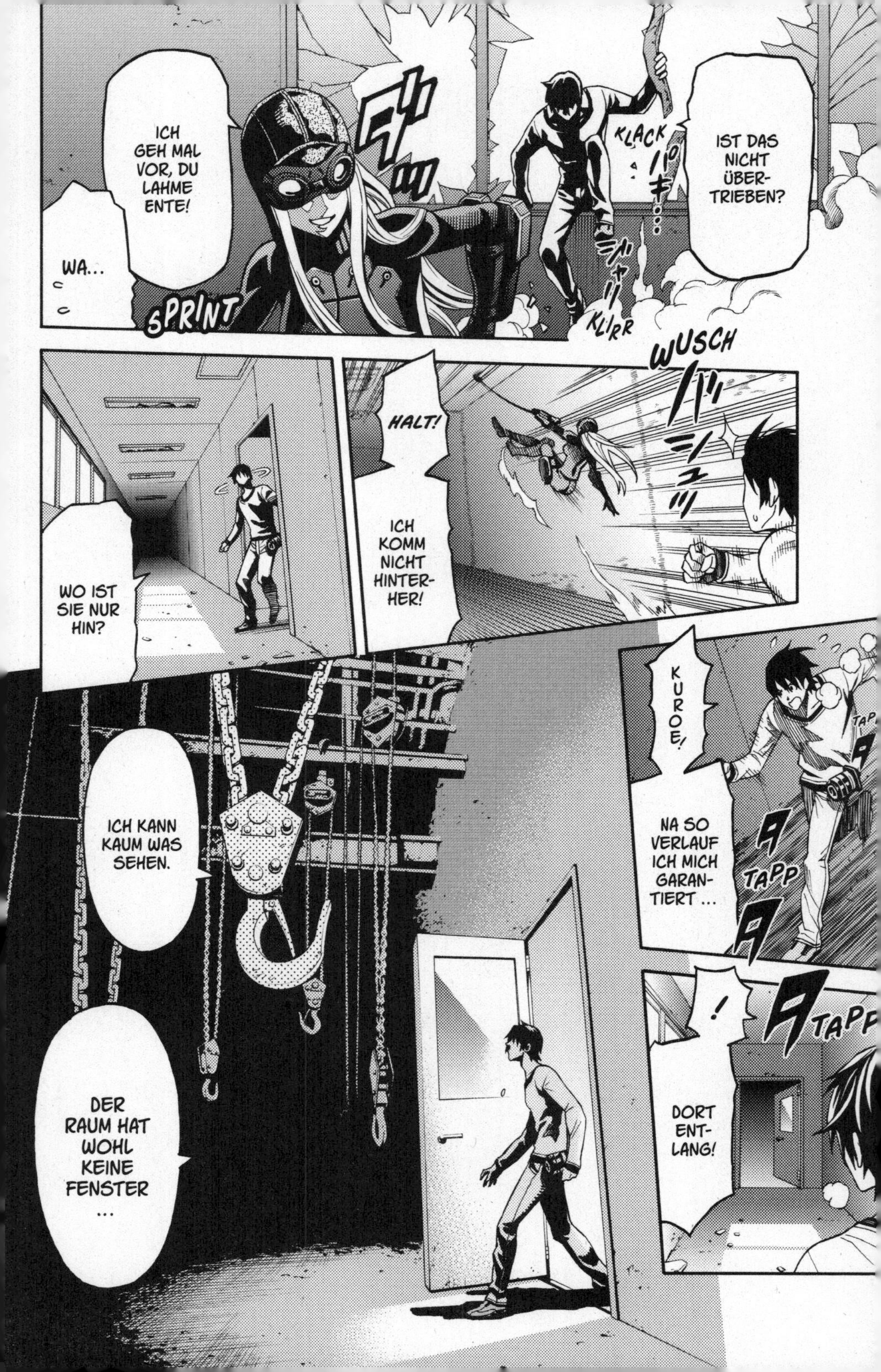
IST DAS NICHT ÜBER-TRIEBEN?
KLACK
KLIRR
ICH GEH MAL VOR, DU LAHME ENTE!
SPRINT
WA…
WUSCH
HALT!
ICH KOMM NICHT HINTER-HER!
WO IST SIE NUR HIN?
KUROE!
TAPP
NA SO VERLAUF ICH MICH GARAN-TIERT …
TAPP
!
TAPP
DORT ENT-LANG!
ICH KANN KAUM WAS SEHEN.
DER RAUM HAT WOHL KEINE FENSTER …

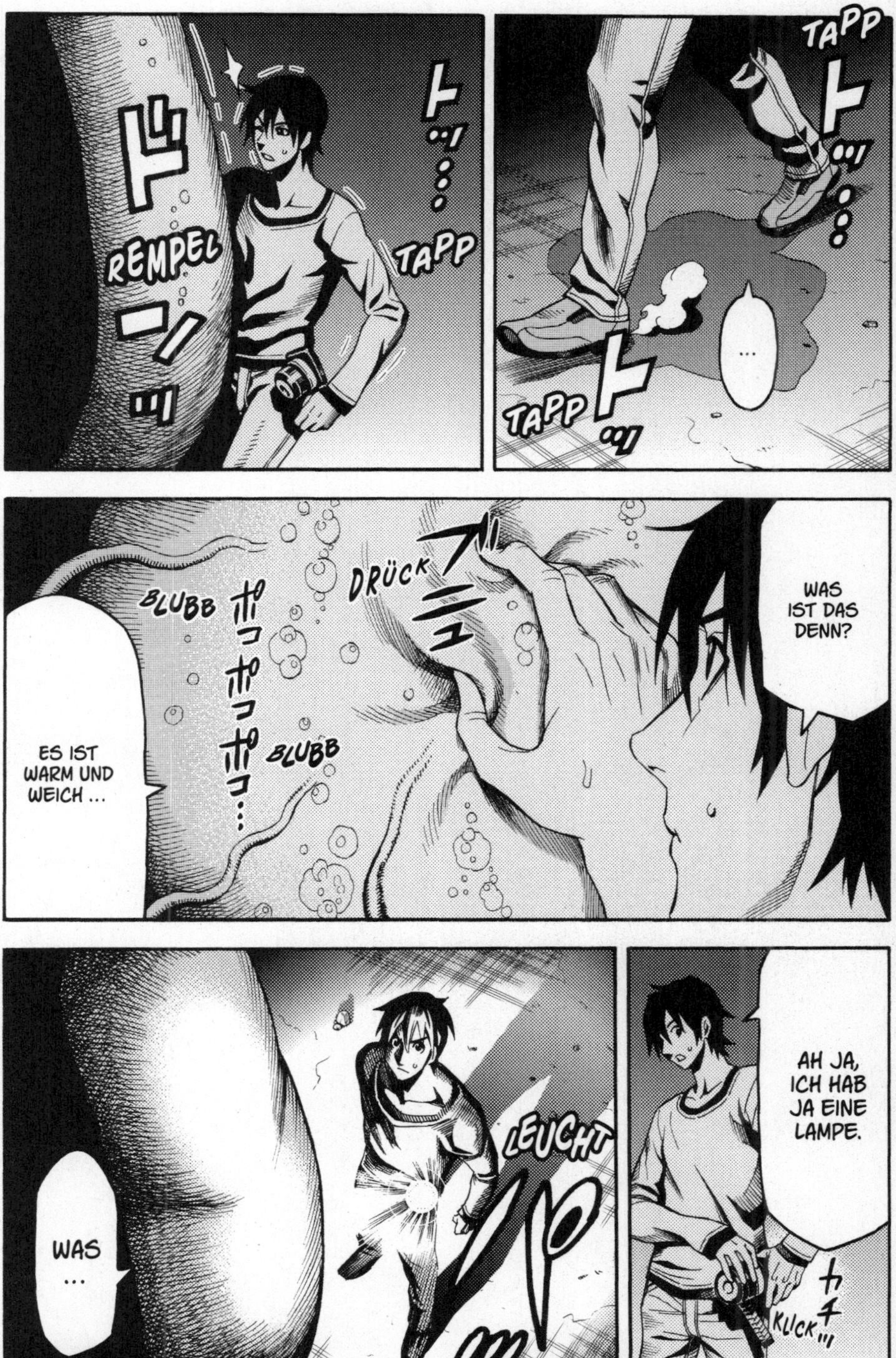
TAPP
TAPP
…
REMPEL
TAPP
WAS IST DAS DENN?
DRÜCK
BLUBB
BLUBB
ES IST WARM UND WEICH …
AH JA, ICH HAB JA EINE LAMPE.
KLICK
LEUCHT
WAS …

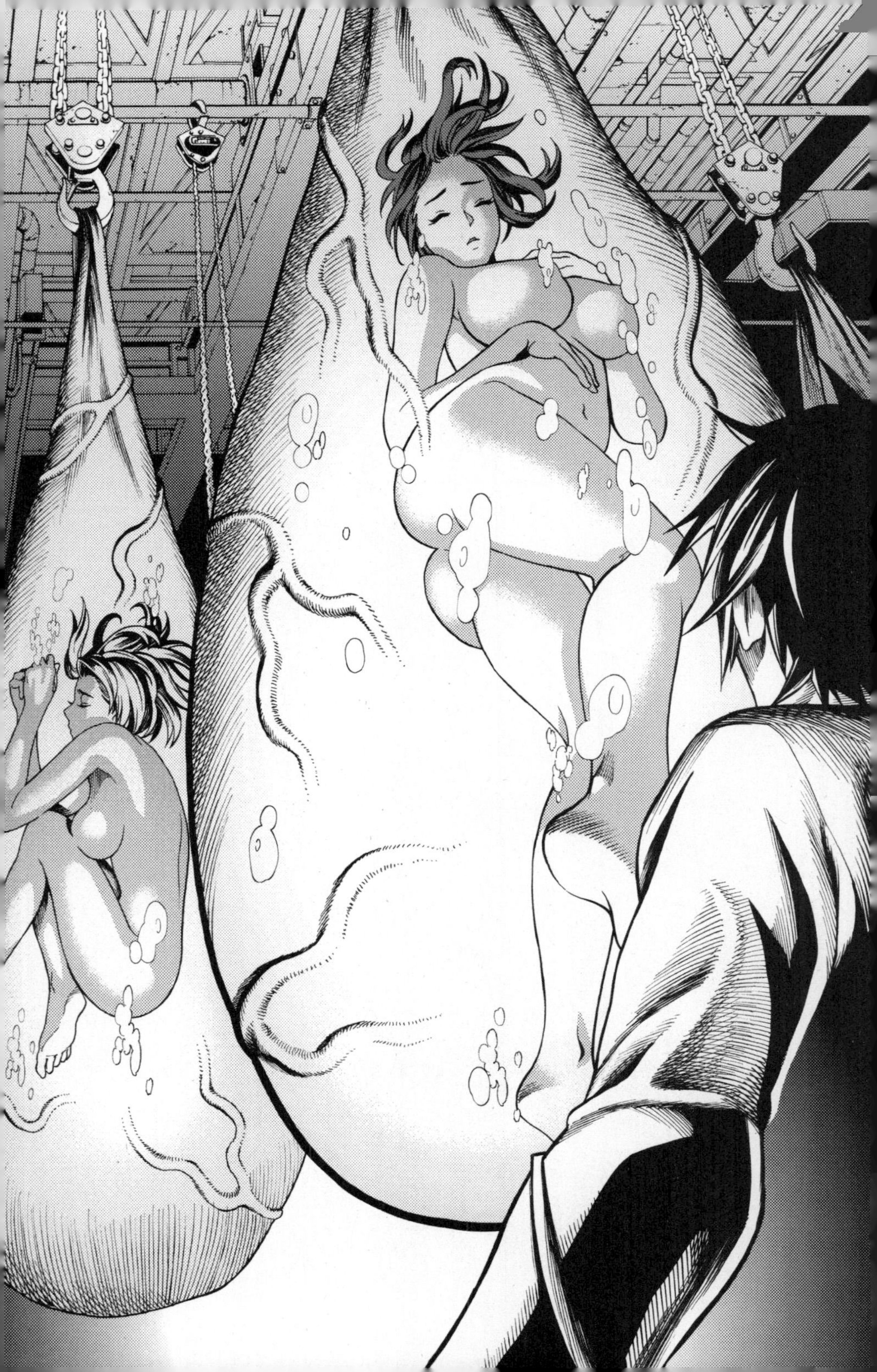

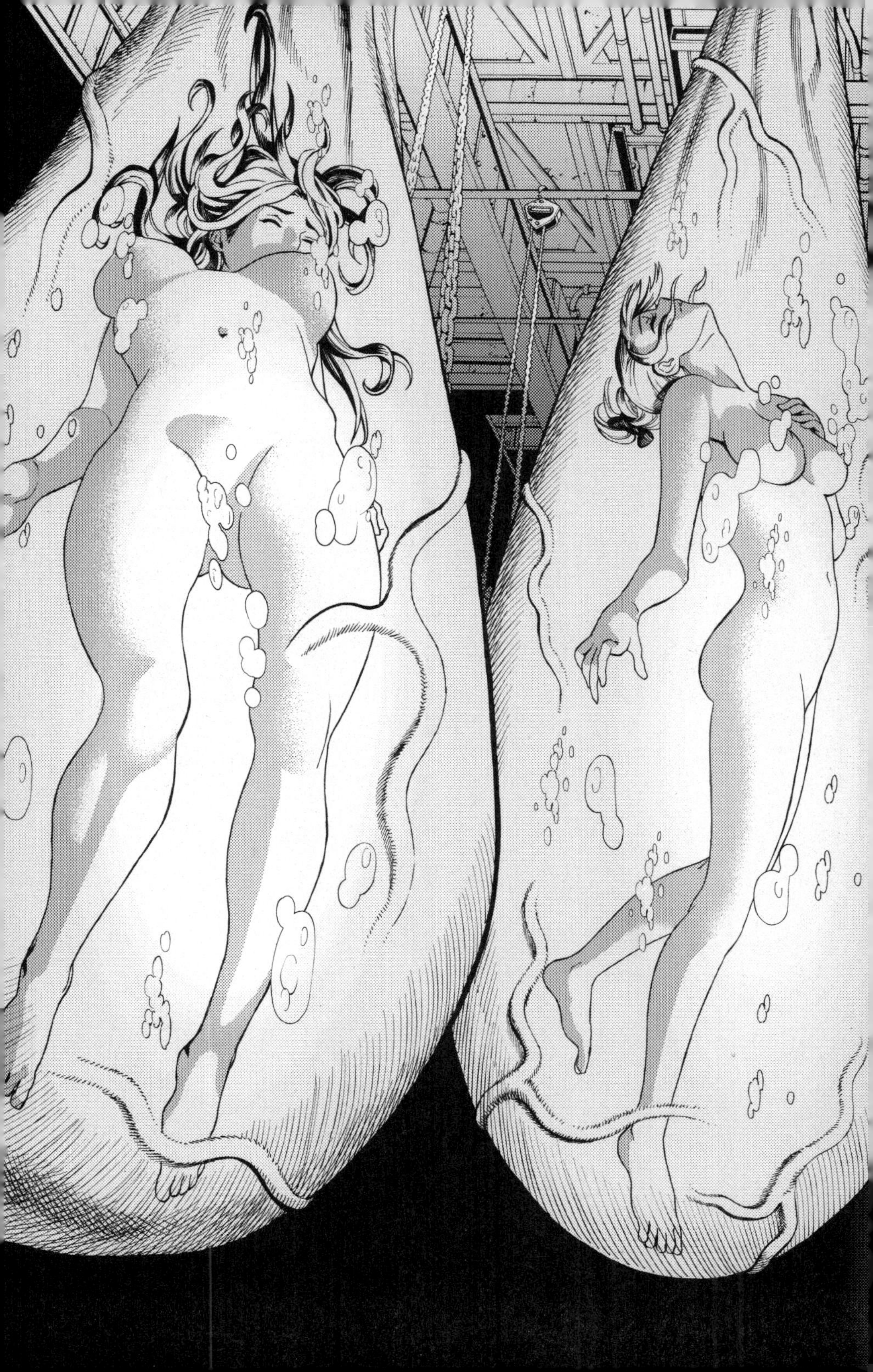

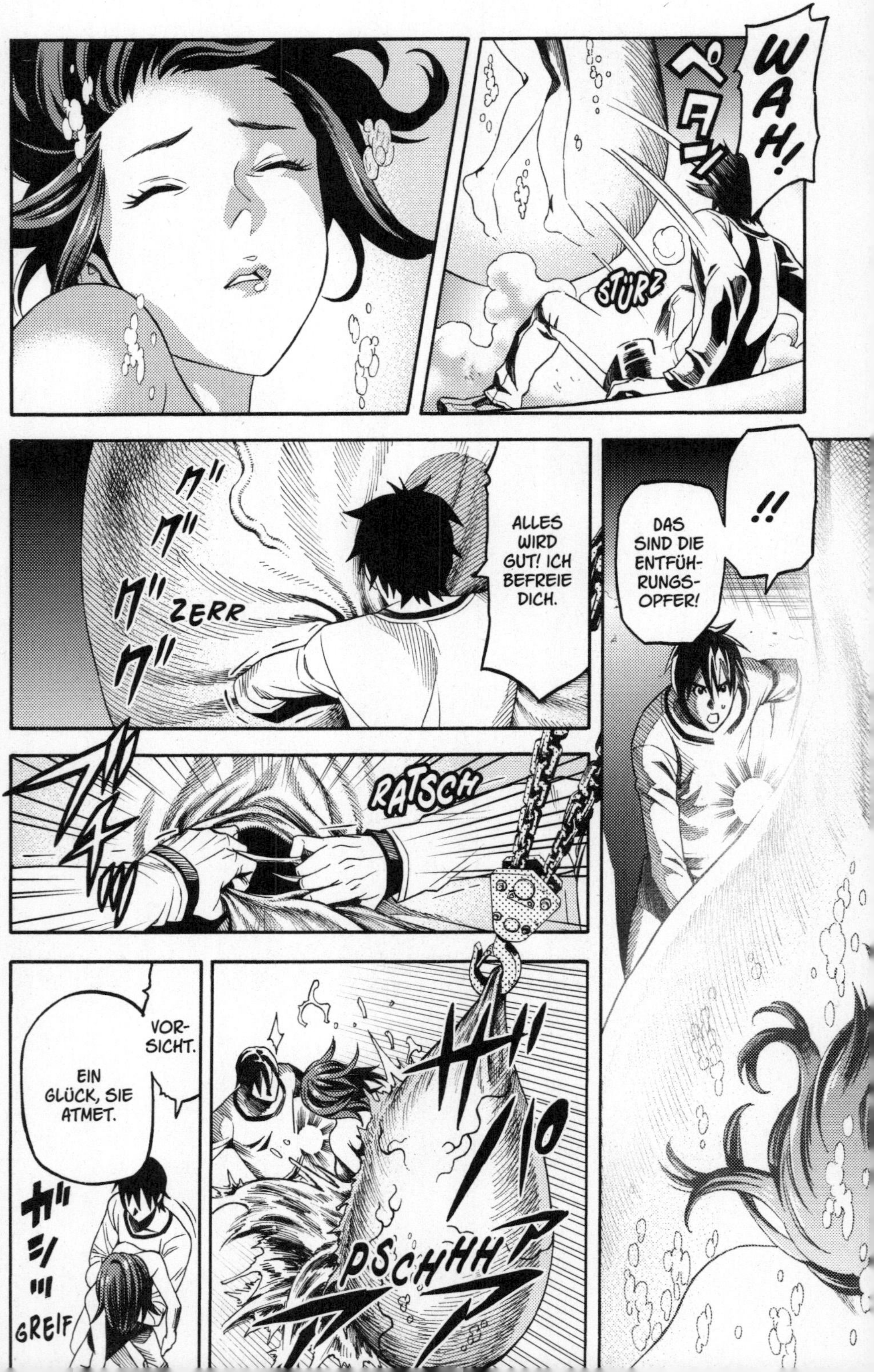

WAH!
STÜRZ
!!
DAS SIND DIE ENTFÜHRUNGS-OPFER!
ALLES WIRD GUT! ICH BEFREIE DICH.
ZERR
RATSCH
PSCHHHT
VOR-SICHT.
EIN GLÜCK, SIE ATMET.
GREIF

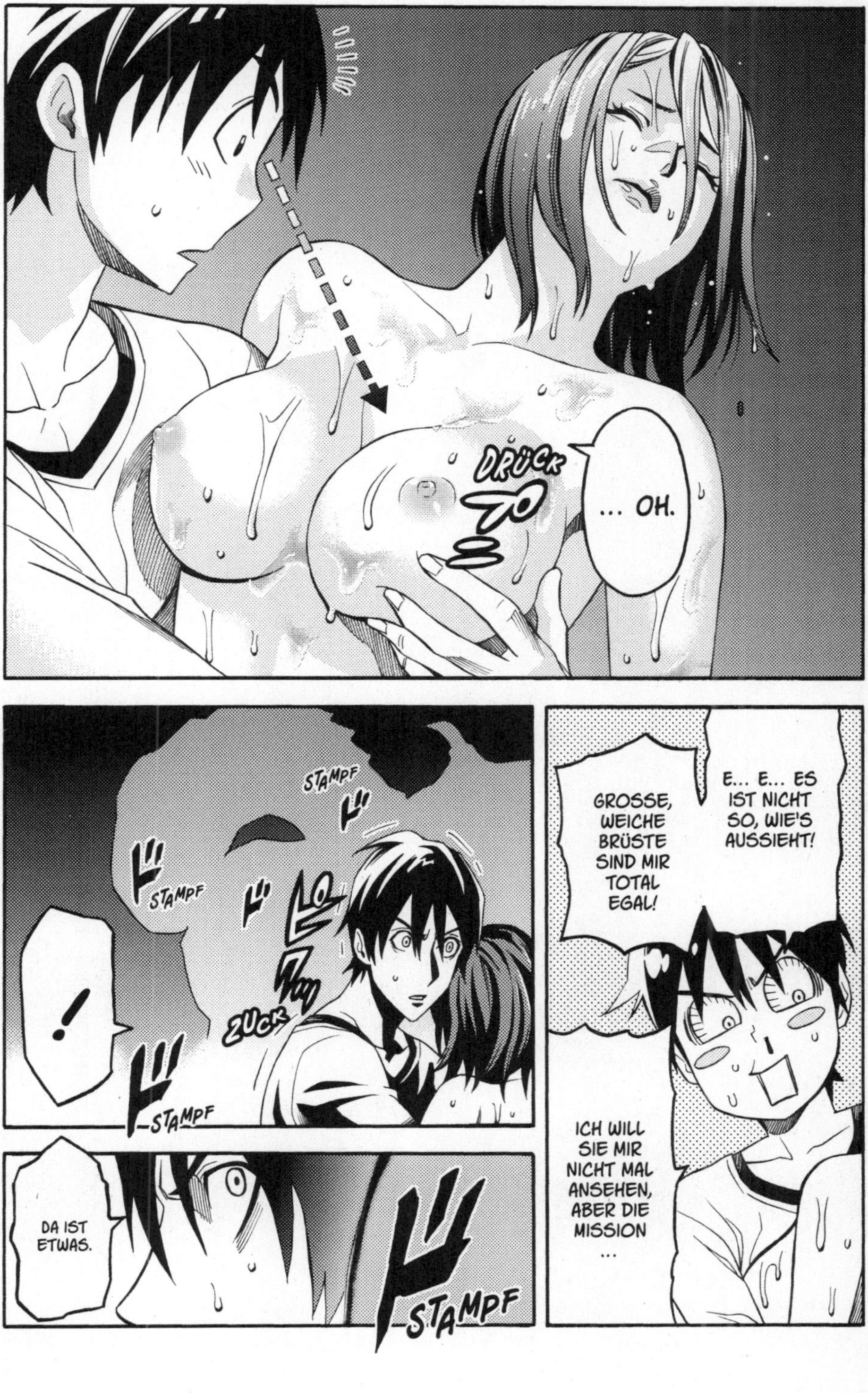
DRÜCK
... OH.
E... E... ES IST NICHT SO, WIE'S AUSSIEHT!
GROSSE, WEICHE BRÜSTE SIND MIR TOTAL EGAL!
ICH WILL SIE MIR NICHT MAL ANSEHEN, ABER DIE MISSION ...
STAMPF
STAMPF
ZUCK
!
STAMPF
DA IST ETWAS.
STAMPF

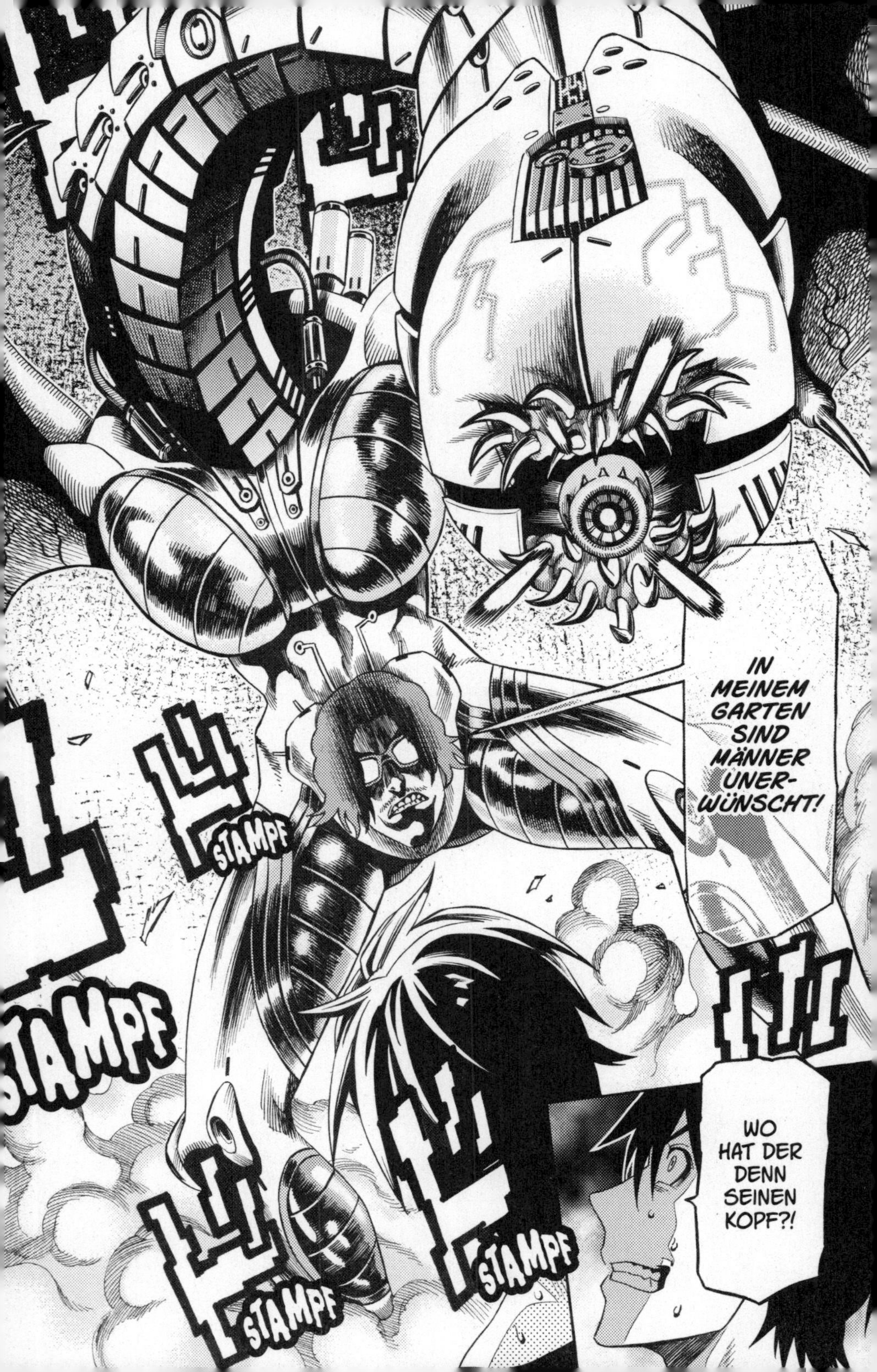
STAMPF
STAMPF
IN MEINEM GARTEN SIND MÄNNER UNER-WÜNSCHT!
STAMPF
STAMPF
WO HAT DER DENN SEINEN KOPF?!

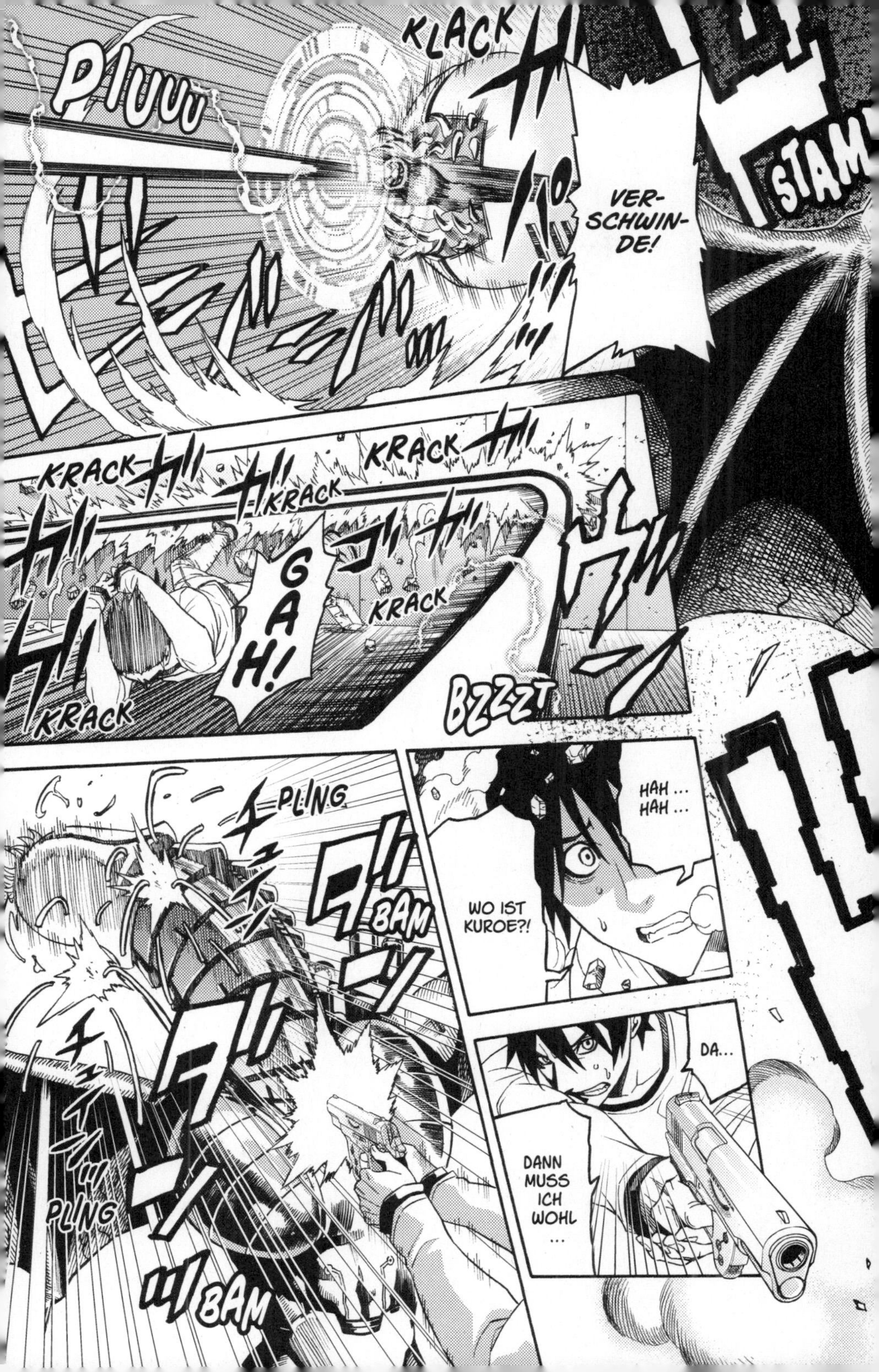
KLACK
PIUUU
STAM
VER-
SCHWIN-
DE!
KRACK
KRACK
KRACK
GAH!
KRACK
KRACK
BZZZT
PLING
BAM
HAH …
HAH …
WO IST
KUROE?!
DA…
DANN
MUSS
ICH
WOHL
…
PLING
BAM

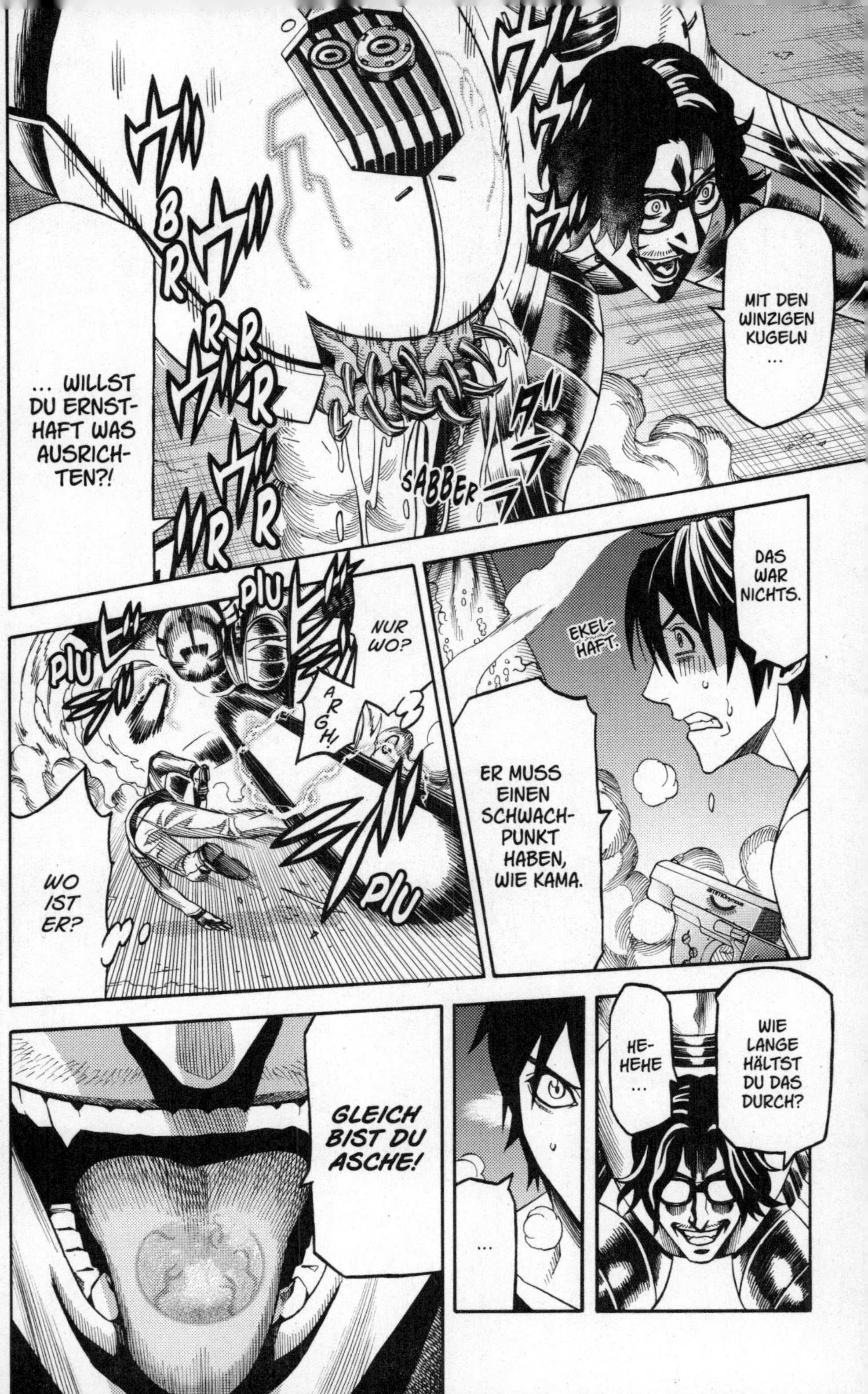
MIT DEN WINZIGEN KUGELN ...
... WILLST DU ERNSTHAFT WAS AUSRICHTEN?!
BRRRRRRR
SABBER
DAS WAR NICHTS.
EKELHAFT.
ER MUSS EINEN SCHWACHPUNKT HABEN, WIE KAMA.
PIU
PIU
NUR WO?
ARGH!
PIU
WO IST ER?
WIE LANGE HÄLTST DU DAS DURCH?
HEHEHE ...
...
GLEICH BIST DU ASCHE!

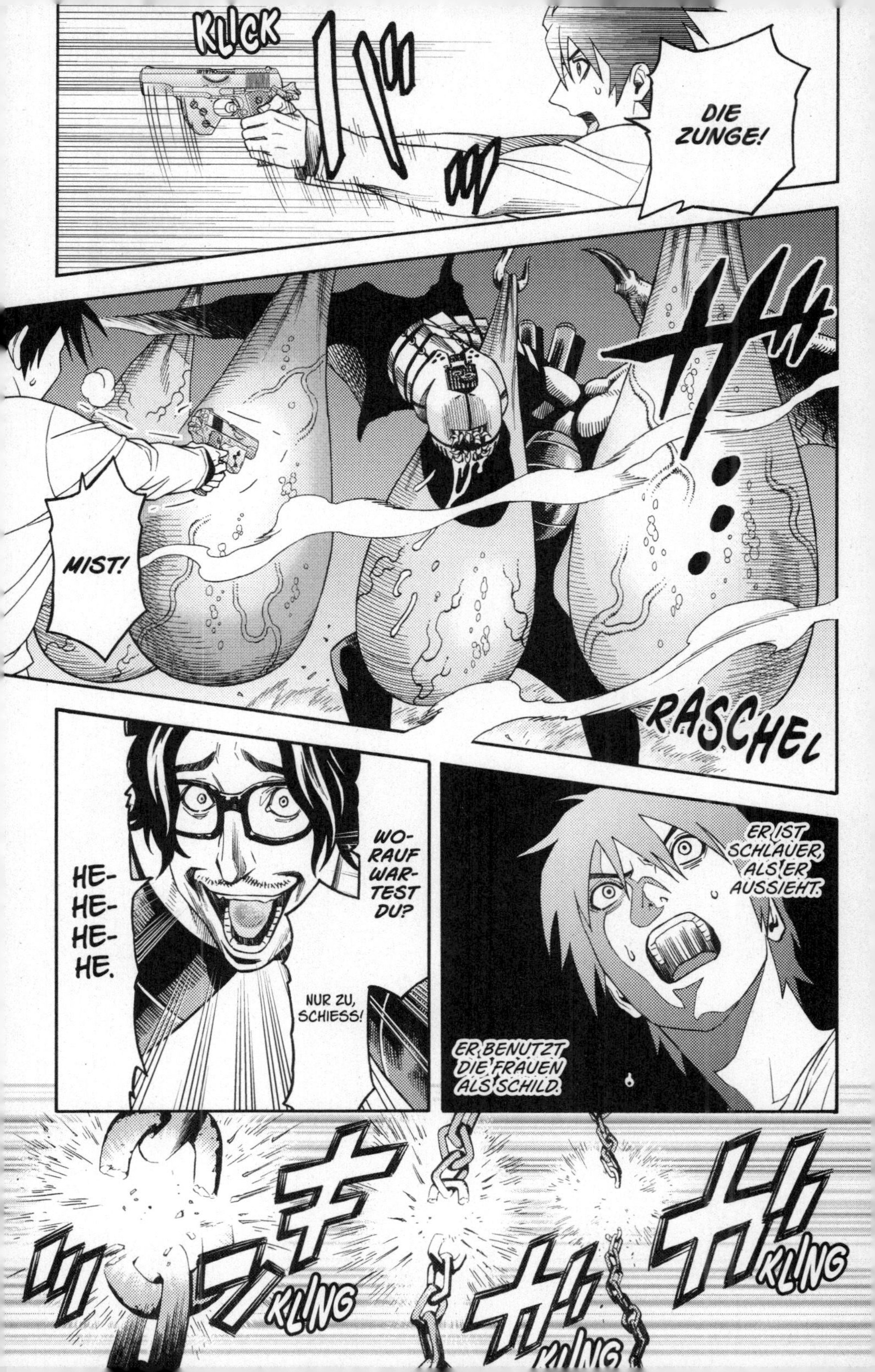

KLICK
DIE ZUNGE!
MIST!
RASCHEL
WO-RAUF WAR-TEST DU?
HE-HE-HE-HE.
NUR ZU, SCHIESS!
ER IST SCHLAUER, ALS ER AUSSIEHT.
ER BENUTZT DIE FRAUEN ALS SCHILD.
KLING
KLING
KLING

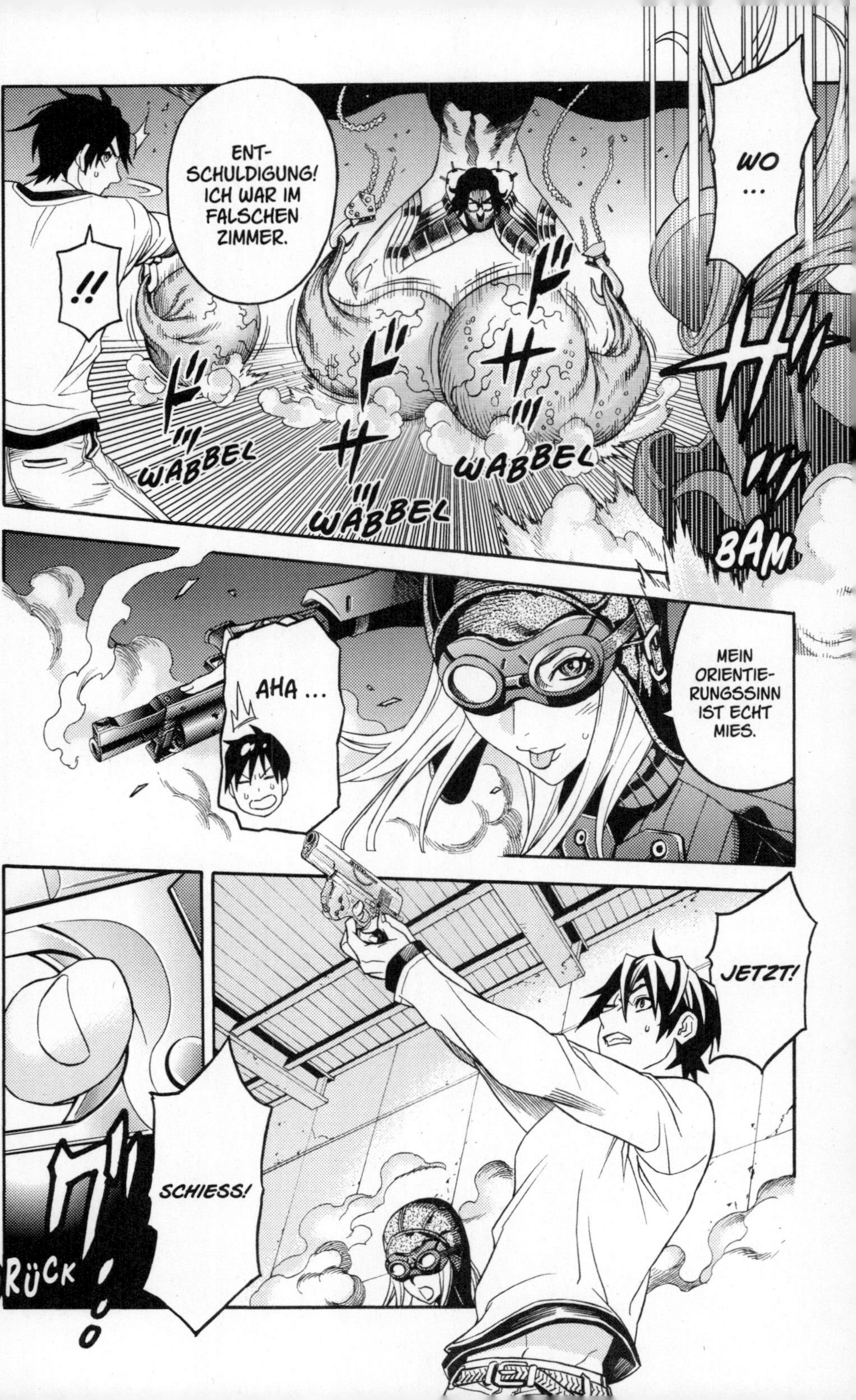
WO …
ENT-SCHULDIGUNG! ICH WAR IM FALSCHEN ZIMMER.
!!
WABBEL
WABBEL
WABBEL
BAM
MEIN ORIENTIE-RUNGSSINN IST ECHT MIES.
AHA …
JETZT!
SCHIESS!
DRÜCK

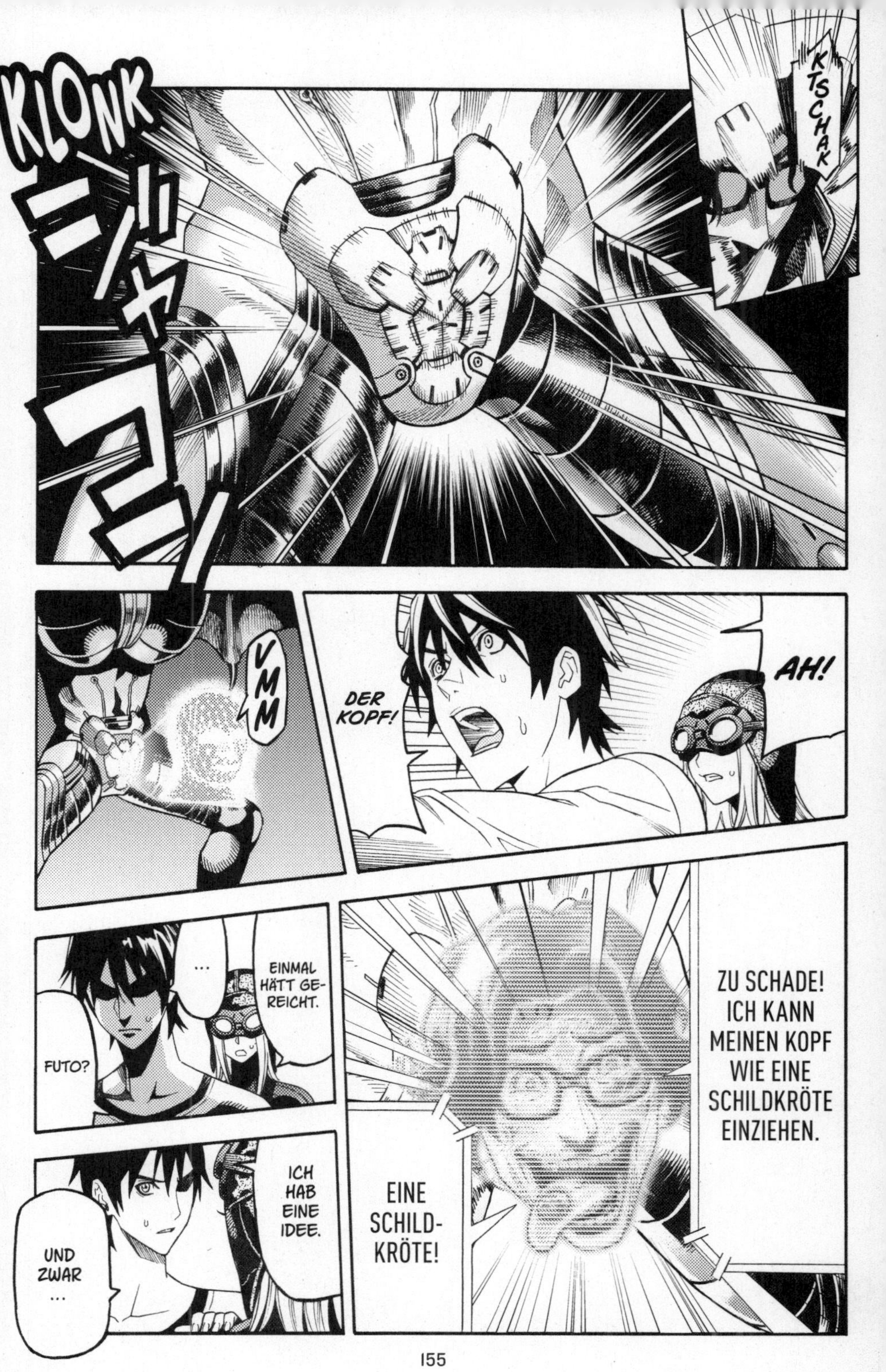
KTSCHAK
KLONK
VMM
AH!
DER KOPF!
ZU SCHADE! ICH KANN MEINEN KOPF WIE EINE SCHILDKRÖTE EINZIEHEN.
EINE SCHILD-KRÖTE!
…
EINMAL HÄTT GE-REICHT.
FUTO?
ICH HAB EINE IDEE.
UND ZWAR …

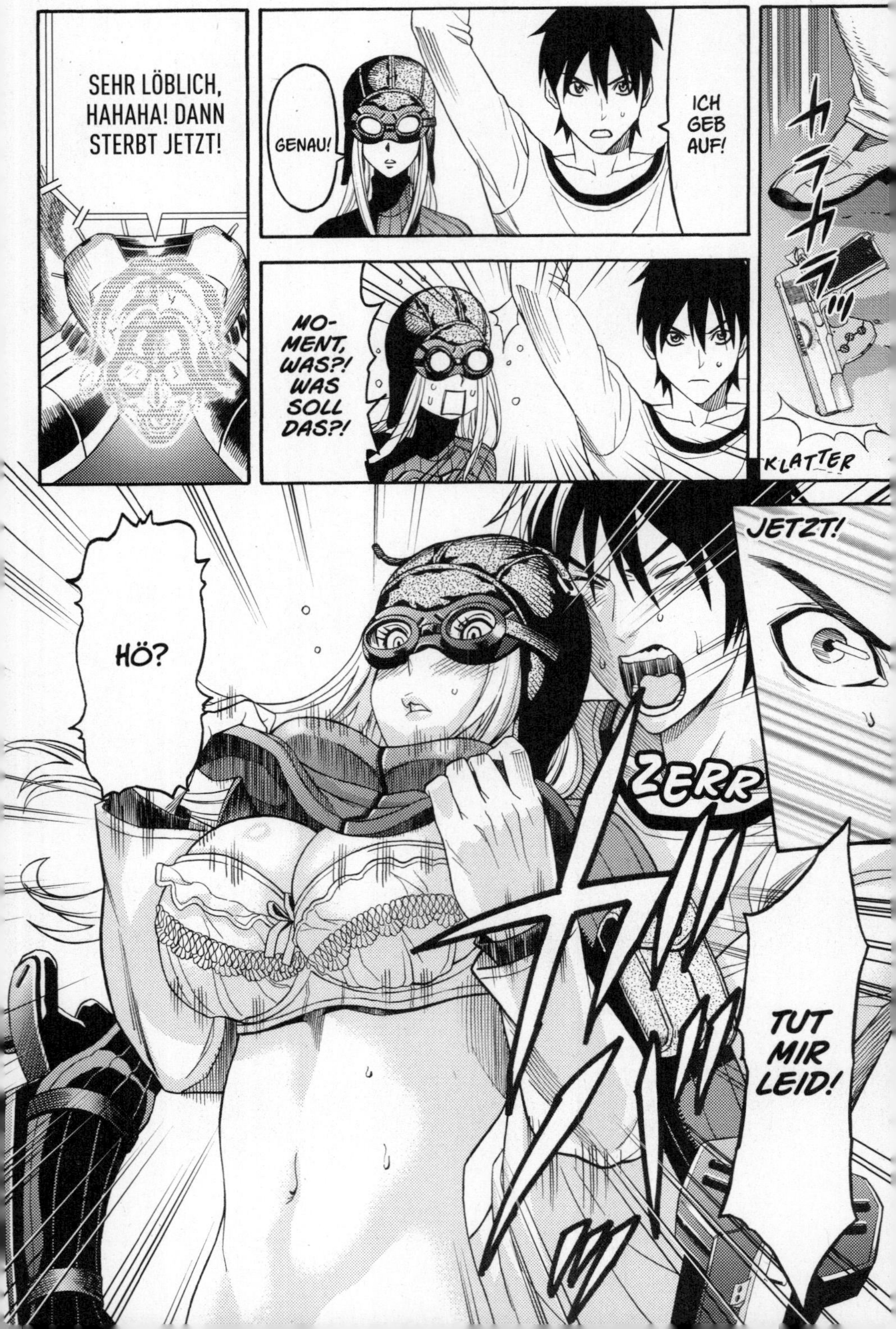
ICH GEB AUF!
GENAU!
SEHR LÖBLICH, HAHAHA! DANN STERBT JETZT!
KLATTER
MO-MENT, WAS?! WAS SOLL DAS?!
JETZT!
HÖ?
ZERR
TUT MIR LEID!

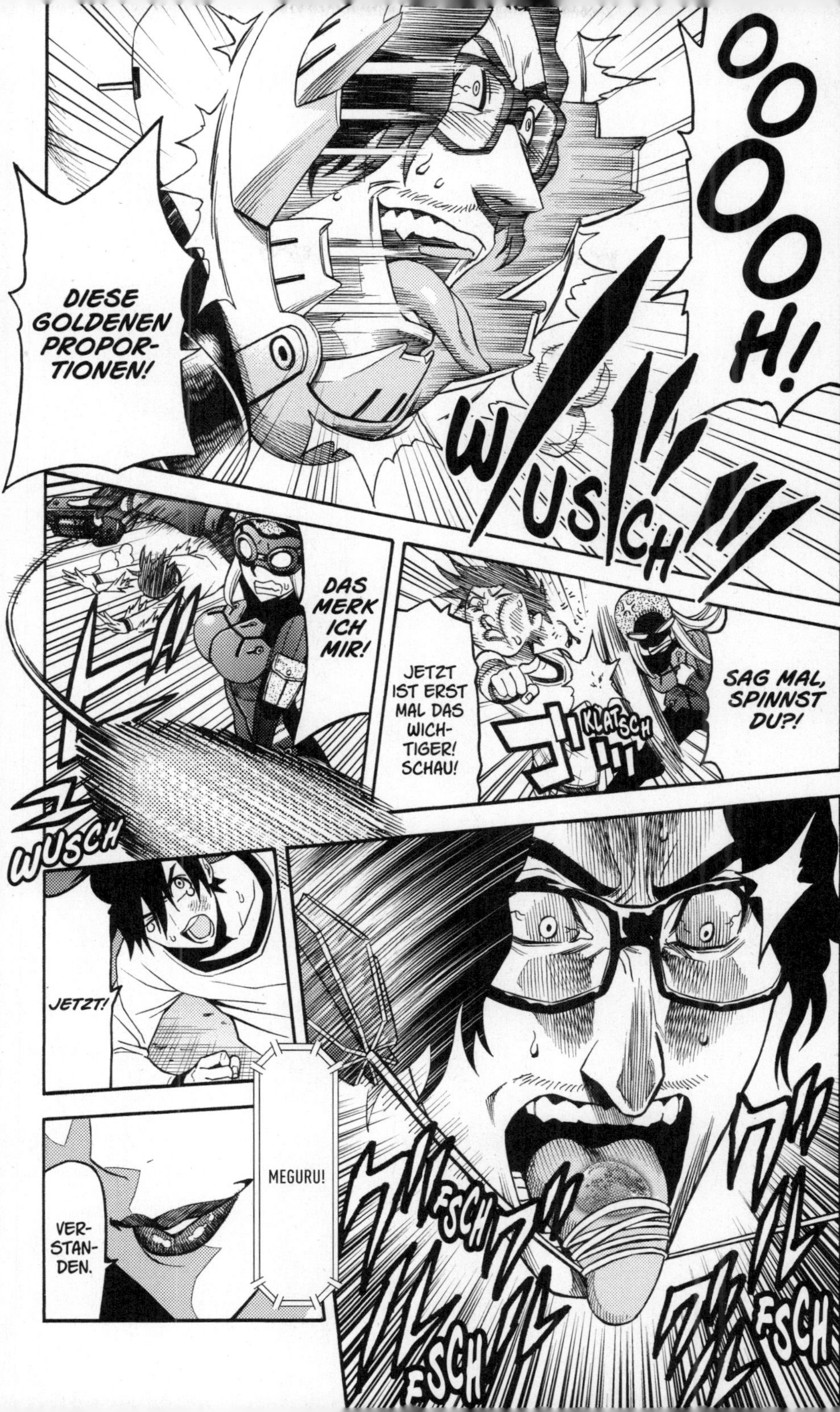
OOOOOH!
DIESE GOLDENEN PROPOR-TIONEN!
WUSCH!!
SAG MAL, SPINNST DU?!
KLATSCH
JETZT IST ERST MAL DAS WICH-TIGER! SCHAU!
DAS MERK ICH MIR!
WUSCH
JETZT!
MEGURU!
VER-STAN-DEN.
FSCH
FSCH
FSCH

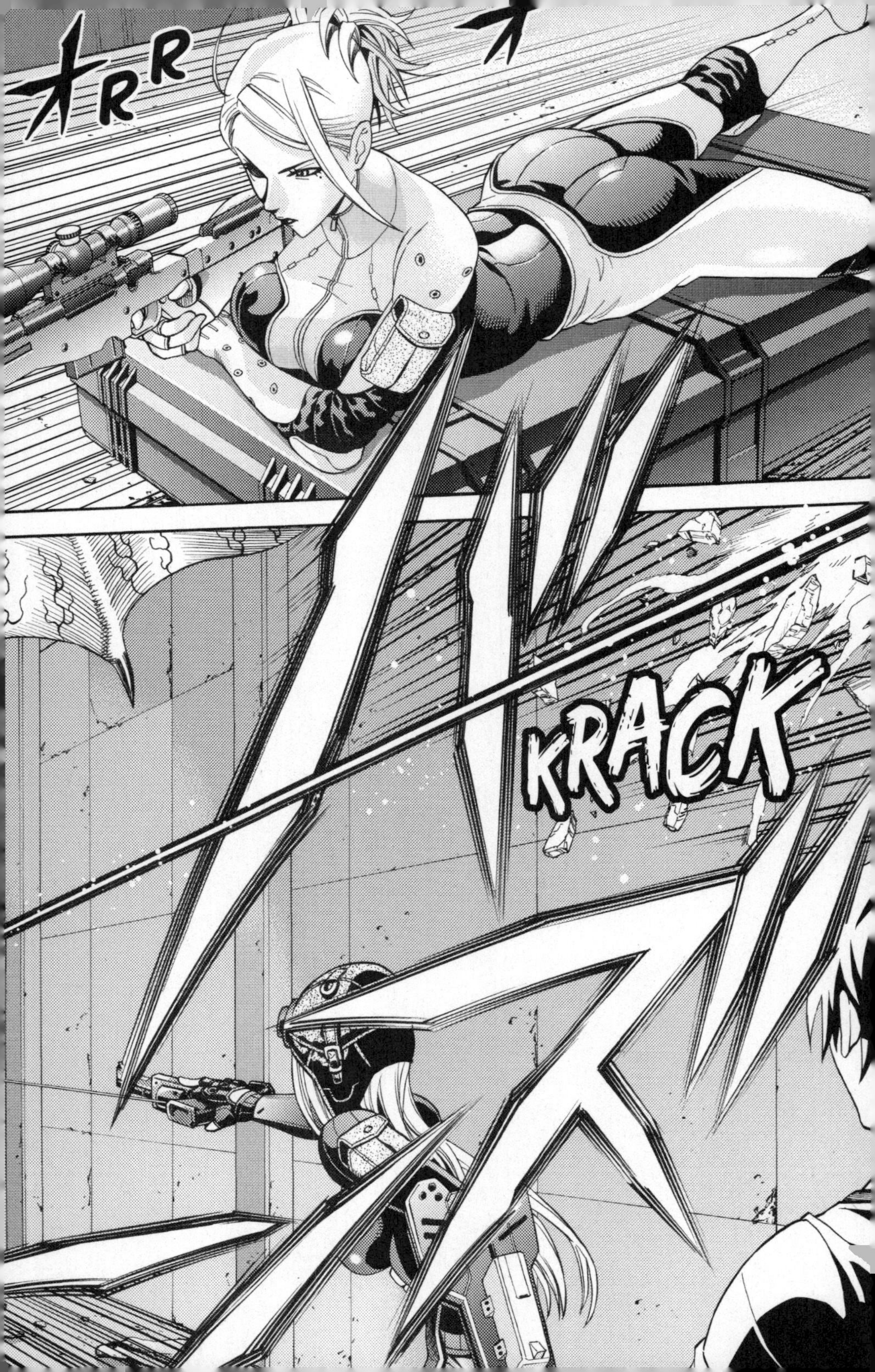

KRR
KRACK

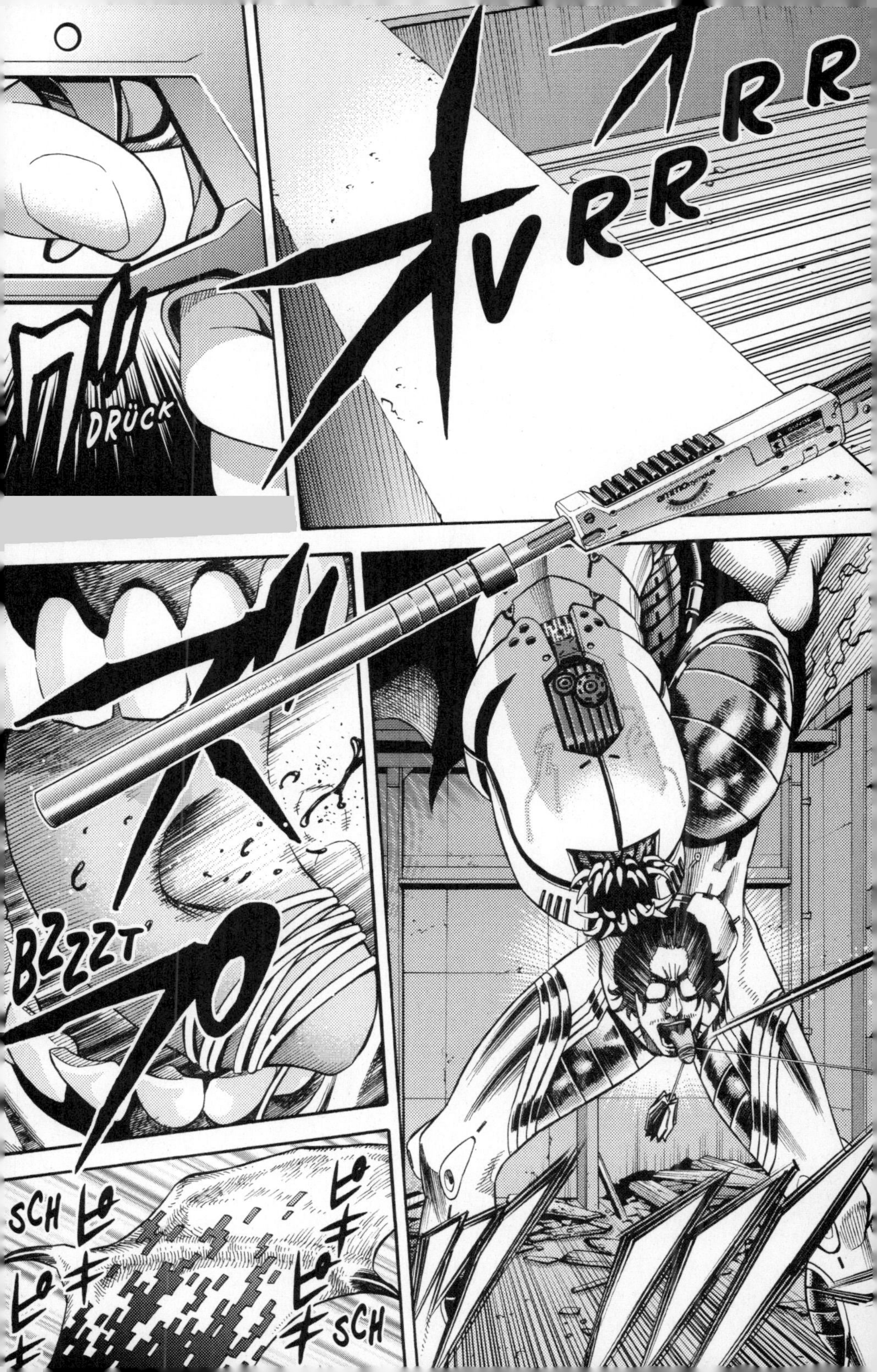
VRRRRR
DRÜCK
BZZZT
SCH
SCH

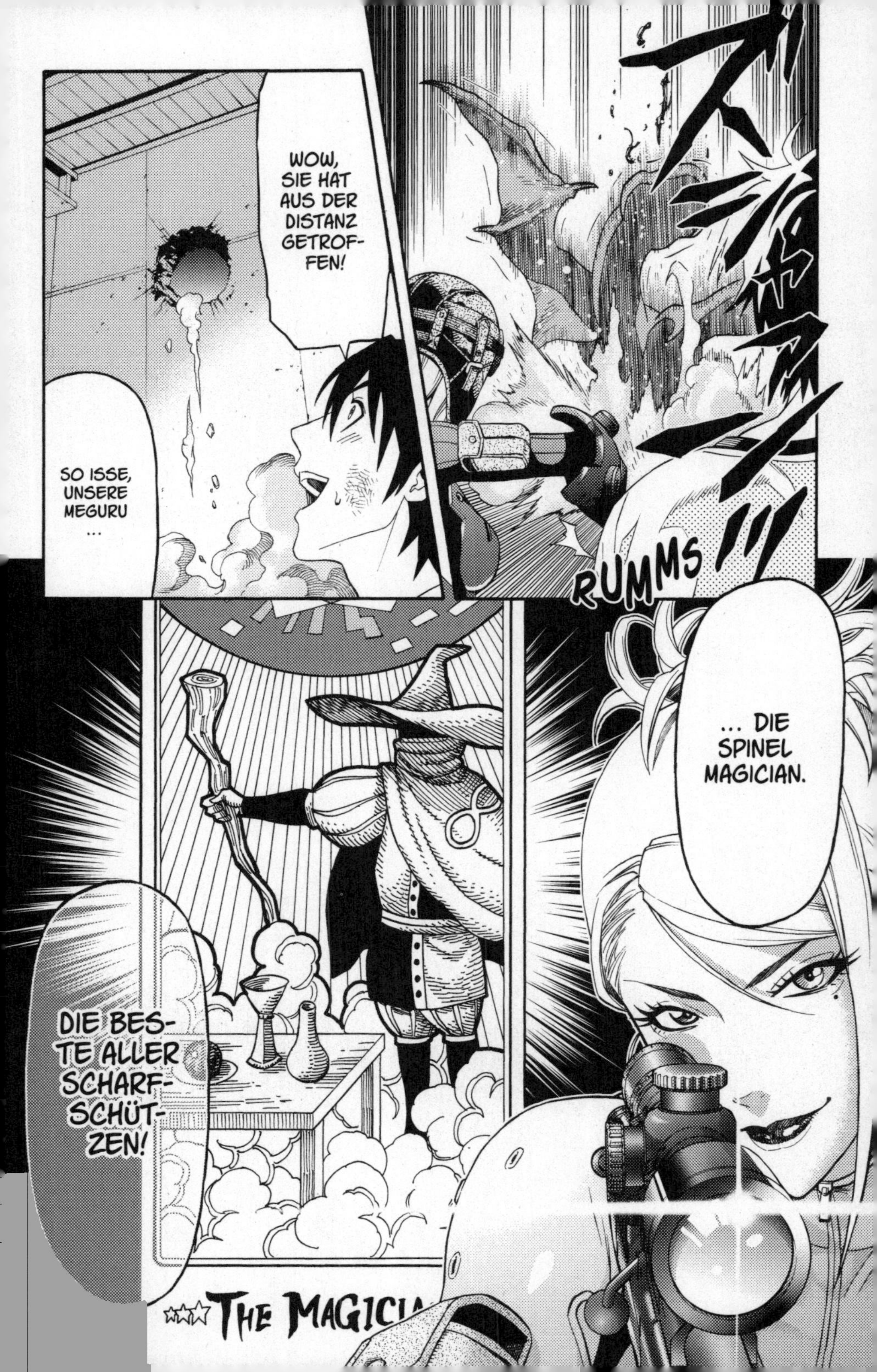
WOW, SIE HAT AUS DER DISTANZ GETROF-FEN!
SO ISSE, UNSERE MEGURU …
RUMMS
… DIE SPINEL MAGICIAN.
DIE BES-TE ALLER SCHARF-SCHÜT-ZEN!
THE MAGICIA

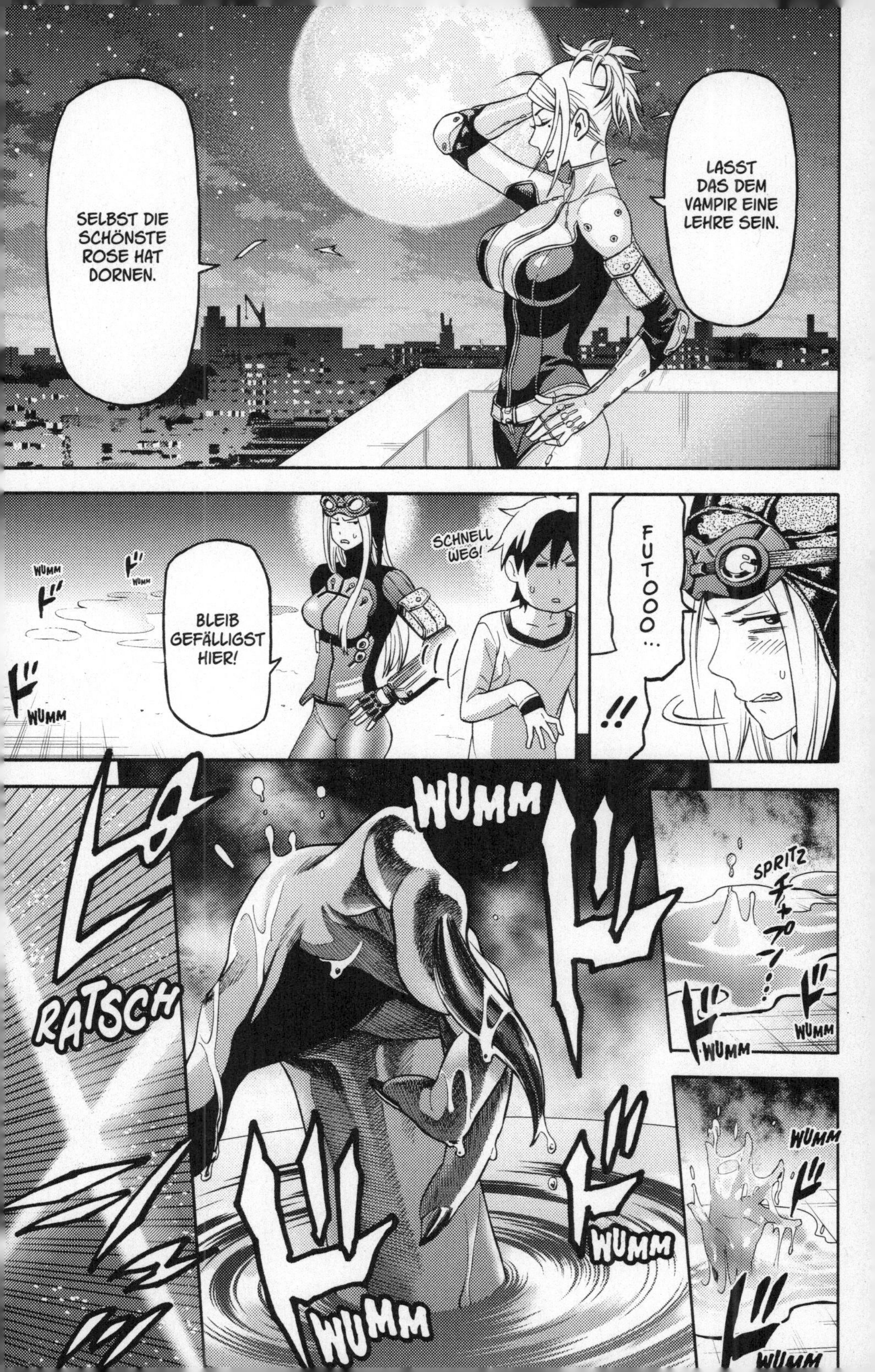
LASST DAS DEM VAMPIR EINE LEHRE SEIN.
SELBST DIE SCHÖNSTE ROSE HAT DORNEN.
FUTOOO ...
!!
SCHNELL WEG!
BLEIB GEFÄLLIGST HIER!
WUMM
WUMM
WUMM
WUMM
RATSCH
SPRITZ
WUMM
WUMM
WUMM
WUMM
WUMM
WUMM

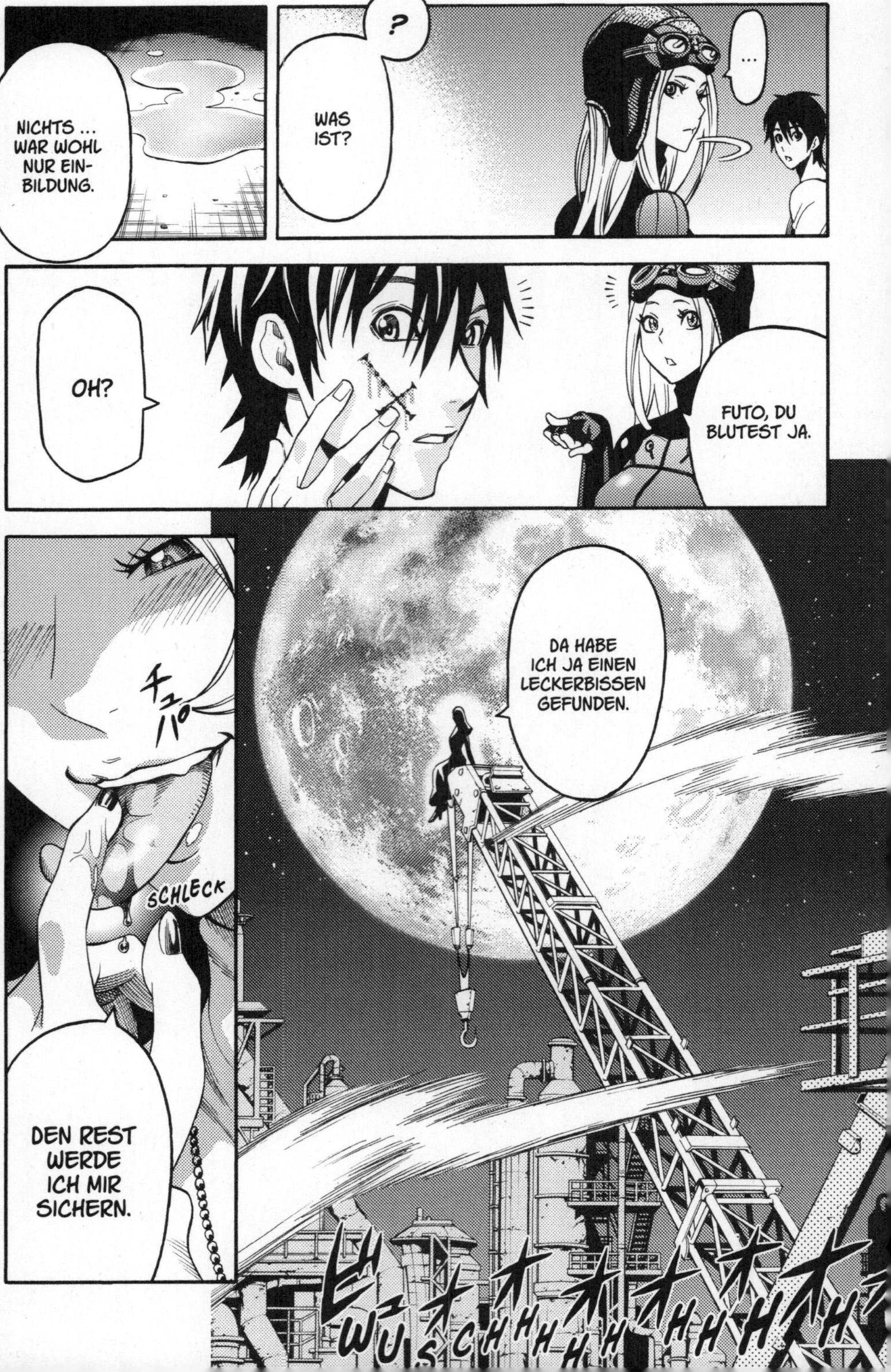
…
?
WAS IST?
NICHTS … WAR WOHL NUR EINBILDUNG.
FUTO, DU BLUTEST JA.
OH?
DA HABE ICH JA EINEN LECKERBISSEN GEFUNDEN.
SCHLECK
DEN REST WERDE ICH MIR SICHERN.
WUSCHHHHHHHHHHH

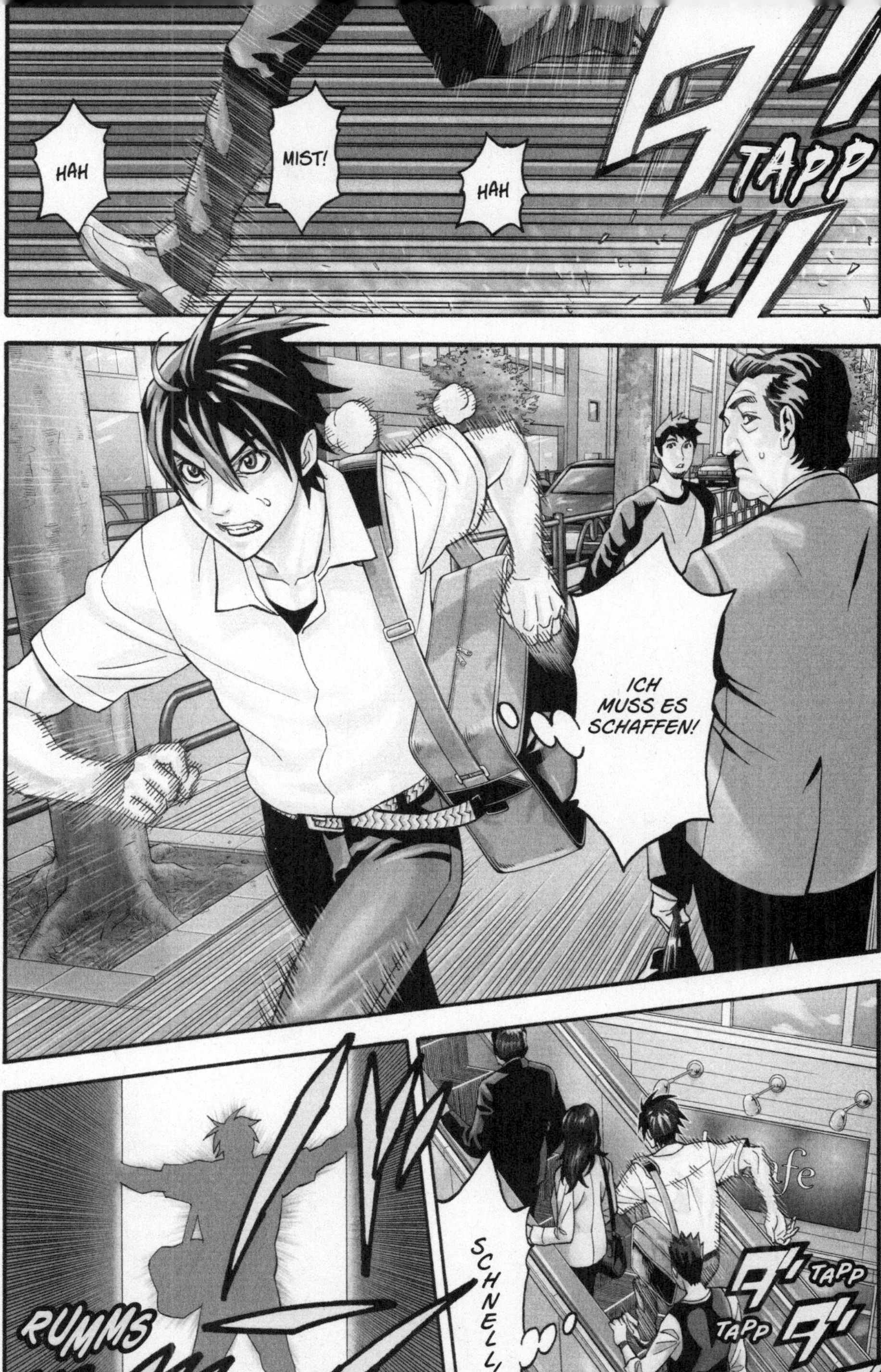
TAPP
HAH
MIST!
HAH
ICH MUSS ES SCHAFFEN!
TAPP
TAPP
TAPP
SCHNELL!
RUMMS

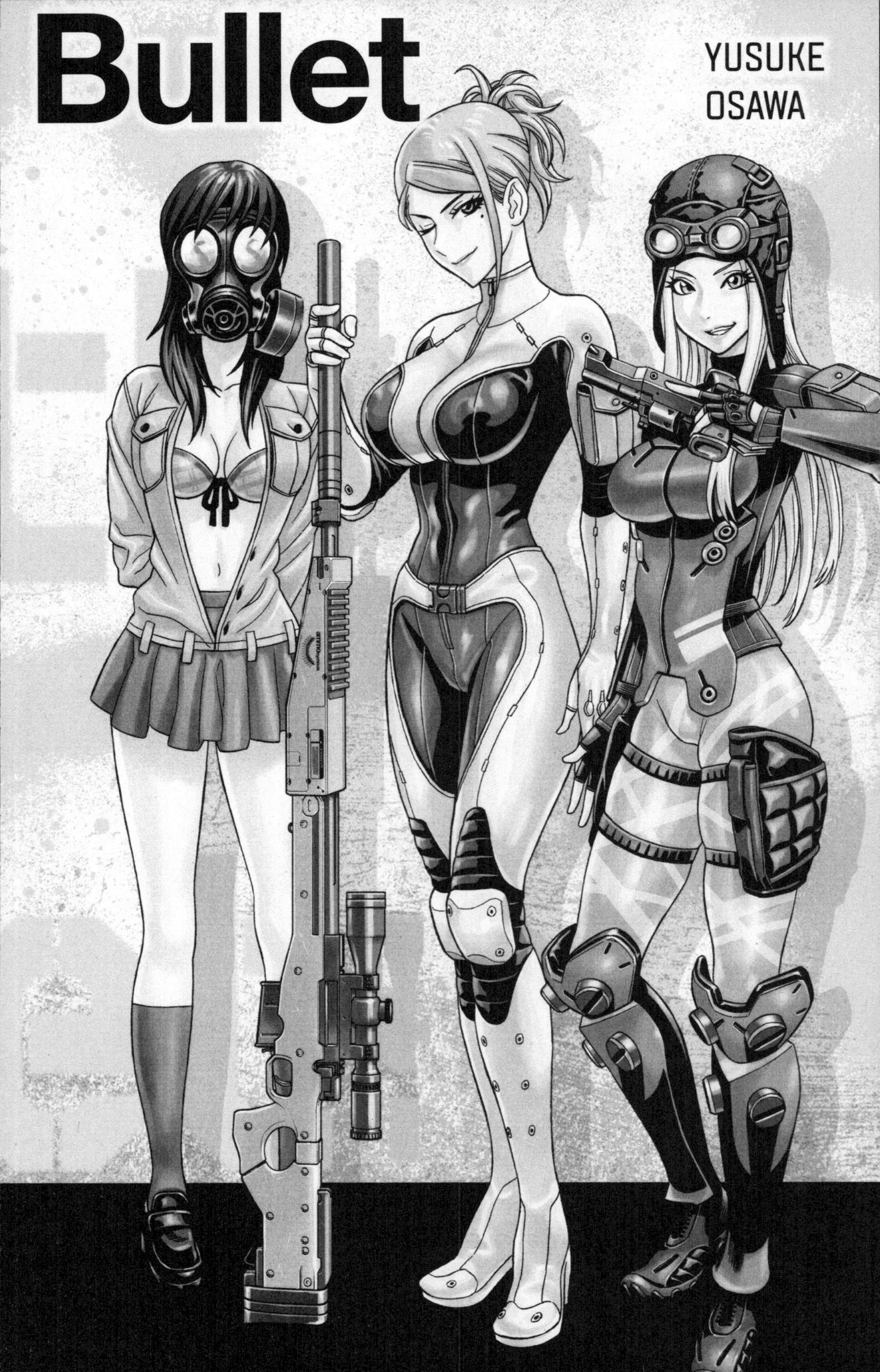
Bullet
YUSUKE
OSAWA

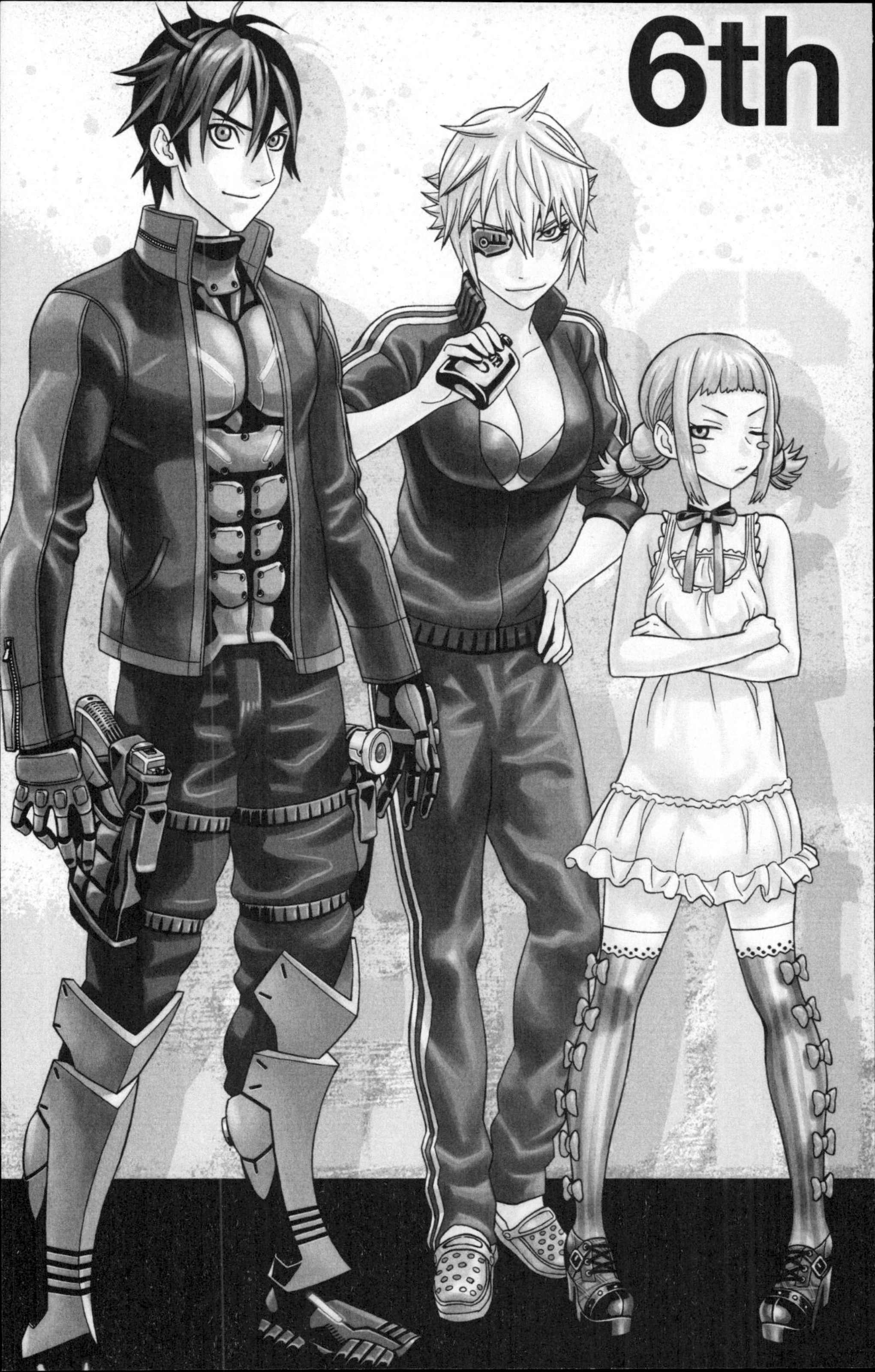
6th

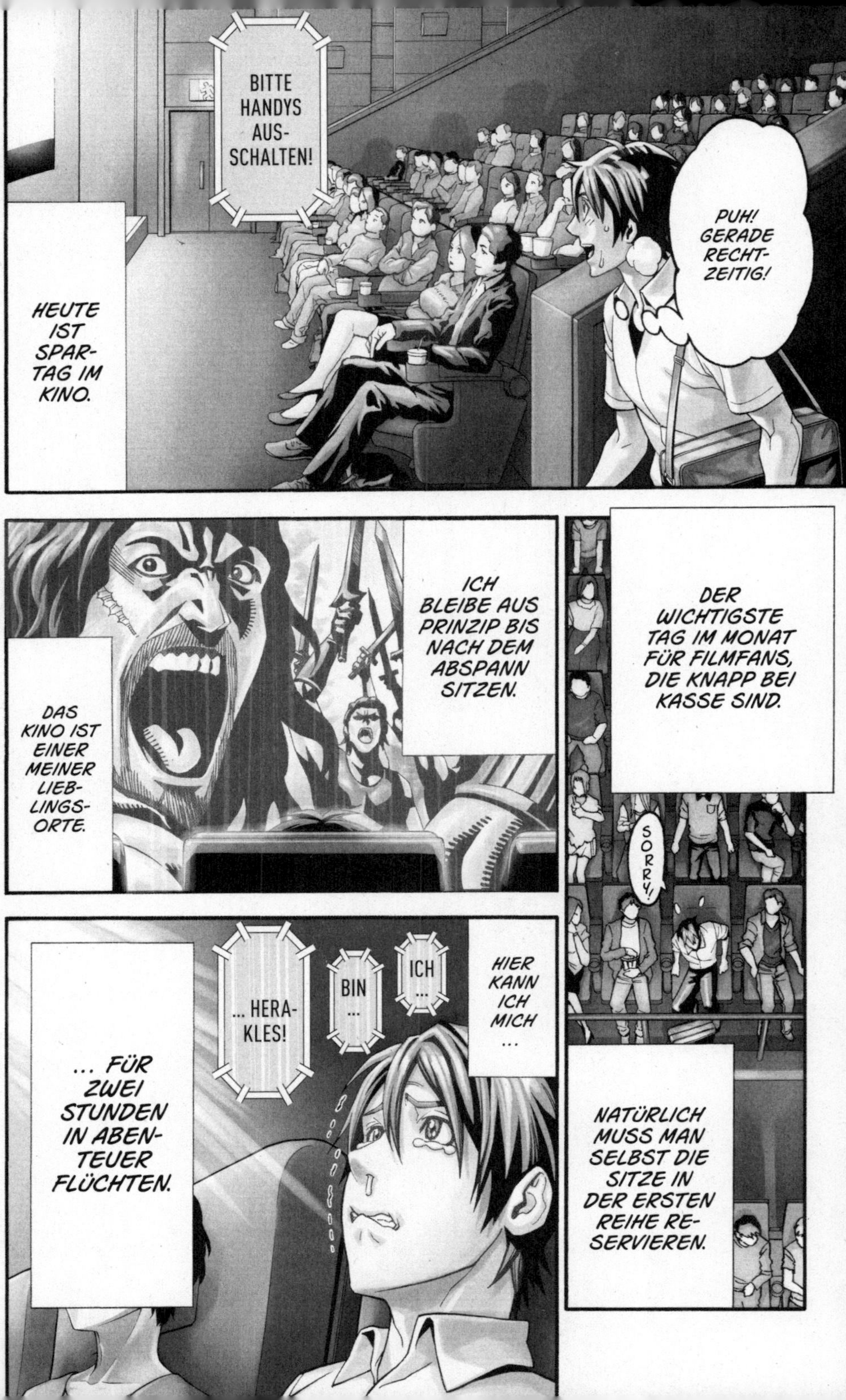
PUH! GERADE RECHT-ZEITIG!
BITTE HANDYS AUS-SCHALTEN!
HEUTE IST SPAR-TAG IM KINO.
DER WICHTIGSTE TAG IM MONAT FÜR FILMFANS, DIE KNAPP BEI KASSE SIND.
SORRY!
NATÜRLICH MUSS MAN SELBST DIE SITZE IN DER ERSTEN REIHE RE-SERVIEREN.
ICH BLEIBE AUS PRINZIP BIS NACH DEM ABSPANN SITZEN.
DAS KINO IST EINER MEINER LIEB-LINGS-ORTE.
HIER KANN ICH MICH ...
ICH ...
BIN ...
... HERA-KLES!
... FÜR ZWEI STUNDEN IN ABEN-TEUER FLÜCHTEN.

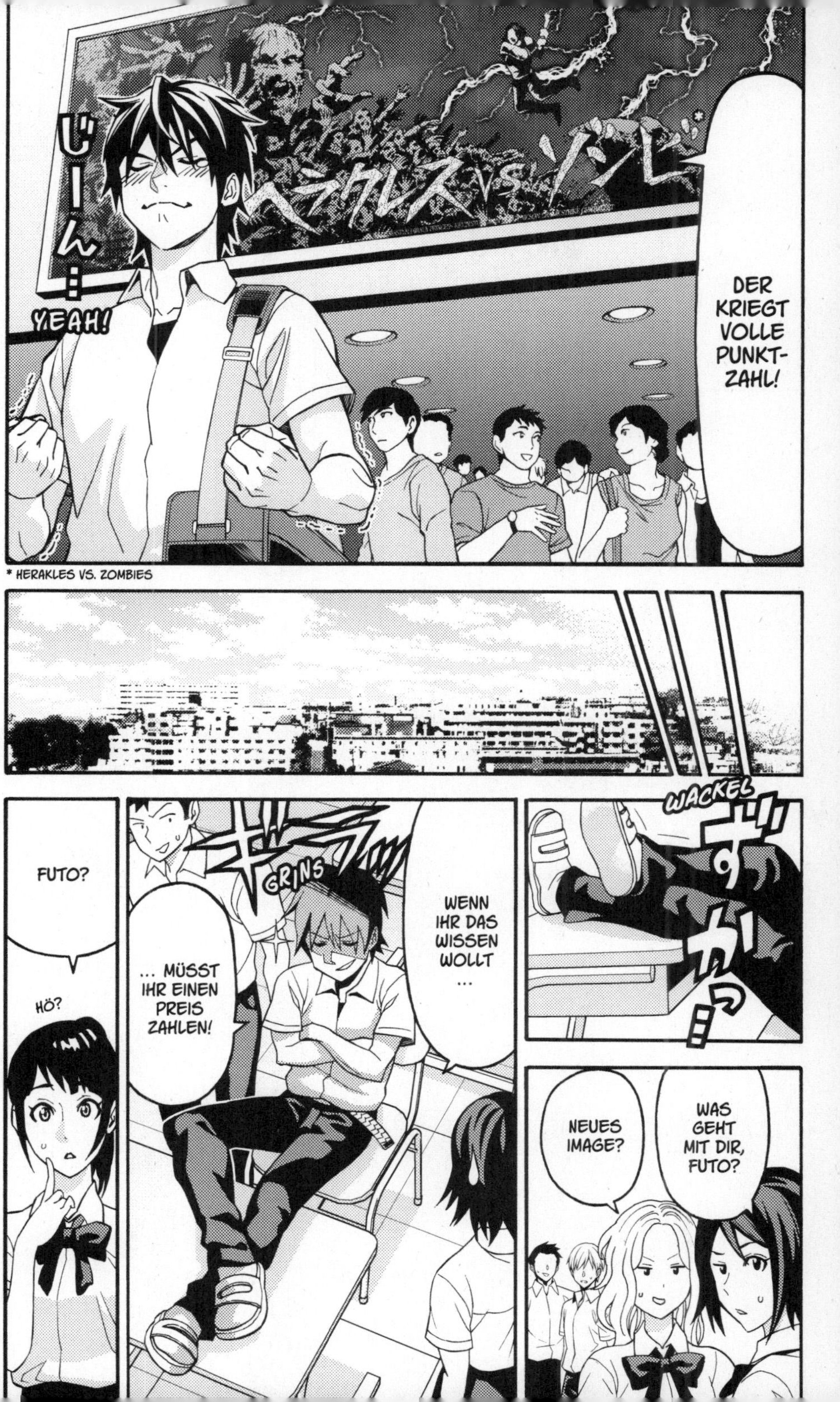

* HERAKLES VS. ZOMBIES

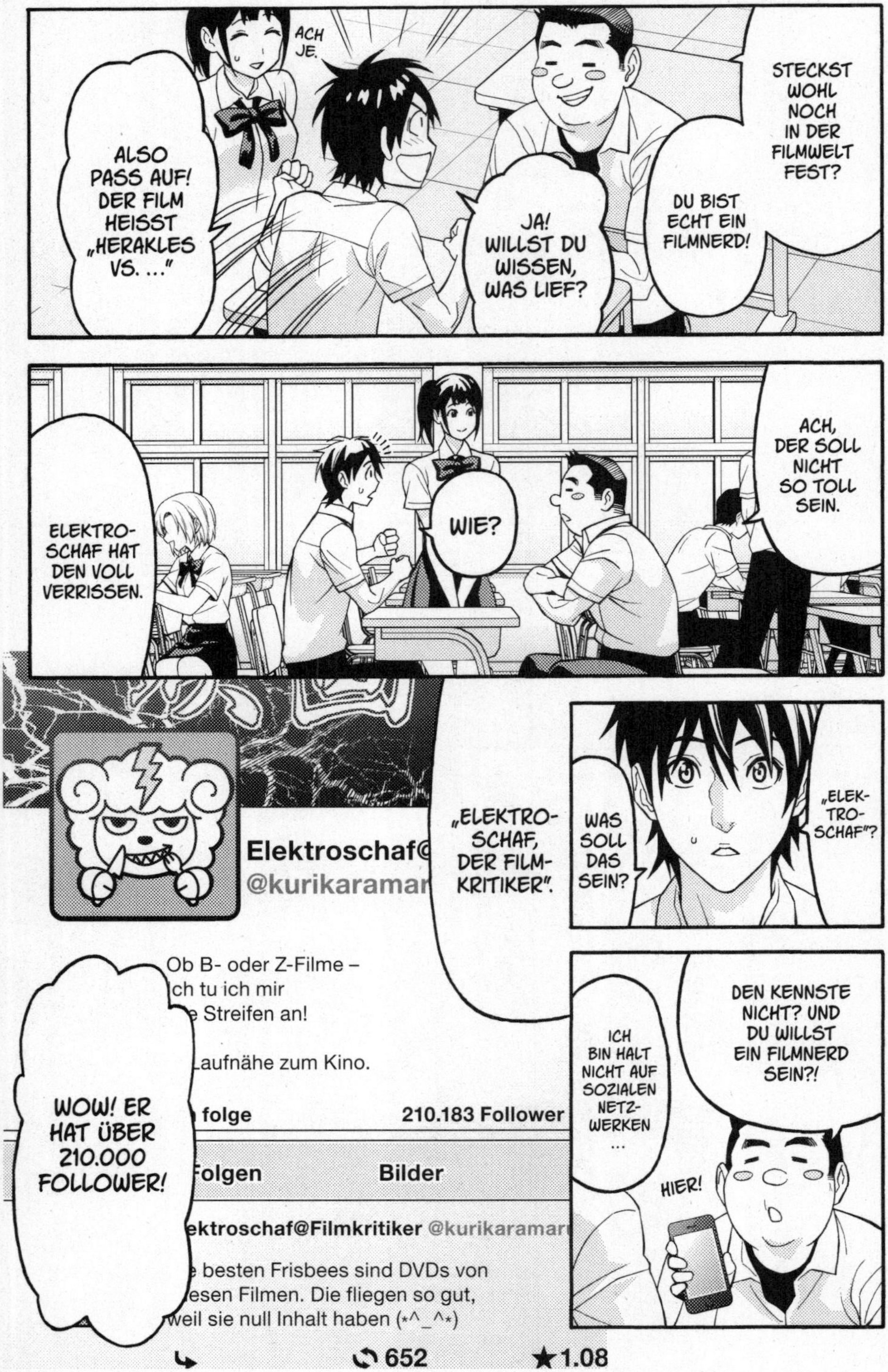
STECKST WOHL NOCH IN DER FILMWELT FEST?
DU BIST ECHT EIN FILMNERD!
JA! WILLST DU WISSEN, WAS LIEF?
ACH JE.
ALSO PASS AUF! DER FILM HEISST „HERAKLES VS. …"
ACH, DER SOLL NICHT SO TOLL SEIN.
WIE?
ELEKTROSCHAF HAT DEN VOLL VERRISSEN.
„ELEKTROSCHAF"?
WAS SOLL DAS SEIN?
„ELEKTROSCHAF, DER FILMKRITIKER".
DEN KENNSTE NICHT? UND DU WILLST EIN FILMNERD SEIN?!
ICH BIN HALT NICHT AUF SOZIALEN NETZWERKEN …
HIER!
Elektroschaf@
@kurikaramar
Ob B- oder Z-Filme –
ch tu ich mir
e Streifen an!
Laufnähe zum Kino.
folge
210.183 Follower
Folgen
Bilder
ektroschaf@Filmkritiker @kurikaramar
e besten Frisbees sind DVDs von
esen Filmen. Die fliegen so gut,
weil sie null Inhalt haben (*^_^*)
652
1.08
WOW! ER HAT ÜBER 210.000 FOLLOWER!

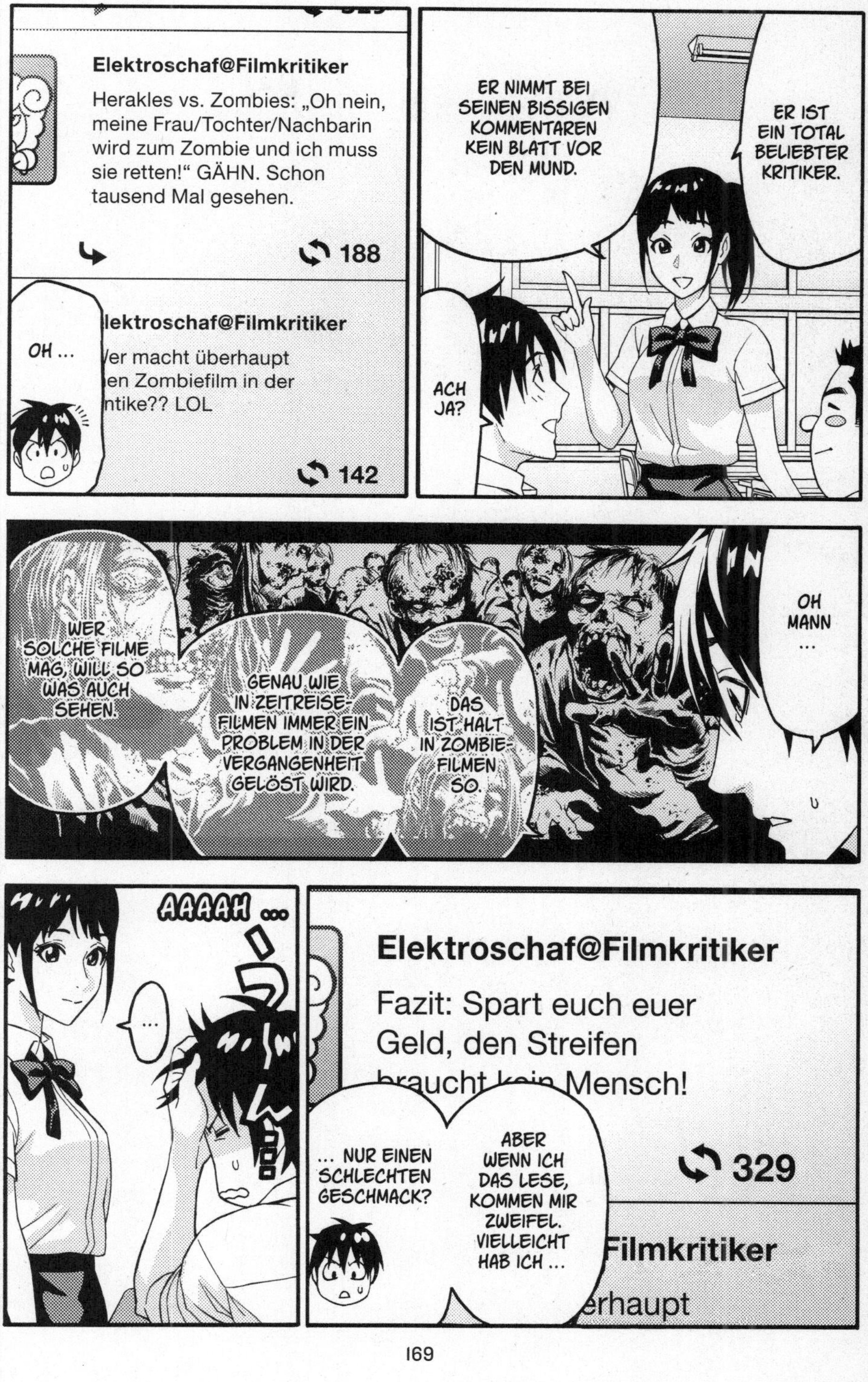
ER IST EIN TOTAL BELIEBTER KRITIKER.
ER NIMMT BEI SEINEN BISSIGEN KOMMENTAREN KEIN BLATT VOR DEN MUND.
ACH JA?
Elektroschaf@Filmkritiker
Herakles vs. Zombies: „Oh nein, meine Frau/Tochter/Nachbarin wird zum Zombie und ich muss sie retten!“ GÄHN. Schon tausend Mal gesehen.
188
lektroschaf@Filmkritiker
/er macht überhaupt
en Zombiefilm in der
ntike?? LOL
142
OH ...
OH MANN ...
DAS IST HALT IN ZOMBIEFILMEN SO.
GENAU WIE IN ZEITREISE-FILMEN IMMER EIN PROBLEM IN DER VERGANGENHEIT GELÖST WIRD.
WER SOLCHE FILME MAG, WILL SO WAS AUCH SEHEN.
Elektroschaf@Filmkritiker
Fazit: Spart euch euer Geld, den Streifen
Mensch!
329
Filmkritiker
erhaupt
ABER WENN ICH DAS LESE, KOMMEN MIR ZWEIFEL. VIELLEICHT HAB ICH ...
... NUR EINEN SCHLECHTEN GESCHMACK?
AAAAH ...
...

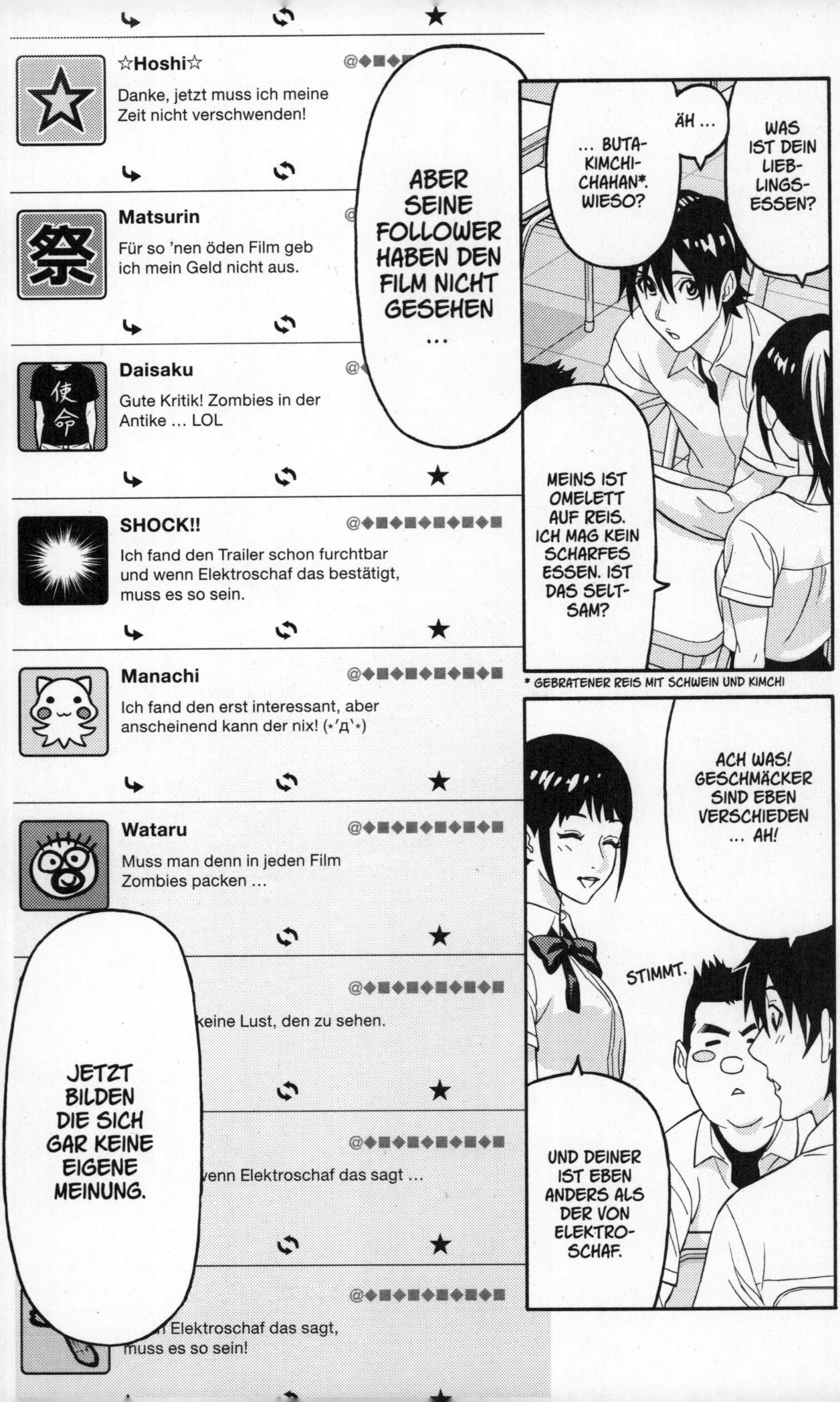

* GEBRATENER REIS MIT SCHWEIN UND KIMCHI

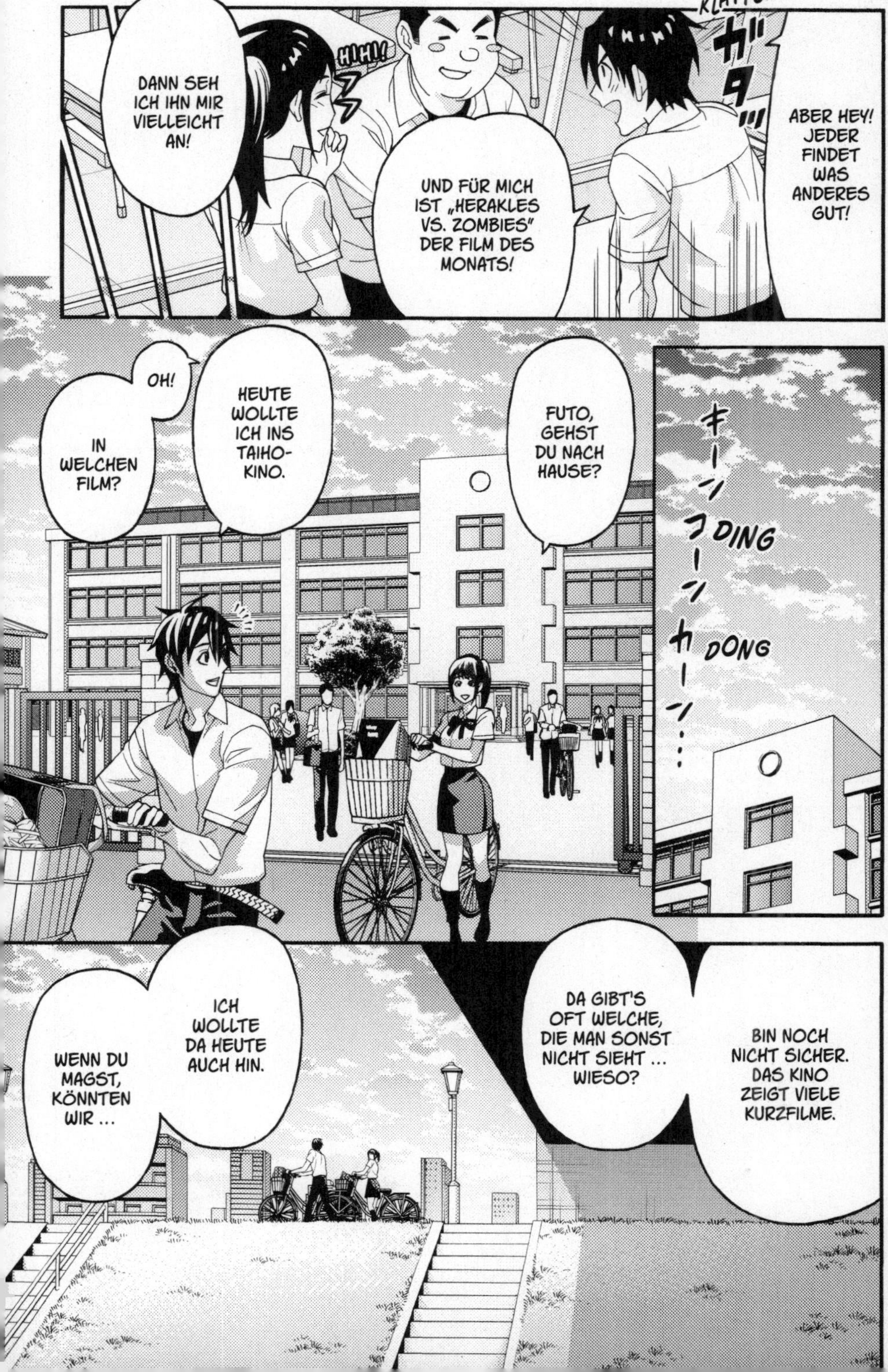
KLATTER
ABER HEY! JEDER FINDET WAS ANDERES GUT!
UND FÜR MICH IST „HERAKLES VS. ZOMBIES" DER FILM DES MONATS!
HIHI!
DANN SEH ICH IHN MIR VIELLEICHT AN!
DING
DONG
FUTO, GEHST DU NACH HAUSE?
HEUTE WOLLTE ICH INS TAIHO-KINO.
OH!
IN WELCHEN FILM?
BIN NOCH NICHT SICHER. DAS KINO ZEIGT VIELE KURZFILME.
DA GIBT'S OFT WELCHE, DIE MAN SONST NICHT SIEHT … WIESO?
ICH WOLLTE DA HEUTE AUCH HIN.
WENN DU MAGST, KÖNNTEN WIR …

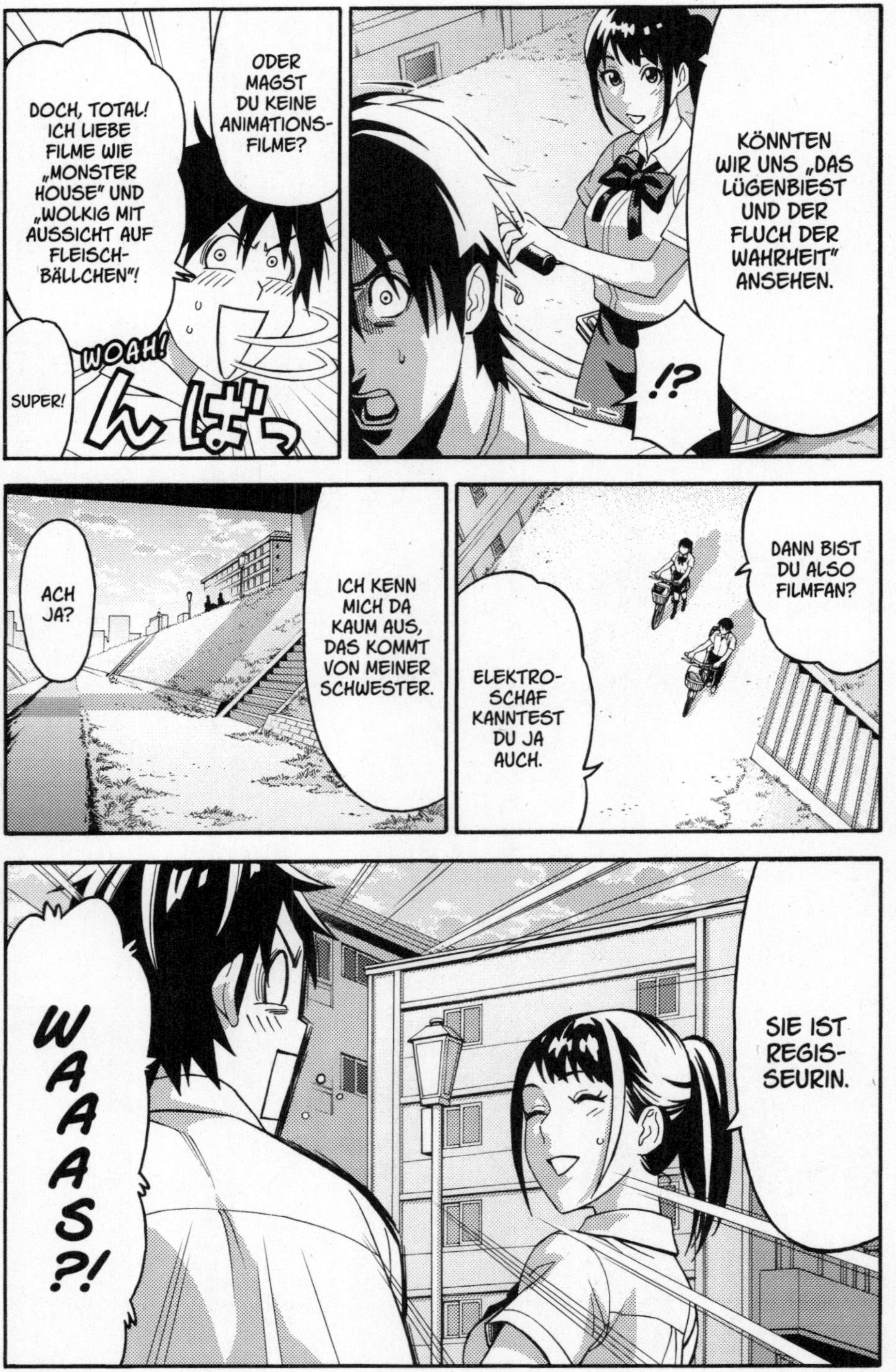
KÖNNTEN WIR UNS „DAS LÜGENBIEST UND DER FLUCH DER WAHRHEIT" ANSEHEN.
!?
ODER MAGST DU KEINE ANIMATIONS-FILME?
DOCH, TOTAL! ICH LIEBE FILME WIE „MONSTER HOUSE" UND „WOLKIG MIT AUSSICHT AUF FLEISCH-BÄLLCHEN"!
WOAH!
んぱっ
SUPER!
DANN BIST DU ALSO FILMFAN?
ELEKTRO-SCHAF KANNTEST DU JA AUCH.
ICH KENN MICH DA KAUM AUS, DAS KOMMT VON MEINER SCHWESTER.
ACH JA?
SIE IST REGIS-SEURIN.
WAAAAS?!

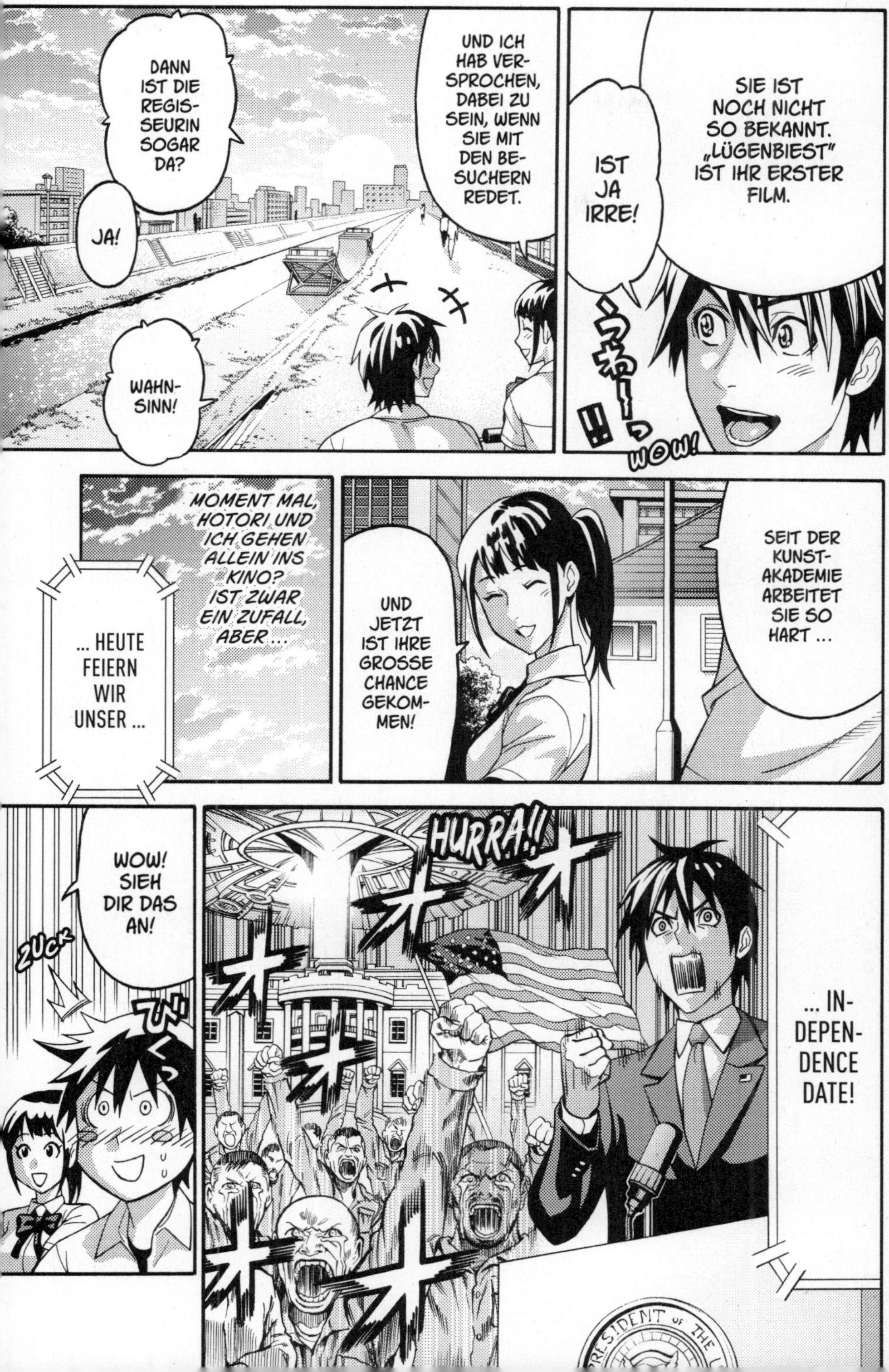
SIE IST NOCH NICHT SO BEKANNT. „LÜGENBIEST" IST IHR ERSTER FILM.
IST JA IRRE!
WOW!
UND ICH HAB VERSPROCHEN, DABEI ZU SEIN, WENN SIE MIT DEN BESUCHERN REDET.
DANN IST DIE REGISSEURIN SOGAR DA?
JA!
WAHNSINN!
SEIT DER KUNSTAKADEMIE ARBEITET SIE SO HART …
UND JETZT IST IHRE GROSSE CHANCE GEKOMMEN!
MOMENT MAL, HOTORI UND ICH GEHEN ALLEIN INS KINO? IST ZWAR EIN ZUFALL, ABER …
… HEUTE FEIERN WIR UNSER …
… INDEPENDENCE DATE!
HURRA!!
WOW! SIEH DIR DAS AN!
ZUCK

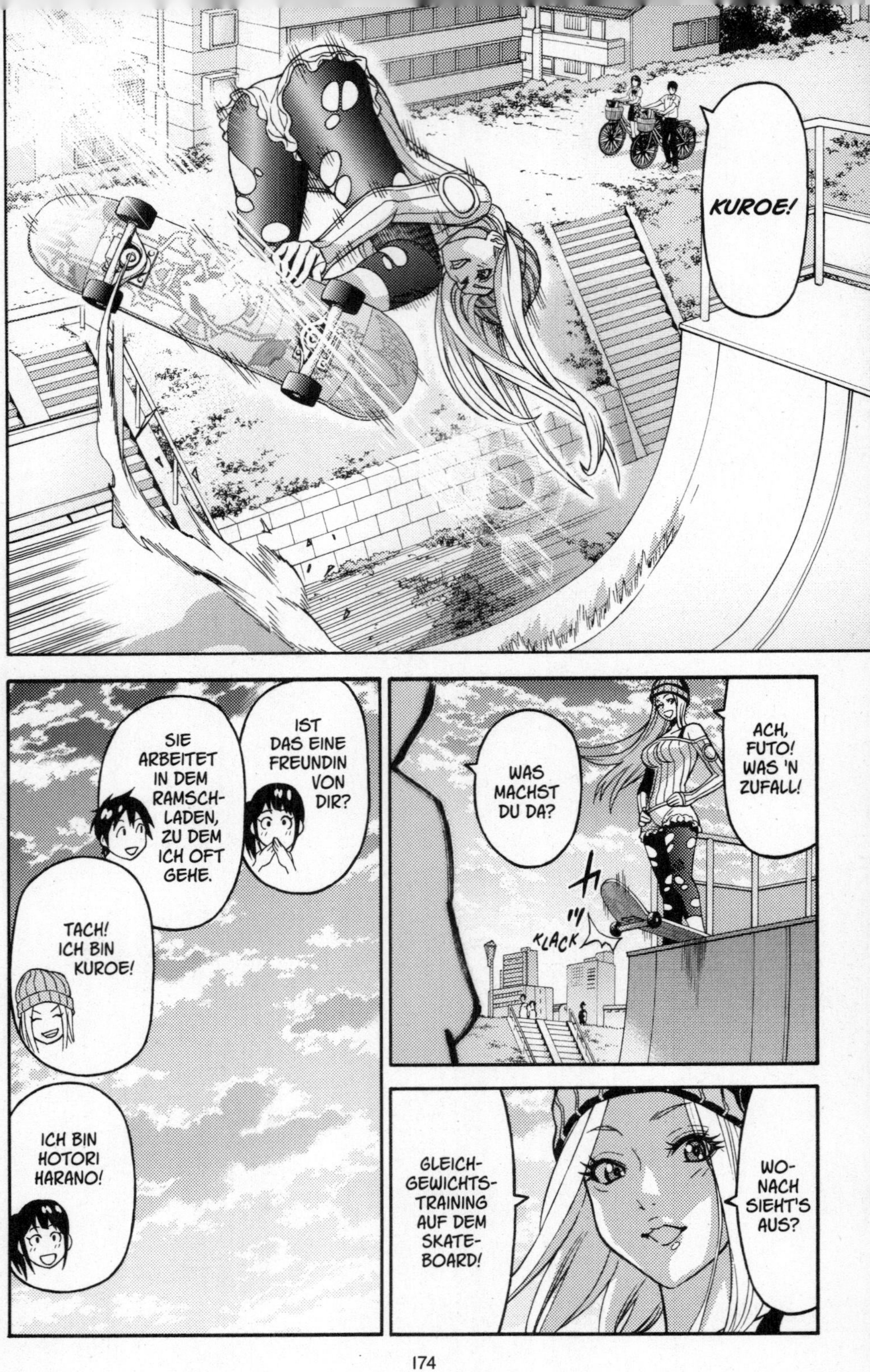
KUROE!
ACH, FUTO! WAS 'N ZUFALL!
WAS MACHST DU DA?
KLACK
WO-NACH SIEHT'S AUS?
GLEICH-GEWICHTS-TRAINING AUF DEM SKATE-BOARD!
IST DAS EINE FREUNDIN VON DIR?
SIE ARBEITET IN DEM RAMSCH-LADEN, ZU DEM ICH OFT GEHE.
TACH! ICH BIN KUROE!
ICH BIN HOTORI HARANO!

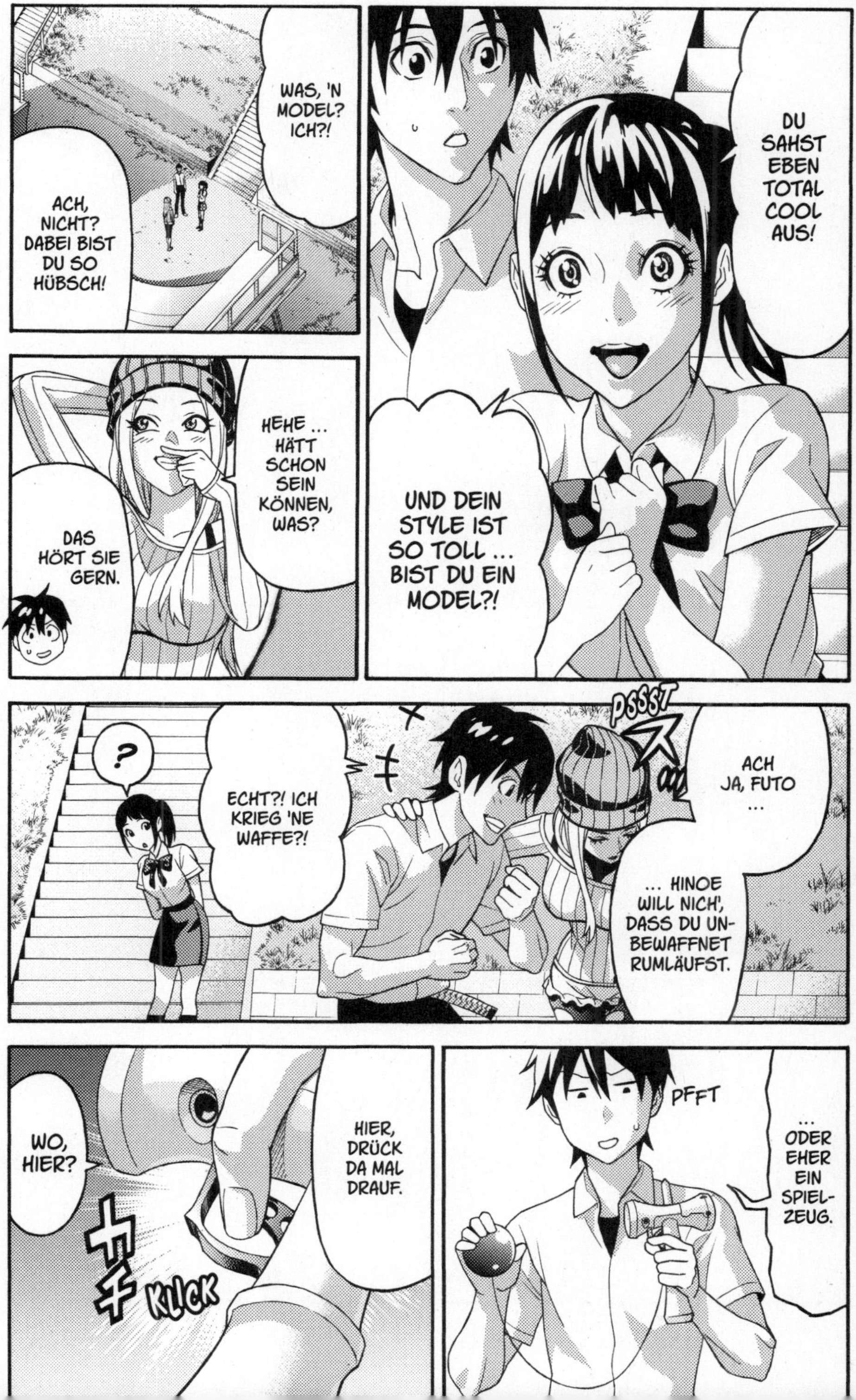
DU SAHST EBEN TOTAL COOL AUS!
UND DEIN STYLE IST SO TOLL … BIST DU EIN MODEL?!
WAS, 'N MODEL? ICH?!
ACH, NICHT? DABEI BIST DU SO HÜBSCH!
HEHE … HÄTT SCHON SEIN KÖNNEN, WAS?
DAS HÖRT SIE GERN.
PSSST
ACH JA, FUTO …
… HINOE WILL NICH', DASS DU UNBEWAFFNET RUMLÄUFST.
ECHT?! ICH KRIEG 'NE WAFFE?!
?
PFFT
… ODER EHER EIN SPIELZEUG.
HIER, DRÜCK DA MAL DRAUF.
WO, HIER?
KLICK

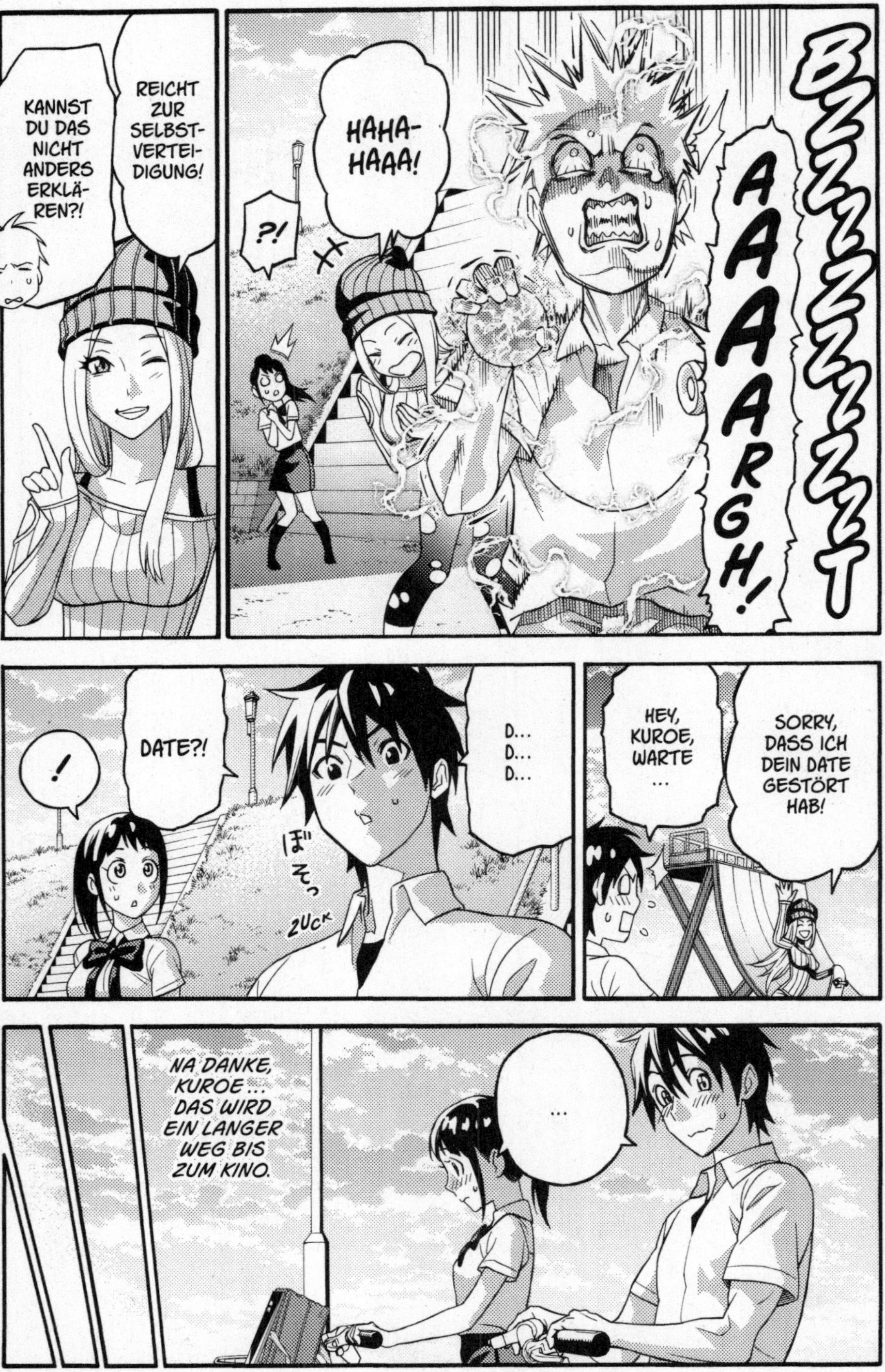
BZZZZZZZT
AAAAARGH!
HAHA-HAAA!
?!
REICHT ZUR SELBST-VERTEI-DIGUNG!
KANNST DU DAS NICHT ANDERS ERKLÄ-REN?!
SORRY, DASS ICH DEIN DATE GESTÖRT HAB!
HEY, KUROE, WARTE …
D… D… D…
ZUCK
DATE?!
!
…
NA DANKE, KUROE … DAS WIRD EIN LANGER WEG BIS ZUM KINO.

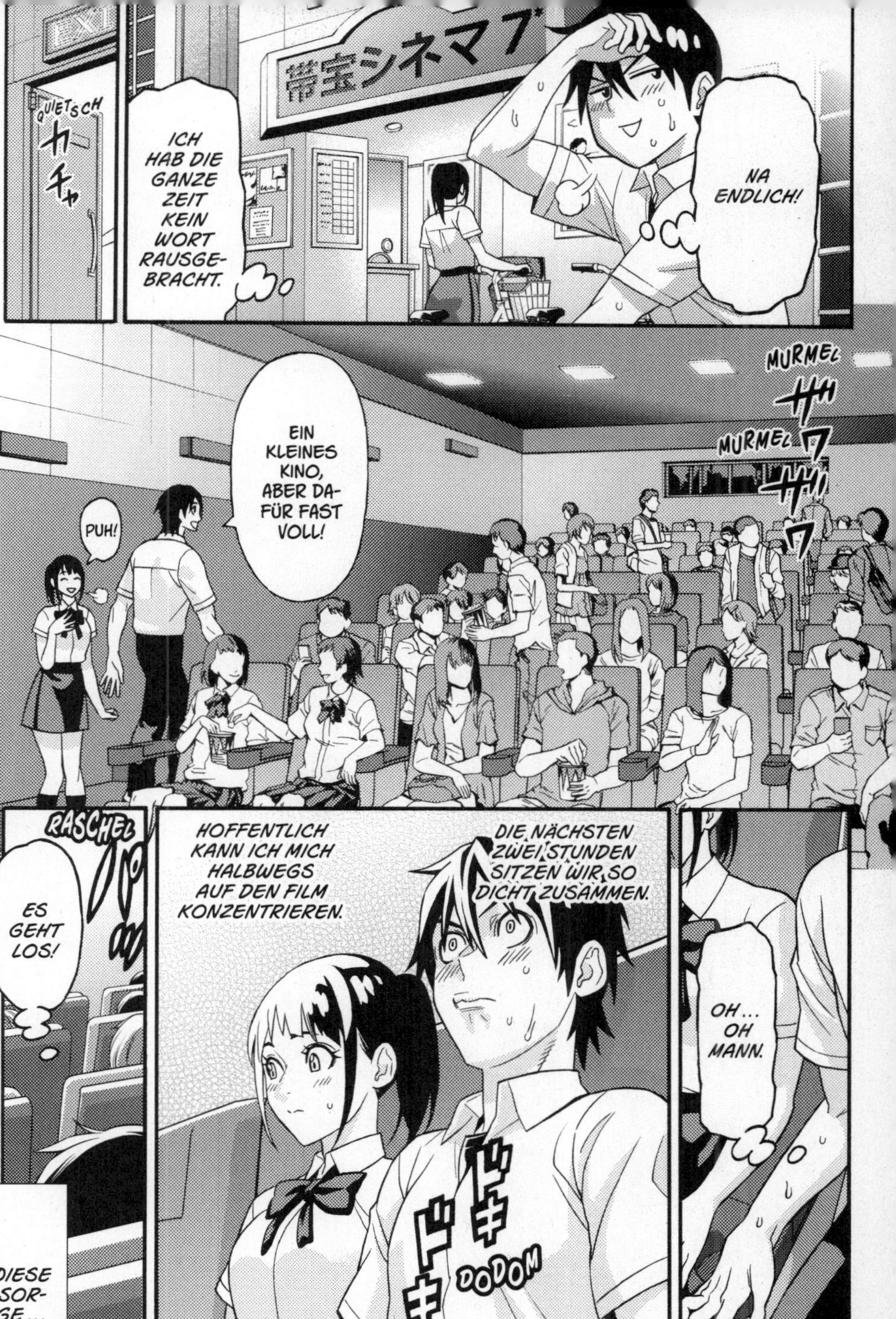
NA ENDLICH!
帯宝シネマ7*
ICH HAB DIE GANZE ZEIT KEIN WORT RAUSGEBRACHT.
QUIETSCH
カチャ
MURMEL
ザワ
MURMEL
ザワ
EIN KLEINES KINO, ABER DAFÜR FAST VOLL!
PUH!
OH ... OH MANN.
DIE NÄCHSTEN ZWEI STUNDEN SITZEN WIR SO DICHT ZUSAMMEN.
HOFFENTLICH KANN ICH MICH HALBWEGS AUF DEN FILM KONZENTRIEREN.
ドキ
DODOM
ドキ
DODOM
RASCHEL
ES GEHT LOS!
DIESE SORGE ...

* KINO TAIHO 7

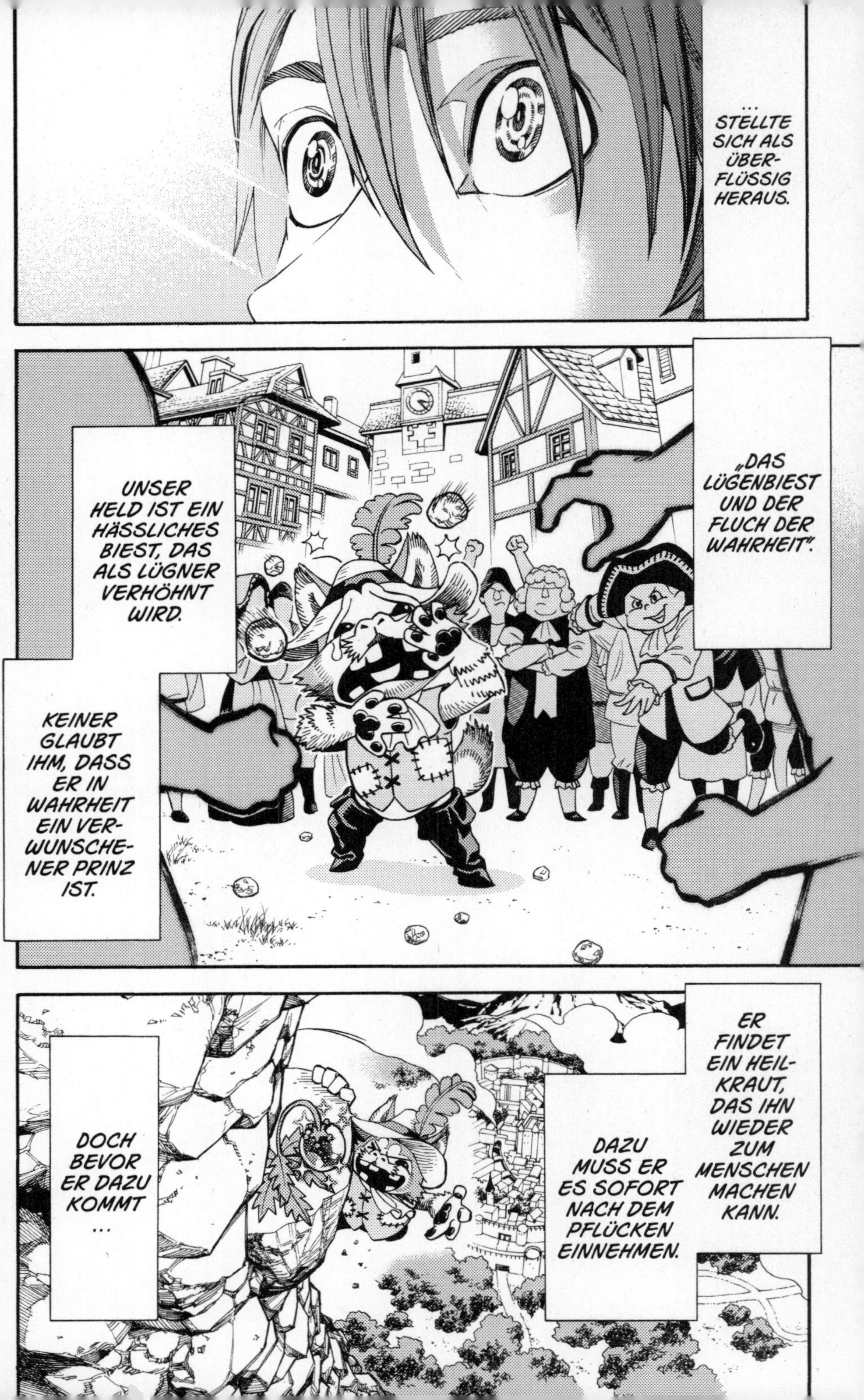
… STELLTE SICH ALS ÜBER-FLÜSSIG HERAUS.
„DAS LÜGENBIEST UND DER FLUCH DER WAHRHEIT".
UNSER HELD IST EIN HÄSSLICHES BIEST, DAS ALS LÜGNER VERHÖHNT WIRD.
KEINER GLAUBT IHM, DASS ER IN WAHRHEIT EIN VER-WUNSCHE-NER PRINZ IST.
ER FINDET EIN HEIL-KRAUT, DAS IHN WIEDER ZUM MENSCHEN MACHEN KANN.
DAZU MUSS ER ES SOFORT NACH DEM PFLÜCKEN EINNEHMEN.
DOCH BEVOR ER DAZU KOMMT …

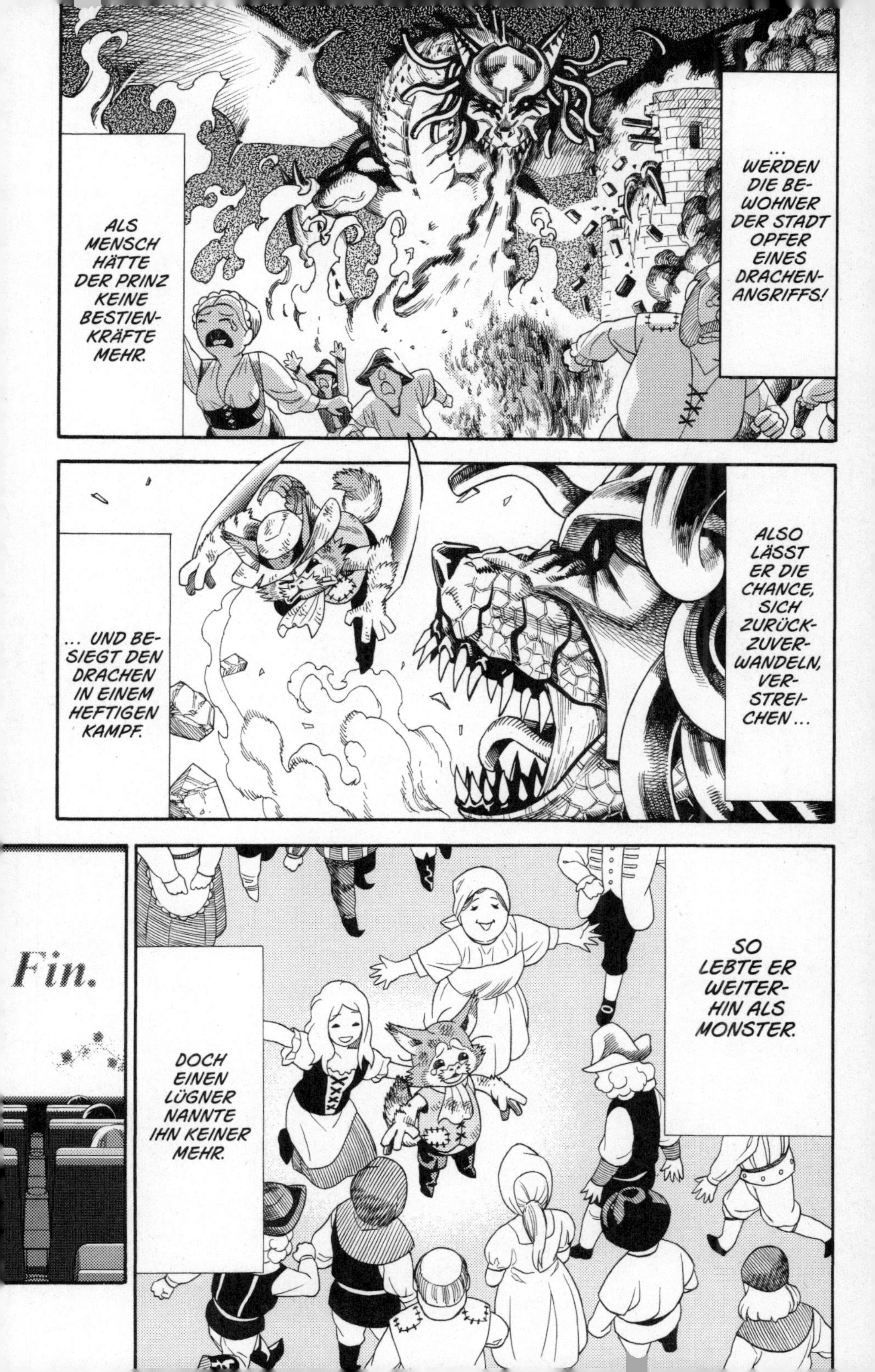

... WERDEN DIE BE- WOHNER DER STADT OPFER EINES DRACHEN- ANGRIFFS!
ALS MENSCH HÄTTE DER PRINZ KEINE BESTIEN- KRÄFTE MEHR.
ALSO LÄSST ER DIE CHANCE, SICH ZURÜCK- ZUVER- WANDELN, VER- STREI- CHEN ...
... UND BE- SIEGT DEN DRACHEN IN EINEM HEFTIGEN KAMPF.
SO LEBTE ER WEITER- HIN ALS MONSTER.
DOCH EINEN LÜGNER NANNTE IHN KEINER MEHR.
Fin.

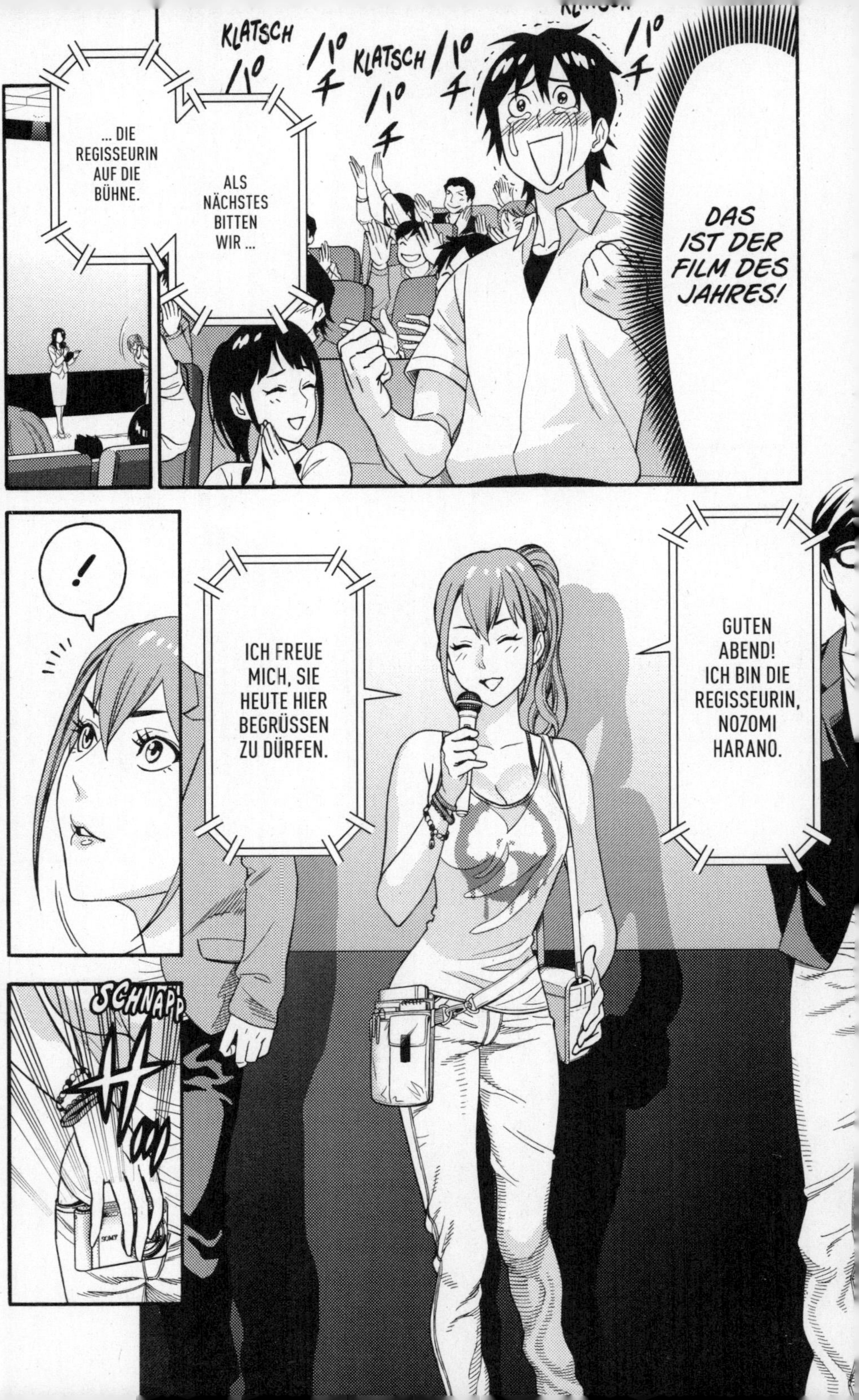
KLATSCH
KLATSCH
DAS IST DER FILM DES JAHRES!
ALS NÄCHSTES BITTEN WIR ...
... DIE REGISSEURIN AUF DIE BÜHNE.
GUTEN ABEND! ICH BIN DIE REGISSEURIN, NOZOMI HARANO.
ICH FREUE MICH, SIE HEUTE HIER BEGRÜSSEN ZU DÜRFEN.
!
SCHNAPP

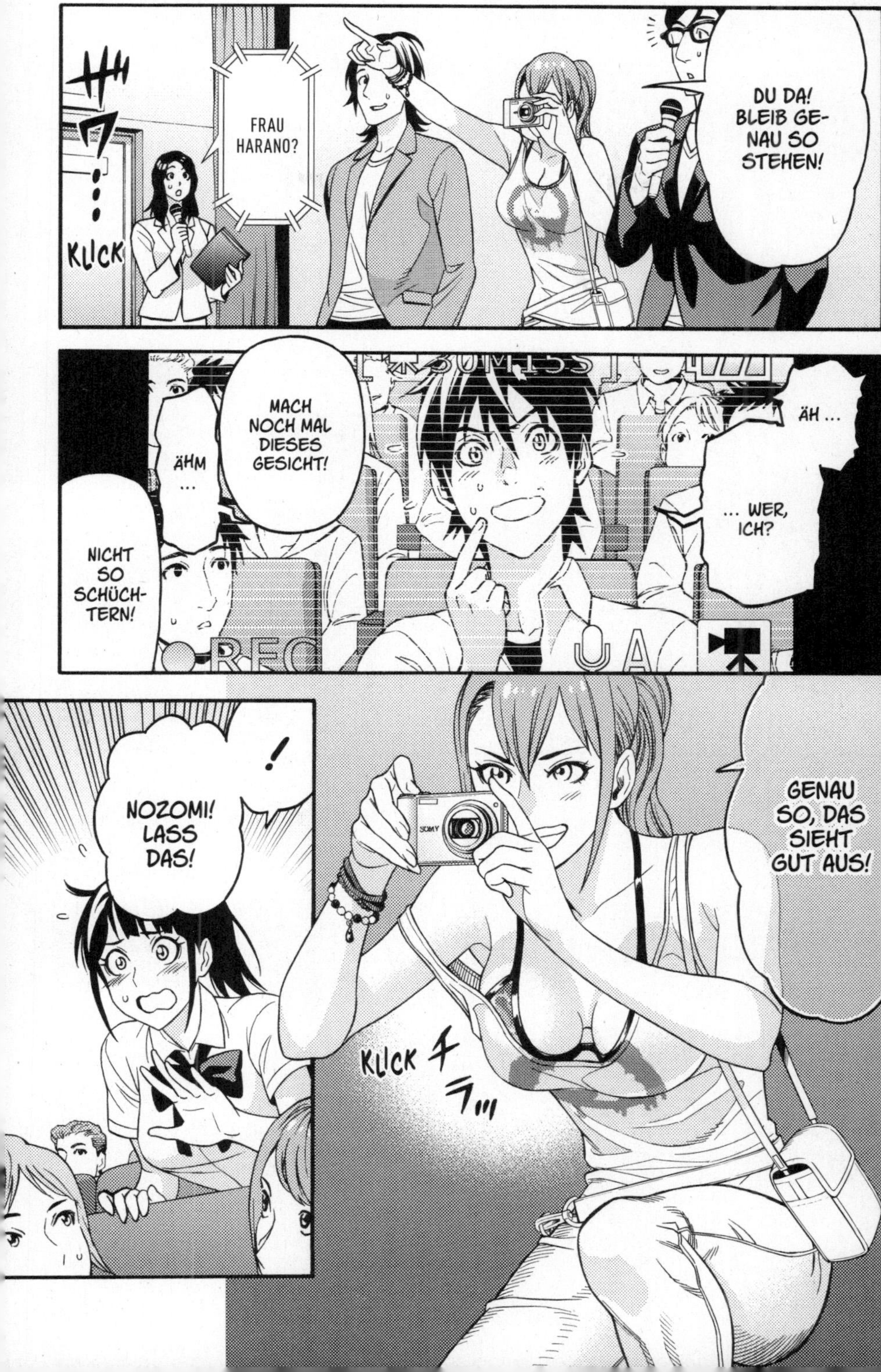
DU DA! BLEIB GENAU SO STEHEN!
FRAU HARANO?
KLICK
ÄH …
… WER, ICH?
MACH NOCH MAL DIESES GESICHT!
ÄHM …
NICHT SO SCHÜCHTERN!
REC
GENAU SO, DAS SIEHT GUT AUS!
KLICK
!
NOZOMI! LASS DAS!

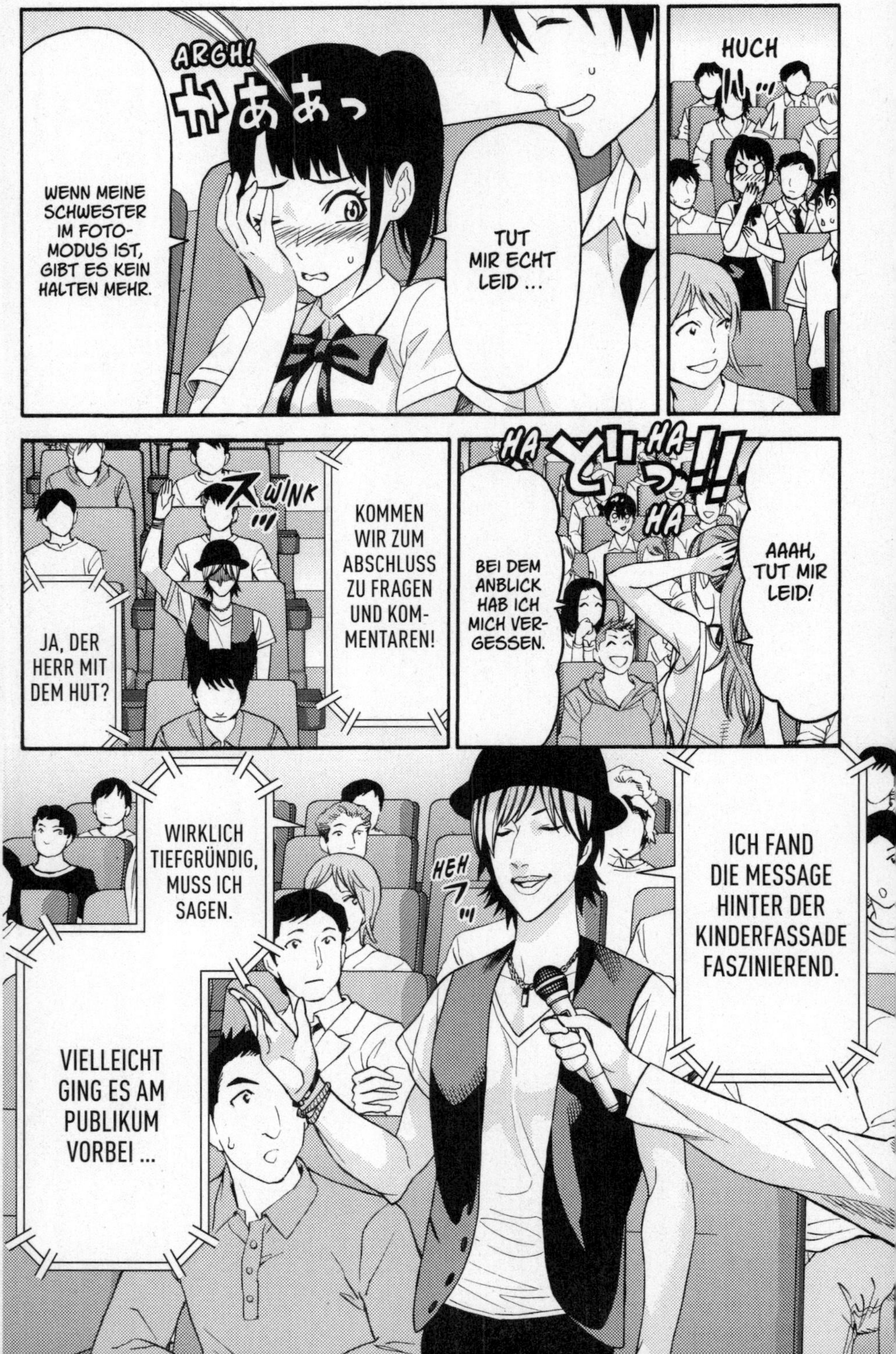
HUCH
TUT MIR ECHT LEID …
ARGH!
かあぁっ
WENN MEINE SCHWESTER IM FOTO-MODUS IST, GIBT ES KEIN HALTEN MEHR.
AAAH, TUT MIR LEID!
HA
HA
HA
どっ!!
BEI DEM ANBLICK HAB ICH MICH VERGESSEN.
KOMMEN WIR ZUM ABSCHLUSS ZU FRAGEN UND KOMMENTAREN!
WINK
JA, DER HERR MIT DEM HUT?
ICH FAND DIE MESSAGE HINTER DER KINDERFASSADE FASZINIEREND.
HEH
WIRKLICH TIEFGRÜNDIG, MUSS ICH SAGEN.
VIELLEICHT GING ES AM PUBLIKUM VORBEI …

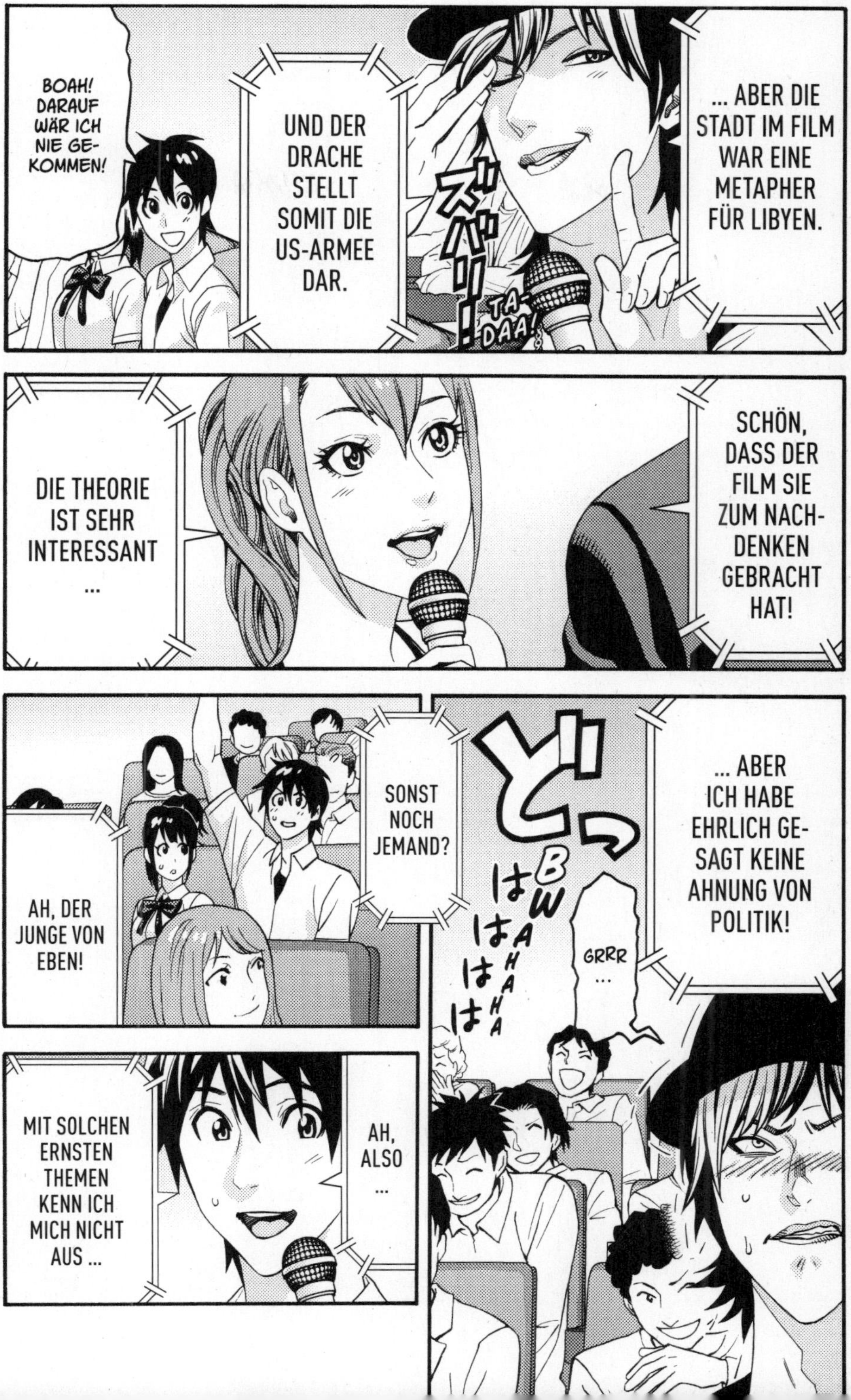
... ABER DIE STADT IM FILM WAR EINE METAPHER FÜR LIBYEN.
ズバリ!
TA-DAA!
UND DER DRACHE STELLT SOMIT DIE US-ARMEE DAR.
BOAH! DARAUF WÄR ICH NIE GE-KOMMEN!
SCHÖN, DASS DER FILM SIE ZUM NACH-DENKEN GEBRACHT HAT!
DIE THEORIE IST SEHR INTERESSANT ...
... ABER ICH HABE EHRLICH GE-SAGT KEINE AHNUNG VON POLITIK!
どっ
はははは
BWAHAHAHA
GRRR ...
SONST NOCH JEMAND?
AH, DER JUNGE VON EBEN!
AH, ALSO ...
MIT SOLCHEN ERNSTEN THEMEN KENN ICH MICH NICHT AUS ...

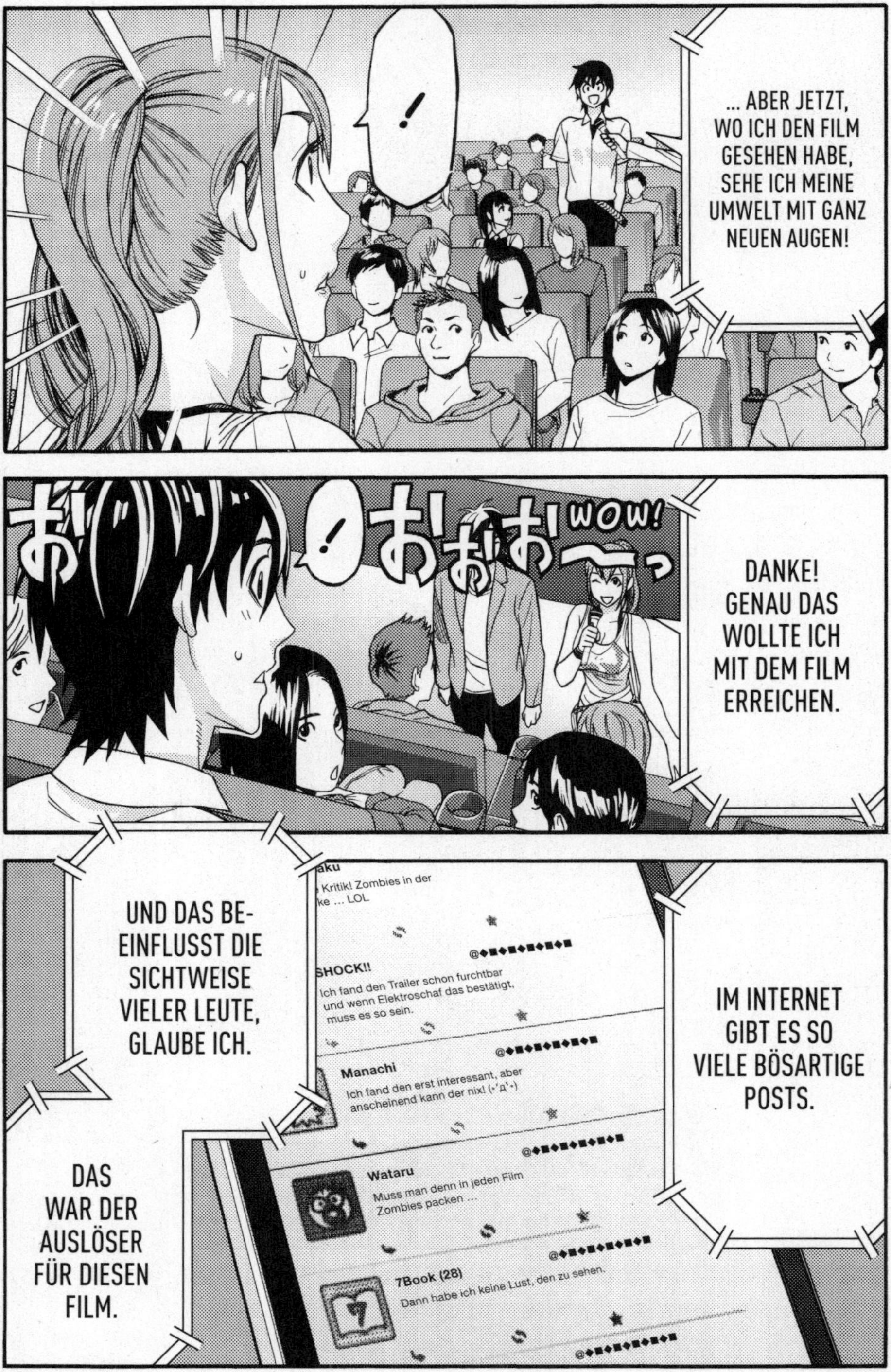
... ABER JETZT, WO ICH DEN FILM GESEHEN HABE, SEHE ICH MEINE UMWELT MIT GANZ NEUEN AUGEN!
!
DANKE! GENAU DAS WOLLTE ICH MIT DEM FILM ERREICHEN.
WOW!
おおお〜っ
!
お
IM INTERNET GIBT ES SO VIELE BÖSARTIGE POSTS.
UND DAS BE-EINFLUSST DIE SICHTWEISE VIELER LEUTE, GLAUBE ICH.
Kritik! Zombies in der
ke ... LOL
SHOCK!!
Ich fand den Trailer schon furchtbar und wenn Elektroschaf das bestätigt, muss es so sein.
Manachi
Ich fand den erst interessant, aber anscheinend kann der nix! (·'Д'·)
Wataru
Muss man denn in jeden Film Zombies packen ...
7Book (28)
Dann habe ich keine Lust, den zu sehen.
DAS WAR DER AUSLÖSER FÜR DIESEN FILM.

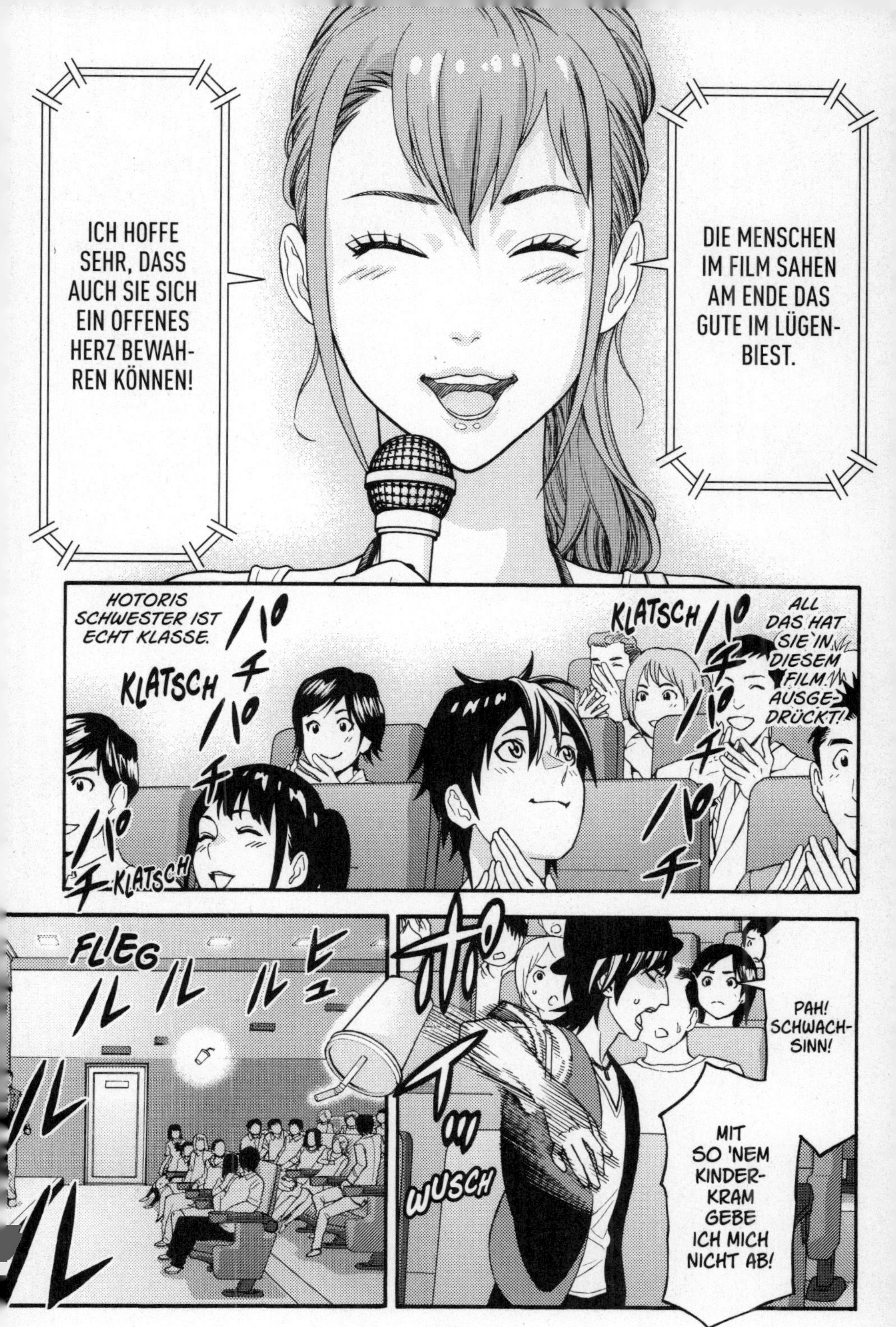
DIE MENSCHEN IM FILM SAHEN AM ENDE DAS GUTE IM LÜGEN-BIEST.
ICH HOFFE SEHR, DASS AUCH SIE SICH EIN OFFENES HERZ BEWAH-REN KÖNNEN!
ALL DAS HAT SIE IN DIESEM FILM AUSGE-DRÜCKT!
KLATSCH
HOTORIS SCHWESTER IST ECHT KLASSE.
KLATSCH
KLATSCH
PAH! SCHWACH-SINN!
MIT SO 'NEM KINDER-KRAM GEBE ICH MICH NICHT AB!
WUSCH
FLIEG

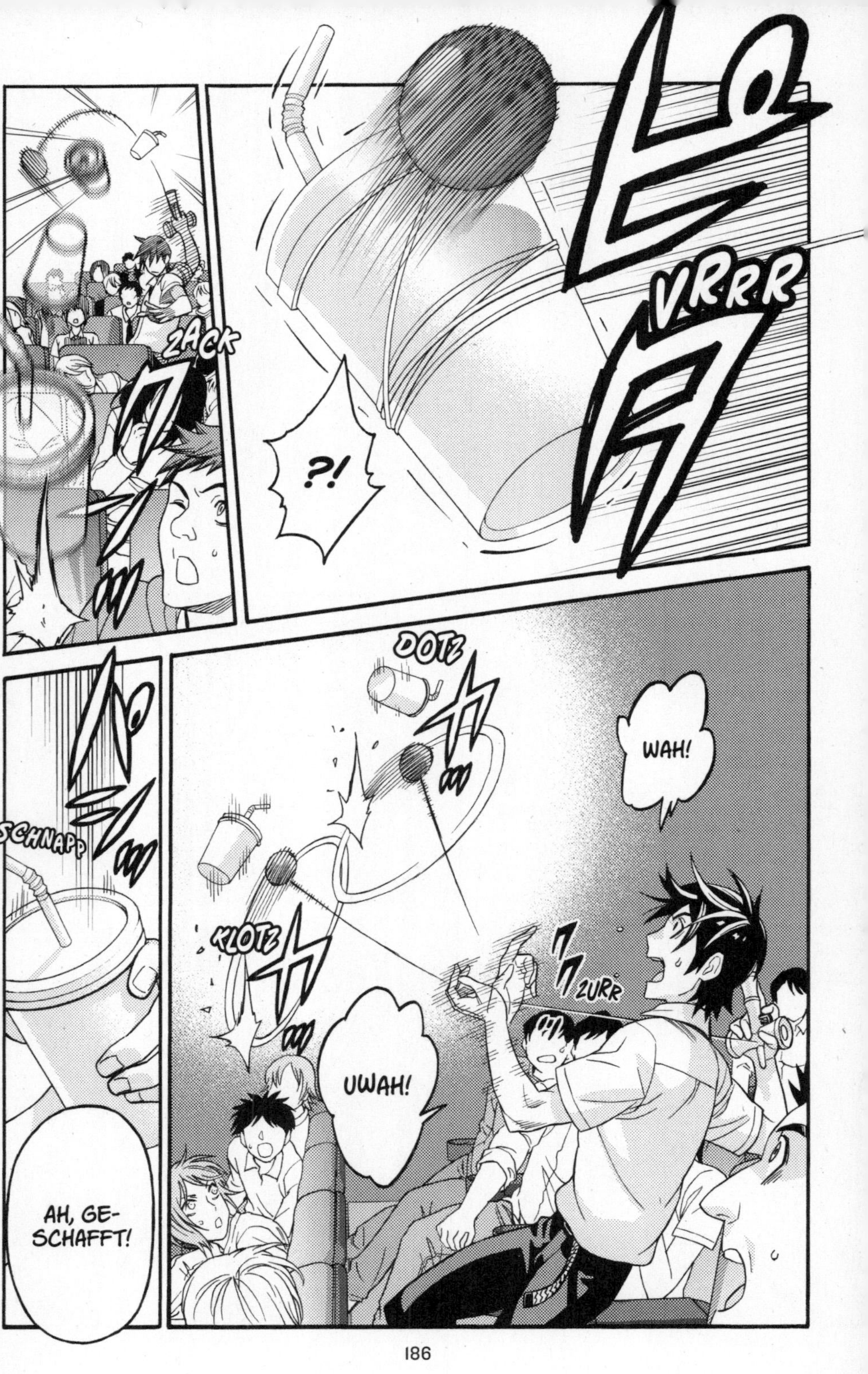
VRRR
?!
ZACK
DOTZ
WAH!
KLOTZ
ZURR
UWAH!
SCHNAPP
AH, GE-
SCHAFFT!

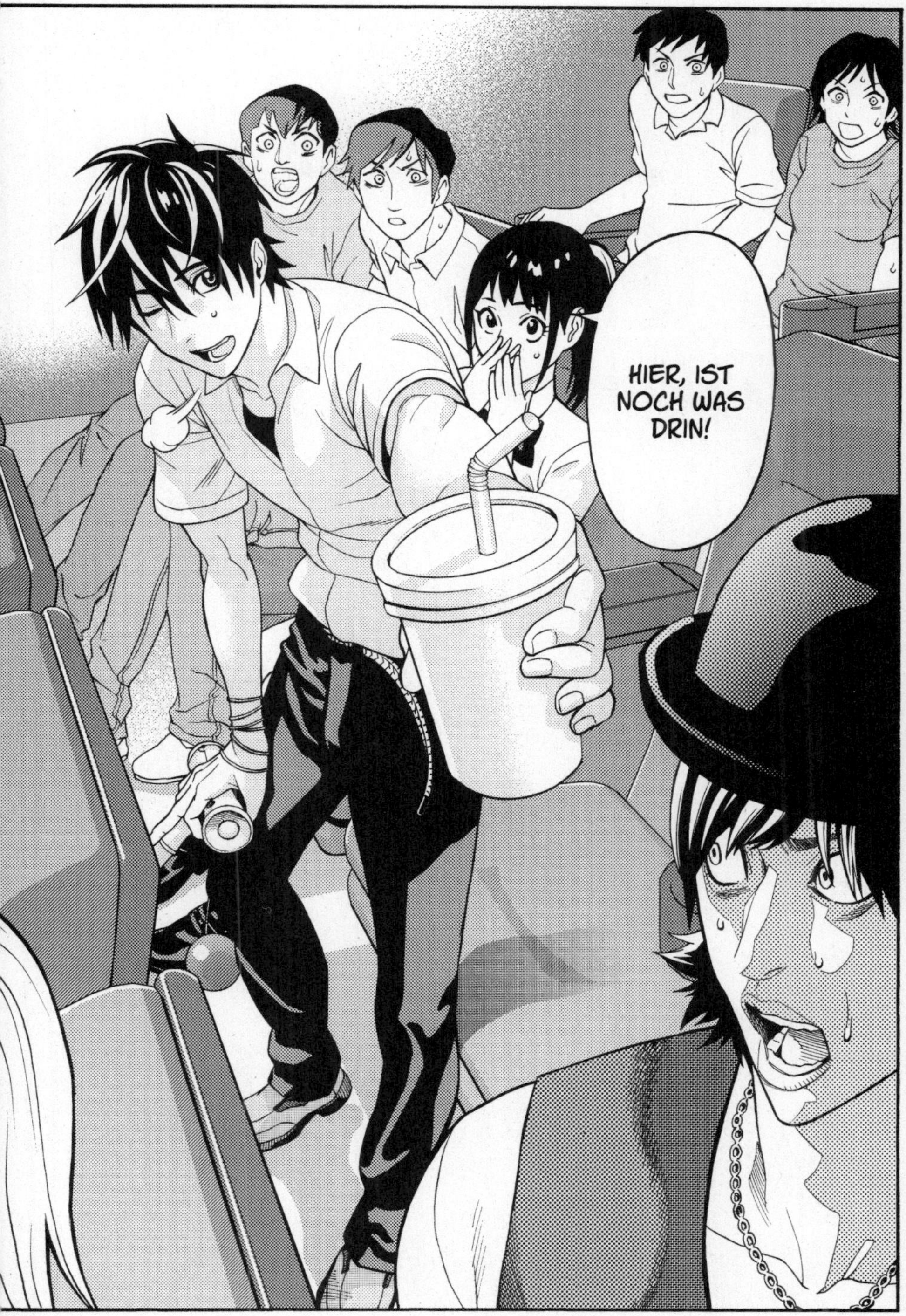
HIER, IST NOCH WAS DRIN!

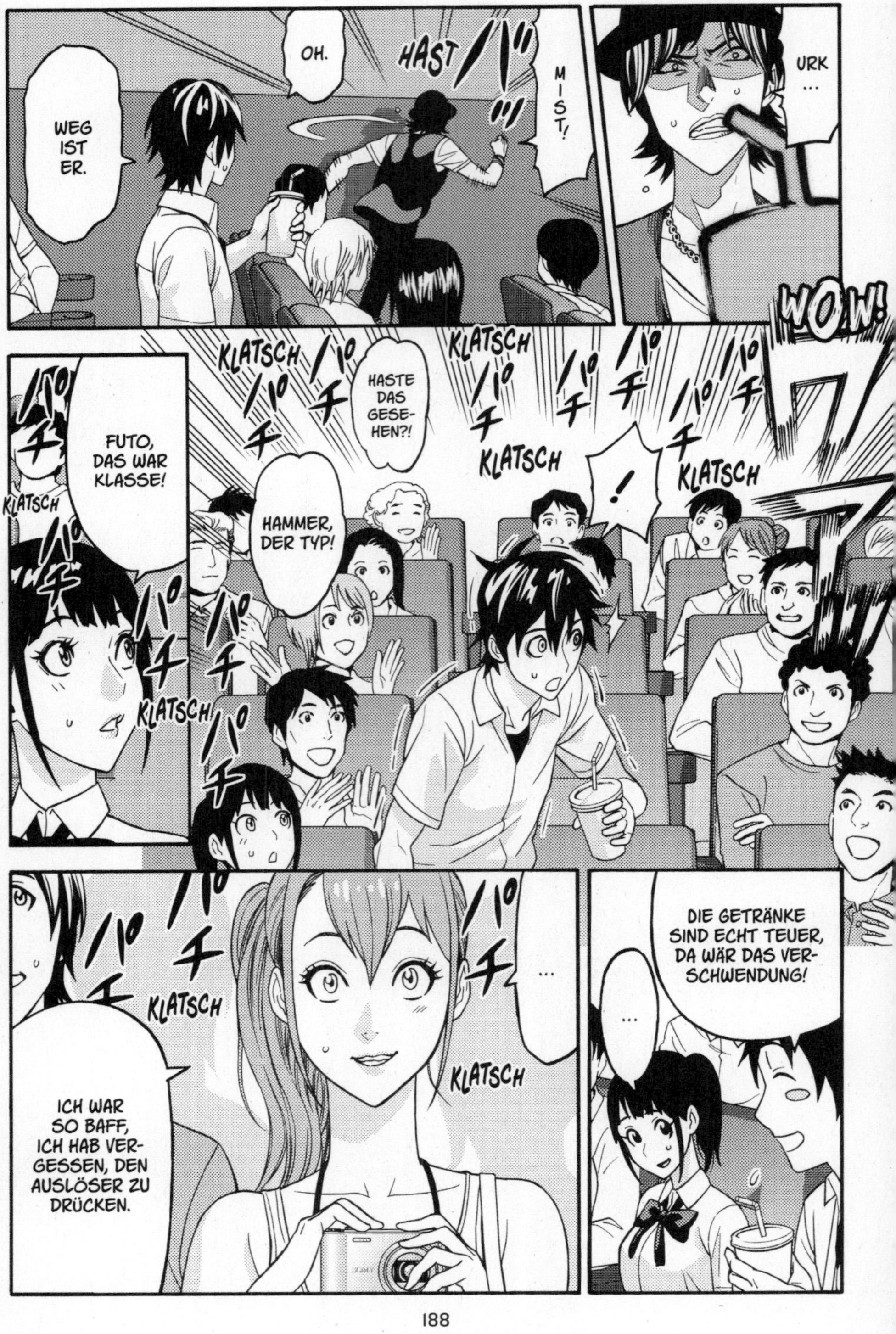
URK …
MIST!
HAST
OH.
WEG IST ER.
WOW!
KLATSCH
KLATSCH
KLATSCH
!
HASTE DAS GESE-HEN?!
KLATSCH
HAMMER, DER TYP!
KLATSCH
FUTO, DAS WAR KLASSE!
KLATSCH
DIE GETRÄNKE SIND ECHT TEUER, DA WÄR DAS VER-SCHWENDUNG!
…
…
KLATSCH
KLATSCH
ICH WAR SO BAFF, ICH HAB VER-GESSEN, DEN AUSLÖSER ZU DRÜCKEN.

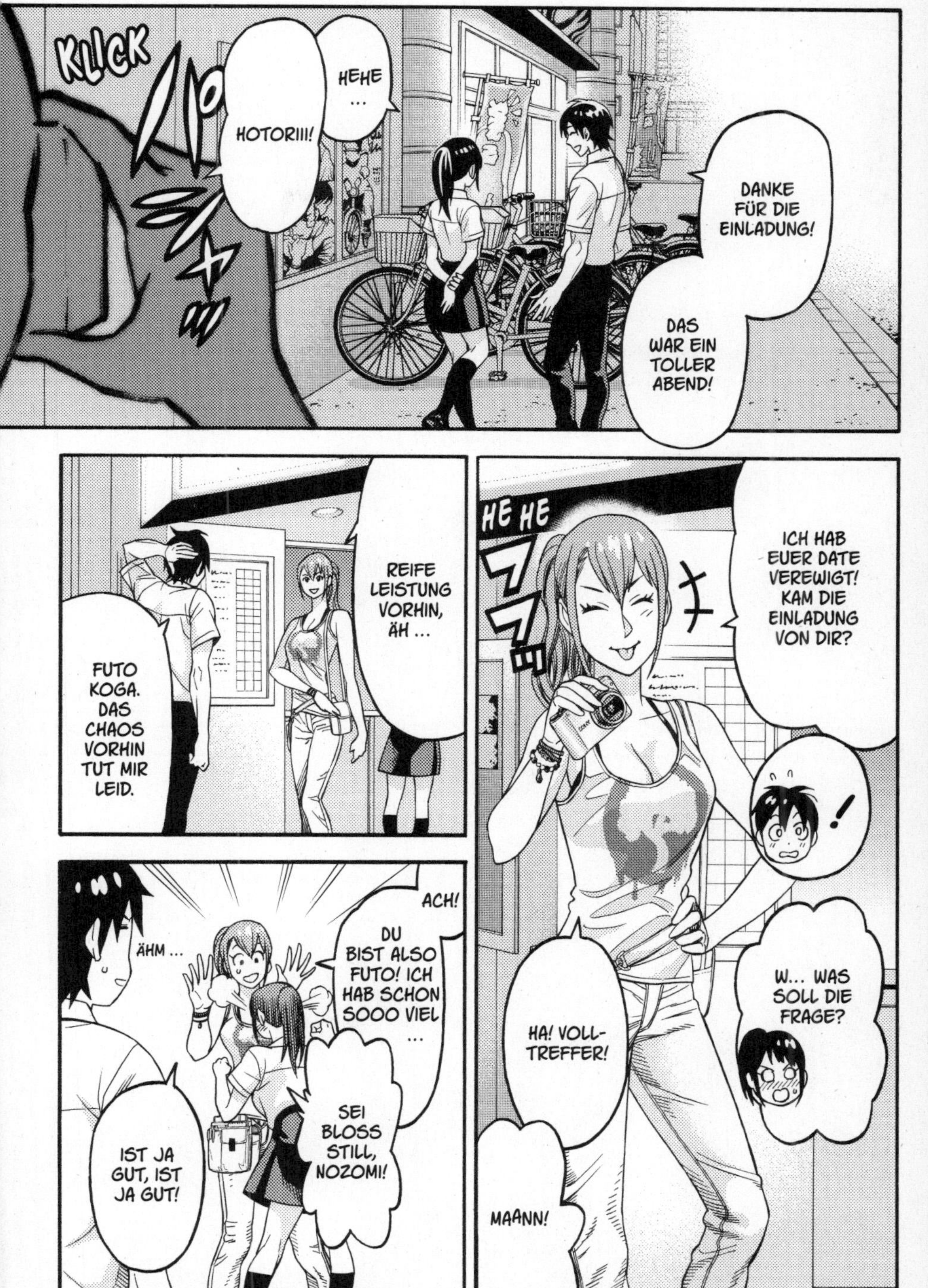

KLICK
HEHE …
HOTORIII!
DANKE FÜR DIE EINLADUNG!
DAS WAR EIN TOLLER ABEND!
HE HE
ICH HAB EUER DATE VEREWIGT! KAM DIE EINLADUNG VON DIR?
!
REIFE LEISTUNG VORHIN, ÄH …
FUTO KOGA. DAS CHAOS VORHIN TUT MIR LEID.
W… WAS SOLL DIE FRAGE?
HA! VOLL-TREFFER!
MAANN!
ACH!
DU BIST ALSO FUTO! ICH HAB SCHON SOOO VIEL …
ÄHM …
SEI BLOSS STILL, NOZOMI!
IST JA GUT, IST JA GUT!

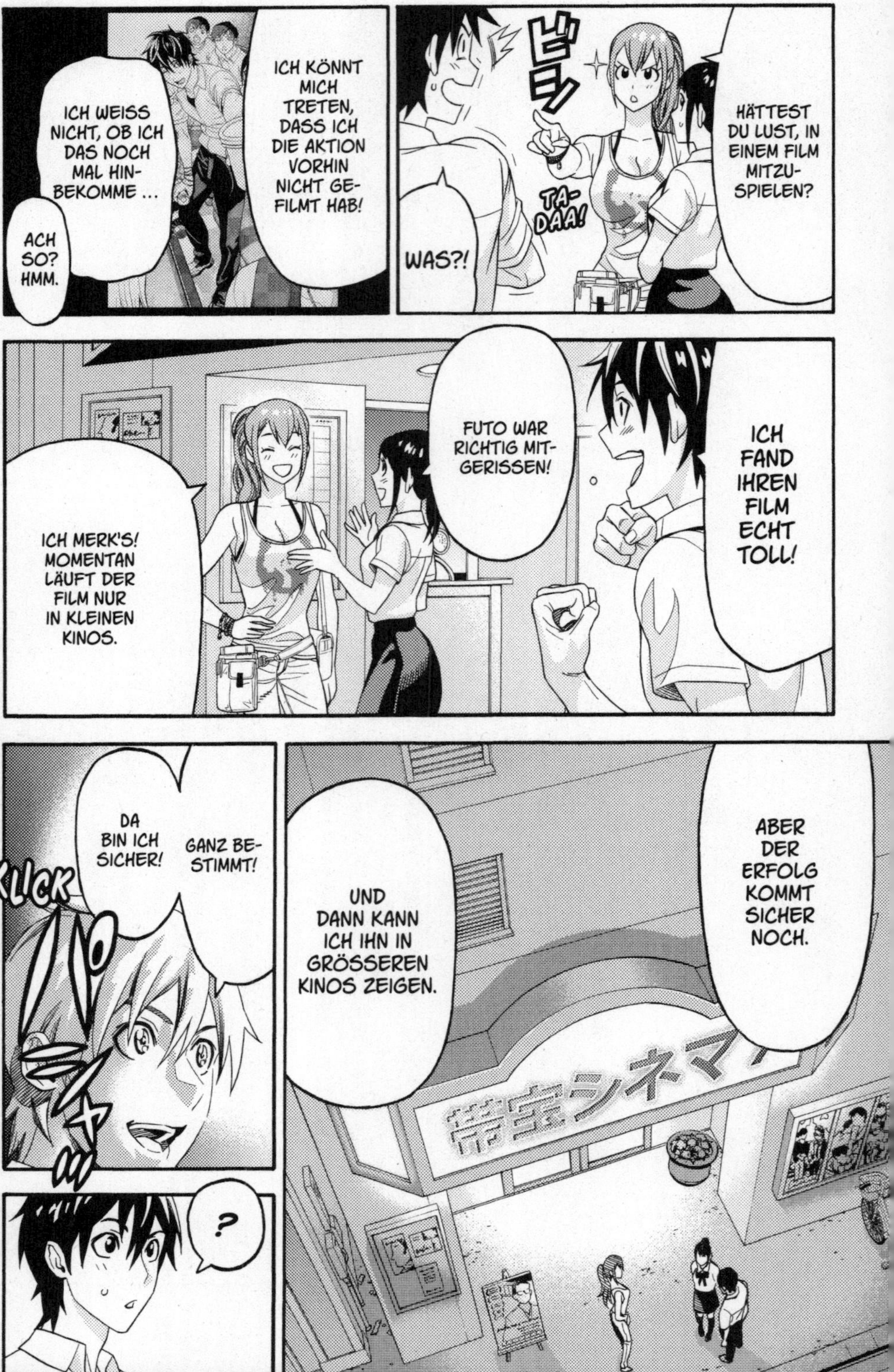
HÄTTEST DU LUST, IN EINEM FILM MITZUSPIELEN?
TA-DAA!
WAS?!
ICH KÖNNT MICH TRETEN, DASS ICH DIE AKTION VORHIN NICHT GEFILMT HAB!
ICH WEISS NICHT, OB ICH DAS NOCH MAL HINBEKOMME …
ACH SO? HMM.
ICH FAND IHREN FILM ECHT TOLL!
FUTO WAR RICHTIG MITGERISSEN!
ICH MERK'S! MOMENTAN LÄUFT DER FILM NUR IN KLEINEN KINOS.
ABER DER ERFOLG KOMMT SICHER NOCH.
UND DANN KANN ICH IHN IN GRÖSSEREN KINOS ZEIGEN.
帯宝シネマ
GANZ BESTIMMT!
DA BIN ICH SICHER!
KLICK
?

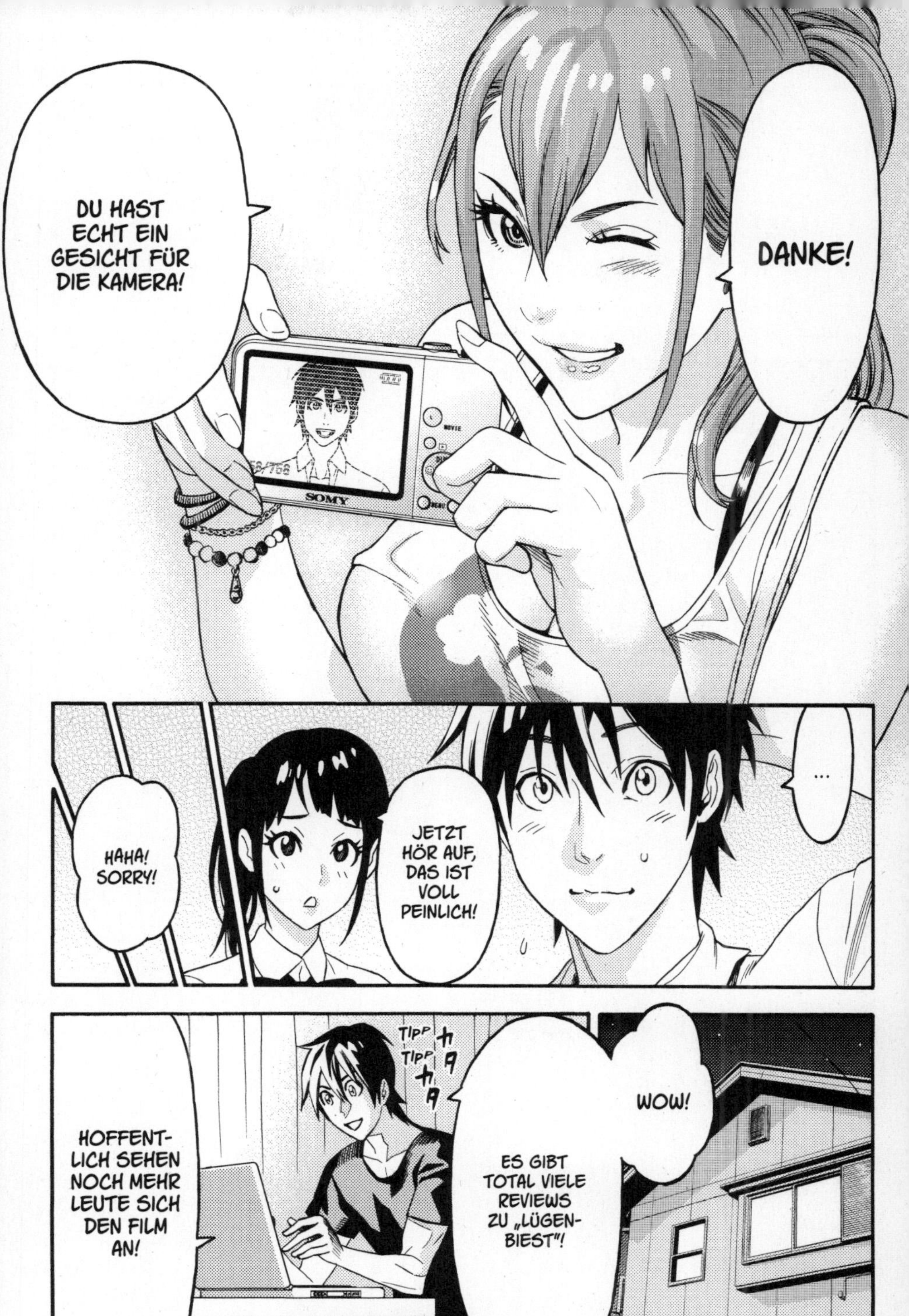
DU HAST ECHT EIN GESICHT FÜR DIE KAMERA!
DANKE!
SOMY
MOVIE
...
JETZT HÖR AUF, DAS IST VOLL PEINLICH!
HAHA! SORRY!
WOW!
ES GIBT TOTAL VIELE REVIEWS ZU „LÜGENBIEST“!
TIPP TIPP
HOFFENTLICH SEHEN NOCH MEHR LEUTE SICH DEN FILM AN!

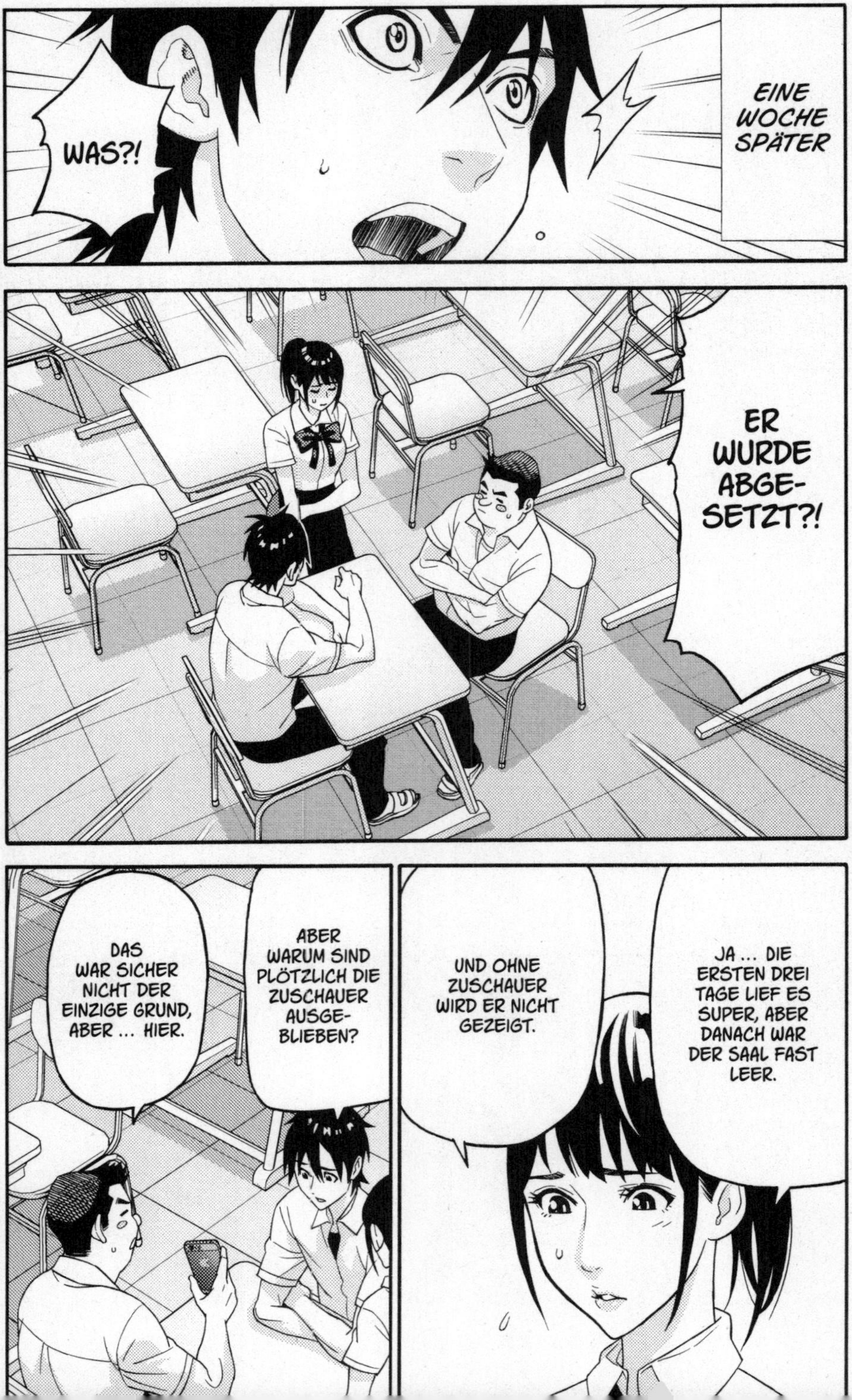
EINE WOCHE SPÄTER
WAS?!
ER WURDE ABGE-SETZT?!
JA … DIE ERSTEN DREI TAGE LIEF ES SUPER, ABER DANACH WAR DER SAAL FAST LEER.
UND OHNE ZUSCHAUER WIRD ER NICHT GEZEIGT.
ABER WARUM SIND PLÖTZLICH DIE ZUSCHAUER AUSGE-BLIEBEN?
DAS WAR SICHER NICHT DER EINZIGE GRUND, ABER … HIER.

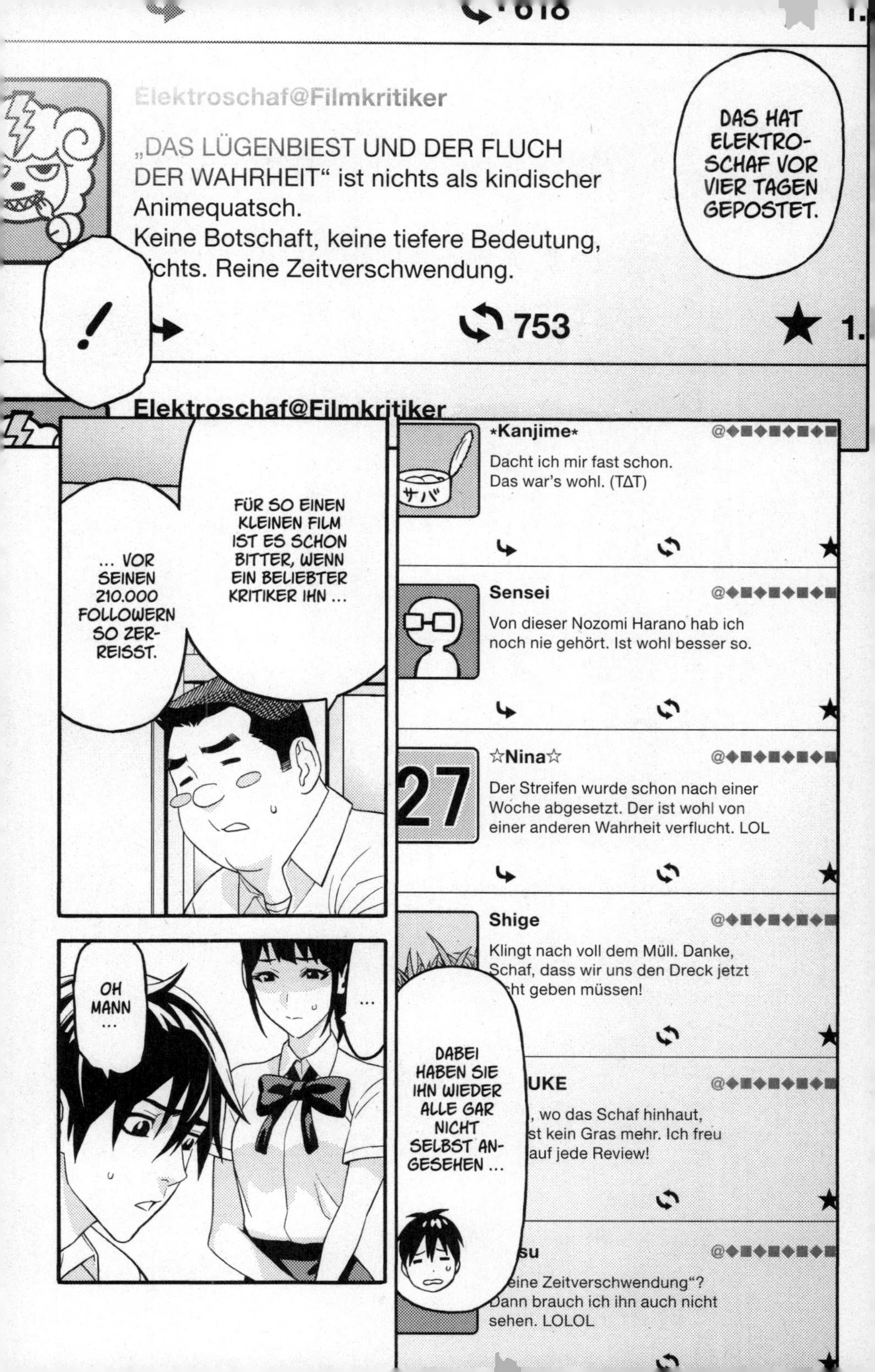

618
Elektroschaf@Filmkritiker
„DAS LÜGENBIEST UND DER FLUCH DER WAHRHEIT“ ist nichts als kindischer Animequatsch.
Keine Botschaft, keine tiefere Bedeutung,
ichts. Reine Zeitverschwendung.
753
DAS HAT ELEKTROSCHAF VOR VIER TAGEN GEPOSTET.
!
Elektroschaf@Filmkritiker
Kanjime
Dacht ich mir fast schon. Das war's wohl. (TΔT)
サバ
Sensei
Von dieser Nozomi Harano hab ich noch nie gehört. Ist wohl besser so.
☆Nina☆
27
Der Streifen wurde schon nach einer Woche abgesetzt. Der ist wohl von einer anderen Wahrheit verflucht. LOL
Shige
Klingt nach voll dem Müll. Danke, Schaf, dass wir uns den Dreck jetzt
cht geben müssen!
UKE
, wo das Schaf hinhaut,
st kein Gras mehr. Ich freu
auf jede Review!
su
eine Zeitverschwendung“? Dann brauch ich ihn auch nicht sehen. LOLOL
FÜR SO EINEN KLEINEN FILM IST ES SCHON BITTER, WENN EIN BELIEBTER KRITIKER IHN …
… VOR SEINEN 210.000 FOLLOWERN SO ZERREISST.
DABEI HABEN SIE IHN WIEDER ALLE GAR NICHT SELBST ANGESEHEN …
…
OH MANN …

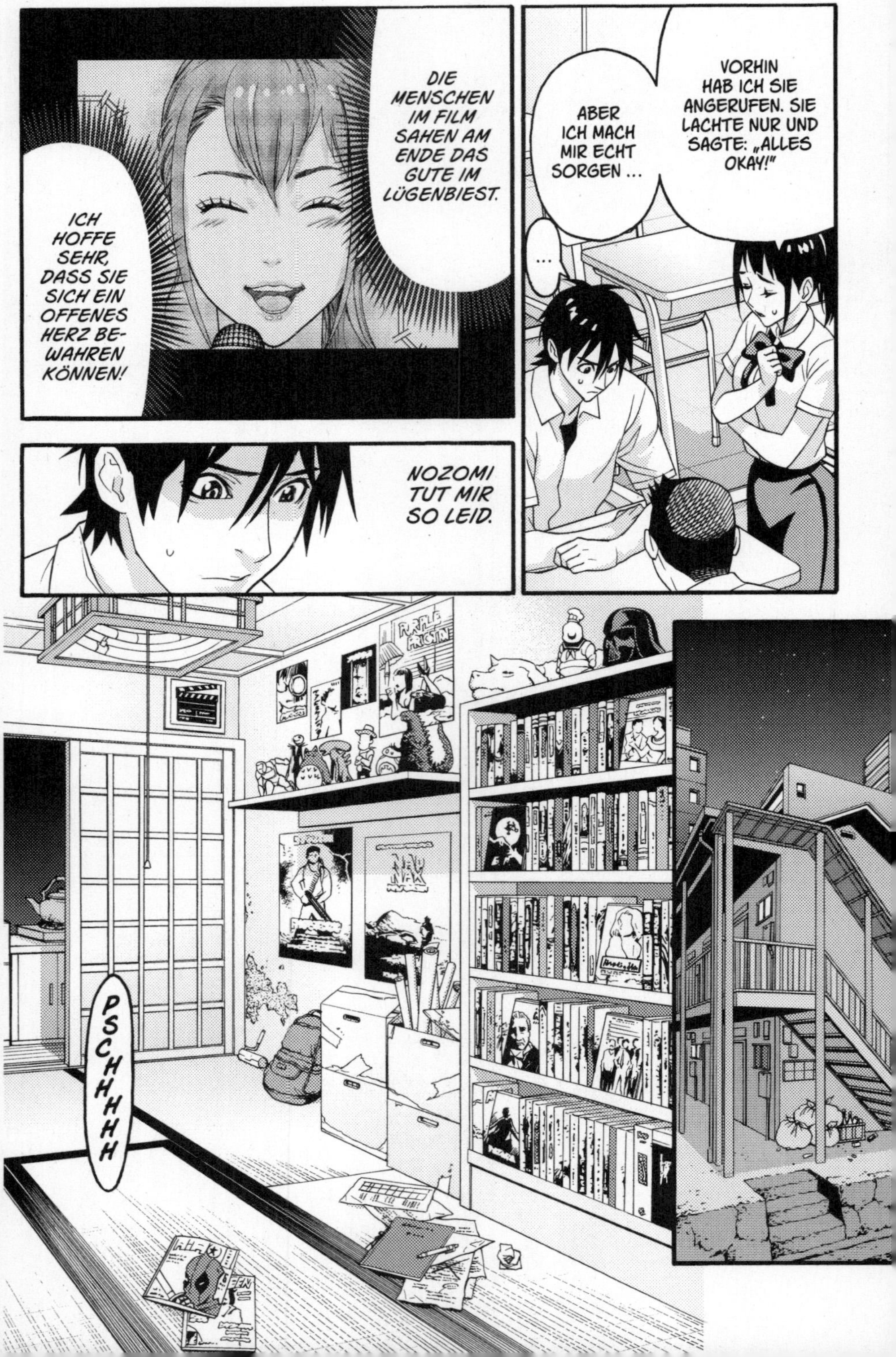
VORHIN HAB ICH SIE ANGERUFEN. SIE LACHTE NUR UND SAGTE: „ALLES OKAY!"
ABER ICH MACH MIR ECHT SORGEN …
…
DIE MENSCHEN IM FILM SAHEN AM ENDE DAS GUTE IM LÜGENBIEST.
ICH HOFFE SEHR, DASS SIE SICH EIN OFFENES HERZ BE-WAHREN KÖNNEN!
NOZOMI TUT MIR SO LEID.
PSCHHHHH

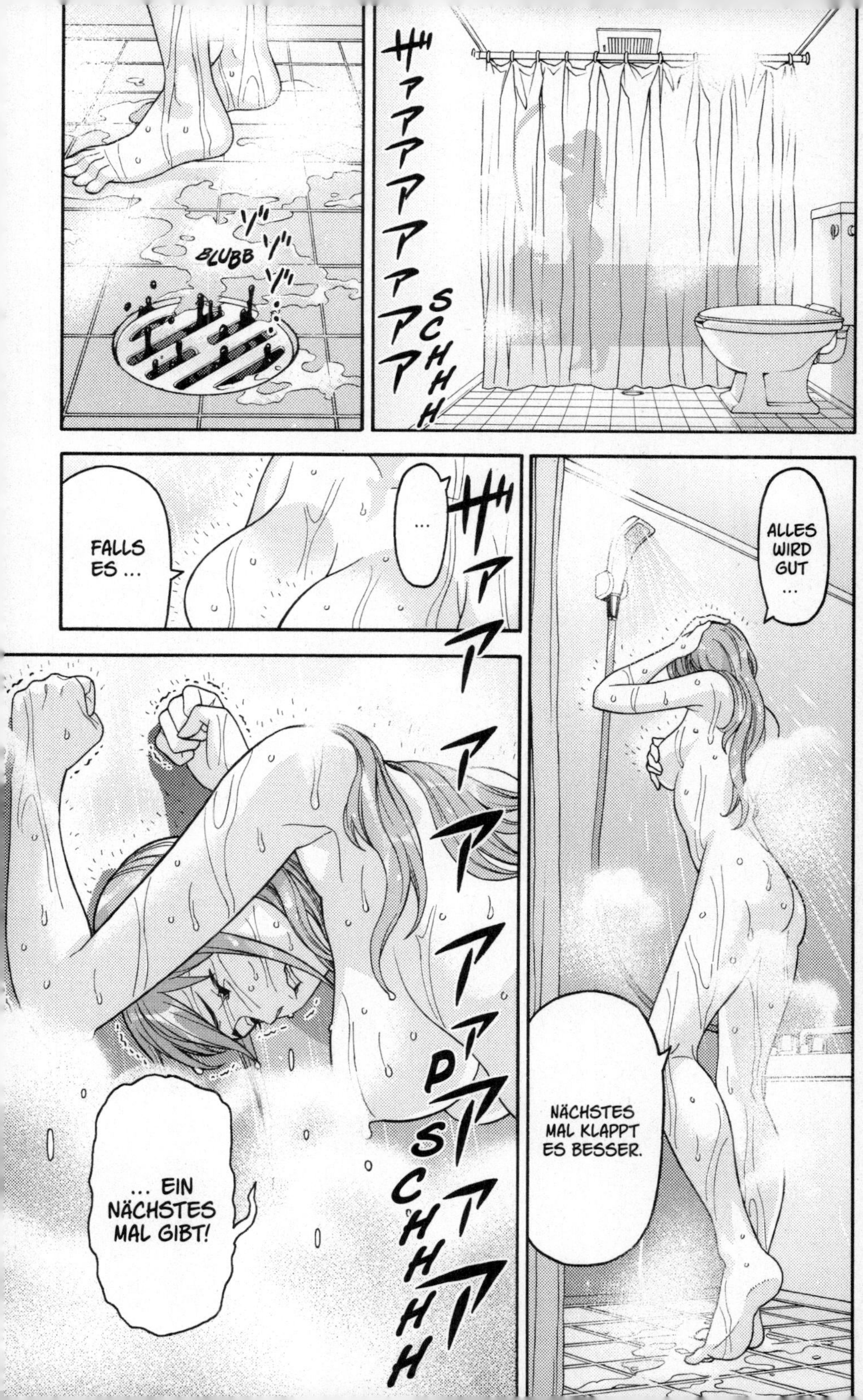

ザァァァァァァァァァ
SCHHH
ゾゾゾ
BLUBB
ALLES WIRD GUT ...
NÄCHSTES MAL KLAPPT ES BESSER.
...
FALLS ES ...
ザァァァァァァァァ
SCHHHH
... EIN NÄCHSTES MAL GIBT!

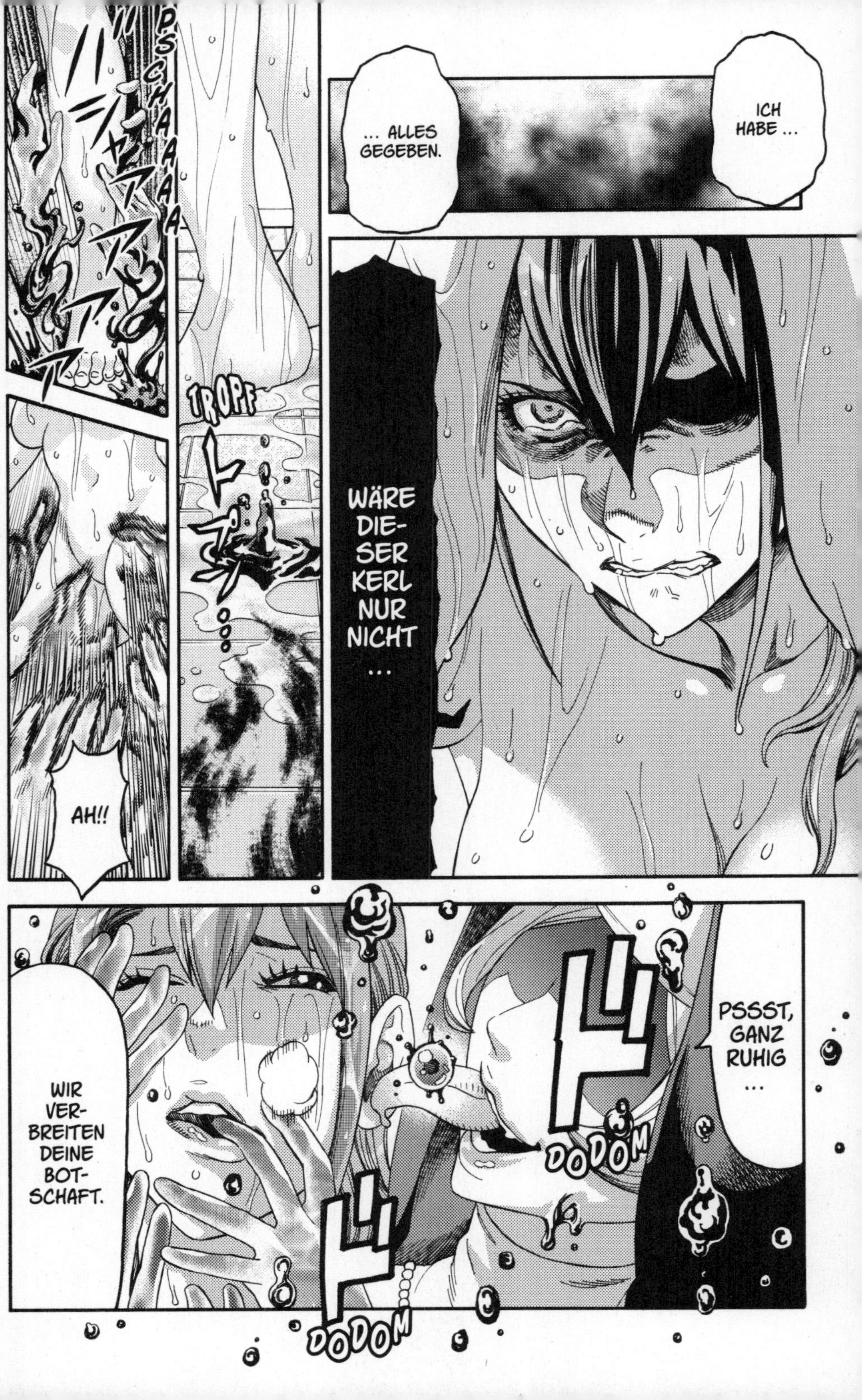

ICH HABE …
… ALLES GEGEBEN.
WÄRE DIE-SER KERL NUR NICHT …
PSCHAAAAAA
TROPF
AH!!
PSSST, GANZ RUHIG …
DODOM
WIR VER-BREITEN DEINE BOT-SCHAFT.
DODOM

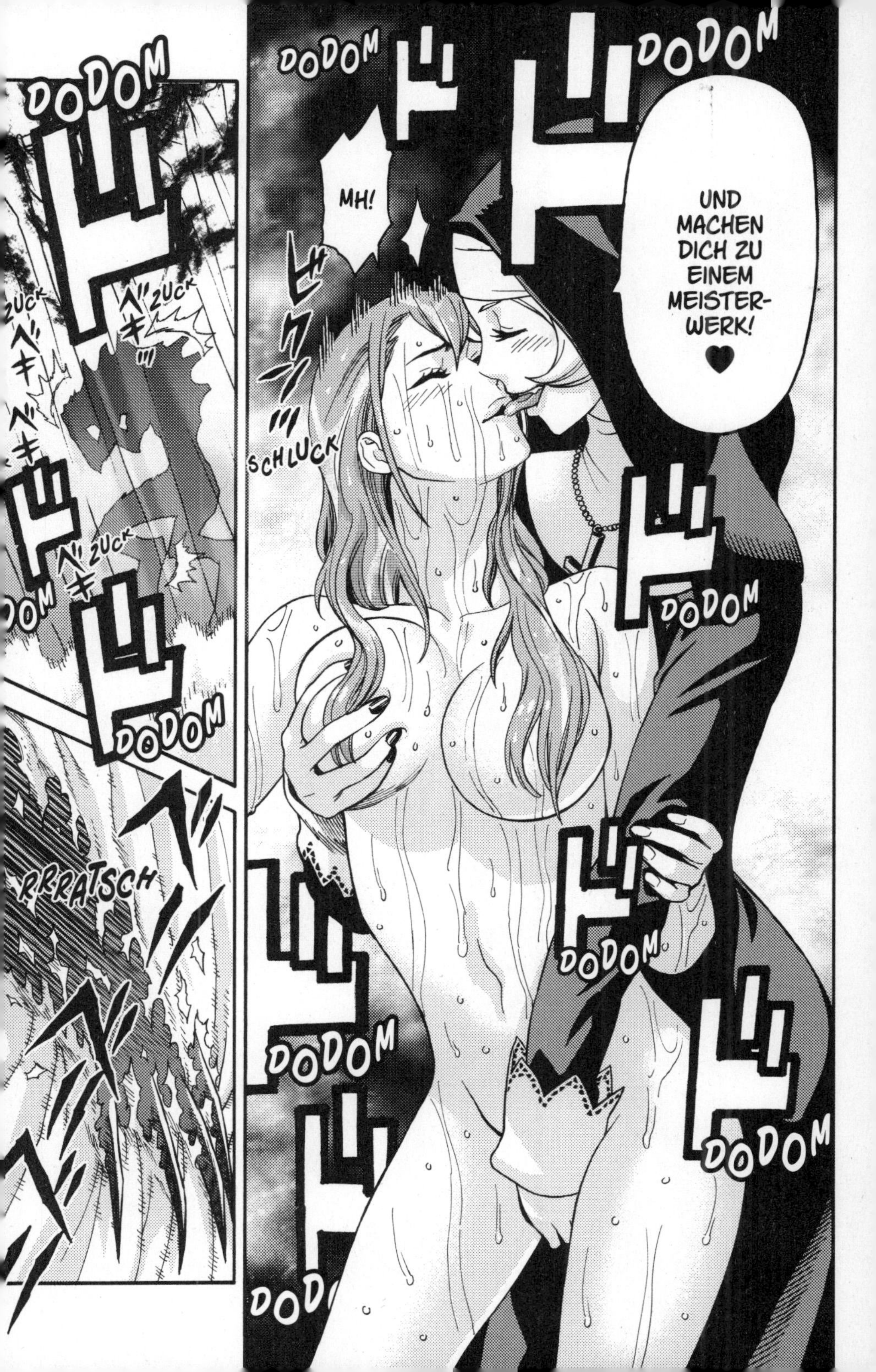
DODOM
DODOM
UND MACHEN DICH ZU EINEM MEISTER-WERK! ♥
MH!
SCHLUCK
DODOM
DODOM
DODOM
DODOM
DODOM
DODOM
ZUCK
ZUCK
ZUCK
DODOM
DODOM
RRRATSCH

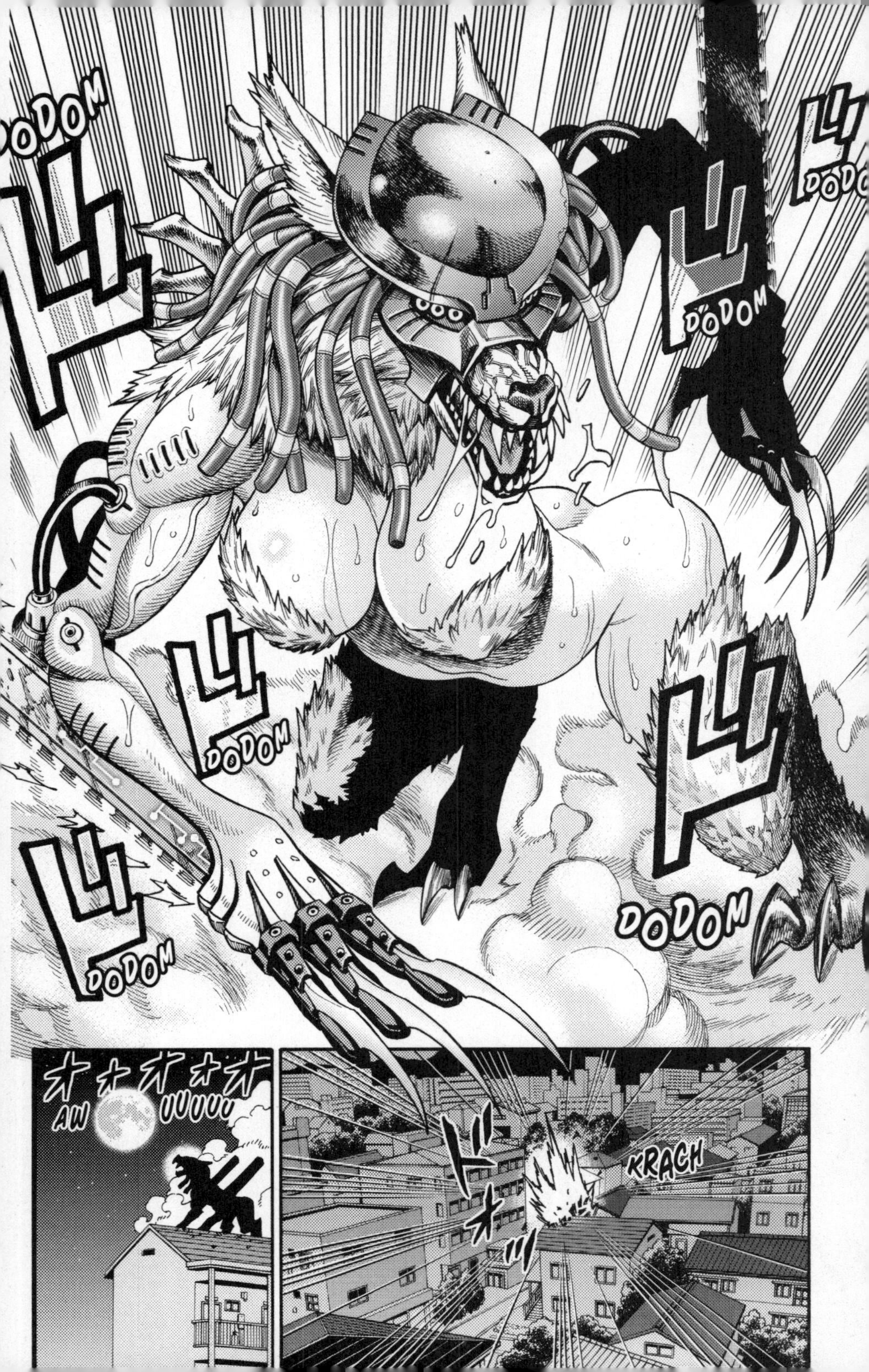
DODO
DODOM
DODOM
ODOM
DODOM
DODOM
KRACH
AW UUUUU

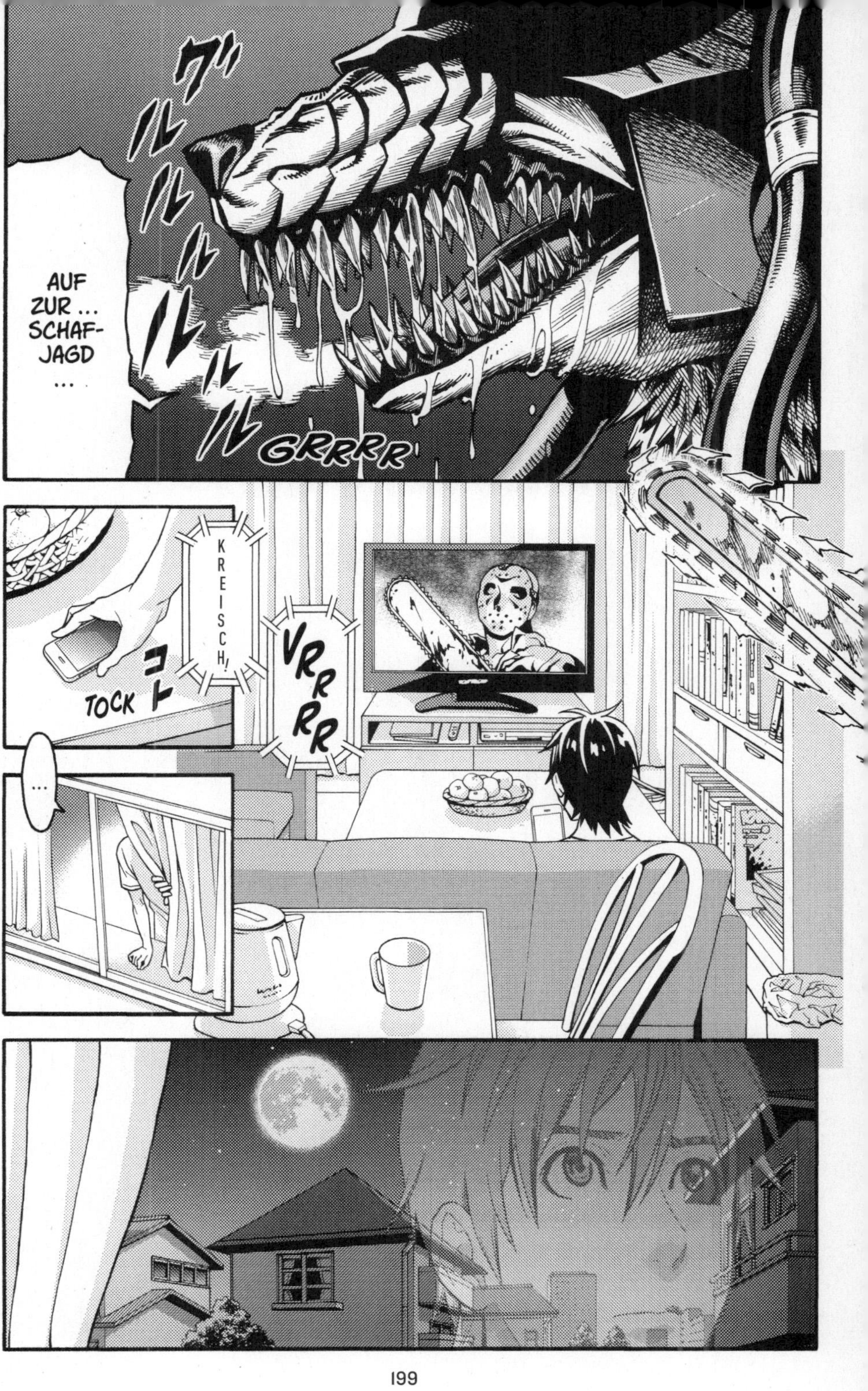

AUF ZUR ... SCHAF-JAGD ...
グルルルルルルル
GRRRRR
コト
TOCK
KREISCH!
VRRRRR
...

Sommerfest

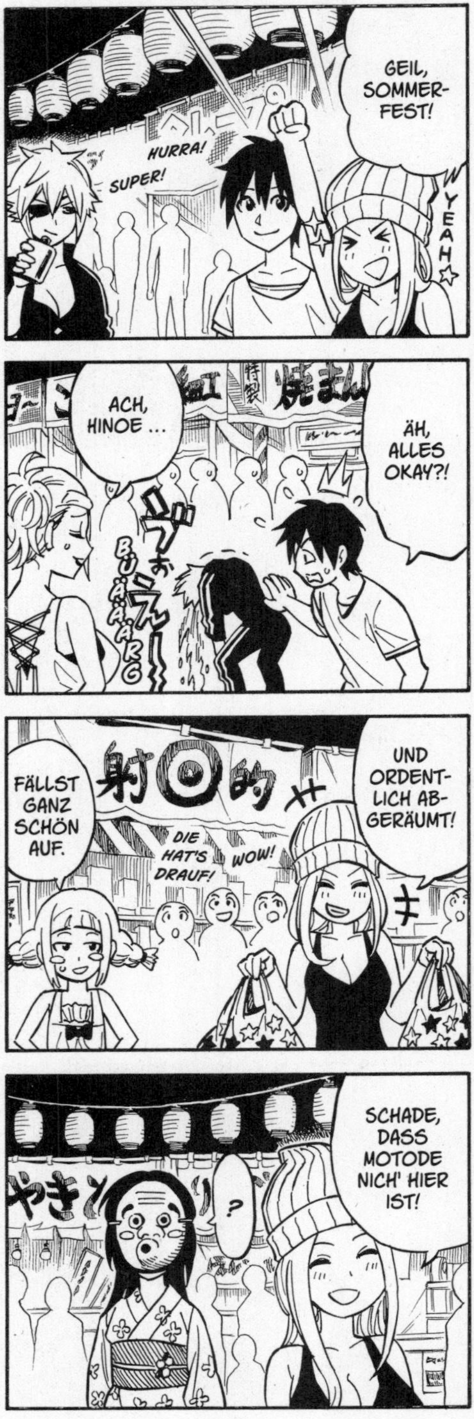
GEIL, SOMMERFEST!
YEAH
HURRA!
SUPER!
ÄH, ALLES OKAY?!
ACH, HINOE …
BUÄÄÄRG
UND ORDENTLICH ABGERÄUMT!
WOW!
DIE HAT'S DRAUF!
FÄLLST GANZ SCHÖN AUF.
SCHADE, DASS MOTODE NICH' HIER IST!
?

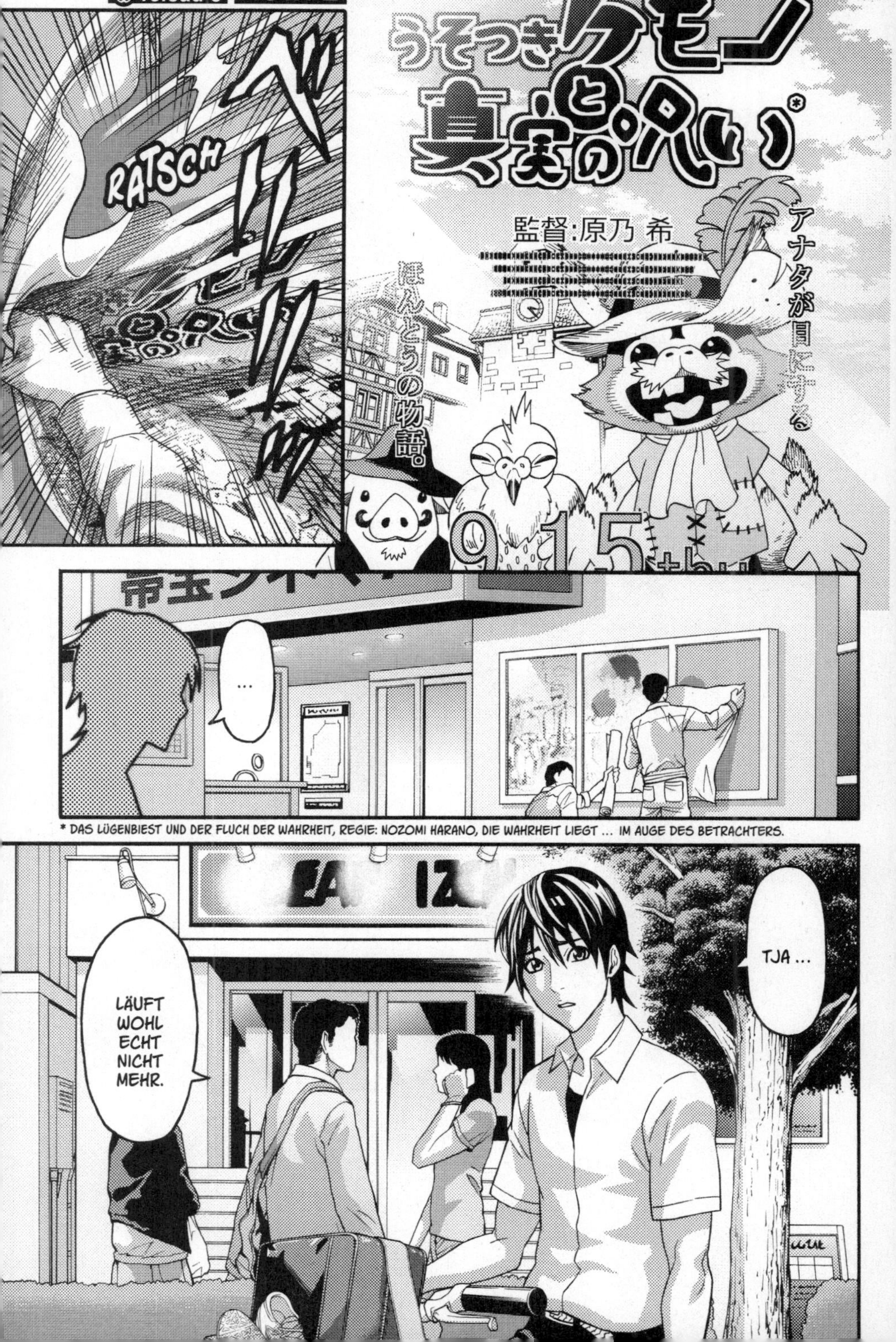

* DAS LÜGENBIEST UND DER FLUCH DER WAHRHEIT, REGIE: NOZOMI HARANO, DIE WAHRHEIT LIEGT ... IM AUGE DES BETRACHTERS.

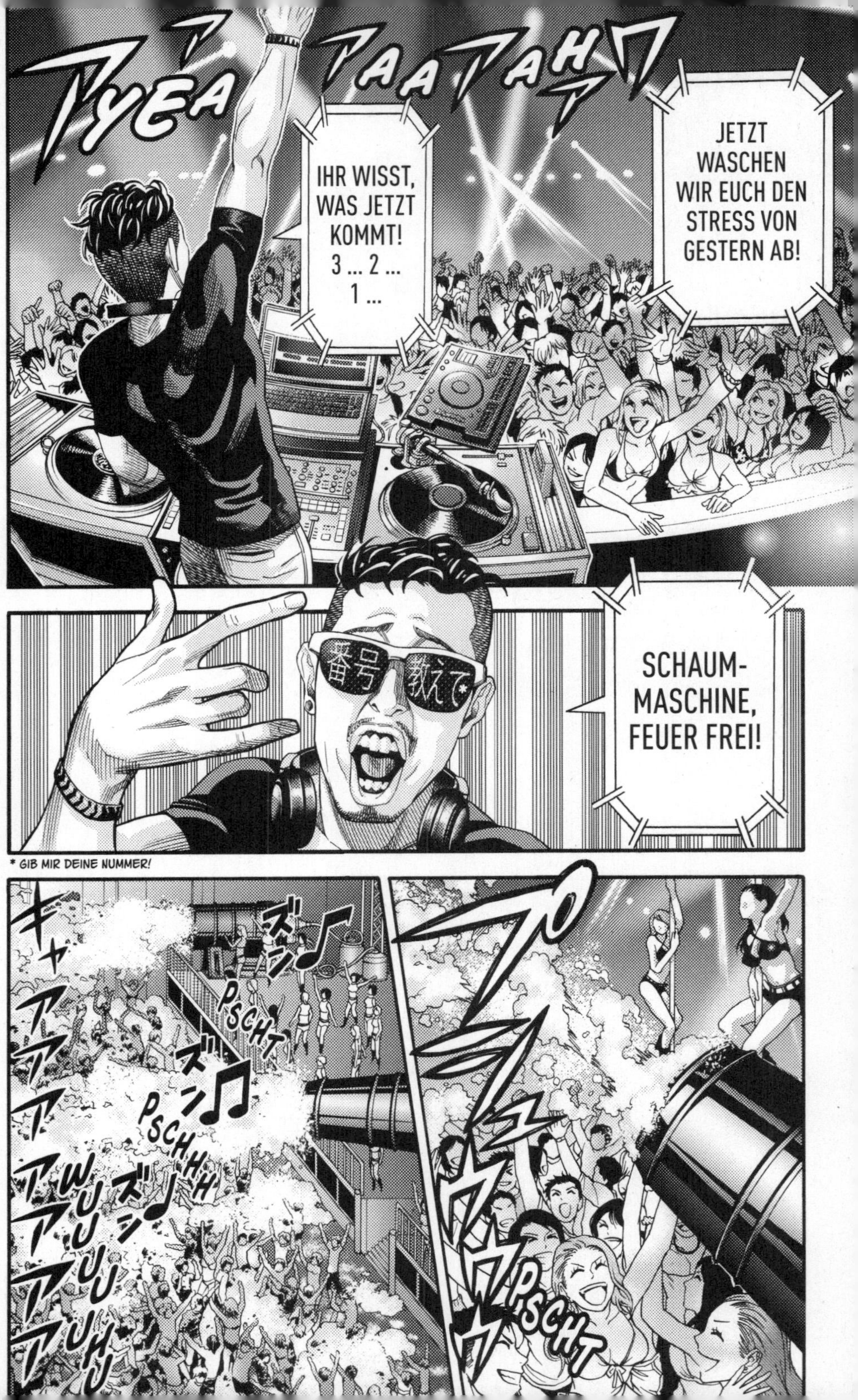
YEA
AAAAAH
IHR WISST, WAS JETZT KOMMT! 3 ... 2 ... 1 ...
JETZT WASCHEN WIR EUCH DEN STRESS VON GESTERN AB!
番号教えて*
SCHAUM-MASCHINE, FEUER FREI!
* GIB MIR DEINE NUMMER!
PSCHT
PSCHHH
WUUUUUHU
PSCHT

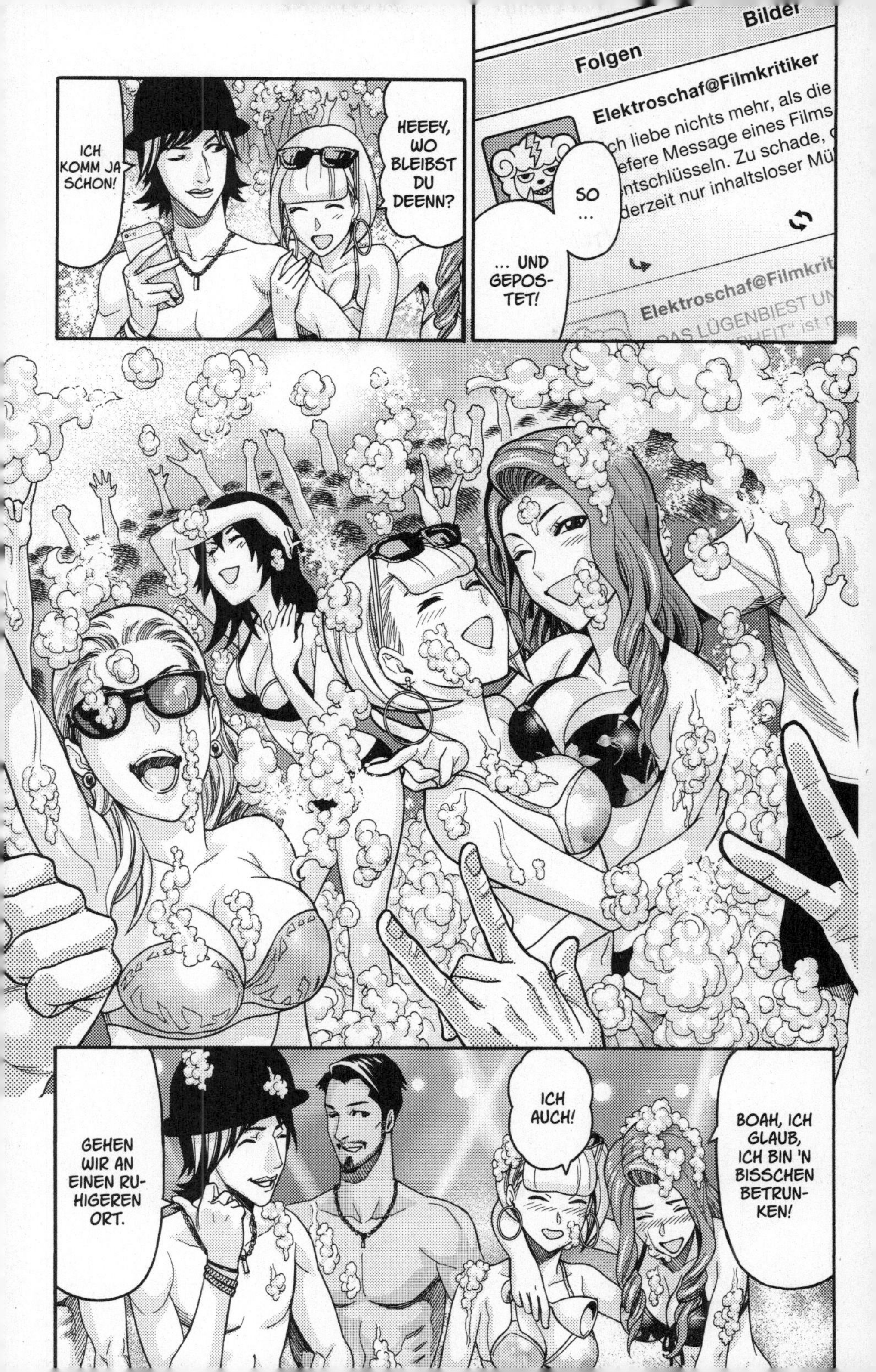
Bilder
Folgen
Elektroschaf@Filmkritiker
SO ...
... UND GEPOSTET!
Elektroschaf@Filmkritiker
HEEEY, WO BLEIBST DU DEENN?
ICH KOMM JA SCHON!
BOAH, ICH GLAUB, ICH BIN 'N BISSCHEN BETRUNKEN!
ICH AUCH!
GEHEN WIR AN EINEN RUHIGEREN ORT.

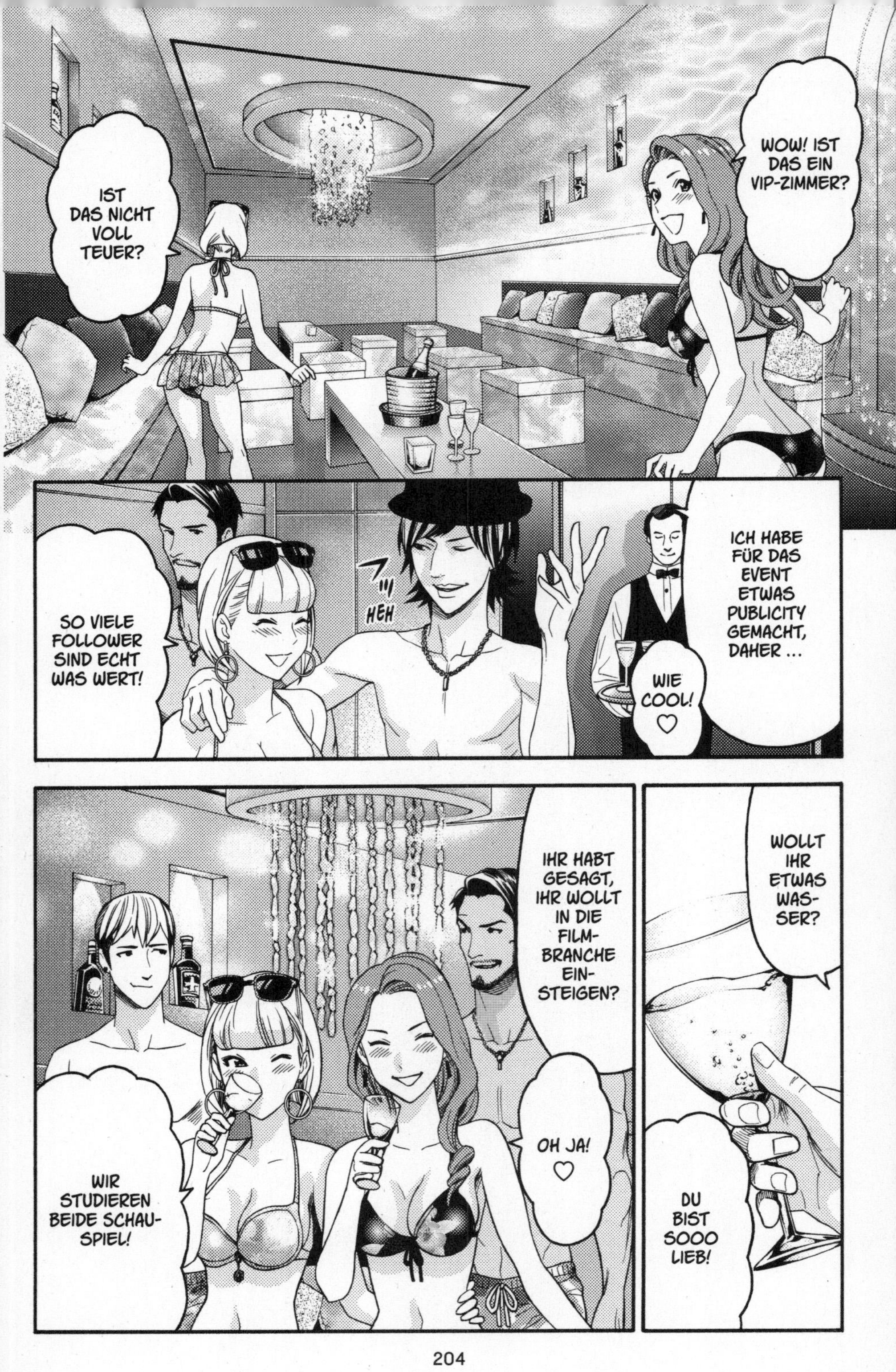
WOW! IST DAS EIN VIP-ZIMMER?
IST DAS NICHT VOLL TEUER?
ICH HABE FÜR DAS EVENT ETWAS PUBLICITY GEMACHT, DAHER ...
WIE COOL! ♡
HEH
SO VIELE FOLLOWER SIND ECHT WAS WERT!
WOLLT IHR ETWAS WAS-SER?
DU BIST SOOO LIEB!
IHR HABT GESAGT, IHR WOLLT IN DIE FILM-BRANCHE EIN-STEIGEN?
OH JA! ♡
WIR STUDIEREN BEIDE SCHAU-SPIEL!

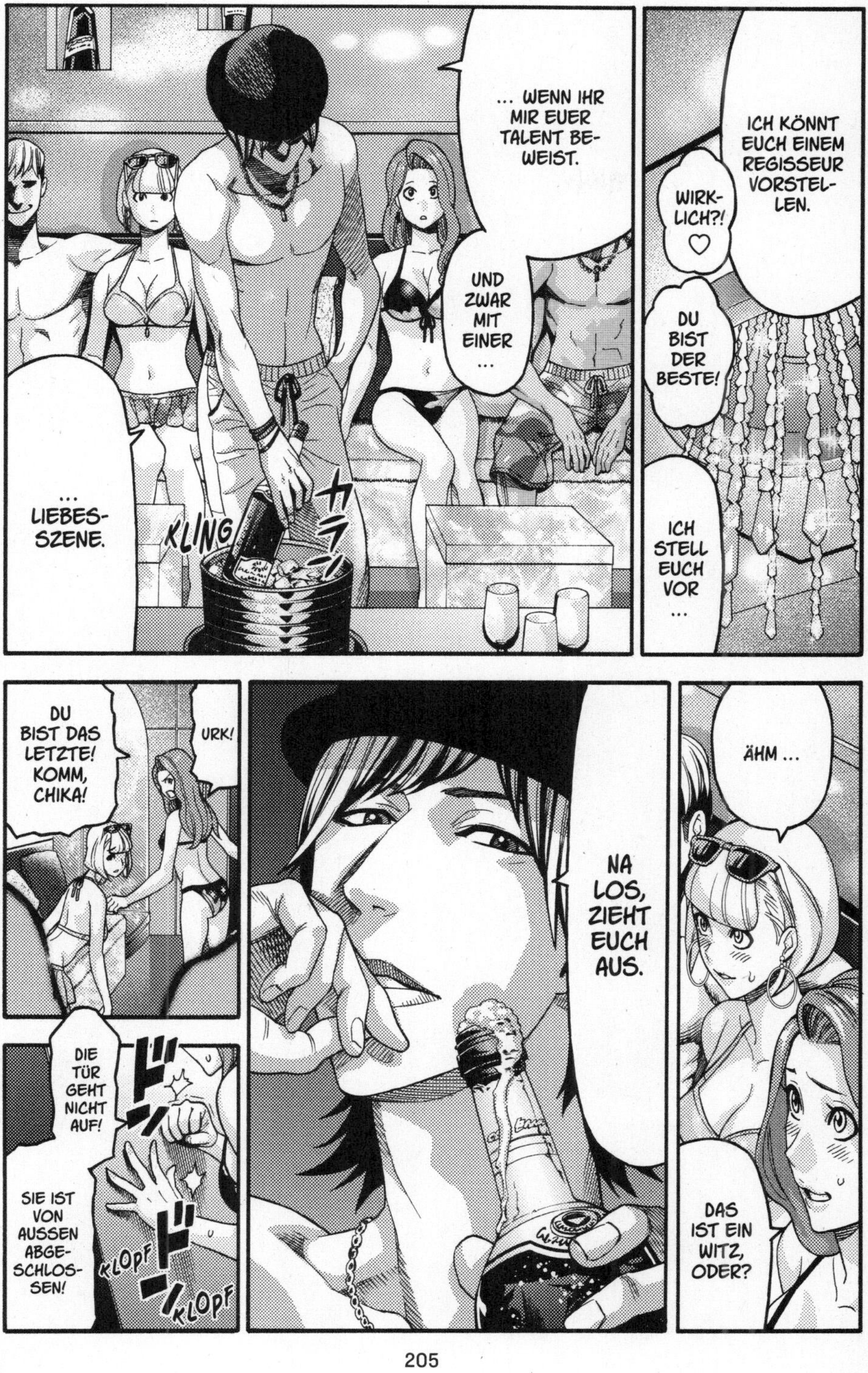
ICH KÖNNT EUCH EINEM REGISSEUR VORSTELLEN.
WIRKLICH?! ♡
DU BIST DER BESTE!
ICH STELL EUCH VOR ...
... WENN IHR MIR EUER TALENT BEWEIST.
UND ZWAR MIT EINER ...
... LIEBESSZENE.
KLING
ÄHM ...
DAS IST EIN WITZ, ODER?
NA LOS, ZIEHT EUCH AUS.
DU BIST DAS LETZTE! KOMM, CHIKA!
URK!
DIE TÜR GEHT NICHT AUF!
SIE IST VON AUSSEN ABGESCHLOSSEN!
KLOPF
KLOPF

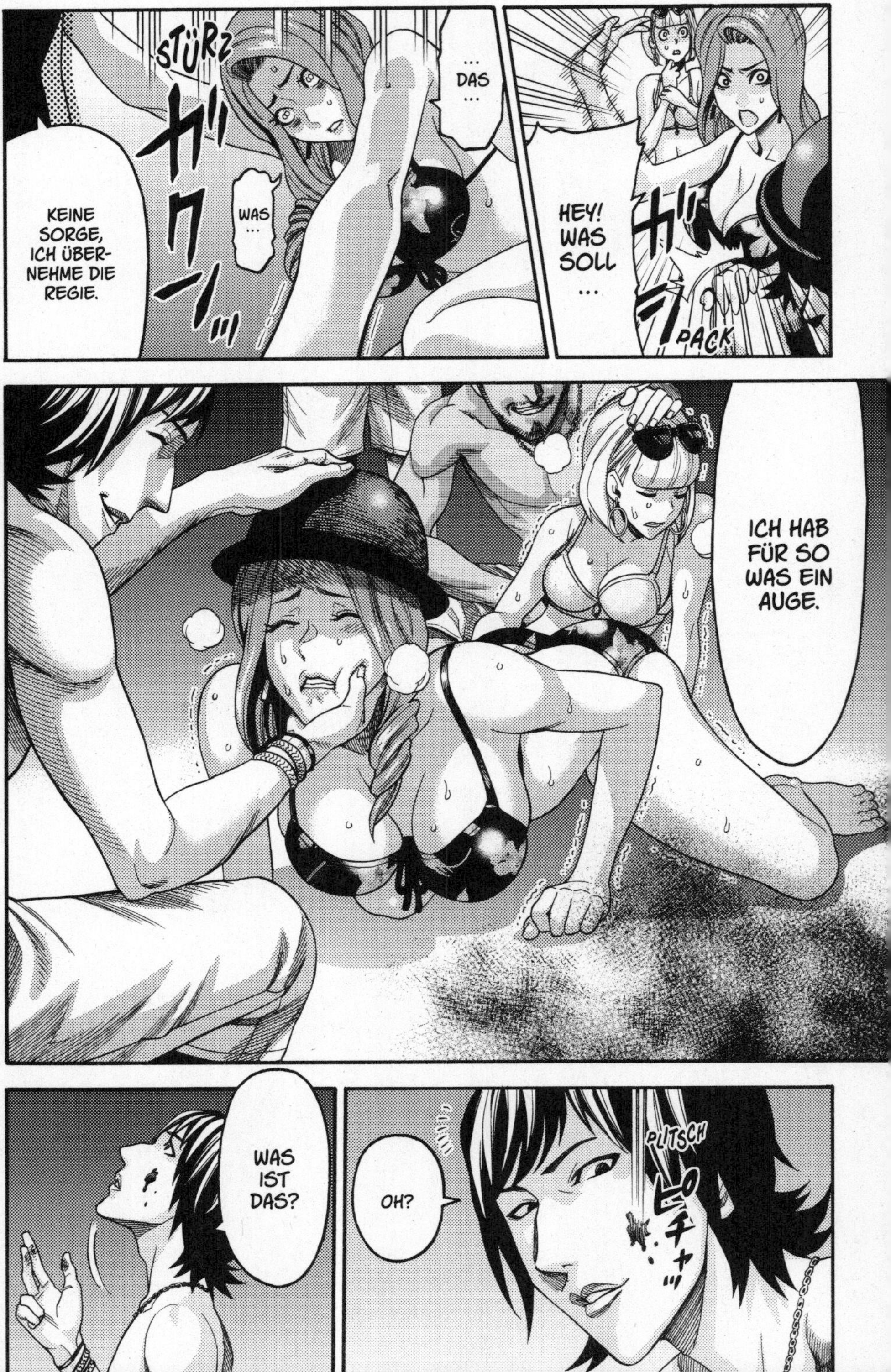
HEY! WAS SOLL ...
PACK
... DAS ...
WAS ...
STÜRZ
KEINE SORGE, ICH ÜBERNEHME DIE REGIE.
ICH HAB FÜR SO WAS EIN AUGE.
PLITSCH
OH?
WAS IST DAS?

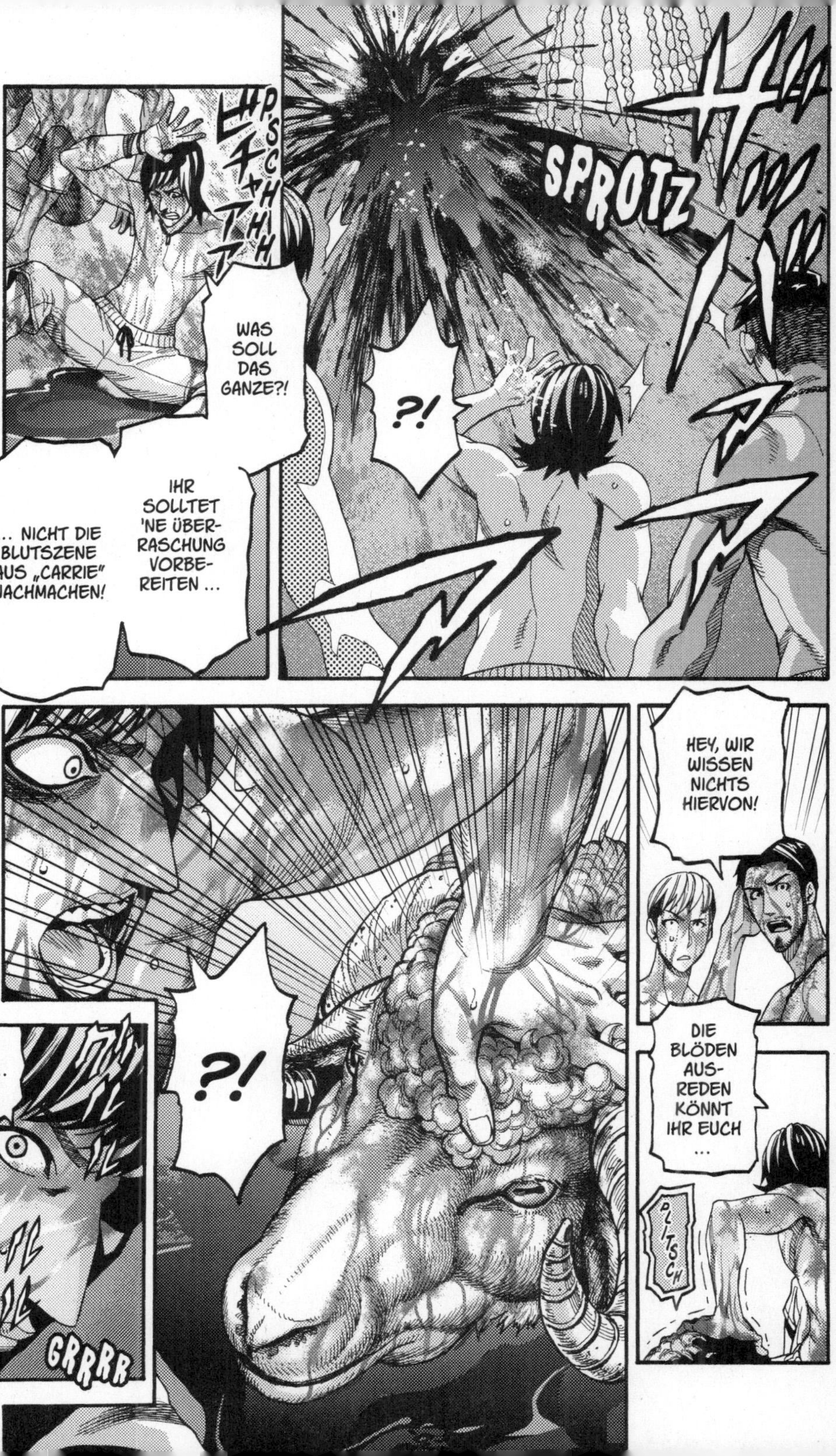
SPROTZ
?!
P'SCHHHH
WAS SOLL DAS GANZE?!
IHR SOLLTET 'NE ÜBERRASCHUNG VORBEREITEN ...
... NICHT DIE BLUTSZENE AUS „CARRIE" NACHMACHEN!
HEY, WIR WISSEN NICHTS HIERVON!
?!
DIE BLÖDEN AUSREDEN KÖNNT IHR EUCH ...
PLITSCH
...
GRRRRR

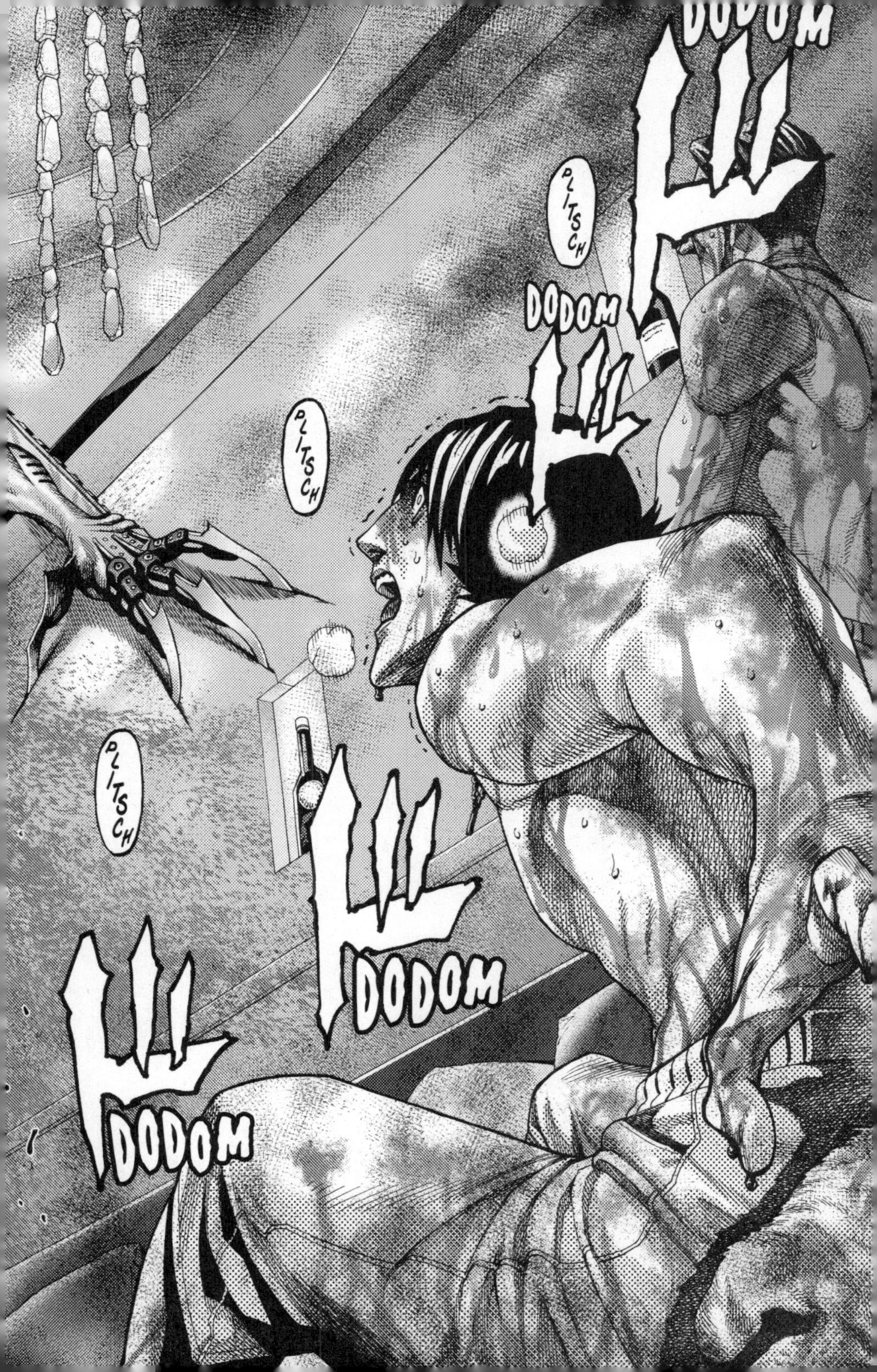
DODOM
PLITSCH
DODOM
PLITSCH
PLITSCH
DODOM
DODOM

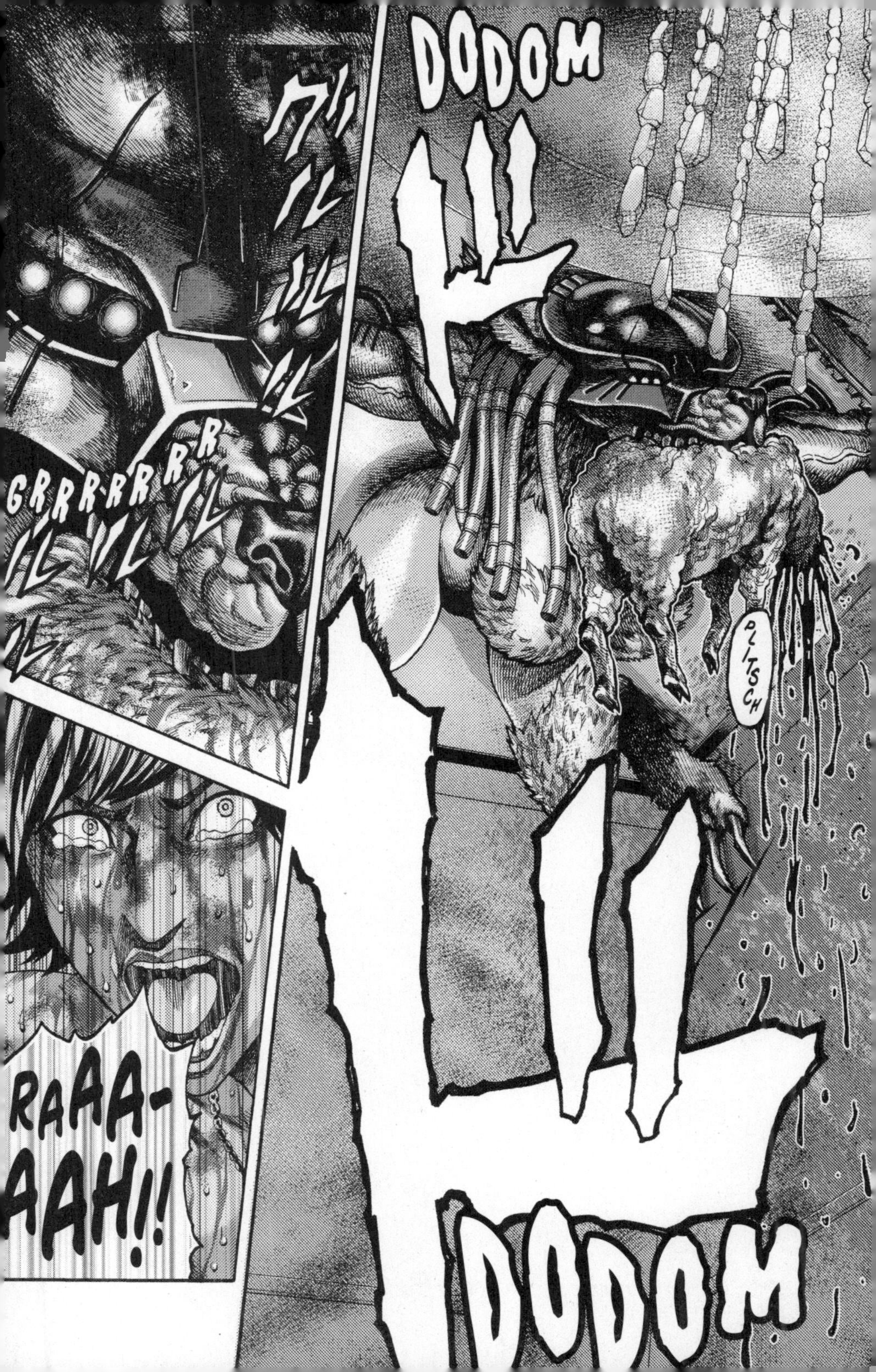
DODOM
PLITSCH
DODOM
GRRRRRRR
RAAA-AAH!!

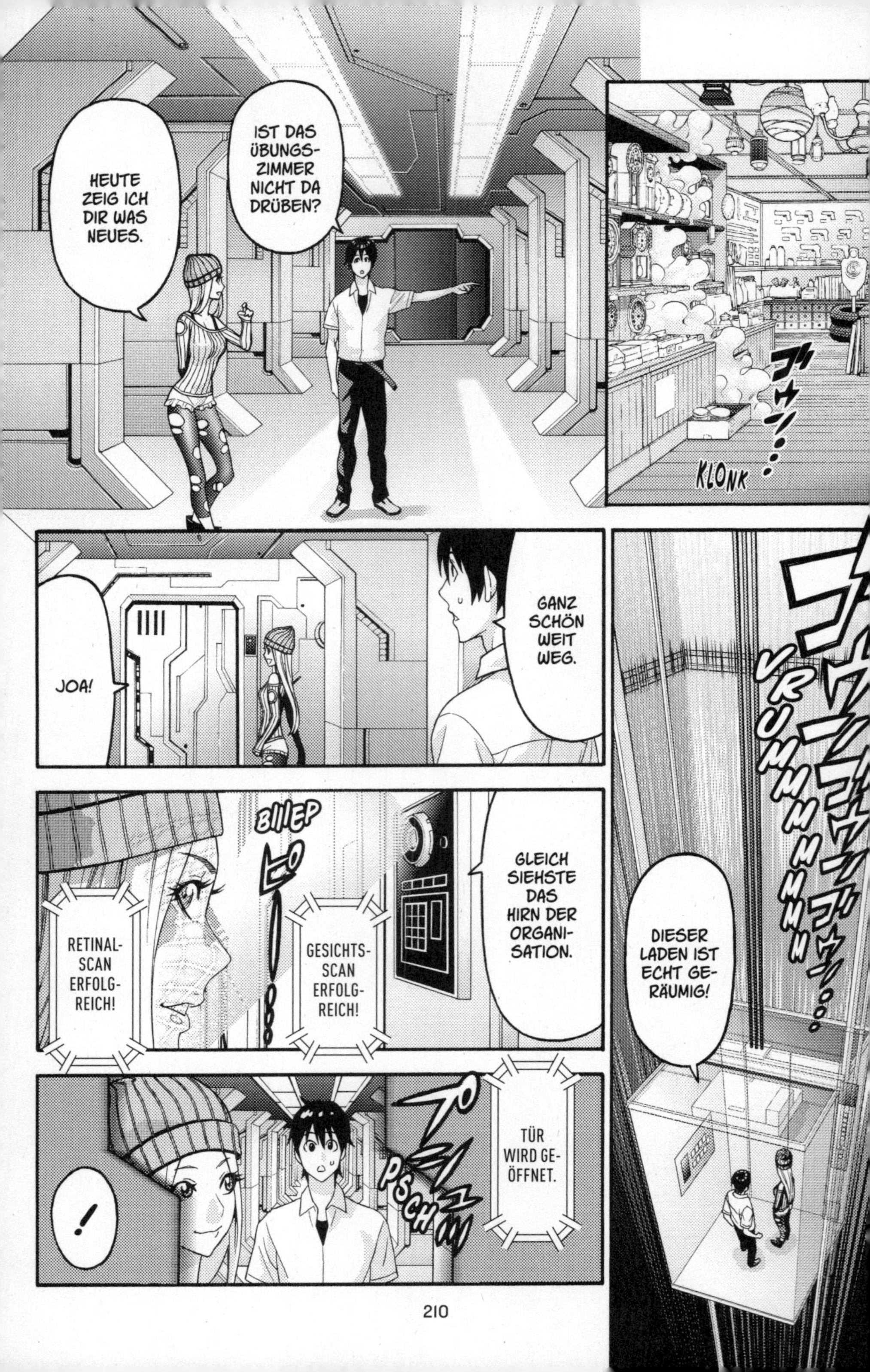
KLONK
IST DAS ÜBUNGSZIMMER NICHT DA DRÜBEN?
HEUTE ZEIG ICH DIR WAS NEUES.
VRUMMMMMMMM
DIESER LADEN IST ECHT GERÄUMIG!
GANZ SCHÖN WEIT WEG.
JOA!
GLEICH SIEHSTE DAS HIRN DER ORGANISATION.
BIIIEP
GESICHTSSCAN ERFOLGREICH!
RETINALSCAN ERFOLGREICH!
TÜR WIRD GEÖFFNET.
PSCHH
!

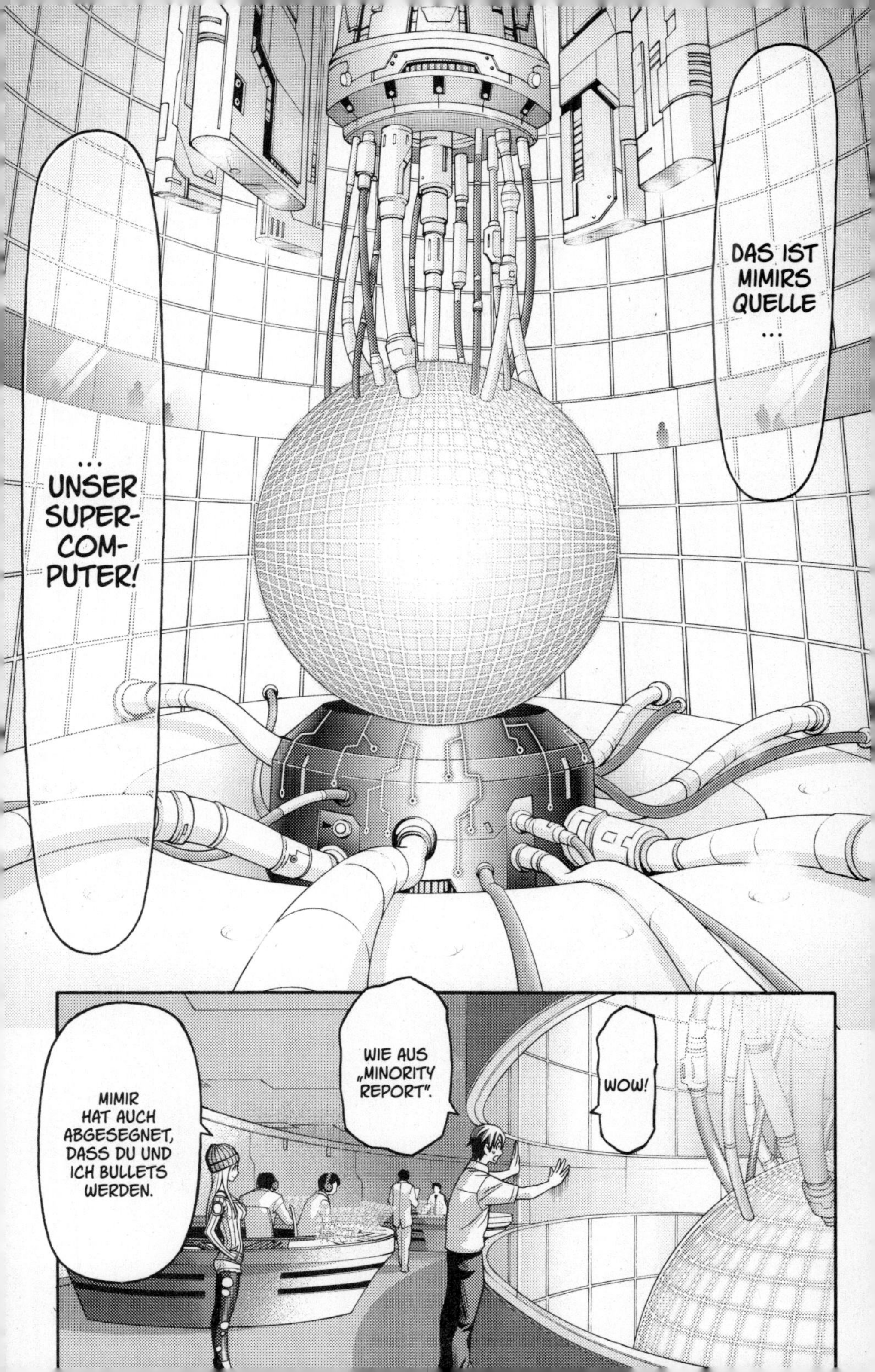
DAS IST MIMIRS QUELLE …
… UNSER SUPER-COMPUTER!
WOW!
WIE AUS „MINORITY REPORT“.
MIMIR HAT AUCH ABGESEGNET, DASS DU UND ICH BULLETS WERDEN.

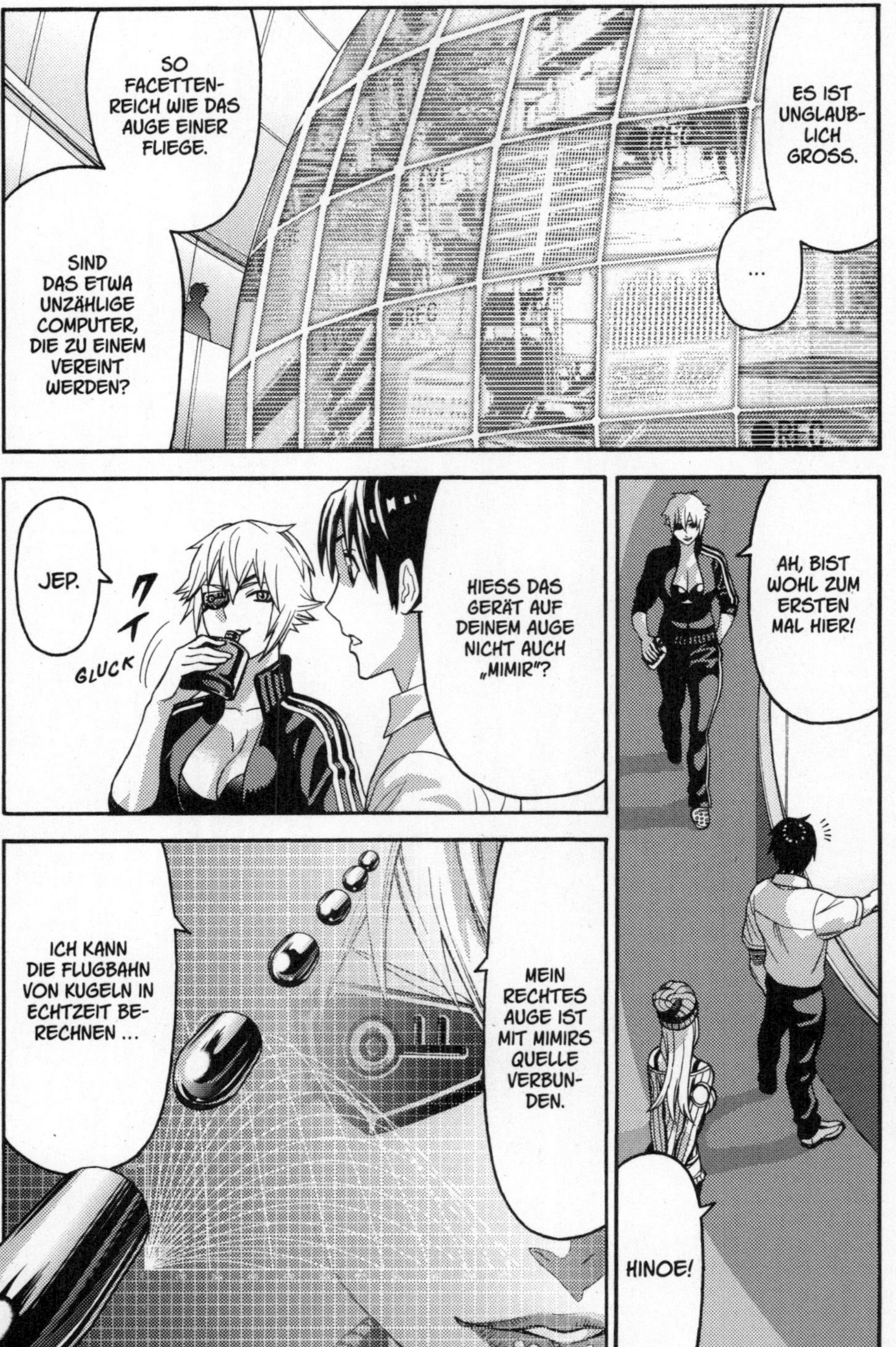
ES IST UNGLAUBLICH GROSS.
...
SO FACETTENREICH WIE DAS AUGE EINER FLIEGE.
SIND DAS ETWA UNZÄHLIGE COMPUTER, DIE ZU EINEM VEREINT WERDEN?
AH, BIST WOHL ZUM ERSTEN MAL HIER!
HINOE!
HIESS DAS GERÄT AUF DEINEM AUGE NICHT AUCH „MIMIR"?
JEP.
GLUCK
MEIN RECHTES AUGE IST MIT MIMIRS QUELLE VERBUNDEN.
ICH KANN DIE FLUGBAHN VON KUGELN IN ECHTZEIT BERECHNEN ...

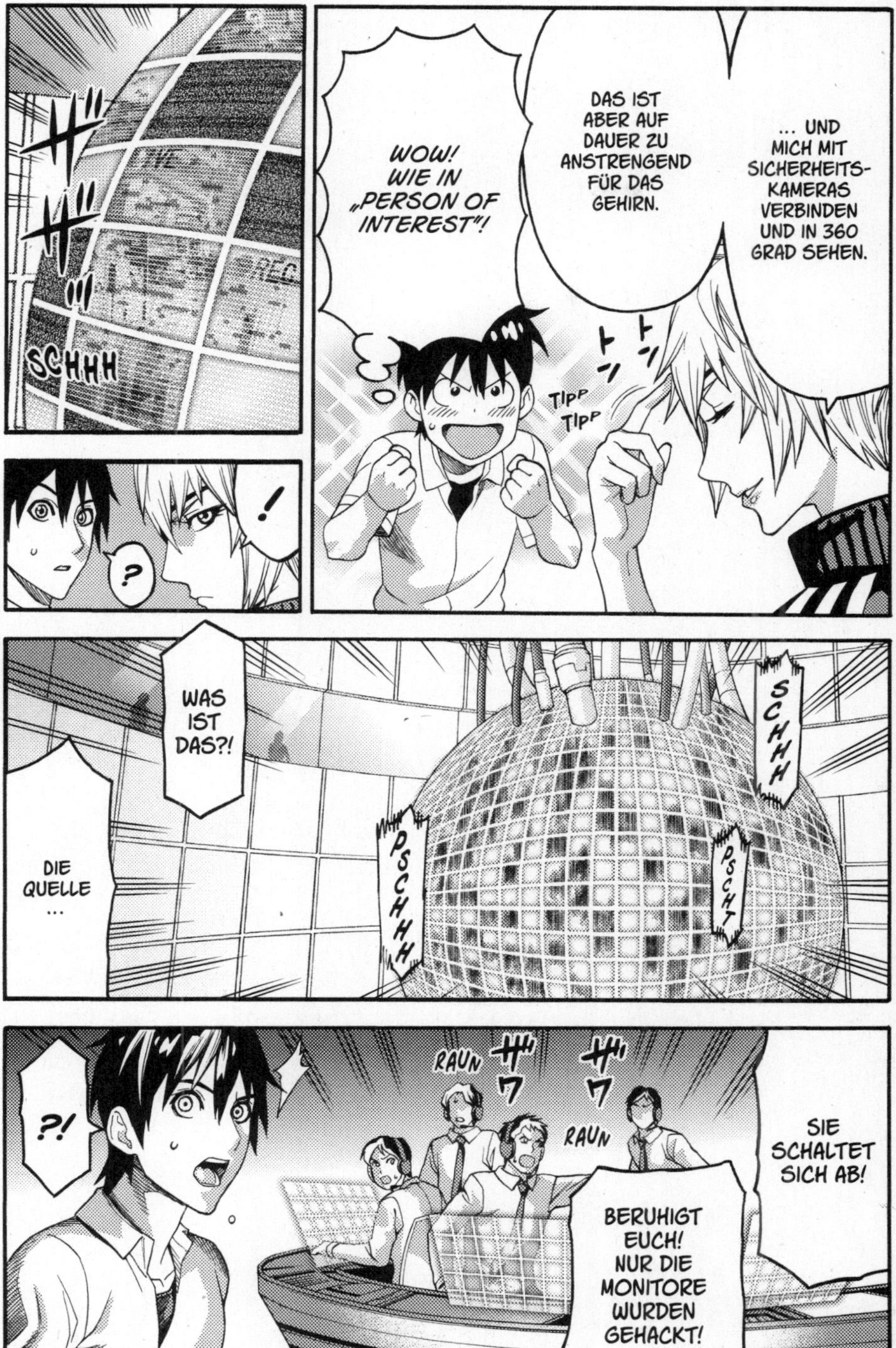

... UND MICH MIT SICHERHEITS-KAMERAS VERBINDEN UND IN 360 GRAD SEHEN.
DAS IST ABER AUF DAUER ZU ANSTRENGEND FÜR DAS GEHIRN.
WOW! WIE IN „PERSON OF INTEREST“!
TIPP TIPP
SCHHH
!
?
SCHHH
PSCHT
PSCHHH
WAS IST DAS?!
DIE QUELLE ...
SIE SCHALTET SICH AB!
RAUN
RAUN
BERUHIGT EUCH! NUR DIE MONITORE WURDEN GEHACKT!
?!

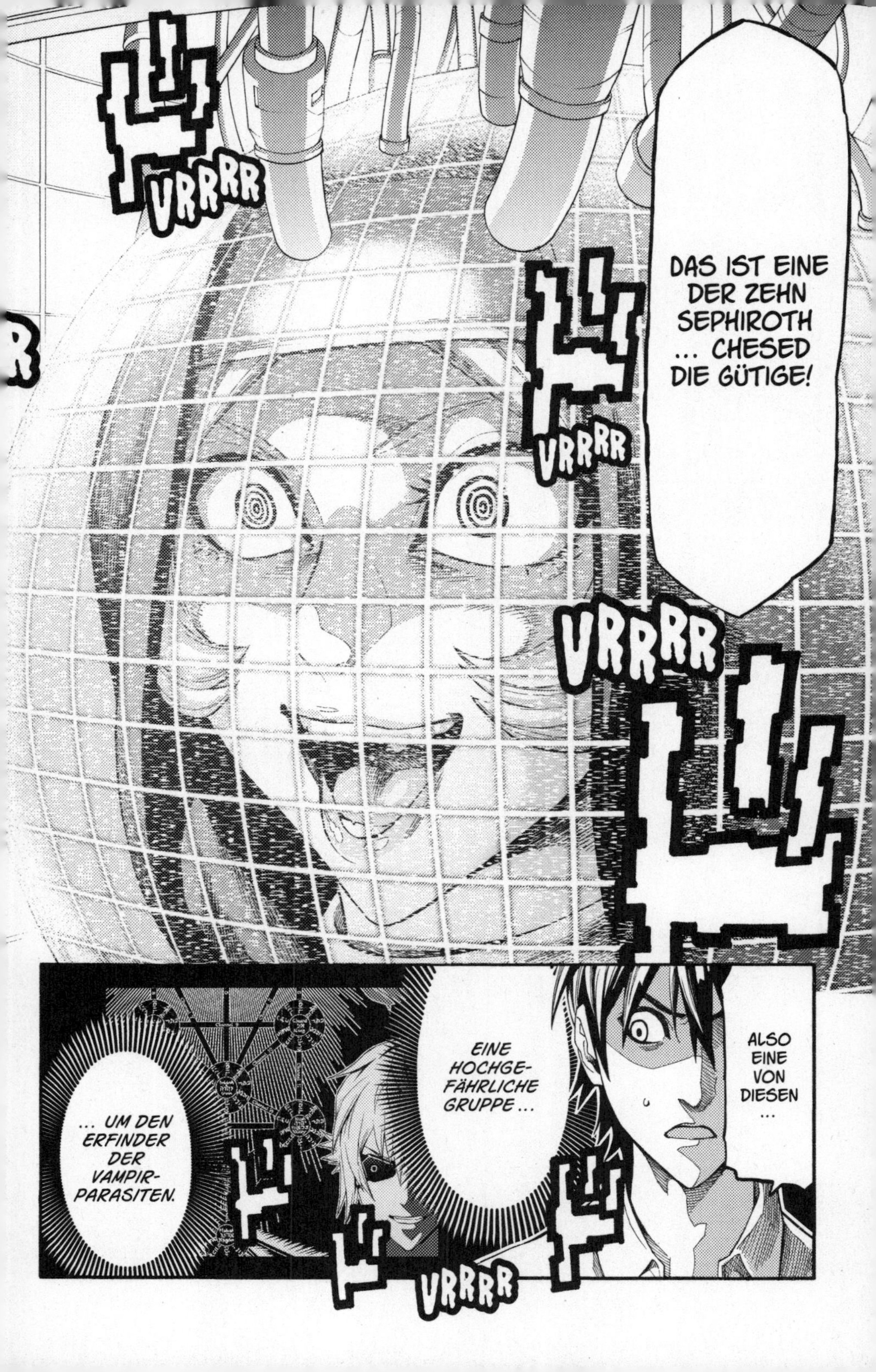
VRRRR
DAS IST EINE DER ZEHN SEPHIROTH ... CHESED DIE GÜTIGE!
VRRRR
VRRRR
ALSO EINE VON DIESEN ...
EINE HOCHGE-FÄHRLICHE GRUPPE ...
... UM DEN ERFINDER DER VAMPIR-PARASITEN.
VRRRR

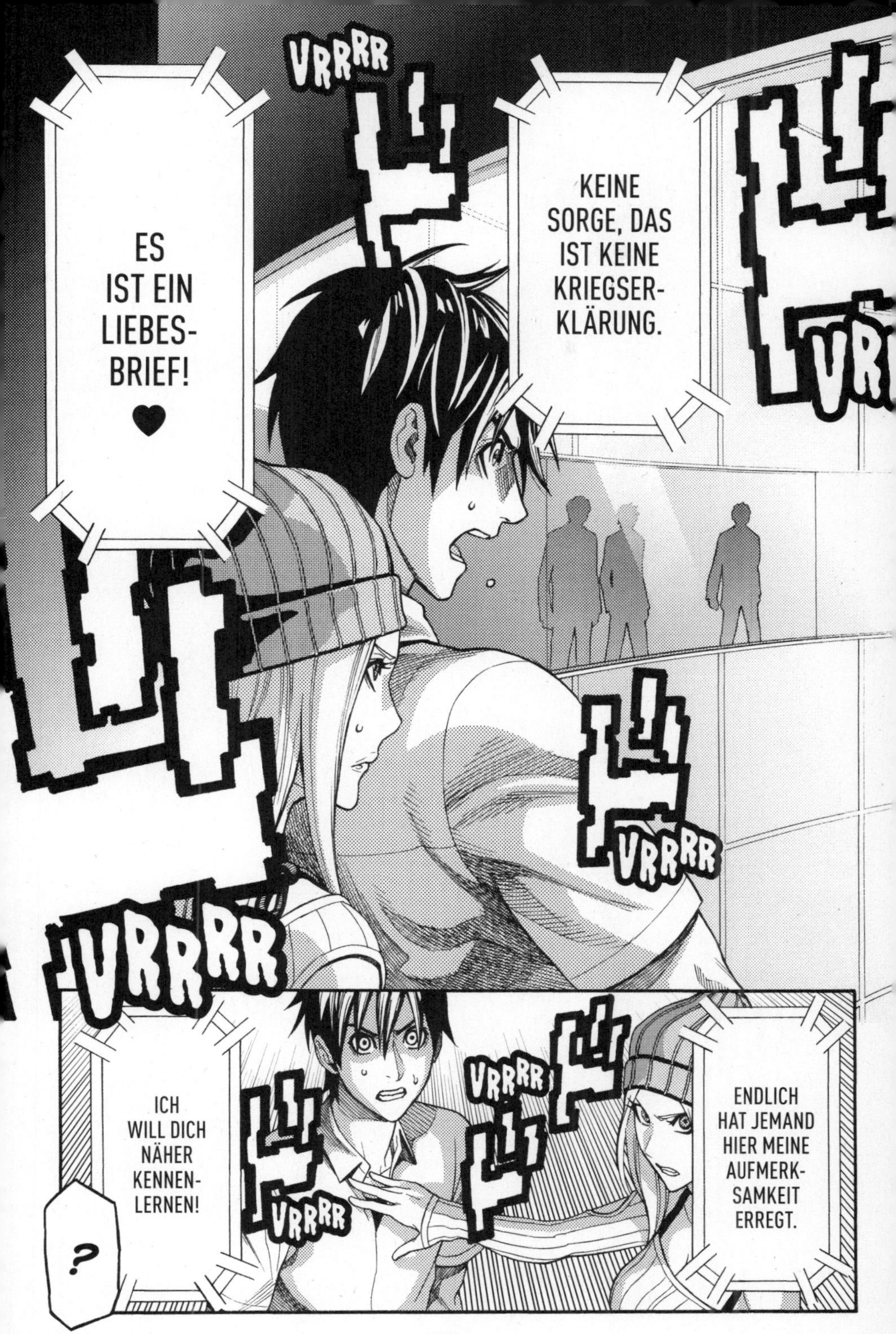
VRRRR
KEINE SORGE, DAS IST KEINE KRIEGSER-KLÄRUNG.
VR
ES IST EIN LIEBES-BRIEF! ♥
VRRRR
VRRRR
ENDLICH HAT JEMAND HIER MEINE AUFMERK-SAMKEIT ERREGT.
VRRRR
ICH WILL DICH NÄHER KENNEN-LERNEN!
VRRRR
?

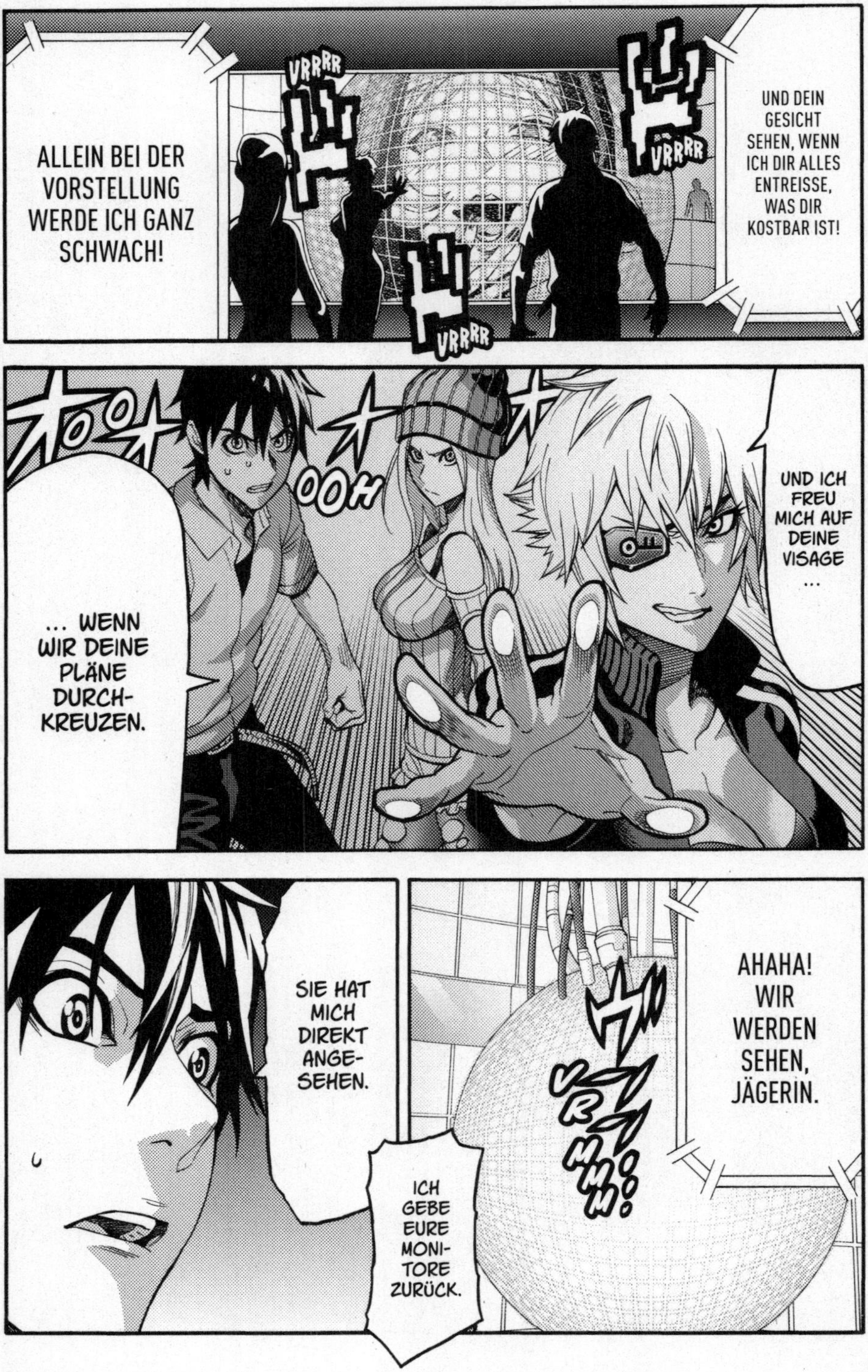
UND DEIN GESICHT SEHEN, WENN ICH DIR ALLES ENTREISSE, WAS DIR KOSTBAR IST!
VRRRR
VRRRR
VRRRR
ALLEIN BEI DER VORSTELLUNG WERDE ICH GANZ SCHWACH!
UND ICH FREU MICH AUF DEINE VISAGE ...
OOH
... WENN WIR DEINE PLÄNE DURCH-KREUZEN.
AHAHA! WIR WERDEN SEHEN, JÄGERIN.
VRMMM!
SIE HAT MICH DIREKT ANGE-SEHEN.
ICH GEBE EURE MONI-TORE ZURÜCK.

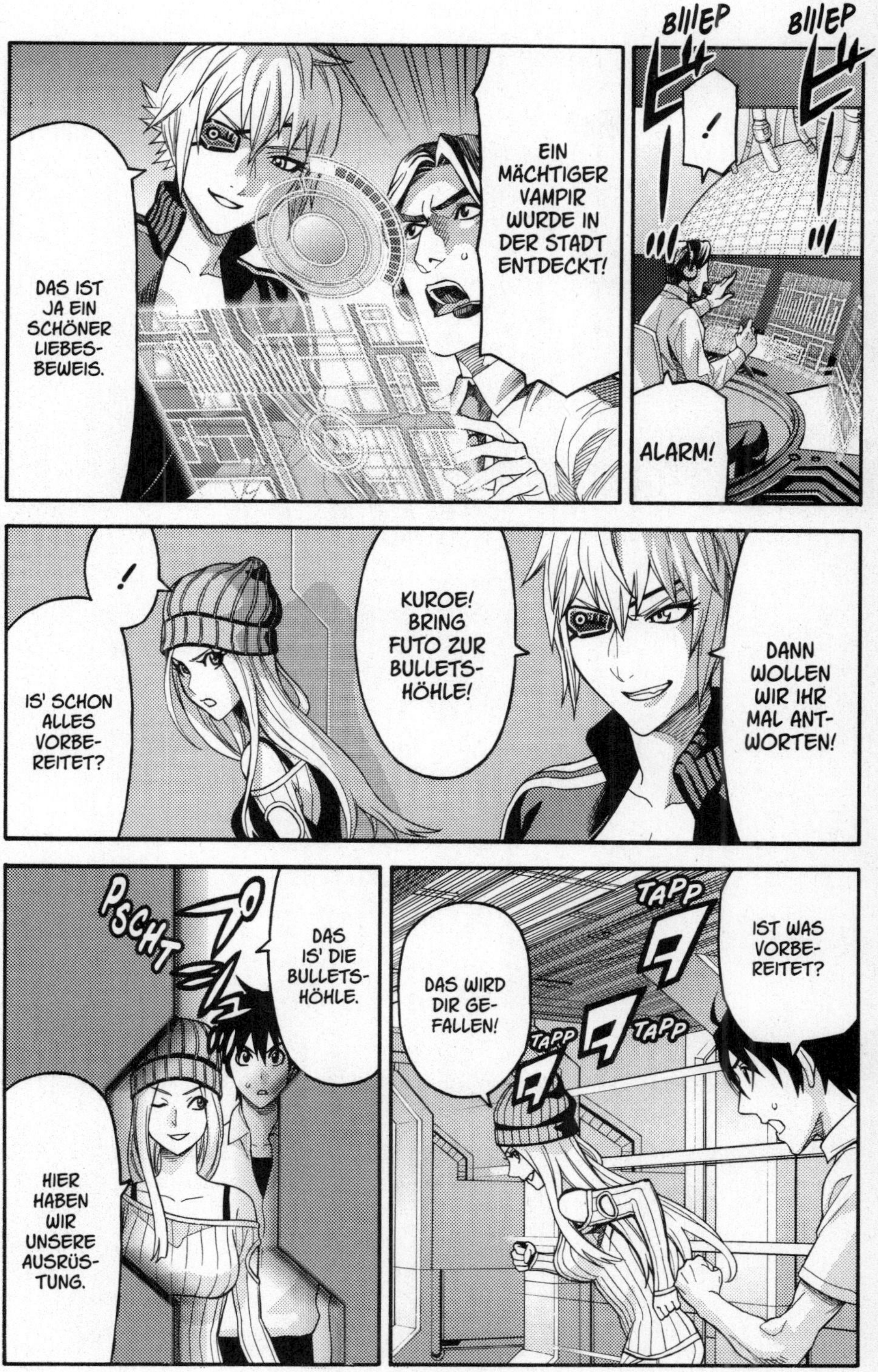
BIIIEP
BIIIEP
!
ALARM!
EIN MÄCHTIGER VAMPIR WURDE IN DER STADT ENTDECKT!
DAS IST JA EIN SCHÖNER LIEBES-BEWEIS.
DANN WOLLEN WIR IHR MAL ANT-WORTEN!
KUROE! BRING FUTO ZUR BULLETS-HÖHLE!
!
IS' SCHON ALLES VORBE-REITET?
IST WAS VORBE-REITET?
TAPP
TAPP
TAPP
DAS WIRD DIR GE-FALLEN!
PSCHT
DAS IS' DIE BULLETS-HÖHLE.
HIER HABEN WIR UNSERE AUSRÜS-TUNG.

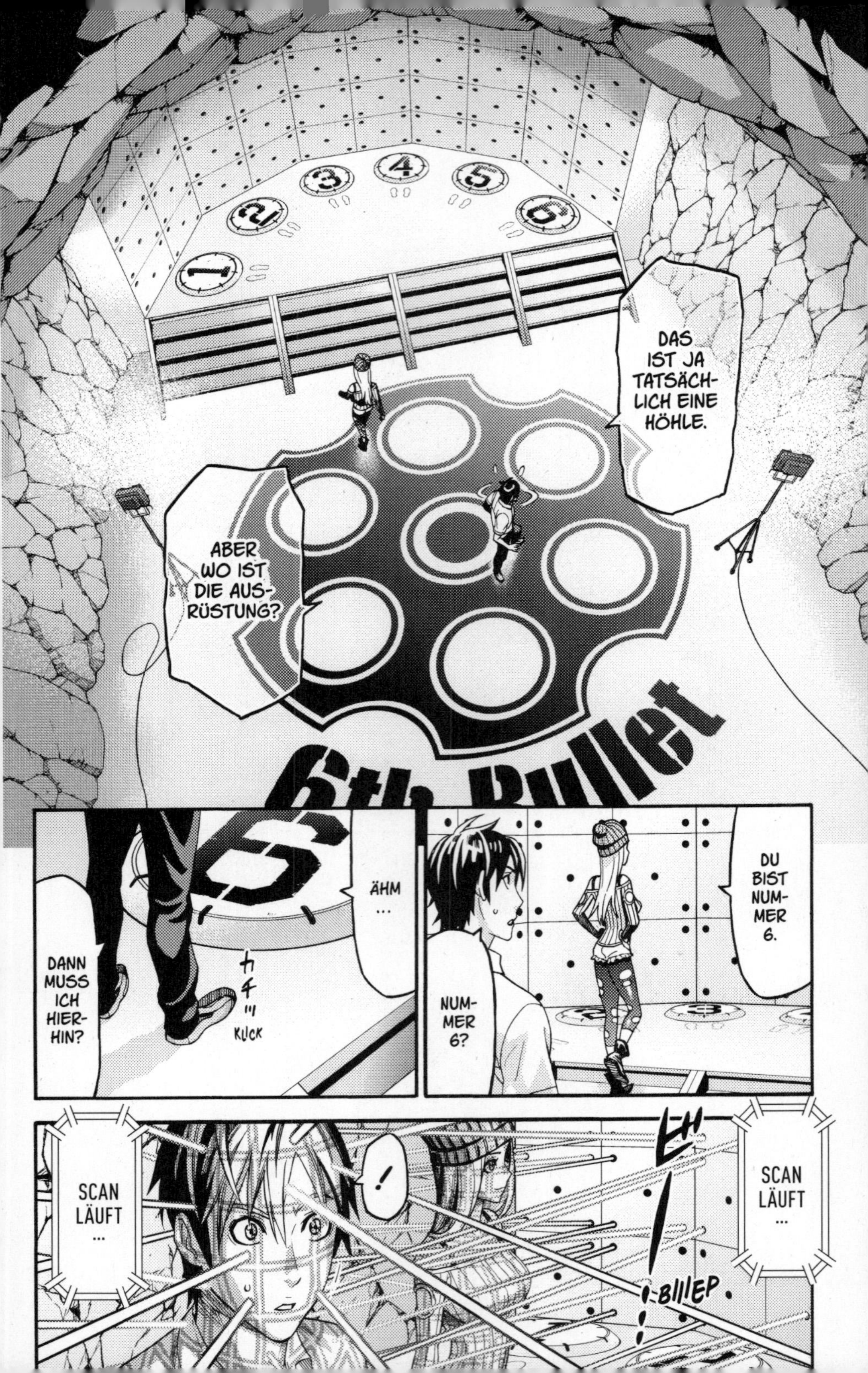
6th Bullet
DAS IST JA TATSÄCHLICH EINE HÖHLE.
ABER WO IST DIE AUSRÜSTUNG?
DU BIST NUMMER 6.
NUMMER 6?
ÄHM …
KLICK
DANN MUSS ICH HIERHIN?
SCAN LÄUFT …
BIIIEP
!
SCAN LÄUFT …

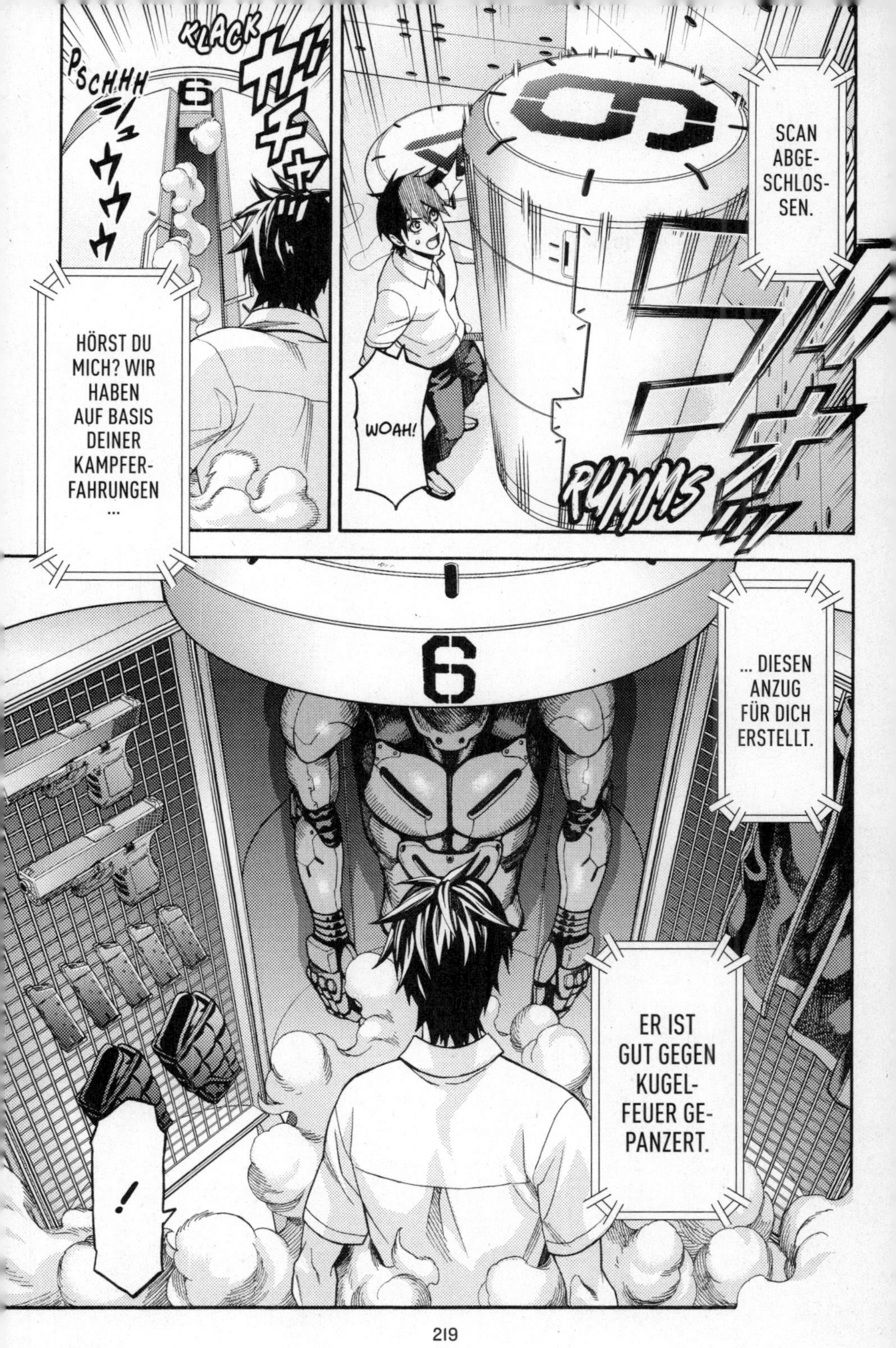
SCAN ABGE-SCHLOS-SEN.
KLACK
PSCHHH
WOAH!
RUMMS
HÖRST DU MICH? WIR HABEN AUF BASIS DEINER KAMPFER-FAHRUNGEN ...
... DIESEN ANZUG FÜR DICH ERSTELLT.
6
ER IST GUT GEGEN KUGEL-FEUER GE-PANZERT.
!

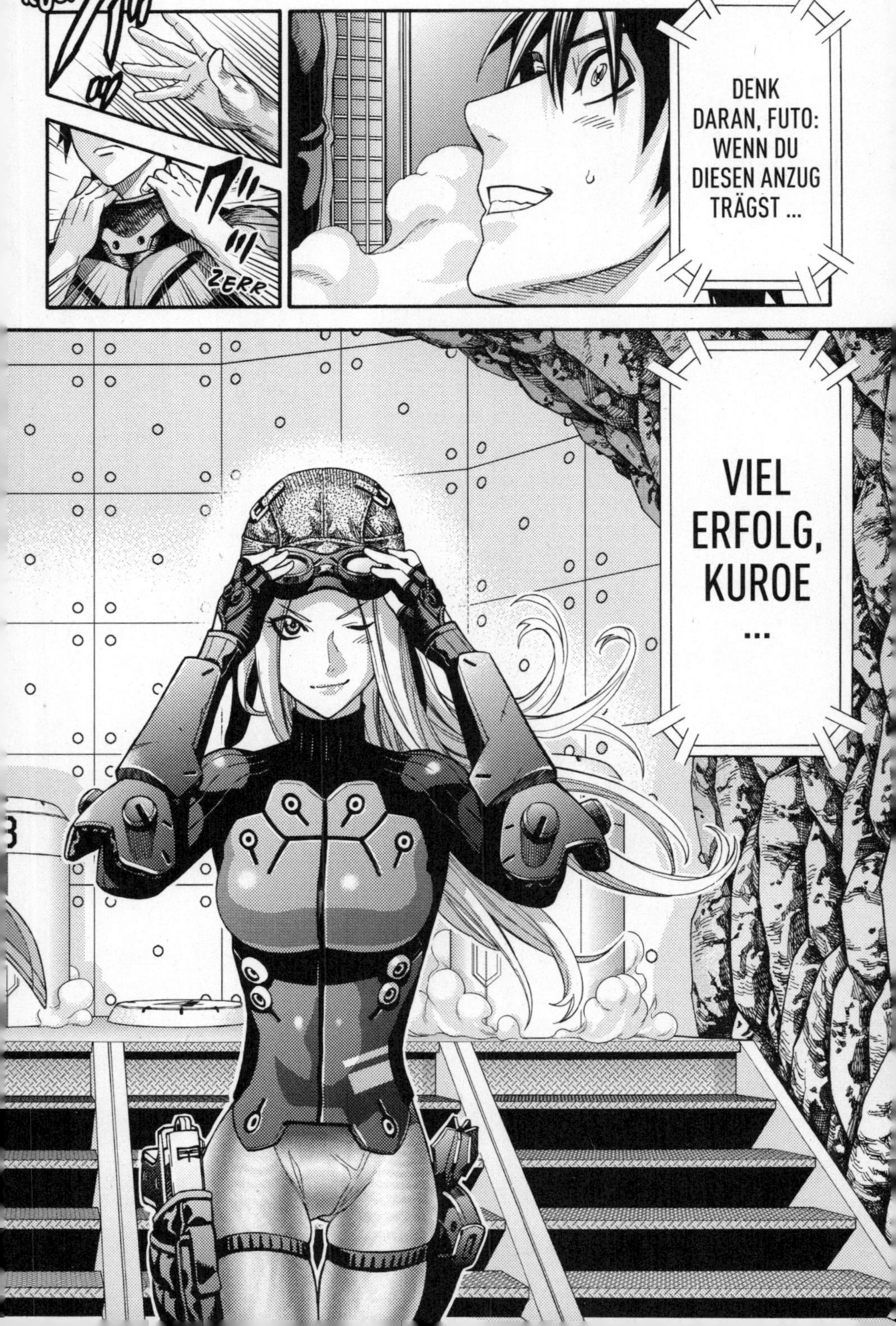
RUCK
DENK DARAN, FUTO: WENN DU DIESEN ANZUG TRÄGST ...
ZERR
VIEL ERFOLG, KUROE ...

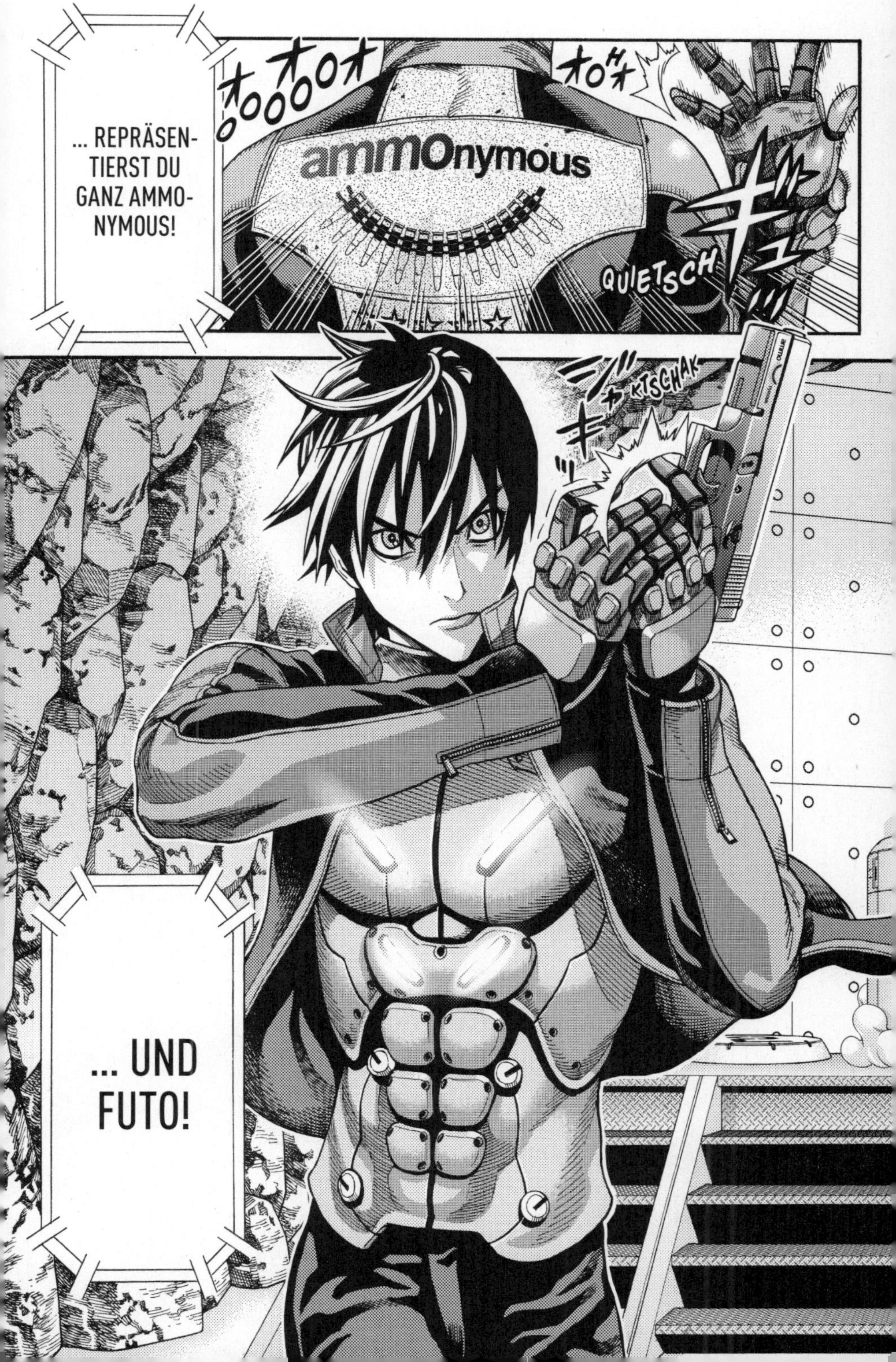
... REPRÄSENTIERST DU GANZ AMMONYMOUS!
ammOnymous
QUIETSCH
KTSCHAK
... UND FUTO!

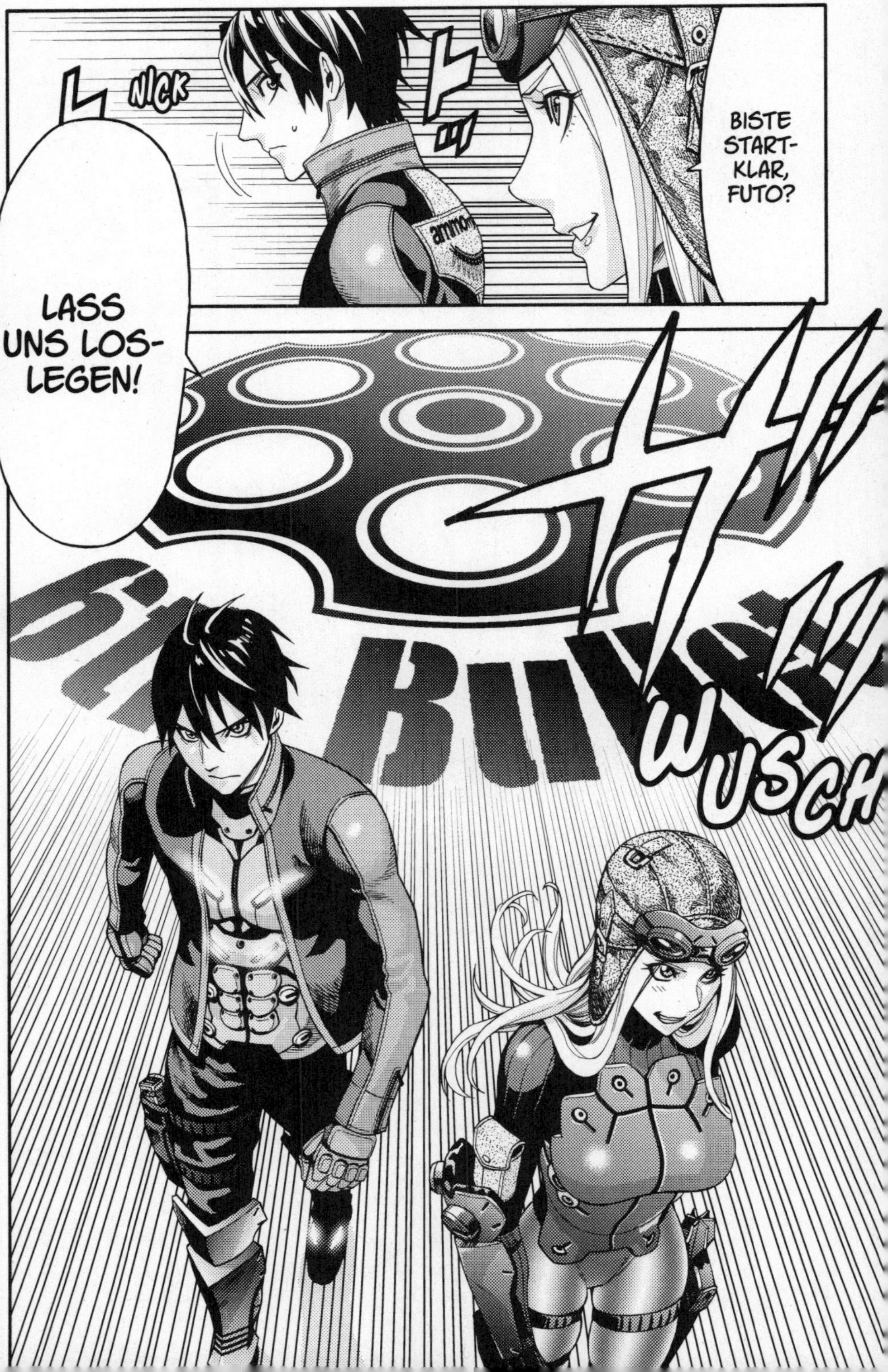

BISTE START-KLAR, FUTO?
NICK
LASS UNS LOS-LEGEN!
WUSCH

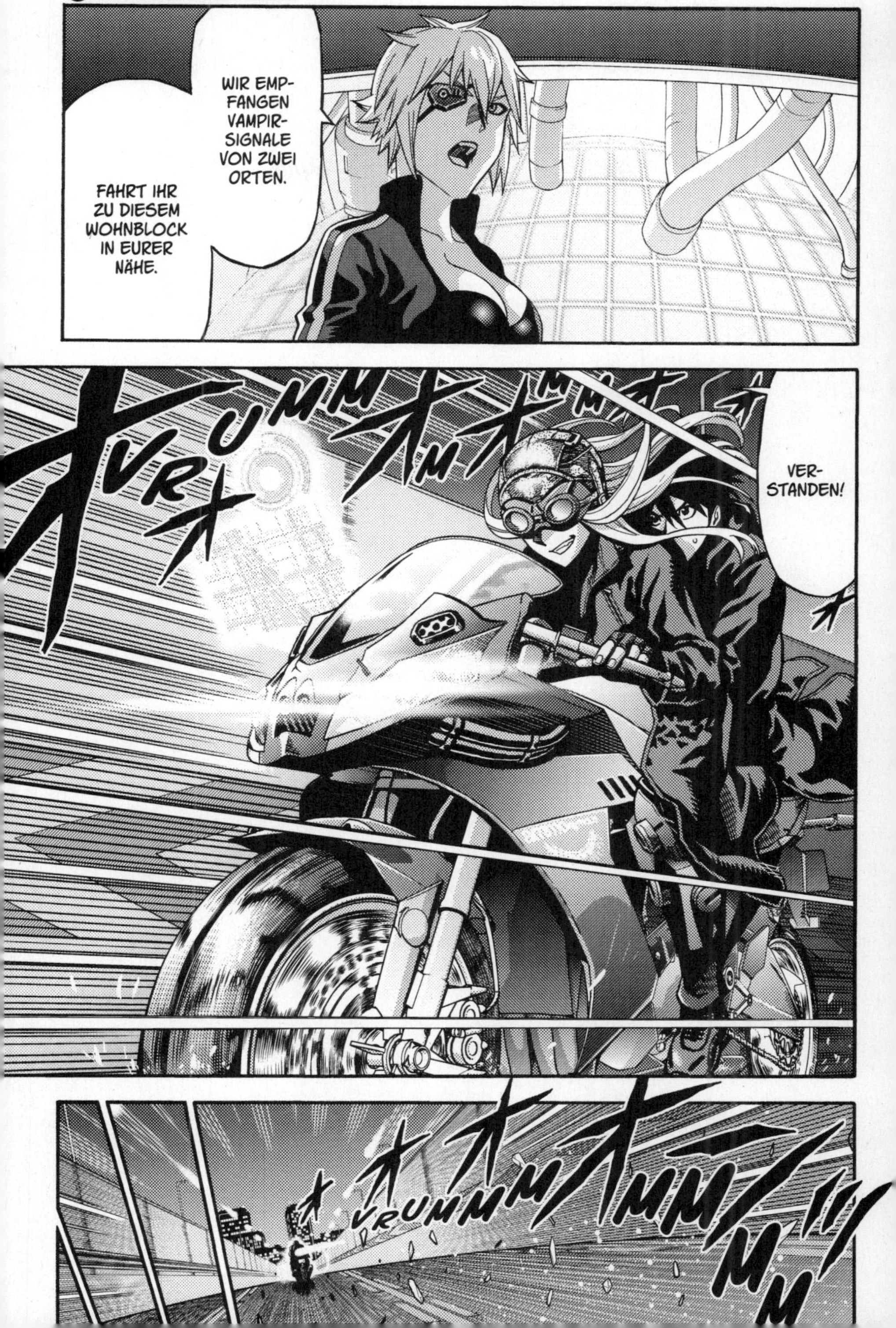
WIR EMPFANGEN VAMPIRSIGNALE VON ZWEI ORTEN.
FAHRT IHR ZU DIESEM WOHNBLOCK IN EURER NÄHE.
VRUMMMMMMM
VERSTANDEN!
VRUMMMMMMMMM!!

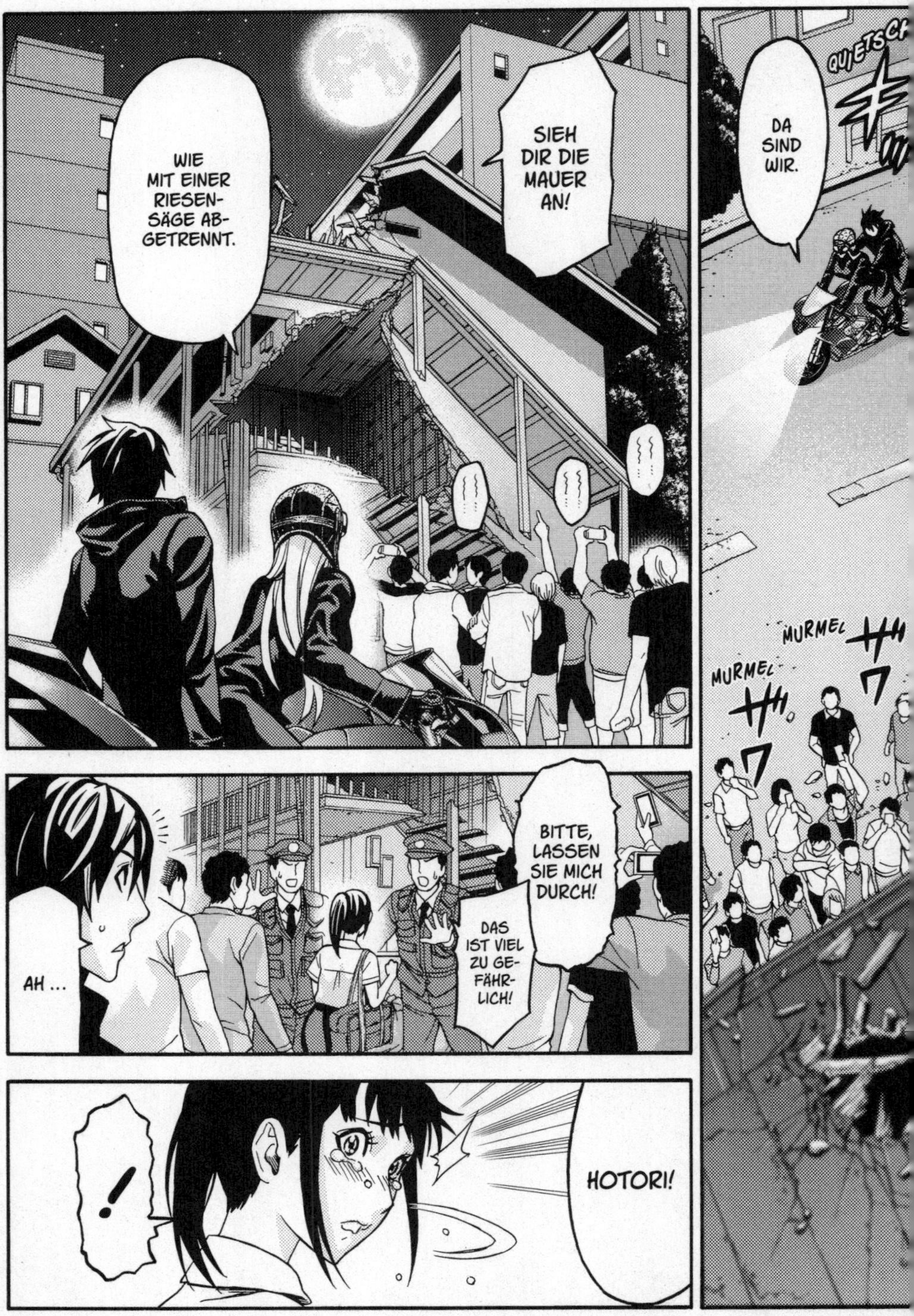
QUIETSCH
DA SIND WIR.
SIEH DIR DIE MAUER AN!
WIE MIT EINER RIESEN-SÄGE AB-GETRENNT.
MURMEL
MURMEL
BITTE, LASSEN SIE MICH DURCH!
DAS IST VIEL ZU GE-FÄHR-LICH!
AH …
HOTORI!
!

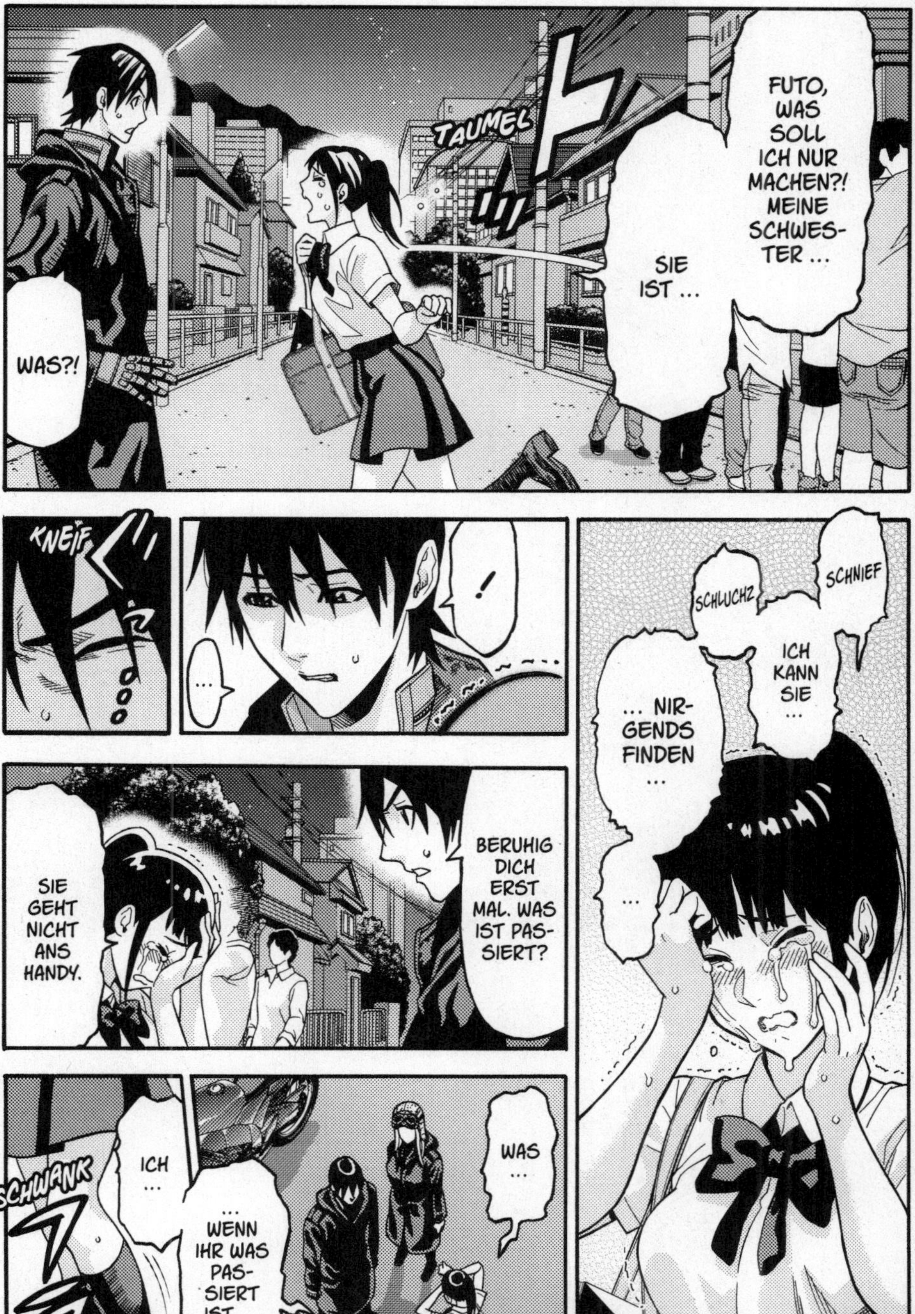
FUTO, WAS SOLL ICH NUR MACHEN?! MEINE SCHWESTER …
SIE IST …
TAUMEL
WAS?!
SCHNIEF
SCHLUCHZ
ICH KANN SIE …
… NIRGENDS FINDEN …
…
!
…
KNEIF
BERUHIG DICH ERST MAL. WAS IST PASSIERT?
SIE GEHT NICHT ANS HANDY.
WAS …
… WENN IHR WAS PASSIERT IST …
ICH …
SCHWANK

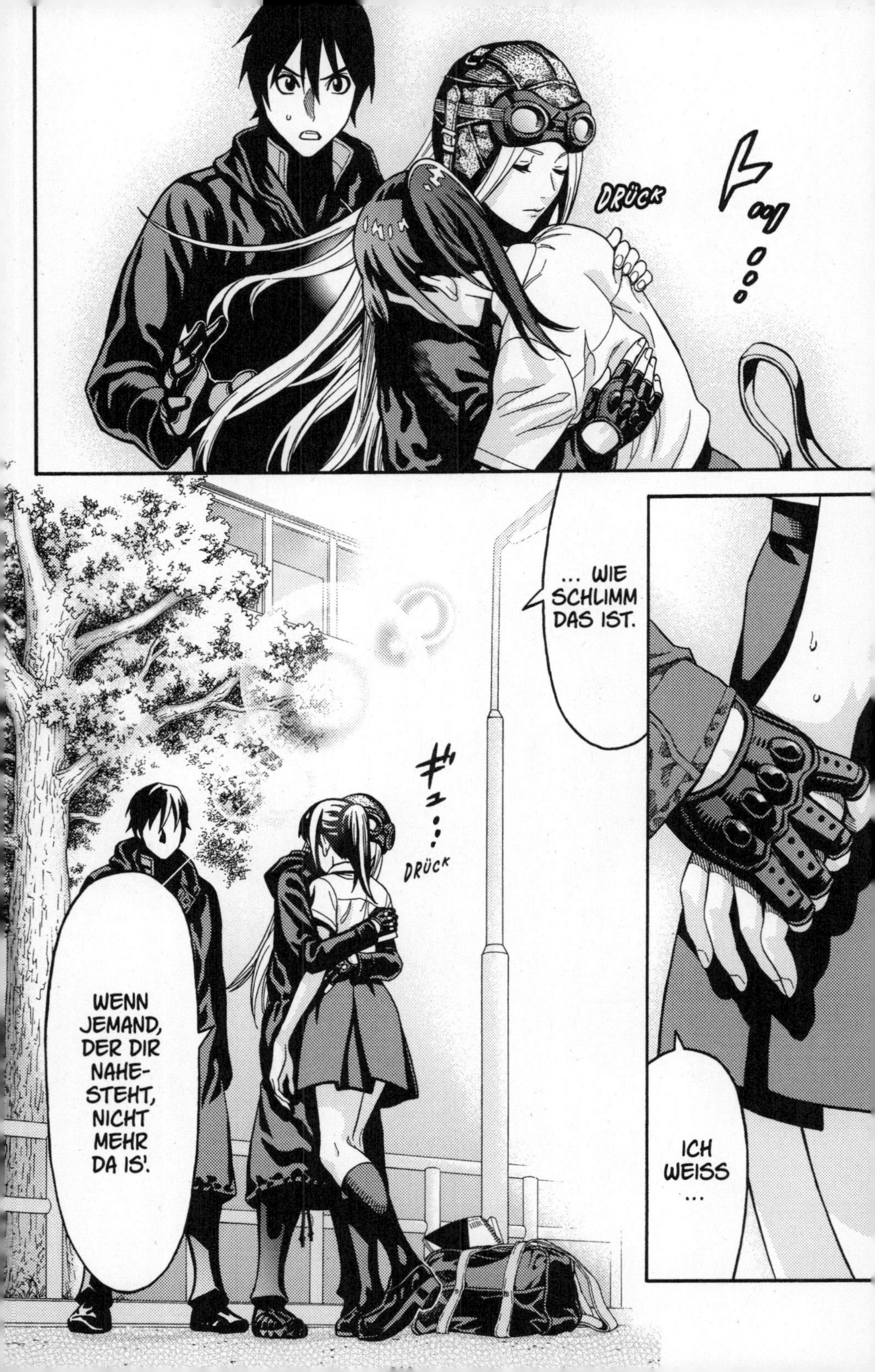
DRÜCK
... WIE SCHLIMM DAS IST.
ICH WEISS ...
DRÜCK
WENN JEMAND, DER DIR NAHE-STEHT, NICHT MEHR DA IS'.

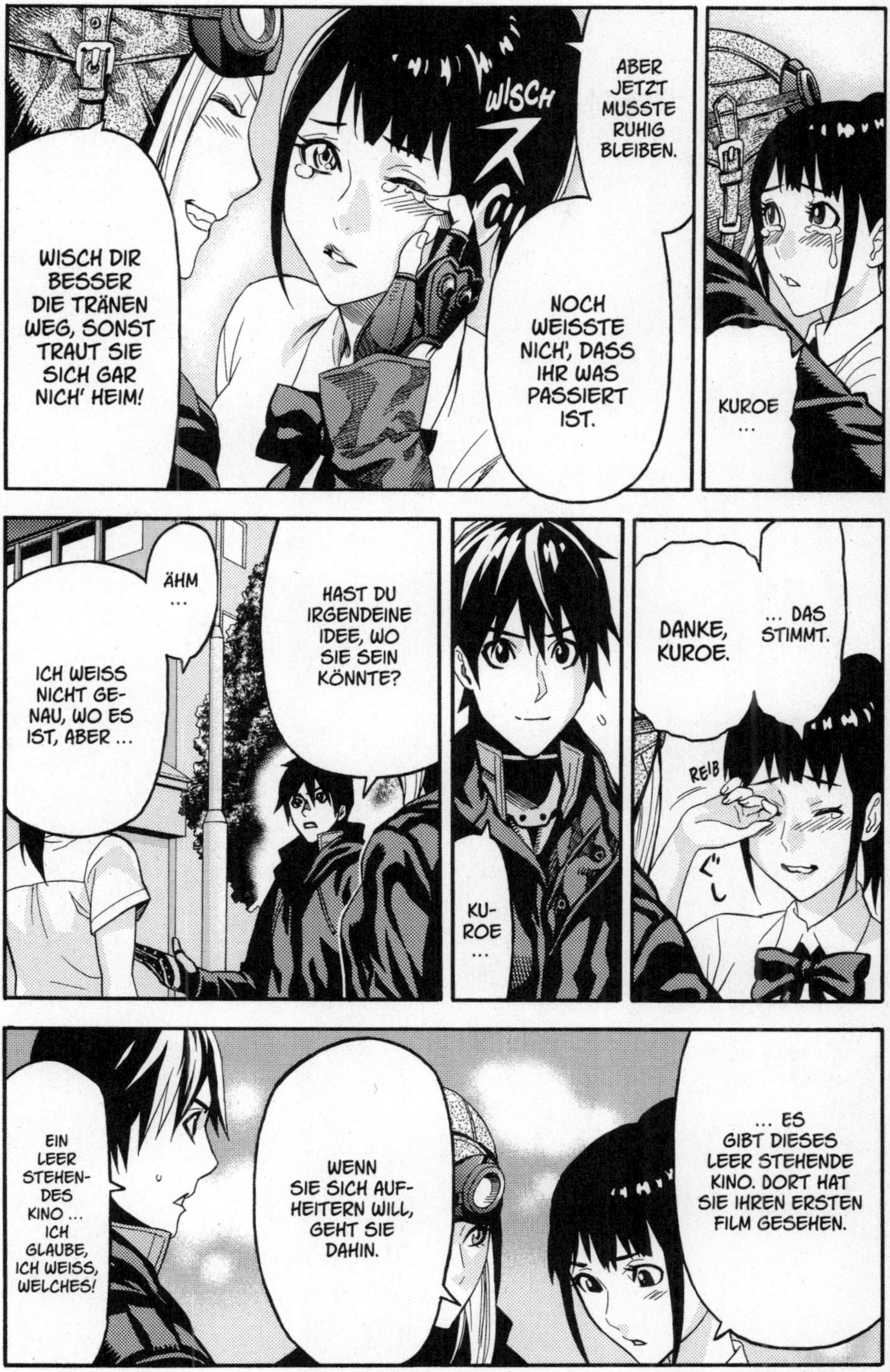
KUROE …
ABER JETZT MUSSTE RUHIG BLEIBEN.
WISCH
NOCH WEISSTE NICH', DASS IHR WAS PASSIERT IST.
WISCH DIR BESSER DIE TRÄNEN WEG, SONST TRAUT SIE SICH GAR NICH' HEIM!
… DAS STIMMT.
DANKE, KUROE.
REIB
KU-ROE …
HAST DU IRGENDEINE IDEE, WO SIE SEIN KÖNNTE?
ÄHM …
ICH WEISS NICHT GE-NAU, WO ES IST, ABER …
… ES GIBT DIESES LEER STEHENDE KINO. DORT HAT SIE IHREN ERSTEN FILM GESEHEN.
WENN SIE SICH AUF-HEITERN WILL, GEHT SIE DAHIN.
EIN LEER STEHEN-DES KINO … ICH GLAUBE, ICH WEISS, WELCHES!

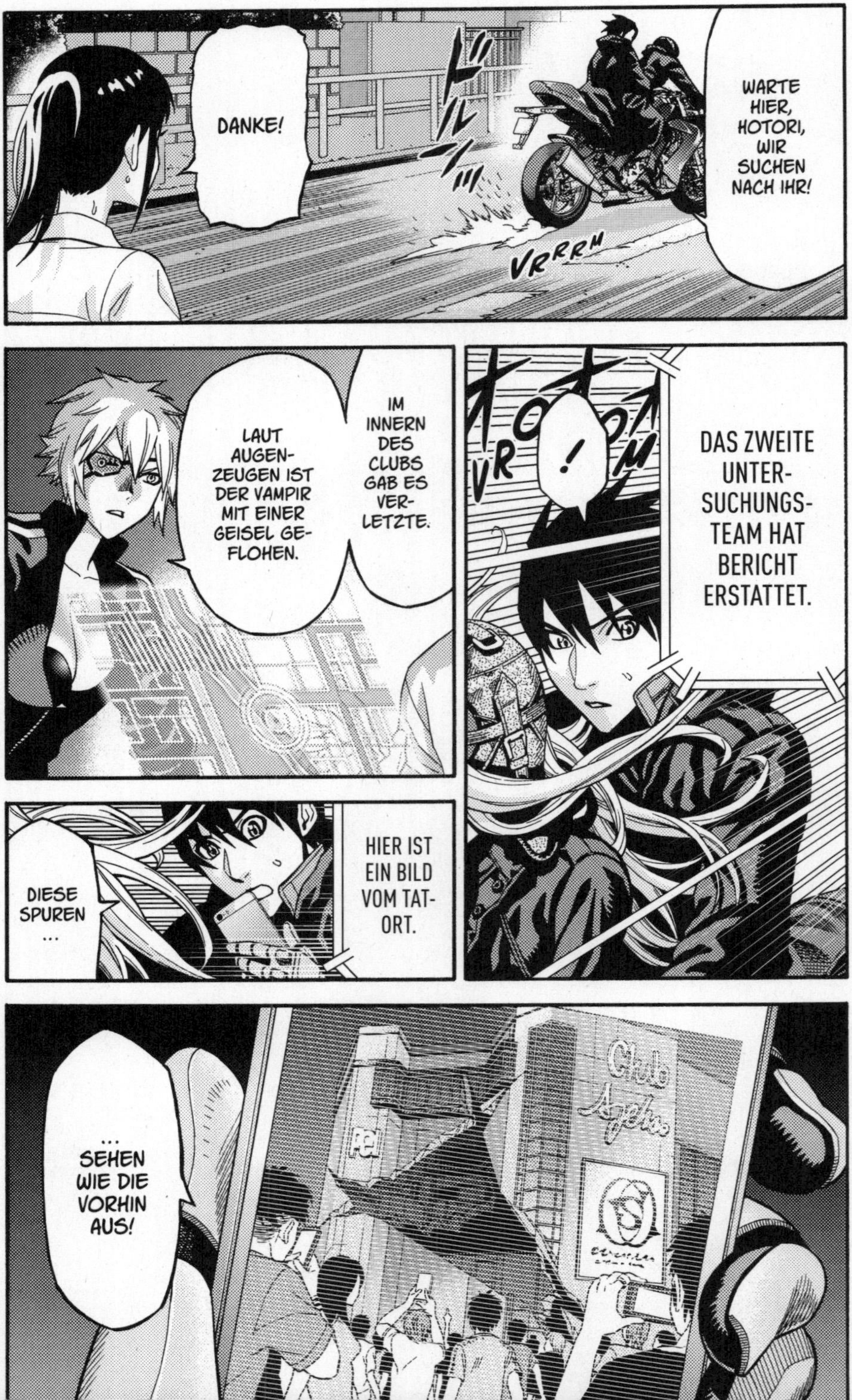
WARTE HIER, HOTORI, WIR SUCHEN NACH IHR!
VRRRM
DANKE!
VROOOM
!
DAS ZWEITE UNTER-SUCHUNGS-TEAM HAT BERICHT ERSTATTET.
IM INNERN DES CLUBS GAB ES VER-LETZTE.
LAUT AUGEN-ZEUGEN IST DER VAMPIR MIT EINER GEISEL GE-FLOHEN.
HIER IST EIN BILD VOM TAT-ORT.
DIESE SPUREN …
… SEHEN WIE DIE VORHIN AUS!

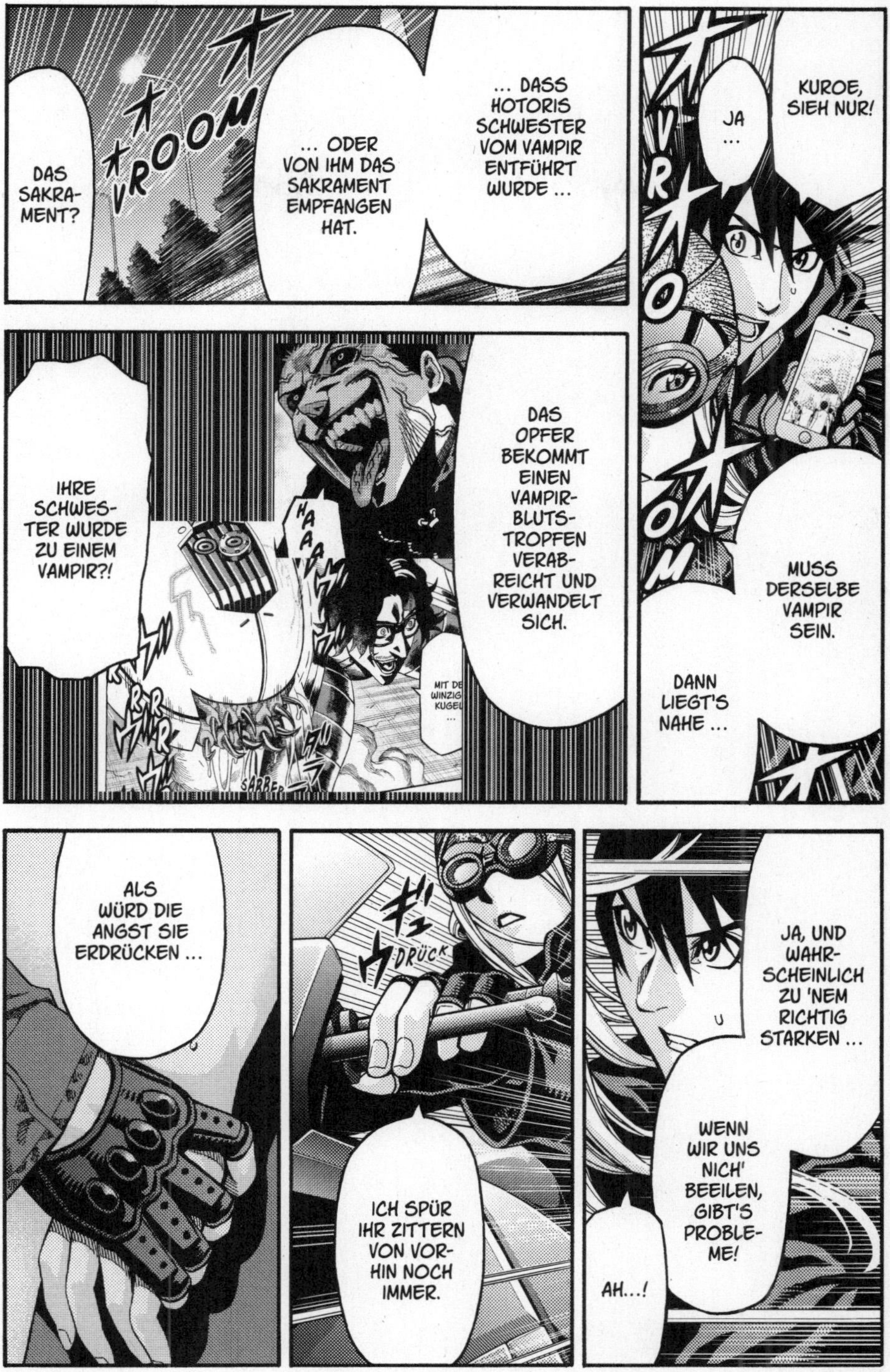
KUROE, SIEH NUR!
JA …
VROOM
… DASS HOTORIS SCHWESTER VOM VAMPIR ENTFÜHRT WURDE …
… ODER VON IHM DAS SAKRAMENT EMPFANGEN HAT.
DAS SAKRAMENT?
VROOM
MUSS DERSELBE VAMPIR SEIN.
DANN LIEGT'S NAHE …
DAS OPFER BEKOMMT EINEN VAMPIRBLUTSTROPFEN VERABREICHT UND VERWANDELT SICH.
HAAA
SABBER
IHRE SCHWESTER WURDE ZU EINEM VAMPIR?!
JA, UND WAHRSCHEINLICH ZU 'NEM RICHTIG STARKEN …
WENN WIR UNS NICH' BEEILEN, GIBT'S PROBLEME!
AH…!
DRÜCK
ICH SPÜR IHR ZITTERN VON VORHIN NOCH IMMER.
ALS WÜRD DIE ANGST SIE ERDRÜCKEN …

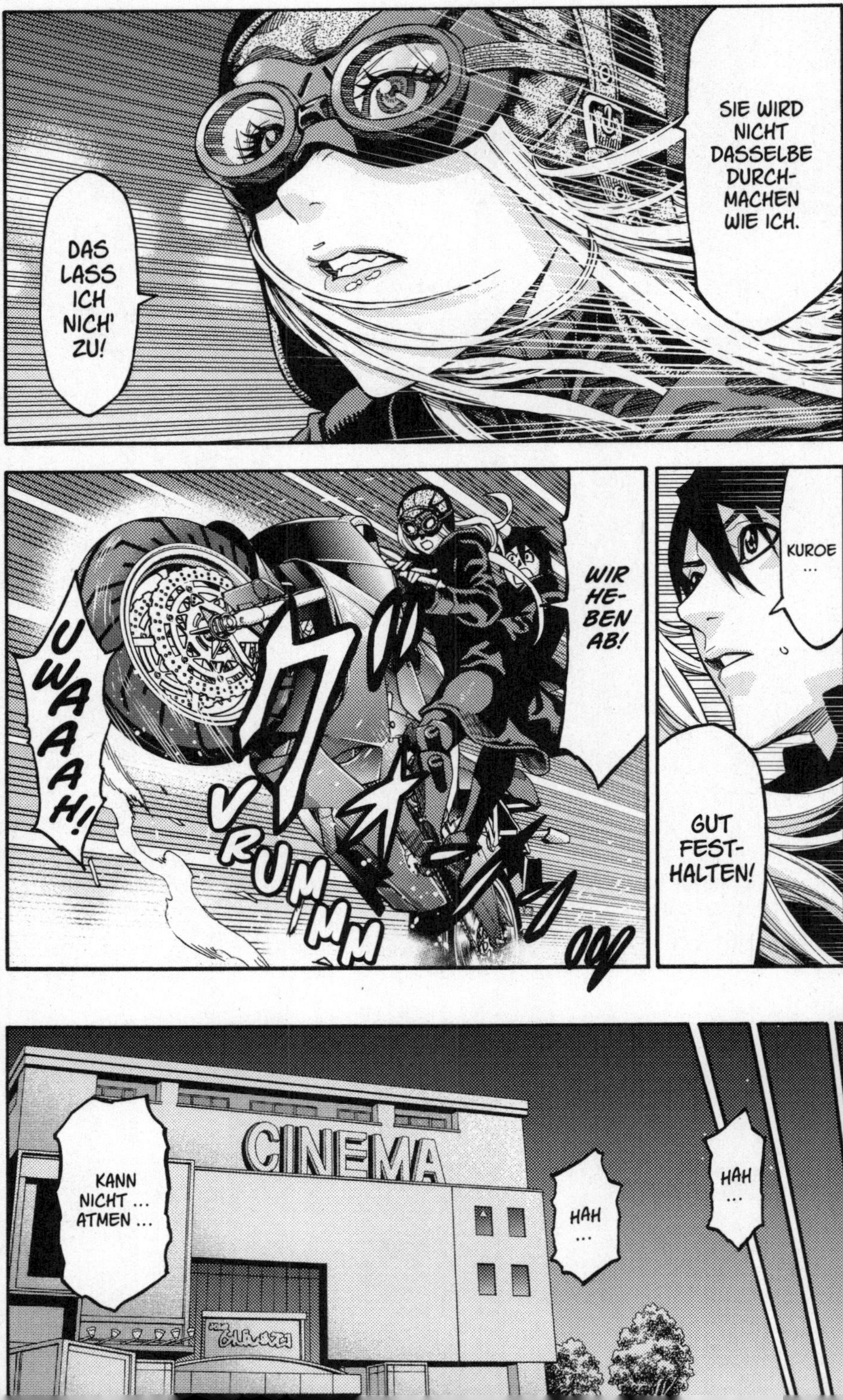
SIE WIRD NICHT DASSELBE DURCHMACHEN WIE ICH.
DAS LASS ICH NICH' ZU!
KUROE …
GUT FESTHALTEN!
WIR HEBEN AB!
UWAAAAH!
VRUMMMM
HAH …
HAH …
KANN NICHT … ATMEN …
CINEMA

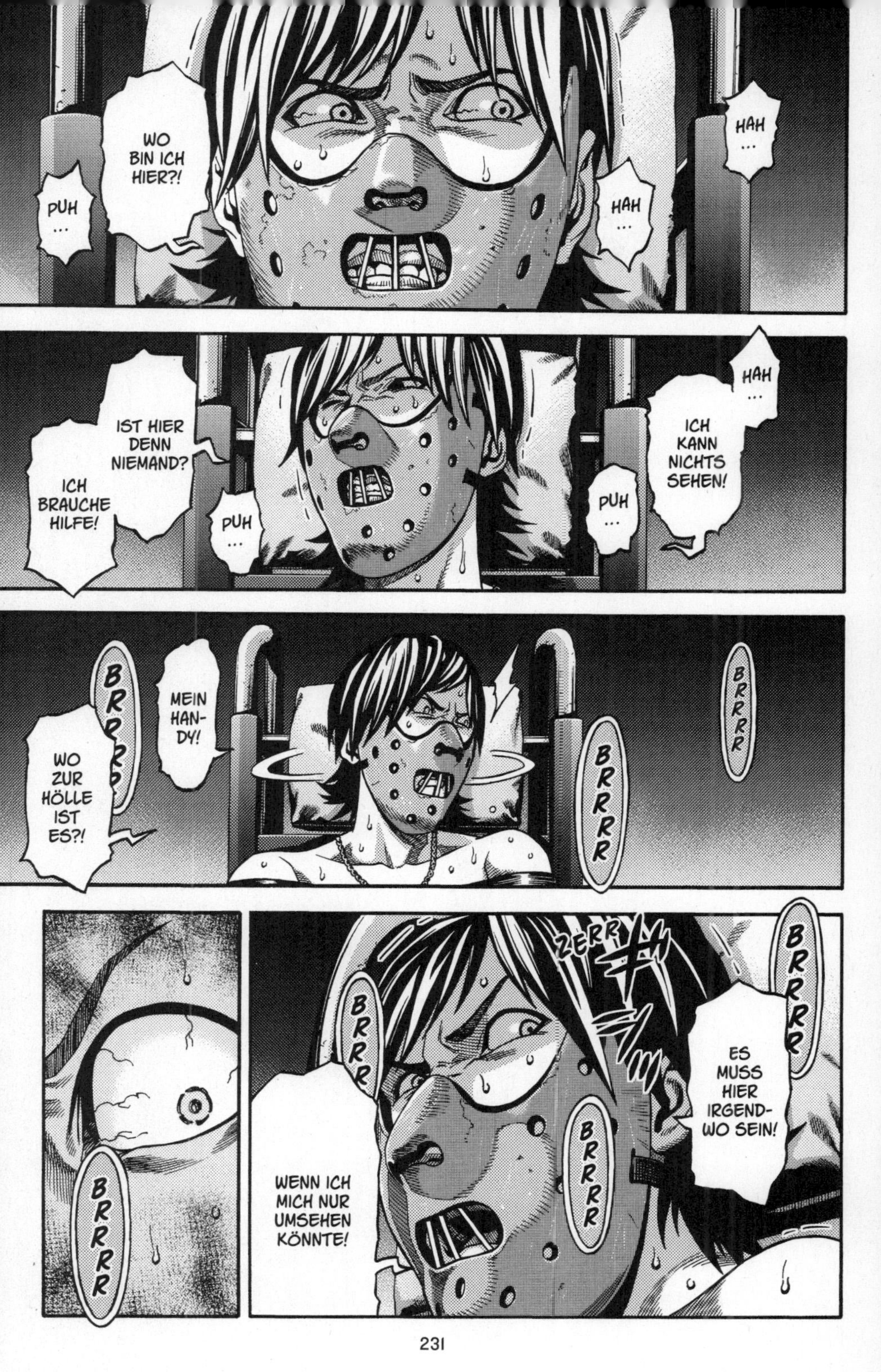
HAH …
HAH …
WO BIN ICH HIER?!
PUH …
HAH …
ICH KANN NICHTS SEHEN!
PUH …
PUH …
IST HIER DENN NIEMAND?
ICH BRAUCHE HILFE!
BRRRR
BRRRR
MEIN HANDY!
BRRRR
WO ZUR HÖLLE IST ES?!
BRRRR
ZERR
ES MUSS HIER IRGENDWO SEIN!
BRRRR
BRRR
WENN ICH MICH NUR UMSEHEN KÖNNTE!
BRRRR

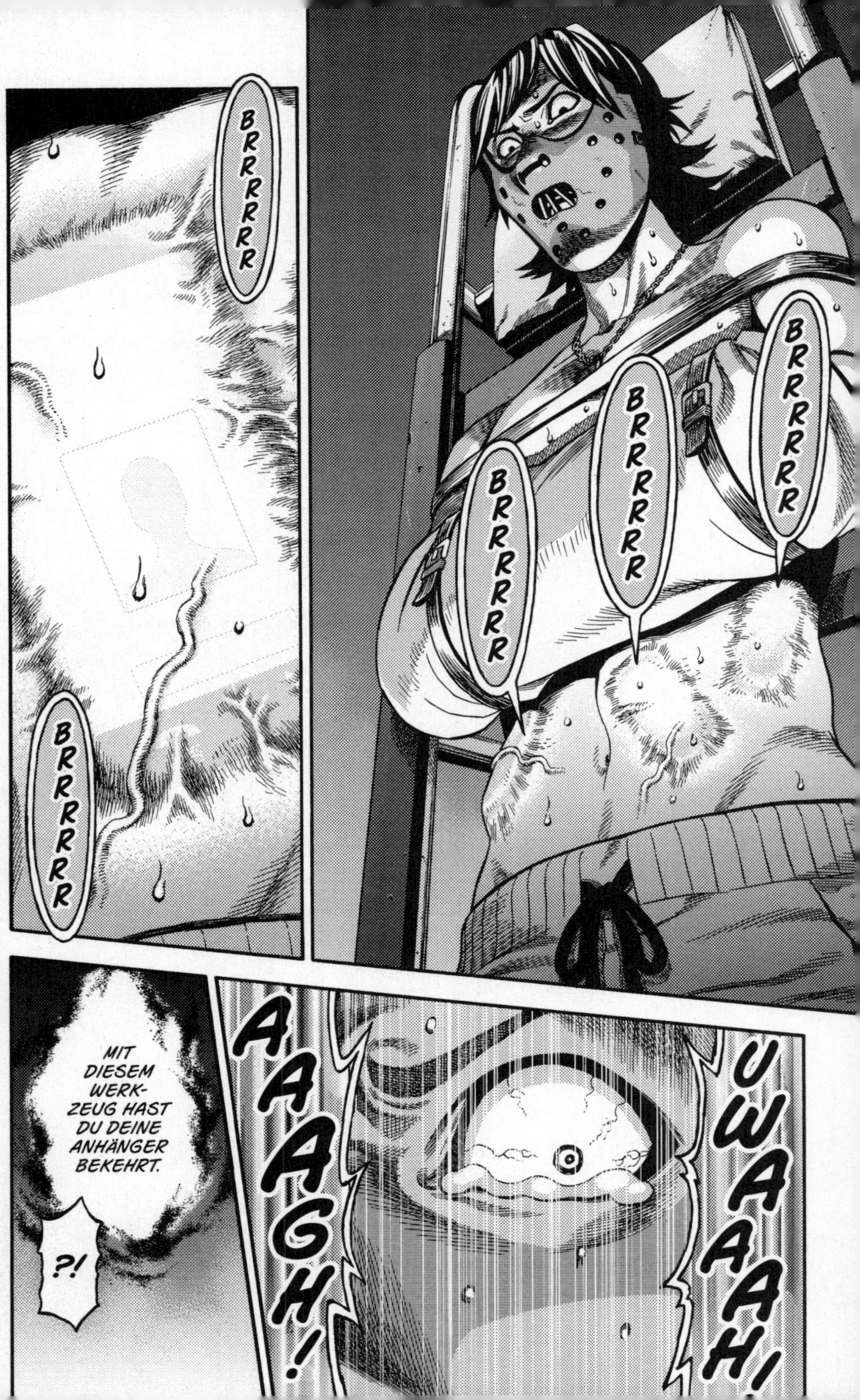
BRRRRRR
BRRRRRR
BRRRRRR
BRRRRRR
BRRRRRR
ÜWAAAAH!
AAAAGH!
MIT DIESEM WERK-ZEUG HAST DU DEINE ANHÄNGER BEKEHRT.
?!

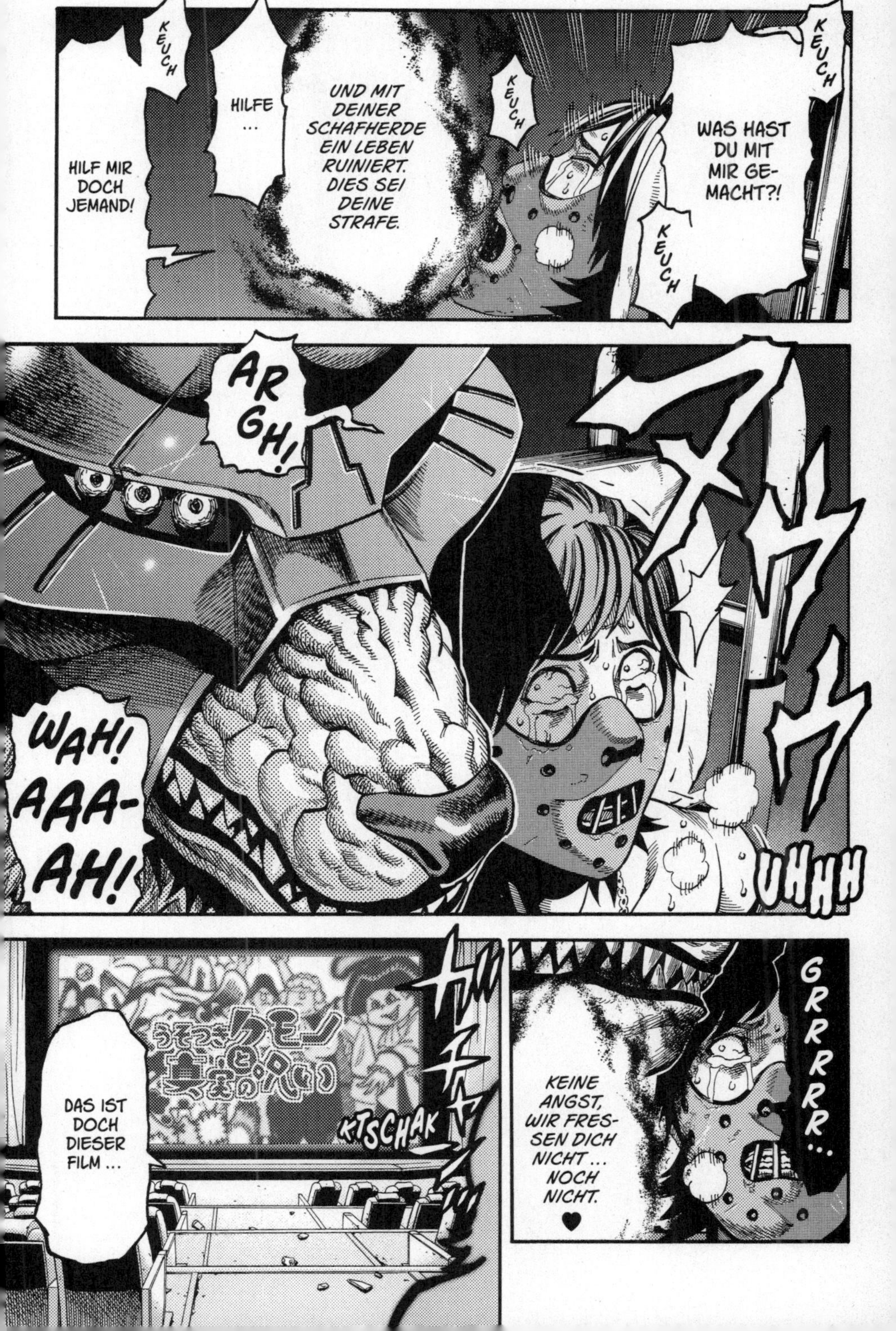
KEUCH
WAS HAST DU MIT MIR GE-MACHT?!
KEUCH
KEUCH
UND MIT DEINER SCHAFHERDE EIN LEBEN RUINIERT. DIES SEI DEINE STRAFE.
HILFE …
KEUCH
HILF MIR DOCH JEMAND!
UHHH
ARGH!
WAH! AAA-AH!
GRRRRR…
KEINE ANGST, WIR FRES-SEN DICH NICHT … NOCH NICHT. ♥
KTSCHAK
DAS IST DOCH DIESER FILM …

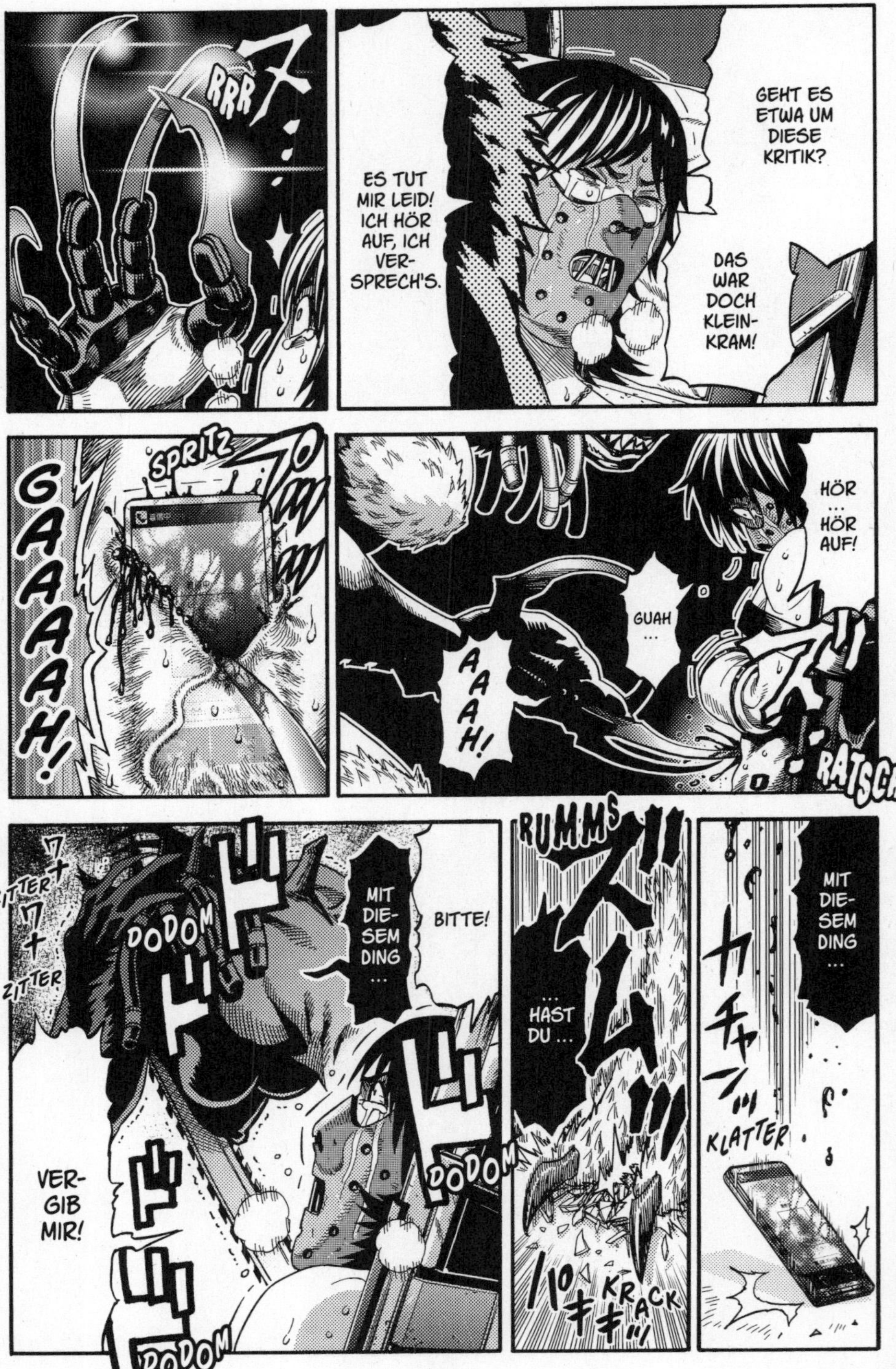
GEHT ES ETWA UM DIESE KRITIK?
DAS WAR DOCH KLEIN-KRAM!
ES TUT MIR LEID! ICH HÖR AUF, ICH VER-SPRECH'S.
RRR
HÖR ... HÖR AUF!
GUAH ...
AAAAH!
RATSCH
SPRITZ
GAAAAAAH!
MIT DIE-SEM DING ...
KLATTER
RUMMS
... HAST DU ...
KRACK
MIT DIE-SEM DING ...
BITTE!
ZITTER
ZITTER
DODOM
VER-GIB MIR!
DODOM
DODOM

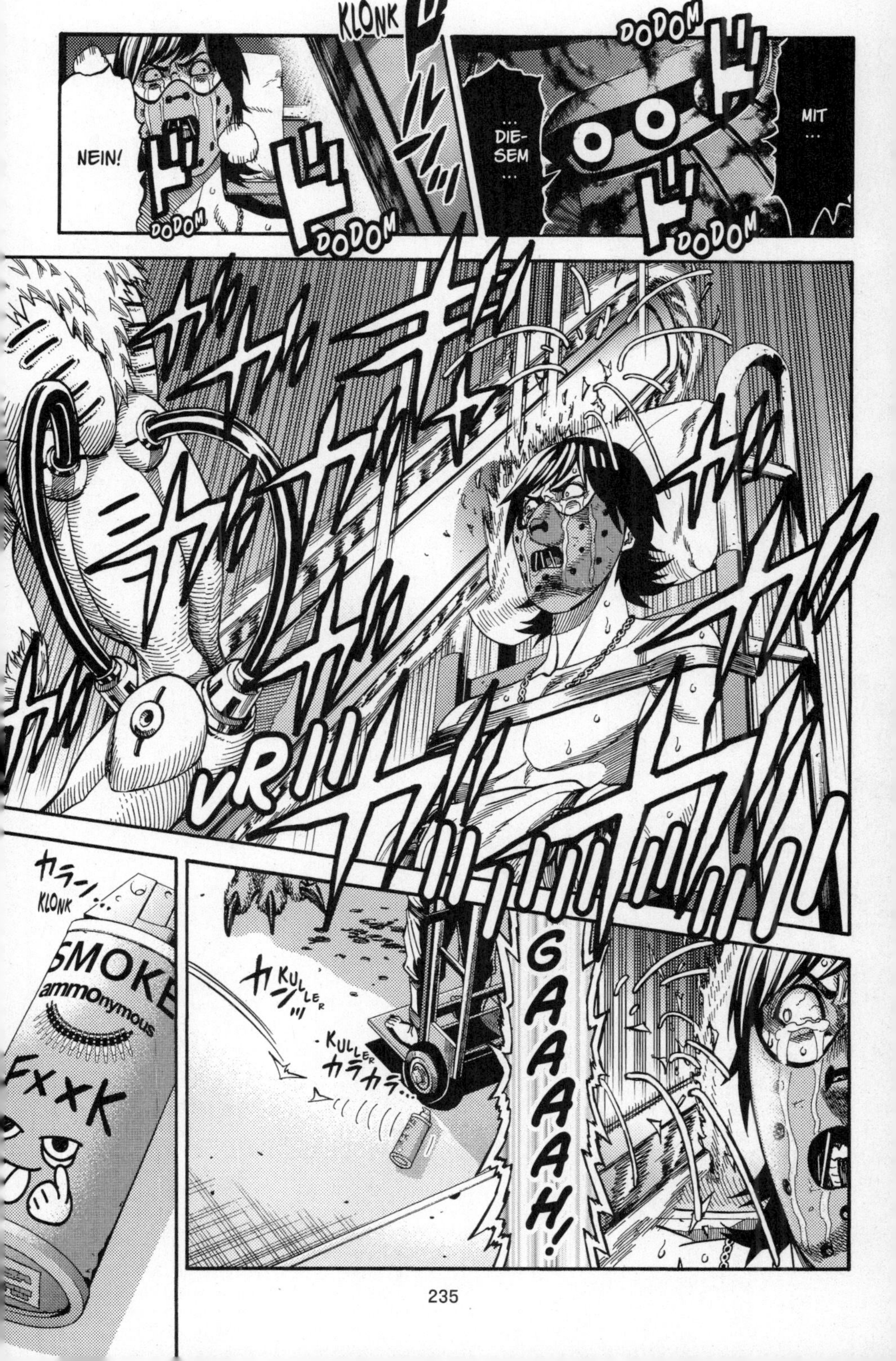

MIT …
DODOM
… DIE- SEM …
DODOM
KLONK
NEIN!
DODOM
DODOM
VRIII
GAAAAAH!
KLONK
SMOKE
ammOnymous
FxxK
KULLER
KULLER

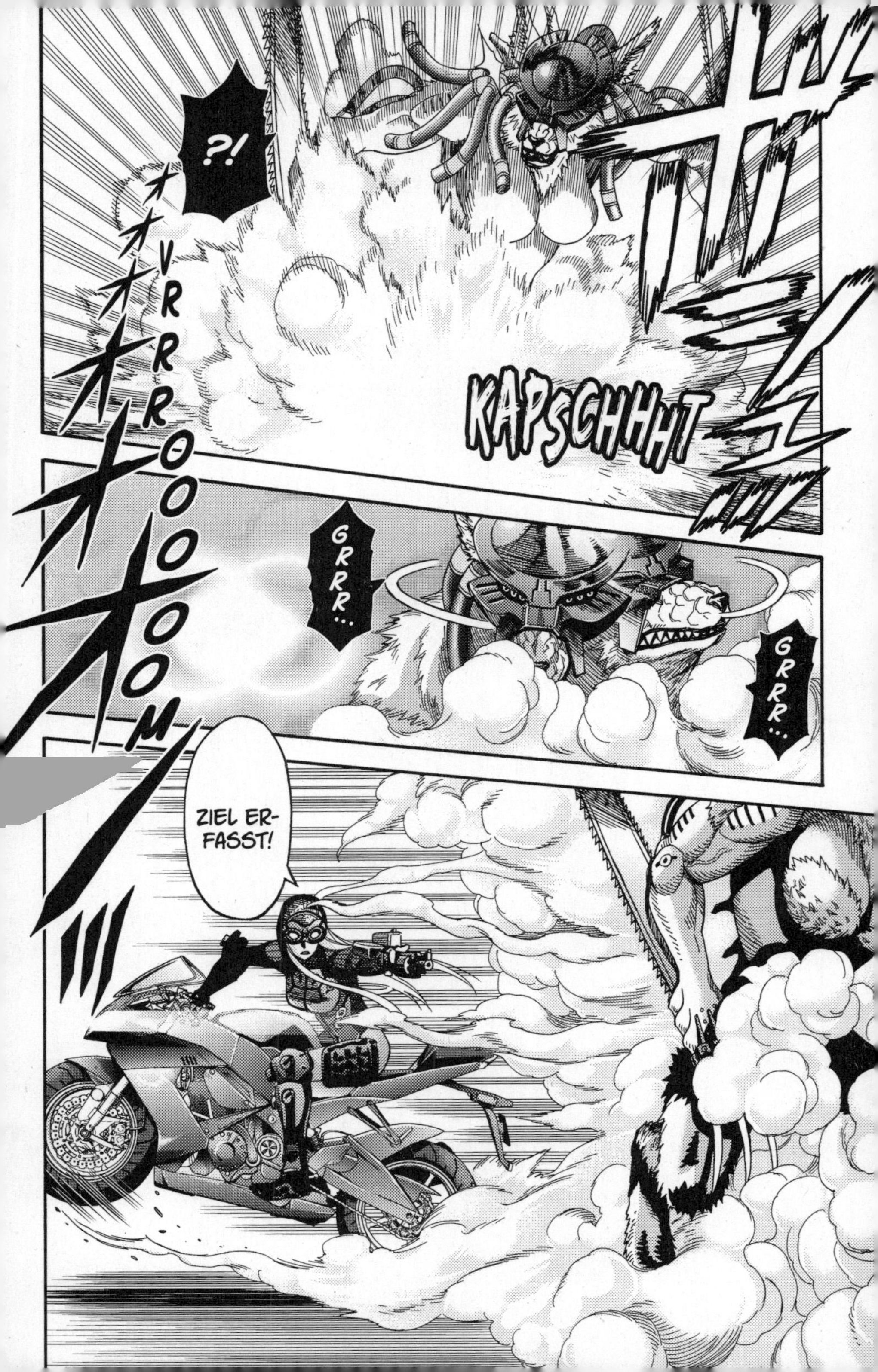

?!
KAPSCHHHT
VRRROOOOOOM
GRRR...
GRRR...
ZIEL ER-
FASST!

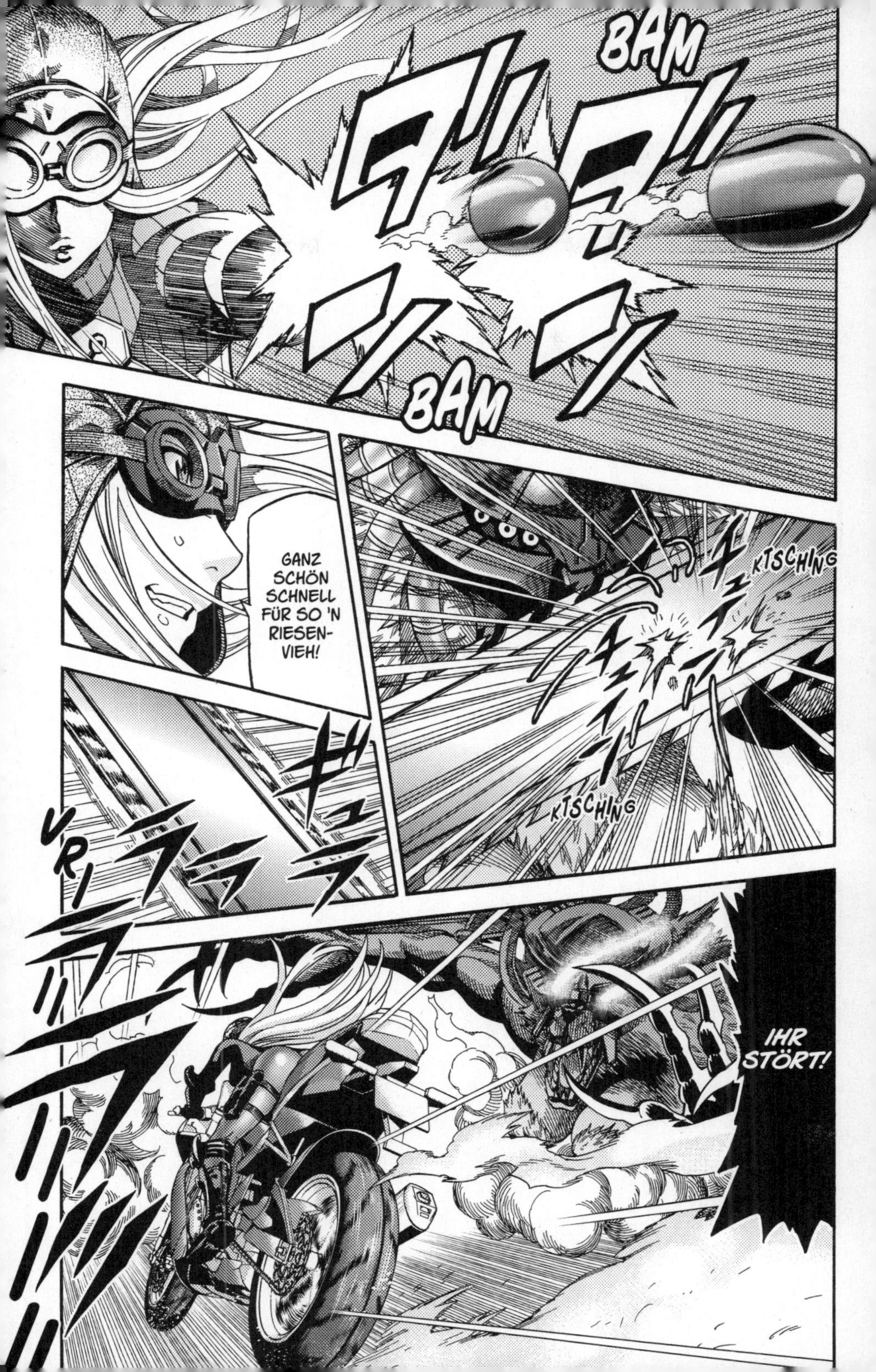
BAM
BAM
GANZ SCHÖN SCHNELL FÜR SO 'N RIESEN-VIEH!
KTSCHING
KTSCHING
VRRR
IHR STÖRT!

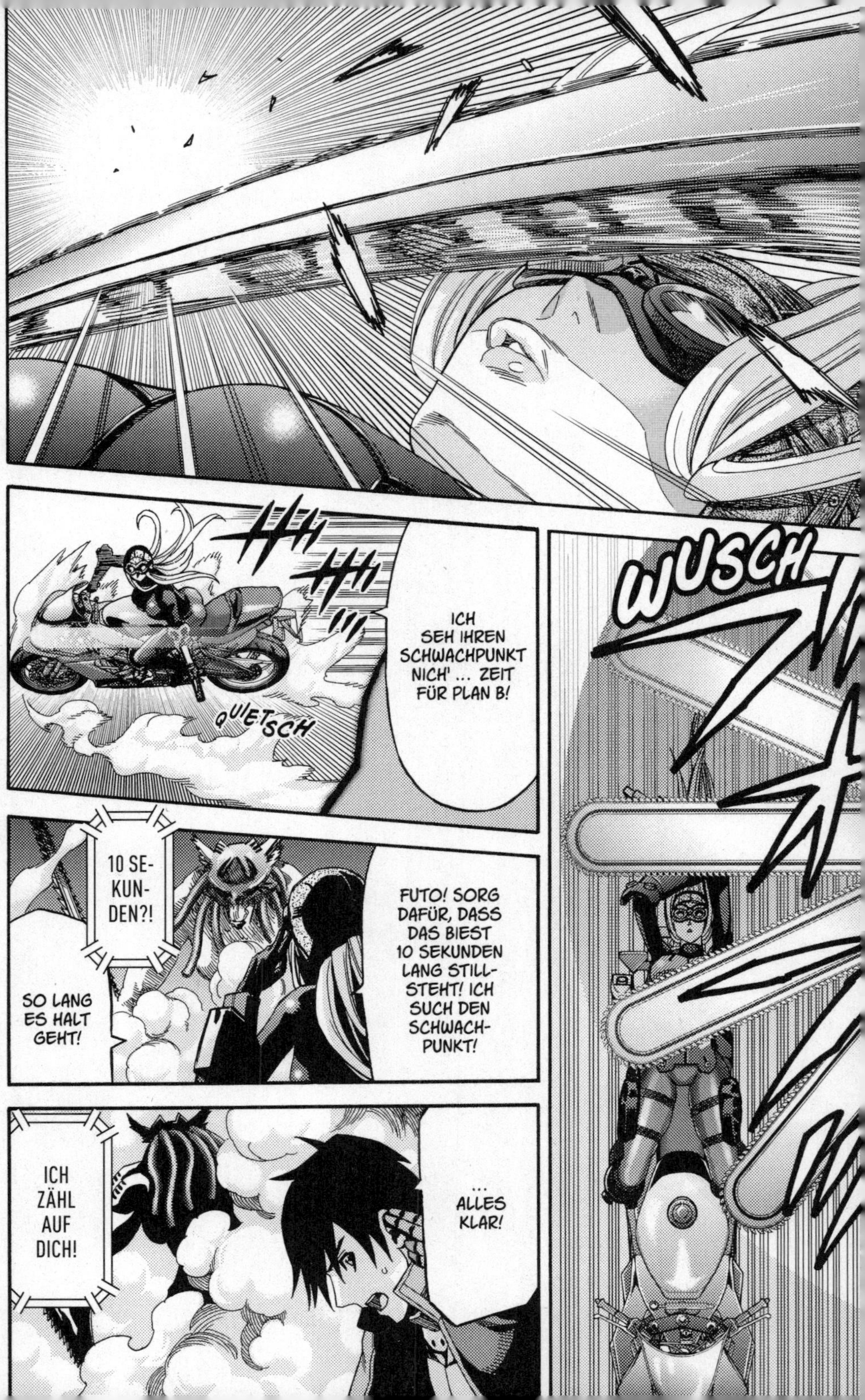
WUSCH
ICH SEH IHREN SCHWACHPUNKT NICH' ... ZEIT FÜR PLAN B!
QUIETSCH
FUTO! SORG DAFÜR, DASS DAS BIEST 10 SEKUNDEN LANG STILLSTEHT! ICH SUCH DEN SCHWACHPUNKT!
10 SEKUNDEN?!
SO LANG ES HALT GEHT!
... ALLES KLAR!
ICH ZÄHL AUF DICH!

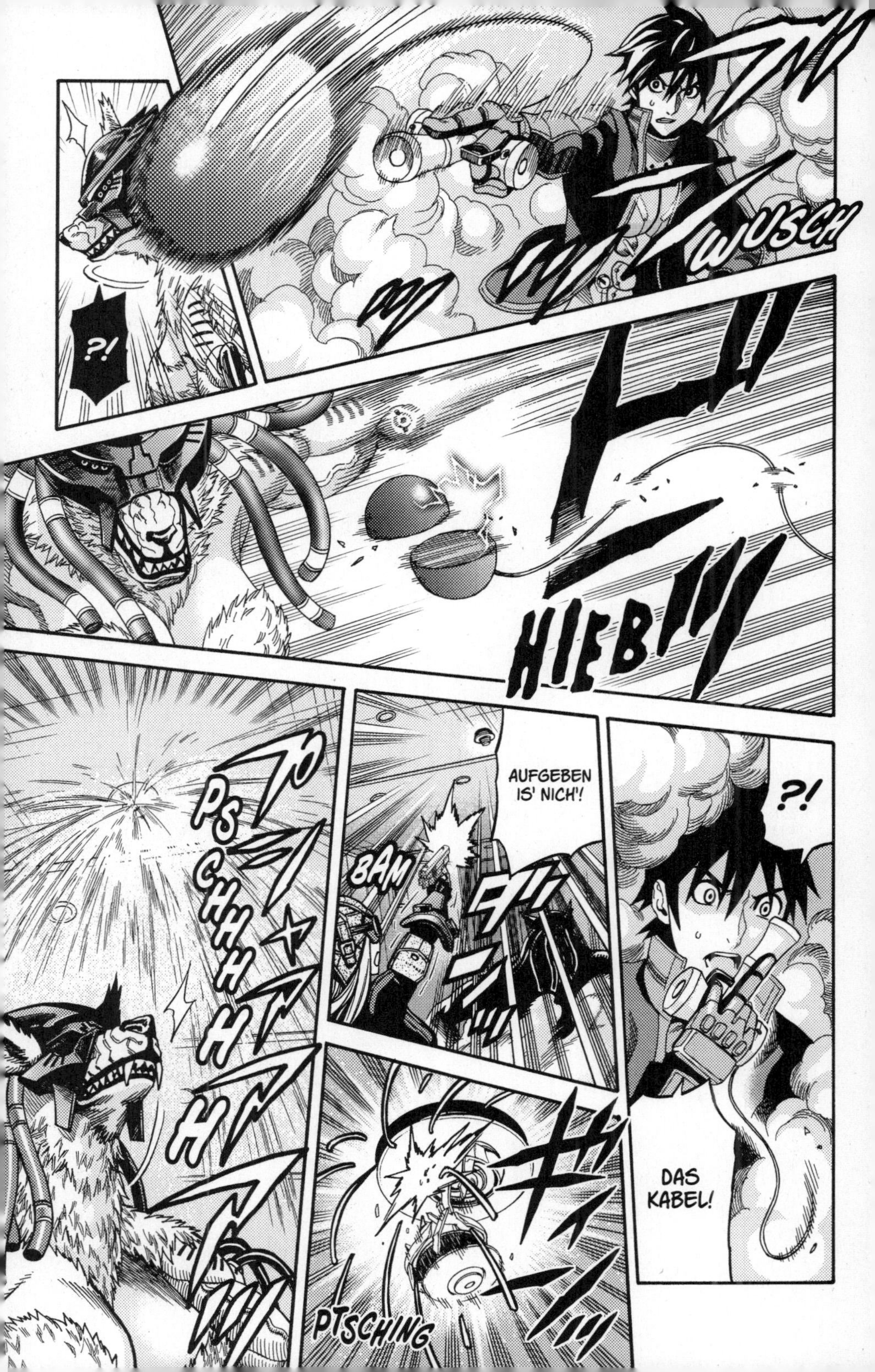
WUSCH
?!
HIEB!!!
?!
AUFGEBEN IS' NICH'!
BAM
PSCHHHHH
DAS KABEL!
PTSCHING

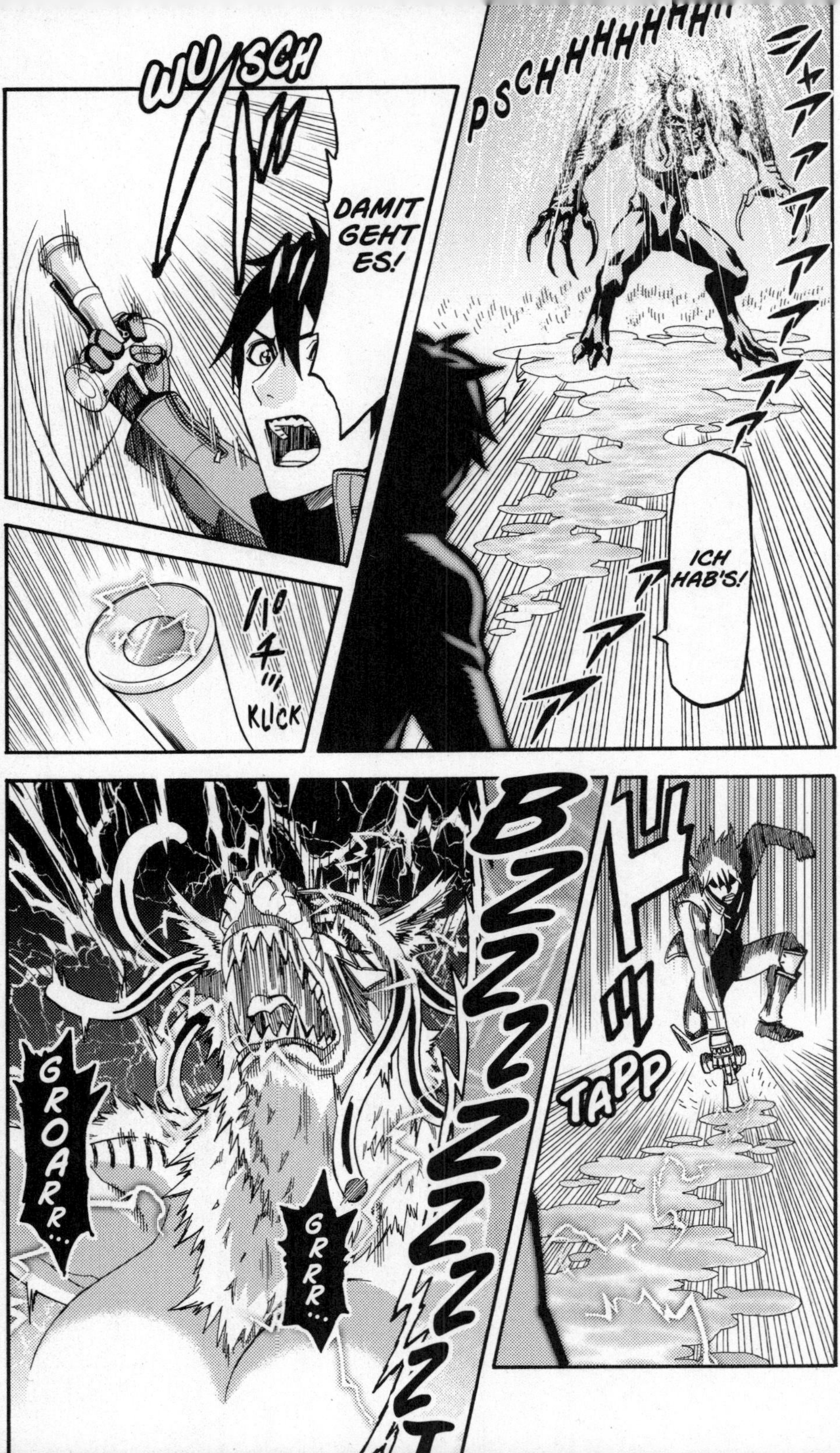

PSCHHHHHHH!!
ICH HAB'S!
WUSCH
DAMIT GEHT ES!
パチッ
KLICK
トッ
TAPP
BZZZZZT
GRRR...
GROARR...

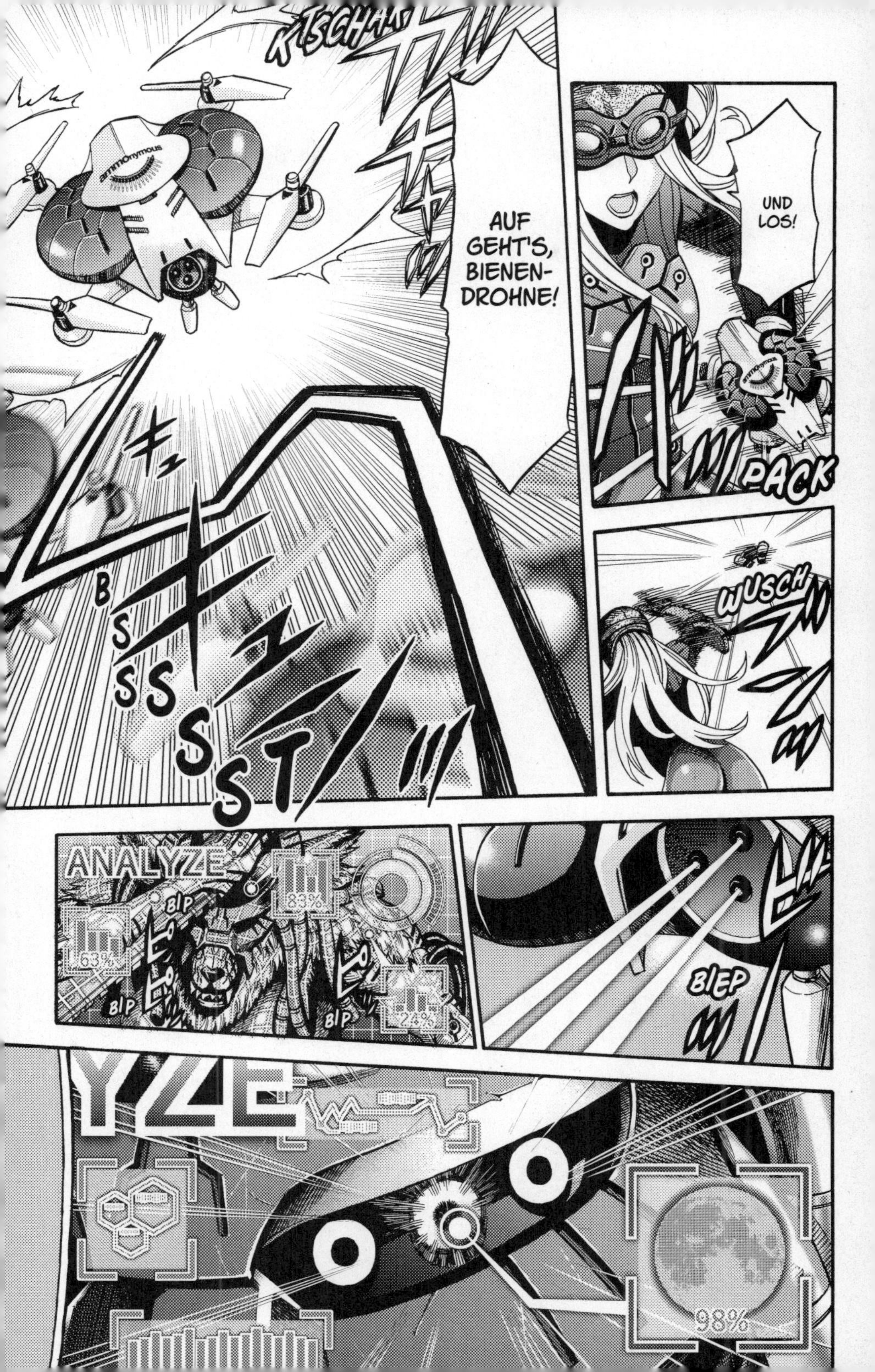

UND LOS!
PACK
AUF GEHT'S, BIENEN-DROHNE!
KTSCHA
BSSSSST
WUSCH
BIEP
ANALYZE
BIP
83%
63%
BIP
BIP
24%
YZE
98%

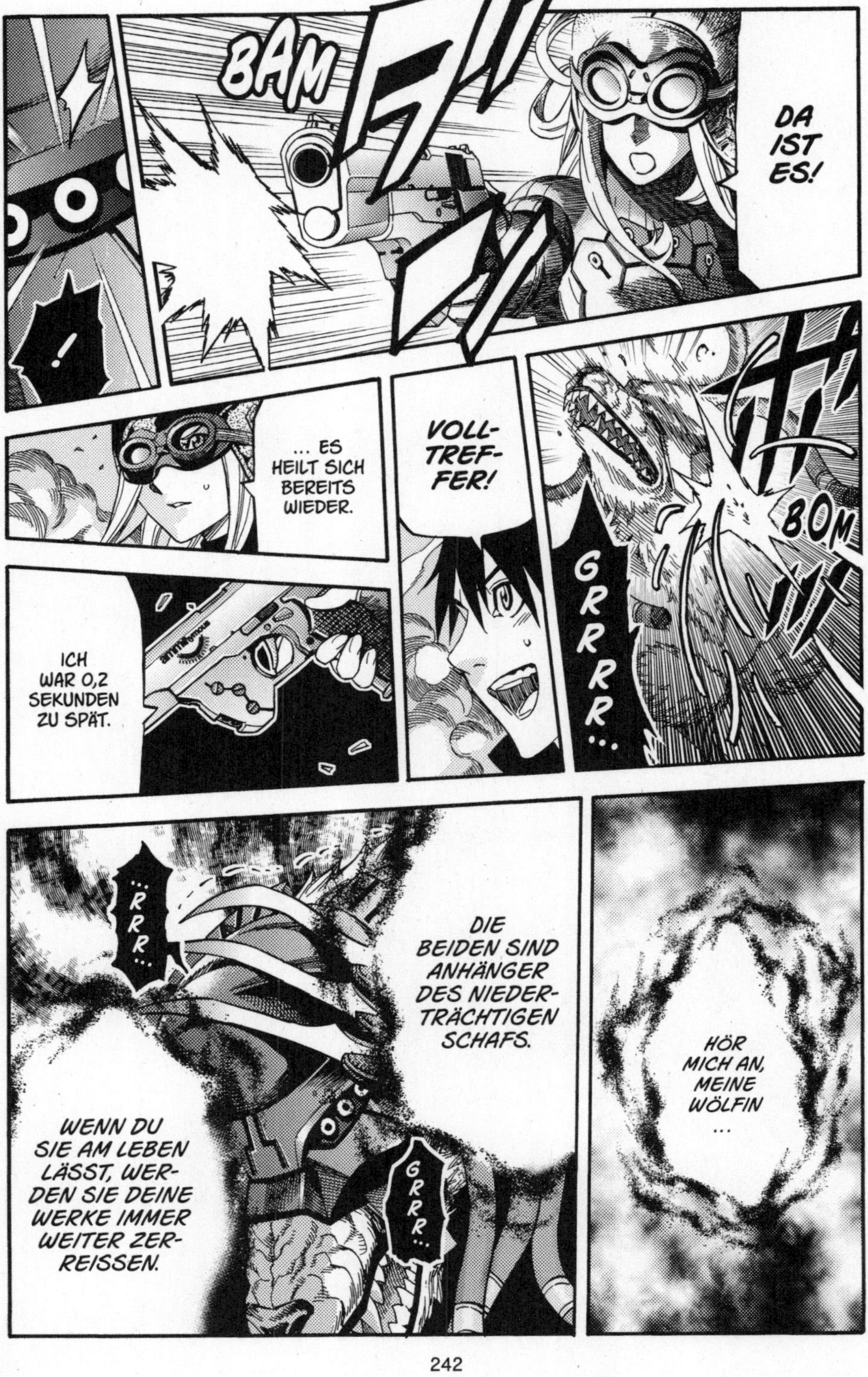
DA IST ES!
BAM
BOM
GRRRR...
VOLLTREFFER!
... ES HEILT SICH BEREITS WIEDER.
ICH WAR 0,2 SEKUNDEN ZU SPÄT.
HÖR MICH AN, MEINE WÖLFIN ...
DIE BEIDEN SIND ANHÄNGER DES NIEDERTRÄCHTIGEN SCHAFS.
...RRR...
WENN DU SIE AM LEBEN LÄSST, WERDEN SIE DEINE WERKE IMMER WEITER ZERREISSEN.
GRRR...

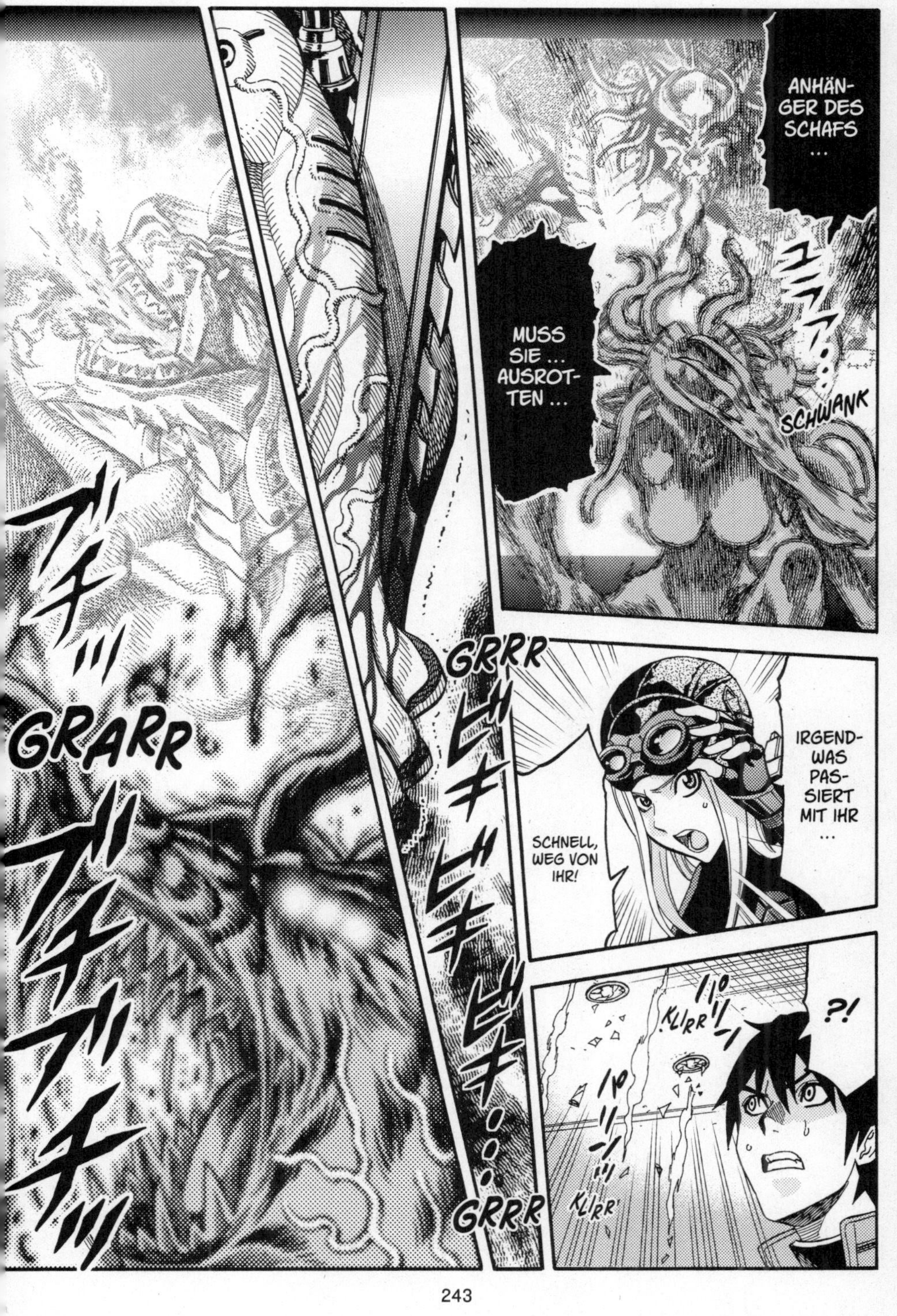
ANHÄNGER DES SCHAFS …
MUSS SIE … AUSROTTEN …
SCHWANK
GRRR
GRARR
IRGENDWAS PASSIERT MIT IHR …
SCHNELL, WEG VON IHR!
GRRR
?!
KLIRR
KLIRR

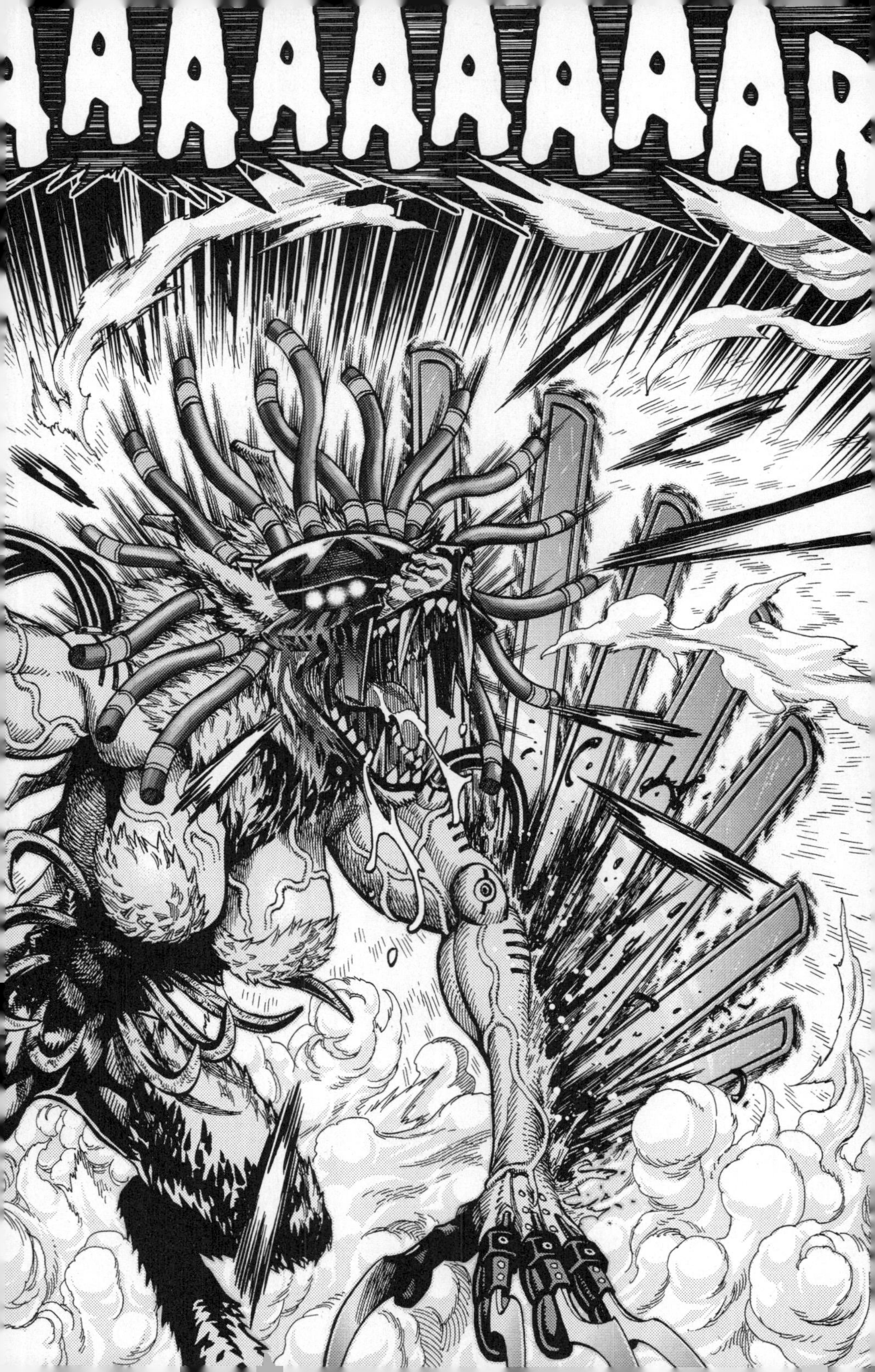
AAAAAAAAAR

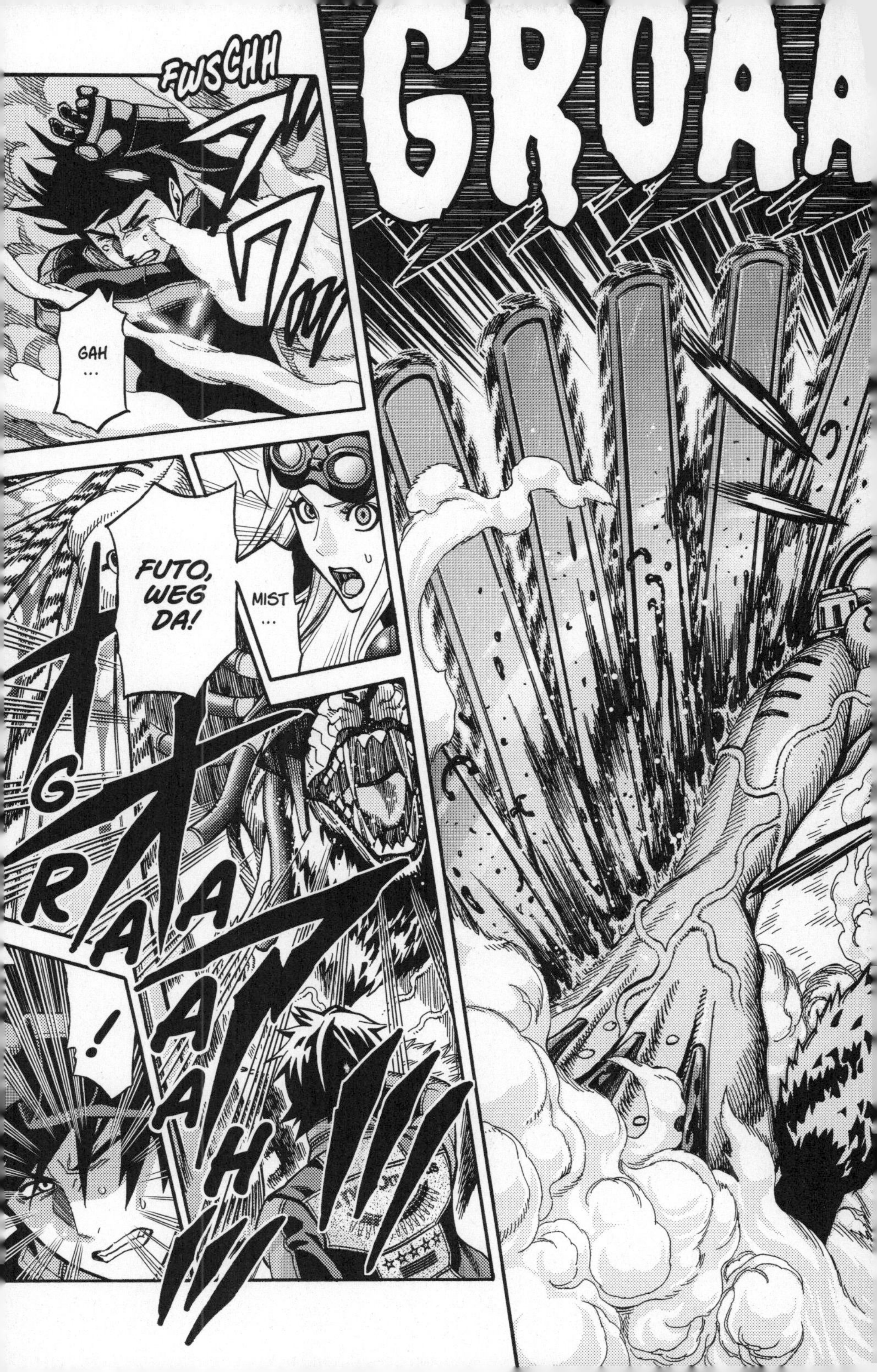
GROAA
FWSCHH
GAH ...
MIST ...
FUTO, WEG DA!
!
GRAAAAAH!!!

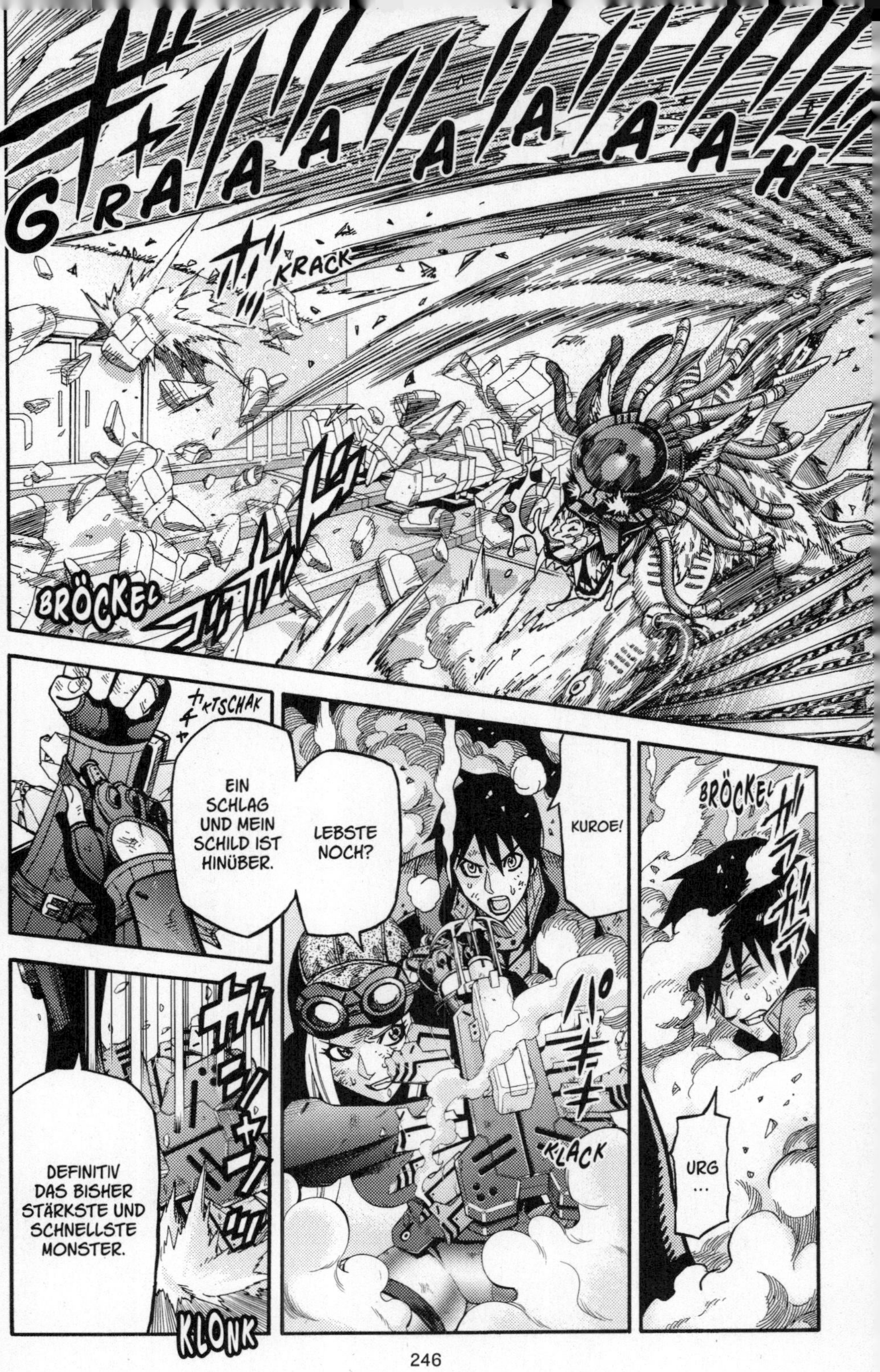
GRAAAAAAAH
KRACK
BRÖCKEL
KTSCHAK
KUROE!
LEBSTE NOCH?
EIN SCHLAG UND MEIN SCHILD IST HINÜBER.
BRÖCKEL
URG …
KLACK
DEFINITIV DAS BISHER STÄRKSTE UND SCHNELLSTE MONSTER.
KLONK

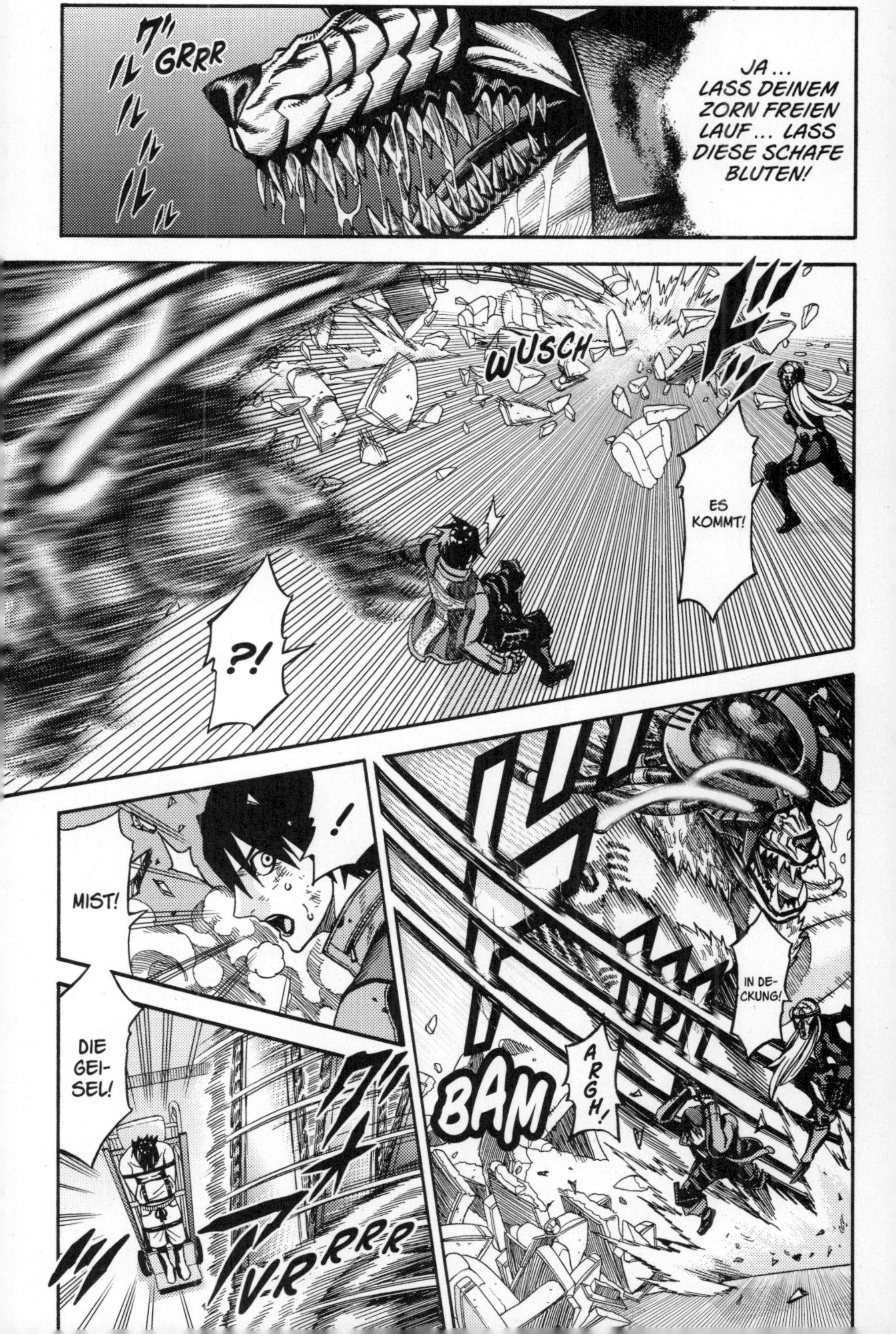
GRRR
JA … LASS DEINEM ZORN FREIEN LAUF … LASS DIESE SCHAFE BLUTEN!
WUSCH
ES KOMMT!
?!
!
MIST!
DIE GEI-SEL!
IN DE-CKUNG!
ARGH!
BAM
V-R-R-R-R

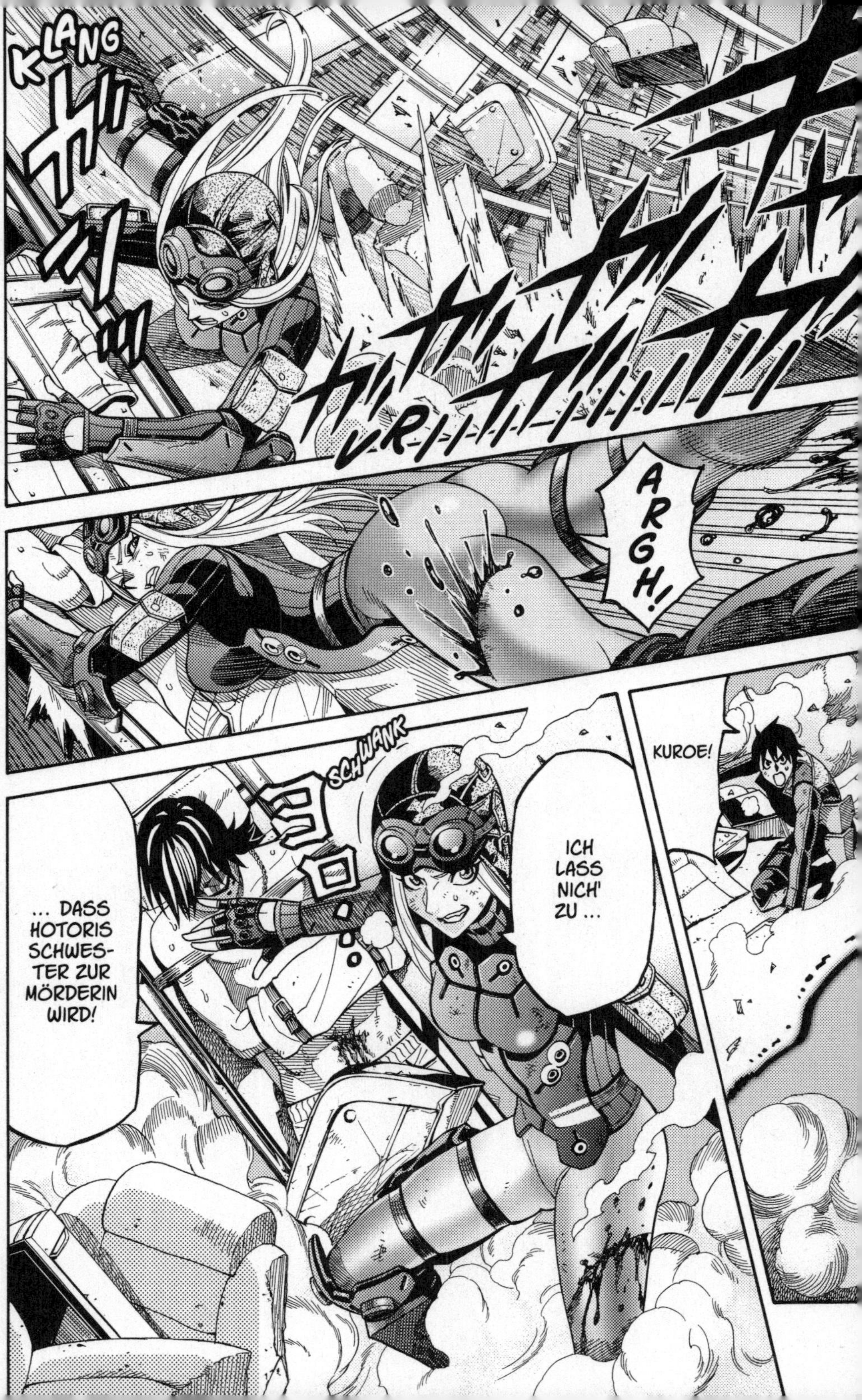
KLANG
VRIIIIIIIIIIII
ARGH!
SCHWANK
KUROE!
ICH LASS NICH' ZU …
… DASS HOTORIS SCHWESTER ZUR MÖRDERIN WIRD!

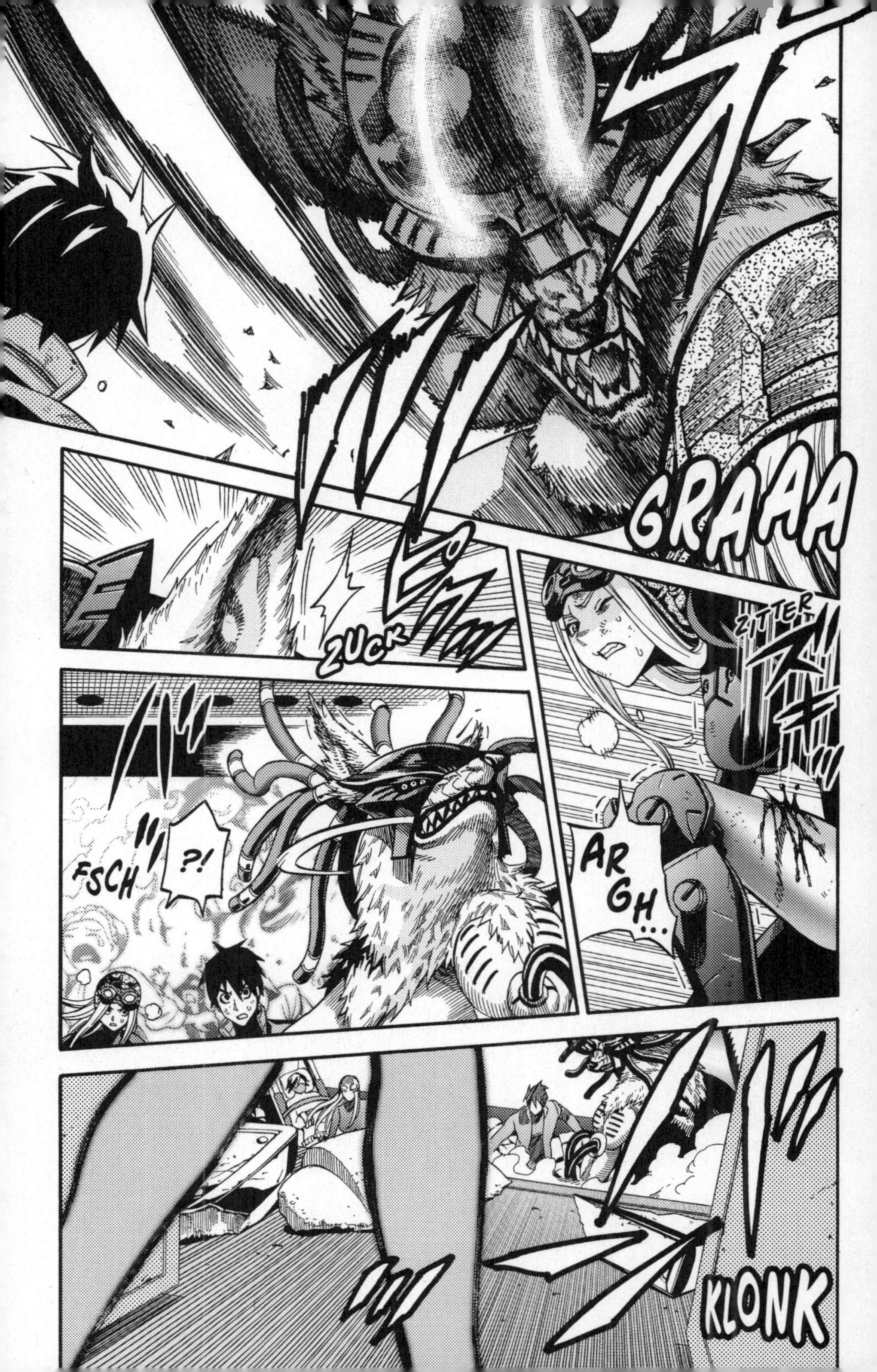
GRAAA
ZUCK
ZITTER
FSCH
?!
ARGH...
KLONK

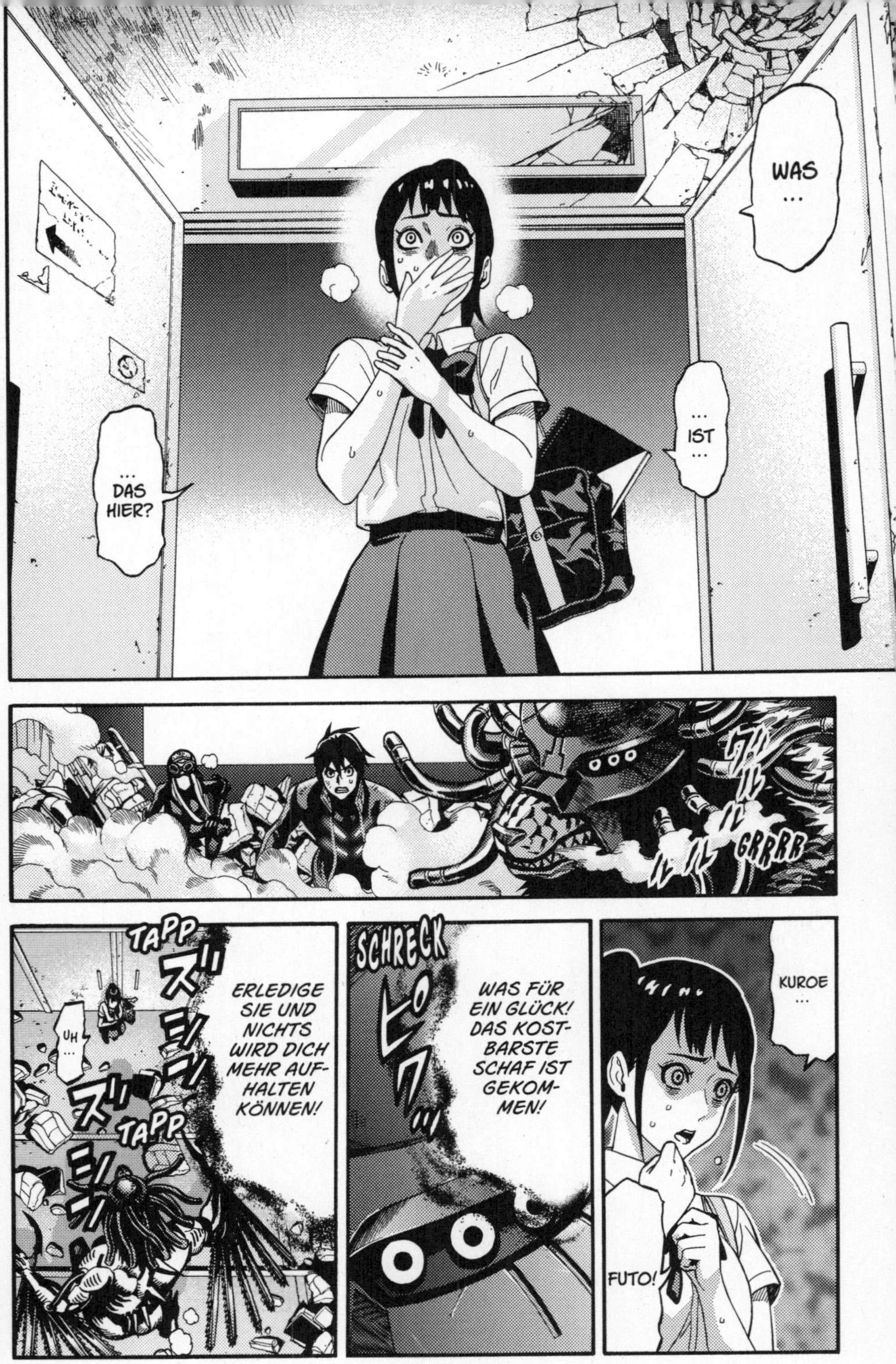
WAS ...
... IST ...
... DAS HIER?
GRRRRR
KUROE ...
FUTO!
SCHRECK
WAS FÜR EIN GLÜCK! DAS KOST-BARSTE SCHAF IST GEKOM-MEN!
TAPP
ERLEDIGE SIE UND NICHTS WIRD DICH MEHR AUF-HALTEN KÖNNEN!
UH ...
TAPP

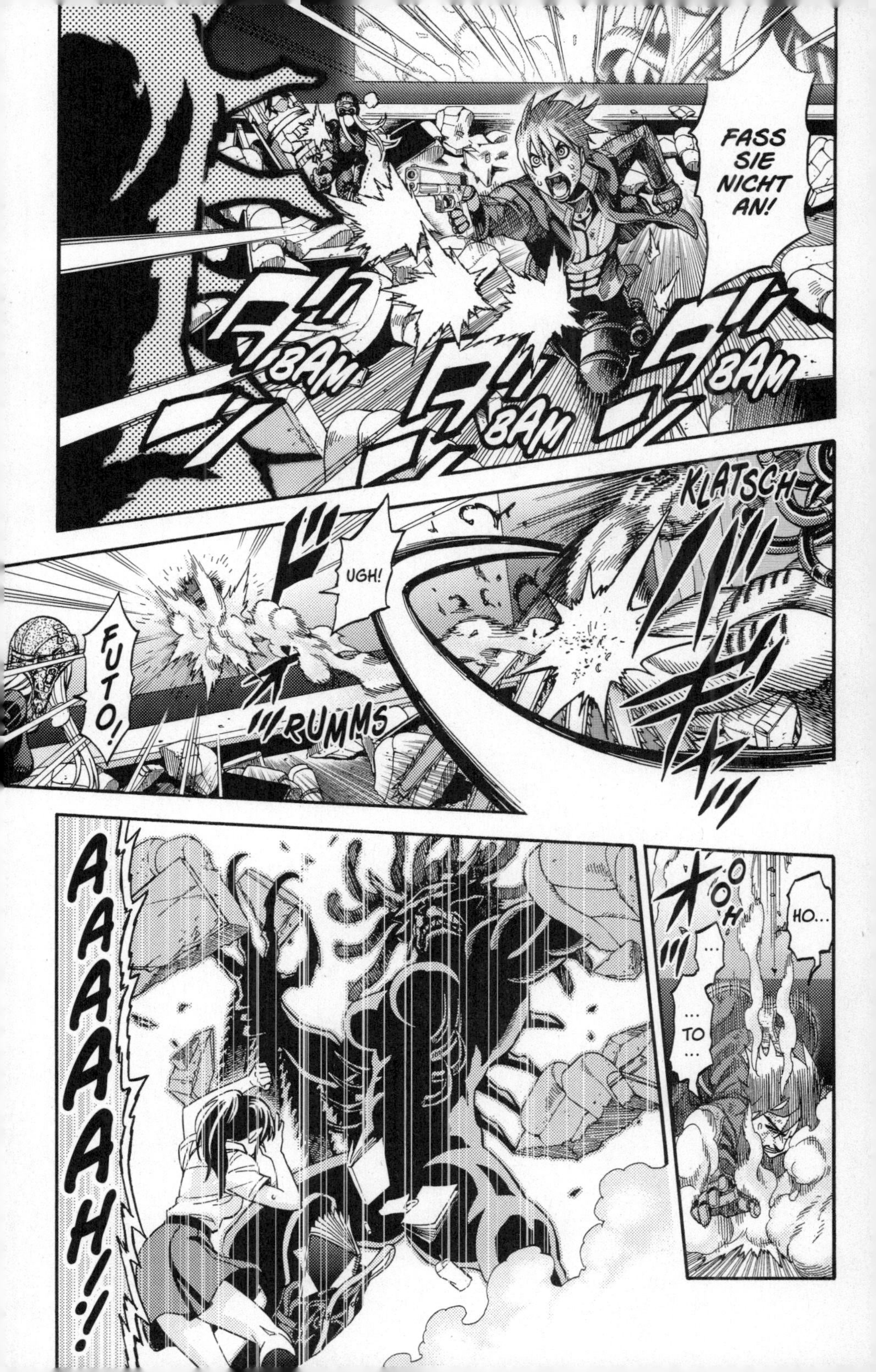
FASS SIE NICHT AN!
BAM
BAM
BAM
KLATSCH
UGH!
FUTO!
RUMMS
HO…
O
O
H
…
… TO …
AAAAAAAH!!

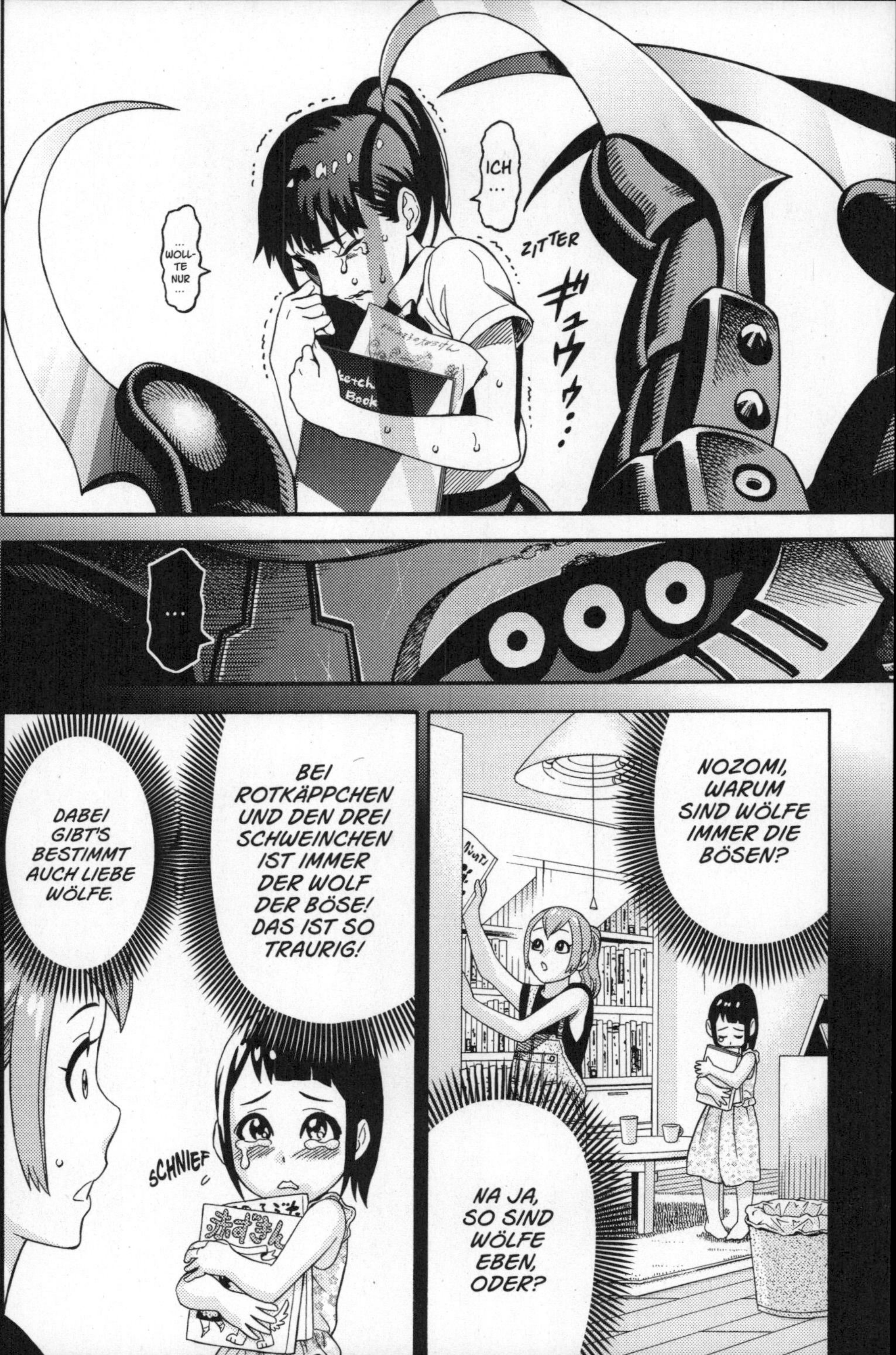
ICH ...
ZITTER
ギュウウ…
... WOLL-TE NUR ...
...
NOZOMI, WARUM SIND WÖLFE IMMER DIE BÖSEN?
NA JA, SO SIND WÖLFE EBEN, ODER?
BEI ROTKÄPPCHEN UND DEN DREI SCHWEINCHEN IST IMMER DER WOLF DER BÖSE! DAS IST SO TRAURIG!
DABEI GIBT'S BESTIMMT AUCH LIEBE WÖLFE.
SCHNIEF

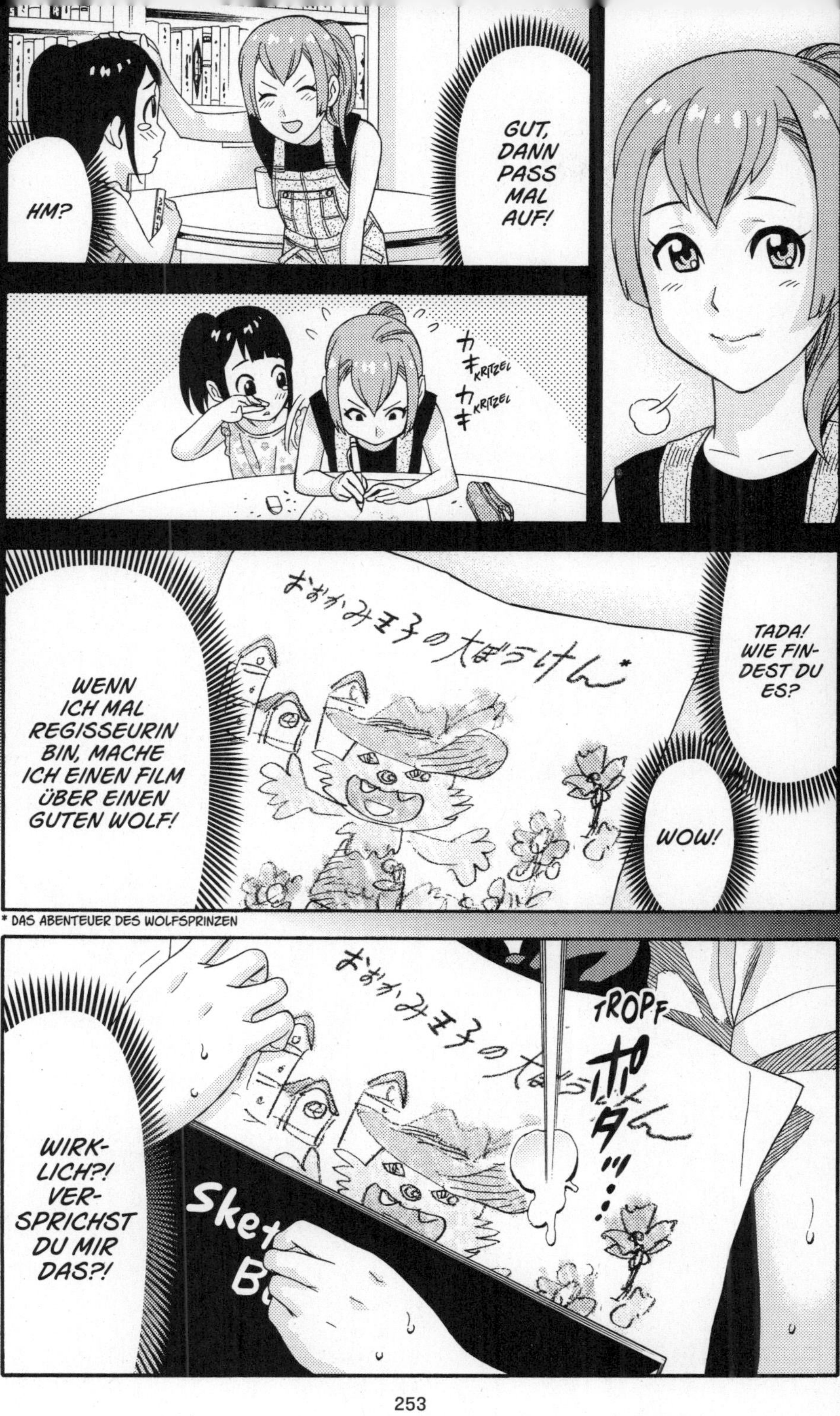

* DAS ABENTEUER DES WOLFSPRINZEN

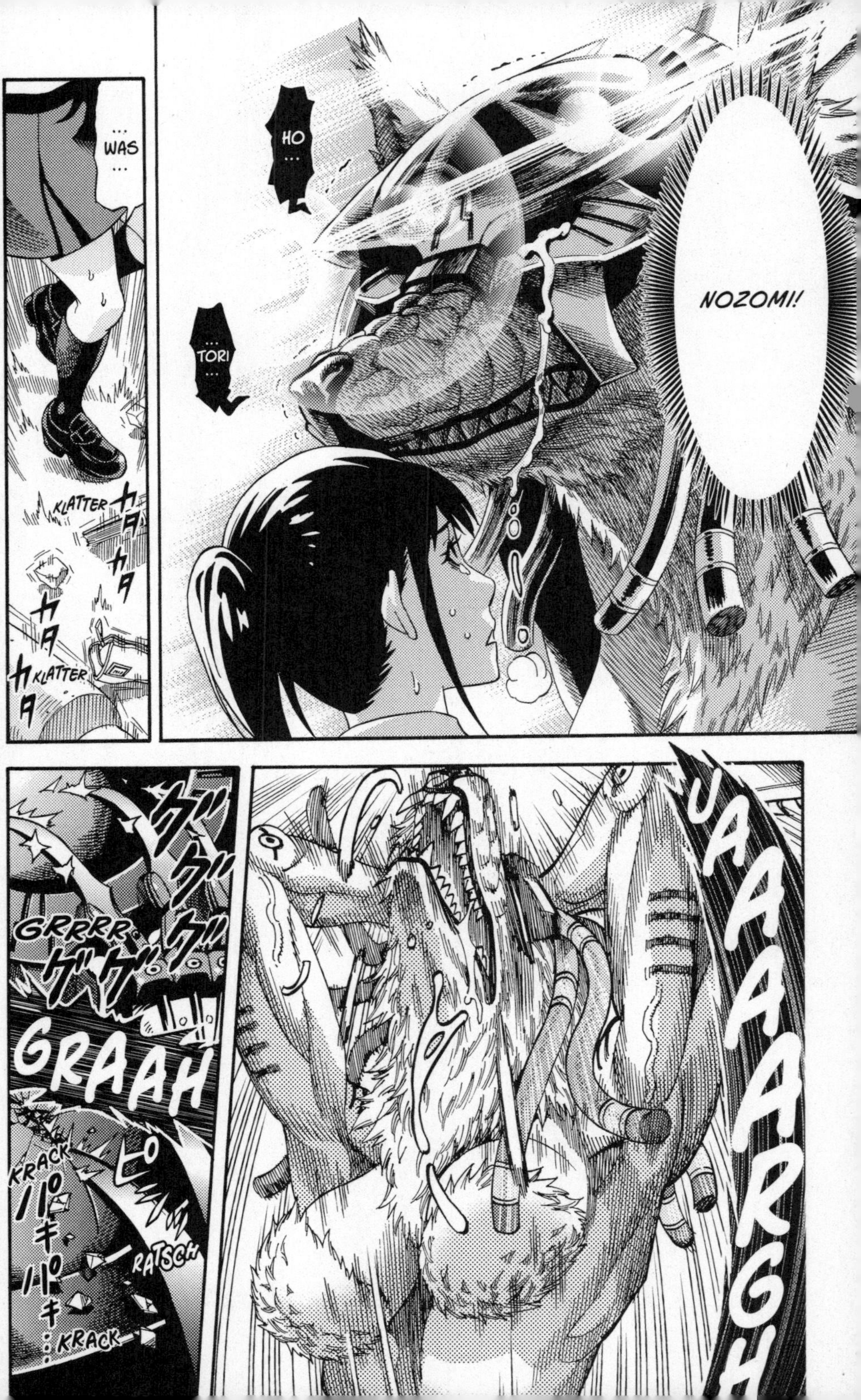
NOZOMI!
HO ...
... TORI ...
... WAS ...
KLATTER
カタカタカタカタ
KLATTER
UAAAAAARGH
GRRRR
GRAAH
KRACK
RATSCH
KRACK

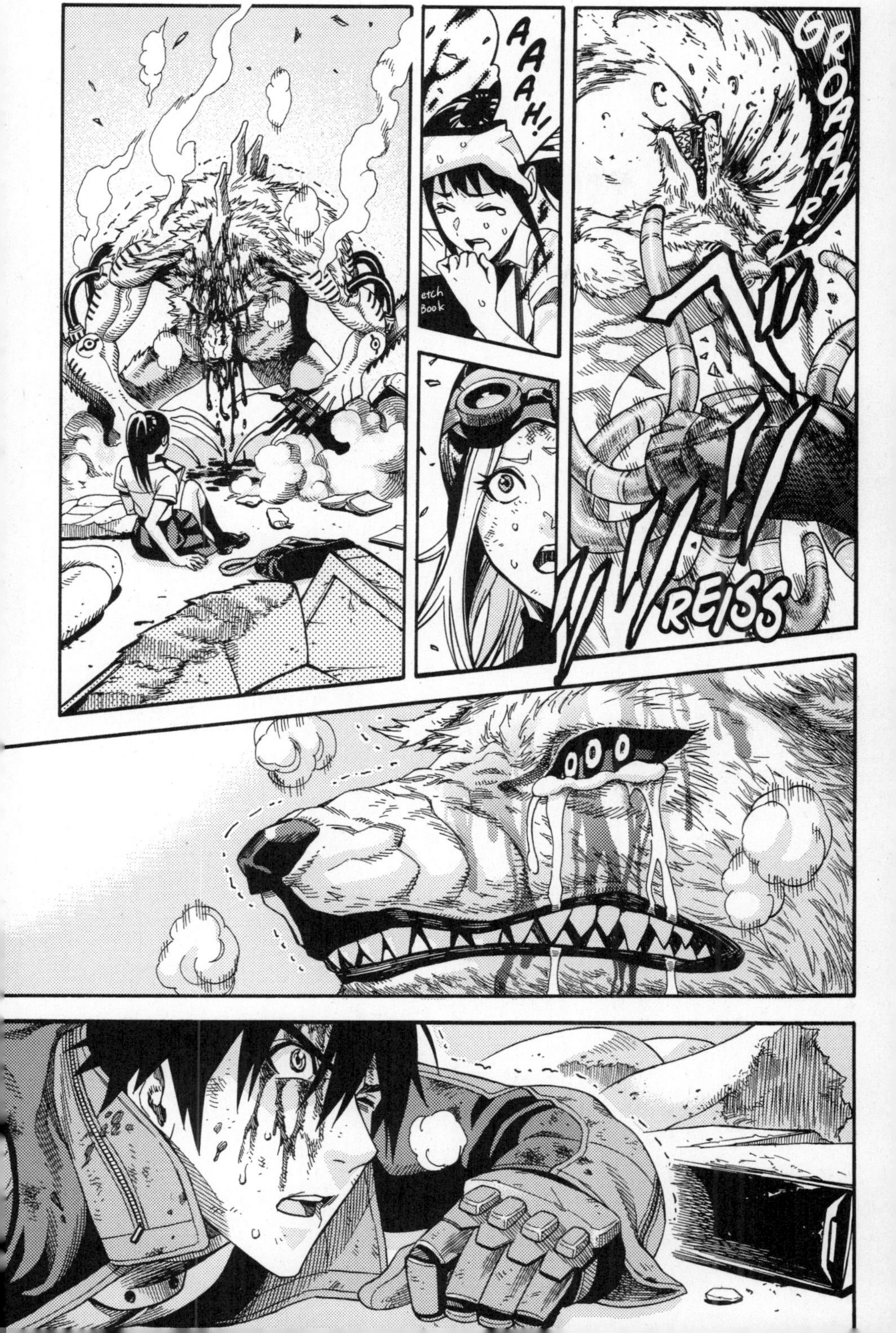
AAAAH!
etch Book
GROAAAAR!
REISS

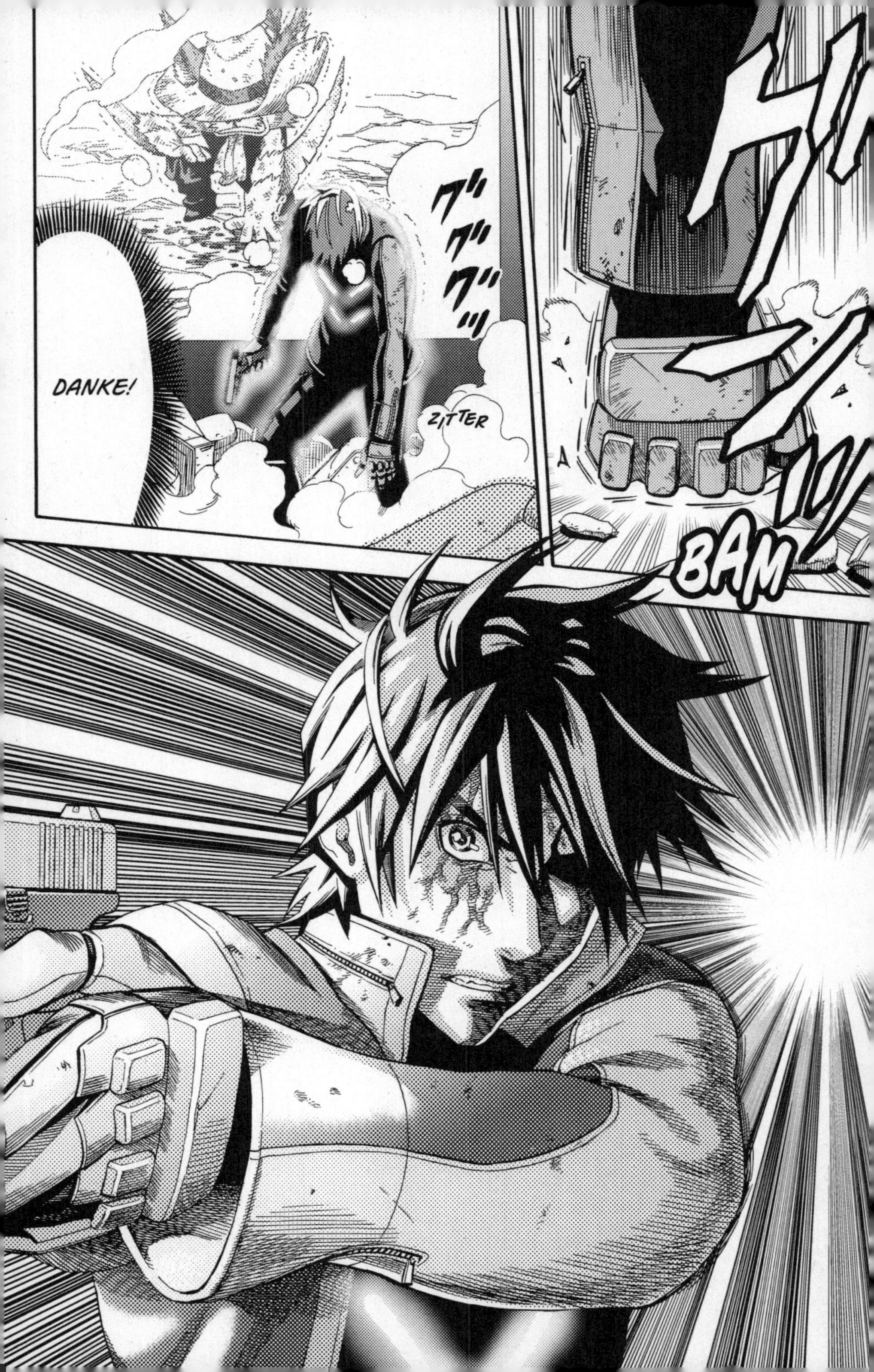
BAM
DANKE!
ZITTER

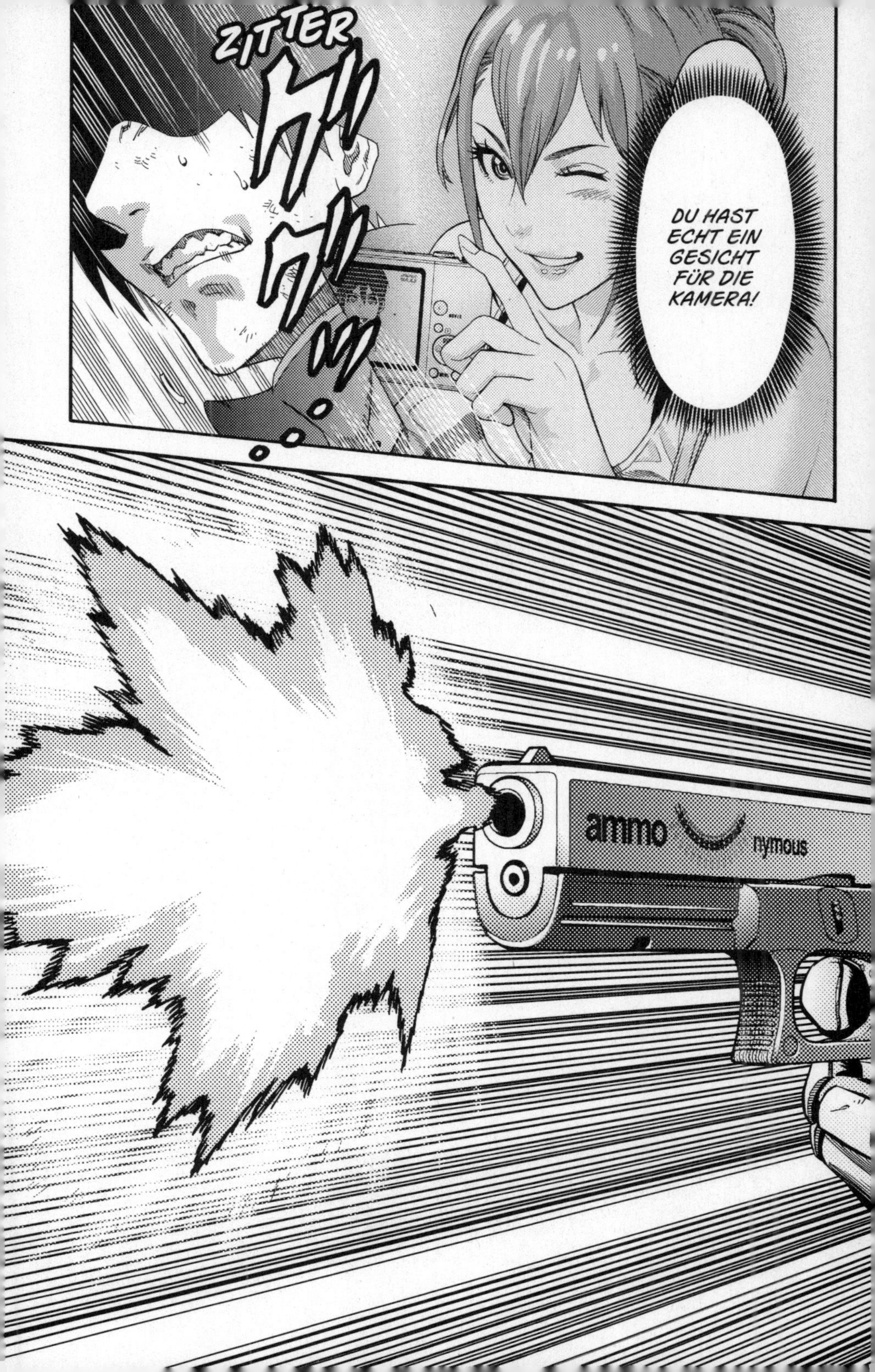
DU HAST ECHT EIN GESICHT FÜR DIE KAMERA!
ZITTER
ammo
nymous

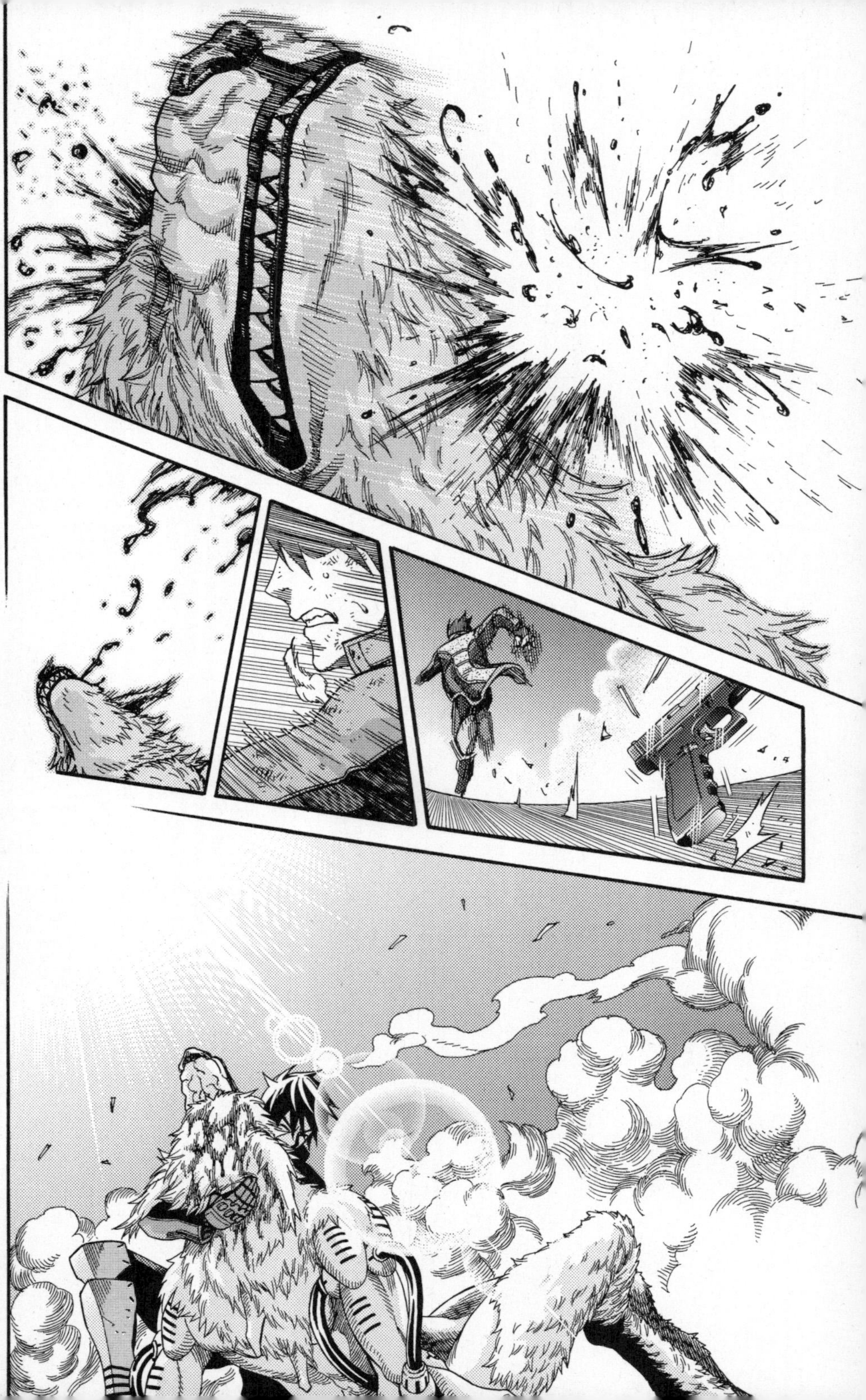

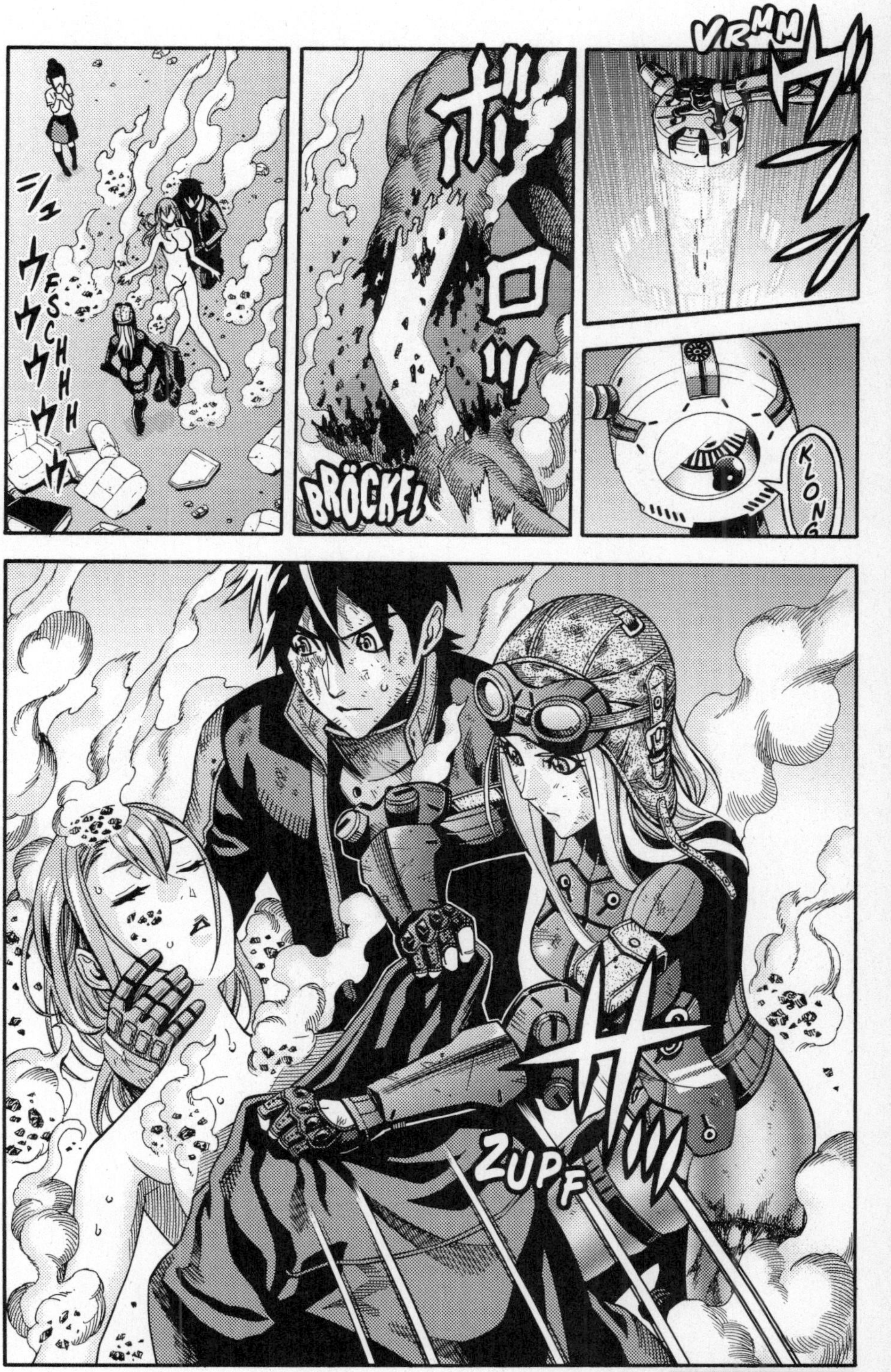
VRMMM
KLONG
BRÖCKEL
FSCHHHH
ZUPF

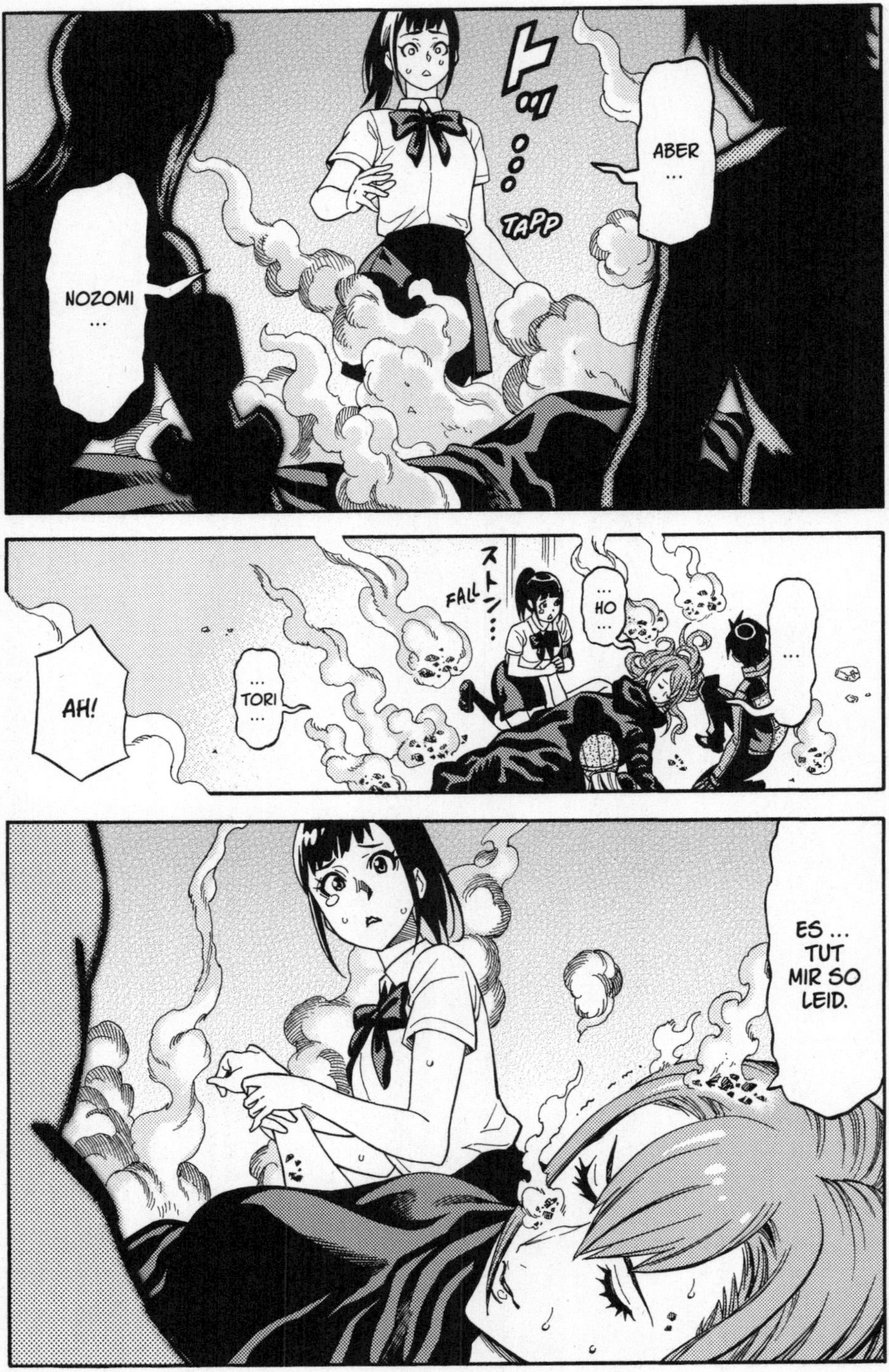
ABER ...
トッ
TAPP
NOZOMI ...
...
... HO ...
ストン…
FALL
... TORI ...
AH!
ES ... TUT MIR SO LEID.

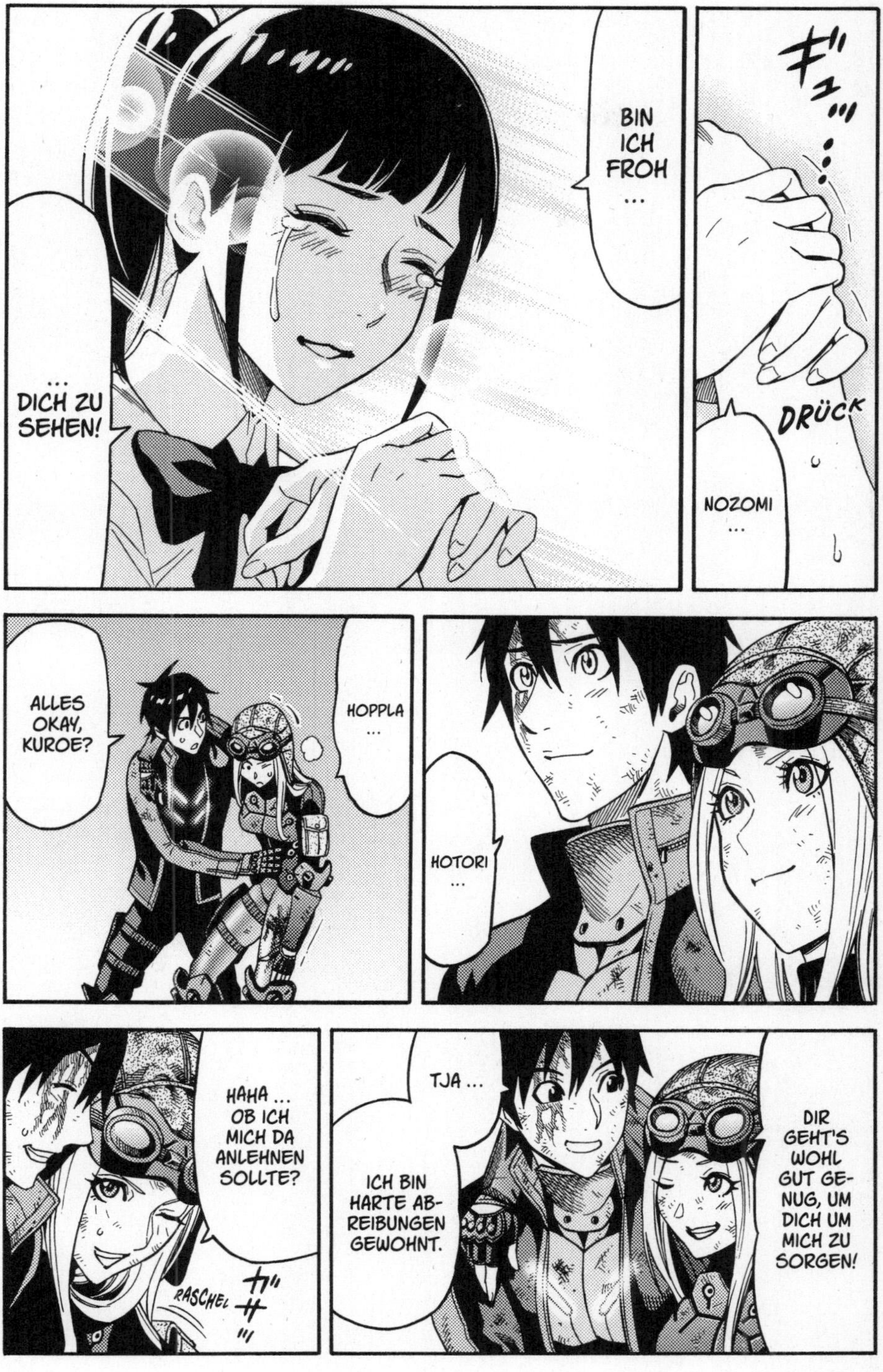
DRÜCK
NOZOMI ...
BIN ICH FROH ...
... DICH ZU SEHEN!
HOTORI ...
HOPPLA ...
ALLES OKAY, KUROE?
DIR GEHT'S WOHL GUT GENUG, UM DICH UM MICH ZU SORGEN!
TJA ...
ICH BIN HARTE ABREIBUNGEN GEWOHNT.
HAHA ... OB ICH MICH DA ANLEHNEN SOLLTE?
RASCHEL

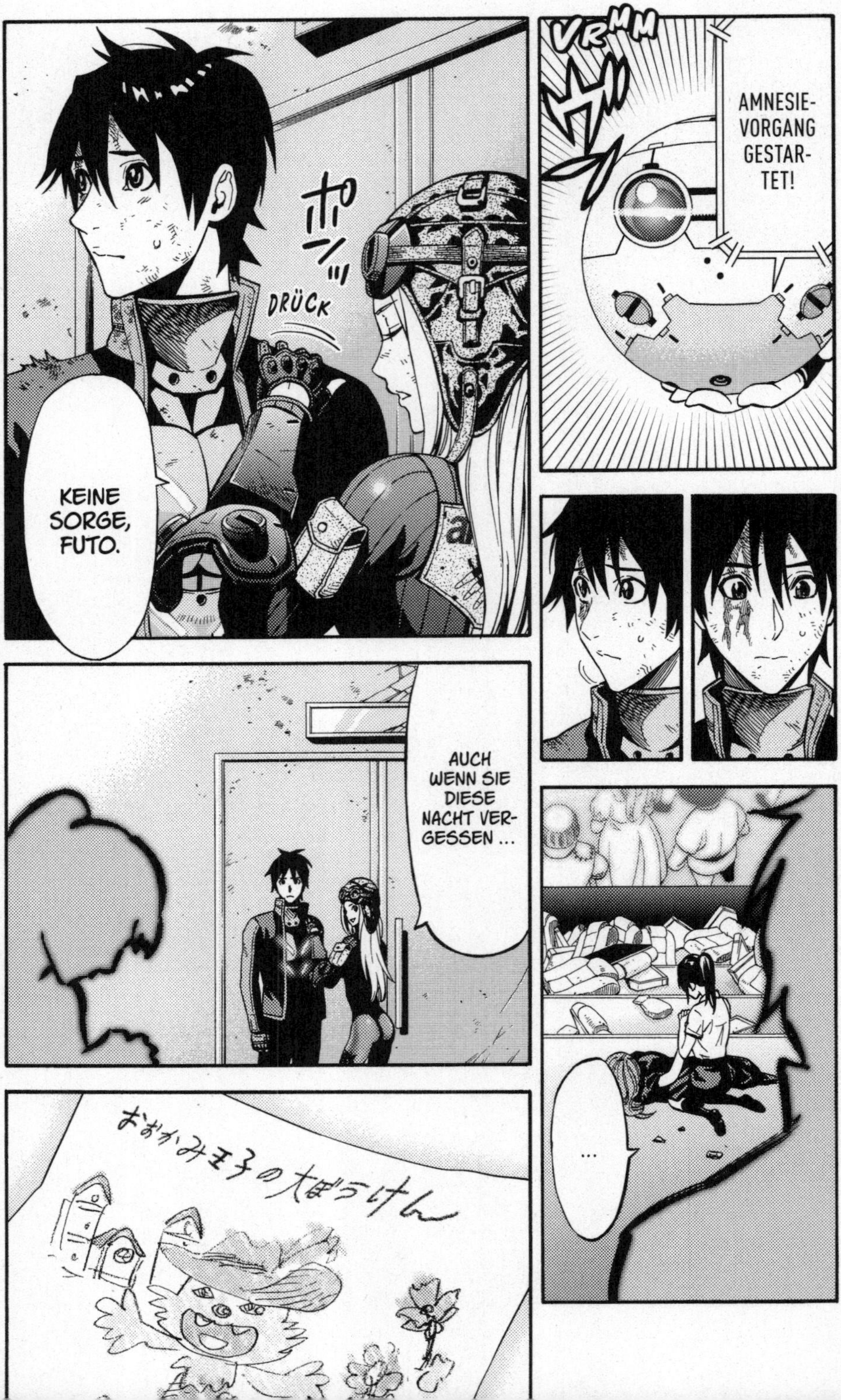
VRMM
AMNESIE-VORGANG GESTARTET!
ポンッ
DRÜCK
KEINE SORGE, FUTO.
AUCH WENN SIE DIESE NACHT VERGESSEN ...
...
おおかみ王子の大ぼうけん

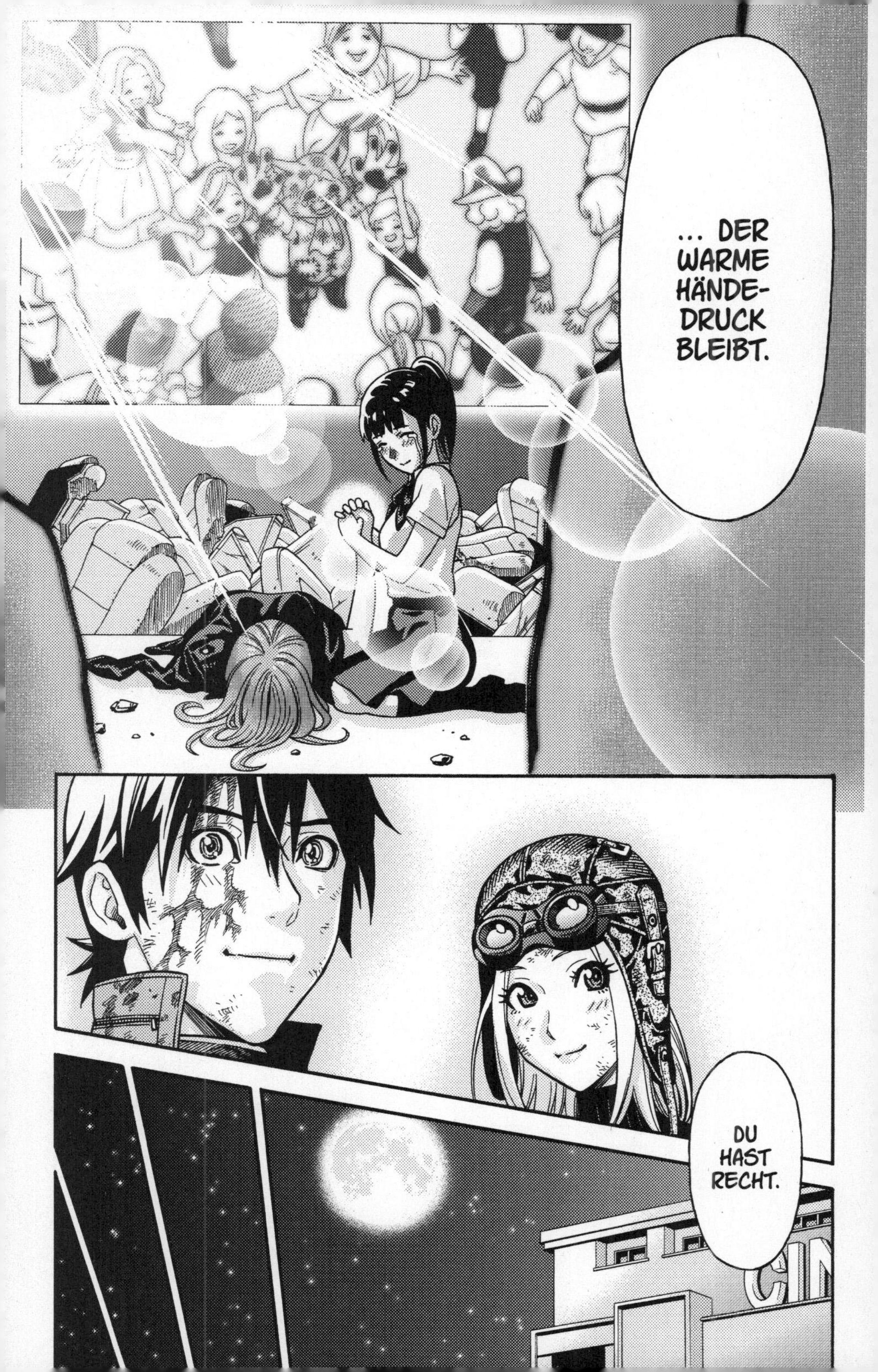
... DER WARME HÄNDE-DRUCK BLEIBT.
DU HAST RECHT.

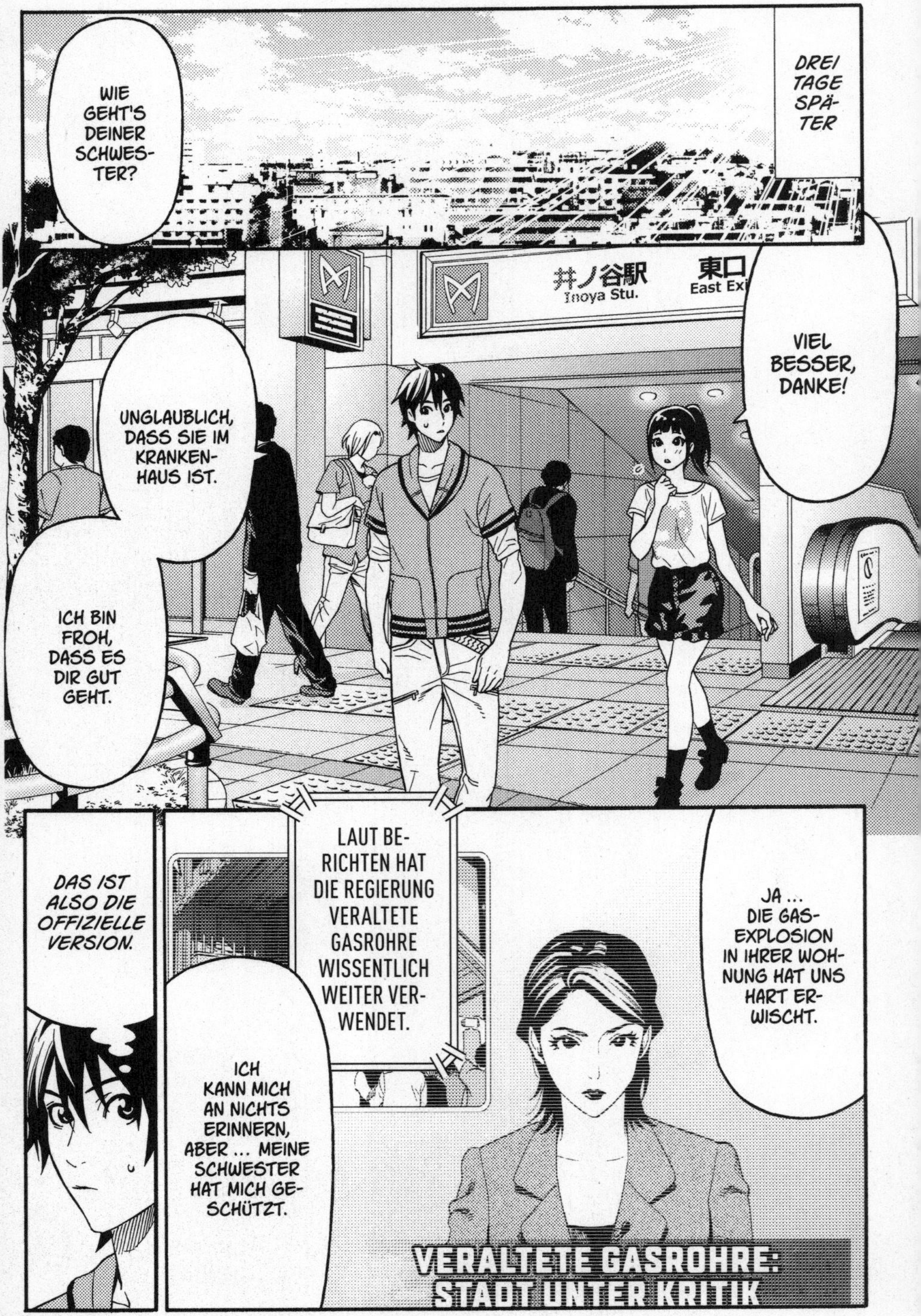
DREI TAGE SPÄTER
WIE GEHT'S DEINER SCHWESTER?
井ノ谷駅
Inoya Stu.
東口
VIEL BESSER, DANKE!
UNGLAUBLICH, DASS SIE IM KRANKENHAUS IST.
ICH BIN FROH, DASS ES DIR GUT GEHT.
JA ... DIE GASEXPLOSION IN IHRER WOHNUNG HAT UNS HART ERWISCHT.
LAUT BERICHTEN HAT DIE REGIERUNG VERALTETE GASROHRE WISSENTLICH WEITER VERWENDET.
ICH KANN MICH AN NICHTS ERINNERN, ABER ... MEINE SCHWESTER HAT MICH GESCHÜTZT.
VERALTETE GASROHRE: STADT UNTER KRITIK
DAS IST ALSO DIE OFFIZIELLE VERSION.

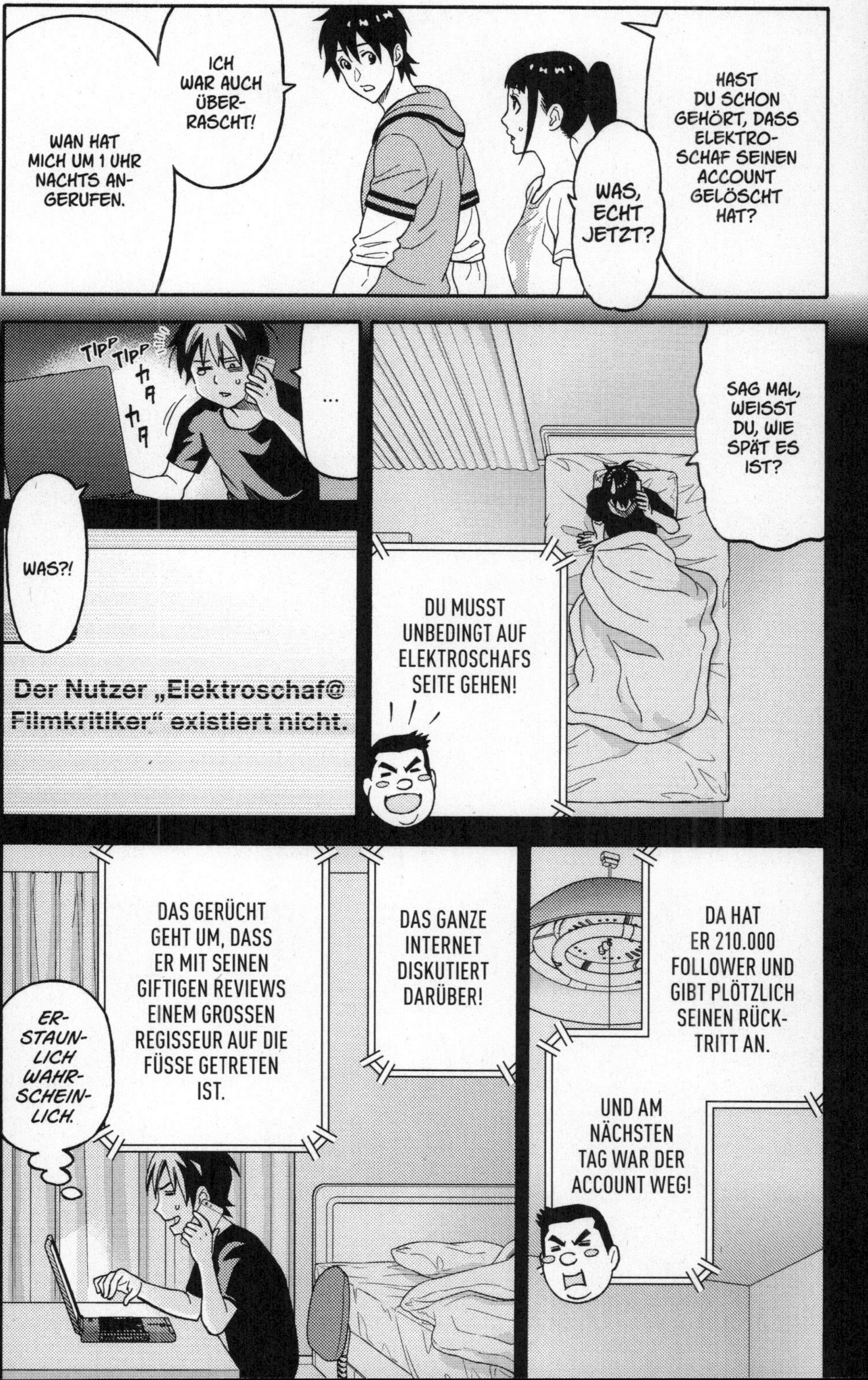
HAST DU SCHON GEHÖRT, DASS ELEKTROSCHAF SEINEN ACCOUNT GELÖSCHT HAT?
WAS, ECHT JETZT?
ICH WAR AUCH ÜBERRASCHT!
WAN HAT MICH UM 1 UHR NACHTS ANGERUFEN.
SAG MAL, WEISST DU, WIE SPÄT ES IST?
DU MUSST UNBEDINGT AUF ELEKTROSCHAFS SEITE GEHEN!
TIPP TIPP
...
WAS?!
Der Nutzer „Elektroschaf@ Filmkritiker“ existiert nicht.
DA HAT ER 210.000 FOLLOWER UND GIBT PLÖTZLICH SEINEN RÜCKTRITT AN.
UND AM NÄCHSTEN TAG WAR DER ACCOUNT WEG!
DAS GANZE INTERNET DISKUTIERT DARÜBER!
DAS GERÜCHT GEHT UM, DASS ER MIT SEINEN GIFTIGEN REVIEWS EINEM GROSSEN REGISSEUR AUF DIE FÜSSE GETRETEN IST.
ERSTAUNLICH WAHRSCHEINLICH.

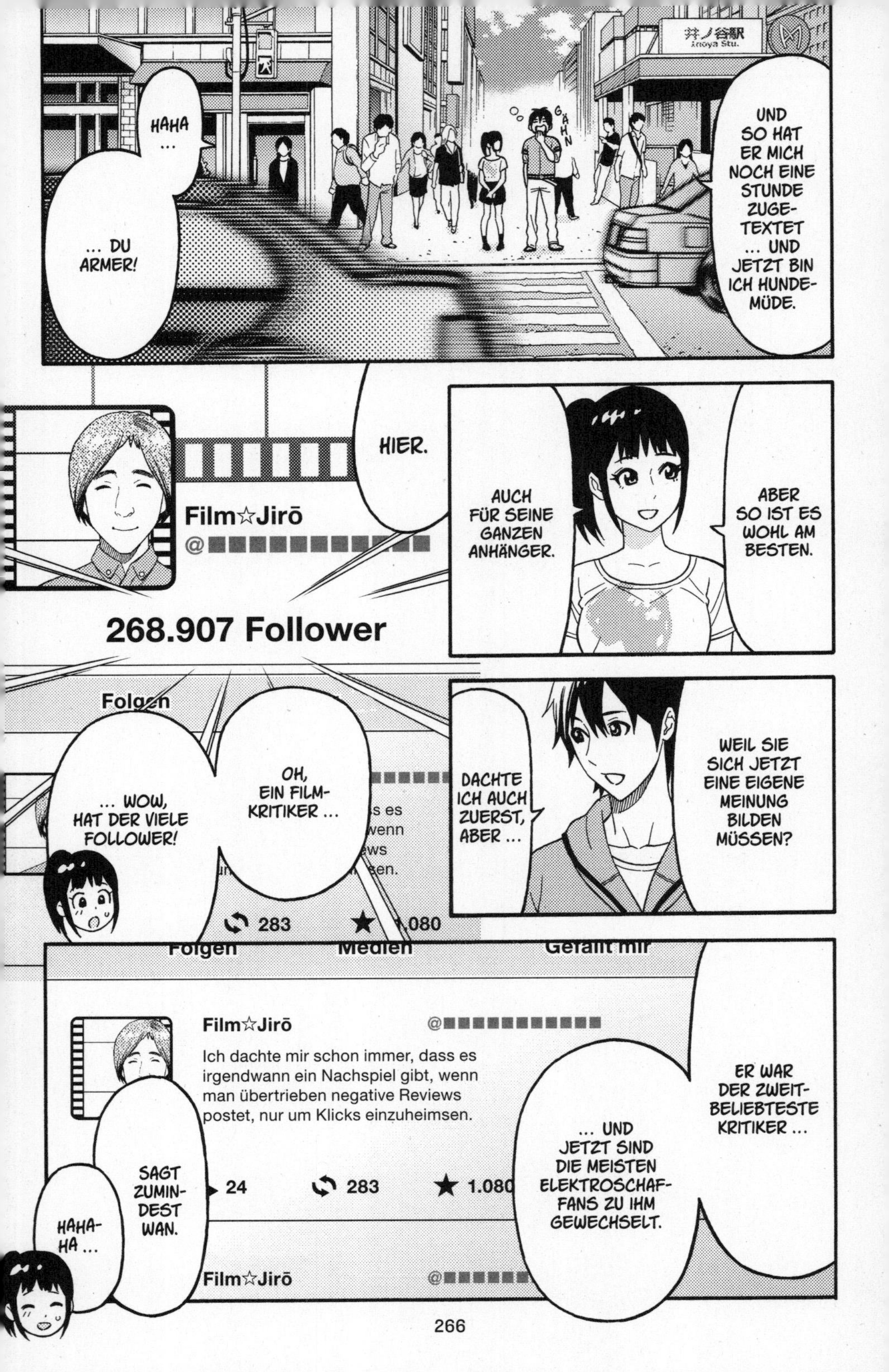
井ノ谷駅
Inoya Stu.
UND SO HAT ER MICH NOCH EINE STUNDE ZUGETEXTET … UND JETZT BIN ICH HUNDEMÜDE.
GÄHN
HAHA …
… DU ARMER!
ABER SO IST ES WOHL AM BESTEN.
AUCH FÜR SEINE GANZEN ANHÄNGER.
HIER.
Film☆Jirō
268.907 Follower
Folgen
WEIL SIE SICH JETZT EINE EIGENE MEINUNG BILDEN MÜSSEN?
DACHTE ICH AUCH ZUERST, ABER …
OH, EIN FILMKRITIKER …
… WOW, HAT DER VIELE FOLLOWER!
283
Folgen
Medien
Gefällt mir
Film☆Jirō
Ich dachte mir schon immer, dass es irgendwann ein Nachspiel gibt, wenn man übertrieben negative Reviews postet, nur um Klicks einzuheimsen.
24
283
1.080
ER WAR DER ZWEITBELIEBTESTE KRITIKER …
… UND JETZT SIND DIE MEISTEN ELEKTROSCHAFFANS ZU IHM GEWECHSELT.
SAGT ZUMINDEST WAN.
HAHAHA …
Film☆Jirō

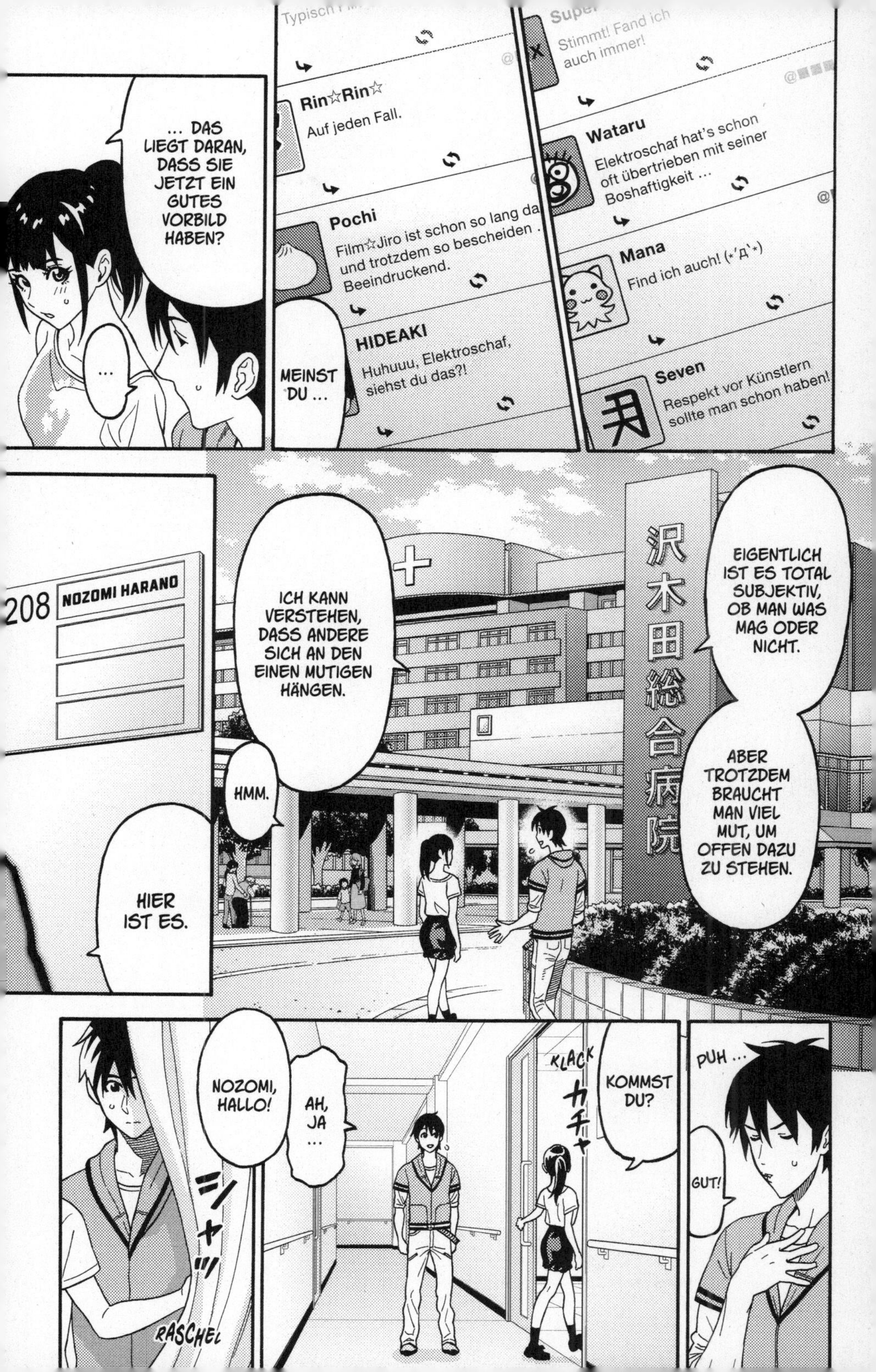
Stimmt! Fand ich auch immer!
Wataru
Elektroschaf hat's schon oft übertrieben mit seiner Boshaftigkeit …
Mana
Find ich auch! (*´Д`*)
Seven
Respekt vor Künstlern sollte man schon haben!
Rin☆Rin☆
Auf jeden Fall.
Pochi
Film☆Jiro ist schon so lang da und trotzdem so bescheiden … Beeindruckend.
HIDEAKI
Huhuuu, Elektroschaf, siehst du das?!
MEINST DU …
… DAS LIEGT DARAN, DASS SIE JETZT EIN GUTES VORBILD HABEN?
…
沢木田総合病院
EIGENTLICH IST ES TOTAL SUBJEKTIV, OB MAN WAS MAG ODER NICHT.
ABER TROTZDEM BRAUCHT MAN VIEL MUT, UM OFFEN DAZU ZU STEHEN.
ICH KANN VERSTEHEN, DASS ANDERE SICH AN DEN EINEN MUTIGEN HÄNGEN.
HMM.
208
NOZOMI HARANO
HIER IST ES.
PUH …
GUT!
KLACK
カチャ
KOMMST DU?
AH, JA …
NOZOMI, HALLO!
シャッ
RASCHEL

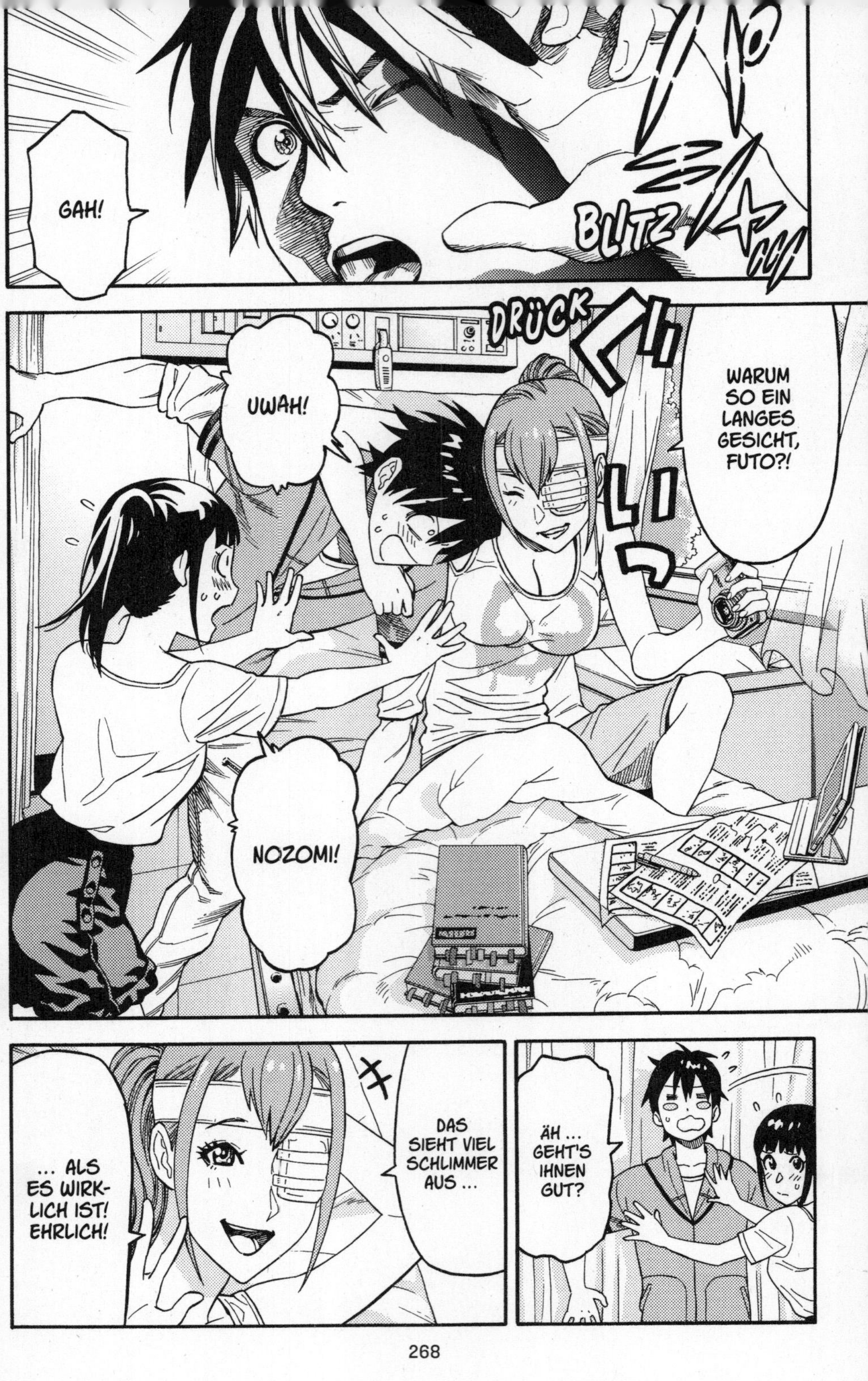
BLITZ
GAH!
DRÜCK
WARUM SO EIN LANGES GESICHT, FUTO?!
UWAH!
NOZOMI!
ÄH … GEHT'S IHNEN GUT?
DAS SIEHT VIEL SCHLIMMER AUS …
… ALS ES WIRKLICH IST! EHRLICH!

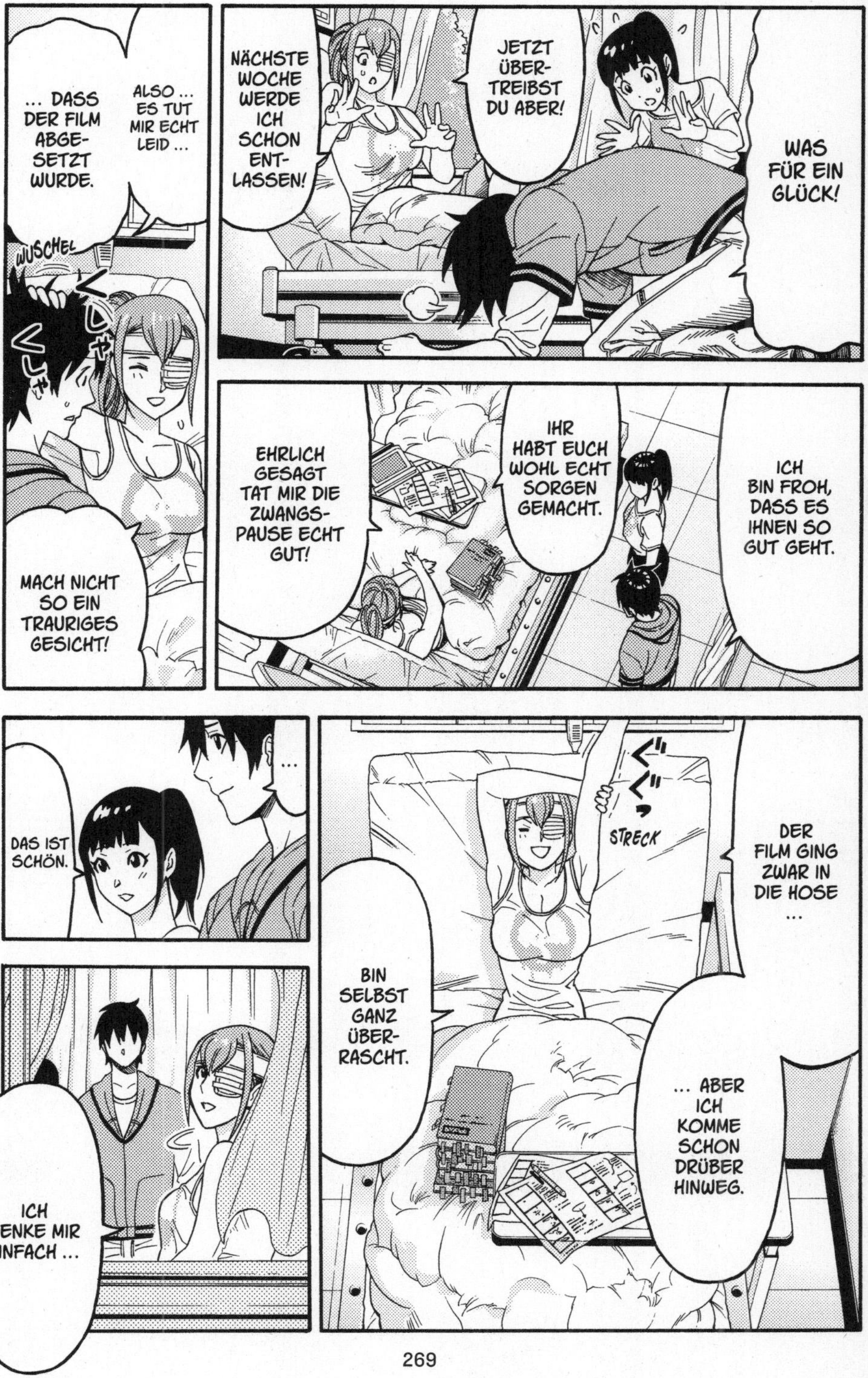
WAS FÜR EIN GLÜCK!
JETZT ÜBERTREIBST DU ABER!
NÄCHSTE WOCHE WERDE ICH SCHON ENTLASSEN!
ALSO … ES TUT MIR ECHT LEID …
… DASS DER FILM ABGESETZT WURDE.
WUSCHEL
MACH NICHT SO EIN TRAURIGES GESICHT!
ICH BIN FROH, DASS ES IHNEN SO GUT GEHT.
IHR HABT EUCH WOHL ECHT SORGEN GEMACHT.
EHRLICH GESAGT TAT MIR DIE ZWANGSPAUSE ECHT GUT!
DER FILM GING ZWAR IN DIE HOSE …
STRECK
BIN SELBST GANZ ÜBERRASCHT.
… ABER ICH KOMME SCHON DRÜBER HINWEG.
…
DAS IST SCHÖN.
ICH DENKE MIR EINFACH …

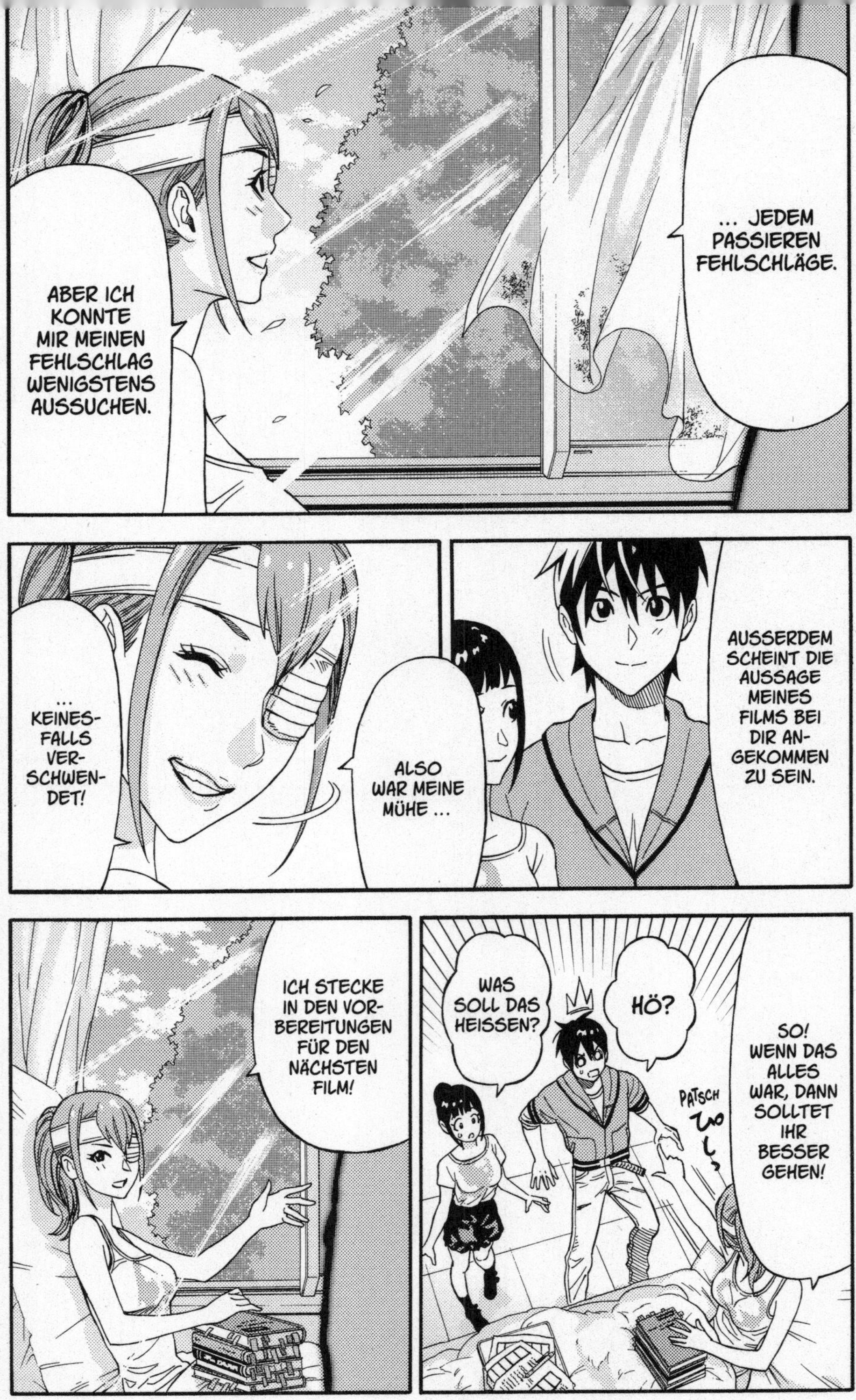
… JEDEM PASSIEREN FEHLSCHLÄGE.
ABER ICH KONNTE MIR MEINEN FEHLSCHLAG WENIGSTENS AUSSUCHEN.
AUSSERDEM SCHEINT DIE AUSSAGE MEINES FILMS BEI DIR ANGEKOMMEN ZU SEIN.
ALSO WAR MEINE MÜHE …
… KEINESFALLS VERSCHWENDET!
SO! WENN DAS ALLES WAR, DANN SOLLTET IHR BESSER GEHEN!
PATSCH
HÖ?
WAS SOLL DAS HEISSEN?
ICH STECKE IN DEN VORBEREITUNGEN FÜR DEN NÄCHSTEN FILM!

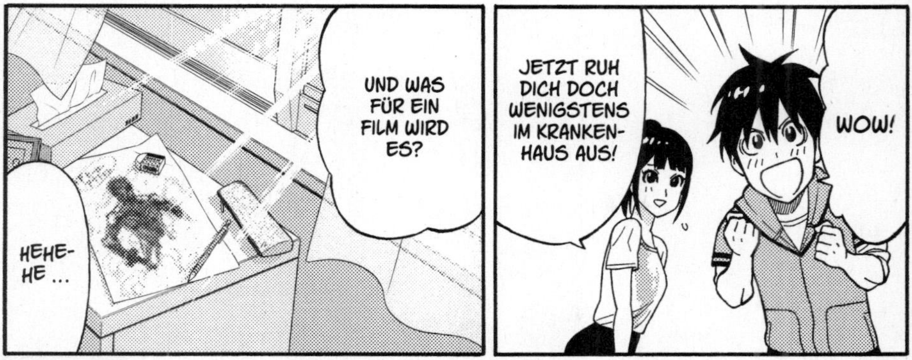

* SCI-FI-ACTION-HELD

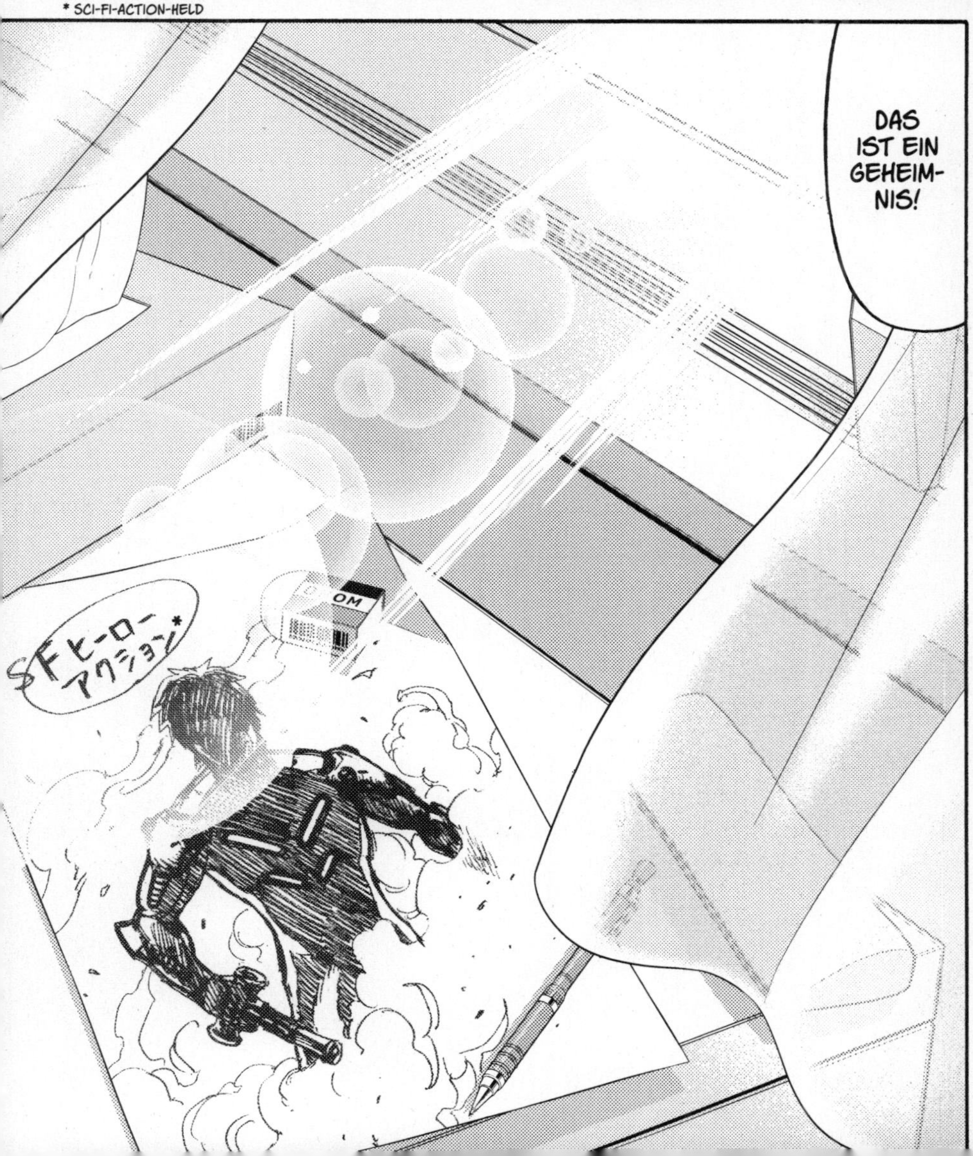

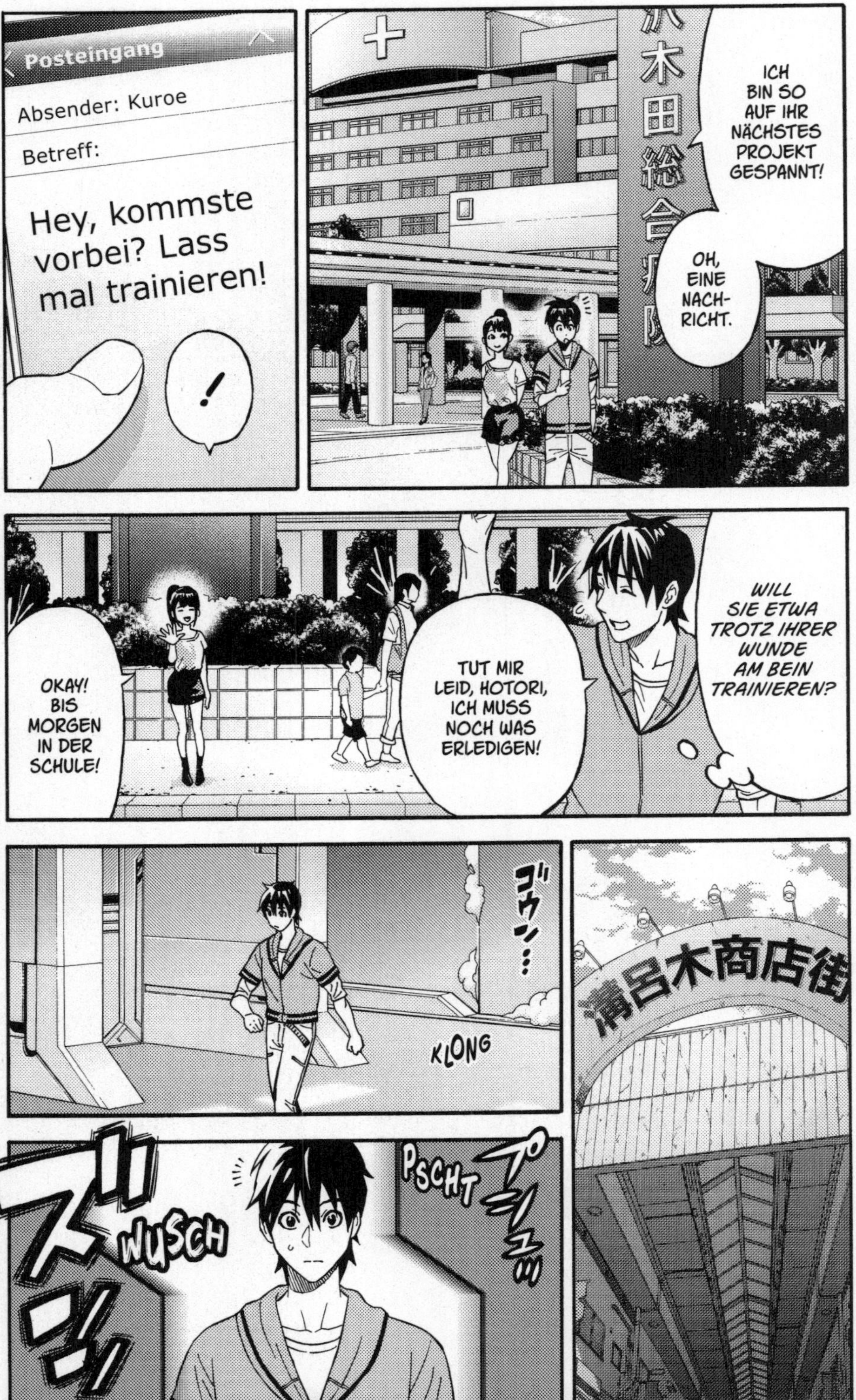
ICH BIN SO AUF IHR NÄCHSTES PROJEKT GESPANNT!
OH, EINE NACHRICHT.
Posteingang
Absender: Kuroe
Betreff:
Hey, kommste vorbei? Lass mal trainieren!
!
WILL SIE ETWA TROTZ IHRER WUNDE AM BEIN TRAINIEREN?
TUT MIR LEID, HOTORI, ICH MUSS NOCH WAS ERLEDIGEN!
OKAY! BIS MORGEN IN DER SCHULE!
KLONG
PSCHT
WUSCH

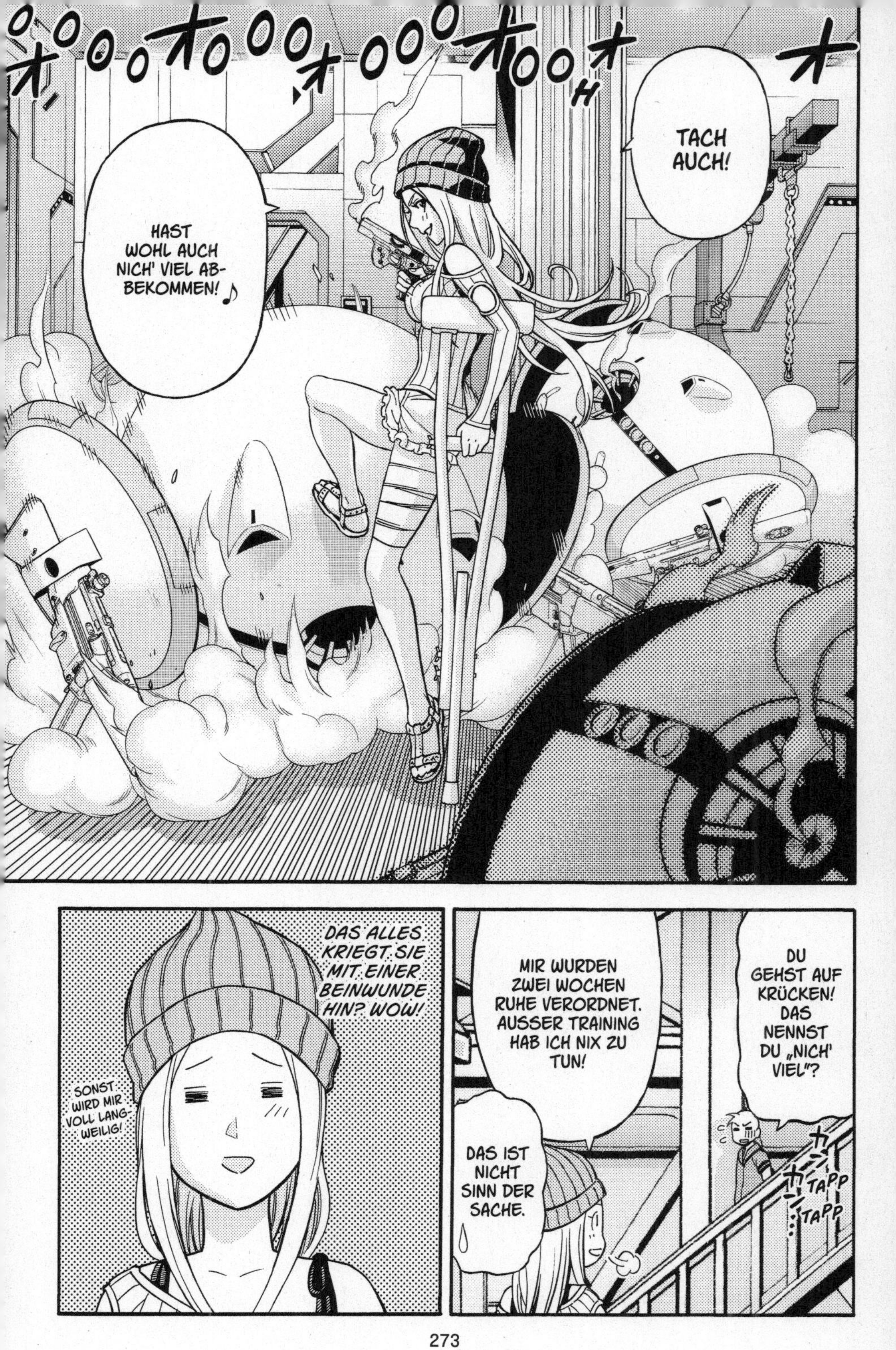
TACH AUCH!
HAST WOHL AUCH NICH' VIEL AB-BEKOMMEN! ♪
DU GEHST AUF KRÜCKEN! DAS NENNST DU „NICH' VIEL"?
TAPP TAPP
MIR WURDEN ZWEI WOCHEN RUHE VERORDNET. AUSSER TRAINING HAB ICH NIX ZU TUN!
DAS IST NICHT SINN DER SACHE.
DAS ALLES KRIEGT SIE MIT EINER BEINWUNDE HIN? WOW!
SONST WIRD MIR VOLL LANG-WEILIG!

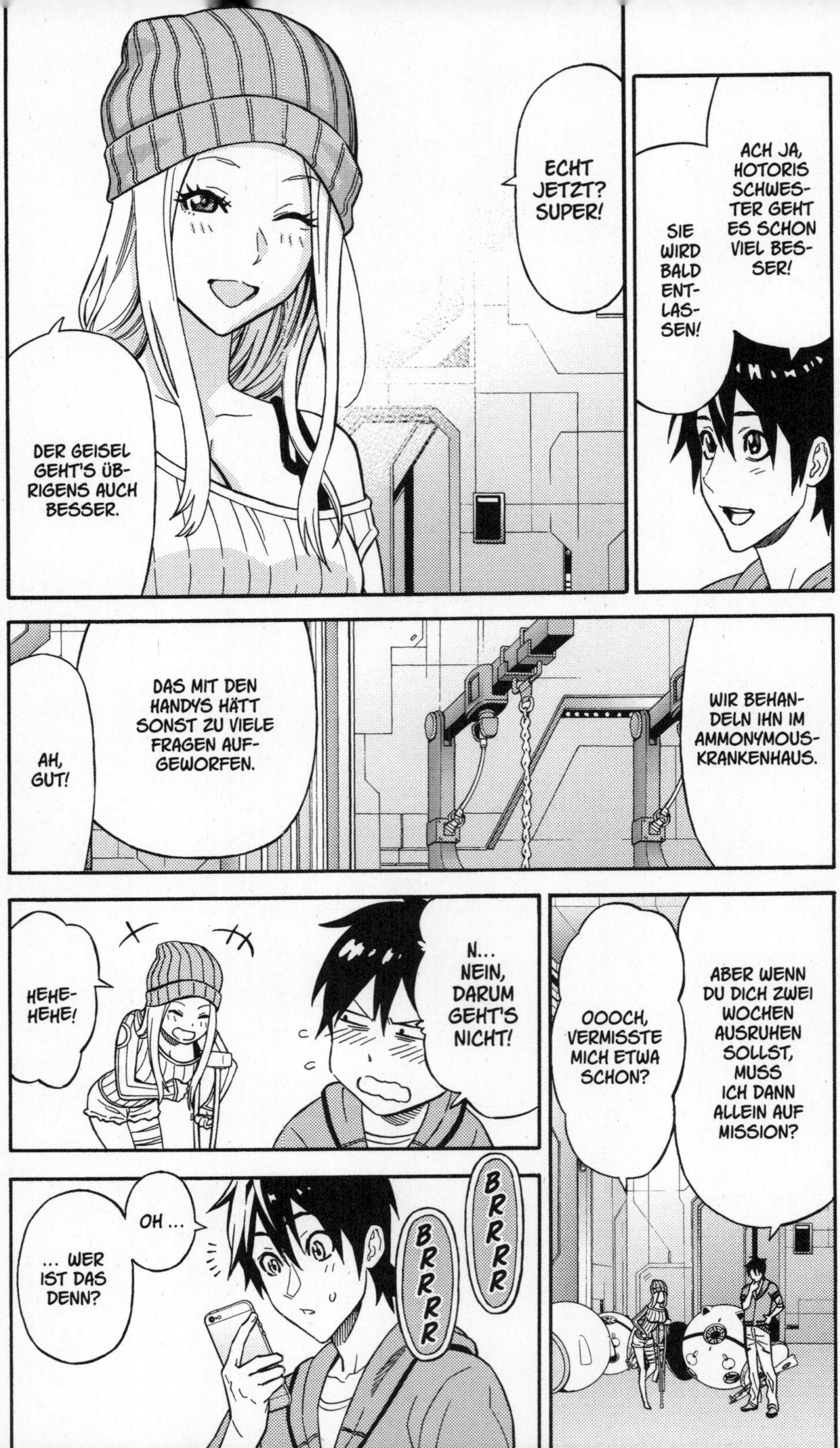
ACH JA, HOTORIS SCHWESTER GEHT ES SCHON VIEL BESSER!
SIE WIRD BALD ENTLASSEN!
ECHT JETZT? SUPER!
DER GEISEL GEHT'S ÜBRIGENS AUCH BESSER.
WIR BEHANDELN IHN IM AMMONYMOUS-KRANKENHAUS.
DAS MIT DEN HANDYS HÄTT SONST ZU VIELE FRAGEN AUFGEWORFEN.
AH, GUT!
ABER WENN DU DICH ZWEI WOCHEN AUSRUHEN SOLLST, MUSS ICH DANN ALLEIN AUF MISSION?
OOOCH, VERMISSTE MICH ETWA SCHON?
N... NEIN, DARUM GEHT'S NICHT!
HEHEHEHE!
BRRRR
BRRRR
OH ...
... WER IST DAS DENN?

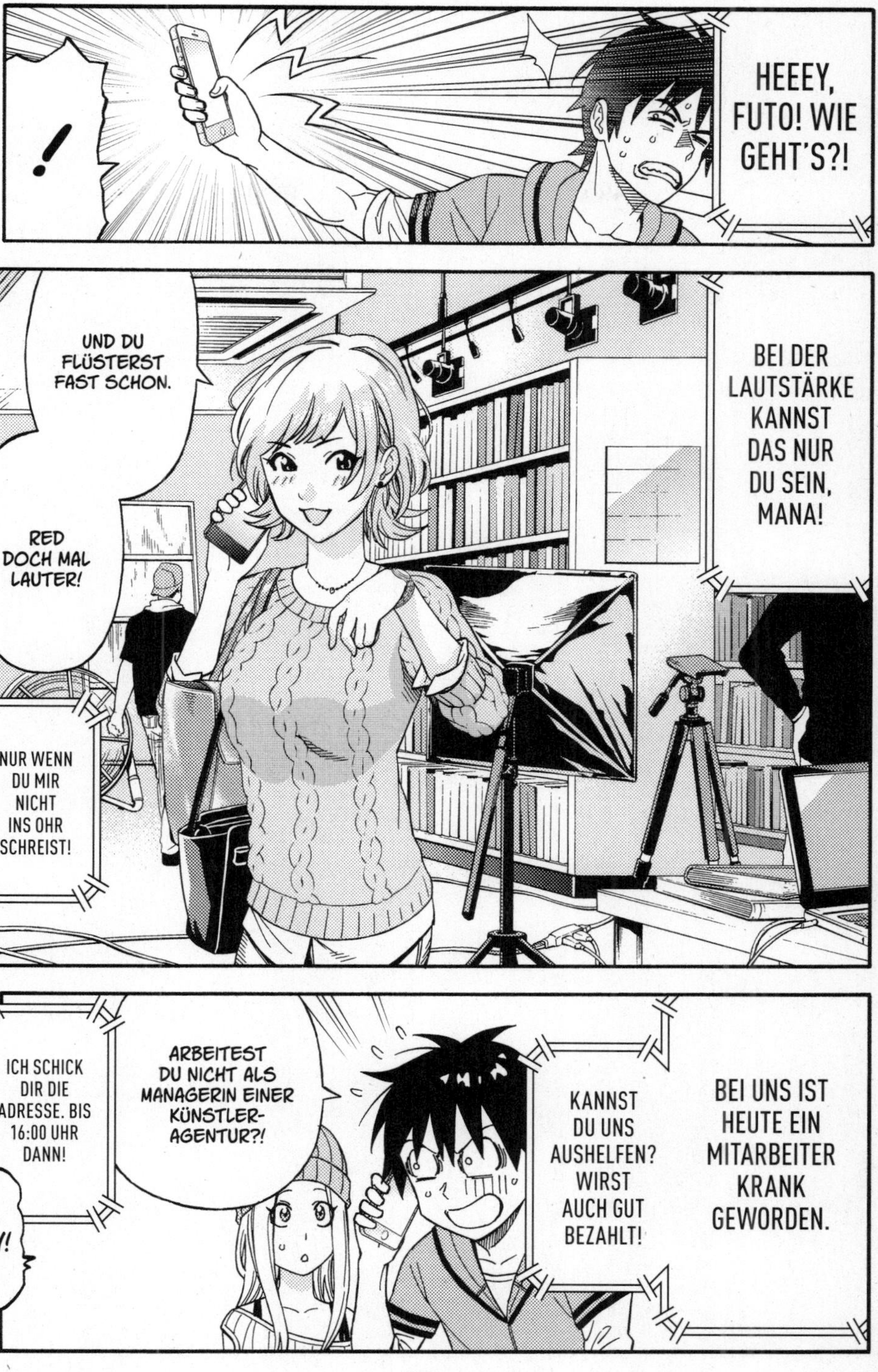
HEEEY, FUTO! WIE GEHT'S?!
!
BEI DER LAUTSTÄRKE KANNST DAS NUR DU SEIN, MANA!
UND DU FLÜSTERST FAST SCHON.
RED DOCH MAL LAUTER!
NUR WENN DU MIR NICHT INS OHR SCHREIST!
BEI UNS IST HEUTE EIN MITARBEITER KRANK GEWORDEN.
KANNST DU UNS AUSHELFEN? WIRST AUCH GUT BEZAHLT!
ARBEITEST DU NICHT ALS MANAGERIN EINER KÜNSTLER-AGENTUR?!
ICH SCHICK DIR DIE ADRESSE. BIS 16:00 UHR DANN!
HEY!

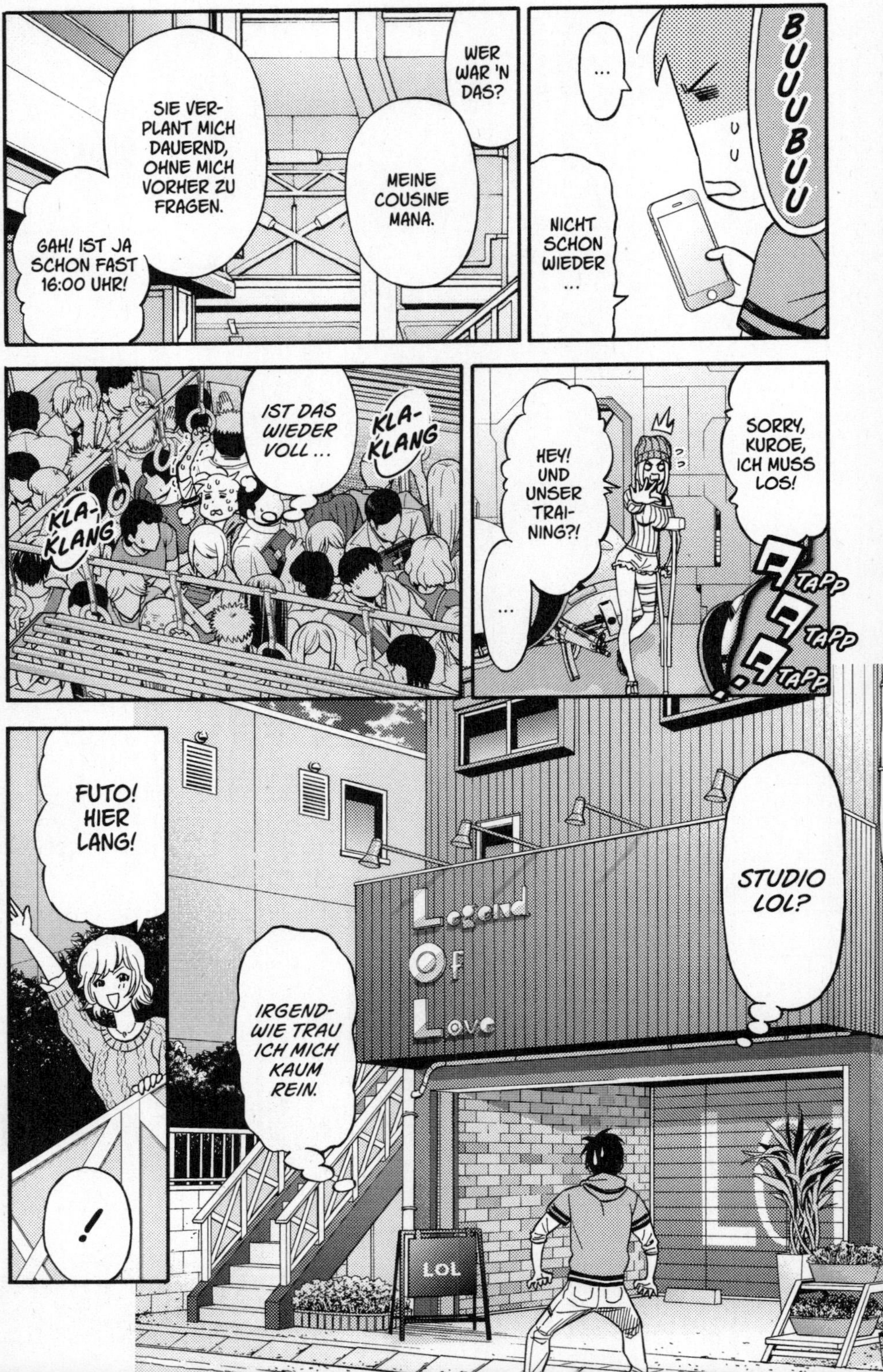
BUUUBUU
…
NICHT SCHON WIEDER …
WER WAR 'N DAS?
MEINE COUSINE MANA.
SIE VERPLANT MICH DAUERND, OHNE MICH VORHER ZU FRAGEN.
GAH! IST JA SCHON FAST 16:00 UHR!
SORRY, KUROE, ICH MUSS LOS!
TAPP
TAPP
TAPP
HEY! UND UNSER TRAINING?!
…
IST DAS WIEDER VOLL …
KLA-KLANG
KLA-KLANG
STUDIO LOL?
Legend Of Love
IRGENDWIE TRAU ICH MICH KAUM REIN.
FUTO! HIER LANG!
!
LOL

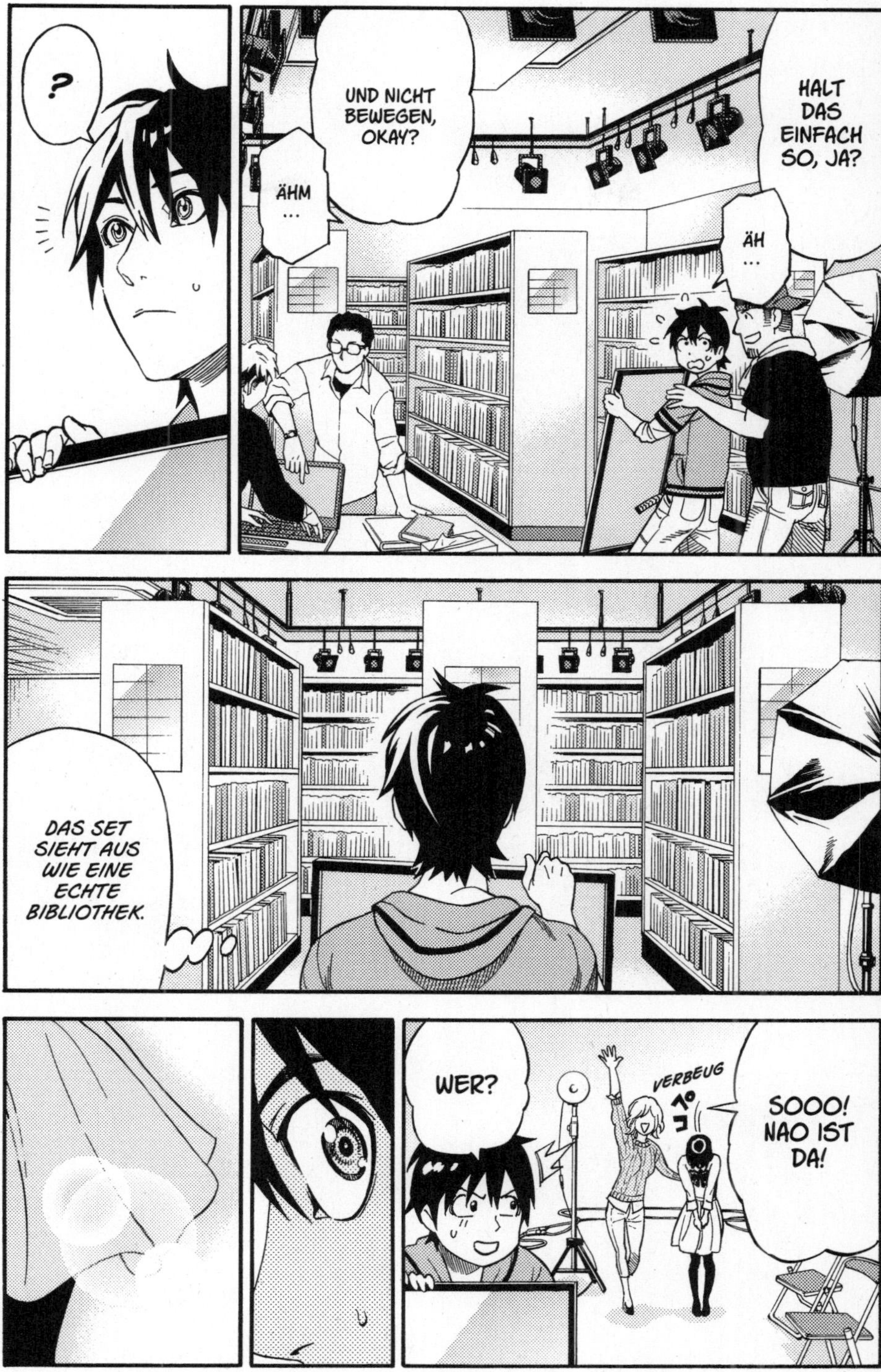
HALT DAS EINFACH SO, JA?
ÄH …
UND NICHT BEWEGEN, OKAY?
ÄHM …
?
DAS SET SIEHT AUS WIE EINE ECHTE BIBLIOTHEK.
SOOO! NAO IST DA!
VERBEUG
ペコ
WER?

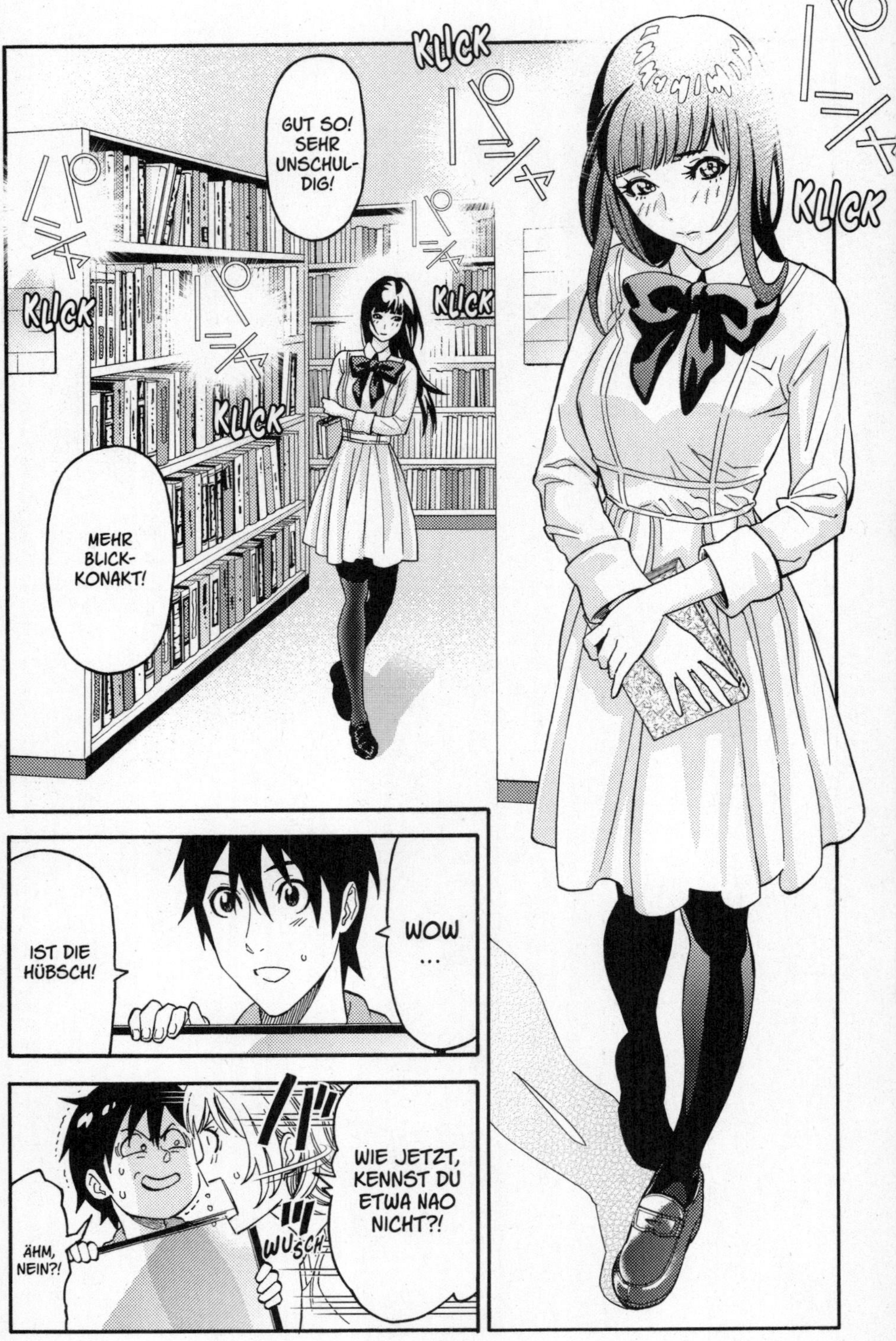
KLICK
KLICK
GUT SO! SEHR UNSCHUL-DIG!
KLICK
KLICK
KLICK
MEHR BLICK-KONAKT!
WOW ...
IST DIE HÜBSCH!
WIE JETZT, KENNST DU ETWA NAO NICHT?!
WUSCH
ÄHM, NEIN?!

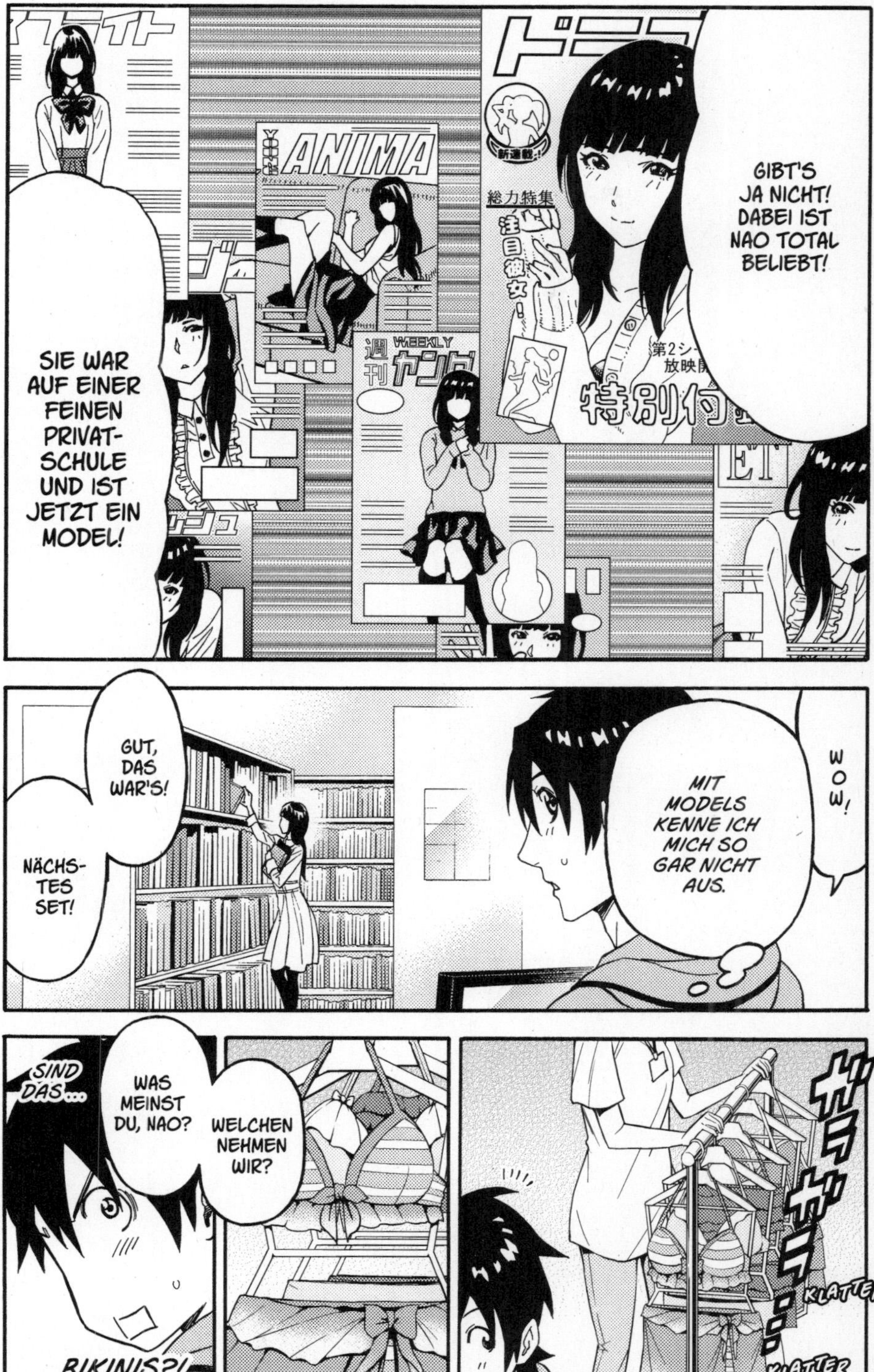

新連載!
総力特集
注目彼女!
ANIMA
WEEKLY
GIBT'S JA NICHT! DABEI IST NAO TOTAL BELIEBT!
SIE WAR AUF EINER FEINEN PRIVATSCHULE UND IST JETZT EIN MODEL!
WOW!
MIT MODELS KENNE ICH MICH SO GAR NICHT AUS.
GUT, DAS WAR'S!
NÄCHSTES SET!
KLATTER
KLATTER
WAS MEINST DU, NAO?
WELCHEN NEHMEN WIR?
SIND DAS …
… BIKINIS?!

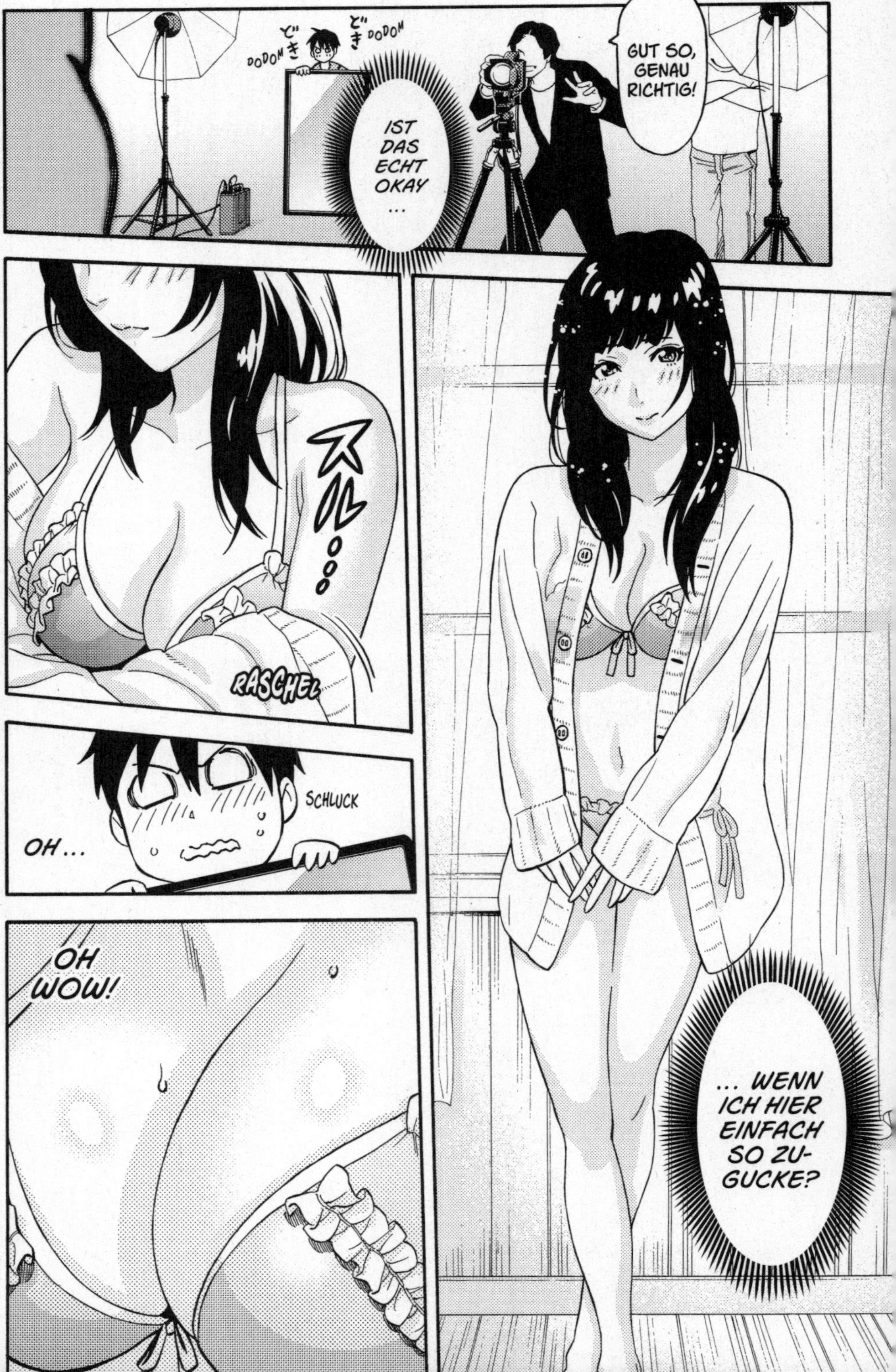
GUT SO, GENAU RICHTIG!
IST DAS ECHT OKAY ...
どき DODOM
どき DODOM
スル
RASCHEL
SCHLUCK
OH ...
OH WOW!
... WENN ICH HIER EINFACH SO ZU-GUCKE?

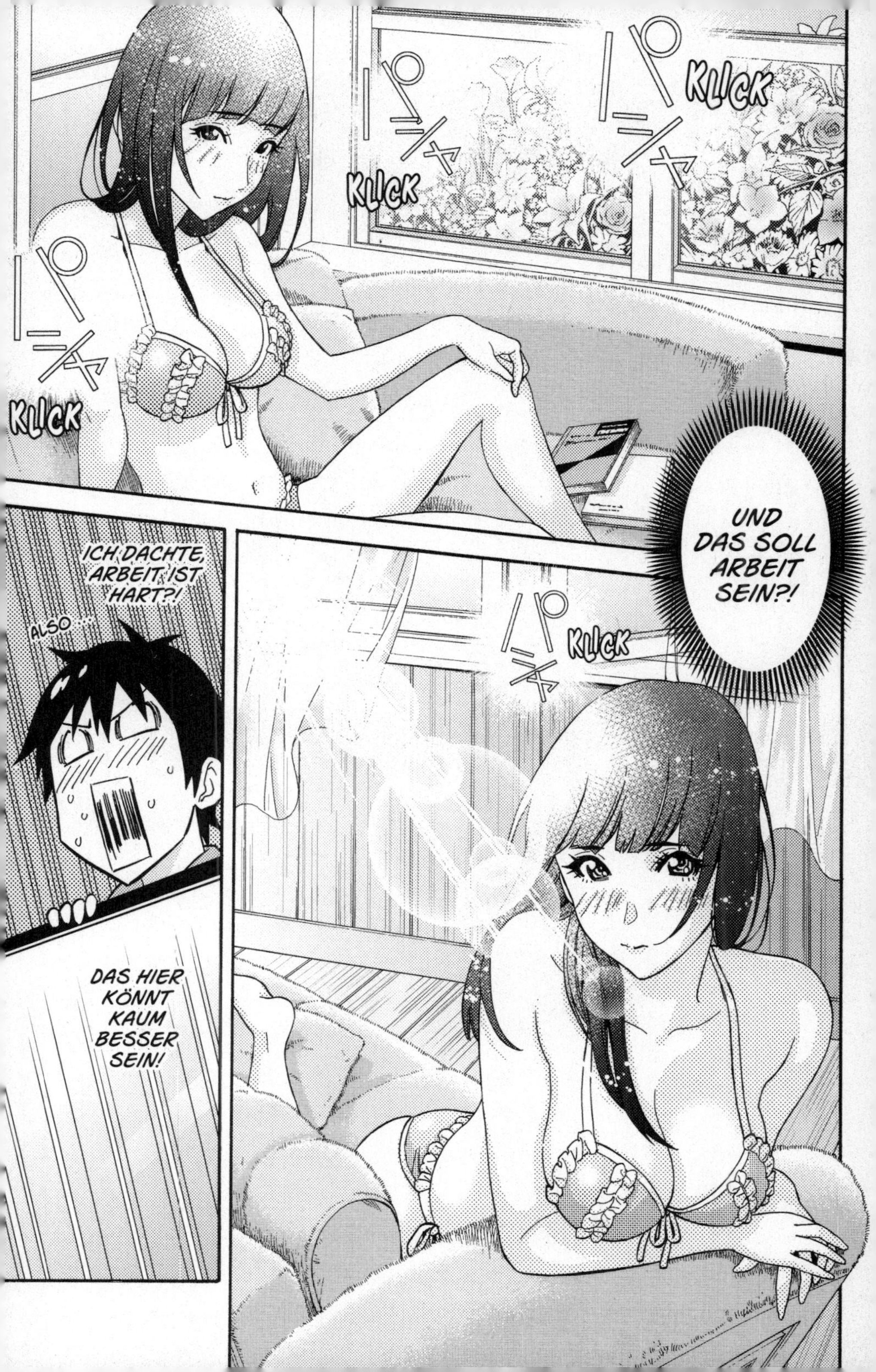
KLICK
KLICK
KLICK
UND DAS SOLL ARBEIT SEIN?!
KLICK
ICH DACHTE, ARBEIT IST HART?!
ALSO ...
DAS HIER KÖNNT KAUM BESSER SEIN!

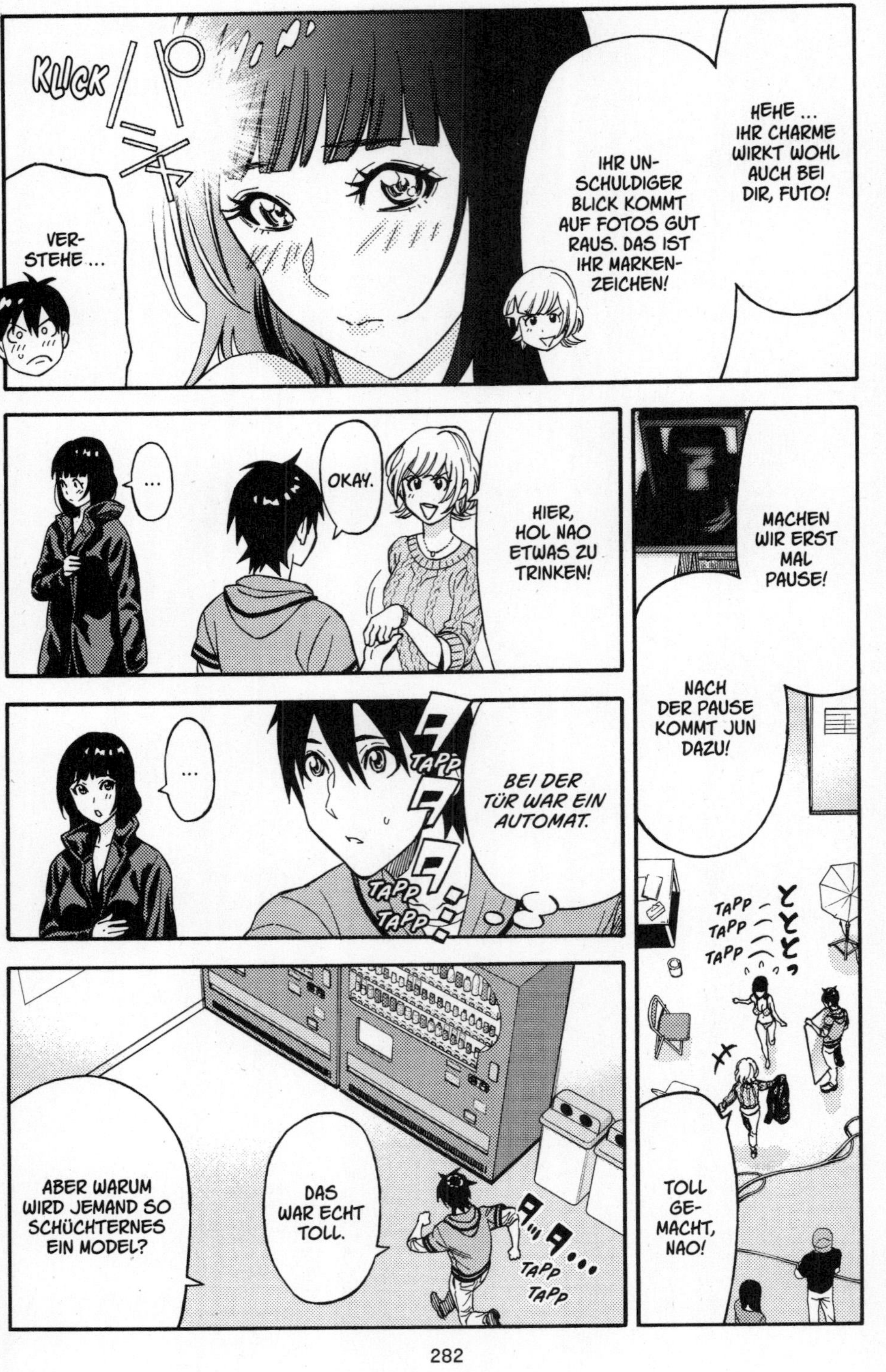
KLICK
HEHE … IHR CHARME WIRKT WOHL AUCH BEI DIR, FUTO!
IHR UN-SCHULDIGER BLICK KOMMT AUF FOTOS GUT RAUS. DAS IST IHR MARKEN-ZEICHEN!
VER-STEHE …
MACHEN WIR ERST MAL PAUSE!
NACH DER PAUSE KOMMT JUN DAZU!
TAPP TAPP TAPP
TOLL GE-MACHT, NAO!
HIER, HOL NAO ETWAS ZU TRINKEN!
OKAY.
…
TAPP TAPP TAPP
BEI DER TÜR WAR EIN AUTOMAT.
…
TAPP TAPP
DAS WAR ECHT TOLL.
ABER WARUM WIRD JEMAND SO SCHÜCHTERNES EIN MODEL?

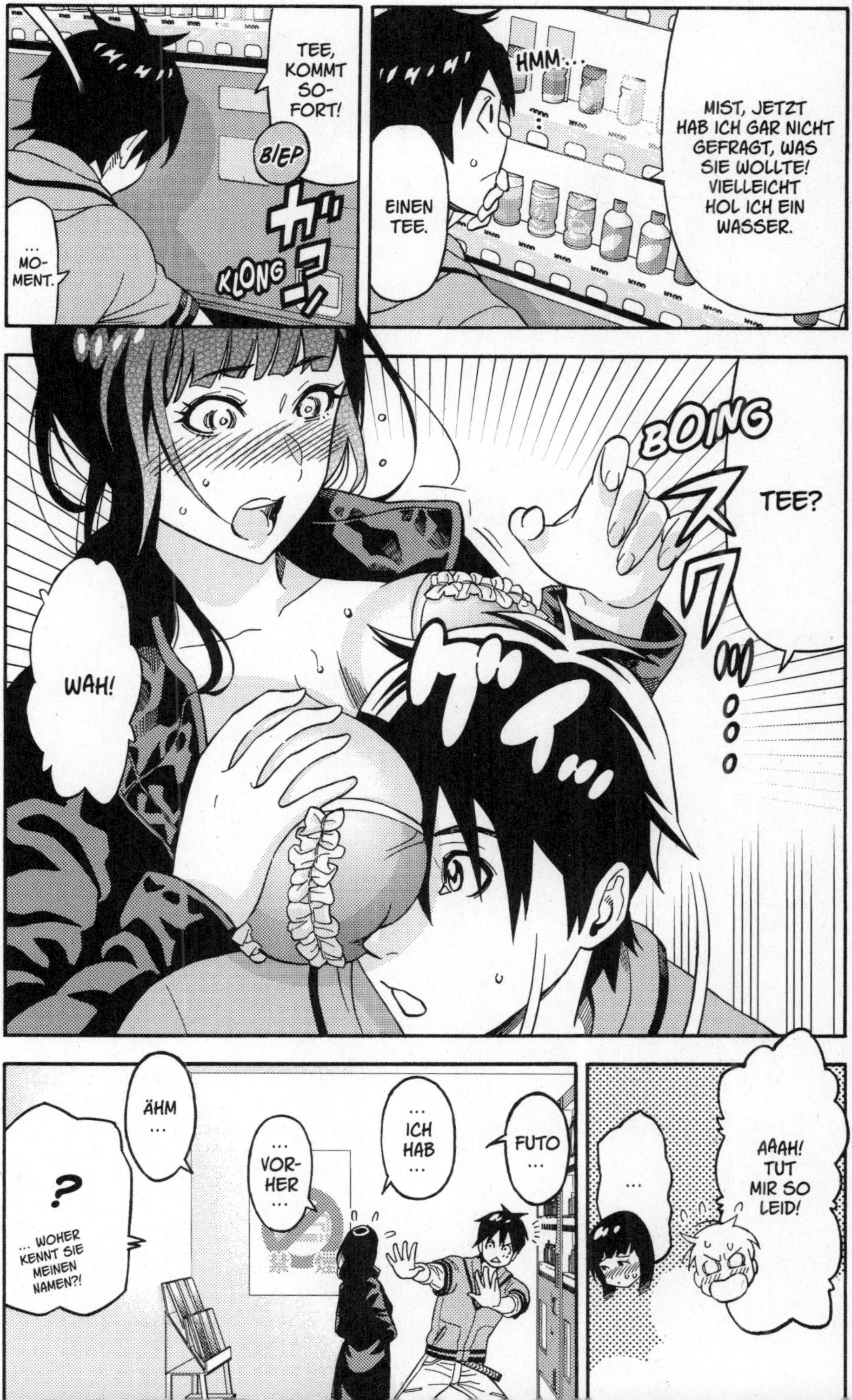
MIST, JETZT HAB ICH GAR NICHT GEFRAGT, WAS SIE WOLLTE! VIELLEICHT HOL ICH EIN WASSER.
HMM ...
EINEN TEE.
TEE, KOMMT SO-FORT!
BIEP
KLONG
... MO-MENT.
BOING
TEE?
WAH!
AAAH! TUT MIR SO LEID!
...
FUTO ...
... ICH HAB ...
... VORHER ...
ÄHM ...
?
... WOHER KENNT SIE MEINEN NAMEN?!

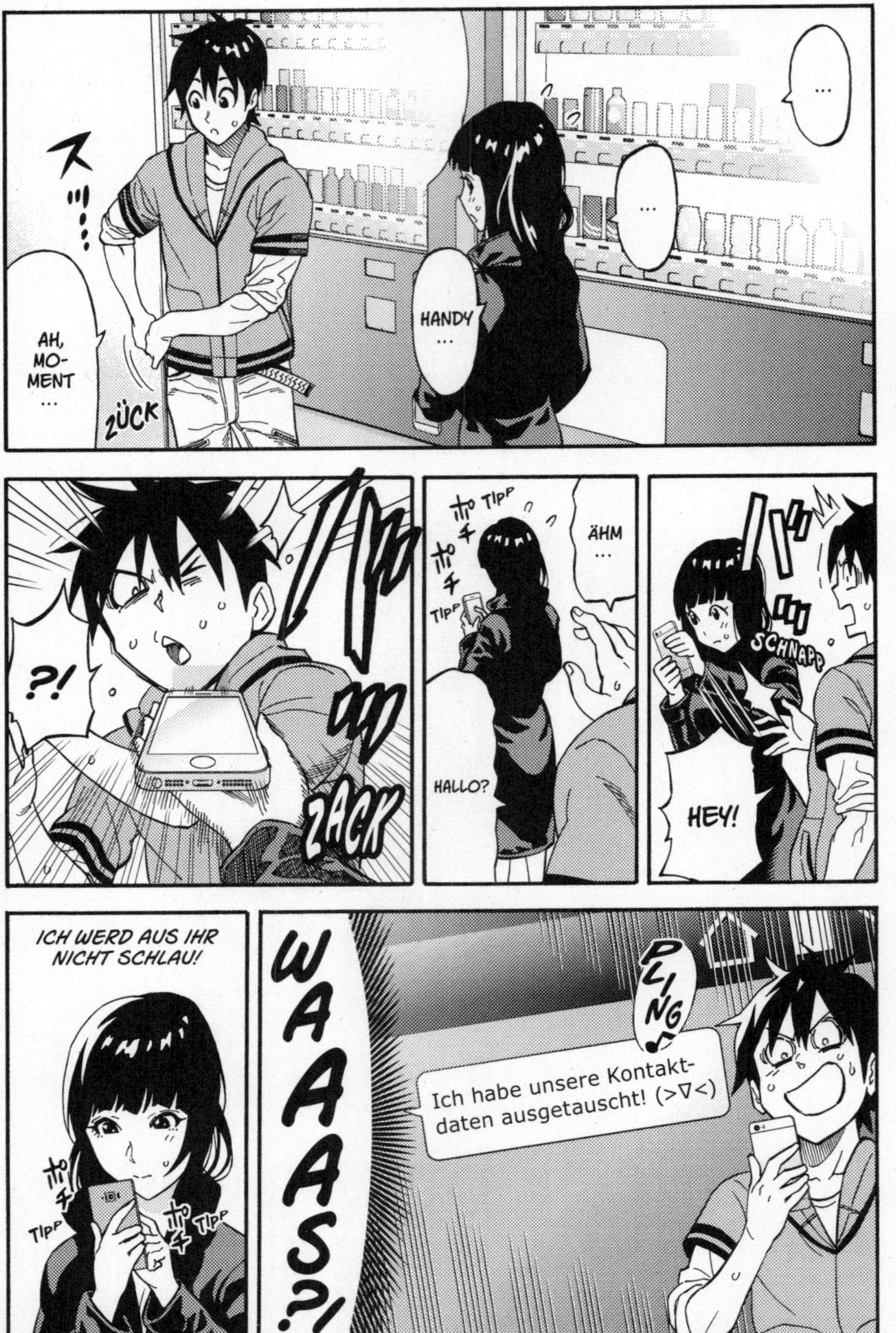
...
...
HANDY ...
AH, MOMENT ...
ZÜCK
HEY!
SCHNAPP
ÄHM ...
TIPP
TIPP
HALLO?
?!
ZACK
Ich habe unsere Kontaktdaten ausgetauscht! (>∇<)
PLING
WAAAS?!
ICH WERD AUS IHR NICHT SCHLAU!
TIPP
TIPP

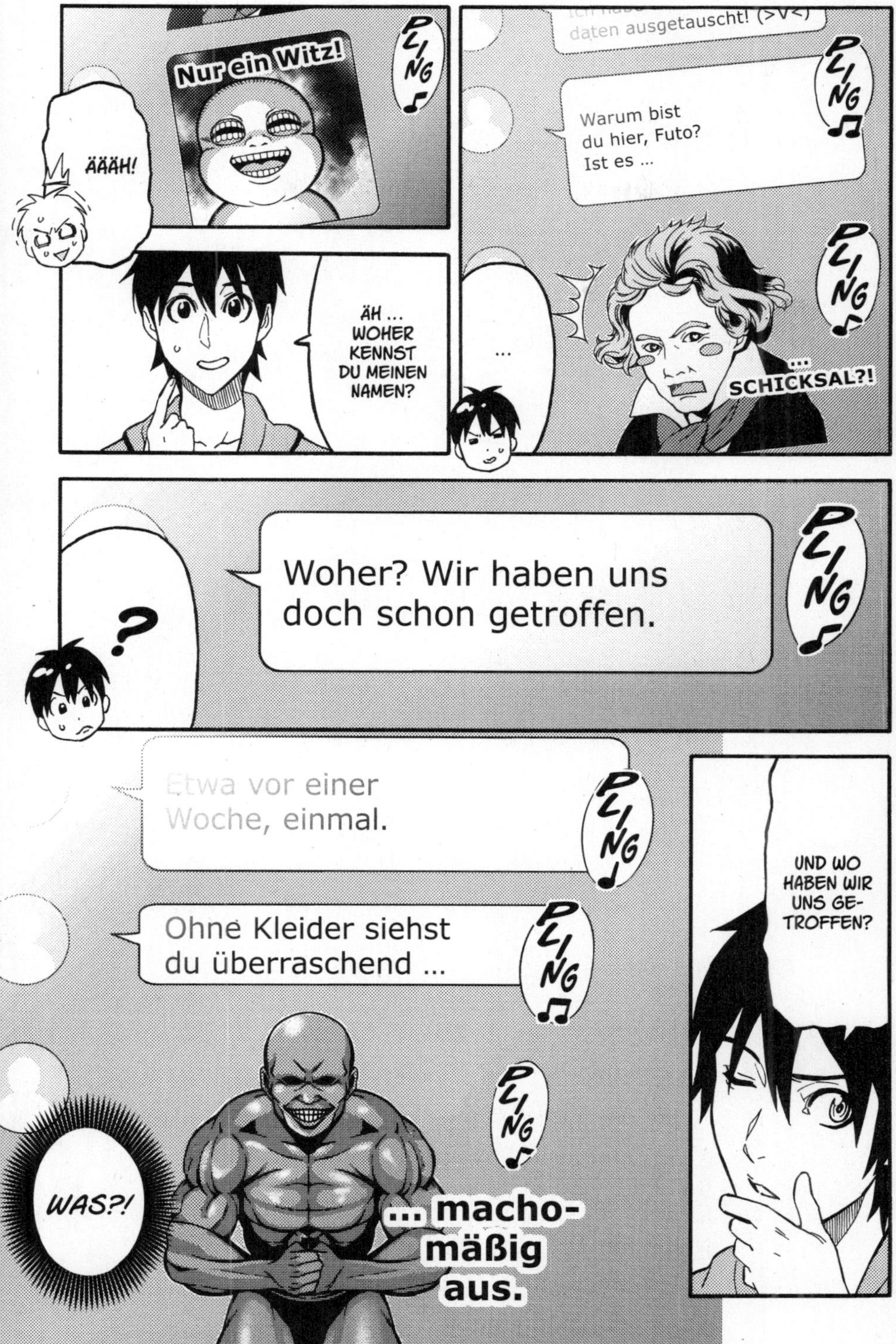

daten ausgetauscht! (>V<)
PLING
Warum bist du hier, Futo? Ist es ...
PLING
...
... SCHICKSAL?!
PLING
Nur ein Witz!
PLING
ÄÄÄH!
ÄH ... WOHER KENNST DU MEINEN NAMEN?
Woher? Wir haben uns doch schon getroffen.
PLING
?
UND WO HABEN WIR UNS GE-TROFFEN?
Etwa vor einer Woche, einmal.
PLING
Ohne Kleider siehst du überraschend ...
PLING
... macho-mäßig aus.
PLING
WAS?!

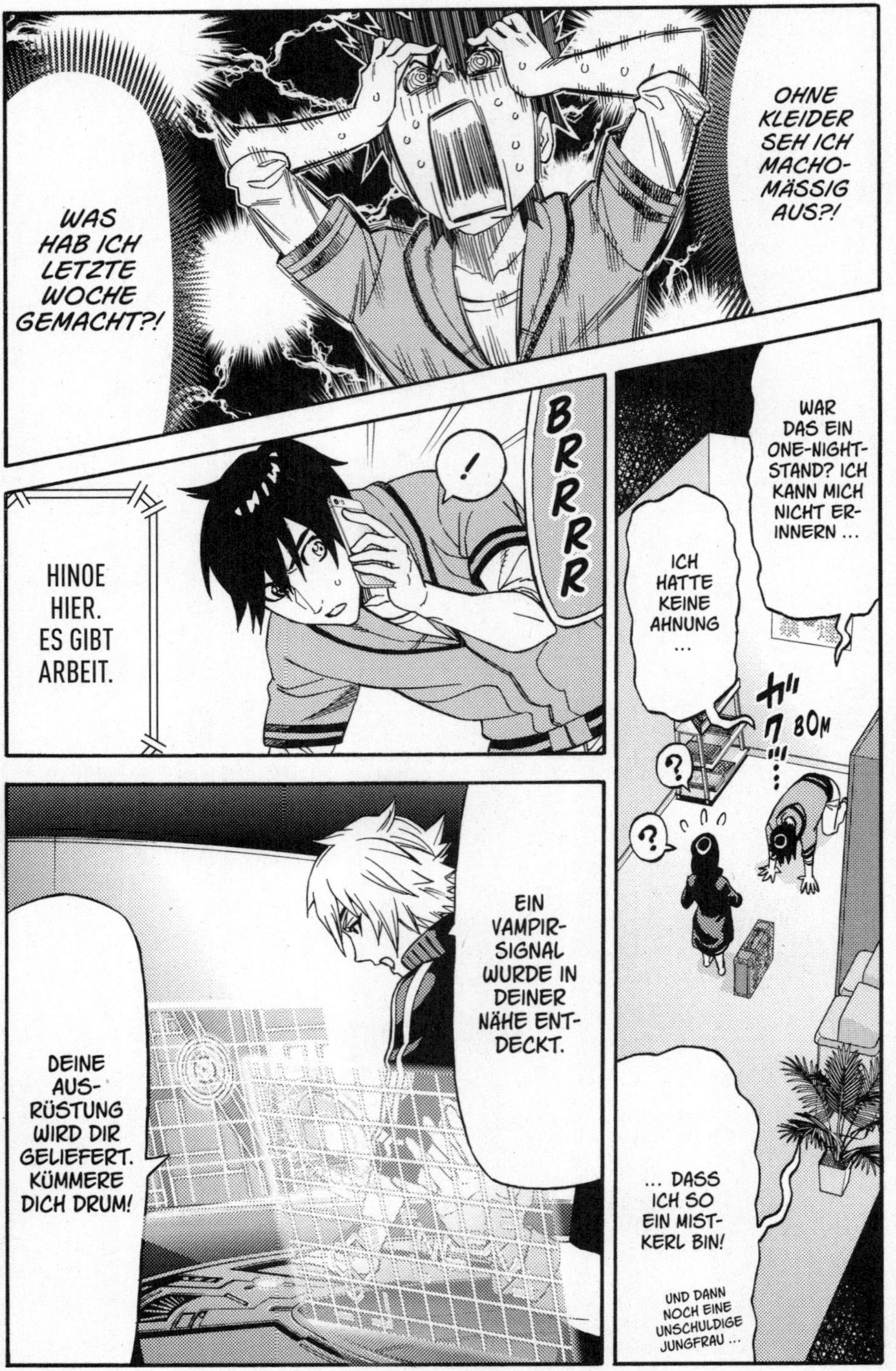
OHNE KLEIDER SEH ICH MACHO-MÄSSIG AUS?!
WAS HAB ICH LETZTE WOCHE GEMACHT?!
WAR DAS EIN ONE-NIGHT-STAND? ICH KANN MICH NICHT ERINNERN …
ICH HATTE KEINE AHNUNG …
BOM
… DASS ICH SO EIN MISTKERL BIN!
UND DANN NOCH EINE UNSCHULDIGE JUNGFRAU …
BRRRR
!
HINOE HIER. ES GIBT ARBEIT.
EIN VAMPIRSIGNAL WURDE IN DEINER NÄHE ENTDECKT.
DEINE AUSRÜSTUNG WIRD DIR GELIEFERT. KÜMMERE DICH DRUM!

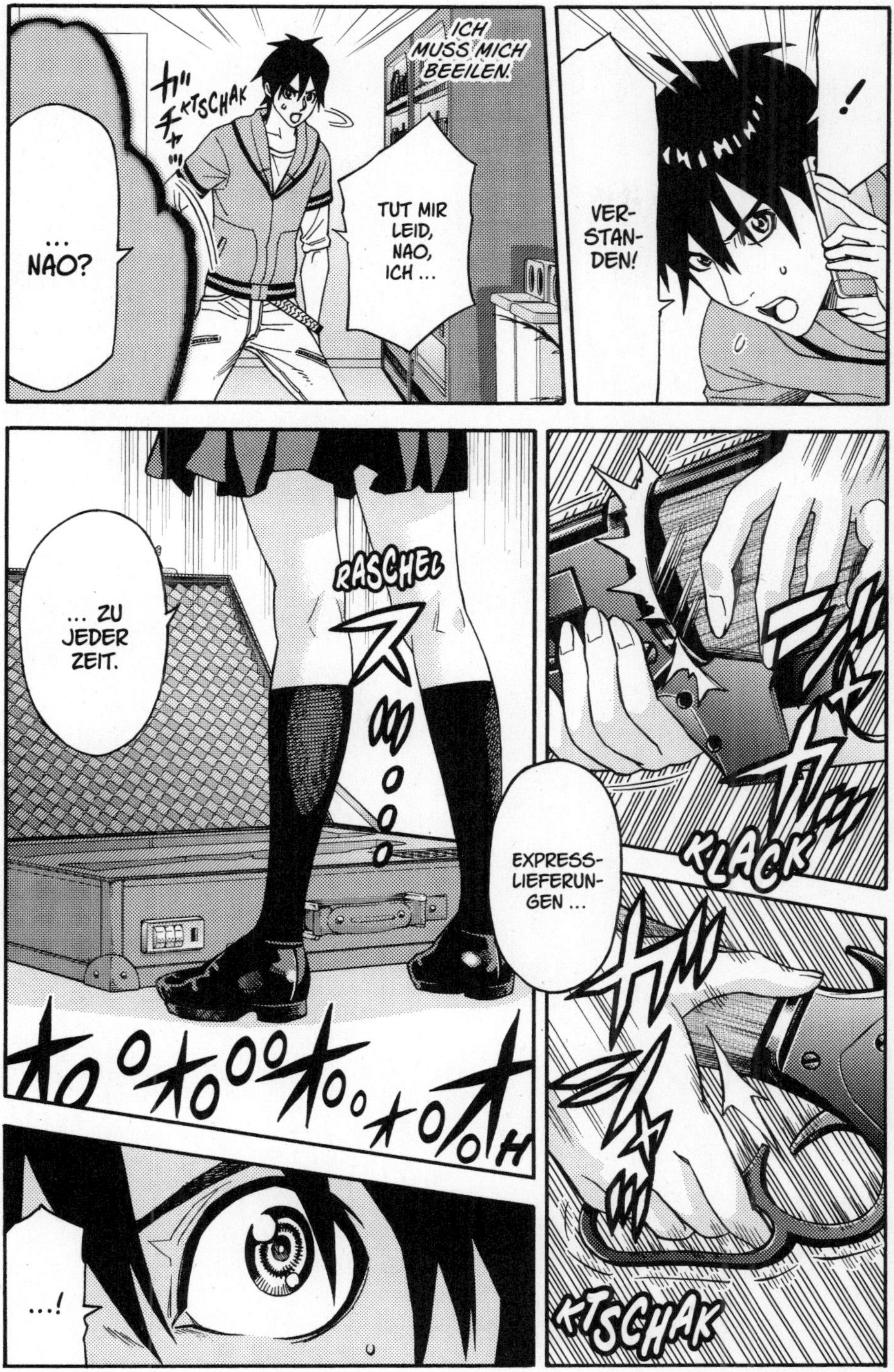
!
VER-STAN-DEN!
ICH MUSS MICH BEEILEN.
KTSCHAK
TUT MIR LEID, NAO, ICH …
… NAO?
KLACK
EXPRESS-LIEFERUNGEN …
KTSCHAK
RASCHEL
… ZU JEDER ZEIT.
…!

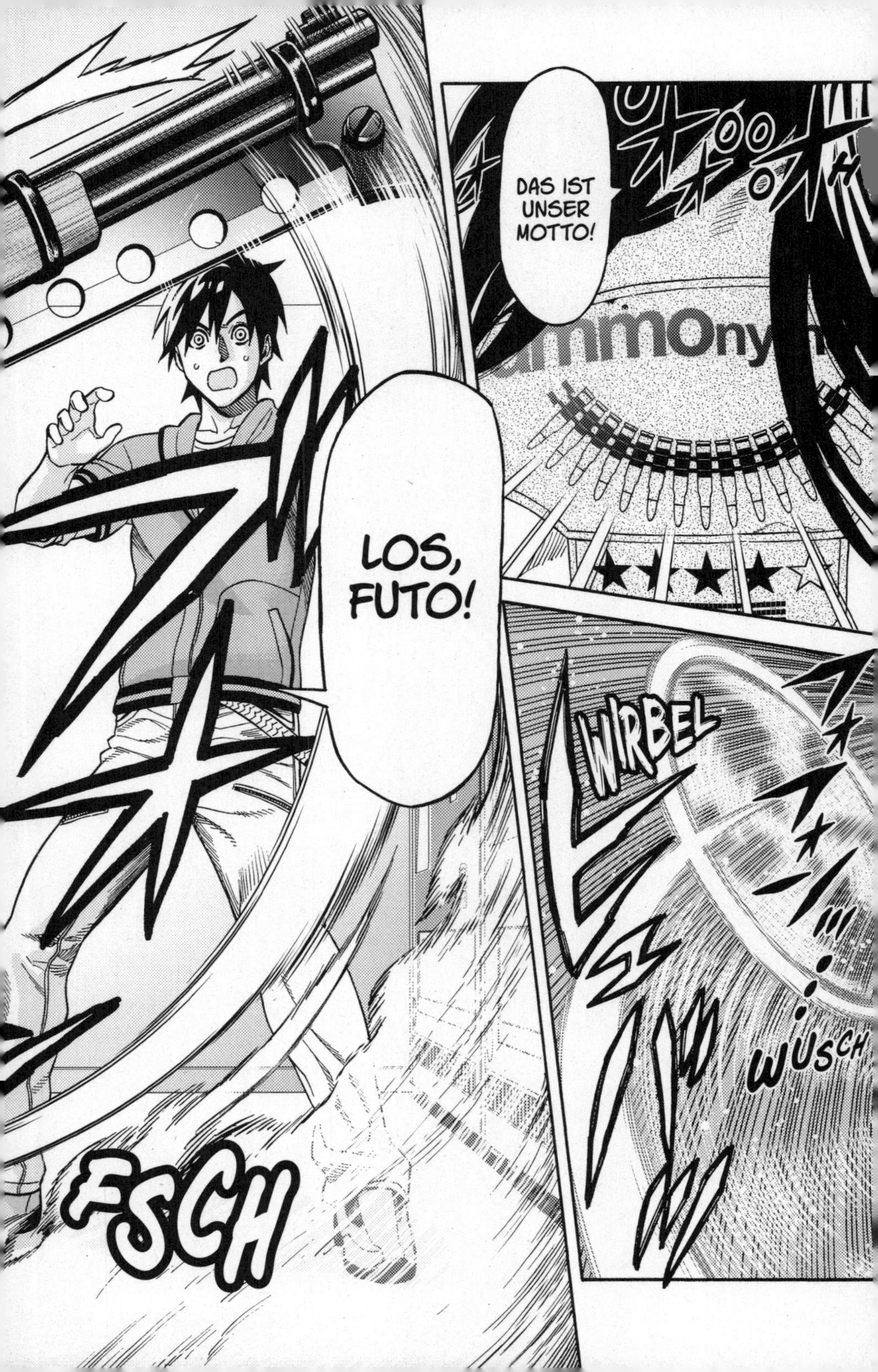
DAS IST UNSER MOTTO!
LOS, FUTO!
WIRBEL
WUSCH
FSCH

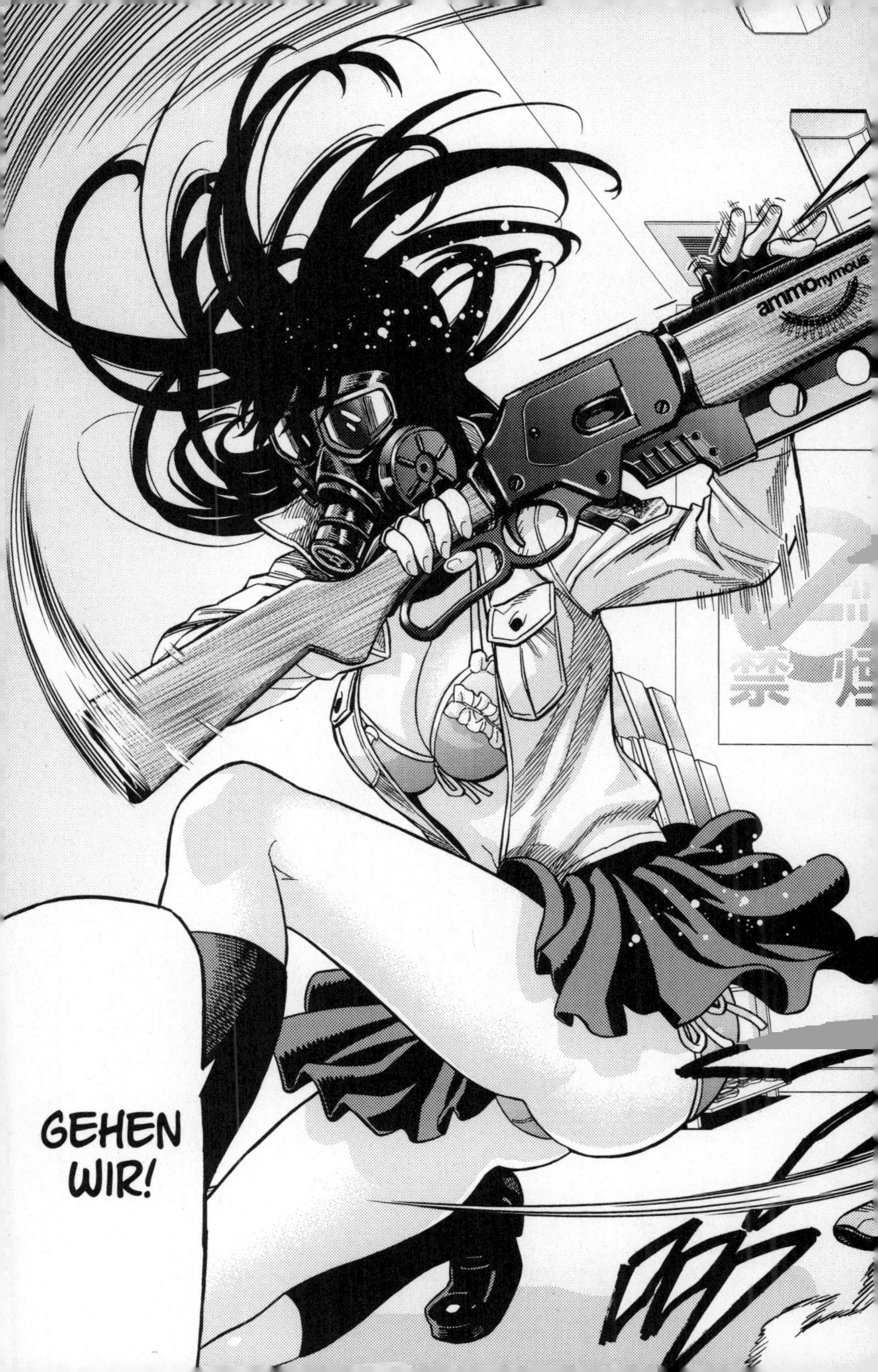
ammOnymous
禁
GEHEN WIR!

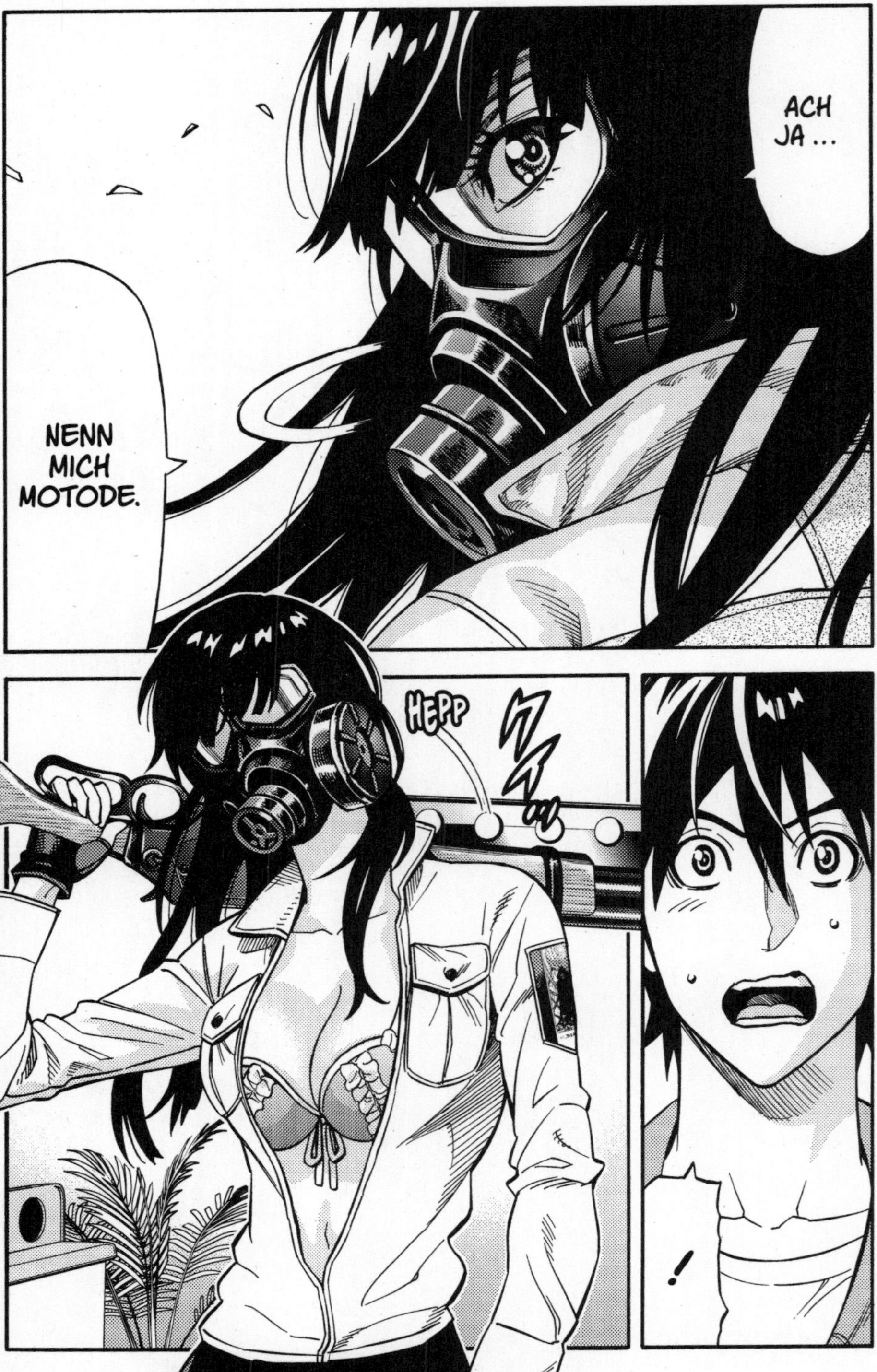
ACH JA …
NENN MICH MOTODE.
HEPP
!

reload 9 Dominated Love Slave

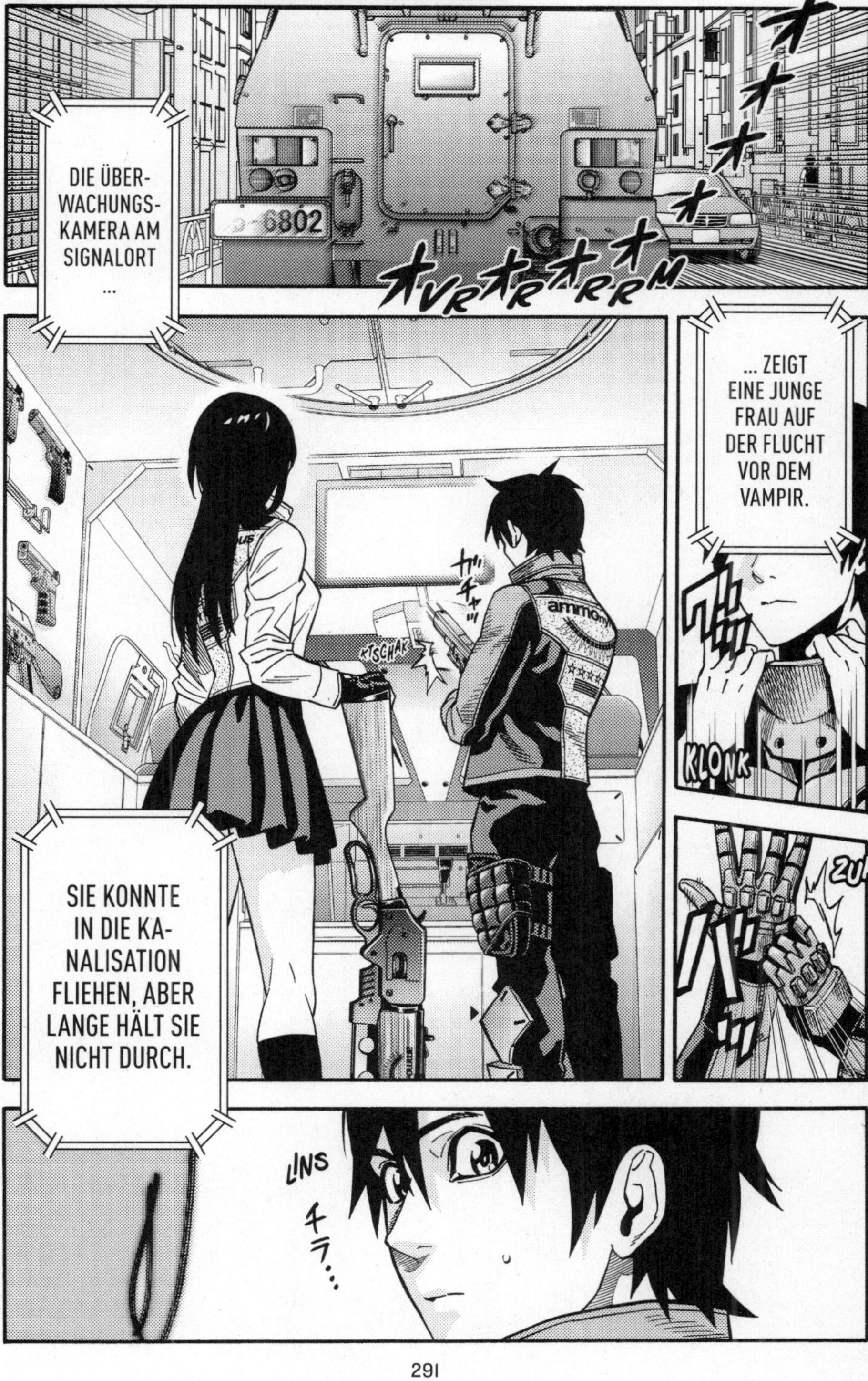

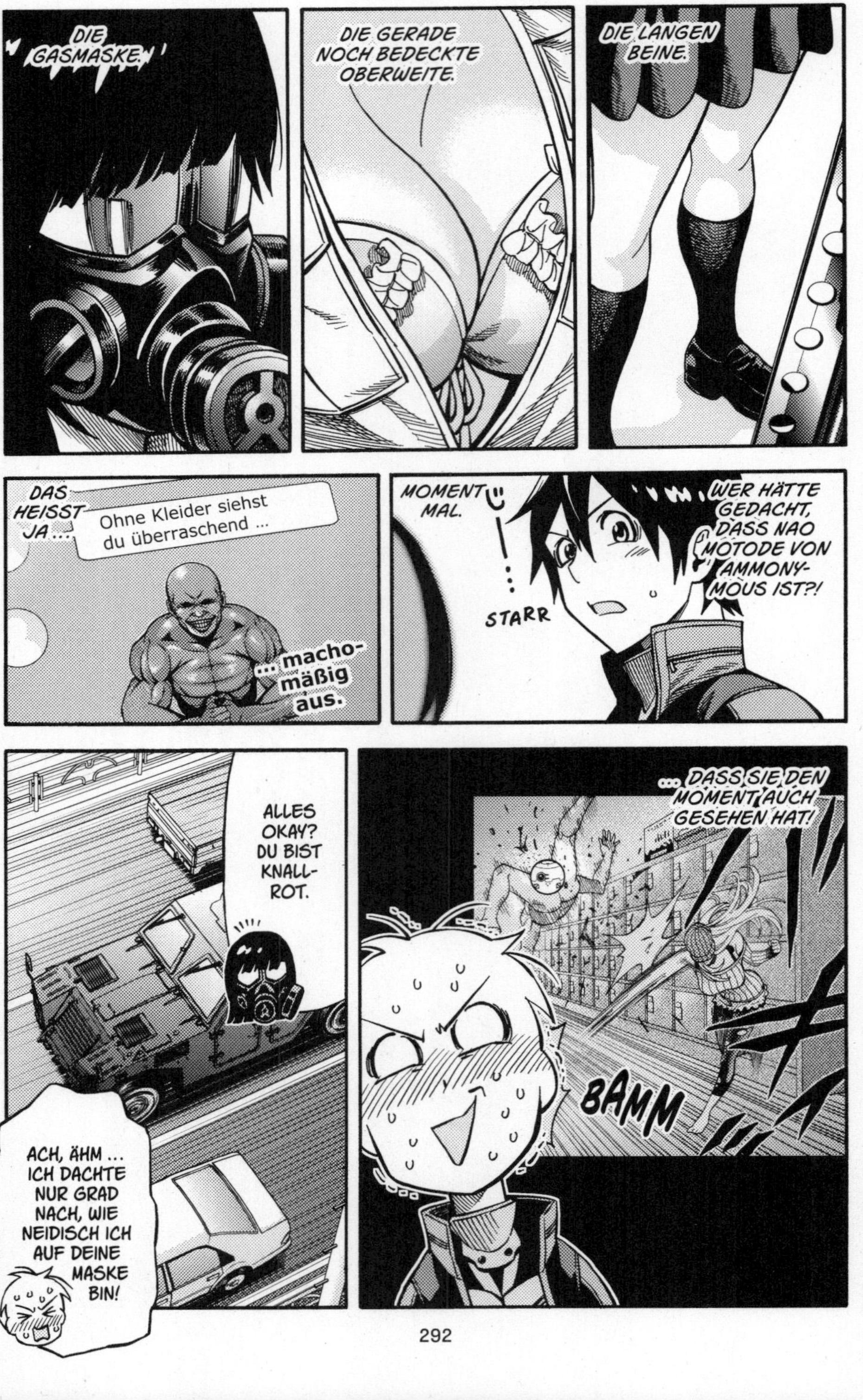
DIE LANGEN BEINE.
DIE GERADE NOCH BEDECKTE OBERWEITE.
DIE GASMASKE.
WER HÄTTE GEDACHT, DASS NAO MOTODE VON AMMONYMOUS IST?!
MOMENT MAL.
STARR
DAS HEISST JA ...
Ohne Kleider siehst du überraschend ...
... macho-mäßig aus.
... DASS SIE DEN MOMENT AUCH GESEHEN HAT!
BAMM
ALLES OKAY? DU BIST KNALL-ROT.
ACH, ÄHM ... ICH DACHTE NUR GRAD NACH, WIE NEIDISCH ICH AUF DEINE MASKE BIN!

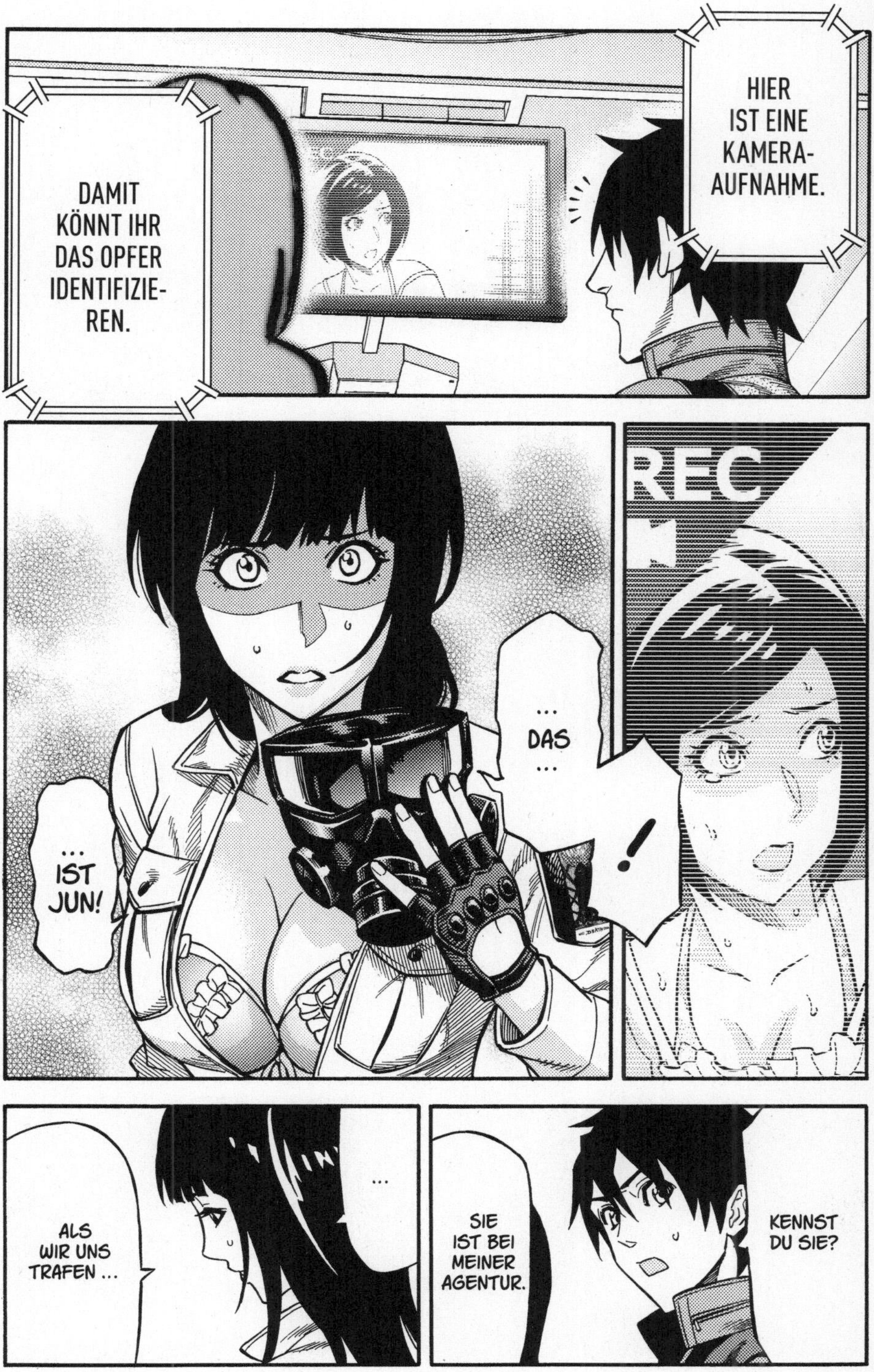
HIER IST EINE KAMERA-AUFNAHME.
DAMIT KÖNNT IHR DAS OPFER IDENTIFIZIEREN.
REC
... DAS ...
!
... IST JUN!
KENNST DU SIE?
SIE IST BEI MEINER AGENTUR.
...
ALS WIR UNS TRAFEN ...

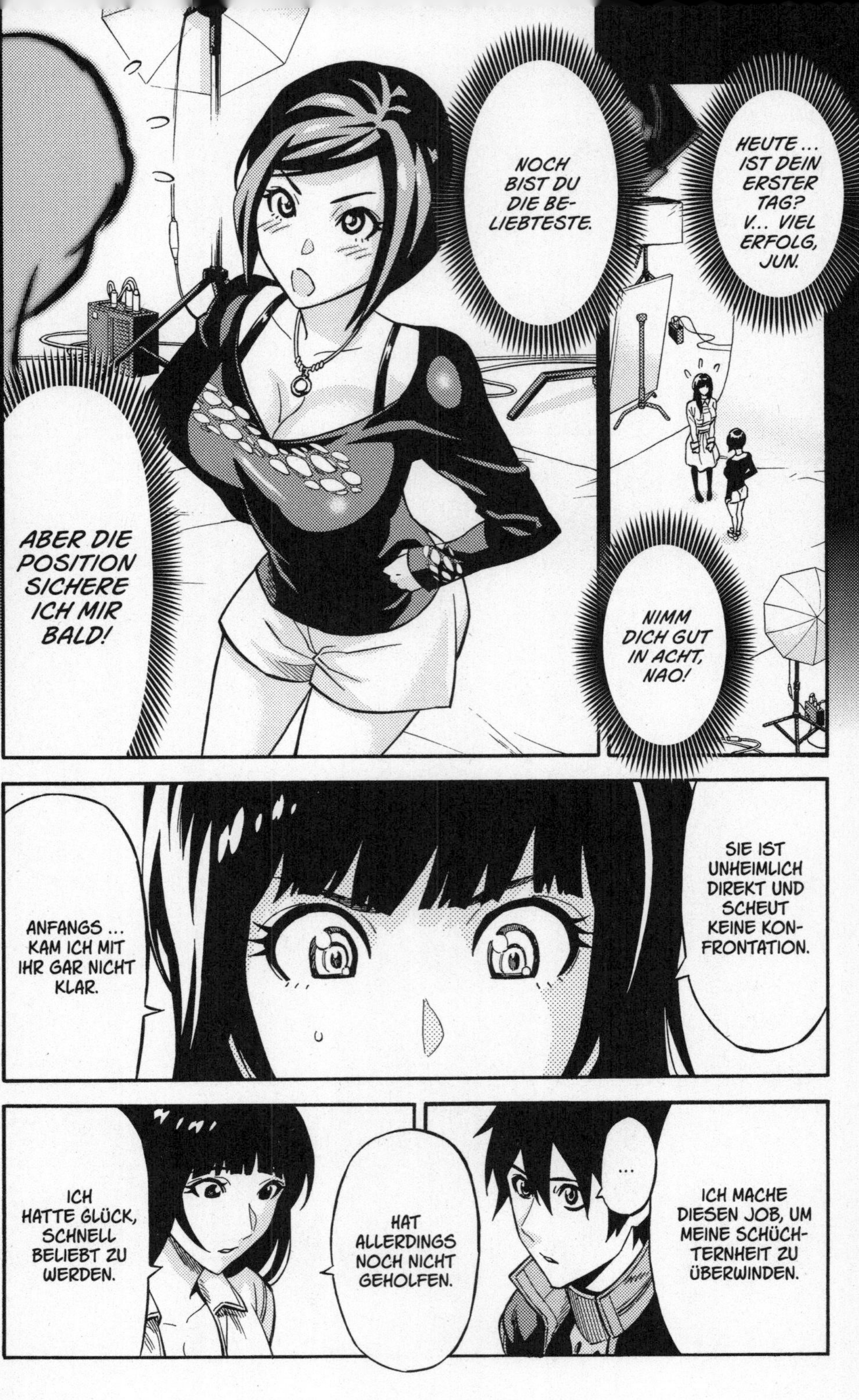
HEUTE ... IST DEIN ERSTER TAG? V... VIEL ERFOLG, JUN.
NOCH BIST DU DIE BE-LIEBTESTE.
ABER DIE POSITION SICHERE ICH MIR BALD!
NIMM DICH GUT IN ACHT, NAO!
SIE IST UNHEIMLICH DIREKT UND SCHEUT KEINE KON-FRONTATION.
ANFANGS ... KAM ICH MIT IHR GAR NICHT KLAR.
...
ICH MACHE DIESEN JOB, UM MEINE SCHÜCH-TERNHEIT ZU ÜBERWINDEN.
HAT ALLERDINGS NOCH NICHT GEHOLFEN.
ICH HATTE GLÜCK, SCHNELL BELIEBT ZU WERDEN.

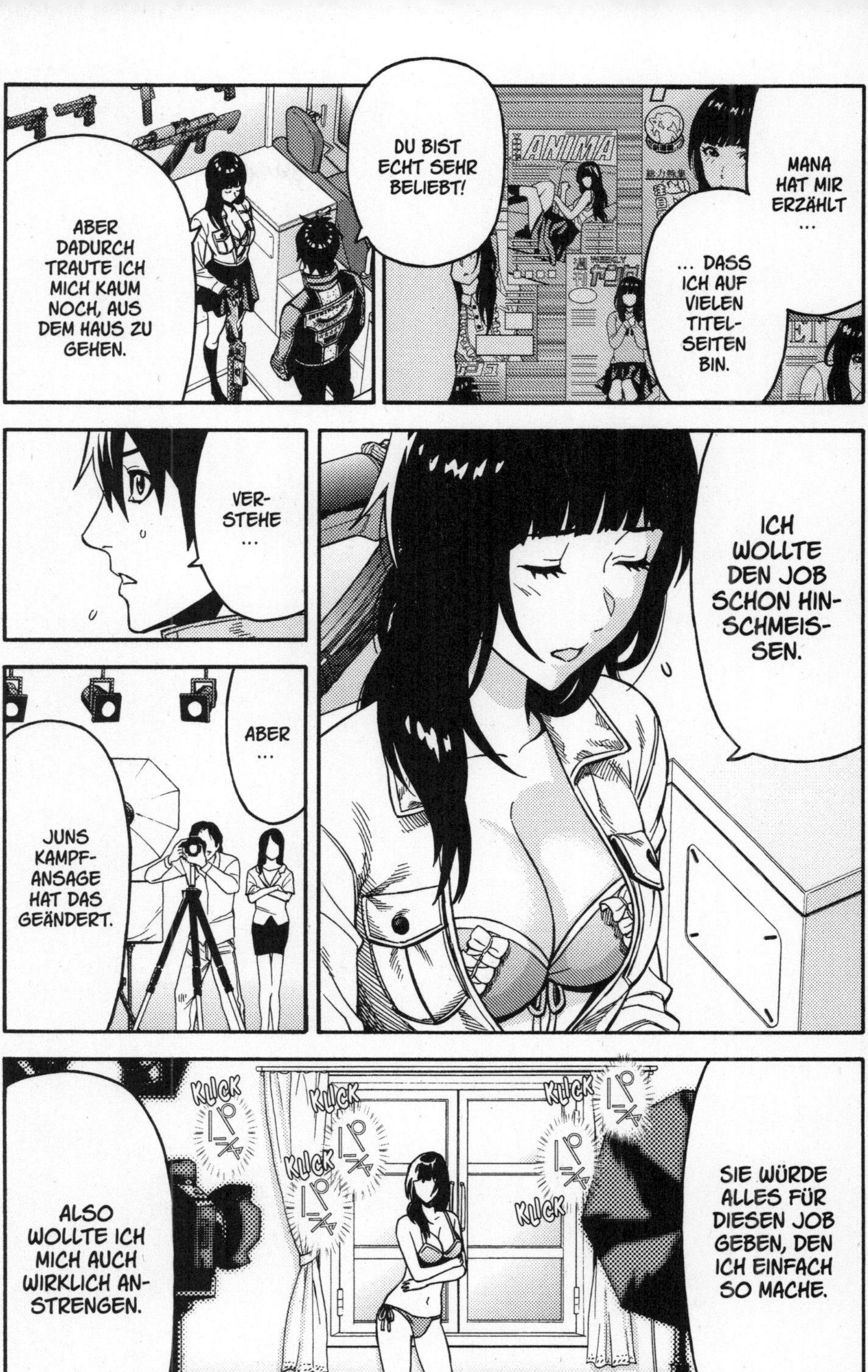
MANA HAT MIR ERZÄHLT …
… DASS ICH AUF VIELEN TITELSEITEN BIN.
DU BIST ECHT SEHR BELIEBT!
ABER DADURCH TRAUTE ICH MICH KAUM NOCH, AUS DEM HAUS ZU GEHEN.
ICH WOLLTE DEN JOB SCHON HINSCHMEISSEN.
VERSTEHE …
ABER …
JUNS KAMPFANSAGE HAT DAS GEÄNDERT.
KLICK
KLICK
KLICK
KLICK
KLICK
SIE WÜRDE ALLES FÜR DIESEN JOB GEBEN, DEN ICH EINFACH SO MACHE.
ALSO WOLLTE ICH MICH AUCH WIRKLICH ANSTRENGEN.

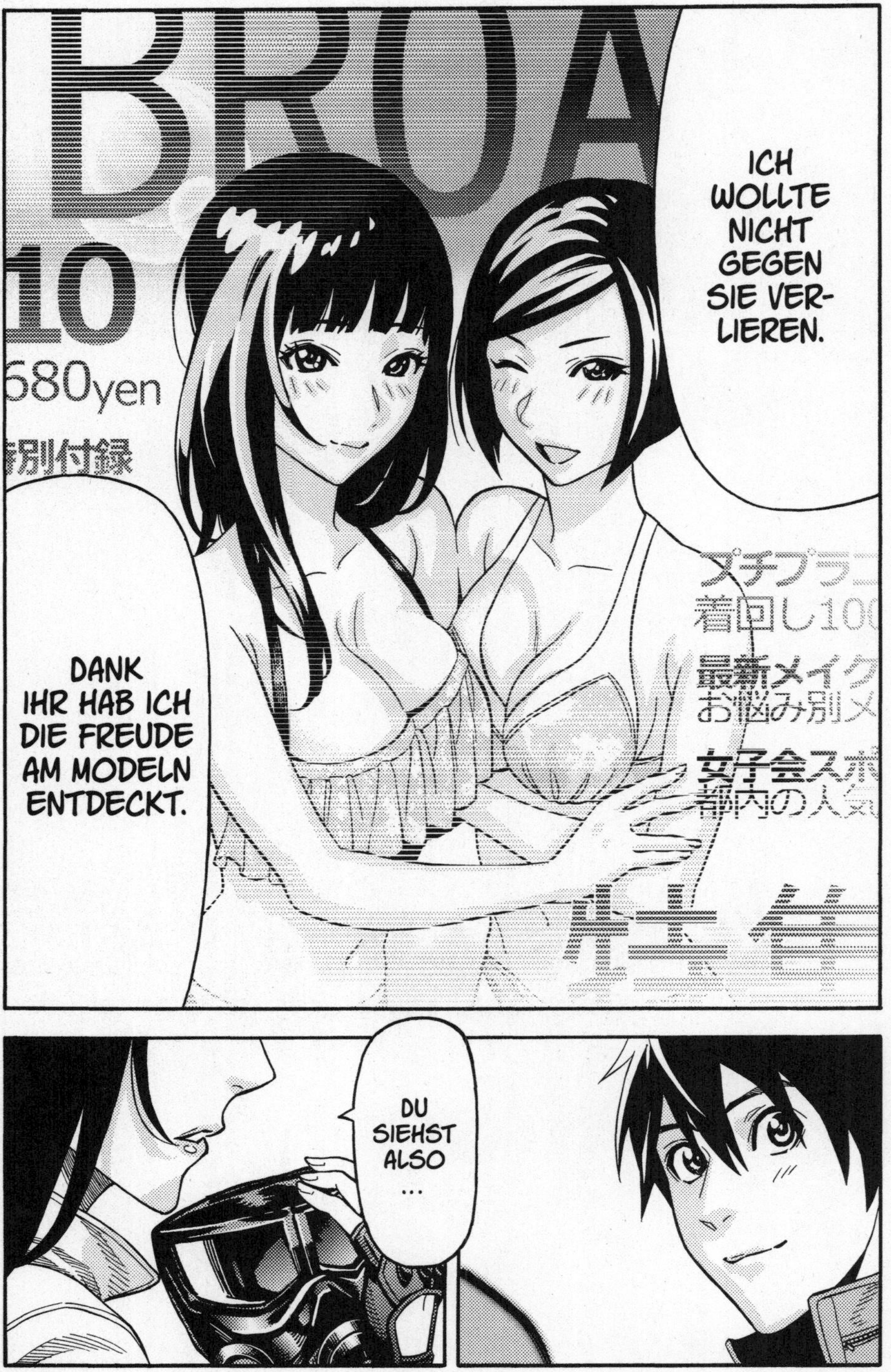
BROA
10
680yen
ICH WOLLTE NICHT GEGEN SIE VER-LIEREN.
DANK IHR HAB ICH DIE FREUDE AM MODELN ENTDECKT.
DU SIEHST ALSO ...

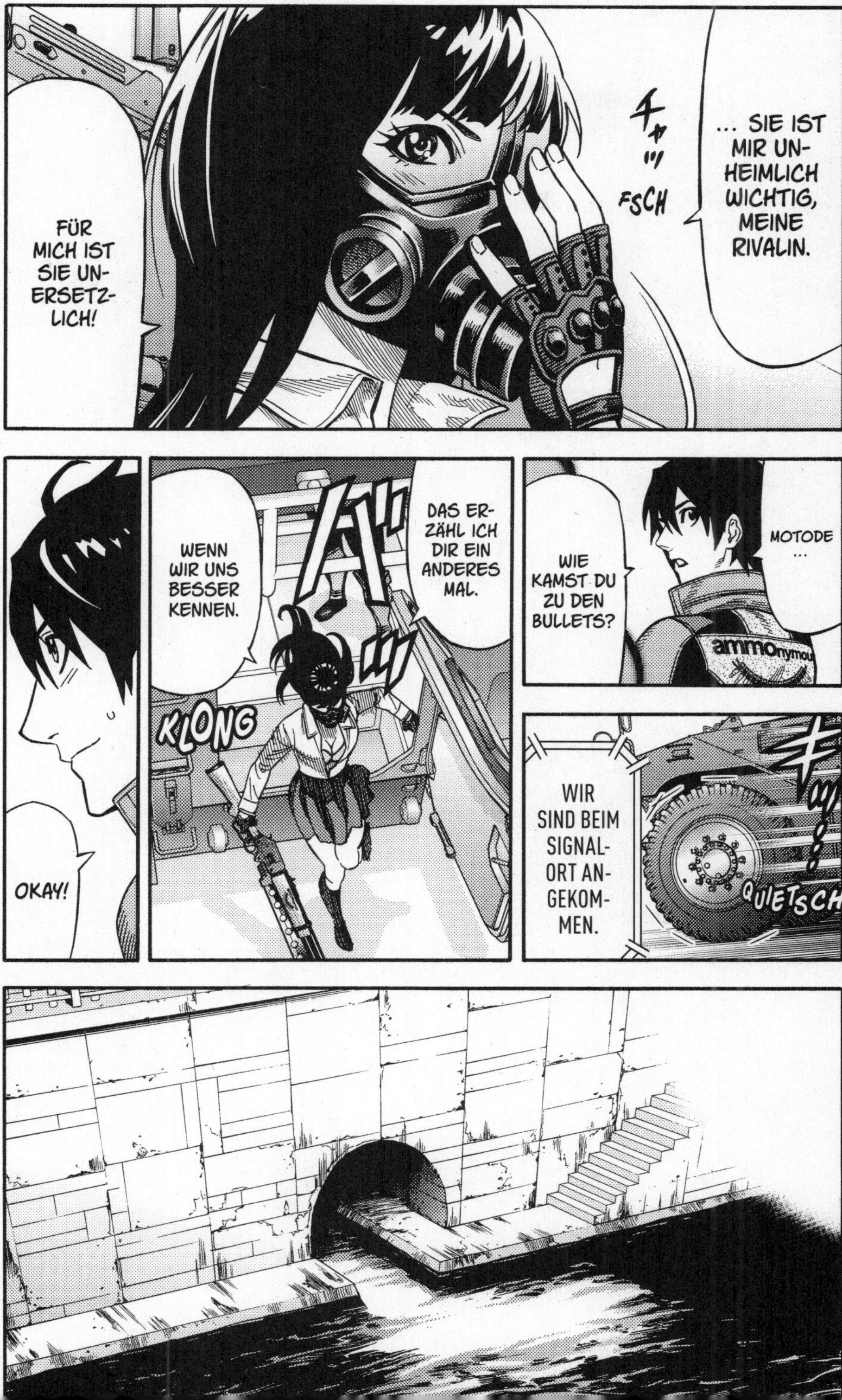

… SIE IST MIR UN-HEIMLICH WICHTIG, MEINE RIVALIN.
チャッ
FSCH
FÜR MICH IST SIE UN-ERSETZ-LICH!
MOTODE …
WIE KAMST DU ZU DEN BULLETS?
ammo
DAS ER-ZÄHL ICH DIR EIN ANDERES MAL.
WENN WIR UNS BESSER KENNEN.
KLONG
OKAY!
WIR SIND BEIM SIGNAL-ORT AN-GEKOM-MEN.
QUIETSCH

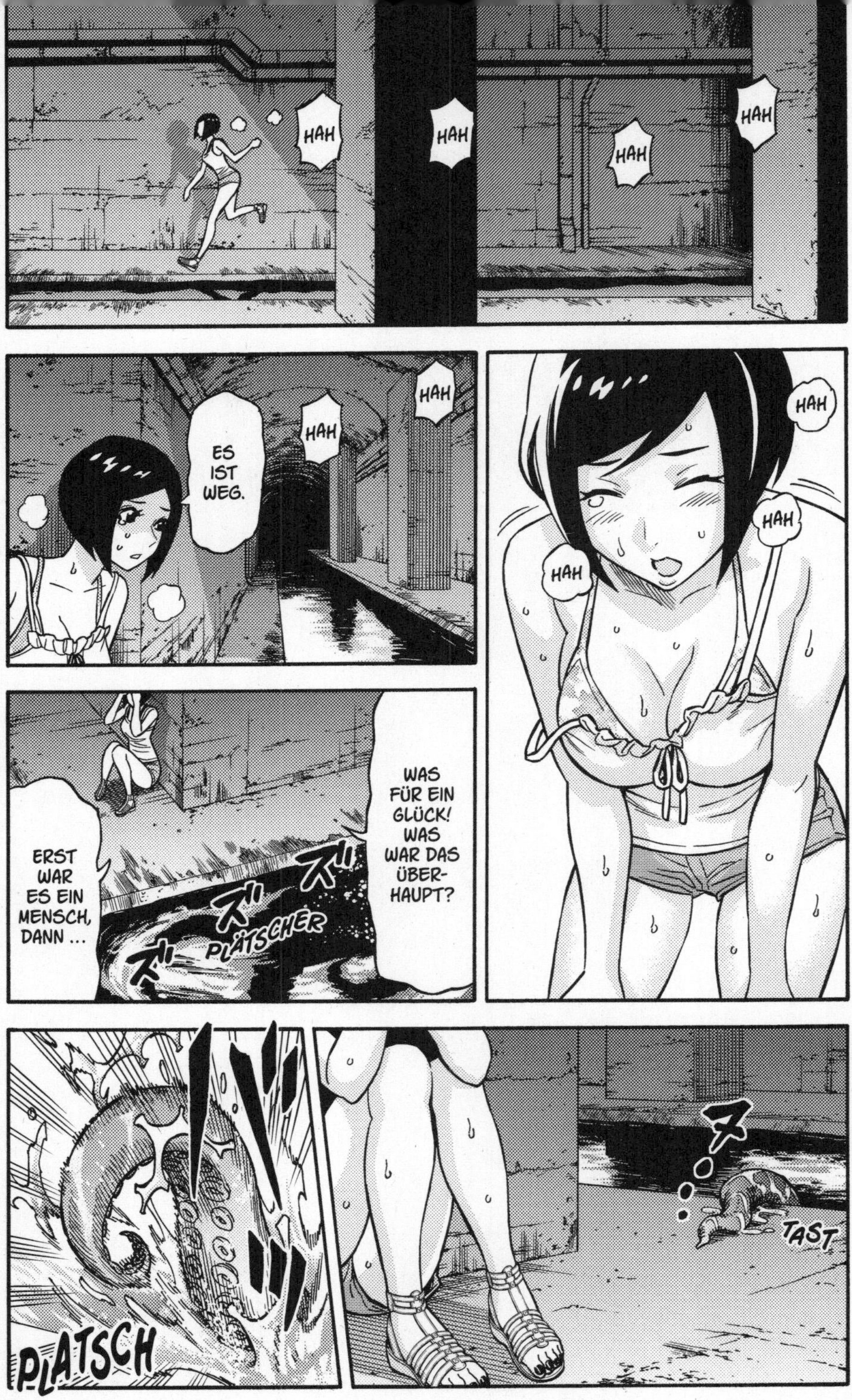
HAH
HAH
HAH
HAH
HAH
HAH
HAH
HAH
HAH
ES IST WEG.
WAS FÜR EIN GLÜCK! WAS WAR DAS ÜBERHAUPT?
ERST WAR ES EIN MENSCH, DANN …
PLÄTSCHER
TAST
PLATSCH

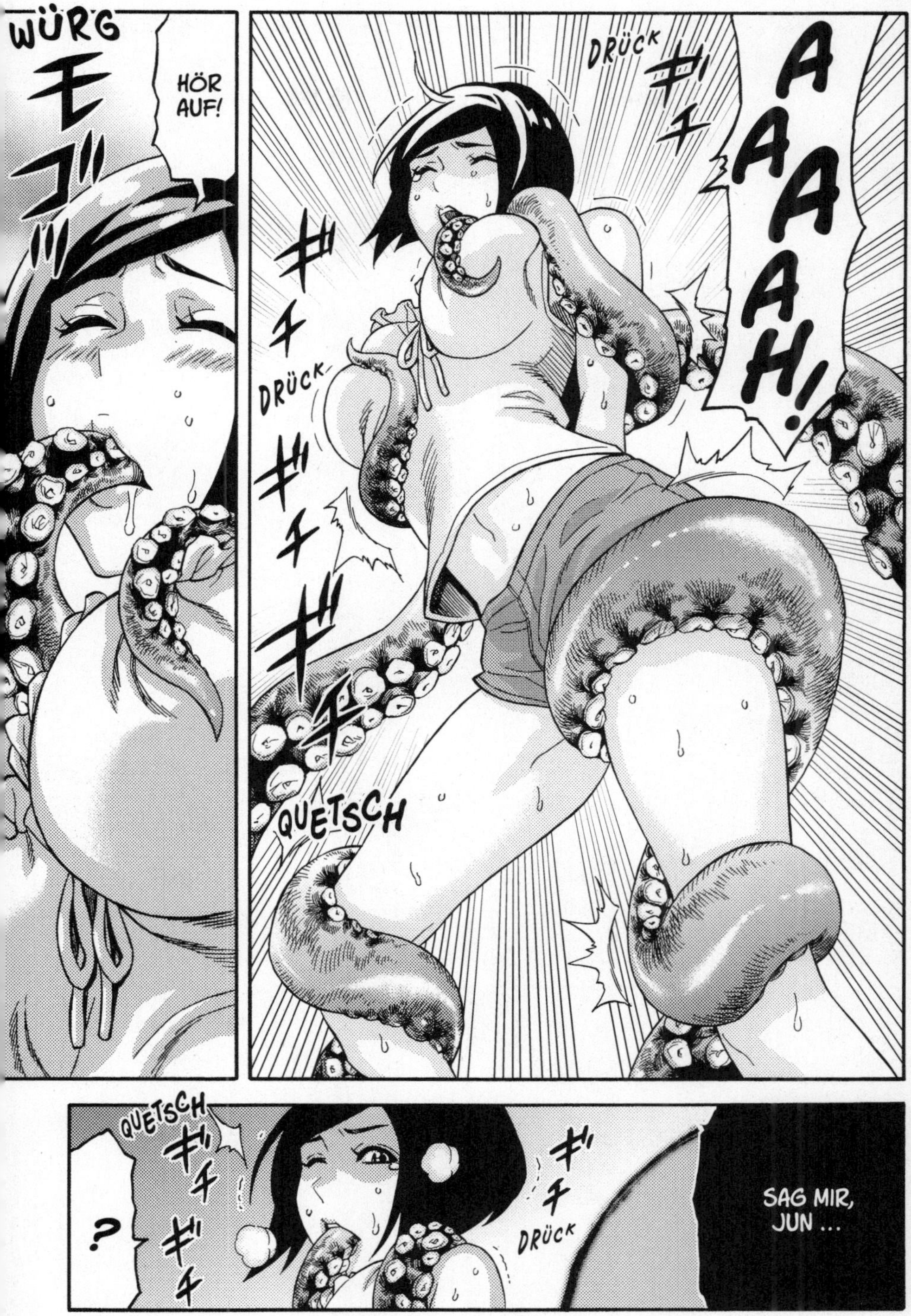
AAAAH!
DRÜCK
ギチ
DRÜCK
ギチ
ギチ
ギチ
QUETSCH
WÜRG
モゴゴ
HÖR AUF!
SAG MIR, JUN …
ギチ
DRÜCK
QUETSCH
ギチ
ギチ
?

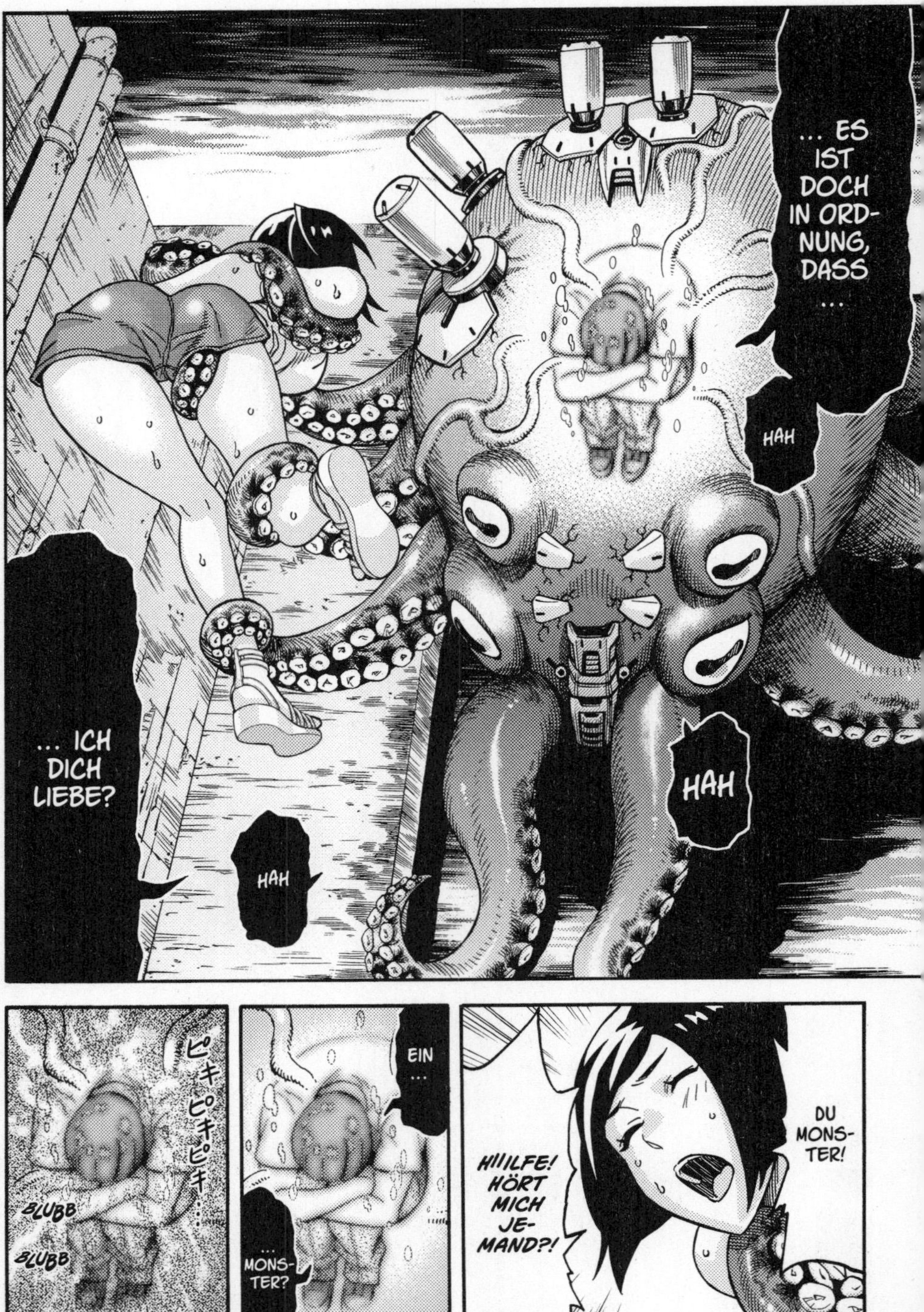

... ES IST DOCH IN ORD-NUNG, DASS ...
HAH
HAH
... ICH DICH LIEBE?
HAH
DU MONS-TER!
HIIILFE! HÖRT MICH JE-MAND?!
EIN ...
... MONS-TER?
ピキピキピキ…
BLUBB
BLUBB

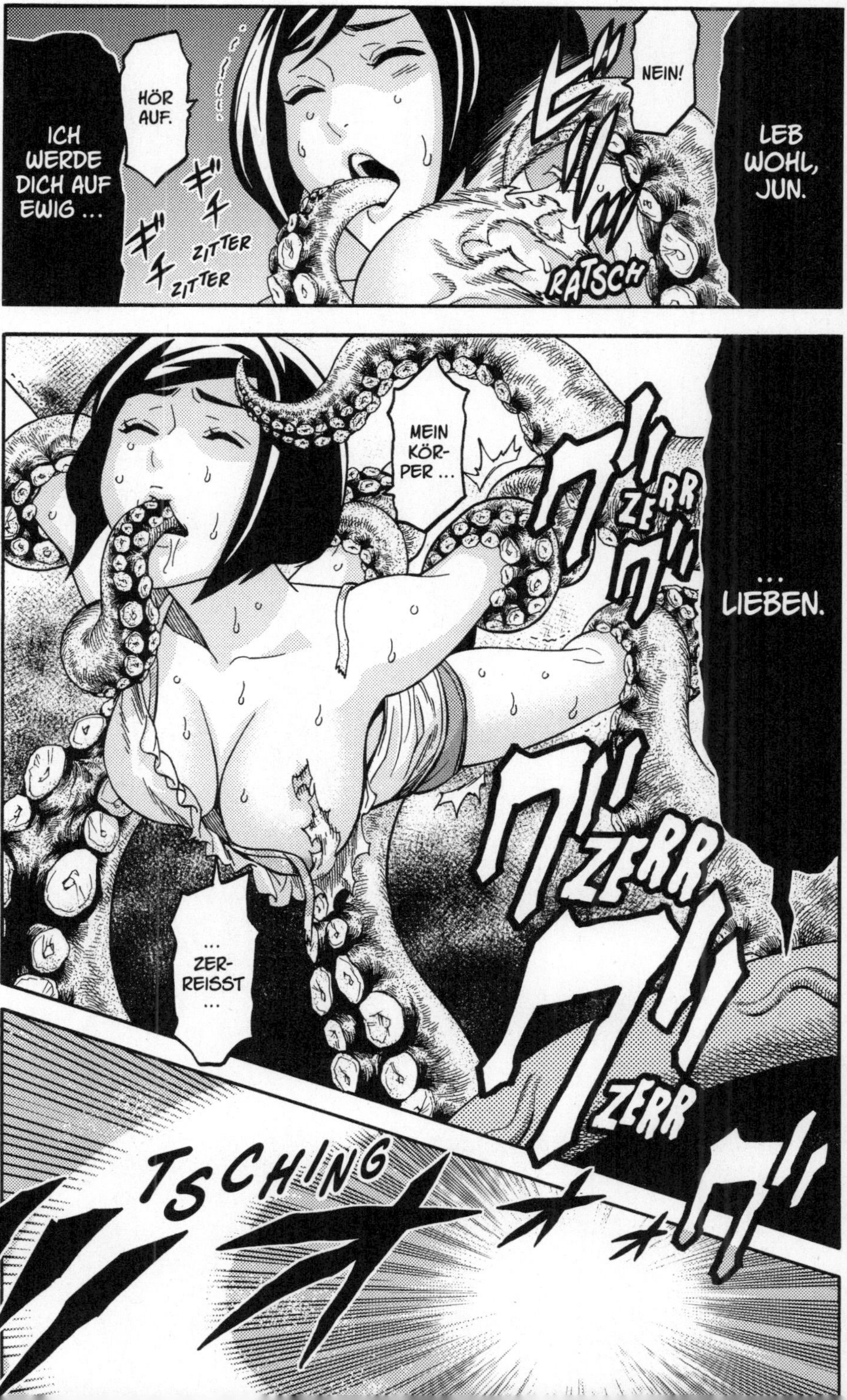
LEB WOHL, JUN.
NEIN!
RATSCH
HÖR AUF.
ICH WERDE DICH AUF EWIG ...
ZITTER
ZITTER
... LIEBEN.
ZERR
MEIN KÖRPER ...
ZERR
ZERR
... ZERREISST ...
TSCHING

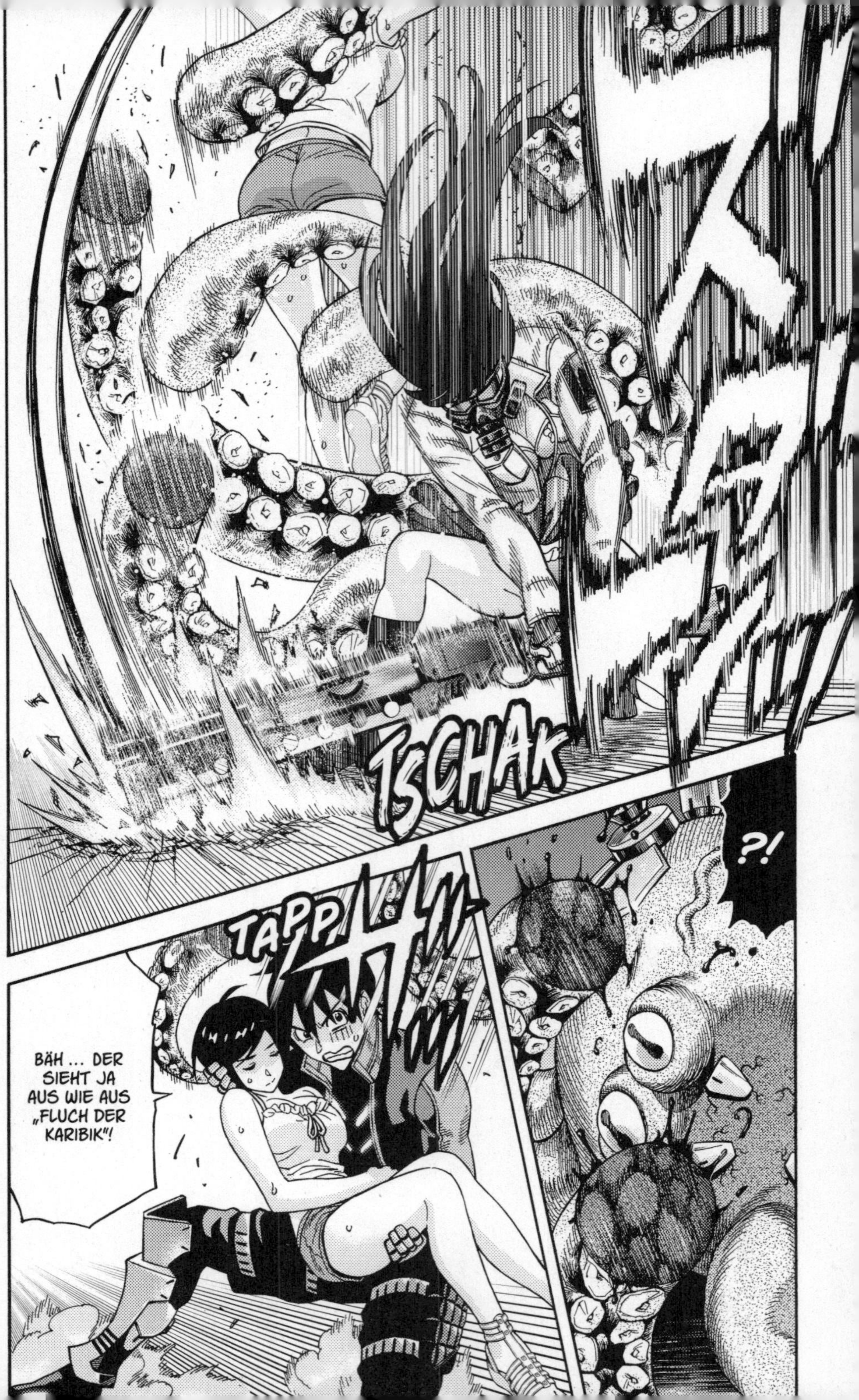
TSCHAK
?!
TAPP
BÄH … DER SIEHT JA AUS WIE AUS „FLUCH DER KARIBIK"!

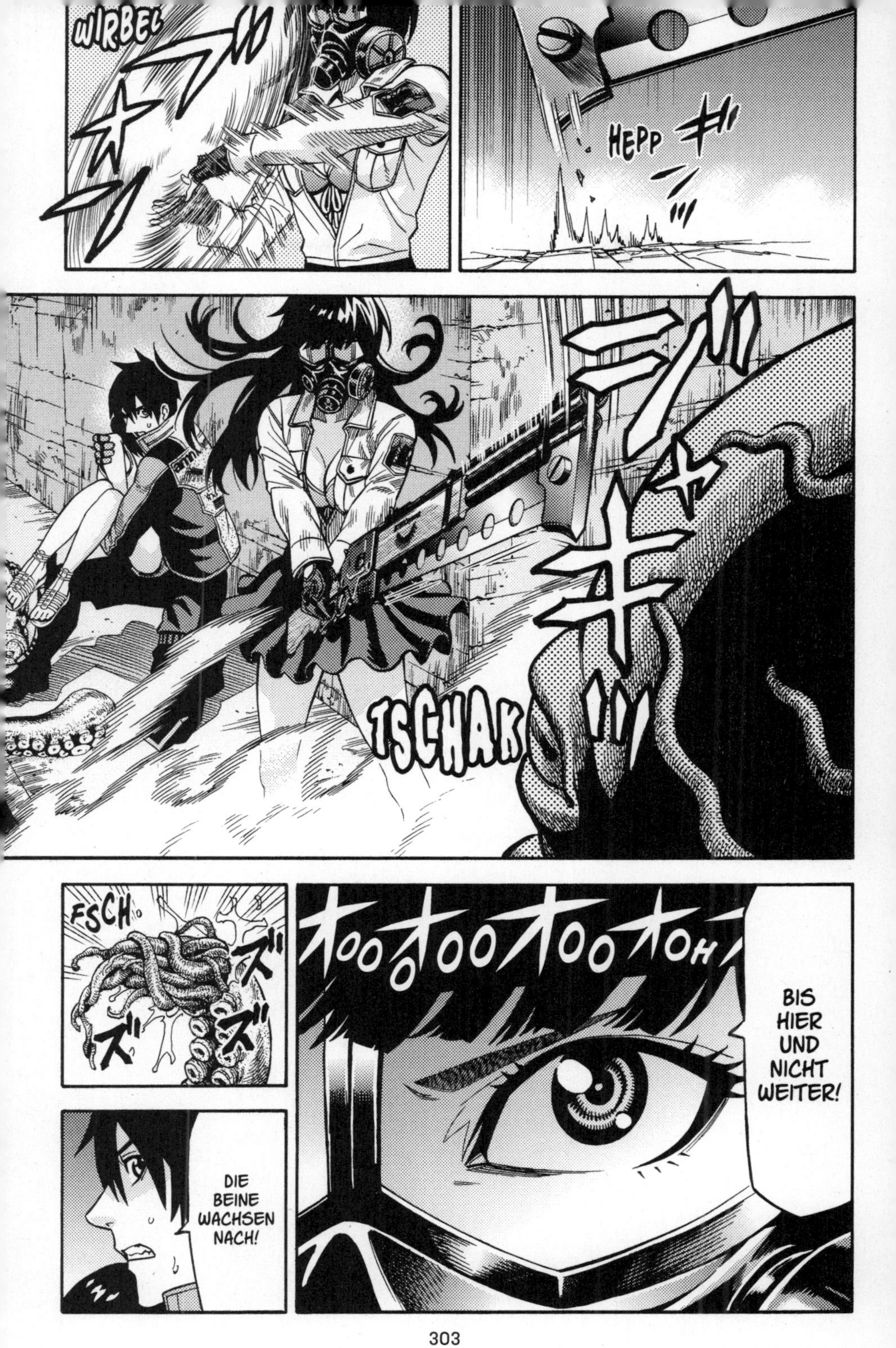
HEPP
WIRBEL
TSCHAK
FSCH
OOOOOOOOOOH
BIS HIER UND NICHT WEITER!
DIE BEINE WACHSEN NACH!

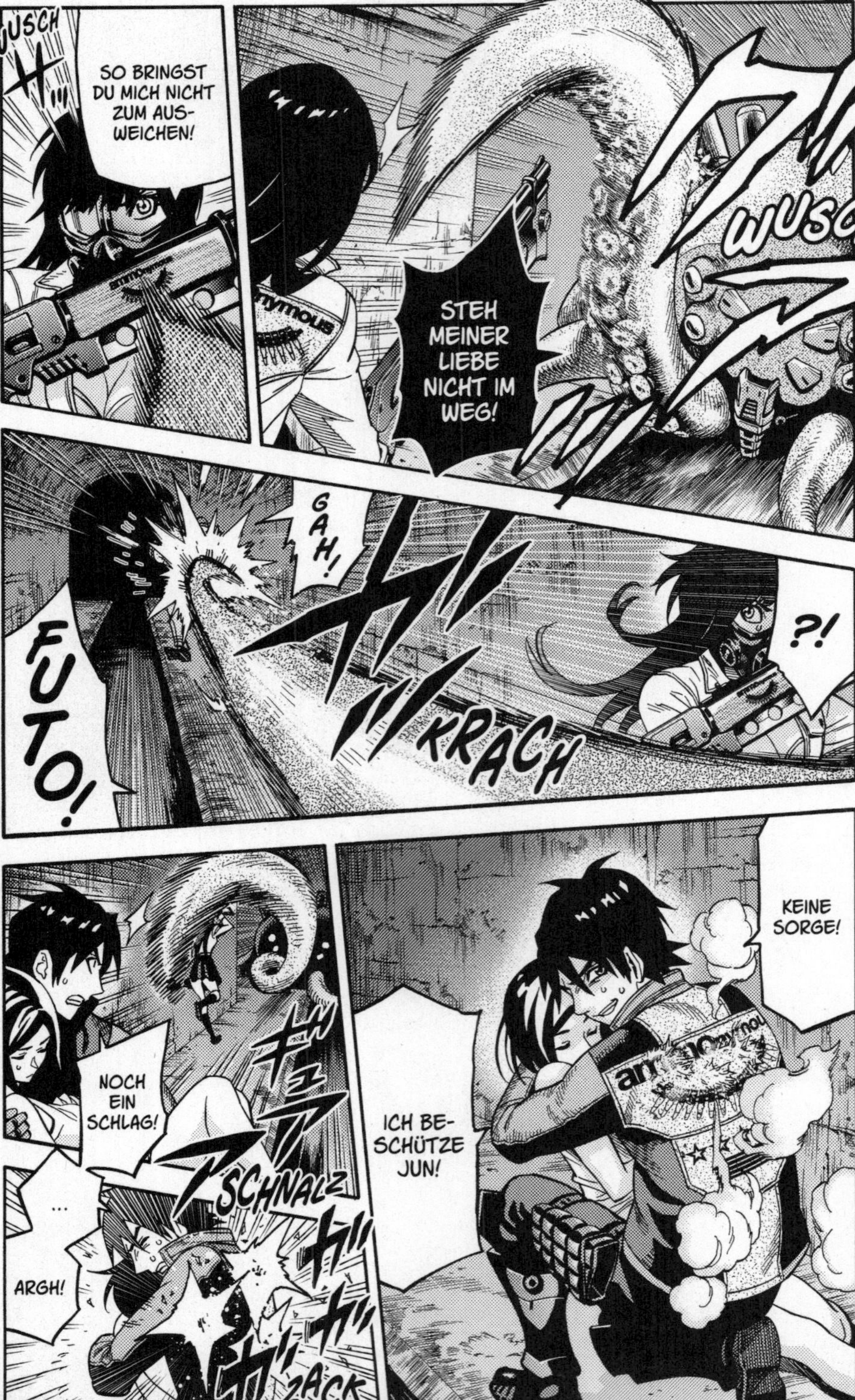
WUSCH
STEH MEINER LIEBE NICHT IM WEG!
WUSCH
SO BRINGST DU MICH NICHT ZUM AUS-WEICHEN!
?!
GAH!
KRACH
FUTO!
KEINE SORGE!
ICH BE-SCHÜTZE JUN!
NOCH EIN SCHLAG!
SCHNALZ
...
ARGH!
ZACK

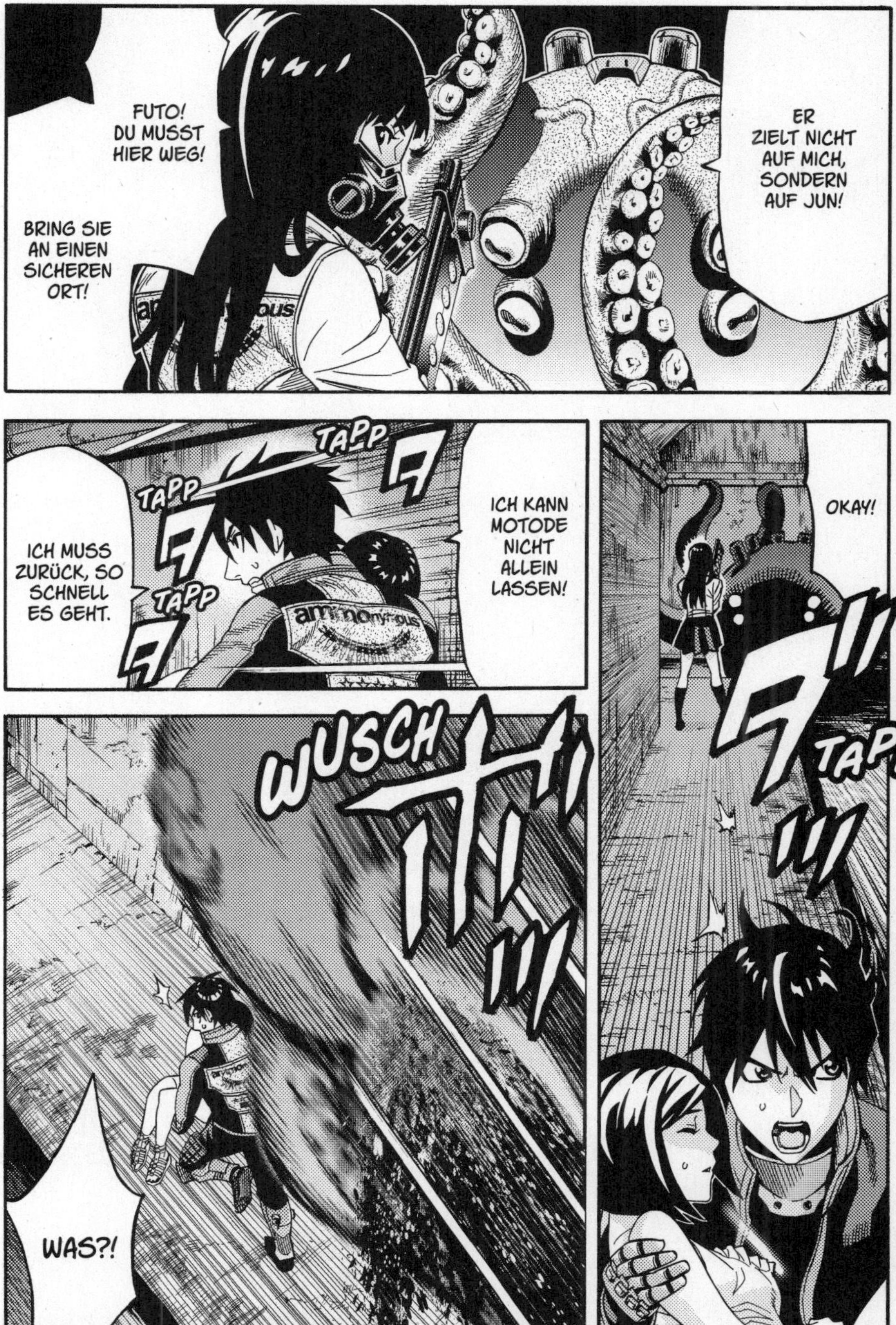
ER ZIELT NICHT AUF MICH, SONDERN AUF JUN!
FUTO! DU MUSST HIER WEG!
BRING SIE AN EINEN SICHEREN ORT!
OKAY!
TAPP
TAPP
TAPP
ICH KANN MOTODE NICHT ALLEIN LASSEN!
ICH MUSS ZURÜCK, SO SCHNELL ES GEHT.
TAPP
WUSCH
WAS?!

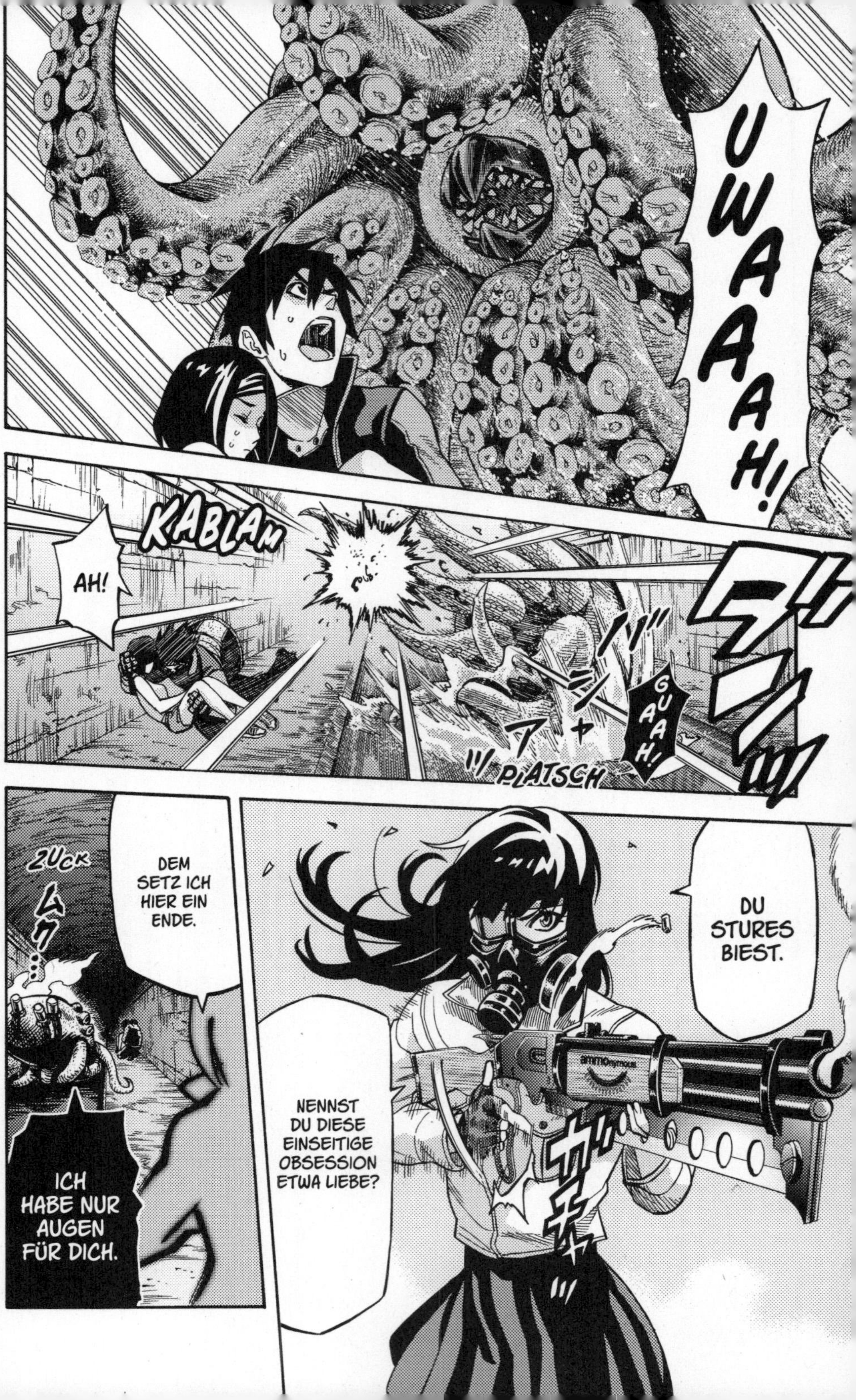

UWAAAAH!
KABLAM
AH!
GUAAH!
PLATSCH
DU STURES BIEST.
NENNST DU DIESE EINSEITIGE OBSESSION ETWA LIEBE?
DEM SETZ ICH HIER EIN ENDE.
ZUCK
ICH HABE NUR AUGEN FÜR DICH.

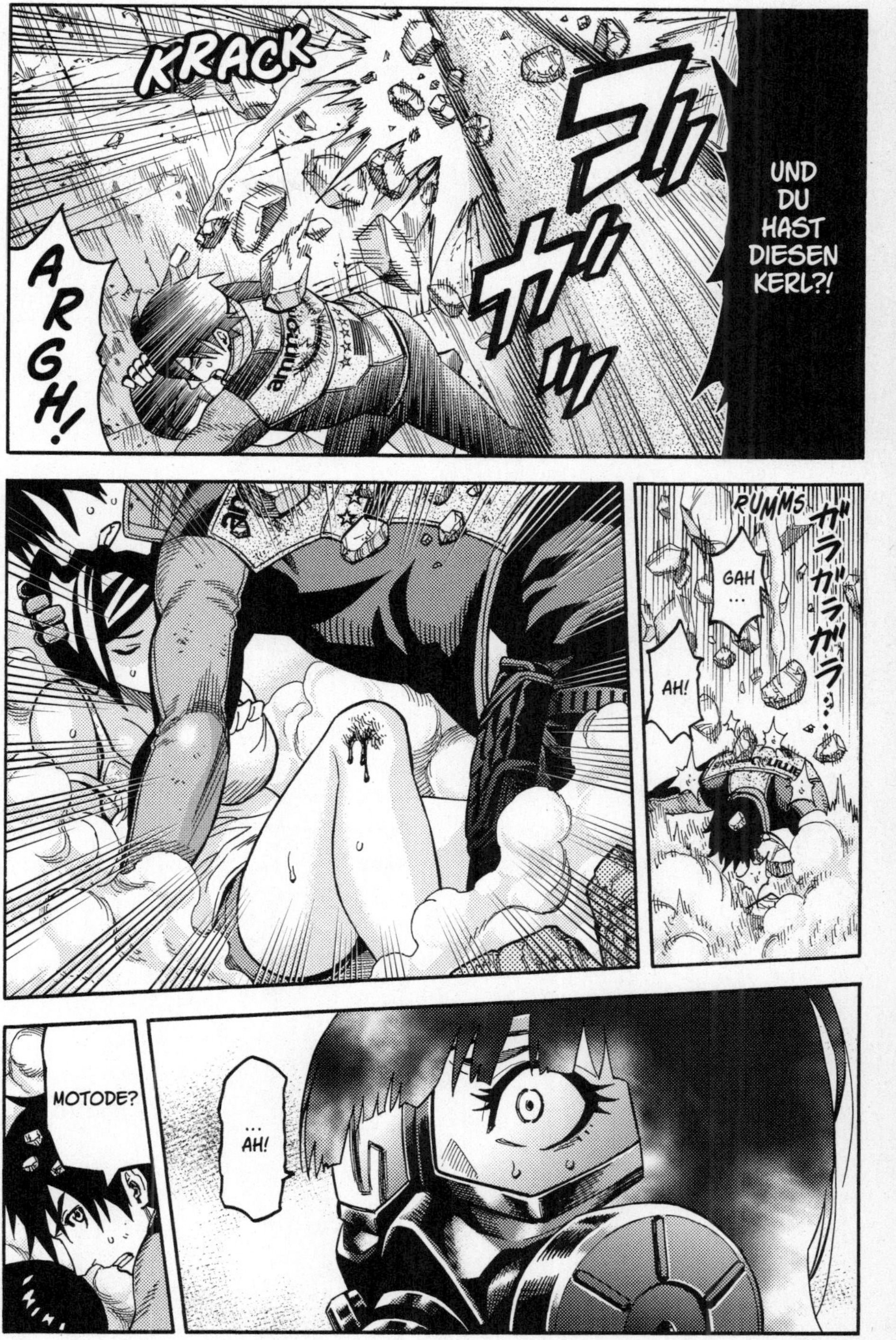
UND DU HAST DIESEN KERL?!
KRACK
ARGH!
RUMMS
GAH ...
AH!
... AH!
MOTODE?

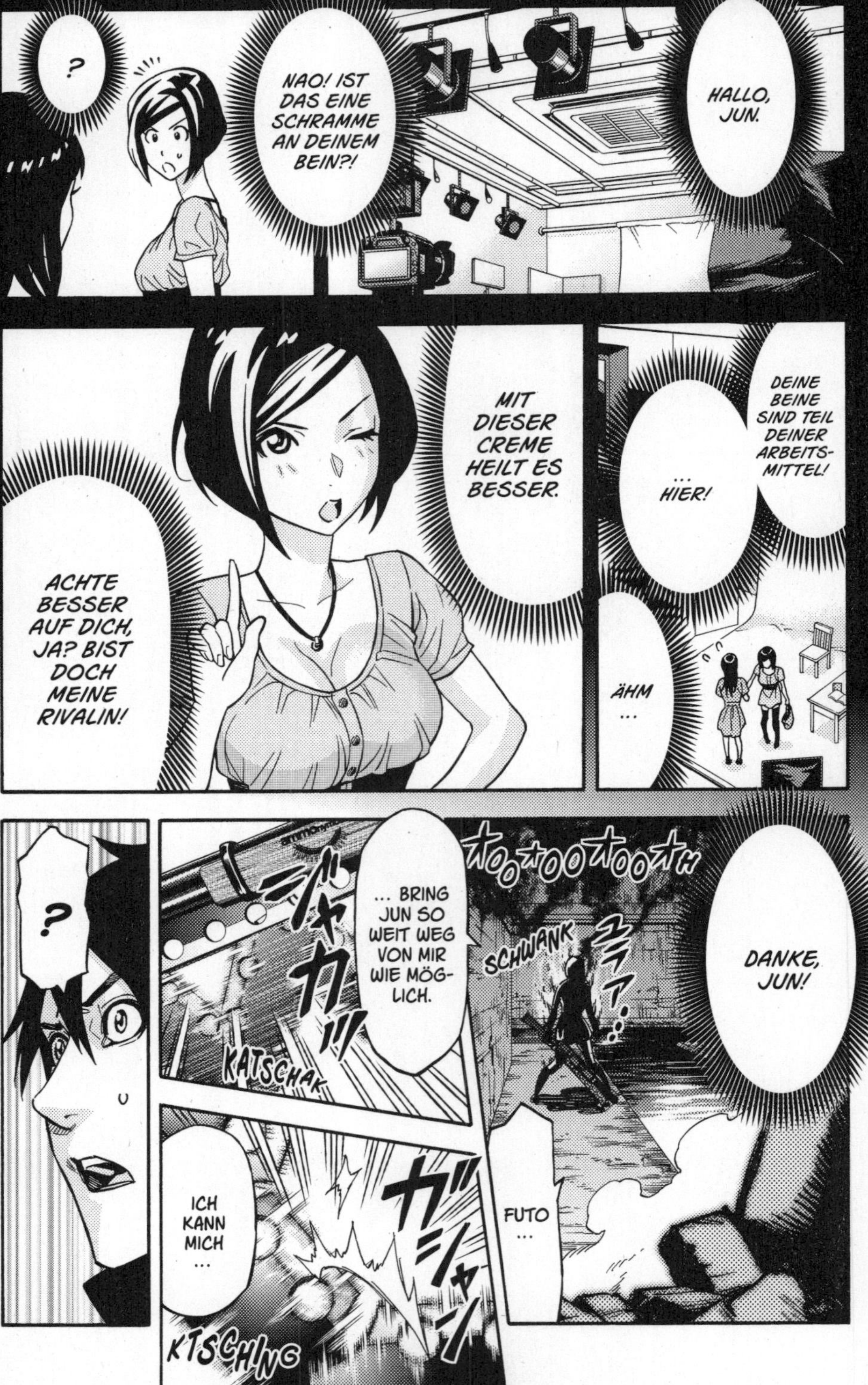
HALLO, JUN.
NAO! IST DAS EINE SCHRAMME AN DEINEM BEIN?!
?
DEINE BEINE SIND TEIL DEINER ARBEITS-MITTEL!
... HIER!
ÄHM ...
MIT DIESER CREME HEILT ES BESSER.
ACHTE BESSER AUF DICH, JA? BIST DOCH MEINE RIVALIN!
DANKE, JUN!
FUTO ...
SCHWANK
... BRING JUN SO WEIT WEG VON MIR WIE MÖG-LICH.
KATSCHAK
ICH KANN MICH ...
KTSCHING
?

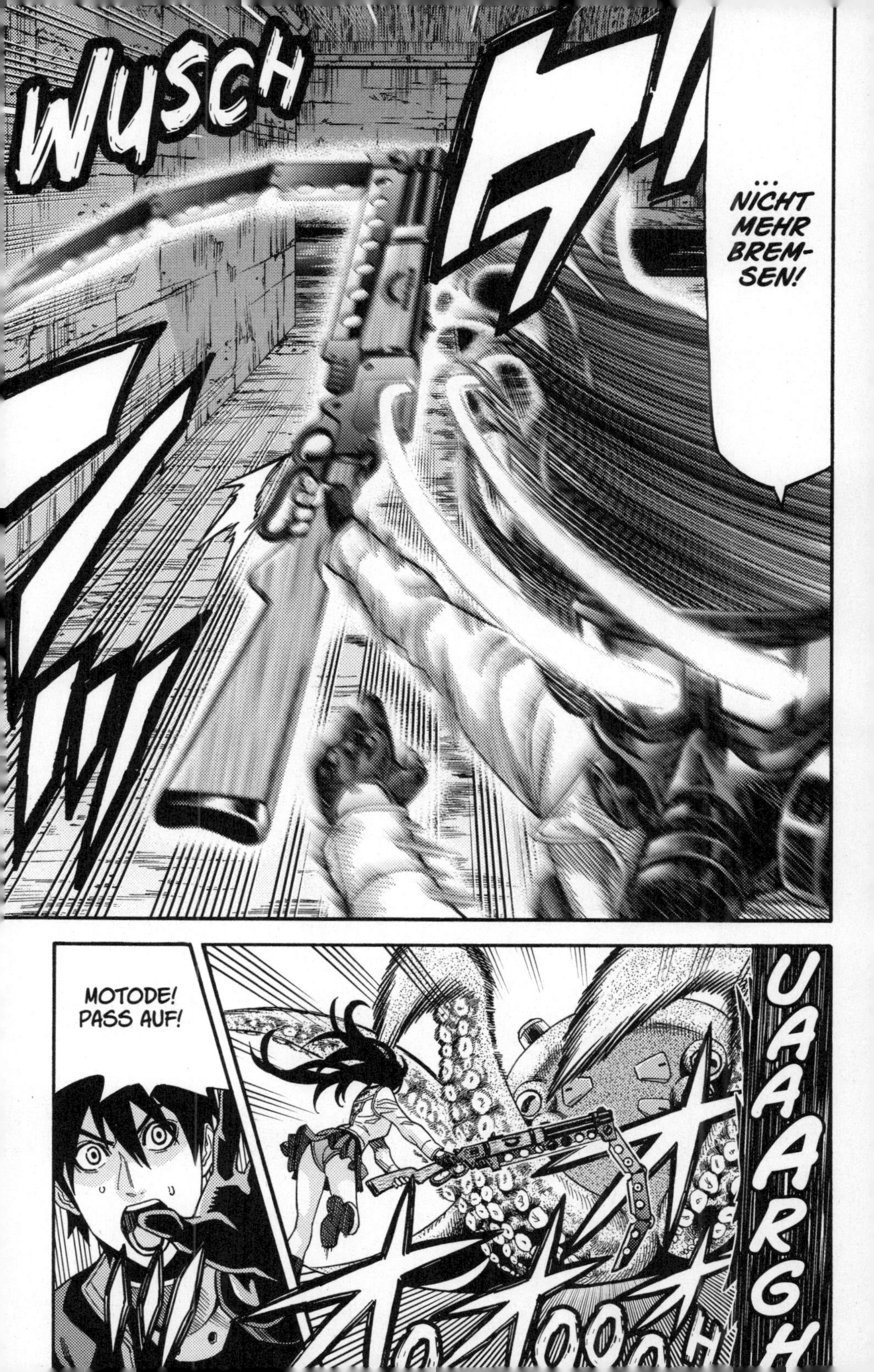
WUSCH
... NICHT MEHR BREMSEN!
UAAAARGH
MOTODE! PASS AUF!

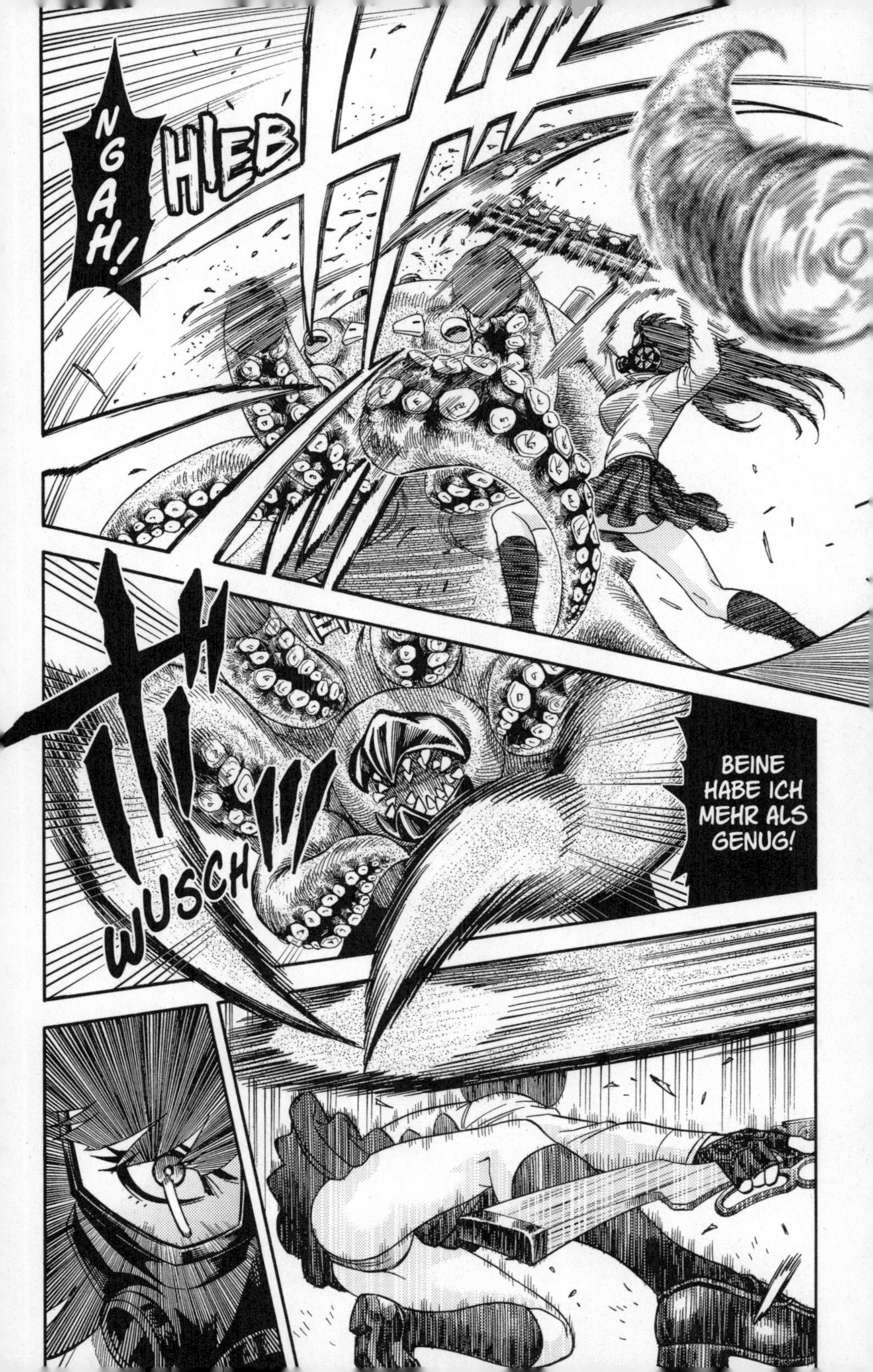
NGAH!
HIEB
WUSCH
BEINE HABE ICH MEHR ALS GENUG!

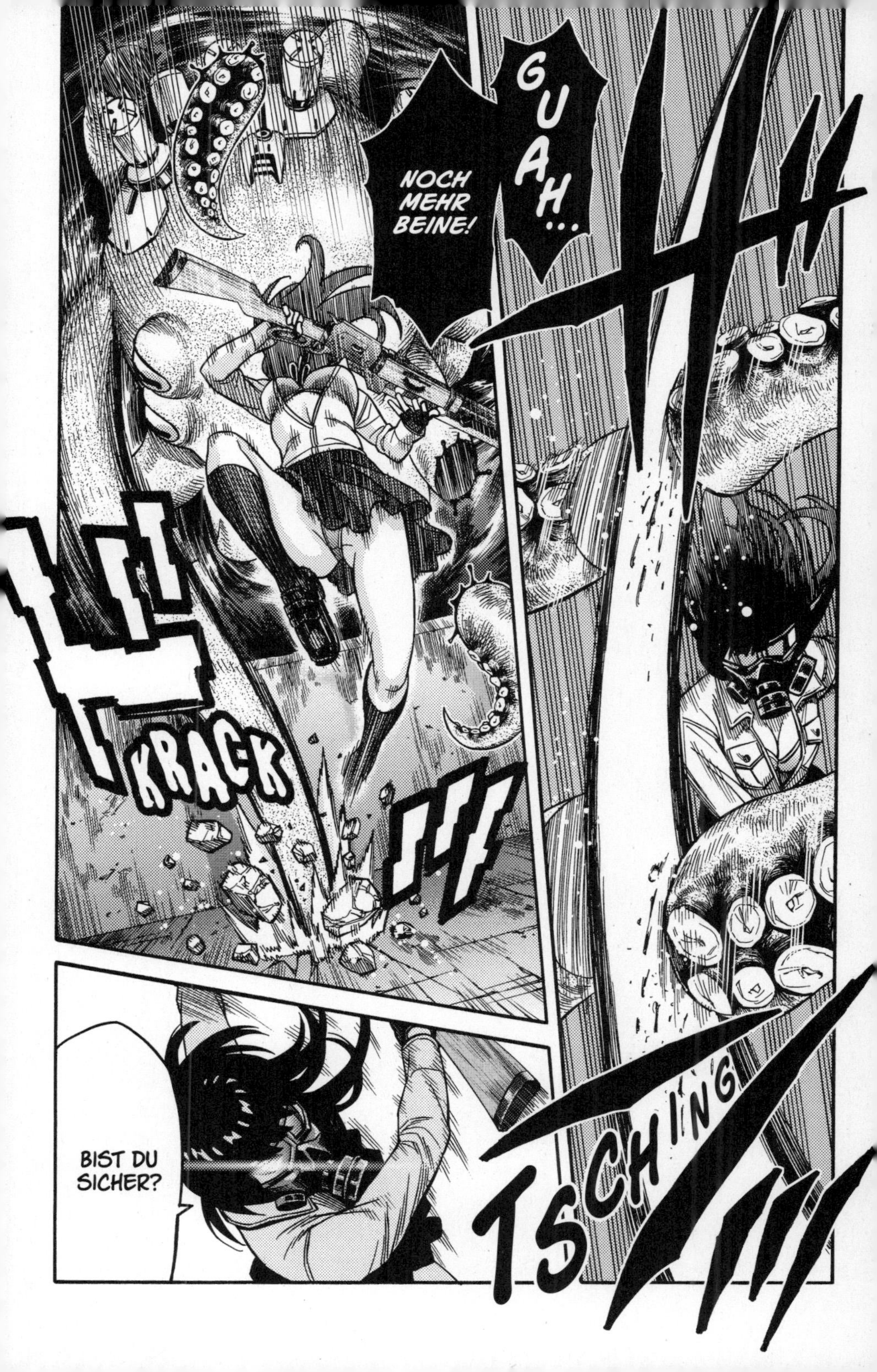
GUAH...
NOCH MEHR BEINE!
KRACK
TSCHING
BIST DU SICHER?

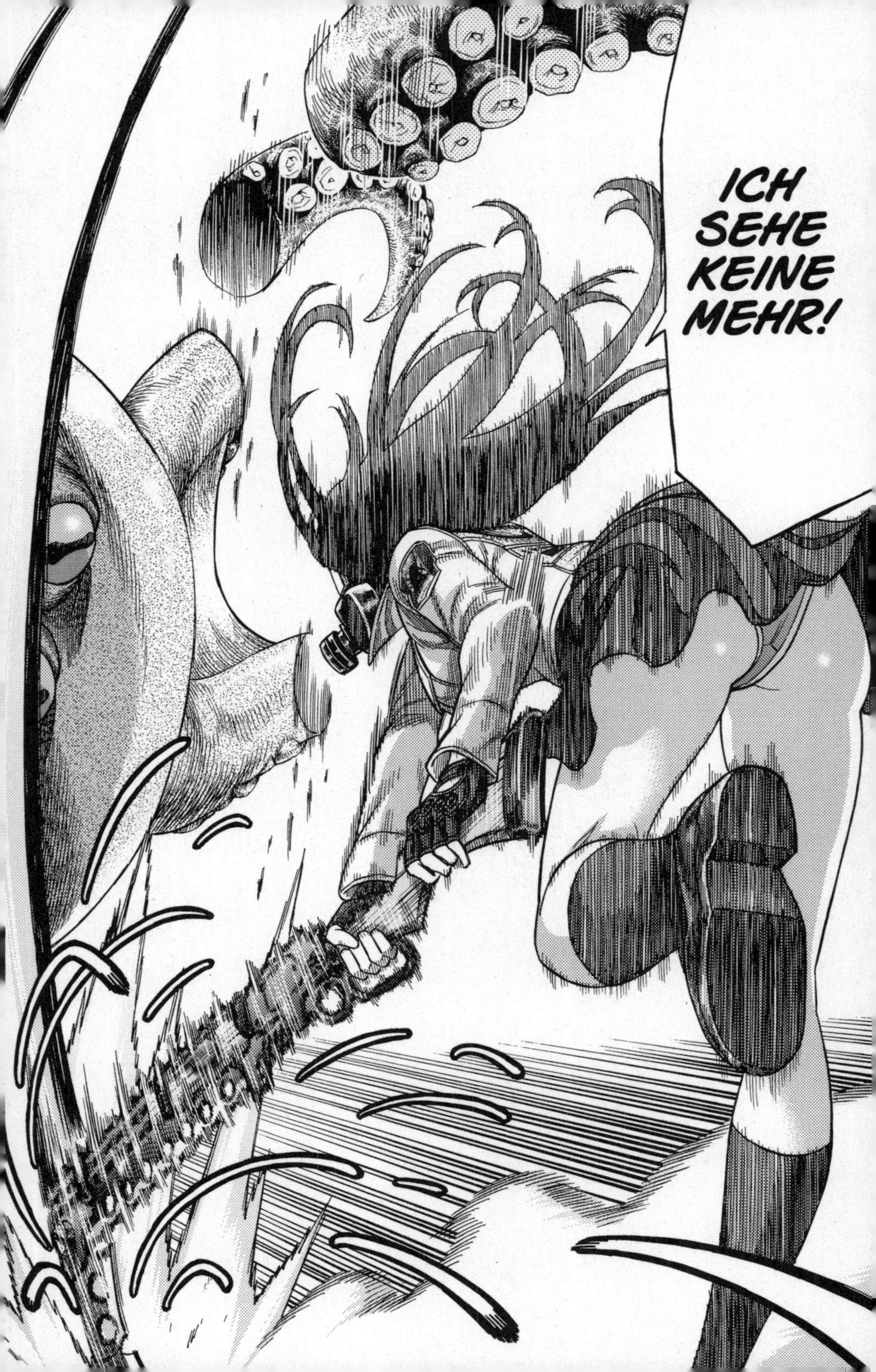
ICH SEHE KEINE MEHR!

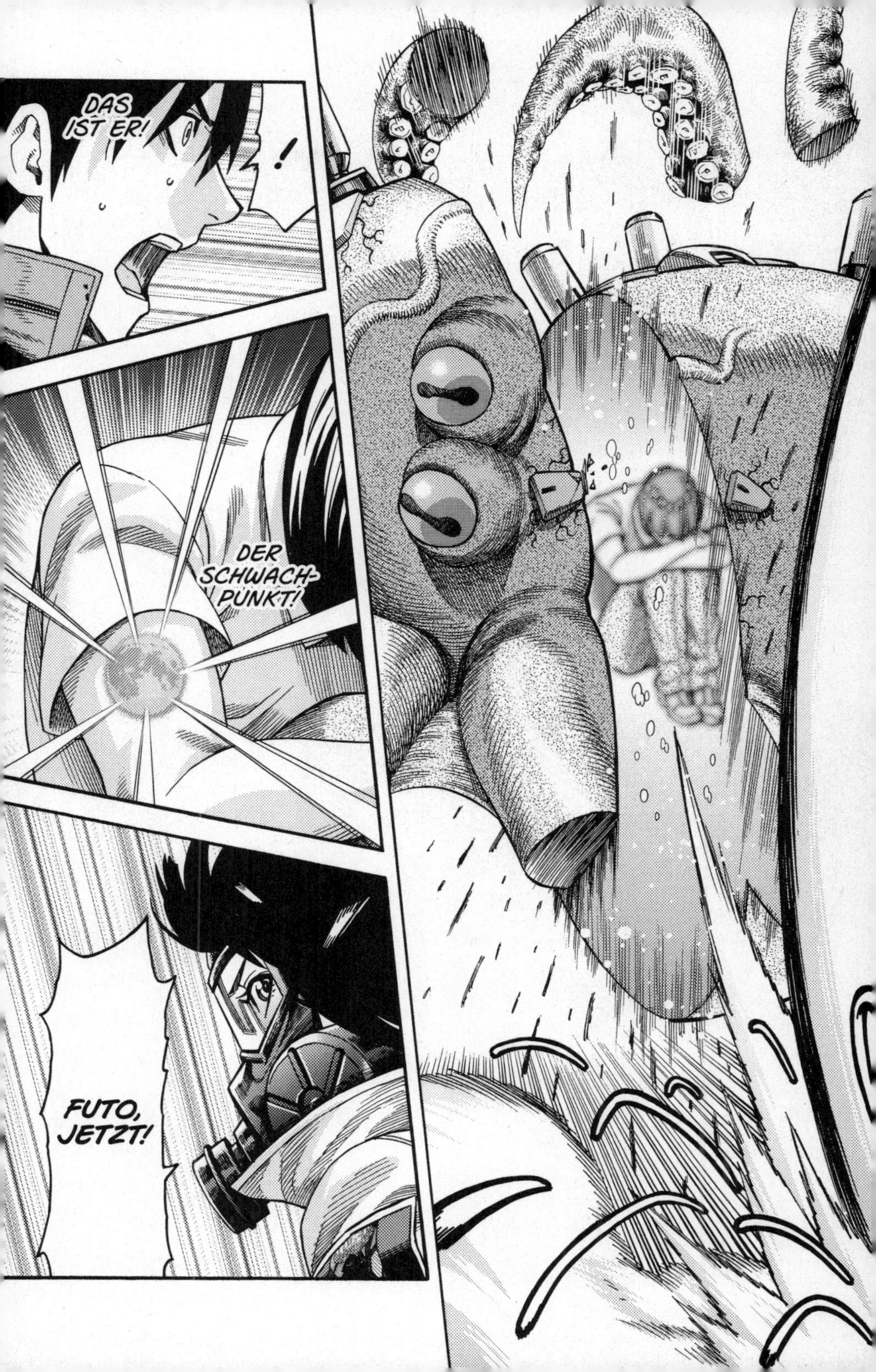
DAS IST ER!
!
DER SCHWACH-PUNKT!
FUTO, JETZT!

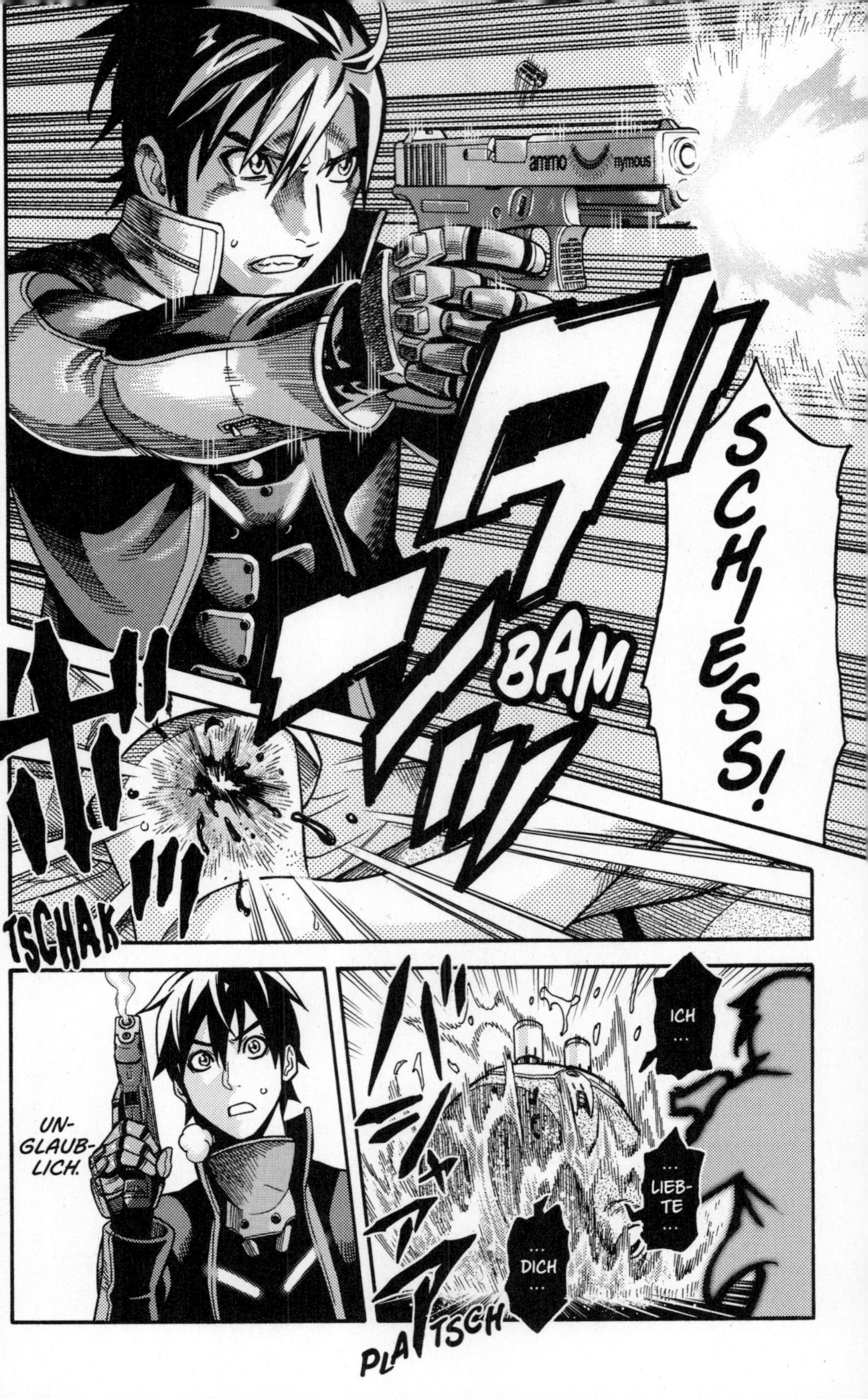
ammo nymous
SCHIESS!
BAM
TSCHAK
ICH …
… LIEBTE …
… DICH …
PLATSCH
UN-GLAUB-LICH.

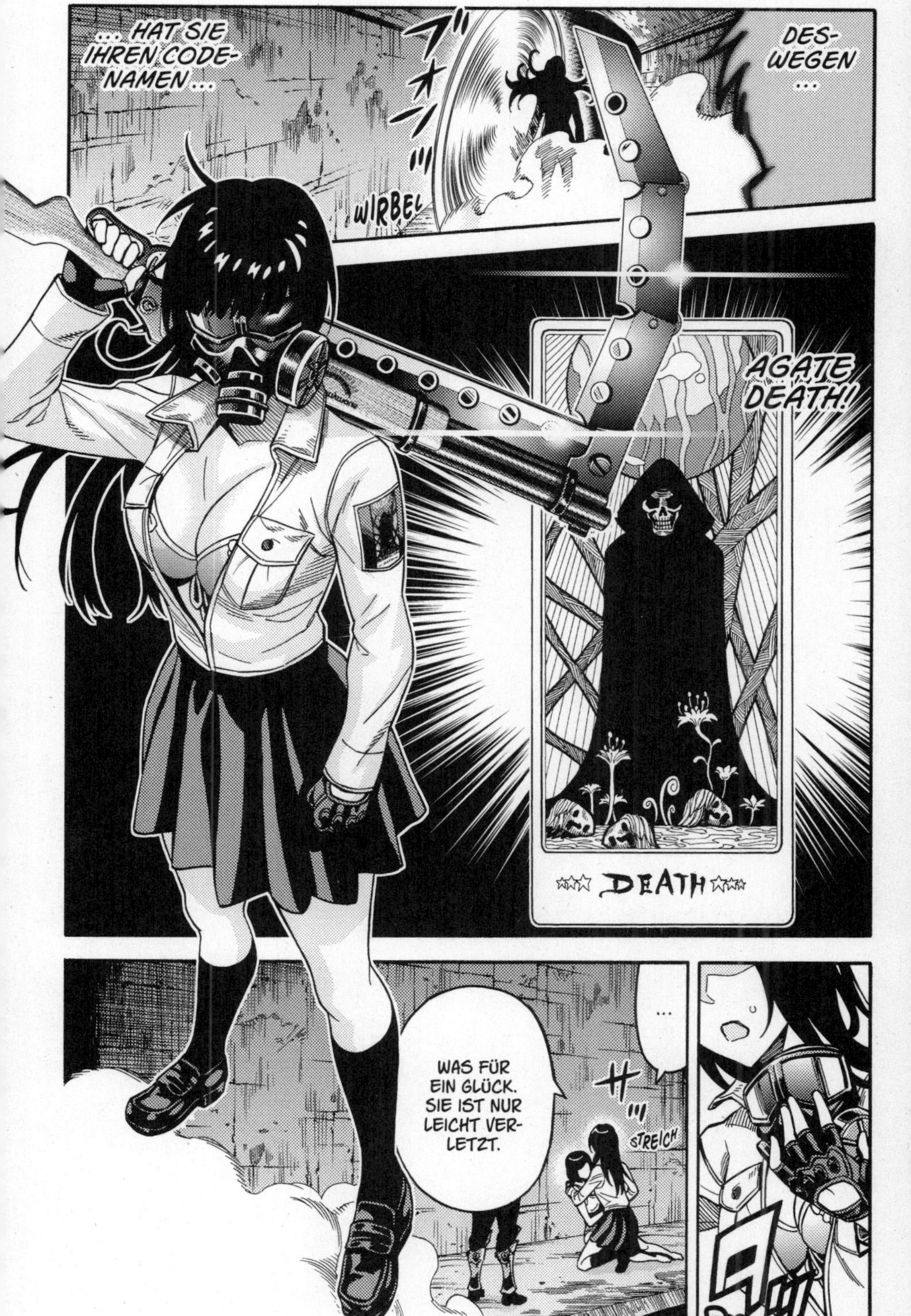
DES-
WEGEN
...
... HAT SIE
IHREN CODE-
NAMEN ...
WIRBEL
AGATE
DEATH!
DEATH
...
PUH
WAS FÜR
EIN GLÜCK.
SIE IST NUR
LEICHT VER-
LETZT.
STREICH

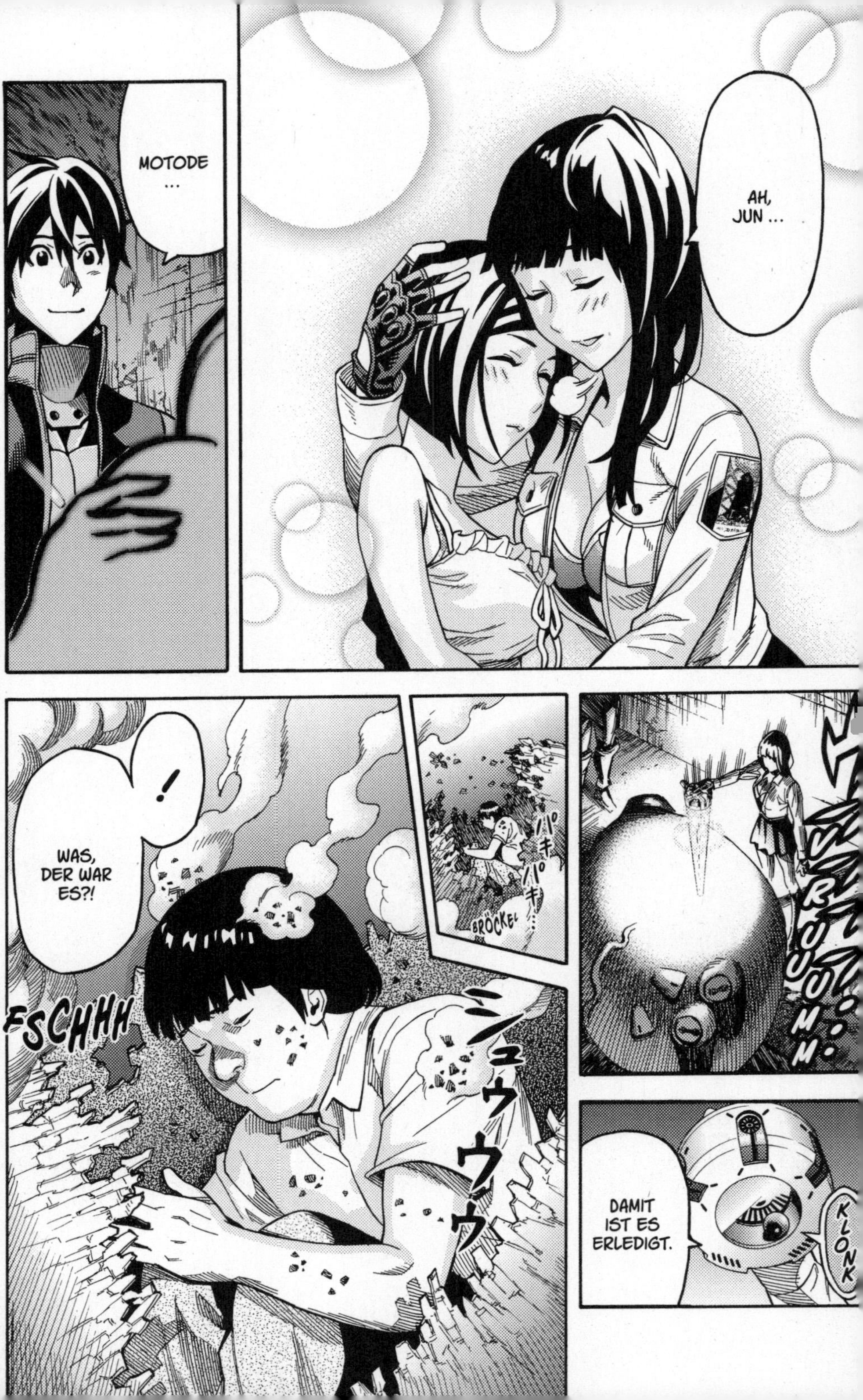
AH, JUN …
MOTODE …
VRRUUUMM…
BRÖCKEL
パキパキ…
!
WAS, DER WAR ES?!
FSCHHH
シュウウウ
KLONK
DAMIT IST ES ERLEDIGT.

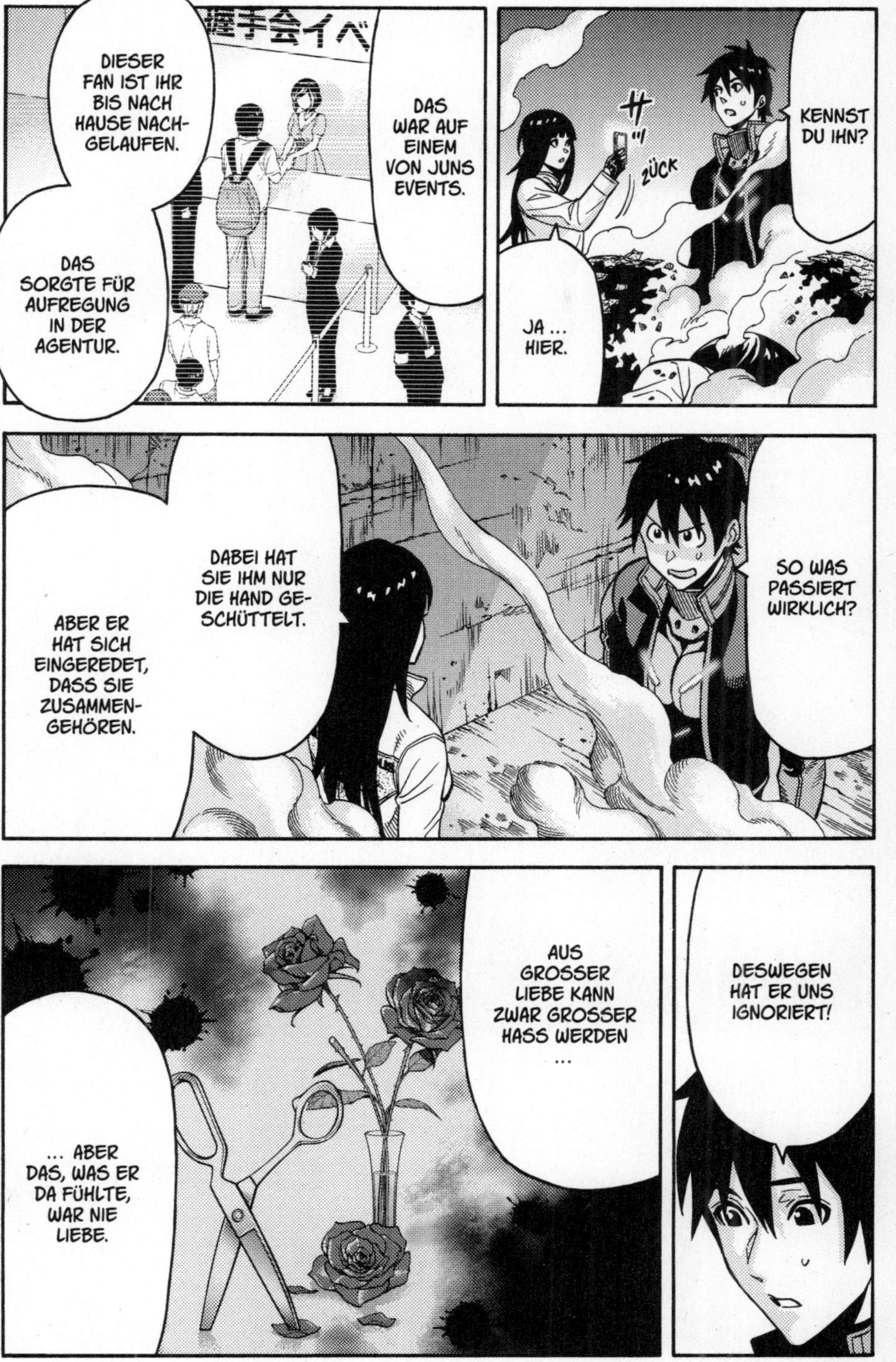
KENNST DU IHN?
ZÜCK
JA … HIER.
DAS WAR AUF EINEM VON JUNS EVENTS.
握手会イベ
DIESER FAN IST IHR BIS NACH HAUSE NACH-GELAUFEN.
DAS SORGTE FÜR AUFREGUNG IN DER AGENTUR.
SO WAS PASSIERT WIRKLICH?
DABEI HAT SIE IHM NUR DIE HAND GE-SCHÜTTELT.
ABER ER HAT SICH EINGEREDET, DASS SIE ZUSAMMEN-GEHÖREN.
DESWEGEN HAT ER UNS IGNORIERT!
AUS GROSSER LIEBE KANN ZWAR GROSSER HASS WERDEN …
… ABER DAS, WAS ER DA FÜHLTE, WAR NIE LIEBE.

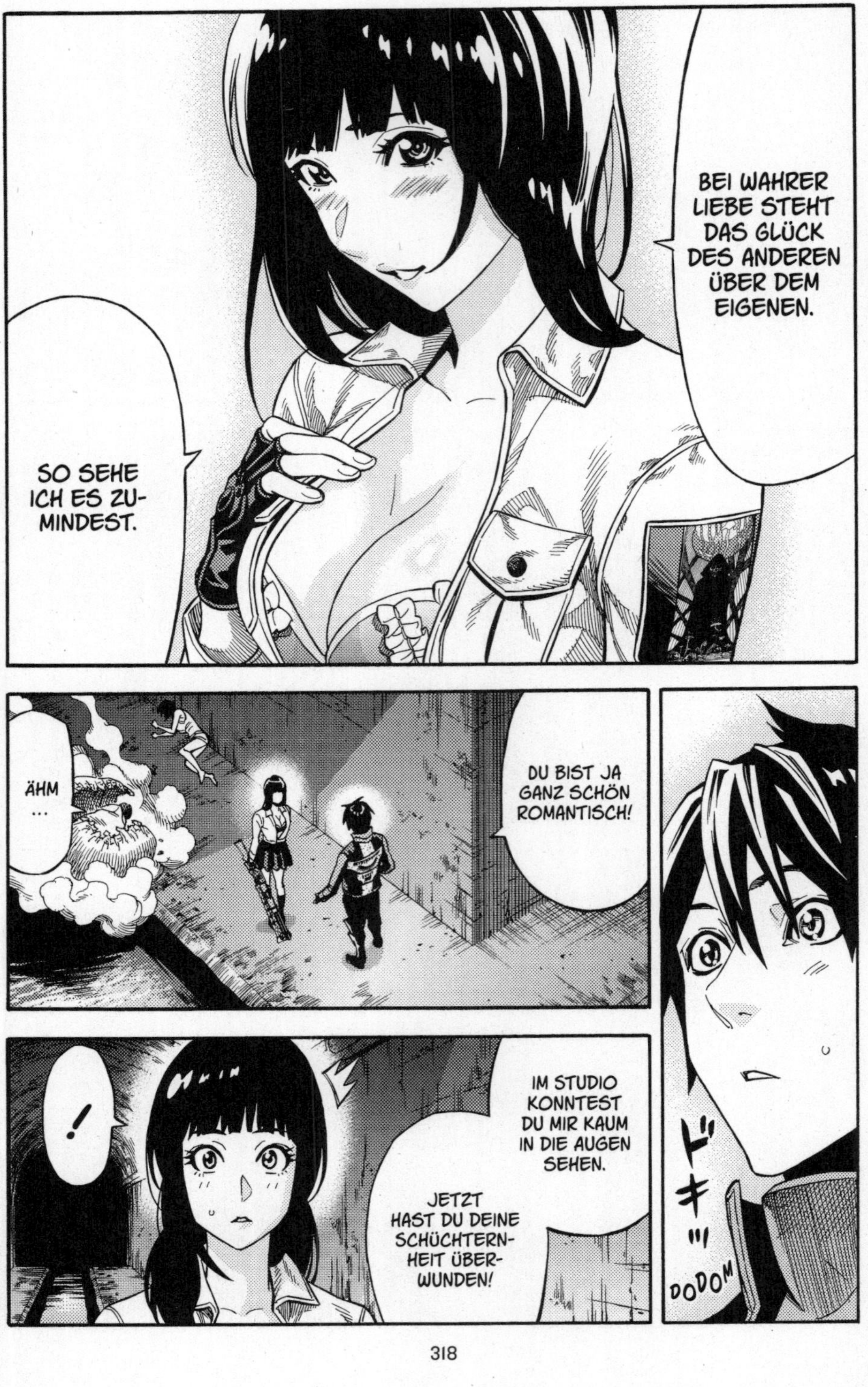
BEI WAHRER LIEBE STEHT DAS GLÜCK DES ANDEREN ÜBER DEM EIGENEN.
SO SEHE ICH ES ZU-MINDEST.
DU BIST JA GANZ SCHÖN ROMANTISCH!
ÄHM ...
ドキッ
DODOM
IM STUDIO KONNTEST DU MIR KAUM IN DIE AUGEN SEHEN.
JETZT HAST DU DEINE SCHÜCHTERN-HEIT ÜBER-WUNDEN!
!

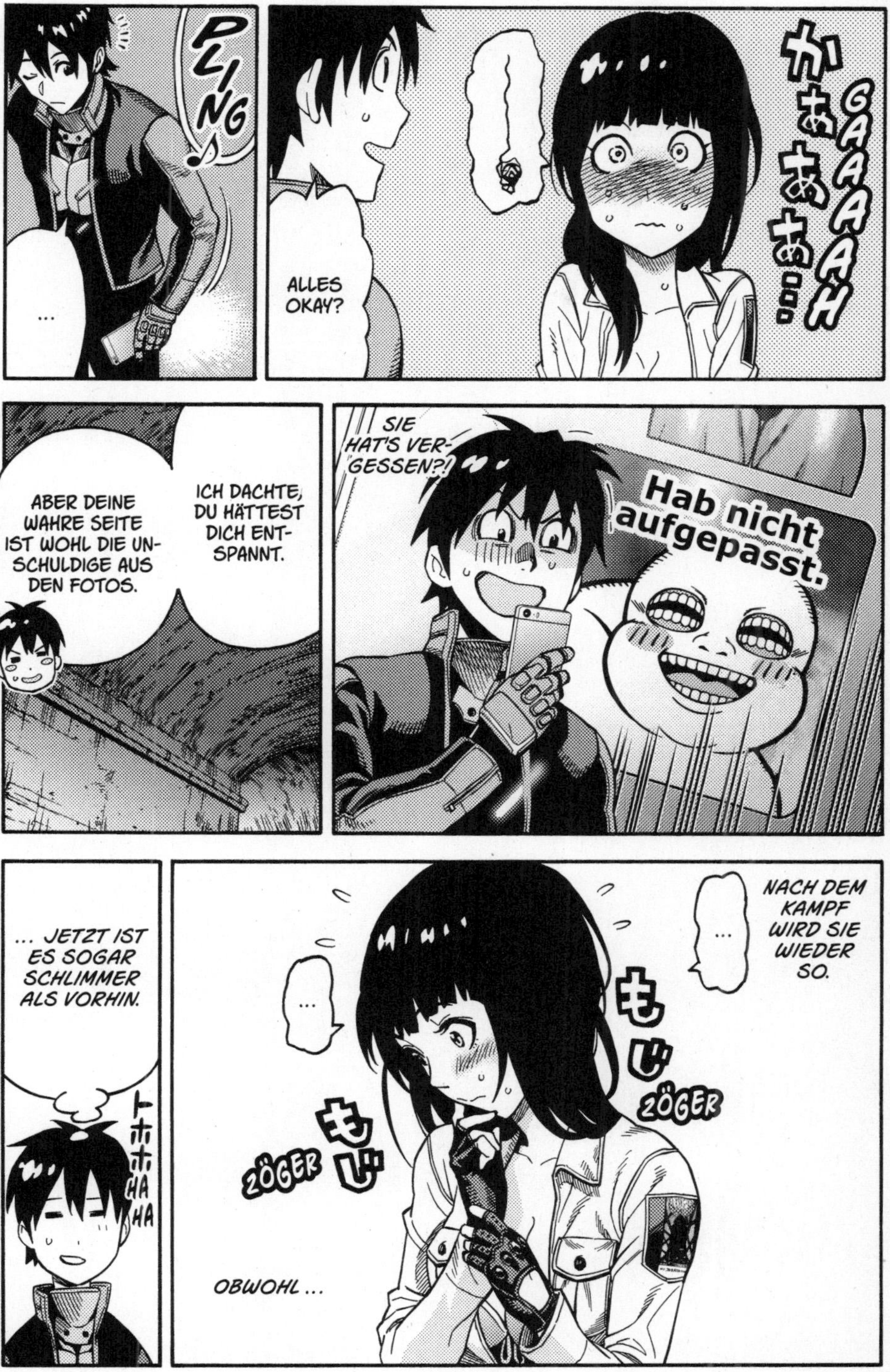
かあああ…
GAAAAAH…
ALLES OKAY?
PLING
…
SIE HAT'S VER-GESSEN?!
Hab nicht aufgepasst.
ICH DACHTE, DU HÄTTEST DICH ENT-SPANNT.
ABER DEINE WAHRE SEITE IST WOHL DIE UN-SCHULDIGE AUS DEN FOTOS.
NACH DEM KAMPF WIRD SIE WIEDER SO.
…
もじ
ZÖGER
…
もじ
ZÖGER
OBWOHL …
… JETZT IST ES SOGAR SCHLIMMER ALS VORHIN.
トホホ
HAHA

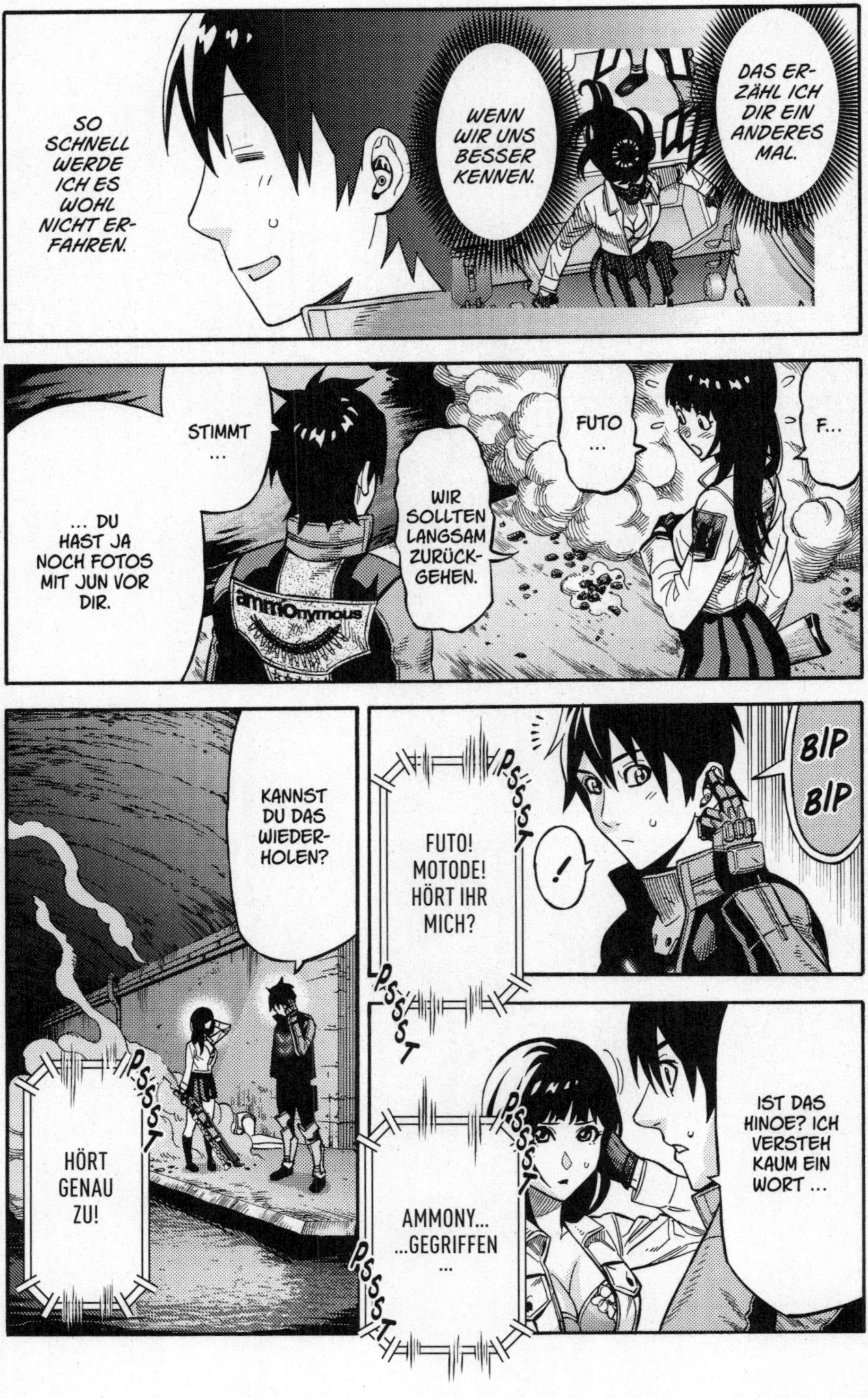
DAS ERZÄHL ICH DIR EIN ANDERES MAL.
WENN WIR UNS BESSER KENNEN.
SO SCHNELL WERDE ICH ES WOHL NICHT ERFAHREN.
F…
FUTO …
WIR SOLLTEN LANGSAM ZURÜCKGEHEN.
STIMMT …
… DU HAST JA NOCH FOTOS MIT JUN VOR DIR.
ammOnymous
BIP BIP
!
PSSST
FUTO! MOTODE! HÖRT IHR MICH?
PSSST
KANNST DU DAS WIEDERHOLEN?
IST DAS HINOE? ICH VERSTEH KAUM EIN WORT …
PSSST
AMMONY… …GEGRIFFEN …
PSSST
PSSST
HÖRT GENAU ZU!

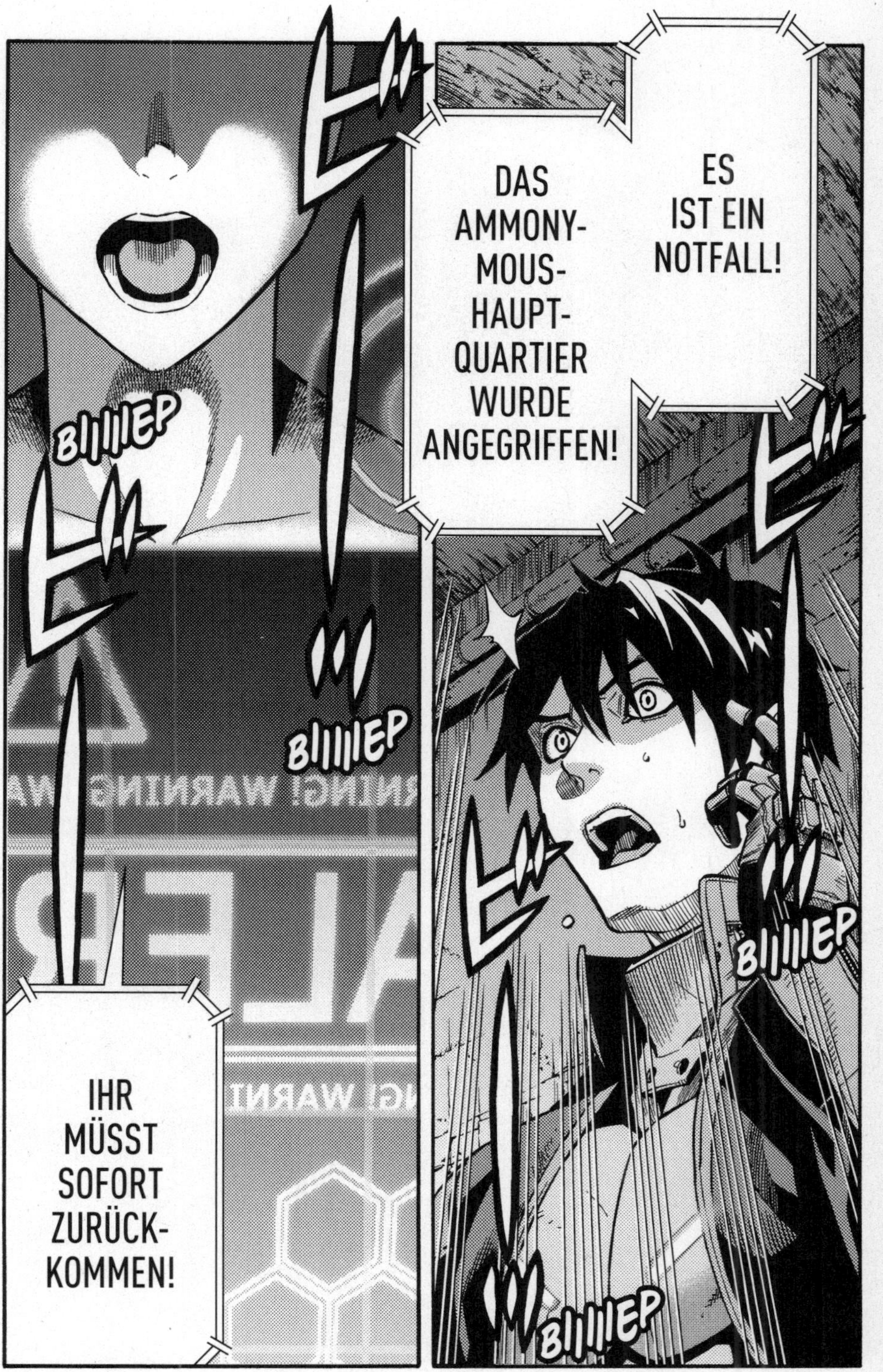

ES IST EIN NOTFALL!
DAS AMMONY-MOUS-HAUPT-QUARTIER WURDE ANGEGRIFFEN!
BIIIIIEP
BIIIIIEP
BIIIIIEP
BIIIIIEP
IHR MÜSST SOFORT ZURÜCK-KOMMEN!

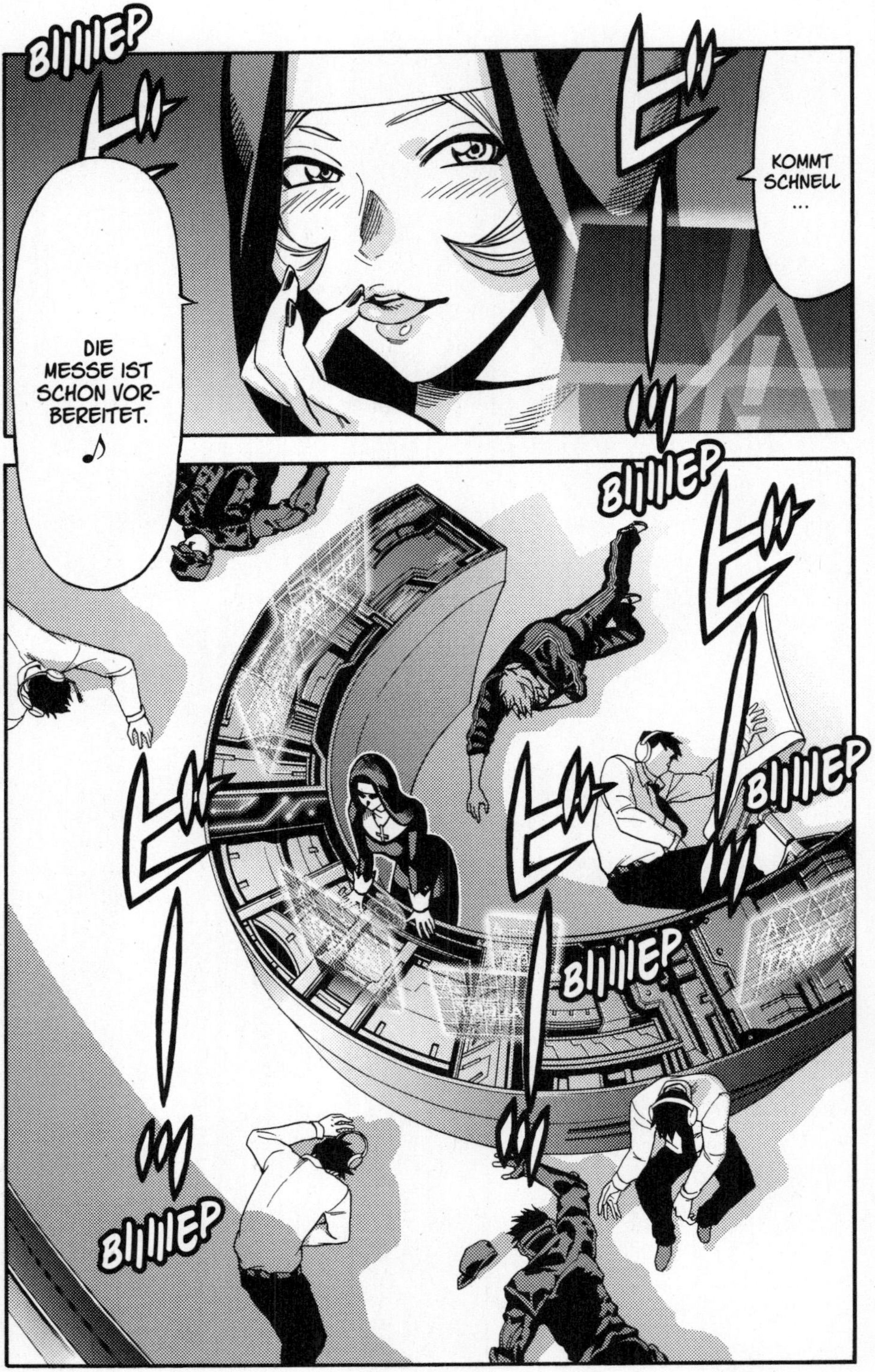
BIIIIEP
KOMMT SCHNELL ...
DIE MESSE IST SCHON VORBEREITET. ♪
BIIIIEP
BIIIIEP
BIIIIEP
BIIIIEP

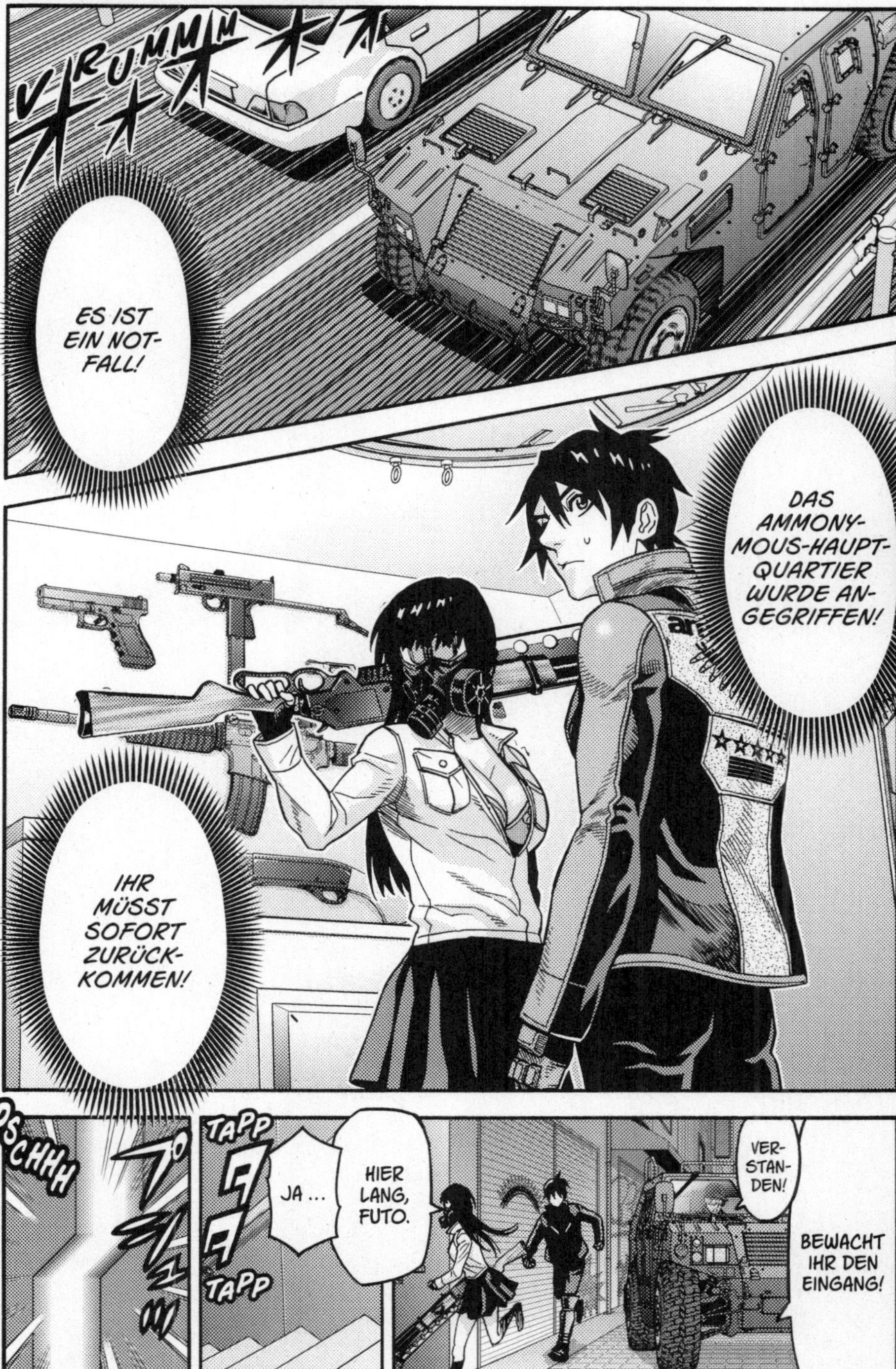
VRUMMM
ES IST EIN NOT-FALL!
DAS AMMONY-MOUS-HAUPT-QUARTIER WURDE AN-GEGRIFFEN!
IHR MÜSST SOFORT ZURÜCK-KOMMEN!
VER-STAN-DEN!
BEWACHT IHR DEN EINGANG!
HIER LANG, FUTO.
JA …
TAPP
TAPP
PSCHHH

reload 10

Crazy Things

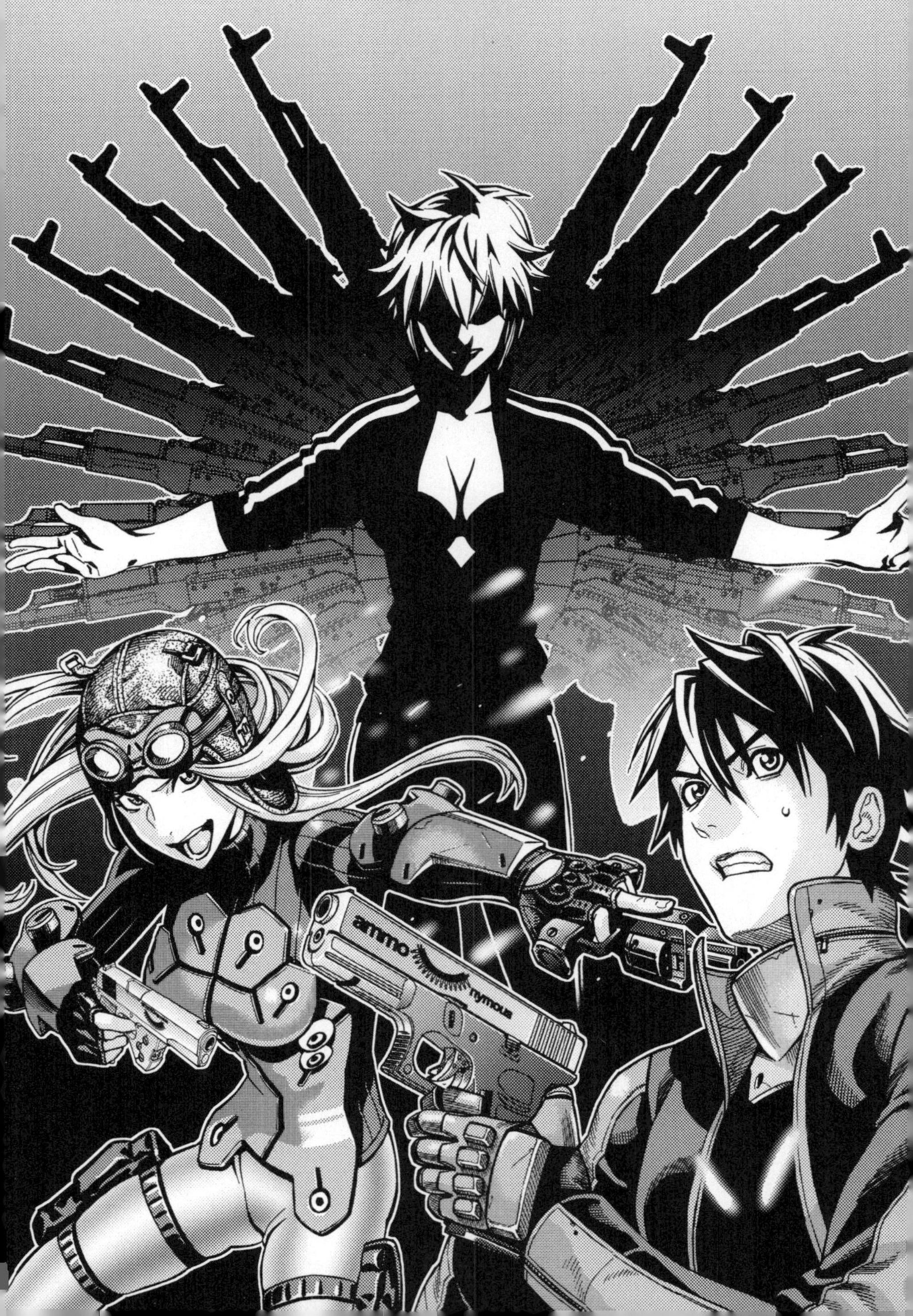

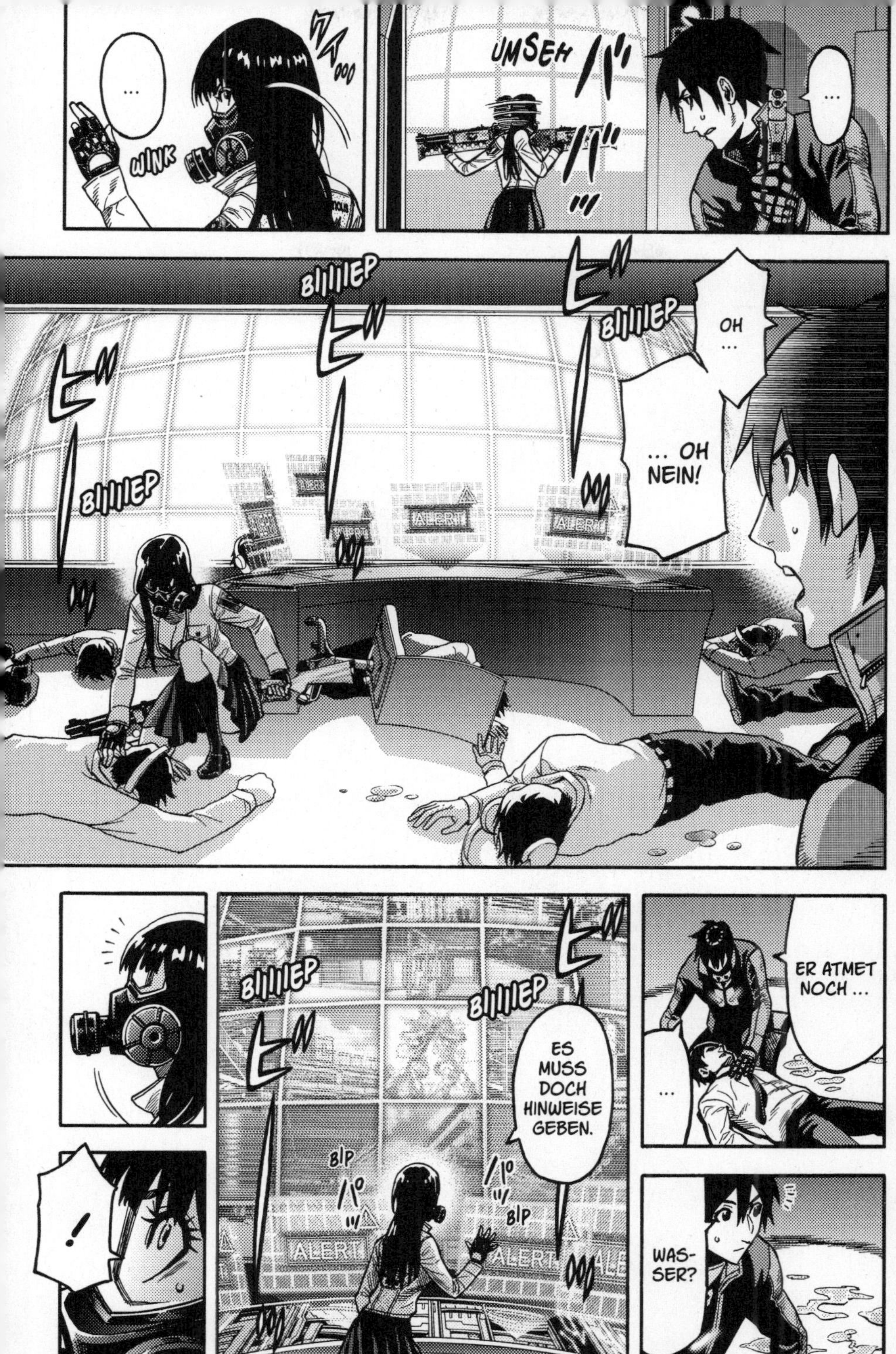

…
UMSEH
…
WINK
BIIIIIEP
OH …
… OH NEIN!
BIIIIIEP
BIIIIIEP
ER ATMET NOCH …
…
BIIIIIEP
BIIIIIEP
ES MUSS DOCH HINWEISE GEBEN.
BIP
BIP
WAS-SER?
!

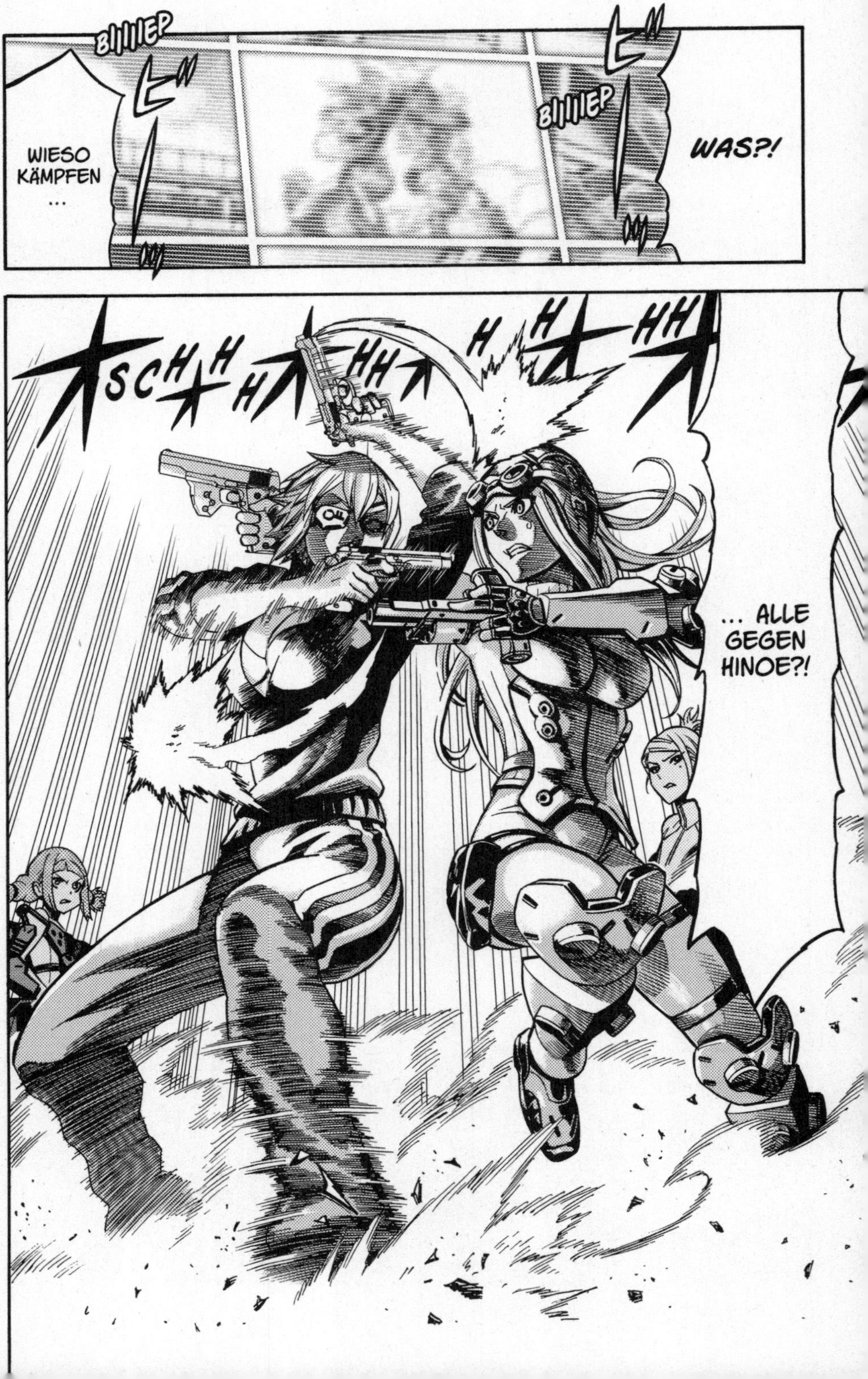
BIIIIIEP
ビ"
BIIIIIEP
ビ"
WAS?!
WIESO KÄMPFEN ...
SCHHHHHHHHHHHHH
... ALLE GEGEN HINOE?!

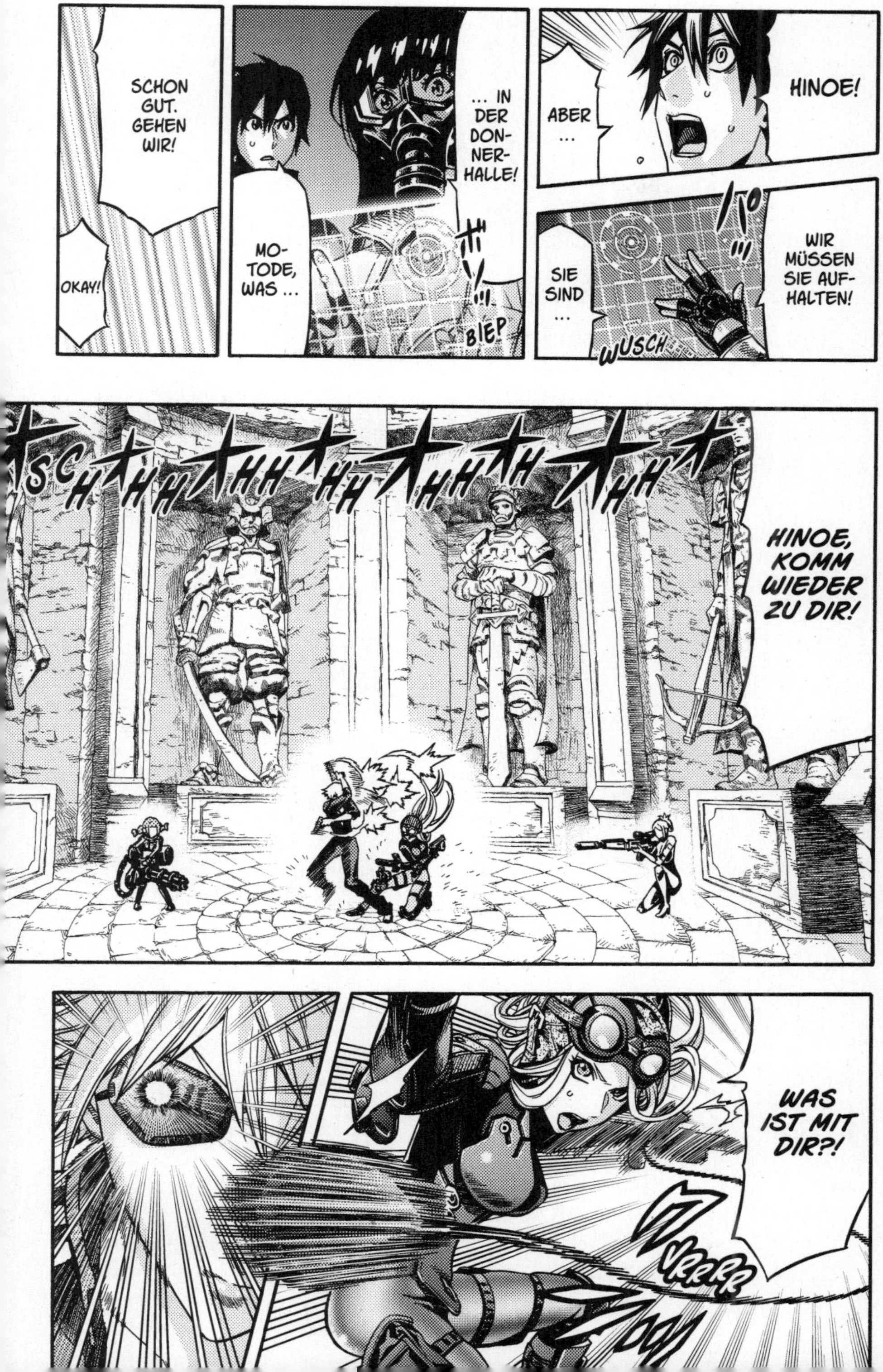
HINOE!
ABER …
WIR MÜSSEN SIE AUFHALTEN!
SIE SIND …
WUSCH
… IN DER DONNERHALLE!
BIEP
MOTODE, WAS …
SCHON GUT. GEHEN WIR!
OKAY!
SCHHHHHHHHHHHHHHH
HINOE, KOMM WIEDER ZU DIR!
WAS IST MIT DIR?!
VRRRR

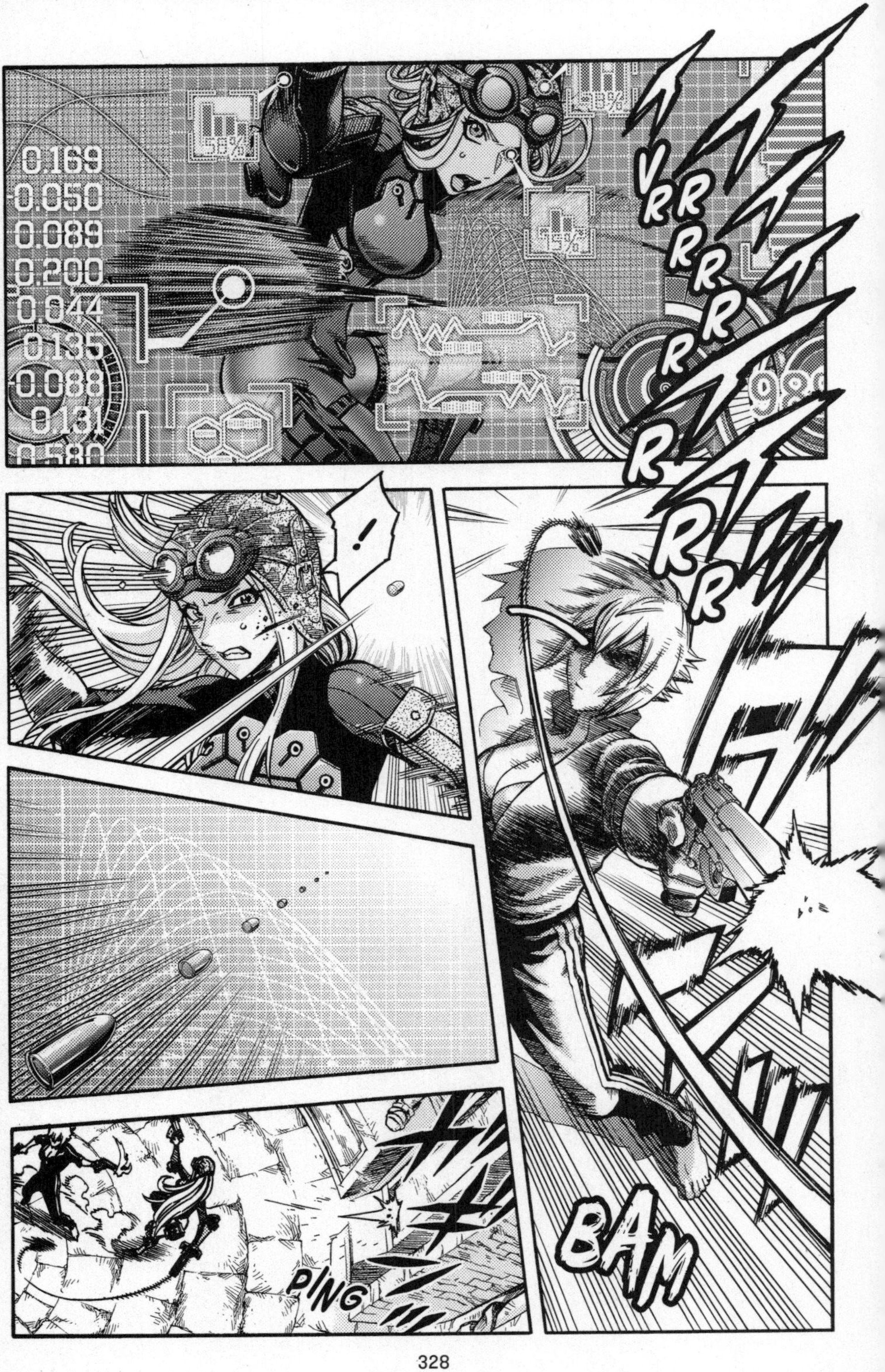
0.169
0.050
0.089
0.200
0.044
0.135
0.088
0.131
VRRRRRRRRRRRR
!
BAM
PING

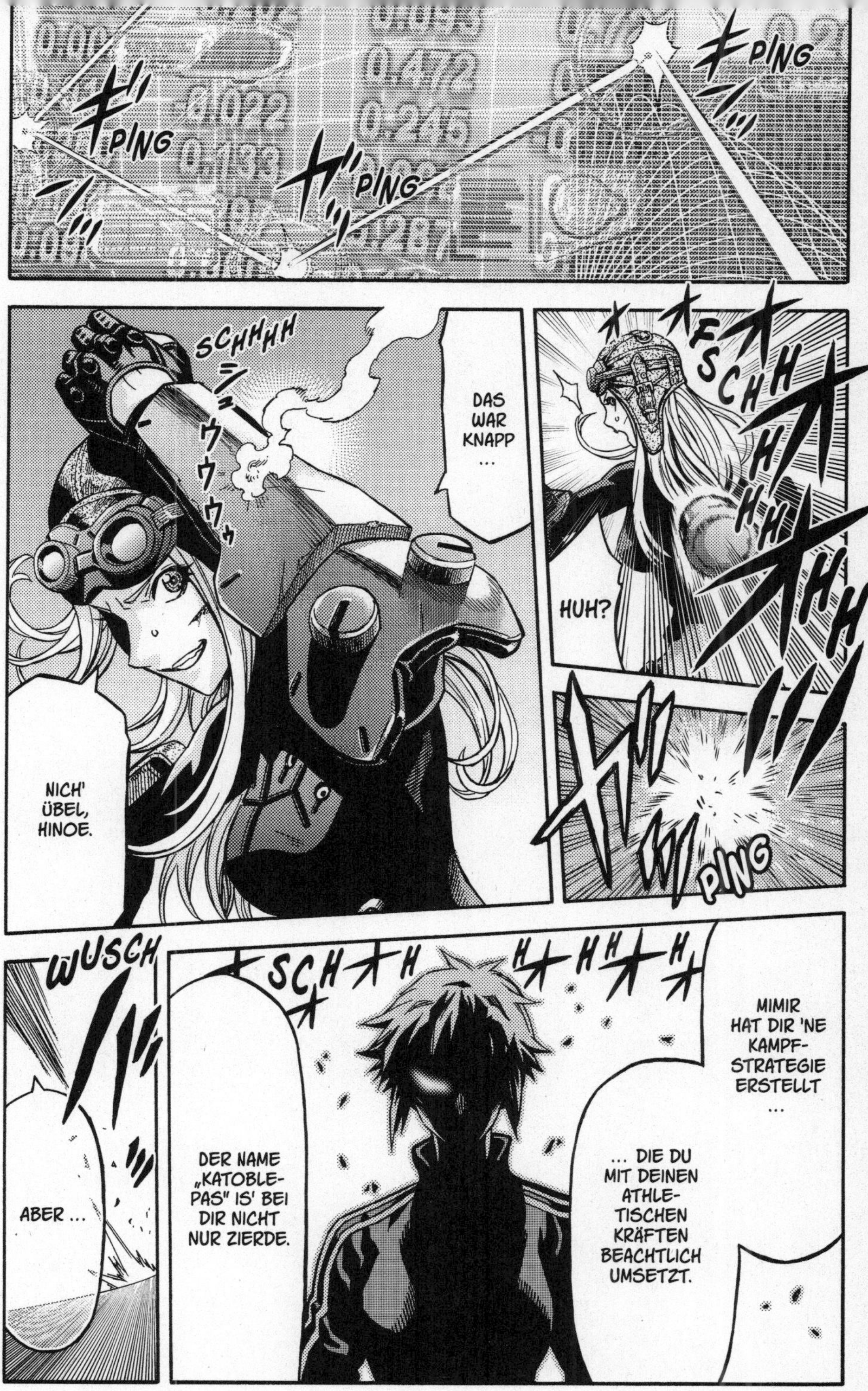
PING
PING
PING
FSCHHHHHHHH
HUH?
DAS WAR KNAPP …
SCHHHH
NICH' ÜBEL, HINOE.
PING
MIMIR HAT DIR 'NE KAMPF-STRATEGIE ERSTELLT …
… DIE DU MIT DEINEN ATHLE-TISCHEN KRÄFTEN BEACHTLICH UMSETZT.
SCHHHHHH
DER NAME „KATOBLE-PAS" IS' BEI DIR NICHT NUR ZIERDE.
WUSCH
ABER …

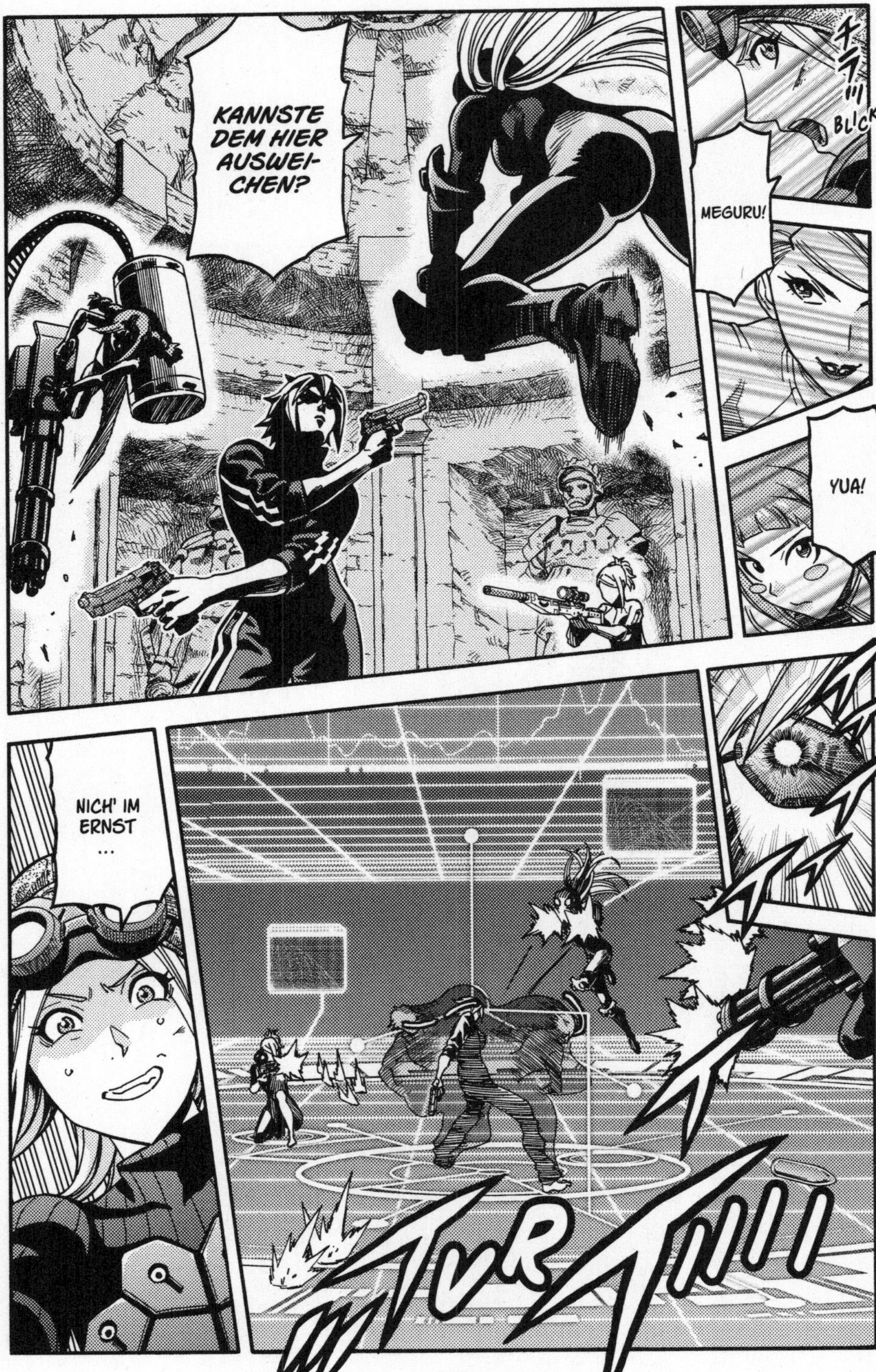
KANNSTE DEM HIER AUSWEICHEN?
BLICK
MEGURU!
YUA!
NICH' IM ERNST ...
TVR TIIII

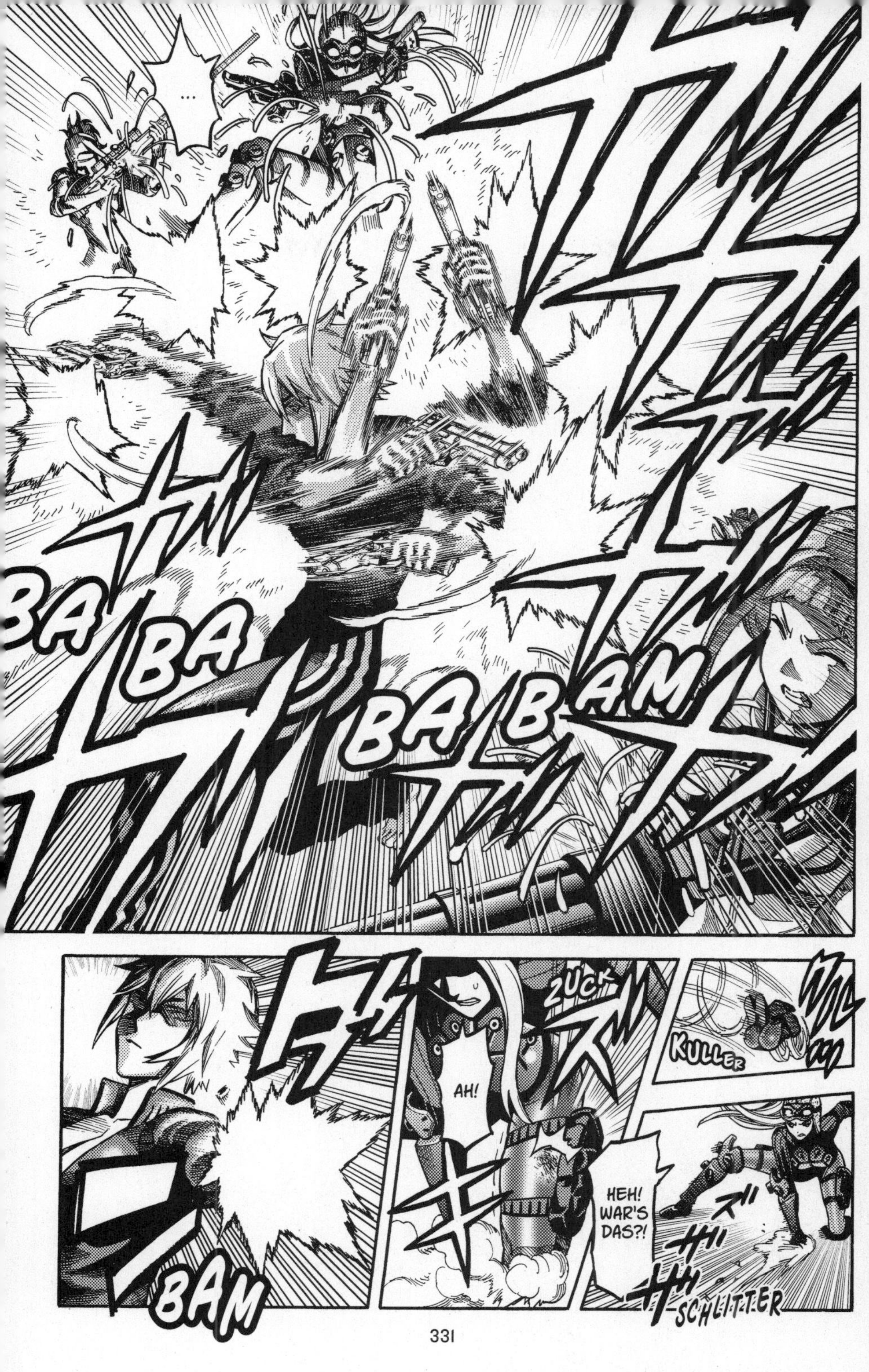
...
BA
BA
BA
BA
BAM
BAM
ZUCK
AH!
KULLER
HEH!
WAR'S
DAS?!
SCHLITTER

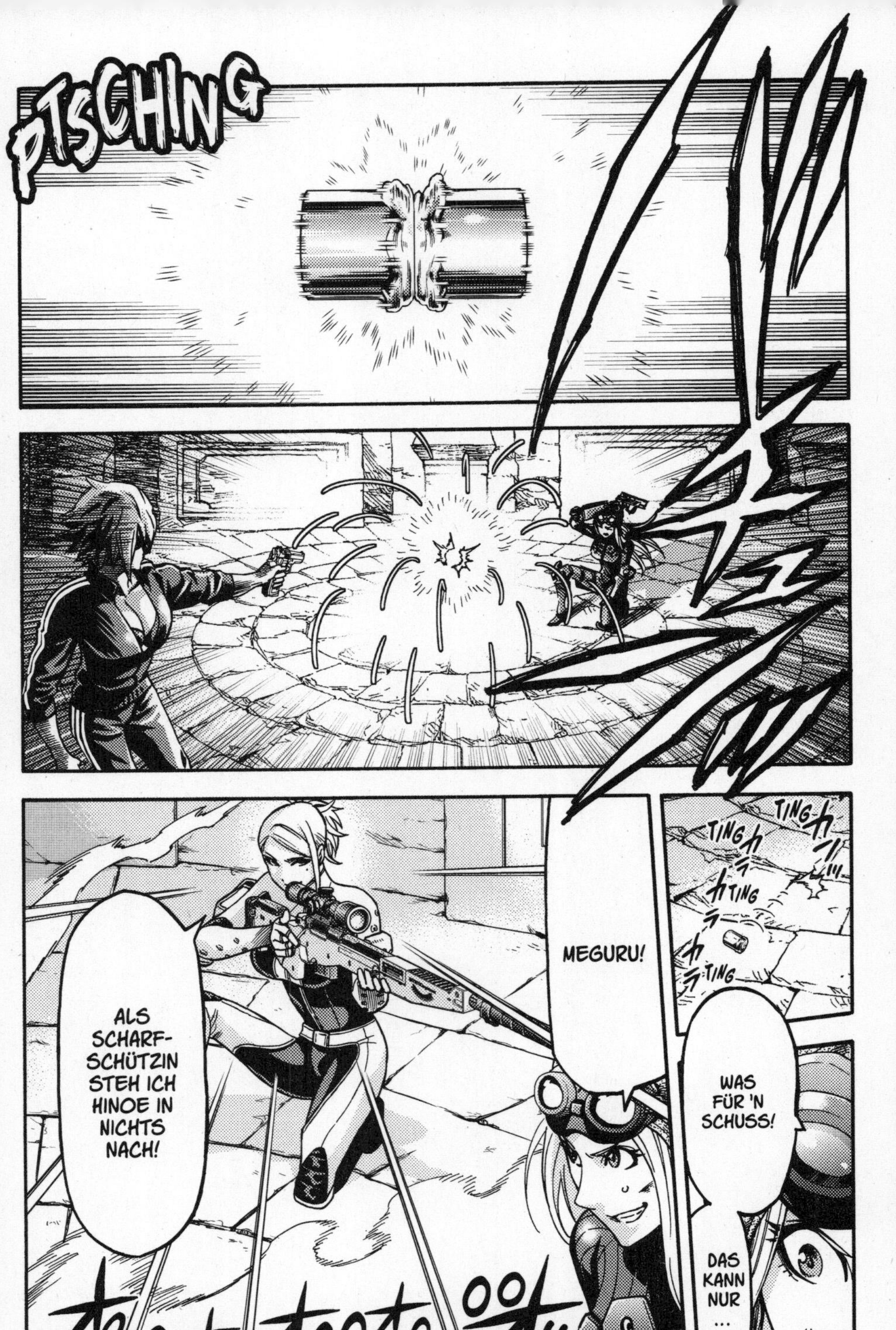
PTSCHING
TING
TING
TING
TING
MEGURU!
WAS FÜR 'N SCHUSS!
DAS KANN NUR …
ALS SCHARF-SCHÜTZIN STEH ICH HINOE IN NICHTS NACH!

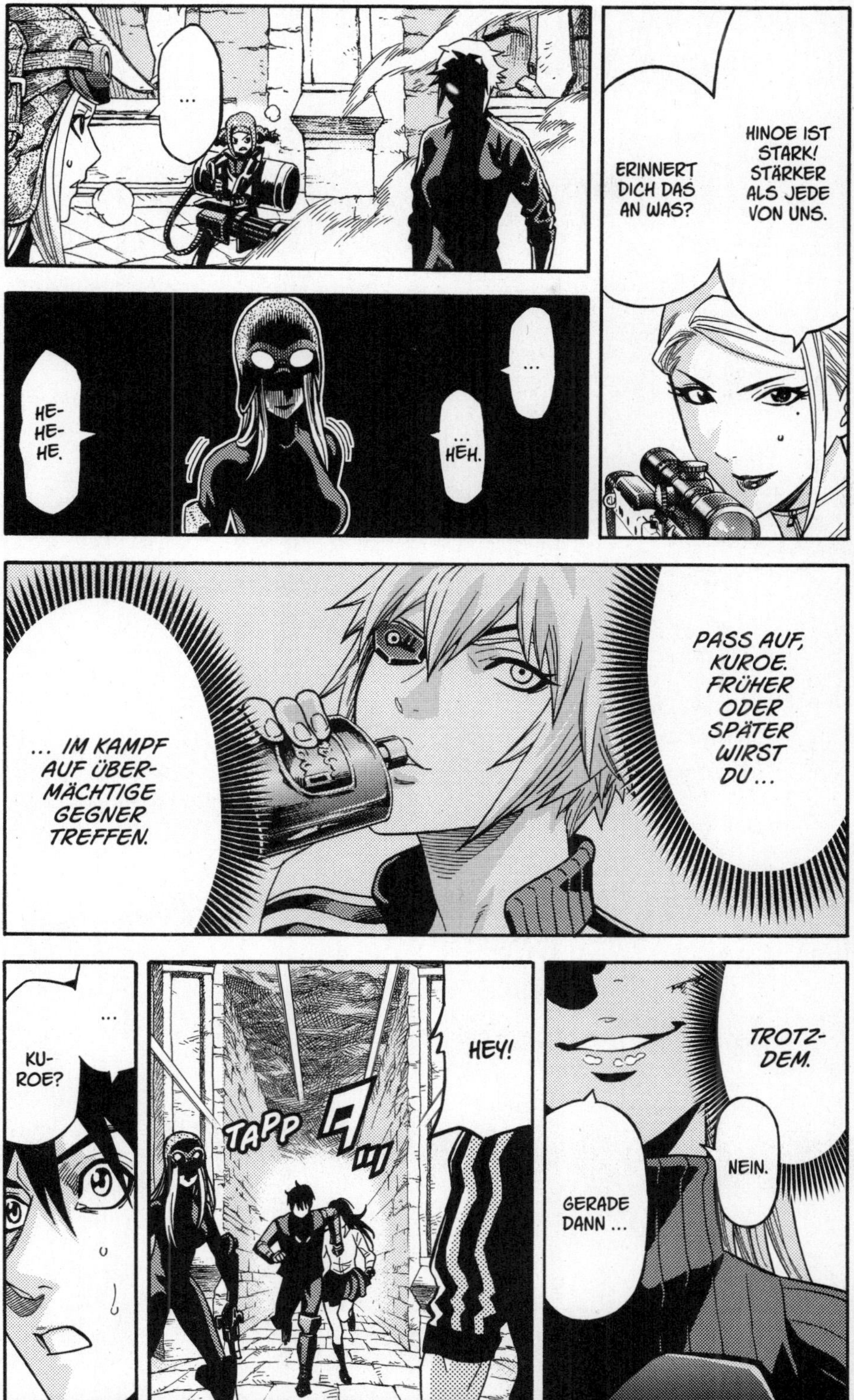
HINOE IST STARK! STÄRKER ALS JEDE VON UNS.
ERINNERT DICH DAS AN WAS?
...
...
... HEH.
HE-HE-HE.
PASS AUF, KUROE. FRÜHER ODER SPÄTER WIRST DU ...
... IM KAMPF AUF ÜBER-MÄCHTIGE GEGNER TREFFEN.
TROTZ-DEM.
NEIN.
GERADE DANN ...
HEY!
TAPP
...
KU-ROE?

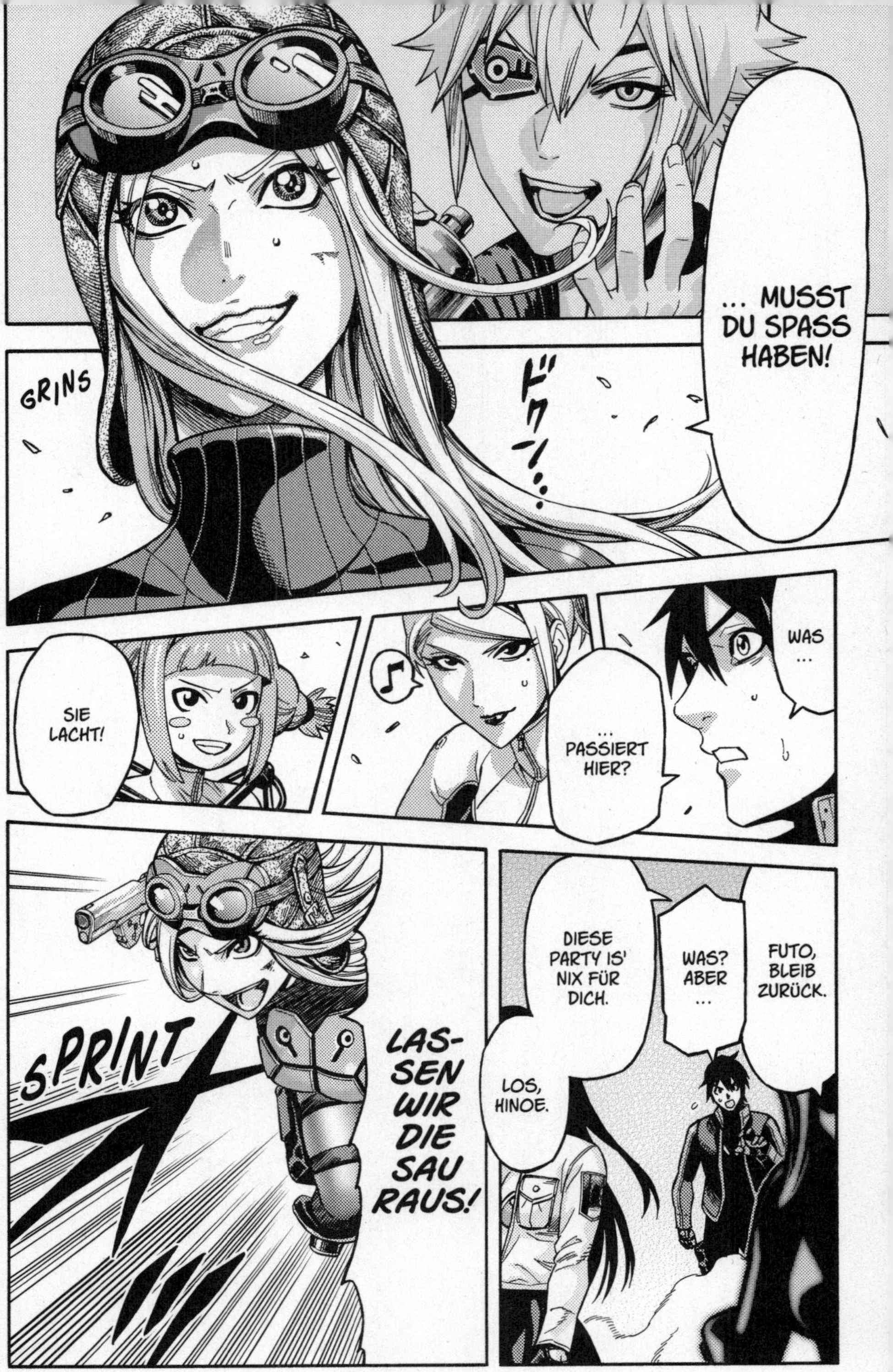
... MUSST DU SPASS HABEN!
GRINS
WAS ...
... PASSIERT HIER?
SIE LACHT!
FUTO, BLEIB ZURÜCK.
WAS? ABER ...
DIESE PARTY IS' NIX FÜR DICH.
LOS, HINOE.
LAS-SEN WIR DIE SAU RAUS!
SPRINT

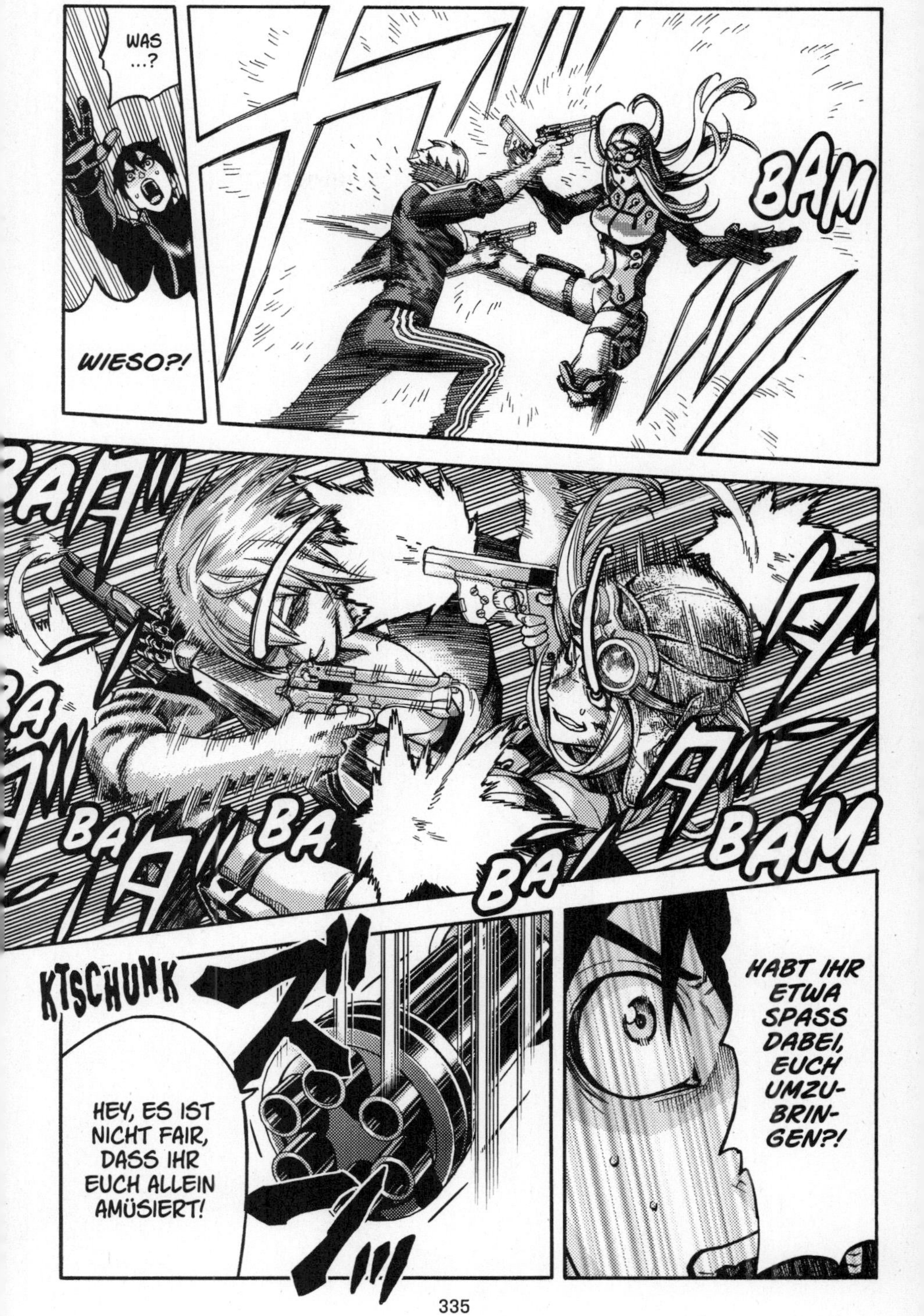
WAS …?
WIESO?!
BAM
BAAM
BAAM
BA
BA
BAM
BAAM
BA
KTSCHUNK
HEY, ES IST NICHT FAIR, DASS IHR EUCH ALLEIN AMÜSIERT!
HABT IHR ETWA SPASS DABEI, EUCH UMZUBRINGEN?!

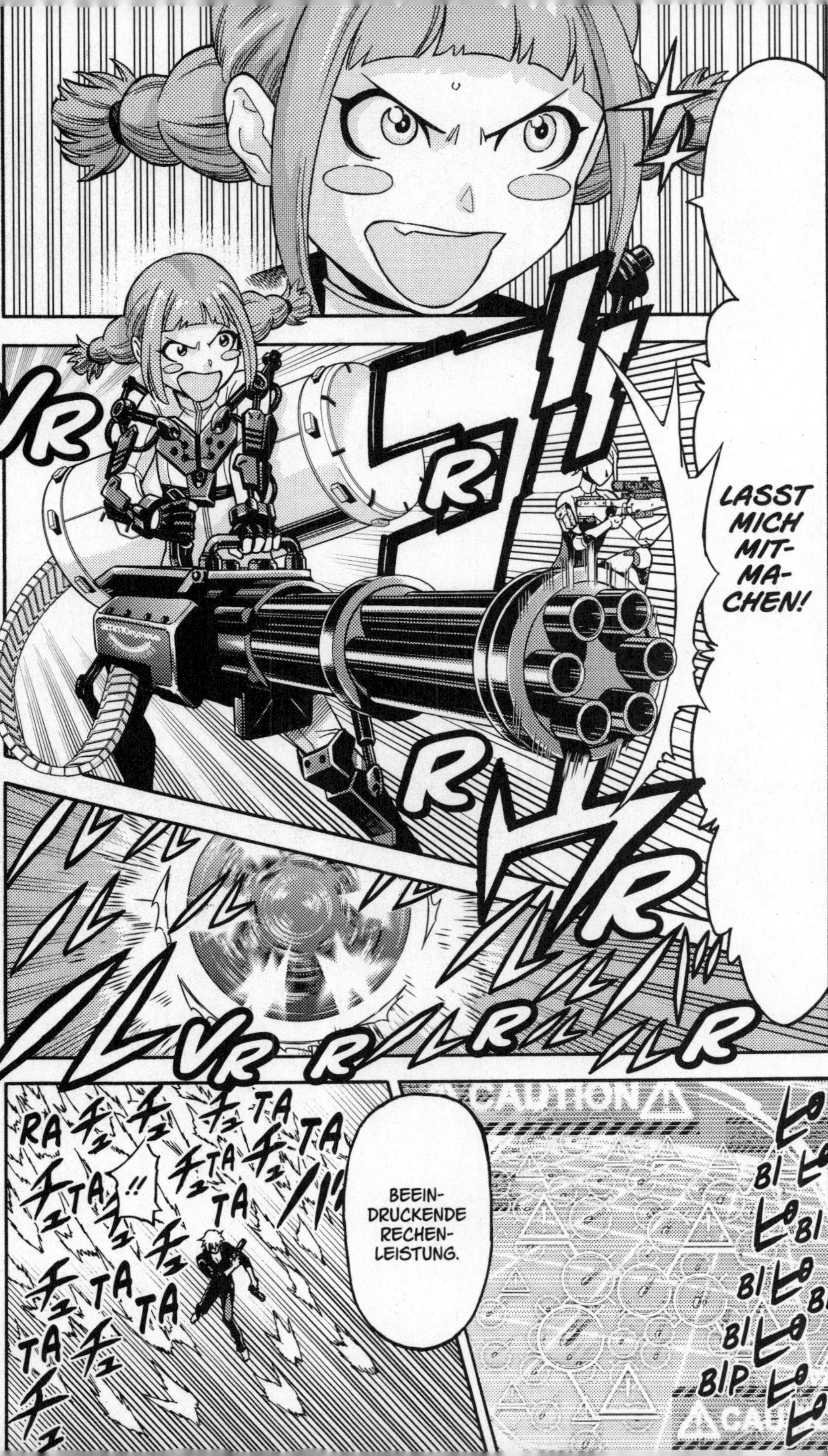

LASST MICH MIT-MA-CHEN!
VRRRR
VR R R R R
BEEIN-DRUCKENDE RECHEN-LEISTUNG.
CAUTION
RA TA TA TA TA TA TA TA TA
BI BI BI BI BI BIP

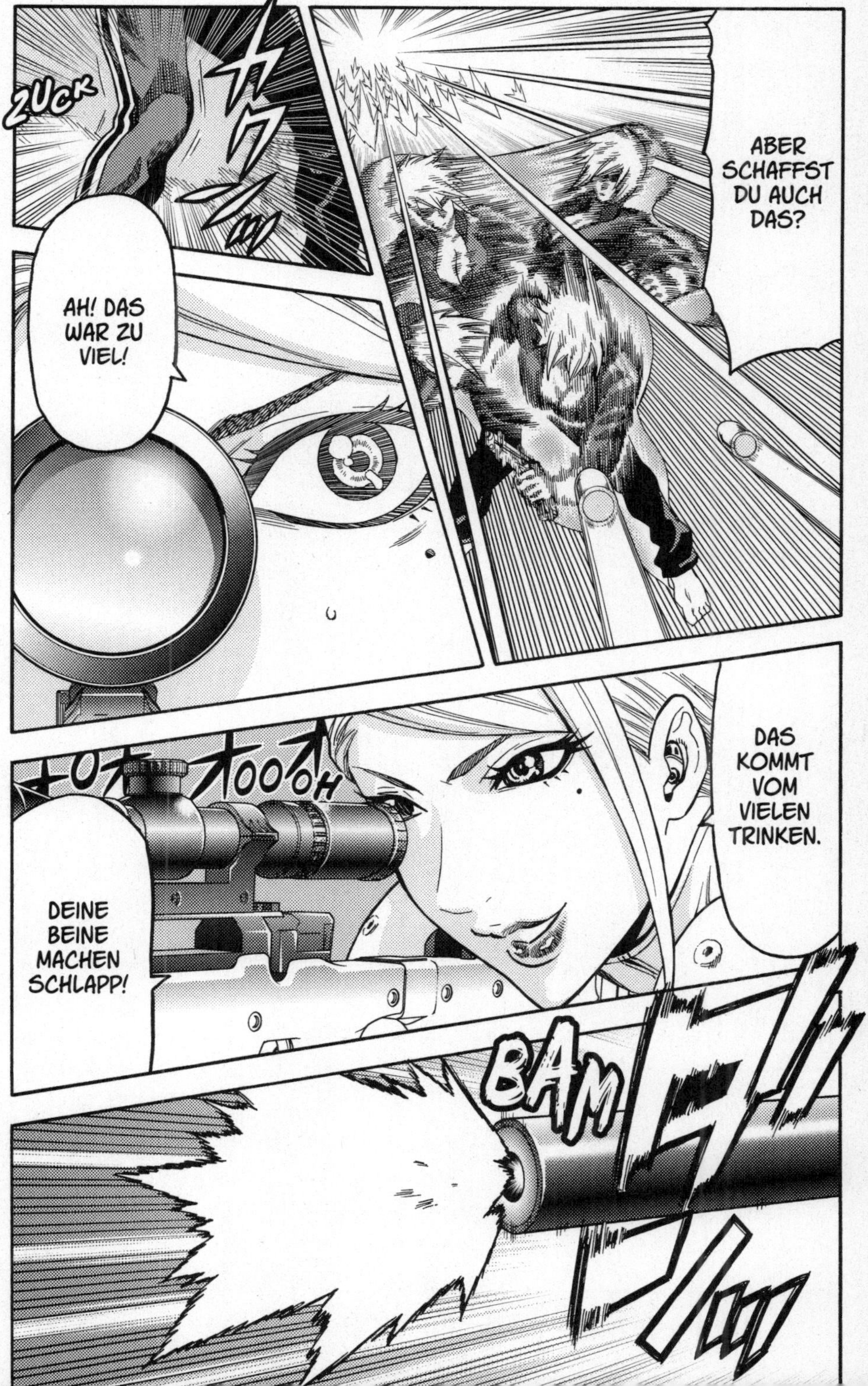
ZUCK
ABER SCHAFFST DU AUCH DAS?
AH! DAS WAR ZU VIEL!
DAS KOMMT VOM VIELEN TRINKEN.
OOOOH
DEINE BEINE MACHEN SCHLAPP!
BAM

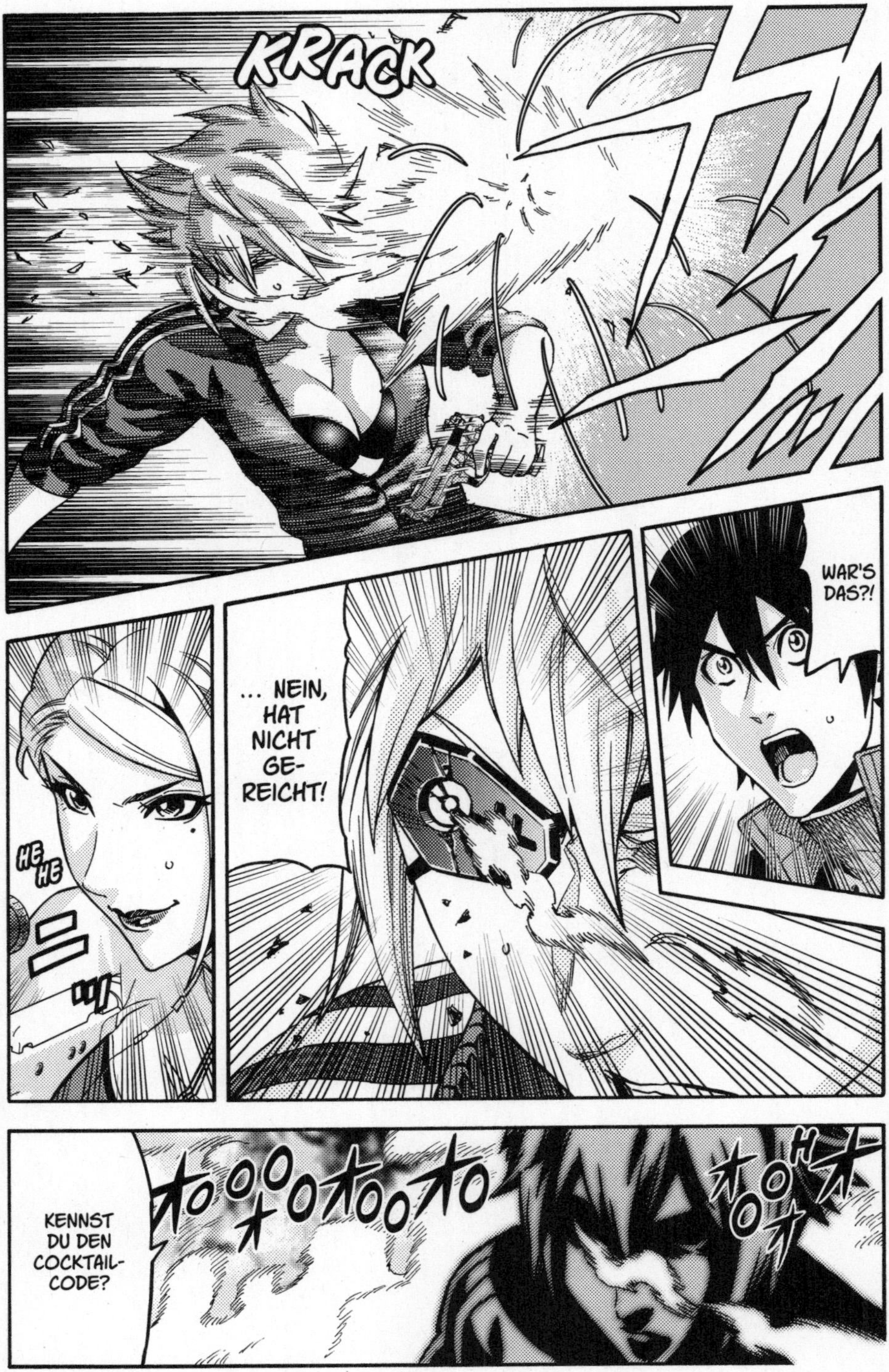
KRACK
WAR'S DAS?!
... NEIN, HAT NICHT GE-REICHT!
HE HE
KENNST DU DEN COCKTAIL-CODE?

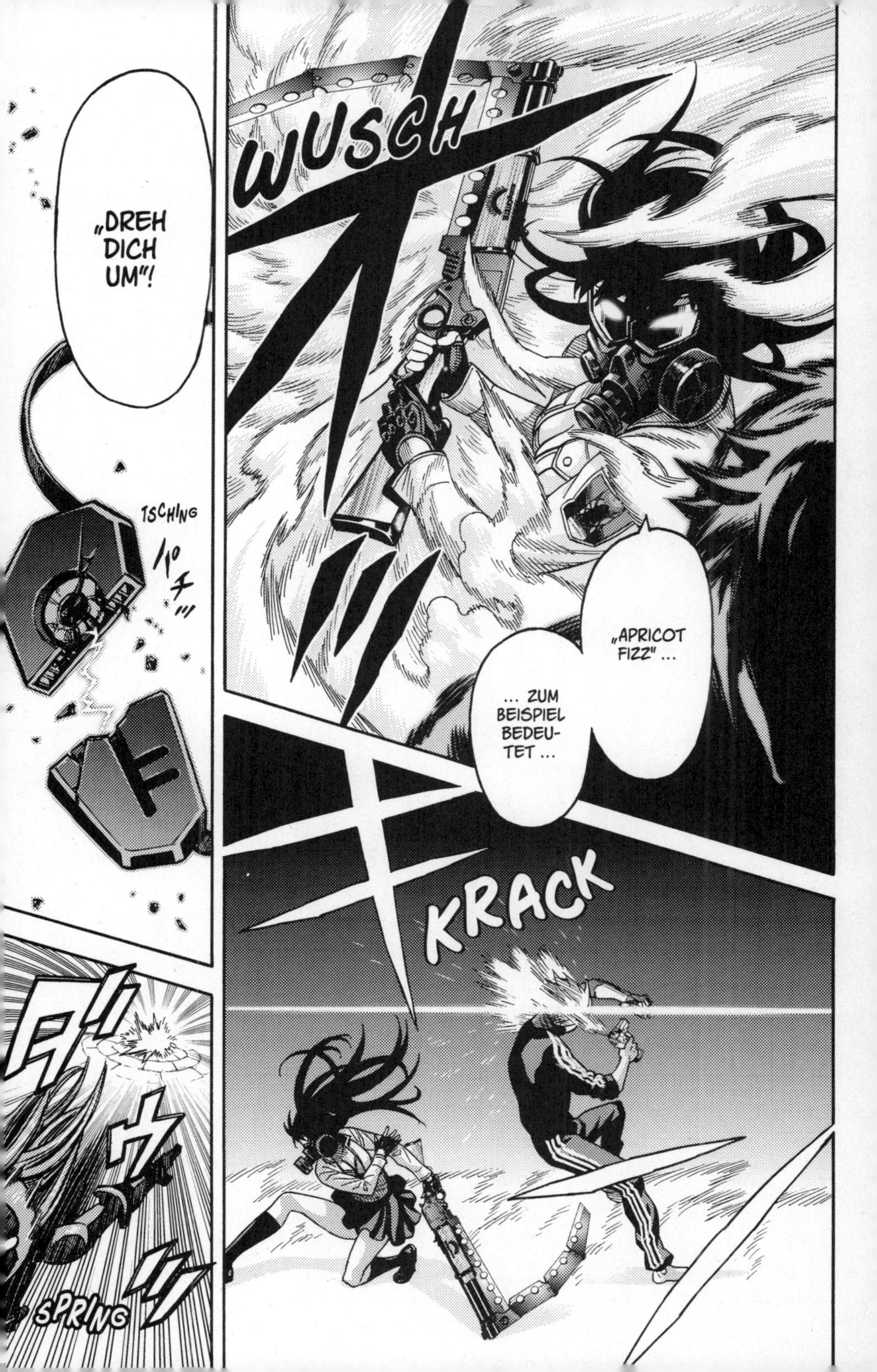
WUSCH
„APRICOT FIZZ" …
… ZUM BEISPIEL BEDEU-TET …
„DREH DICH UM"!
TSCHING
KRACK
SPRING

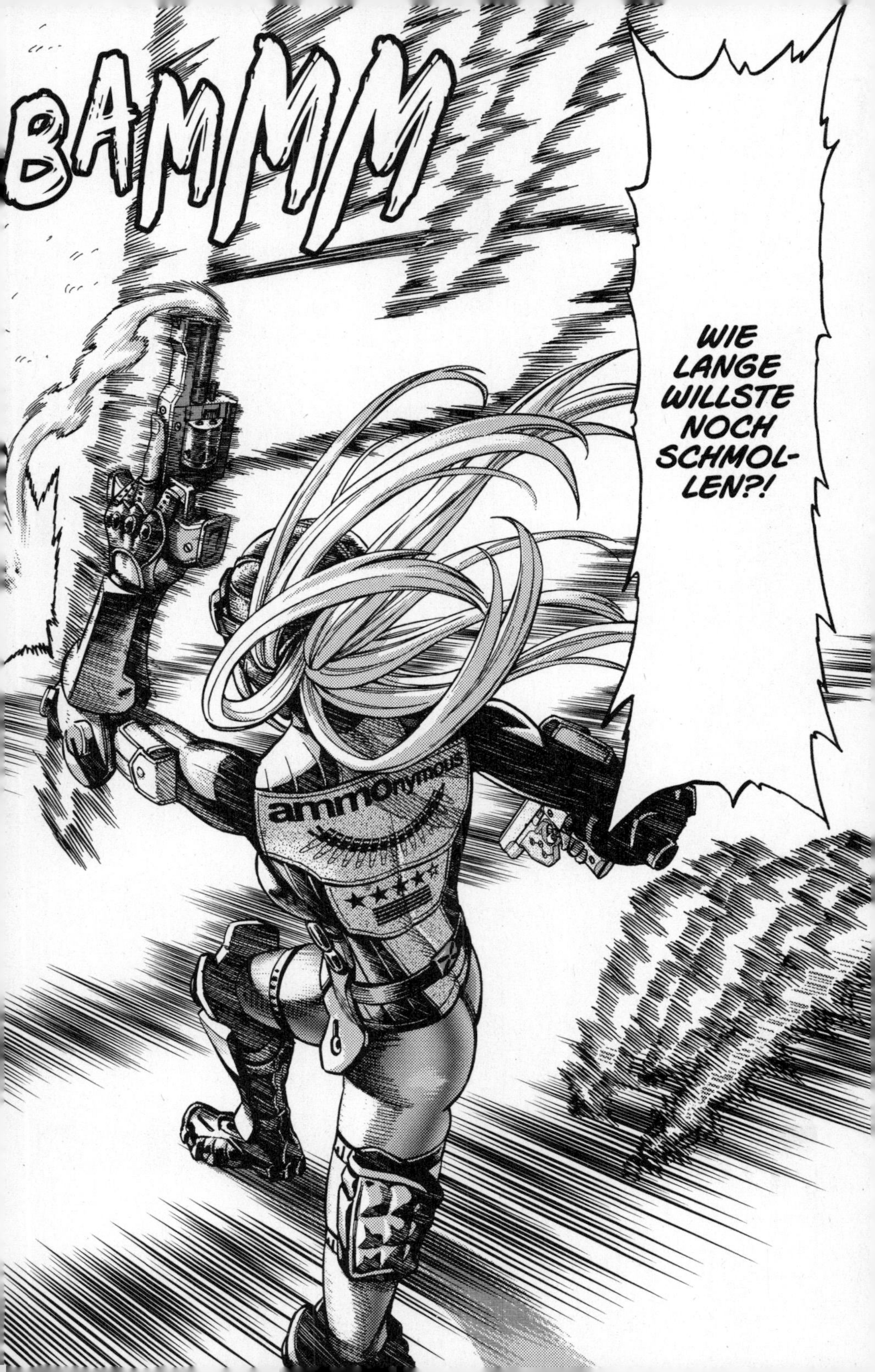
BAMMM
WIE LANGE WILLSTE NOCH SCHMOL-LEN?!
ammOnymous

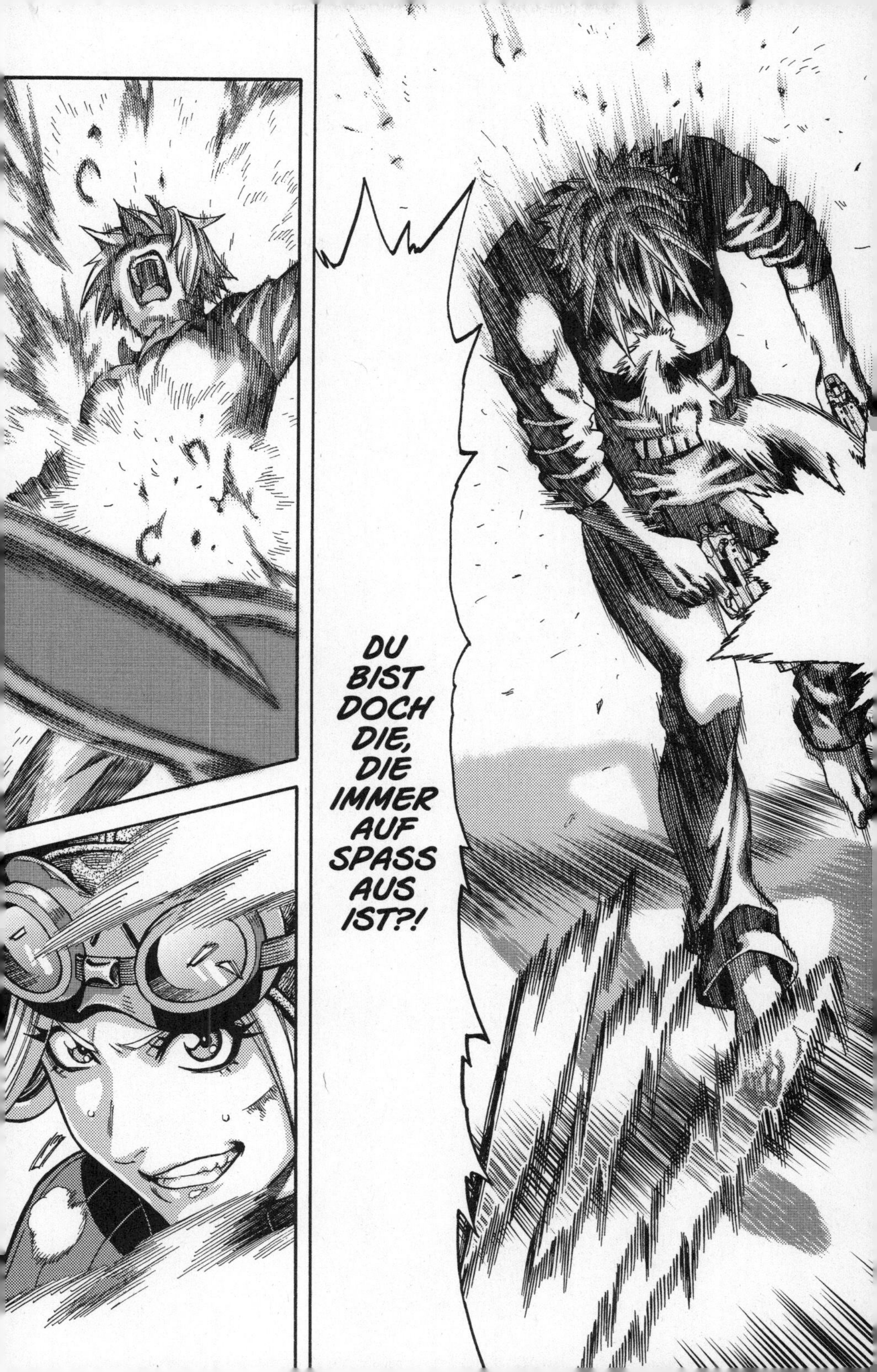
DU BIST DOCH DIE, DIE IMMER AUF SPASS AUS IST?!

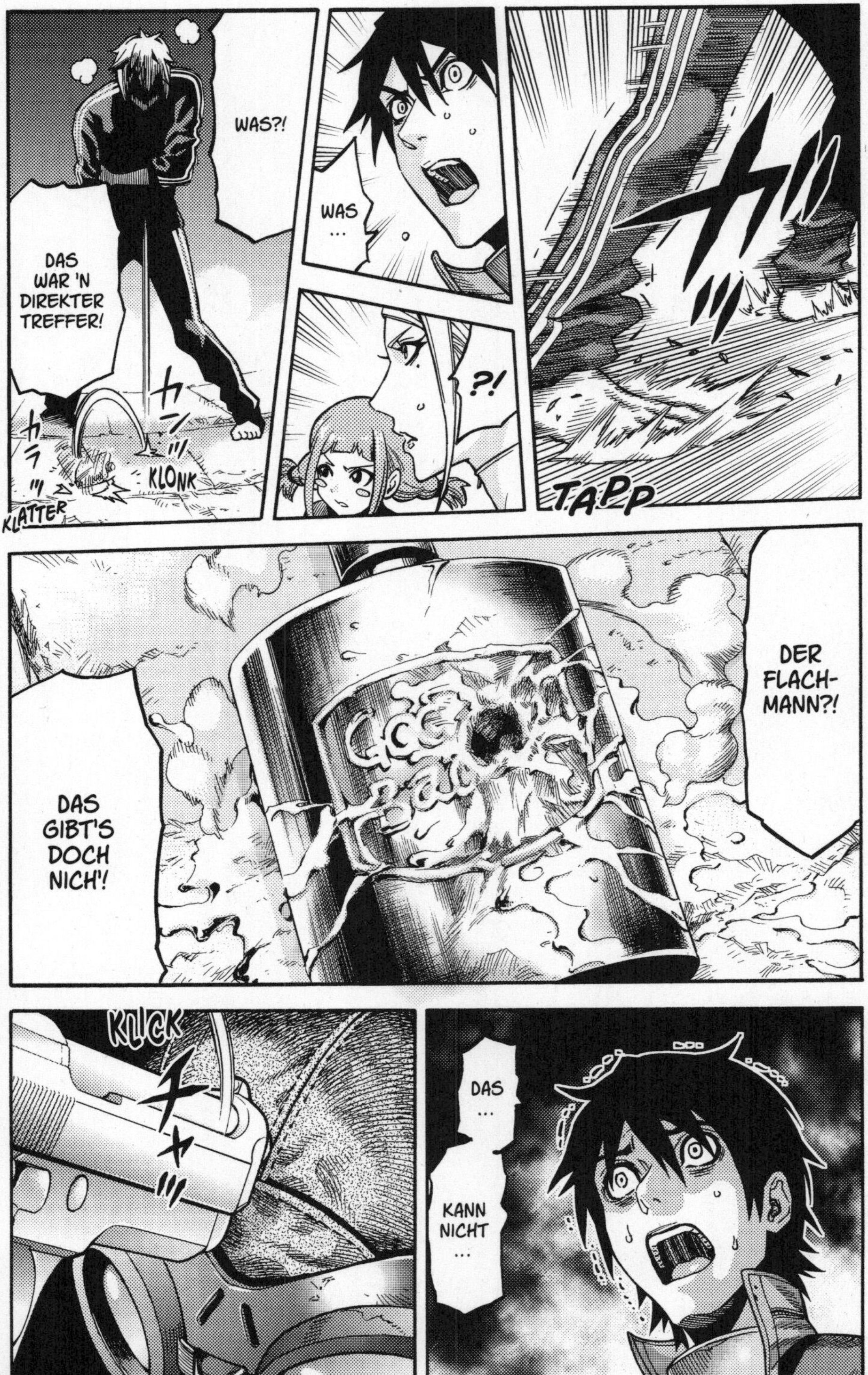
TAPP
WAS
...
WAS?!
?!
DAS WAR 'N DIREKTER TREFFER!
KLONK
KLATTER
DER FLACHMANN?!
DAS GIBT'S DOCH NICH'!
DAS ...
KANN NICHT ...
KLICK

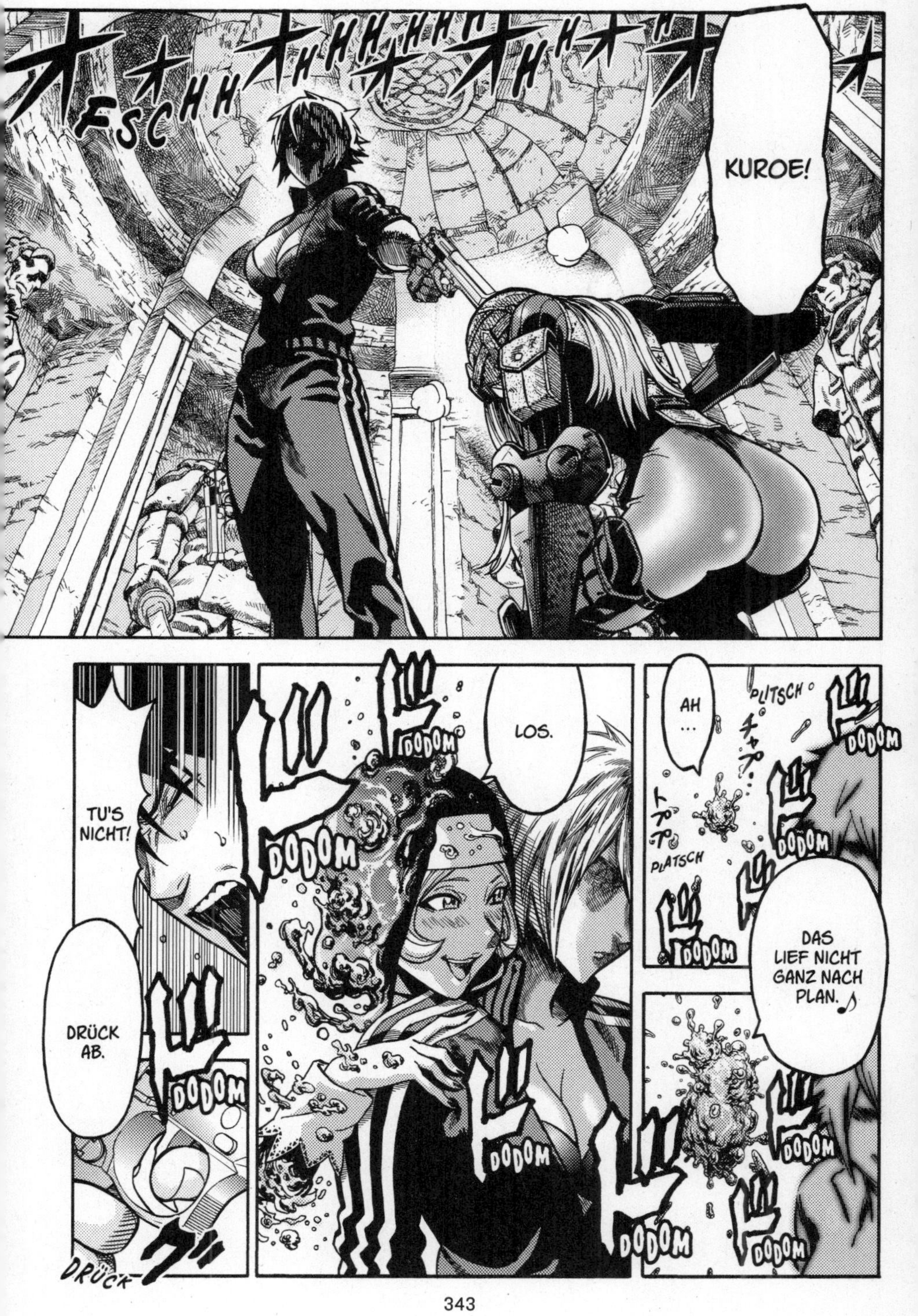
FSCHH
KUROE!
AH …
PLITSCH
PLATSCH
DODOM
DAS LIEF NICHT GANZ NACH PLAN.♪
LOS.
DODOM
TU'S NICHT!
DRÜCK AB.
DRÜCK

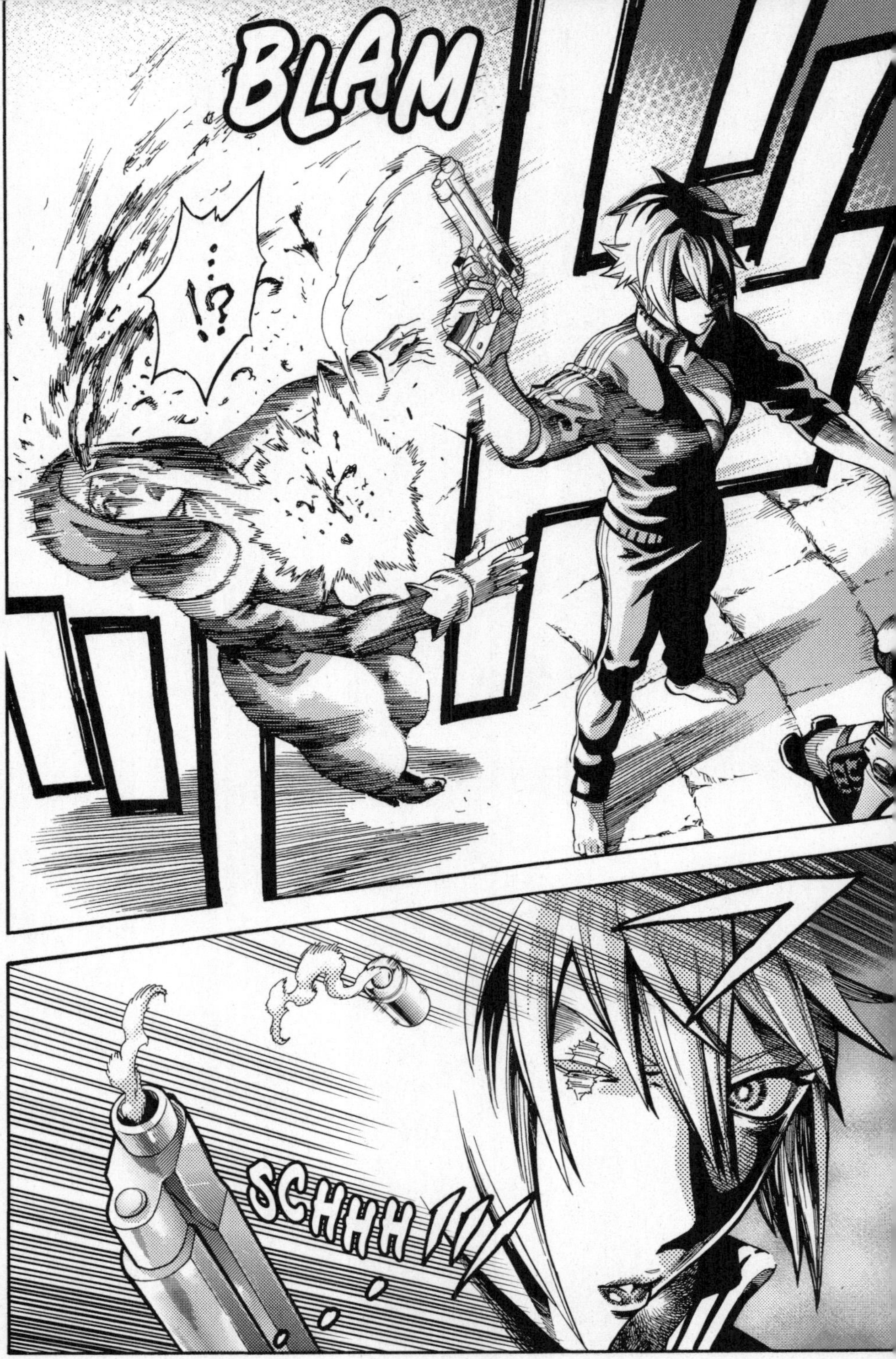
BLAM
!?...
SCHHH

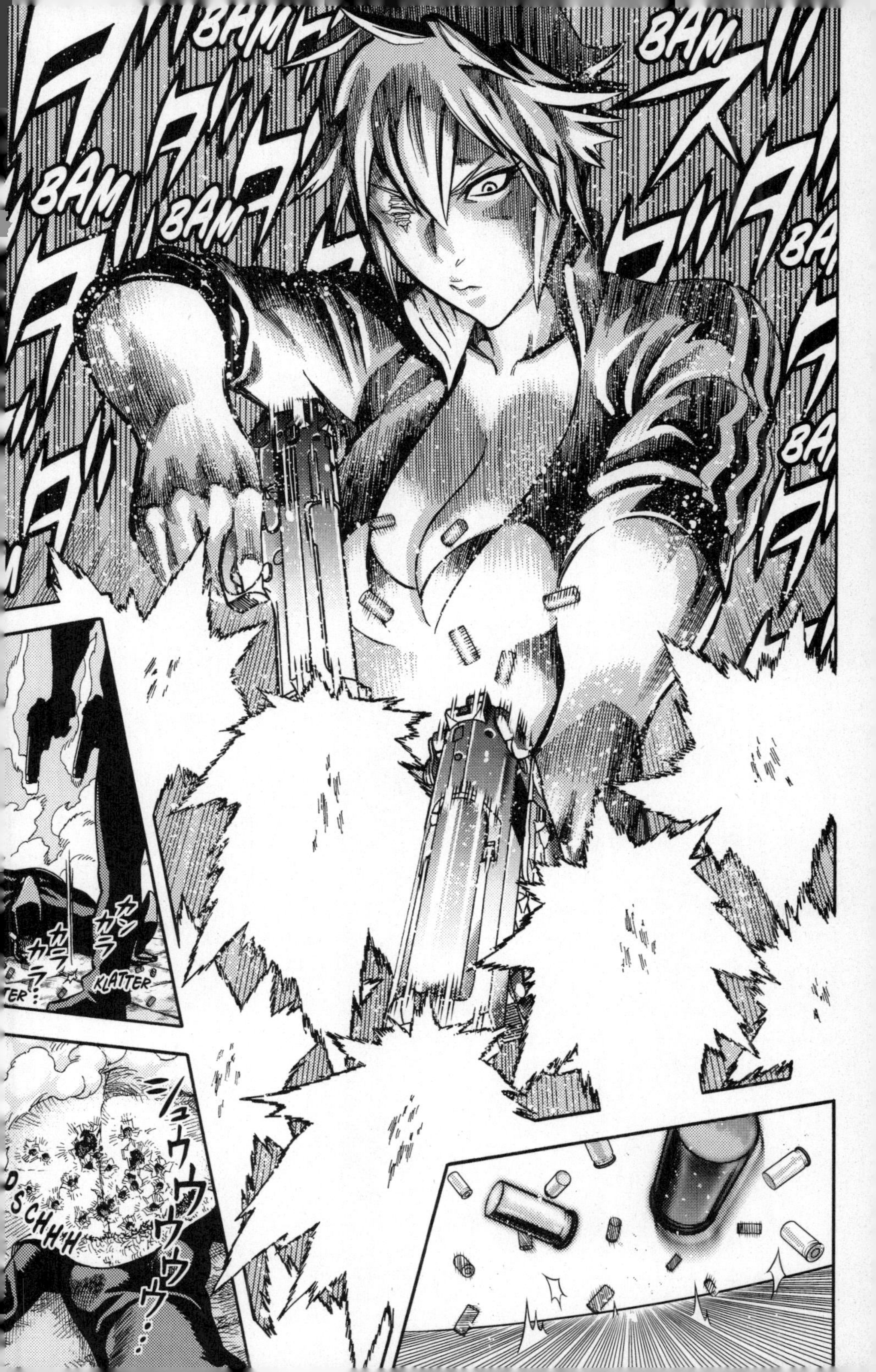
BAM
BAM
BAM
BAM
BAM
カン
カラ
KLATTER
カラ…
SCHHH

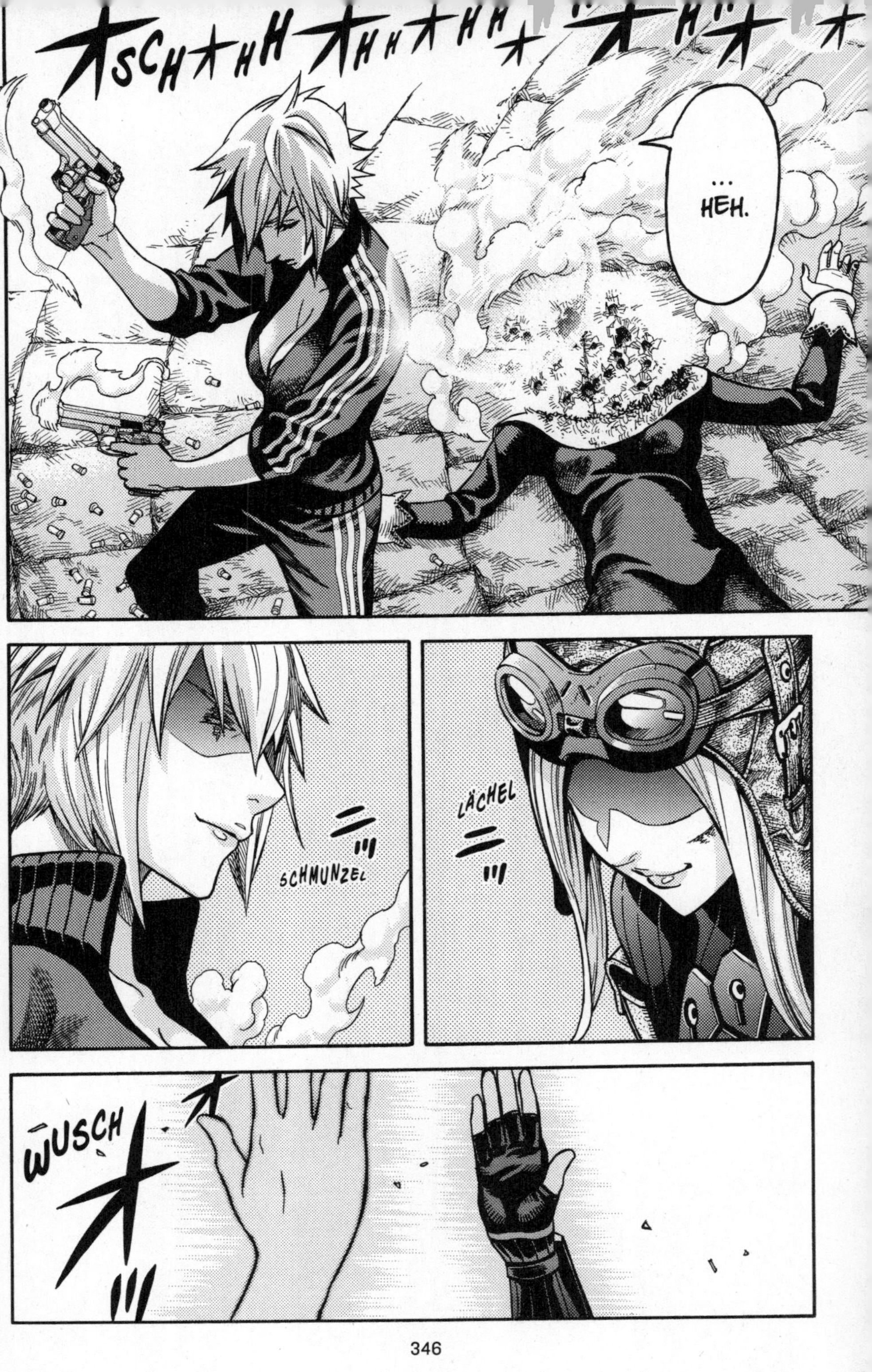
SCHHHHHHHHHHHH
... HEH.
SCHMUNZEL
LÄCHEL
WUSCH

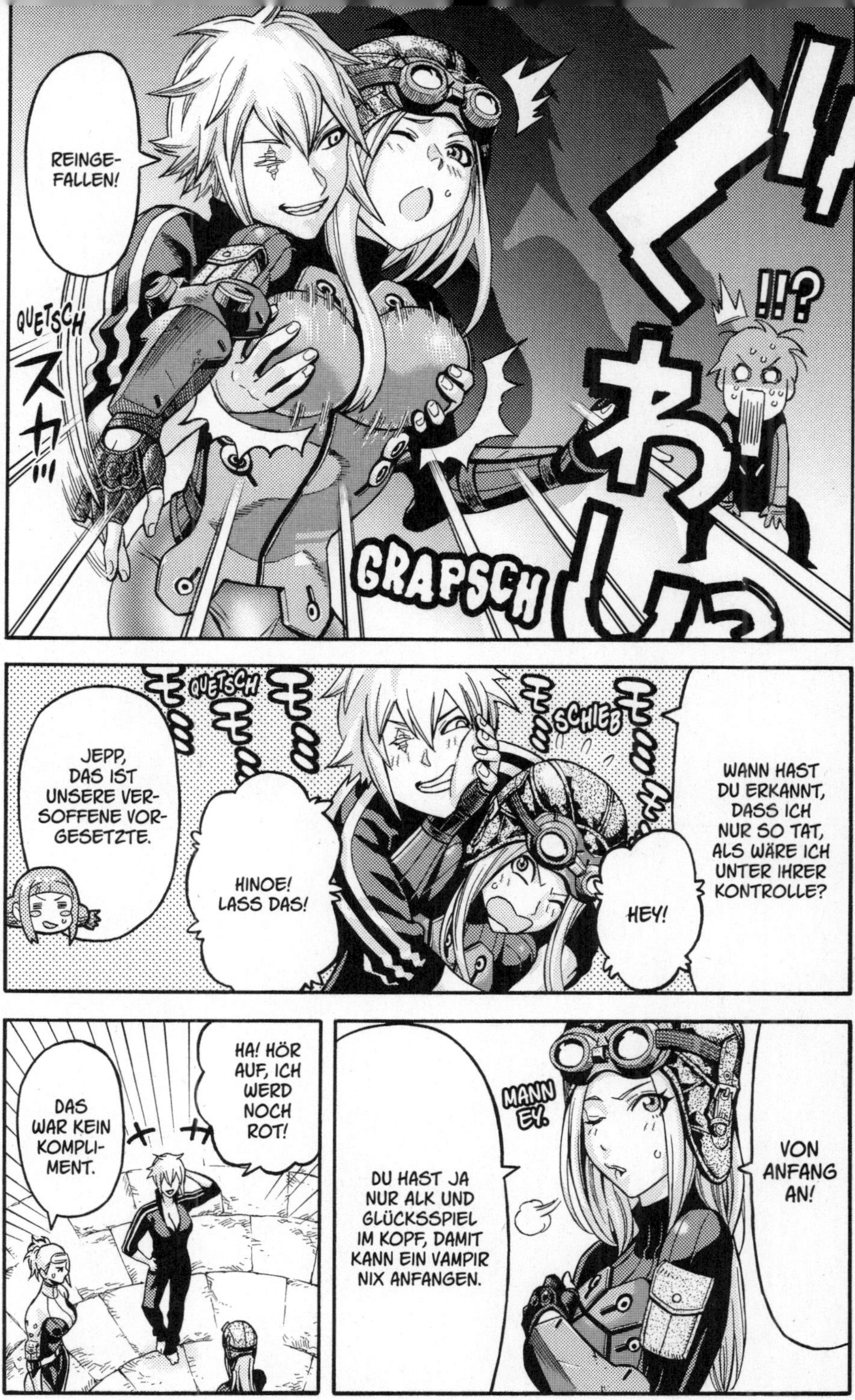
!!?
REINGE-FALLEN!
QUETSCH
スカ
GRAFSCH
WANN HAST DU ERKANNT, DASS ICH NUR SO TAT, ALS WÄRE ICH UNTER IHRER KONTROLLE?
SCHIEB
HEY!
HINOE! LASS DAS!
QUETSCH
JEPP, DAS IST UNSERE VER-SOFFENE VOR-GESETZTE.
VON ANFANG AN!
MANN EY.
DU HAST JA NUR ALK UND GLÜCKSSPIEL IM KOPF, DAMIT KANN EIN VAMPIR NIX ANFANGEN.
HA! HÖR AUF, ICH WERD NOCH ROT!
DAS WAR KEIN KOMPLI-MENT.

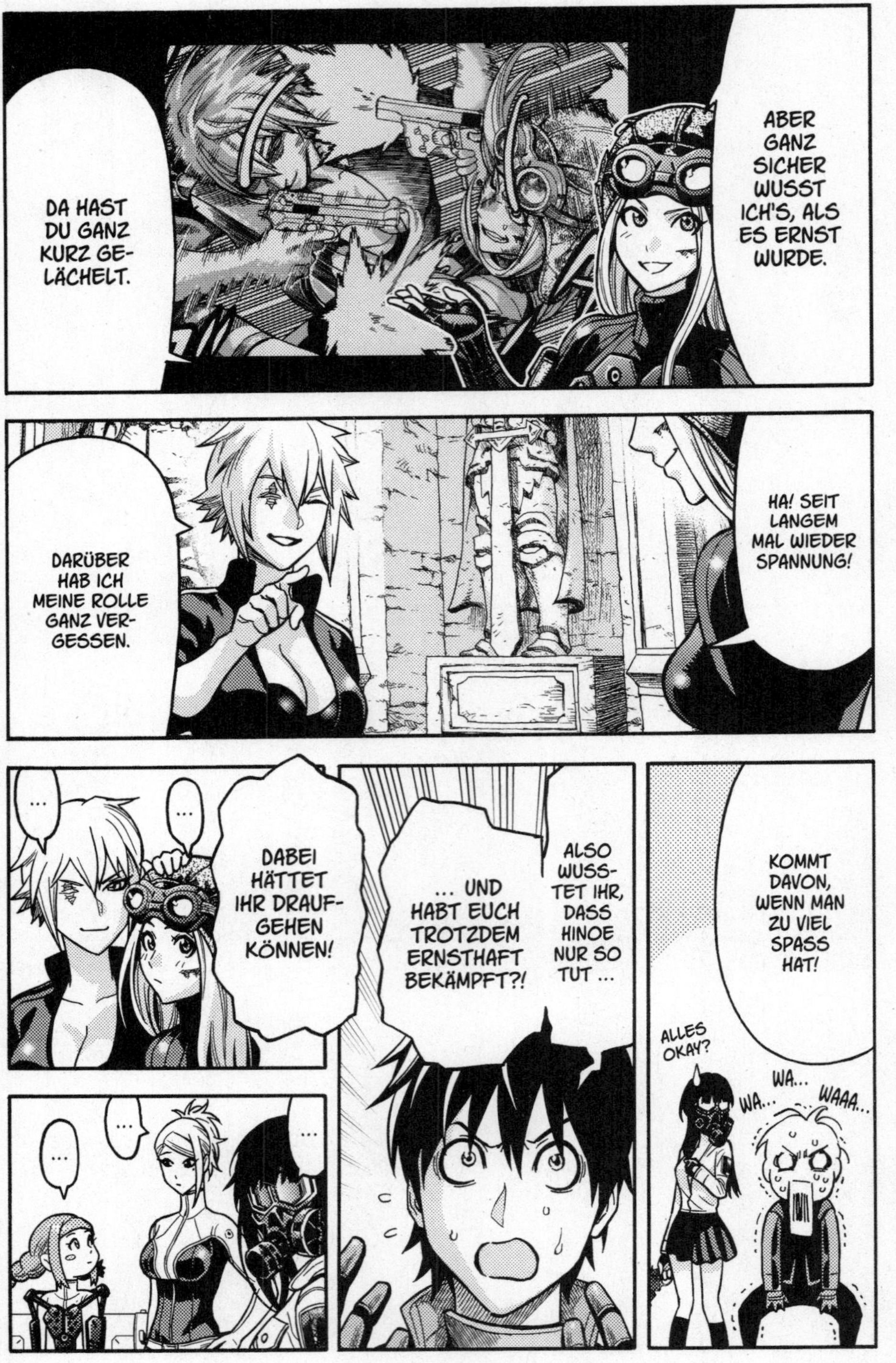
ABER GANZ SICHER WUSST ICH'S, ALS ES ERNST WURDE.
DA HAST DU GANZ KURZ GELÄCHELT.
HA! SEIT LANGEM MAL WIEDER SPANNUNG!
DARÜBER HAB ICH MEINE ROLLE GANZ VERGESSEN.
KOMMT DAVON, WENN MAN ZU VIEL SPASS HAT!
ALLES OKAY?
WA... WA... WAAAA...
ALSO WUSSTET IHR, DASS HINOE NUR SO TUT ...
... UND HABT EUCH TROTZDEM ERNSTHAFT BEKÄMPFT?!
DABEI HÄTTET IHR DRAUFGEHEN KÖNNEN!
...
...
...
...
...

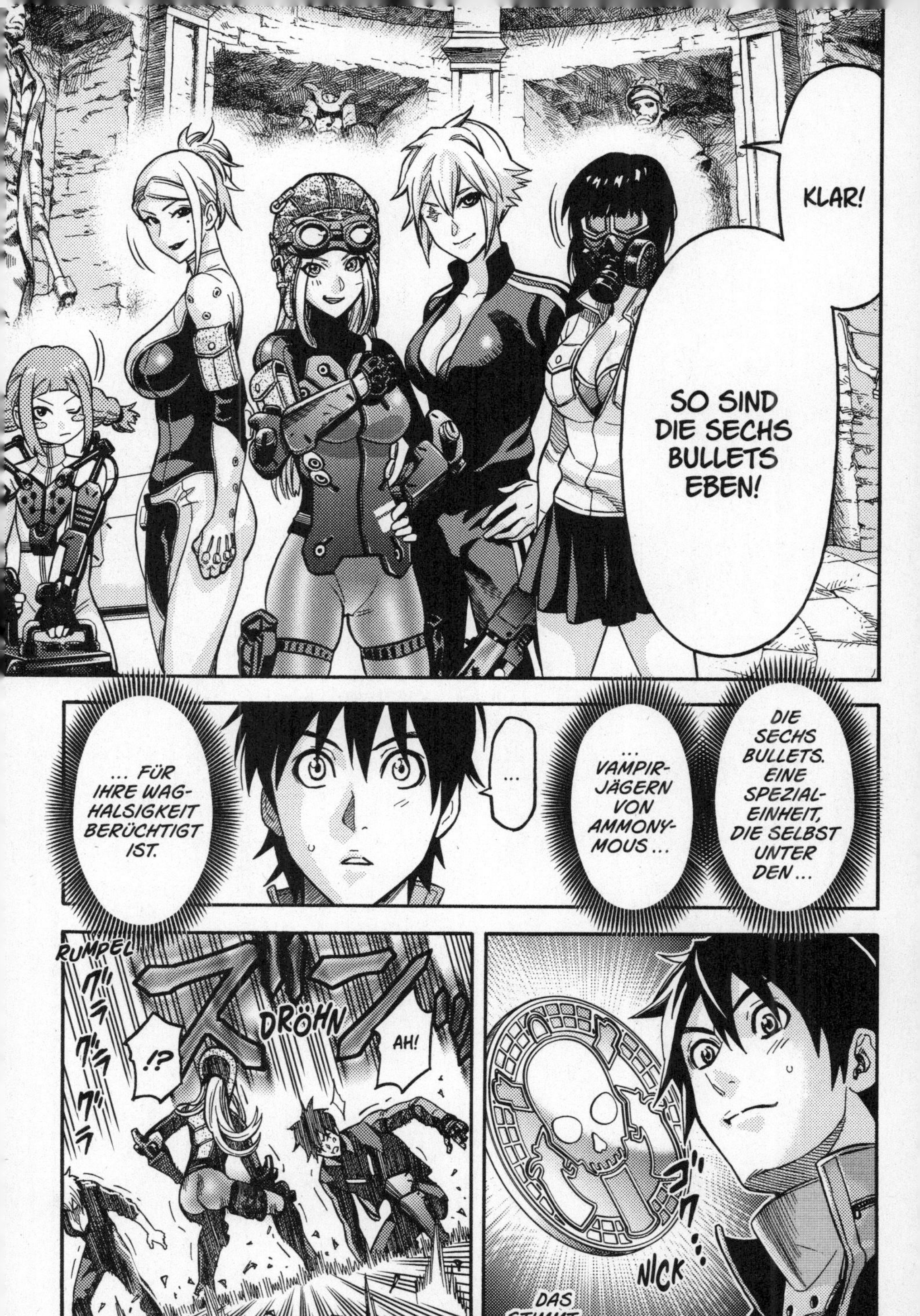
KLAR!
SO SIND DIE SECHS BULLETS EBEN!
DIE SECHS BULLETS. EINE SPEZIAL-EINHEIT, DIE SELBST UNTER DEN …
… VAMPIR-JÄGERN VON AMMONY-MOUS …
…
… FÜR IHRE WAG-HALSIGKEIT BERÜCHTIGT IST.
NICK
DAS STIMMT …
AH!
DRÖHN
!?
RUMPEL

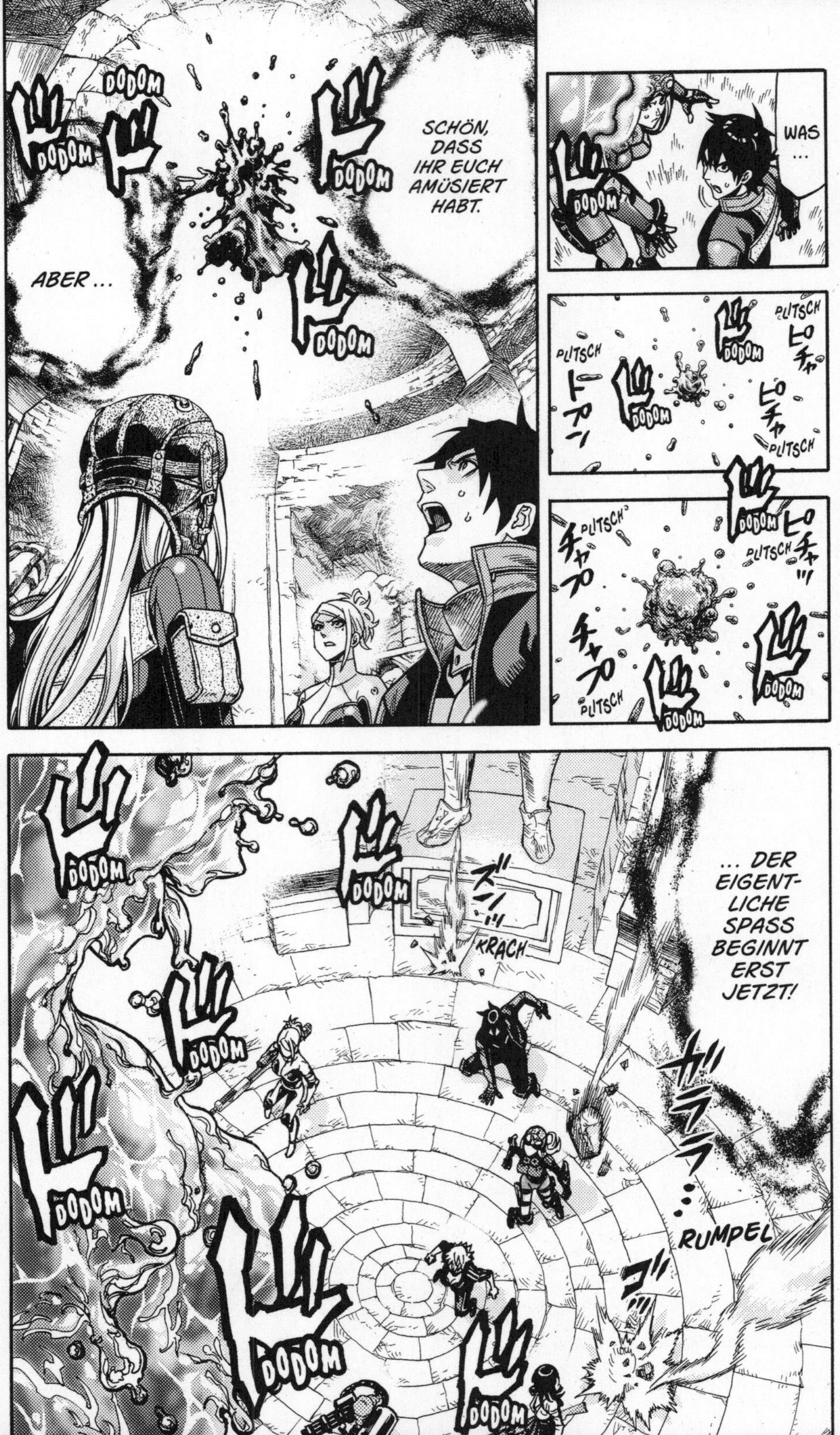

WAS ...
DODOM
SCHÖN, DASS IHR EUCH AMÜSIERT HABT.
DODOM
DODOM
DODOM
DODOM
ABER ...
PLITSCH
DODOM
PLITSCH
DODOM
PLITSCH
PLITSCH
DODOM
PLITSCH
PLITSCH
DODOM
DODOM
... DER EIGENTLICHE SPASS BEGINNT ERST JETZT!
KRACH
DODOM
DODOM
DODOM
RUMPEL
DODOM
DODOM
DODOM

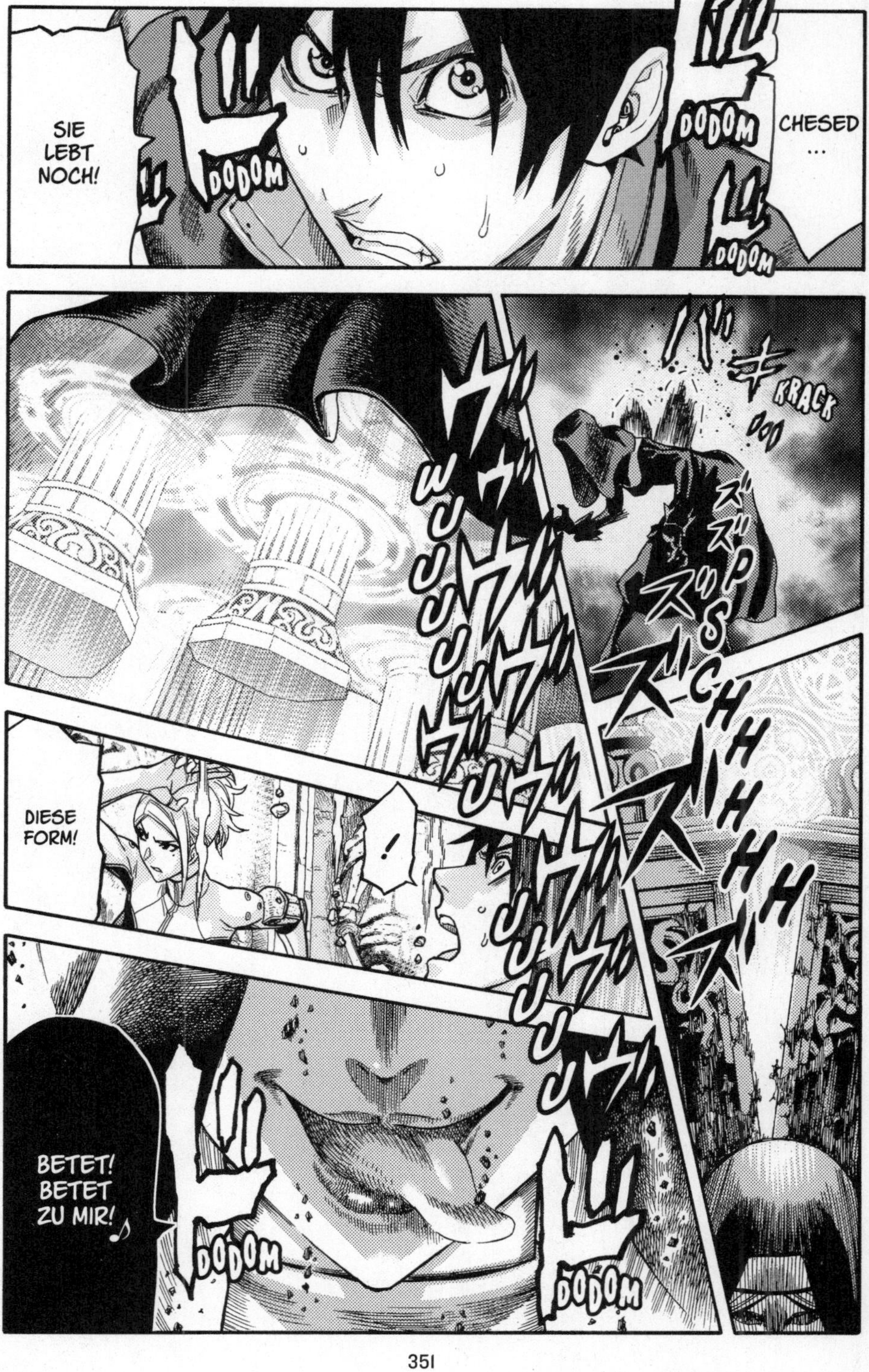
CHESED …
DODOM
DODOM
SIE LEBT NOCH!
DODOM
KRACK
SSP
WUUUUUUUU
SCHHHHHHHH
!
DIESE FORM!
BETET! BETET ZU MIR! ♪
DODOM
DODOM

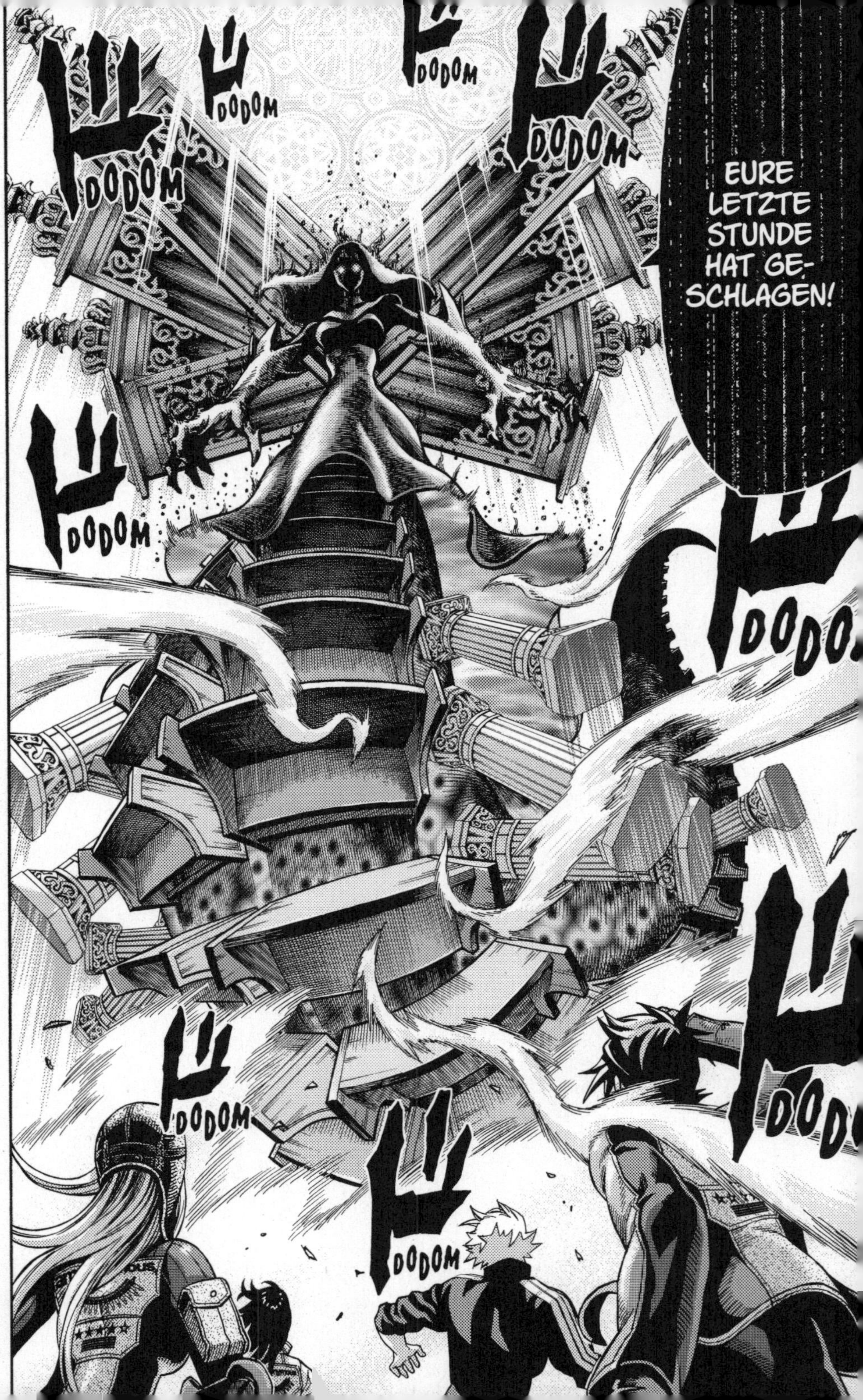
DODOM
DODOM-
DODOM
DODOM
EURE LETZTE STUNDE HAT GE-SCHLAGEN!
DODOM
DODOM-
DODOM-

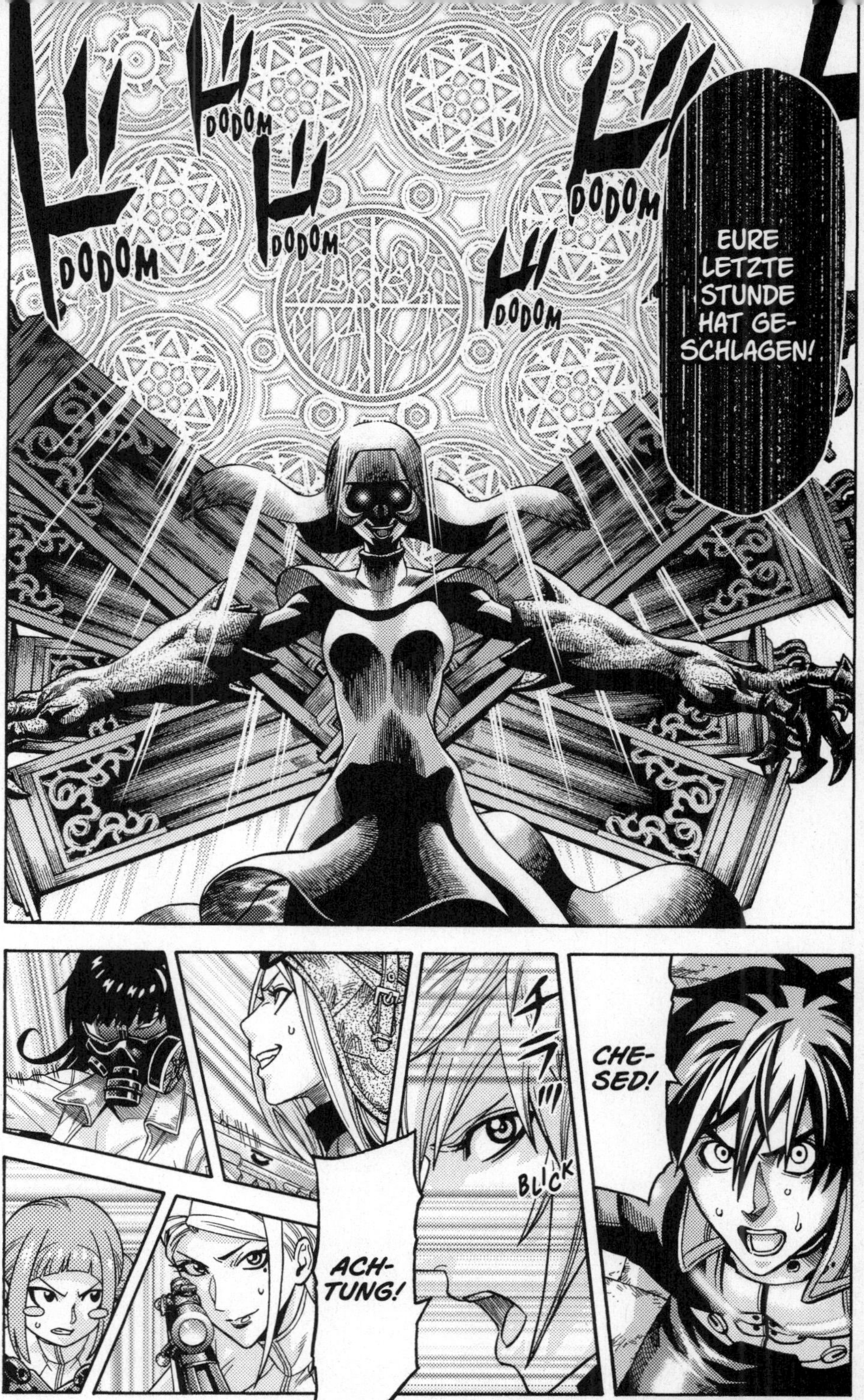

last reload Shots Fired

❀ last reload

Shots Fired

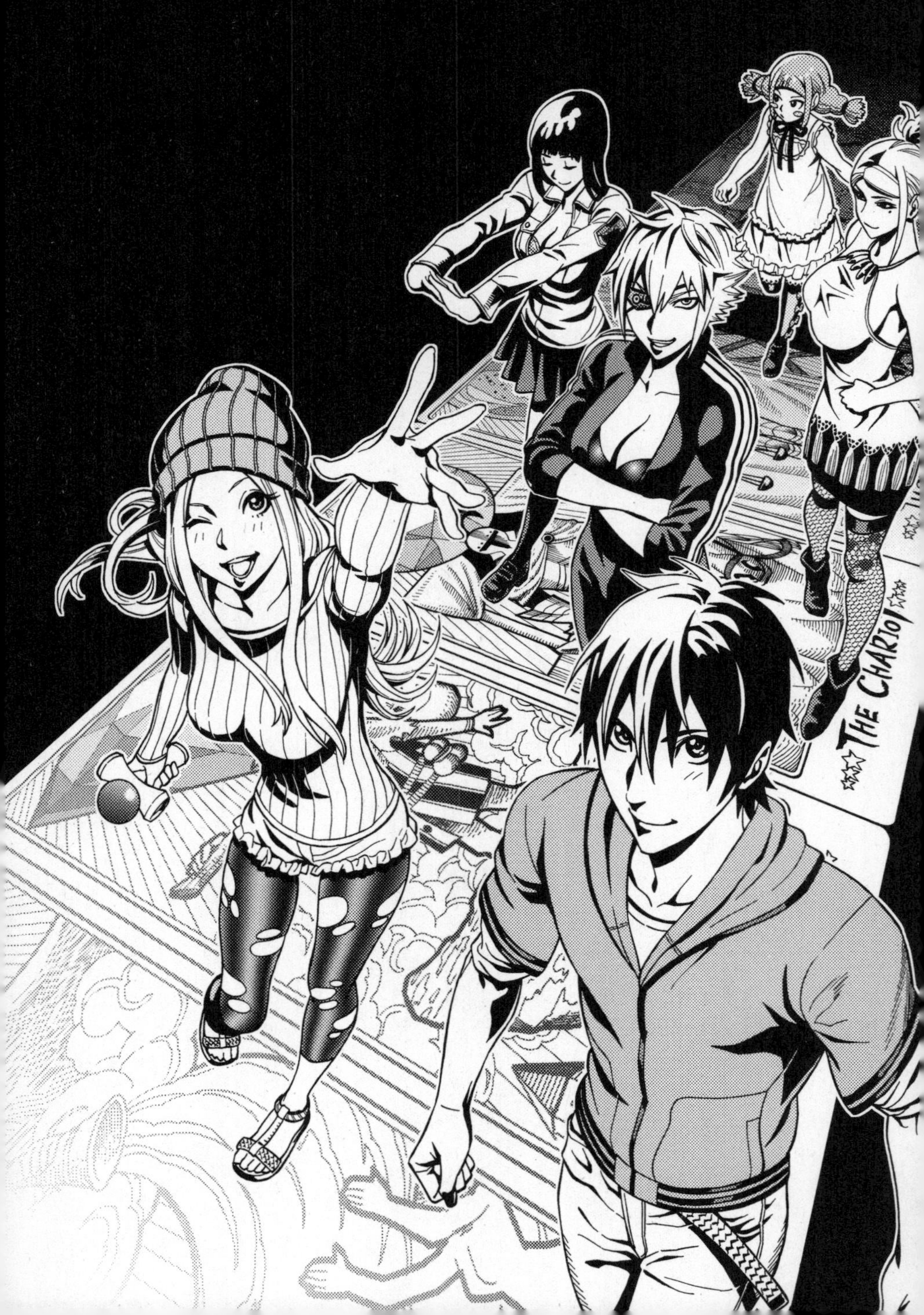

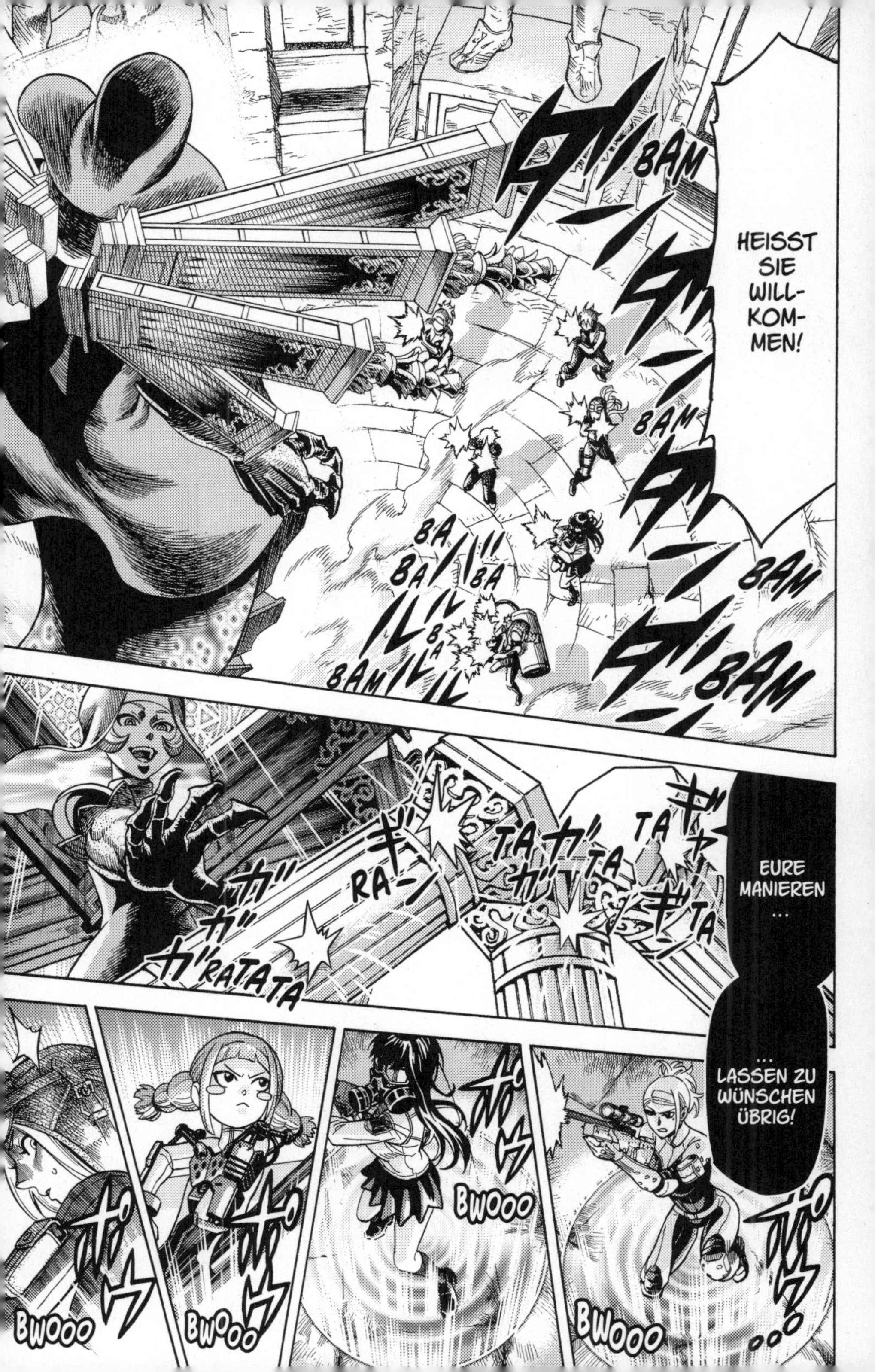

HEISST SIE WILL-KOM-MEN!
BAM
BAM
BAM
BAM
BA BA BA BA BAM
EURE MANIEREN …
TA TA TA TA
RA
RATATA
… LASSEN ZU WÜNSCHEN ÜBRIG!
BWOOO
BWOOO
BWOOO
BWOOO

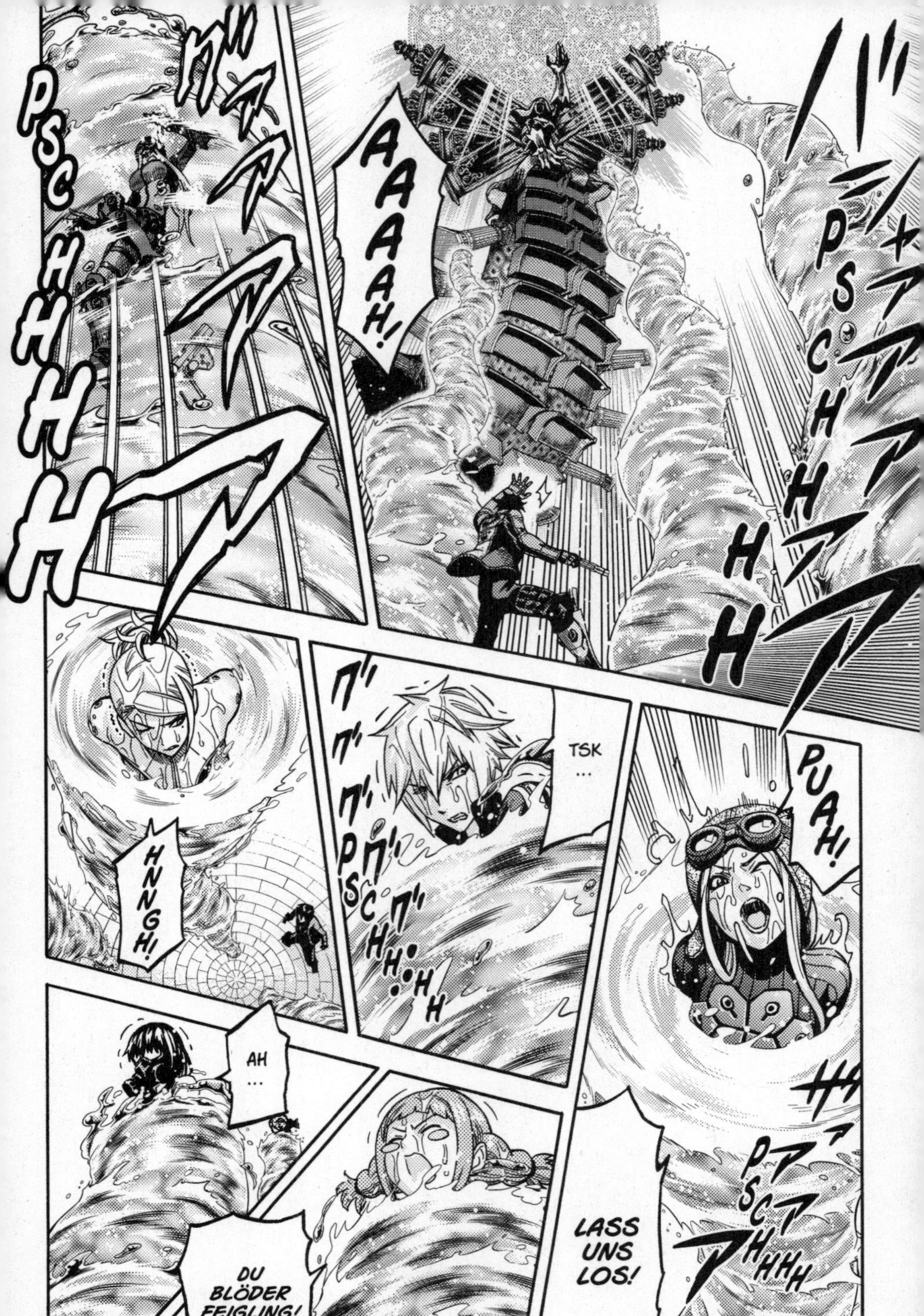
PSCHHHHH
AAAAAH!
PSCHHHHHH
PUAH!
TSK ...
PSCHHHHH
HNNGH!
PSCHHHH
LASS UNS LOS!
DU BLÖDER FEIGLING!
AH ...

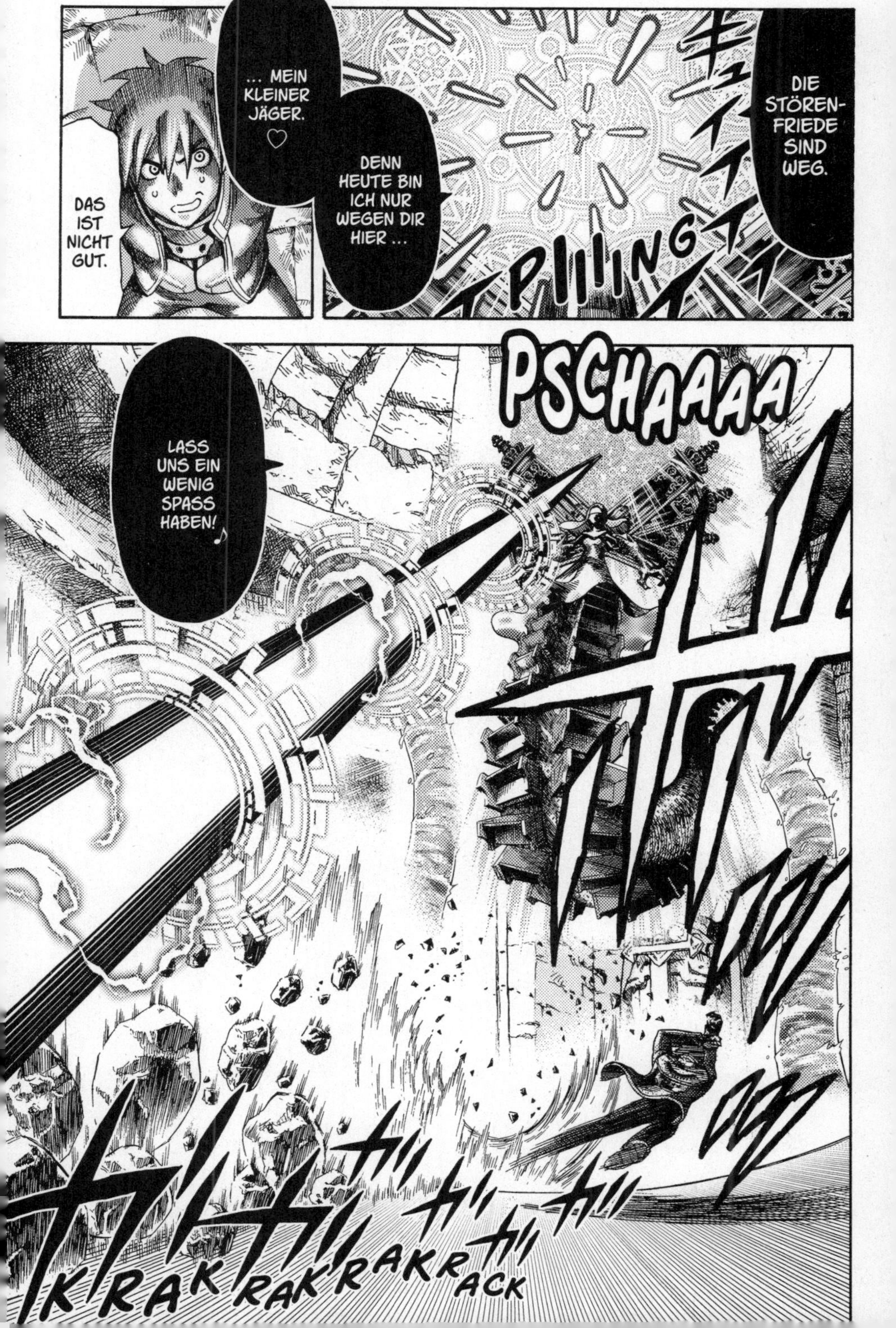

DIE STÖREN-FRIEDE SIND WEG.
PIIING
DENN HEUTE BIN ICH NUR WEGEN DIR HIER …
… MEIN KLEINER JÄGER. ♡
DAS IST NICHT GUT.
PSCHAAAAA
LASS UNS EIN WENIG SPASS HABEN! ♪
KRAKRAKRAKRACK

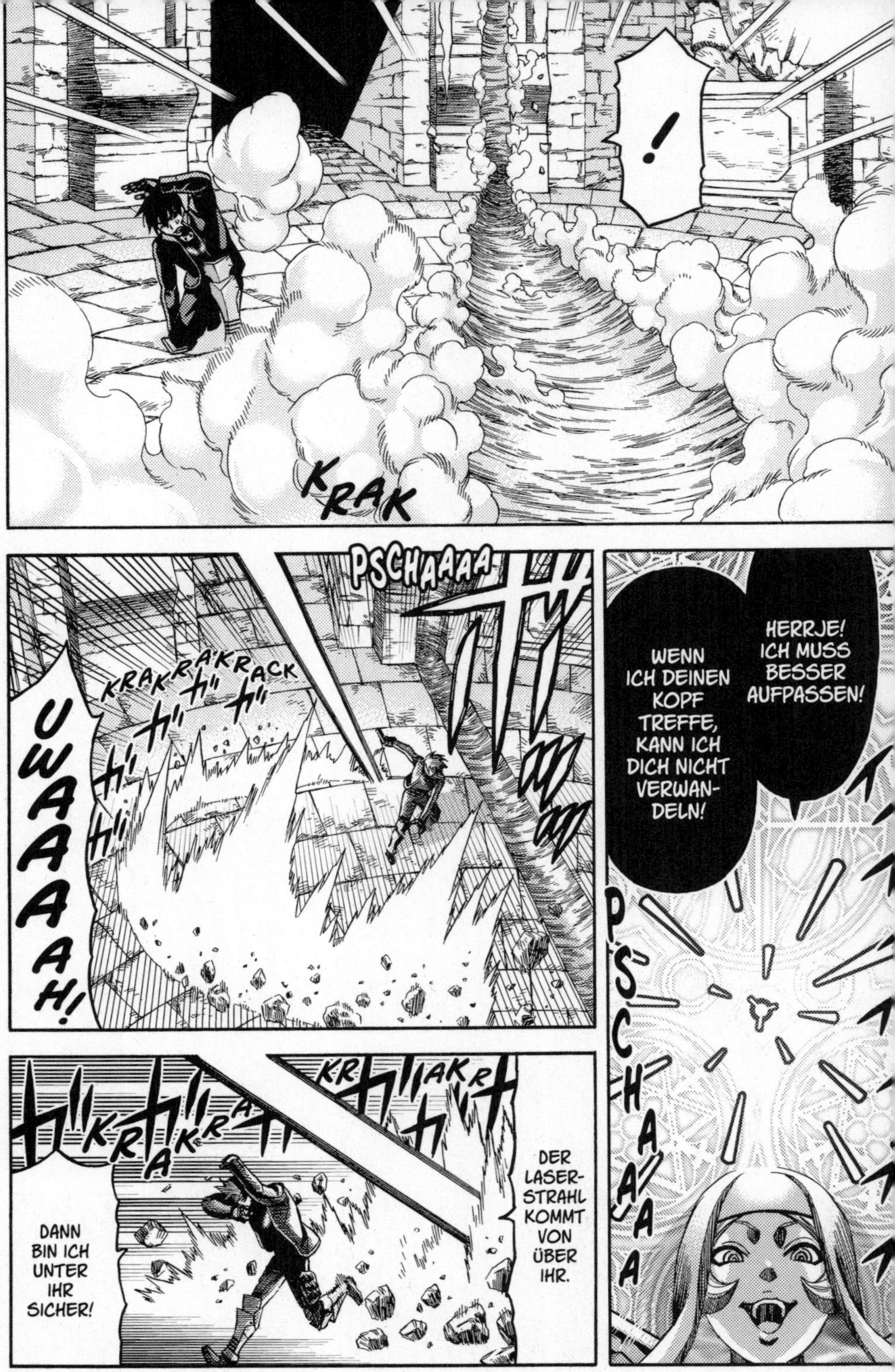
!
KRAK
HERRJE! ICH MUSS BESSER AUFPASSEN!
WENN ICH DEINEN KOPF TREFFE, KANN ICH DICH NICHT VERWANDELN!
PSCHAAAAA
PSCHAAAA
KRAKRAKRACK
UWAAAAAAH!
DER LASER-STRAHL KOMMT VON ÜBER IHR.
DANN BIN ICH UNTER IHR SICHER!

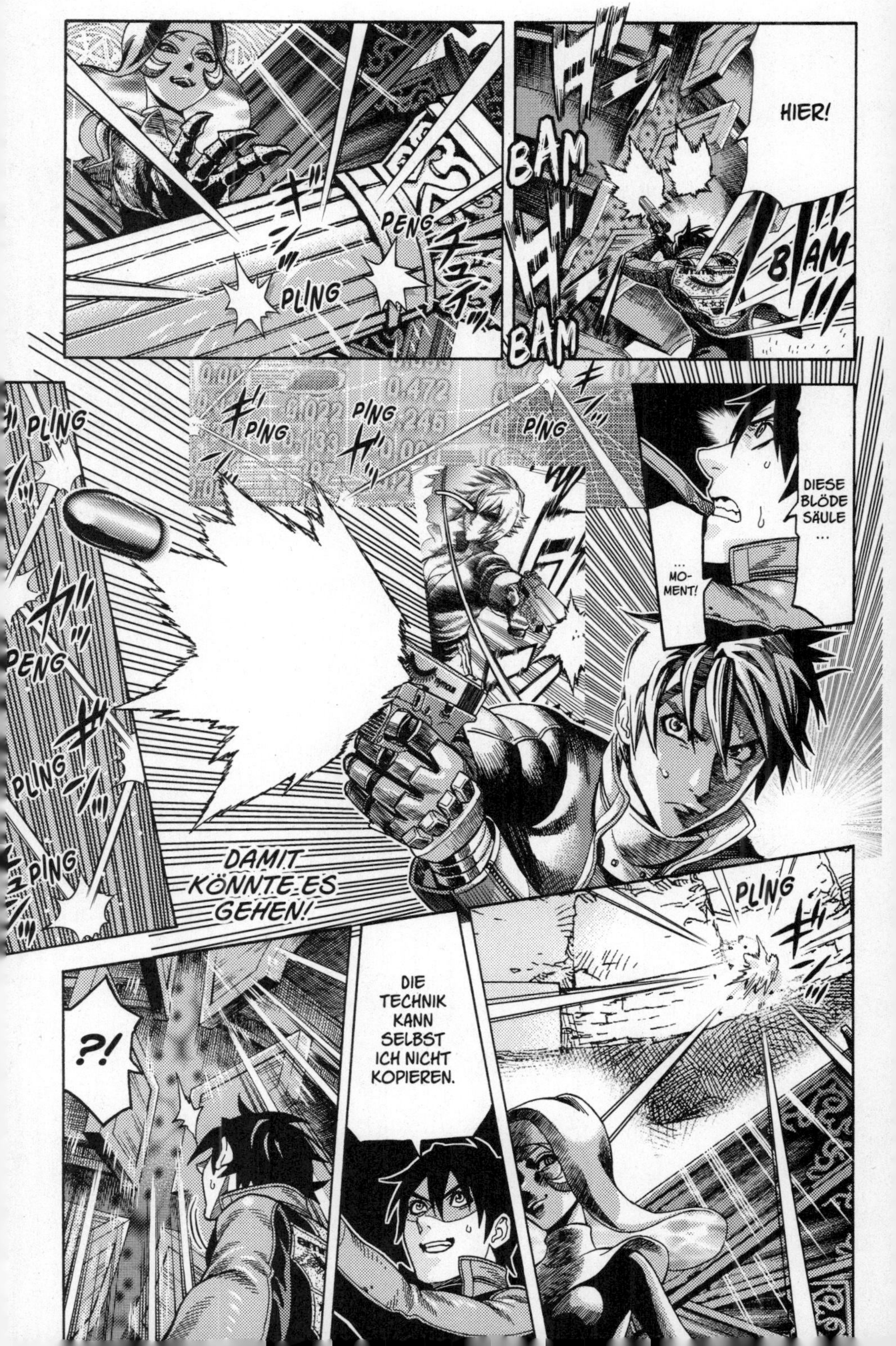
HIER!
BAM
BAM
BAM
PENG
PLING
DIESE BLÖDE SÄULE …
… MO-MENT!
PING
PING
PING
PLING
PENG
PLING
PING
DAMIT KÖNNTE ES GEHEN!
PLING
DIE TECHNIK KANN SELBST ICH NICHT KOPIEREN.
?!

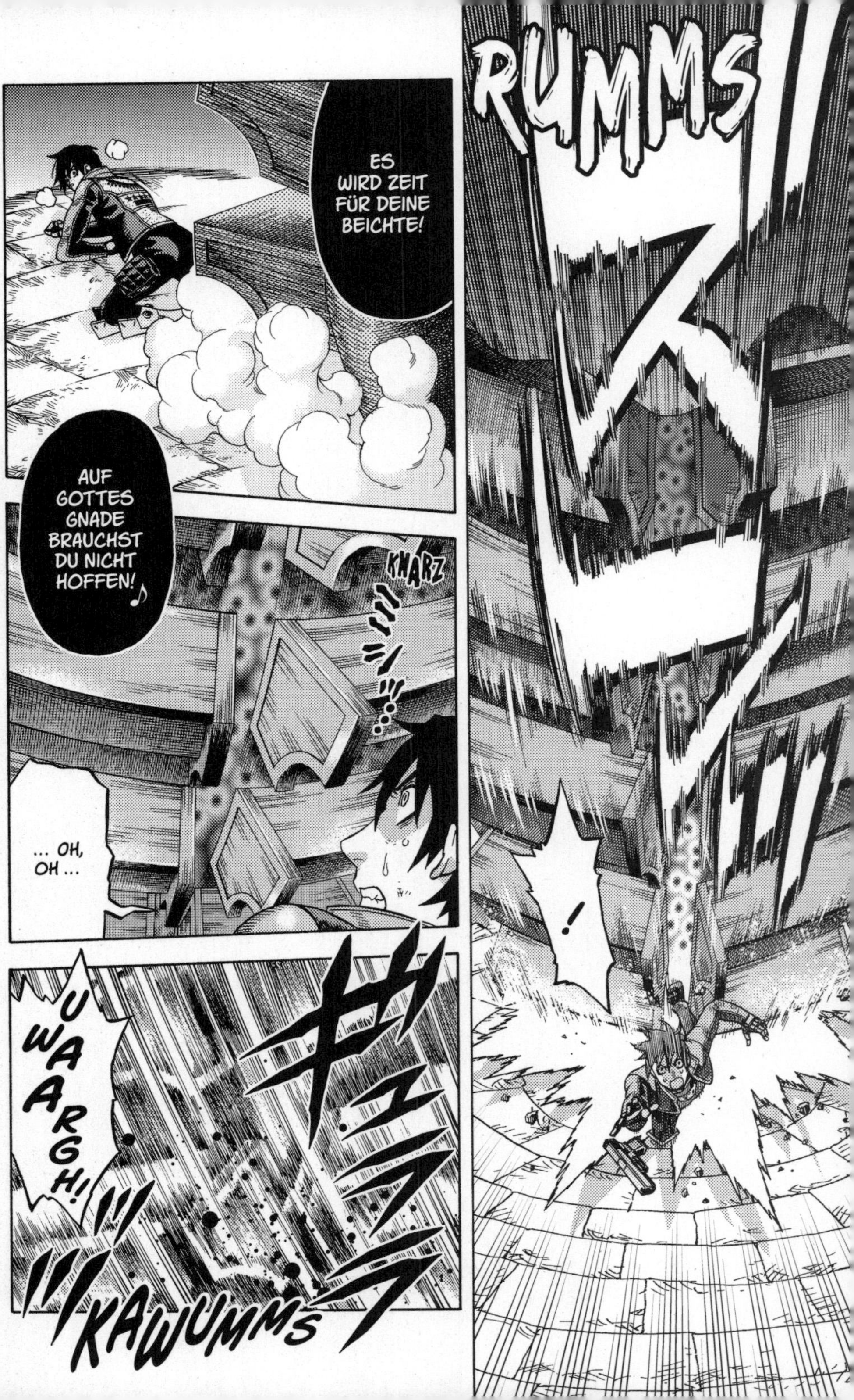
ES WIRD ZEIT FÜR DEINE BEICHTE!
AUF GOTTES GNADE BRAUCHST DU NICHT HOFFEN! ♪
KNARZ
... OH, OH ...
UWAARGH!!
KAWUMMS
RUMMS
!

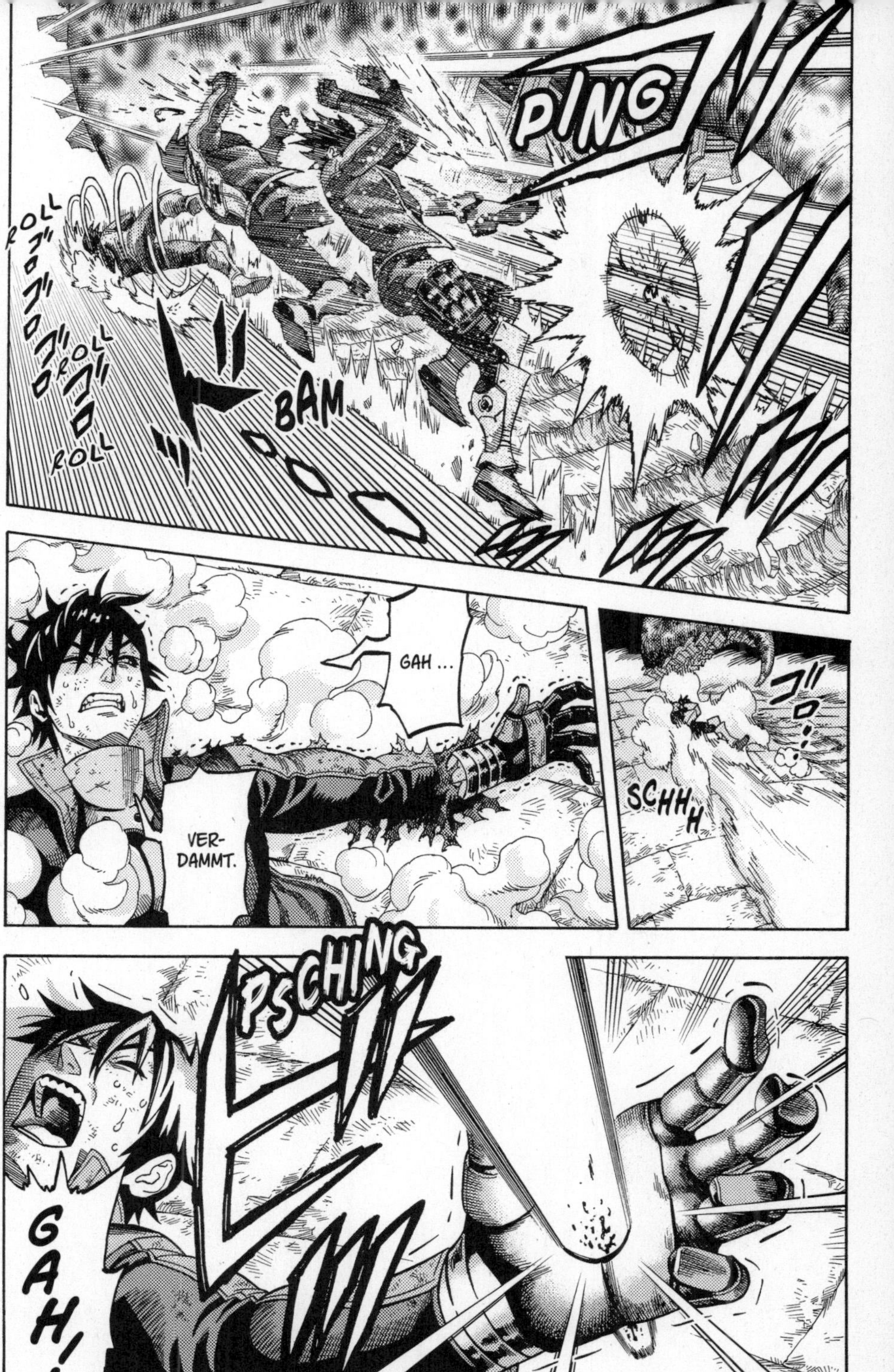
PING
BAM
ROLL
ROLL
ROLL
SCHHH
GAH ...
VER-
DAMMT.
PSCHING
GAH!

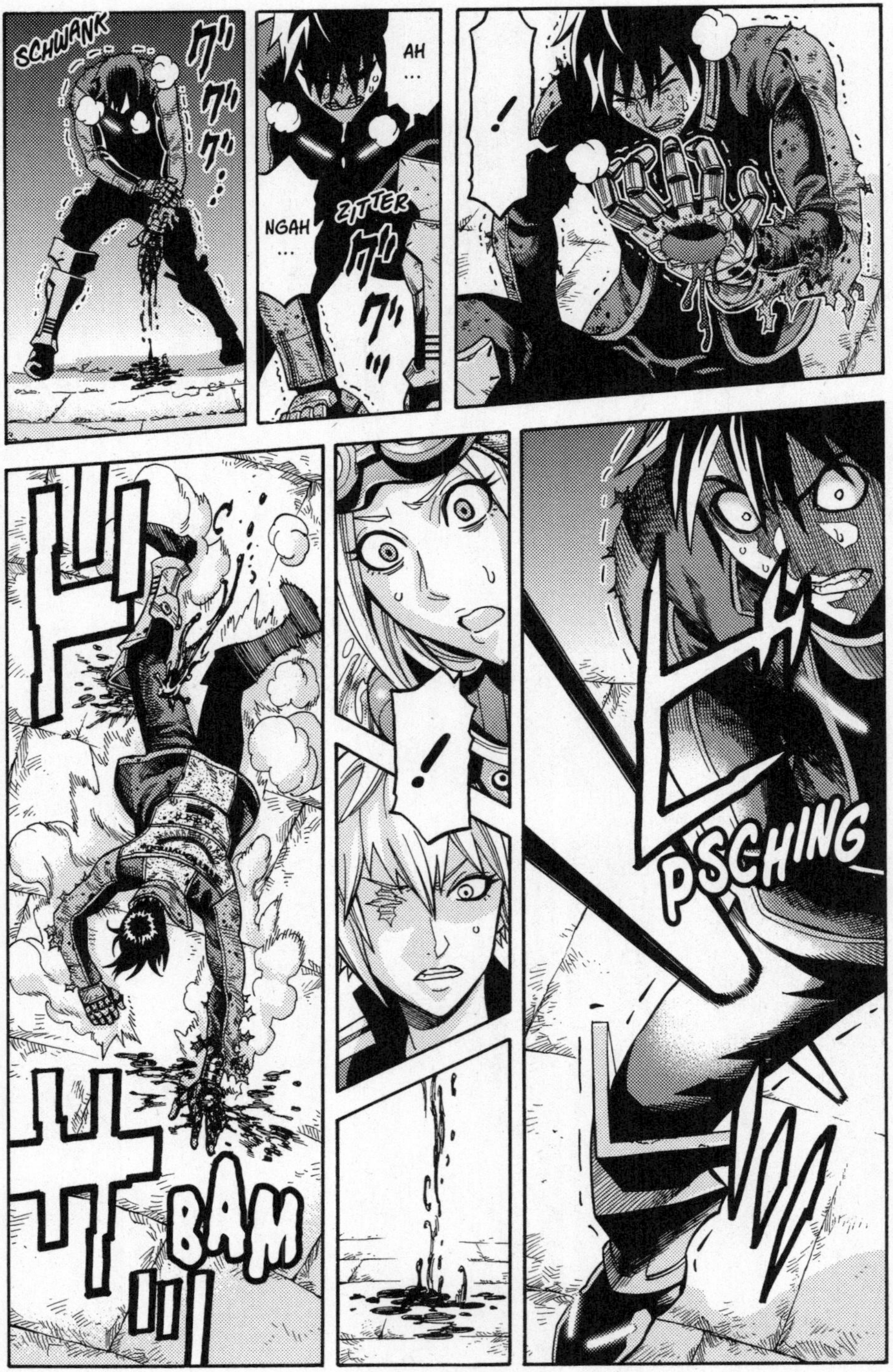
!
AH …
ZITTER
NGAH …
SCHWANK
PSCHING
!
BAM

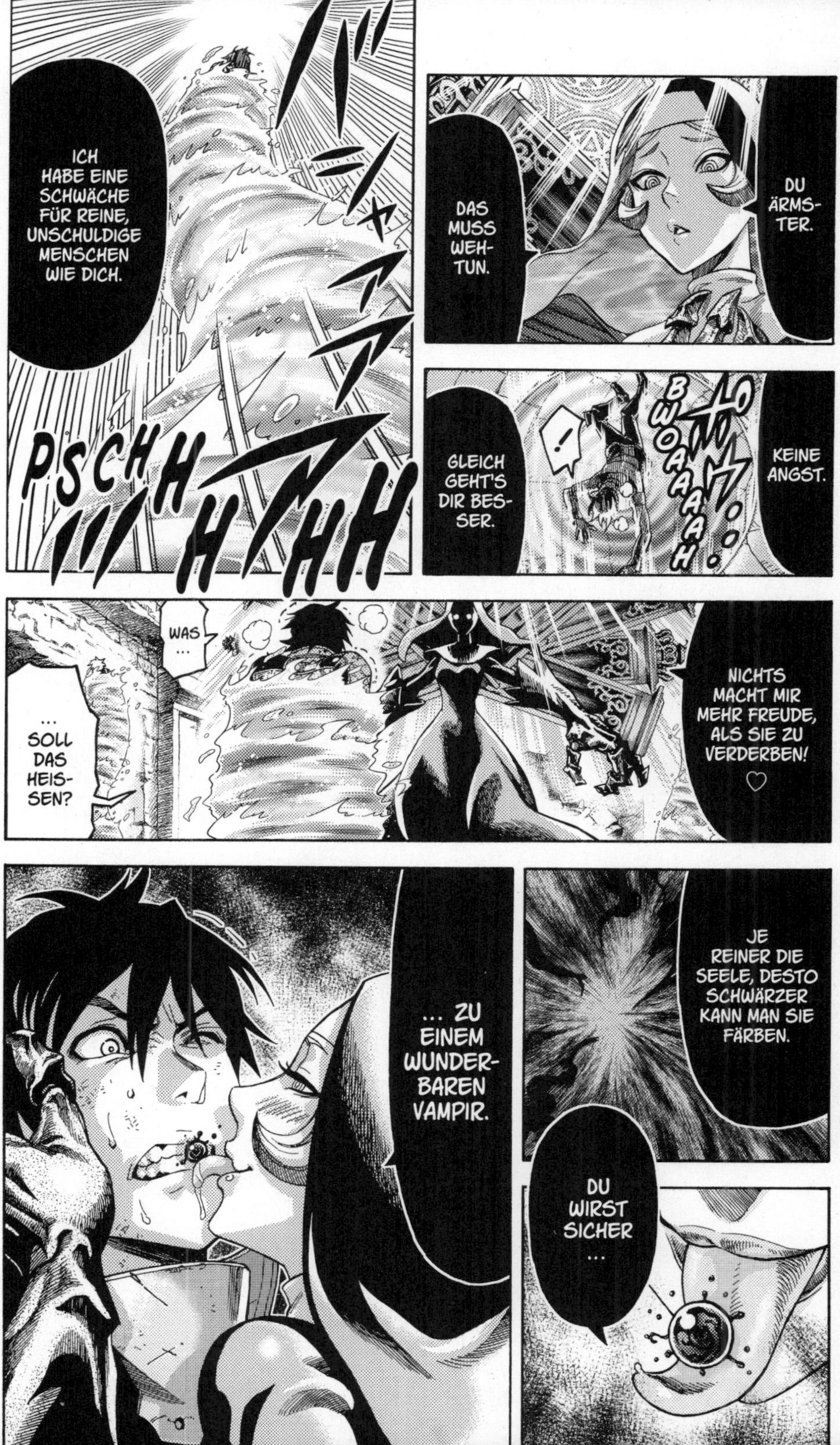

DU ÄRMS-TER.
DAS MUSS WEH-TUN.
KEINE ANGST.
BWOAAAAAH...
!
GLEICH GEHT'S DIR BES-SER.
ICH HABE EINE SCHWÄCHE FÜR REINE, UNSCHULDIGE MENSCHEN WIE DICH.
PSCHHHHHH
NICHTS MACHT MIR MEHR FREUDE, ALS SIE ZU VERDERBEN! ♡
WAS ...
... SOLL DAS HEIS-SEN?
JE REINER DIE SEELE, DESTO SCHWÄRZER KANN MAN SIE FÄRBEN.
DU WIRST SICHER ...
... ZU EINEM WUNDER-BAREN VAMPIR.

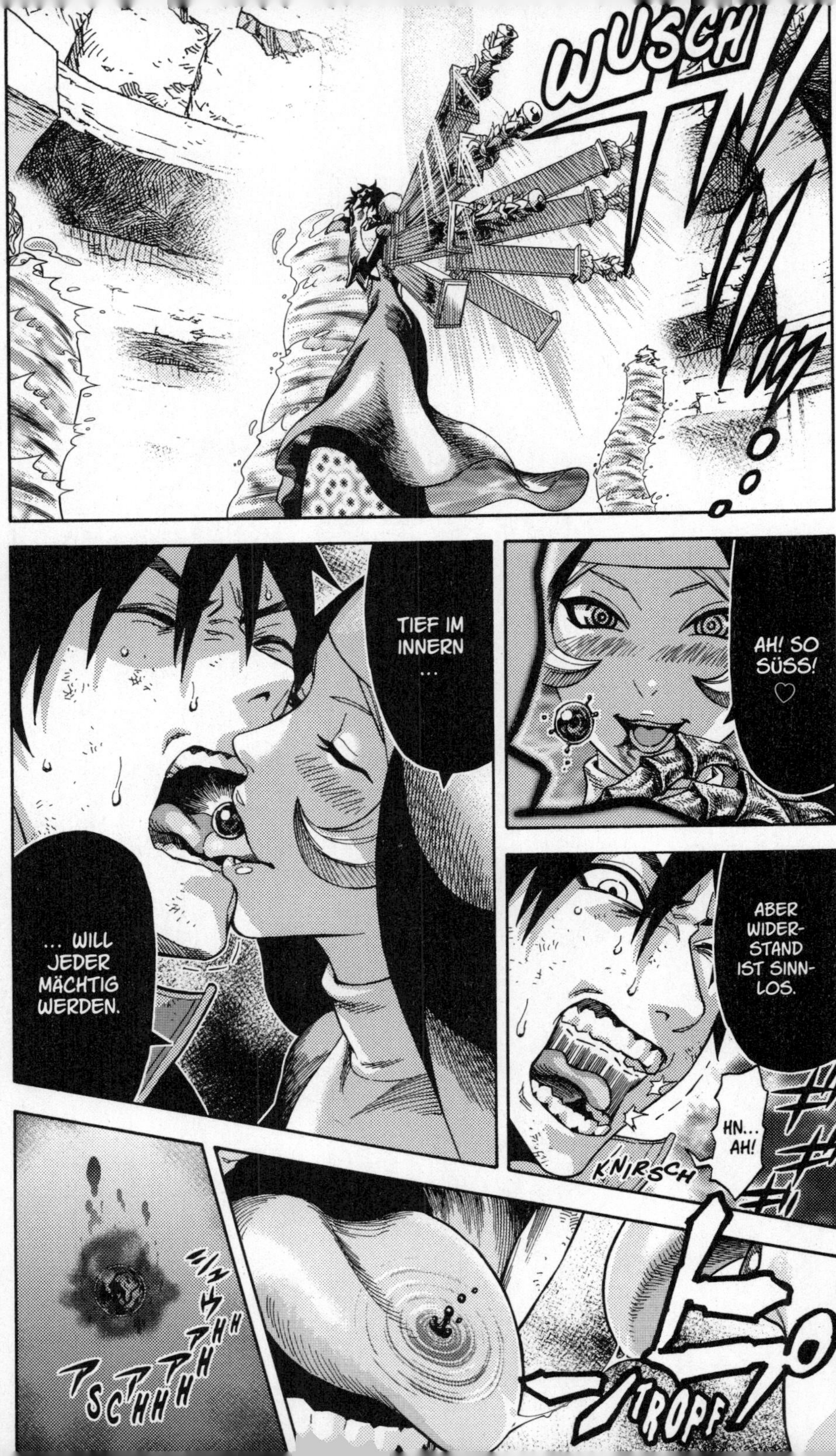
WUSCH
TIEF IM INNERN …
AH! SO SÜSS! ♡
… WILL JEDER MÄCHTIG WERDEN.
ABER WIDER-STAND IST SINN-LOS.
HN… AH!
KNIRSCH
PSCHHHHHHH
TROPF

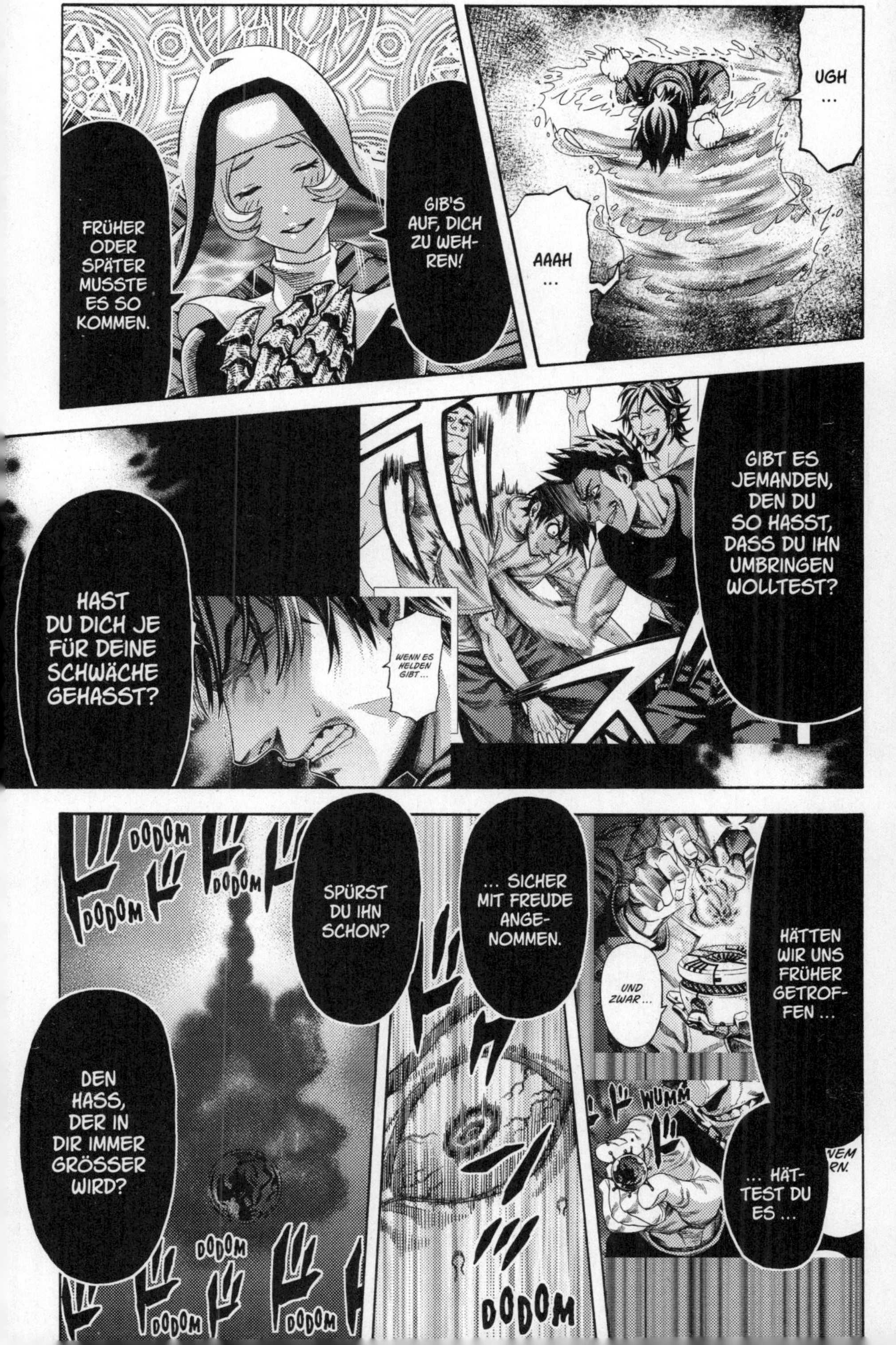
UGH …
AAAH …
GIB'S AUF, DICH ZU WEHREN!
FRÜHER ODER SPÄTER MUSSTE ES SO KOMMEN.
GIBT ES JEMANDEN, DEN DU SO HASST, DASS DU IHN UMBRINGEN WOLLTEST?
WENN ES HELDEN GIBT …
HAST DU DICH JE FÜR DEINE SCHWÄCHE GEHASST?
HÄTTEN WIR UNS FRÜHER GETROFFEN …
UND ZWAR …
WUMM
… HÄTTEST DU ES …
… SICHER MIT FREUDE ANGENOMMEN.
SPÜRST DU IHN SCHON?
DEN HASS, DER IN DIR IMMER GRÖSSER WIRD?
DODOM
DODOM
DODOM
DODOM
DODOM
DODOM
DODOM

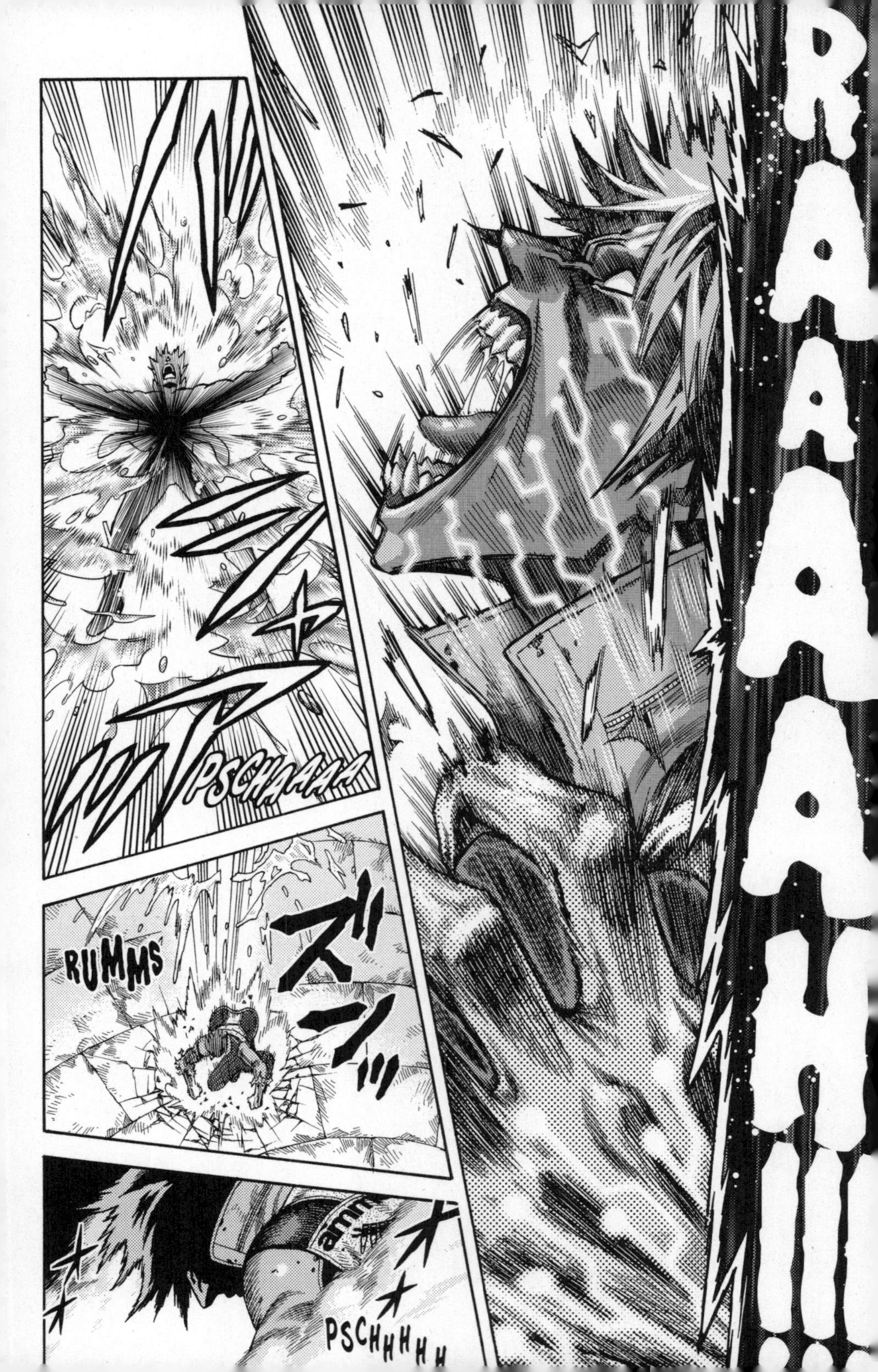
RAAAAH!!
PSCHAAAAA
RUMMS
PSCHHHHHH

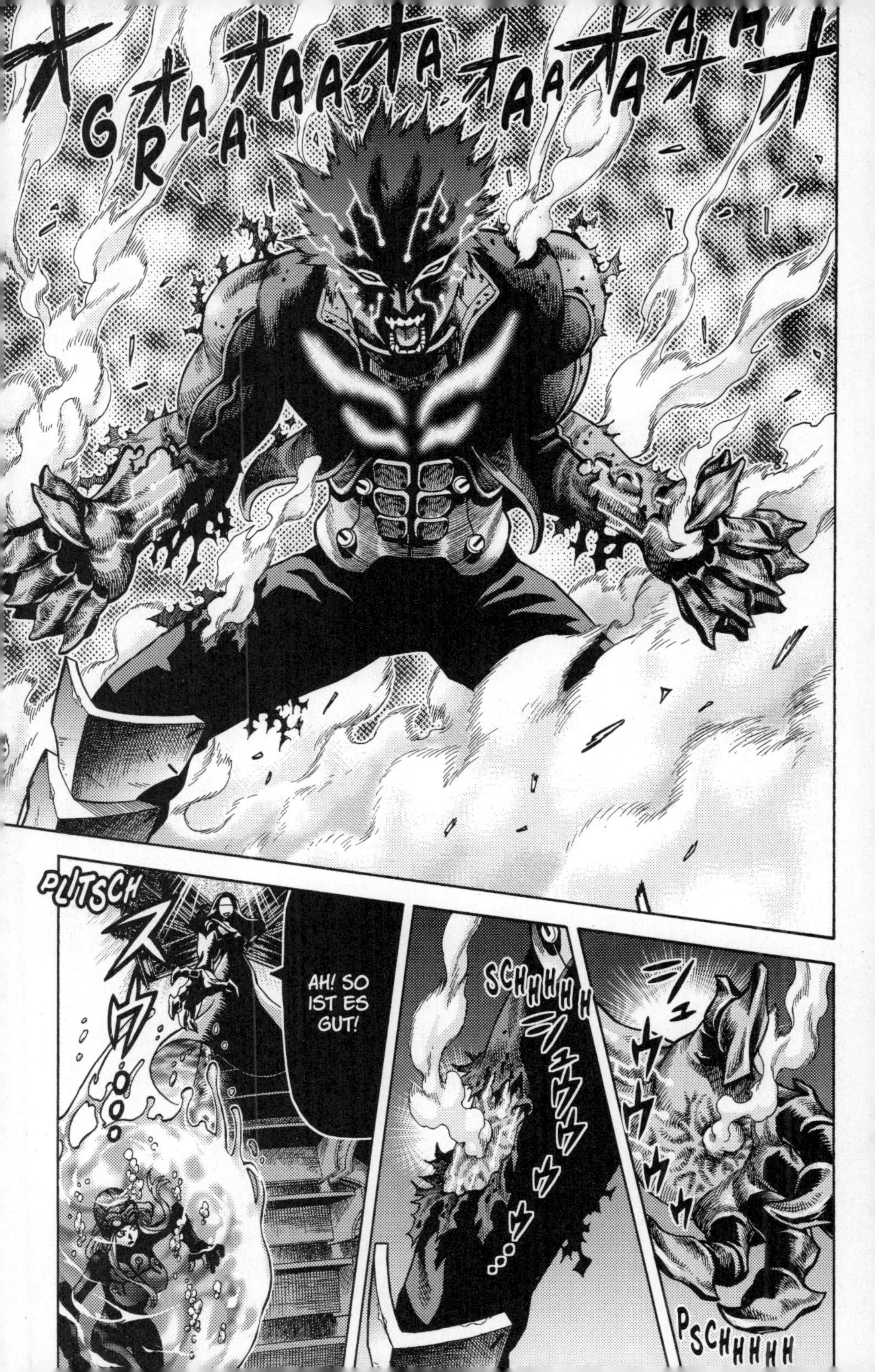

GRAAAAAAAAAAH
PLITSCH
AH! SO IST ES GUT!
SCHHHHHH
PSCHHHHHH

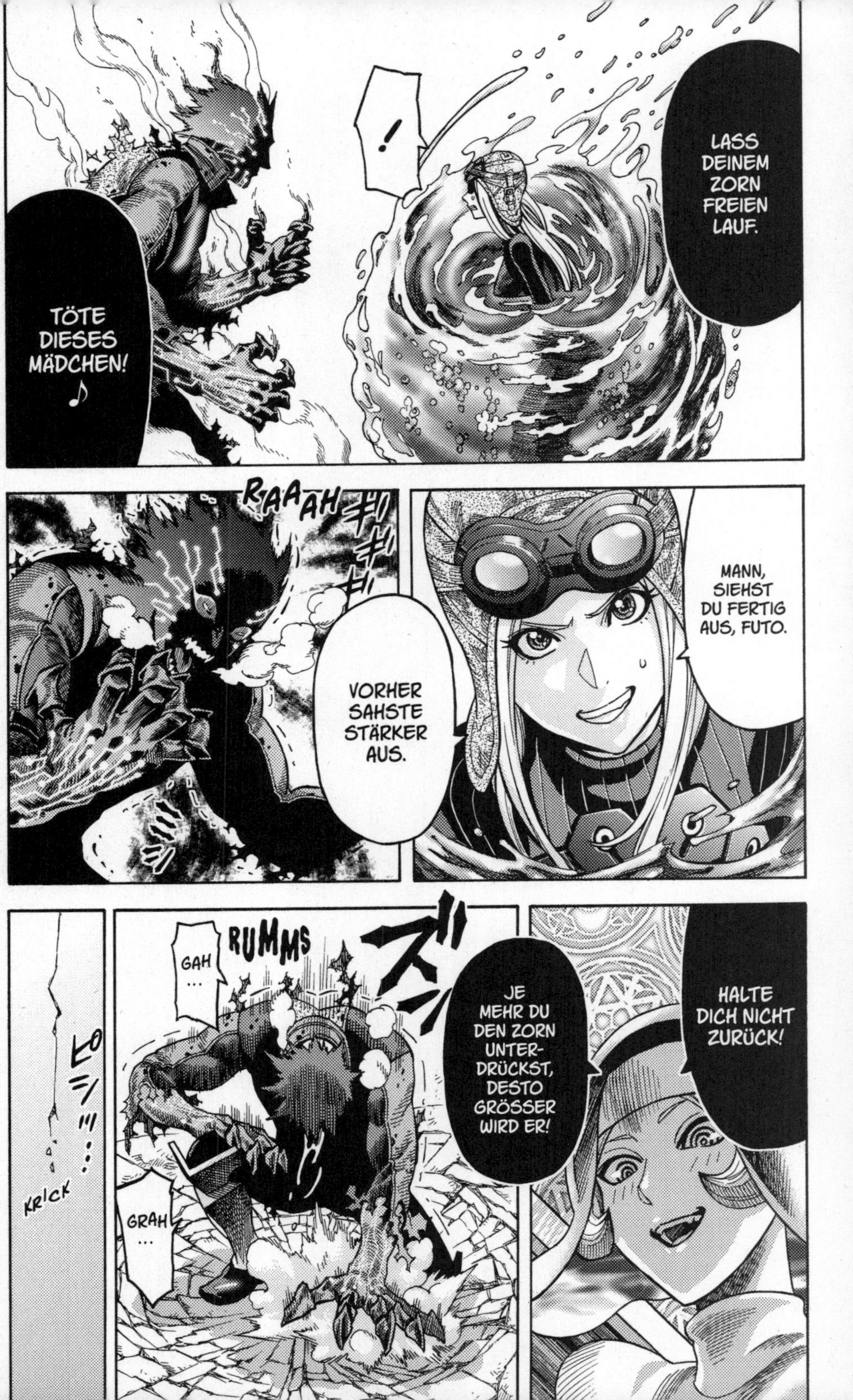
LASS DEINEM ZORN FREIEN LAUF.
!
TÖTE DIESES MÄDCHEN! ♪
MANN, SIEHST DU FERTIG AUS, FUTO.
VORHER SAHSTE STÄRKER AUS.
RAAAH
HALTE DICH NICHT ZURÜCK!
JE MEHR DU DEN ZORN UNTER-DRÜCKST, DESTO GRÖSSER WIRD ER!
RUMMS
GAH …
GRAH …
KRICK

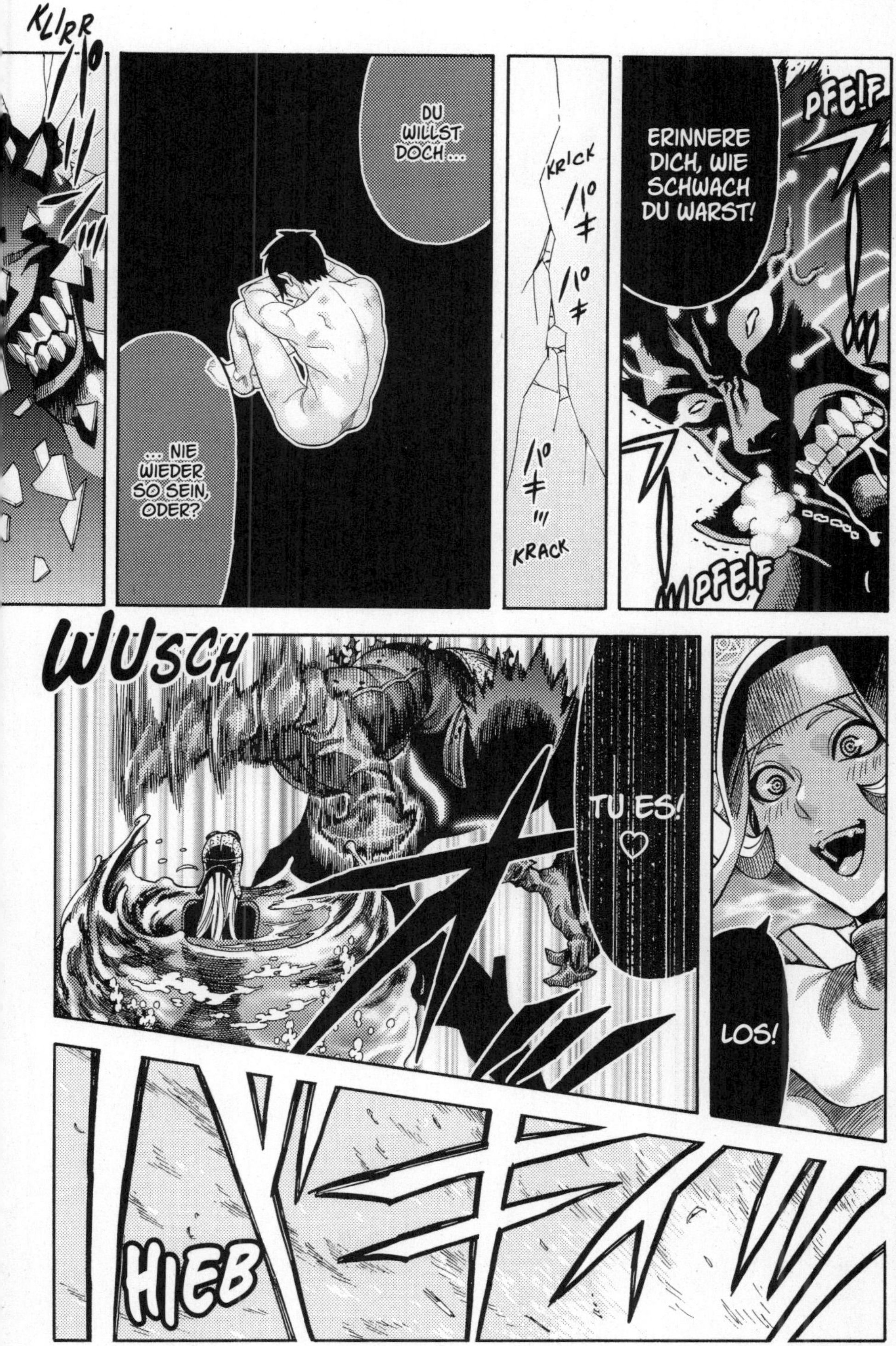
PFEIF
ERINNERE DICH, WIE SCHWACH DU WARST!
PFEIF
KRICK
KRACK
DU WILLST DOCH ...
... NIE WIEDER SO SEIN, ODER?
KLIRR
TU ES! ♡
LOS!
WUSCH
HIEB

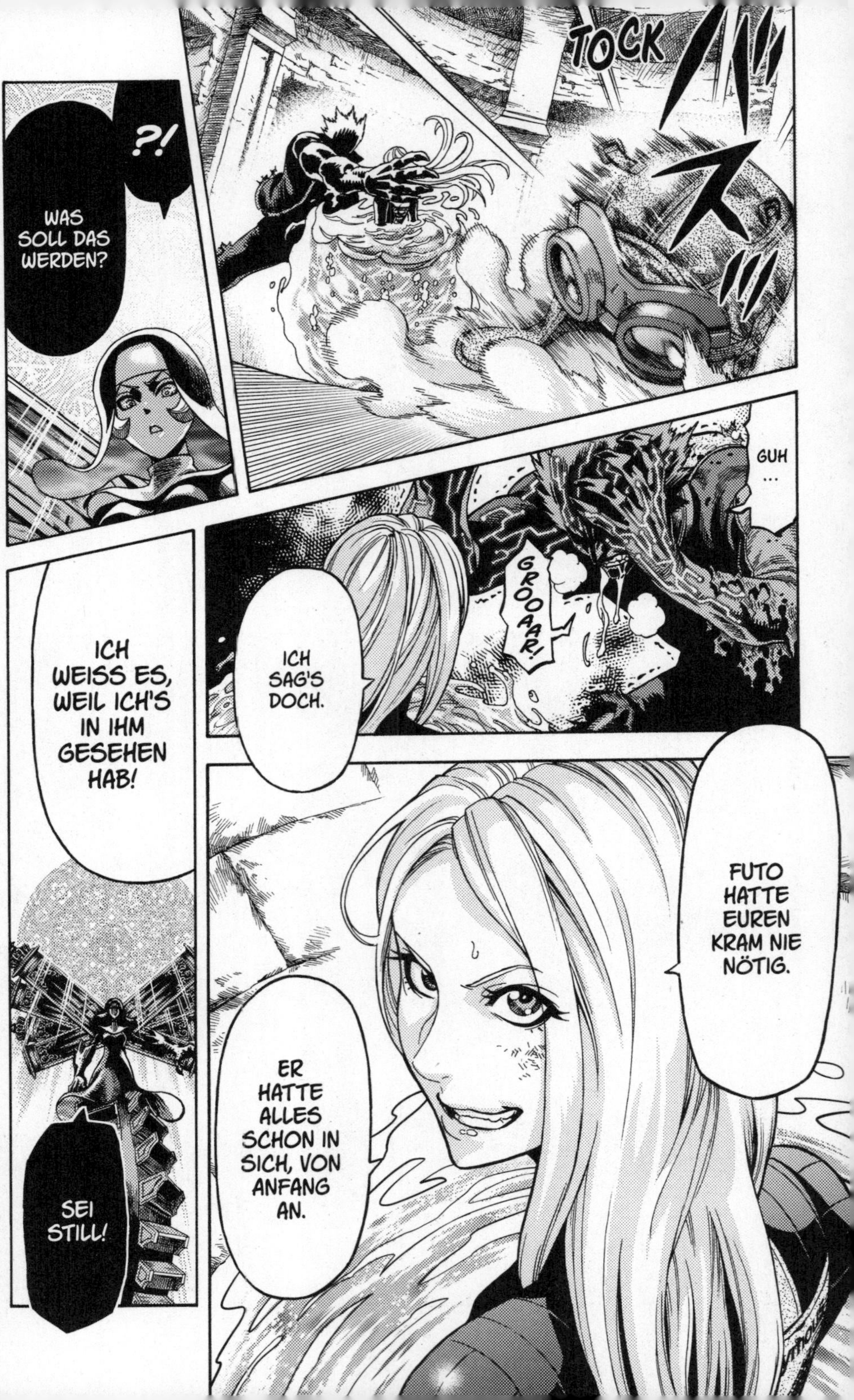
TOCK
?!
WAS SOLL DAS WERDEN?
GUH ...
GROOAAR!
ICH SAG'S DOCH.
ICH WEISS ES, WEIL ICH'S IN IHM GESEHEN HAB!
FUTO HATTE EUREN KRAM NIE NÖTIG.
ER HATTE ALLES SCHON IN SICH, VON ANFANG AN.
SEI STILL!

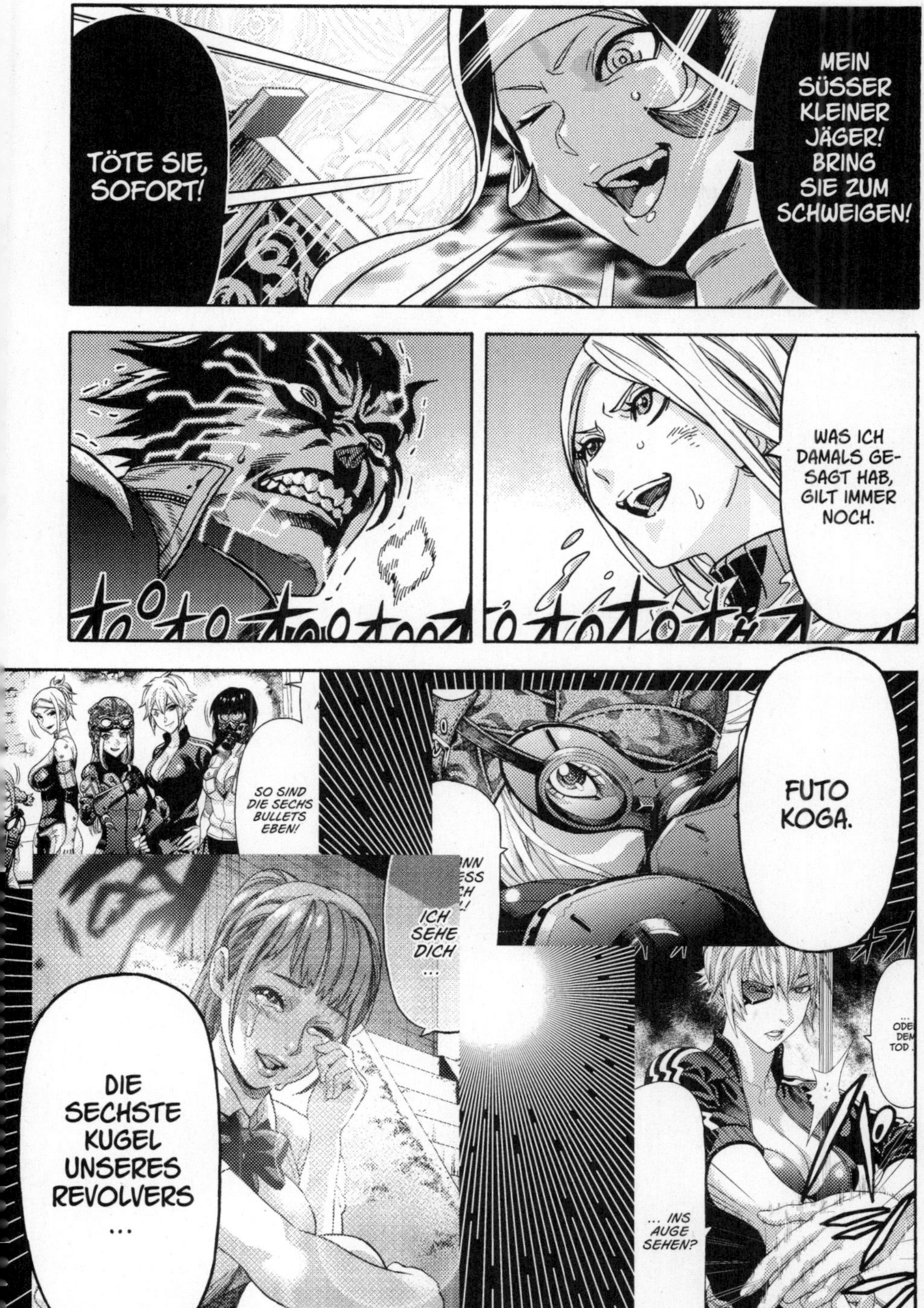
MEIN SÜSSER KLEINER JÄGER! BRING SIE ZUM SCHWEIGEN!
TÖTE SIE, SOFORT!
WAS ICH DAMALS GESAGT HAB, GILT IMMER NOCH.
FUTO KOGA.
SO SIND DIE SECHS BULLETS EBEN!
... INS AUGE SEHEN?
ICH SEHE DICH ...
DIE SECHSTE KUGEL UNSERES REVOLVERS ...

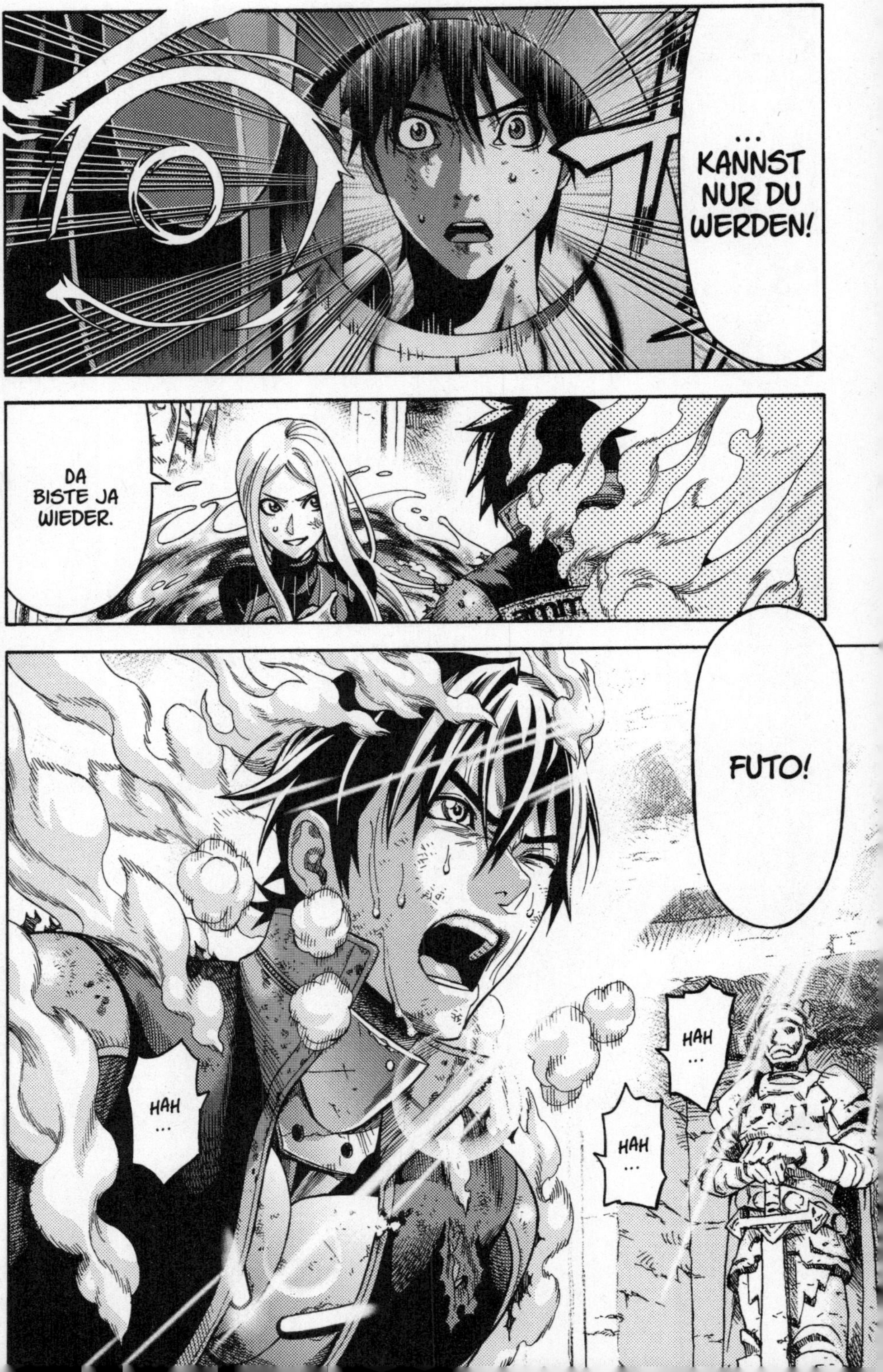
... KANNST NUR DU WERDEN!
DA BISTE JA WIEDER.
FUTO!
HAH ...
HAH ...
HAH ...

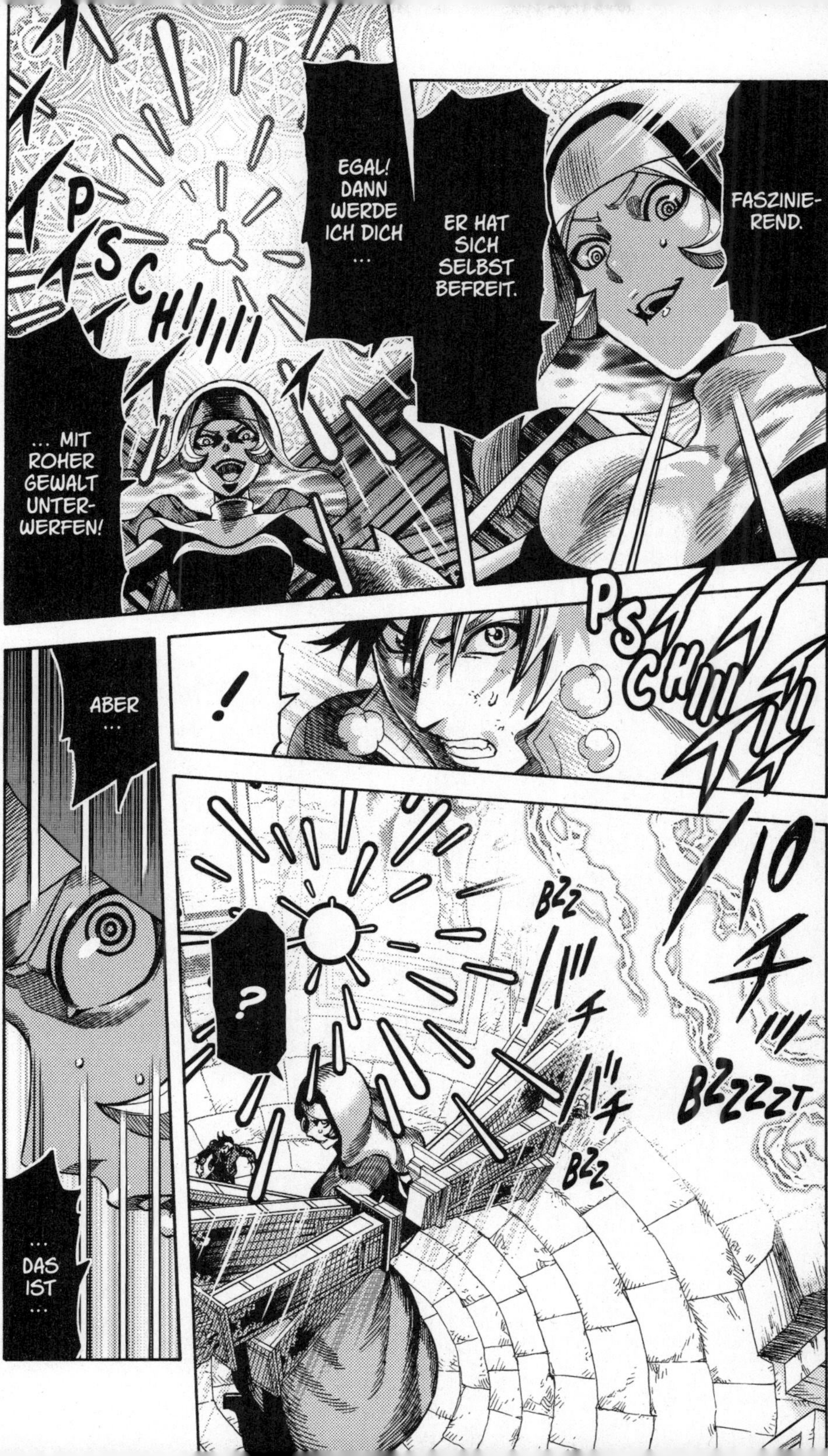

FASZINIE-RFND.
ER HAT SICH SELBST BEFREIT.
EGAL! DANN WERDE ICH DICH ...
PSCHIIIIII
... MIT ROHER GEWALT UNTER-WERFEN!
PSCHIIII
!
ABER ...
BZZZZZT
BZZ
BZZ
?
... DAS IST ...

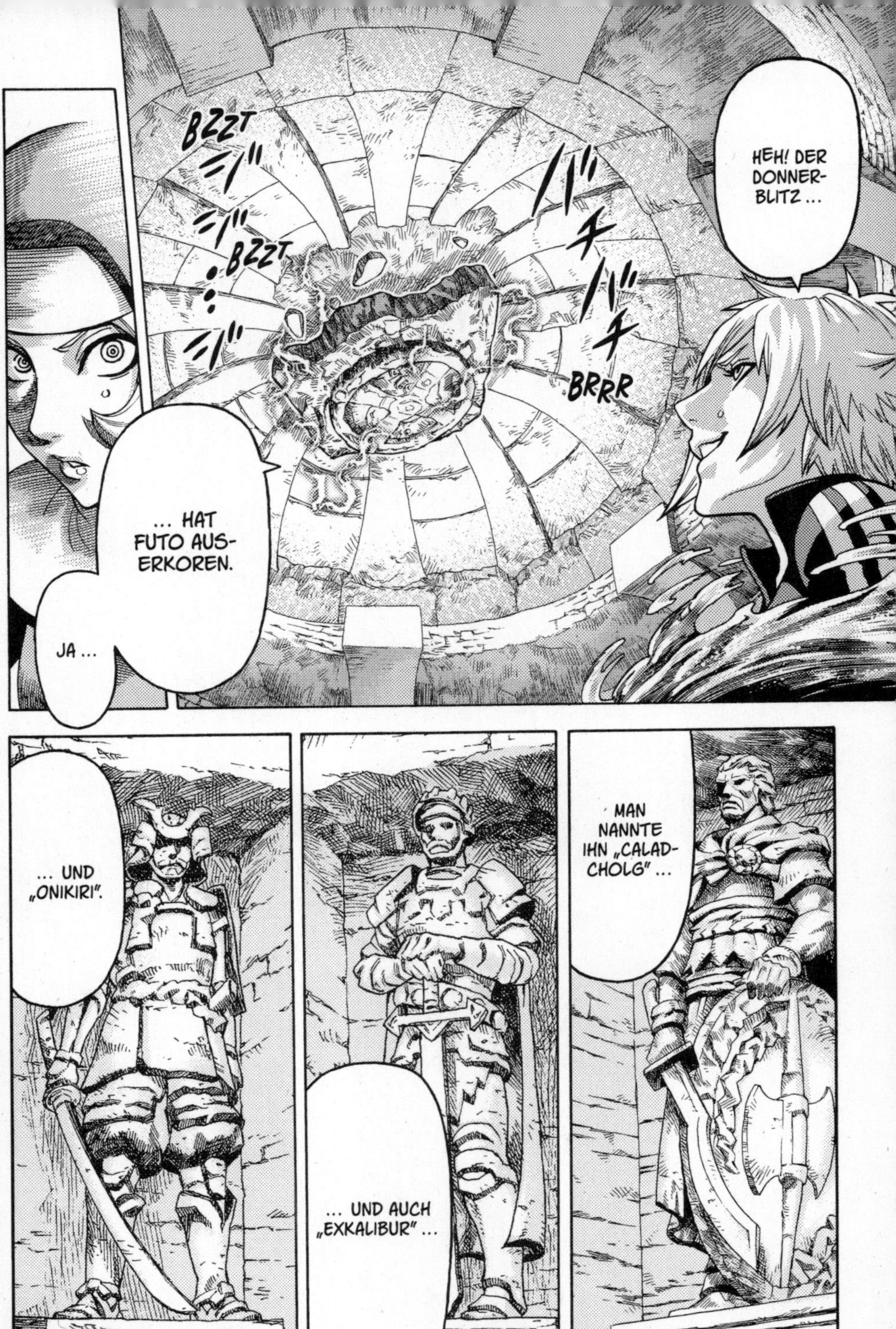
HEH! DER DONNER-BLITZ …
BZZT
BZZT
BRRR
… HAT FUTO AUS-ERKOREN.
JA …
MAN NANNTE IHN „CALAD-CHOLG“ …
… UND AUCH „EXKALIBUR“ …
… UND „ONIKIRI“.

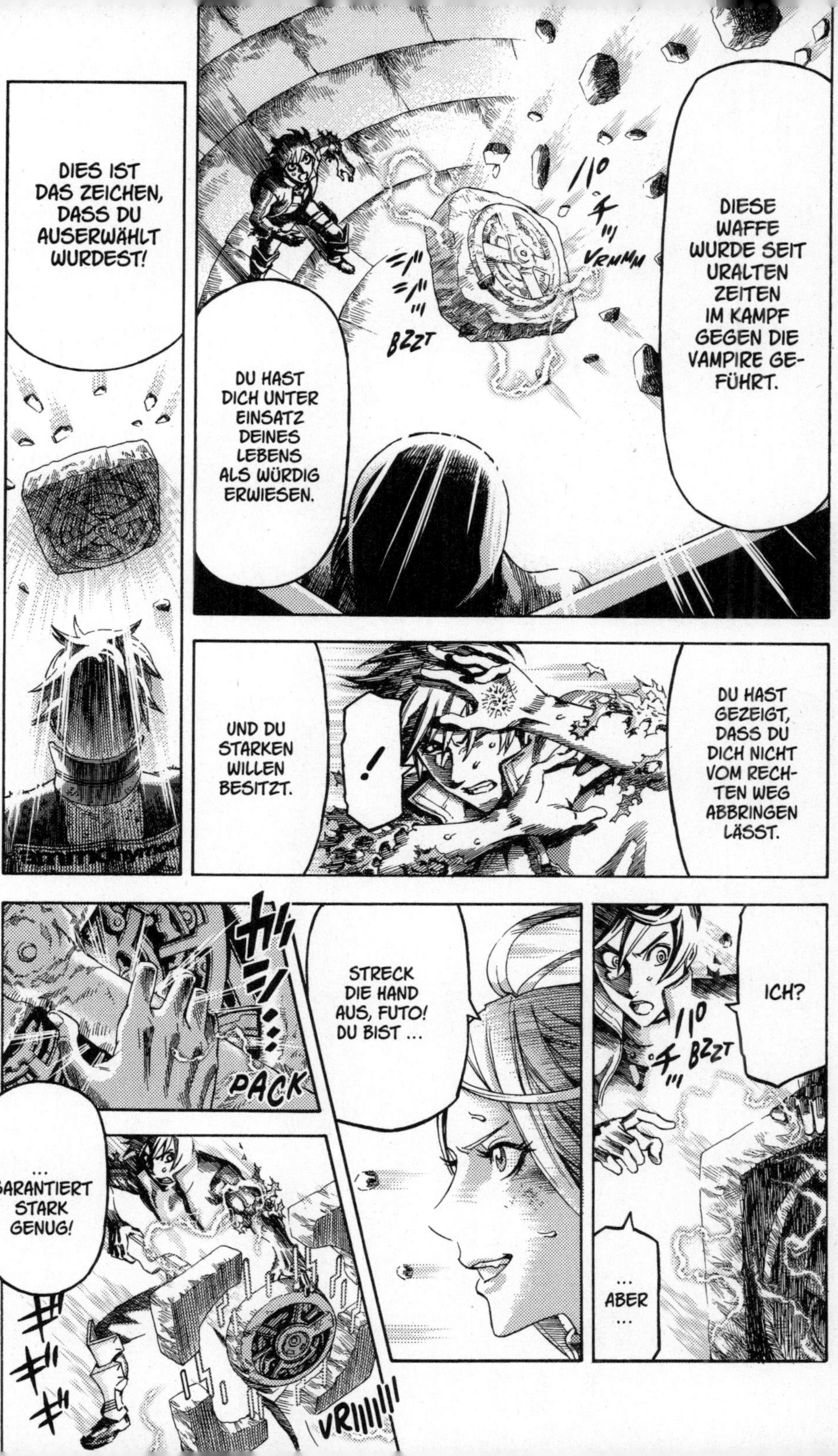
DIESE WAFFE WURDE SEIT URALTEN ZEITEN IM KAMPF GEGEN DIE VAMPIRE GEFÜHRT.
VRMMM
BZZT
DU HAST DICH UNTER EINSATZ DEINES LEBENS ALS WÜRDIG ERWIESEN.
DIES IST DAS ZEICHEN, DASS DU AUSERWÄHLT WURDEST!
DU HAST GEZEIGT, DASS DU DICH NICHT VOM RECHTEN WEG ABBRINGEN LÄSST.
UND DU STARKEN WILLEN BESITZT.
ICH?
BZZT
... ABER ...
STRECK DIE HAND AUS, FUTO! DU BIST ...
PACK
... GARANTIERT STARK GENUG!

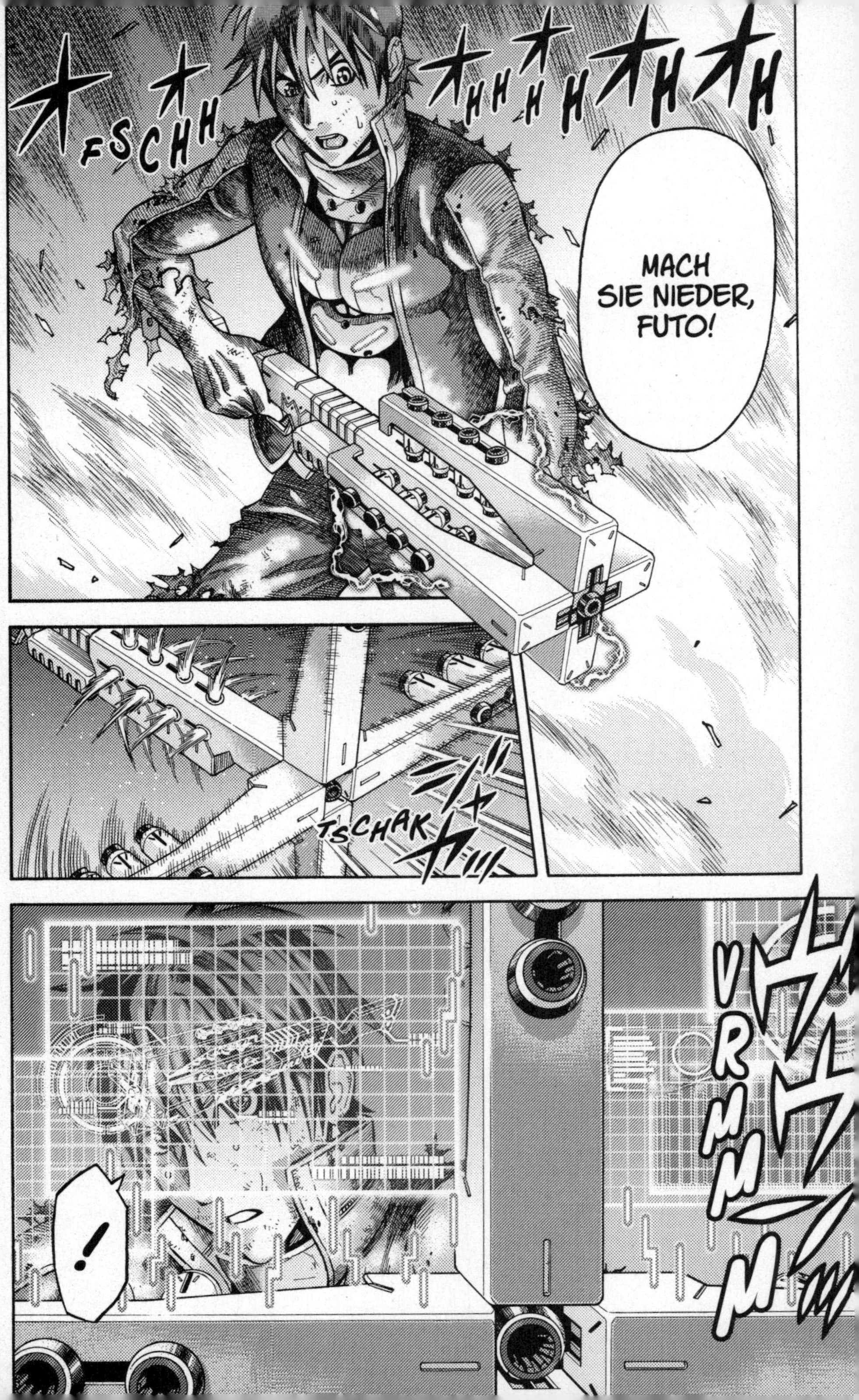
MACH SIE NIEDER, FUTO!
FSCHH
TSCHAK
VRMMM
!

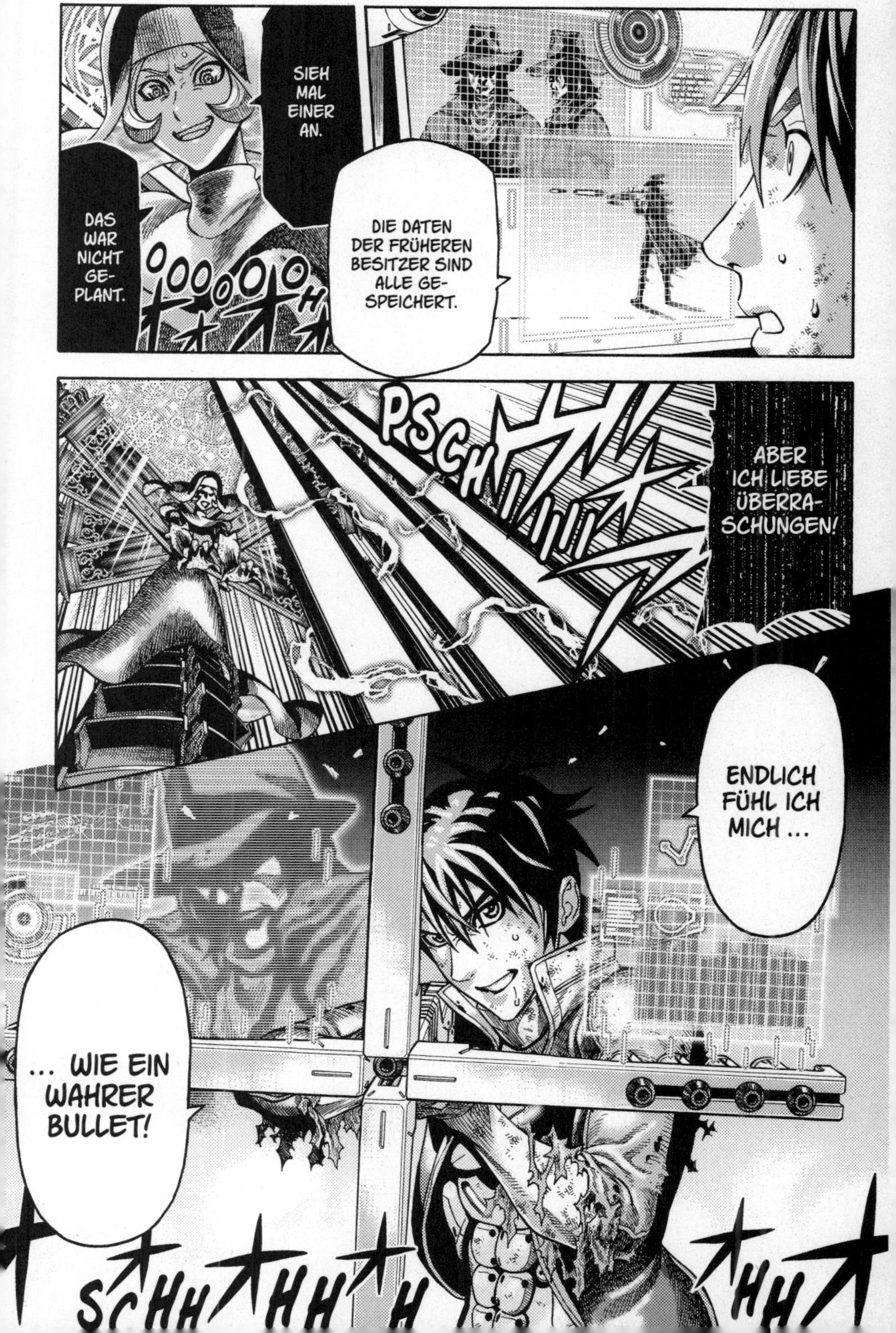
DIE DATEN DER FRÜHEREN BESITZER SIND ALLE GESPEICHERT.
SIEH MAL EINER AN.
DAS WAR NICHT GEPLANT.
OOOOOOOH
PSCHIIIIIIIII
ABER ICH LIEBE ÜBERRASCHUNGEN!
ENDLICH FÜHL ICH MICH …
… WIE EIN WAHRER BULLET!
SCHHHHHHHHH

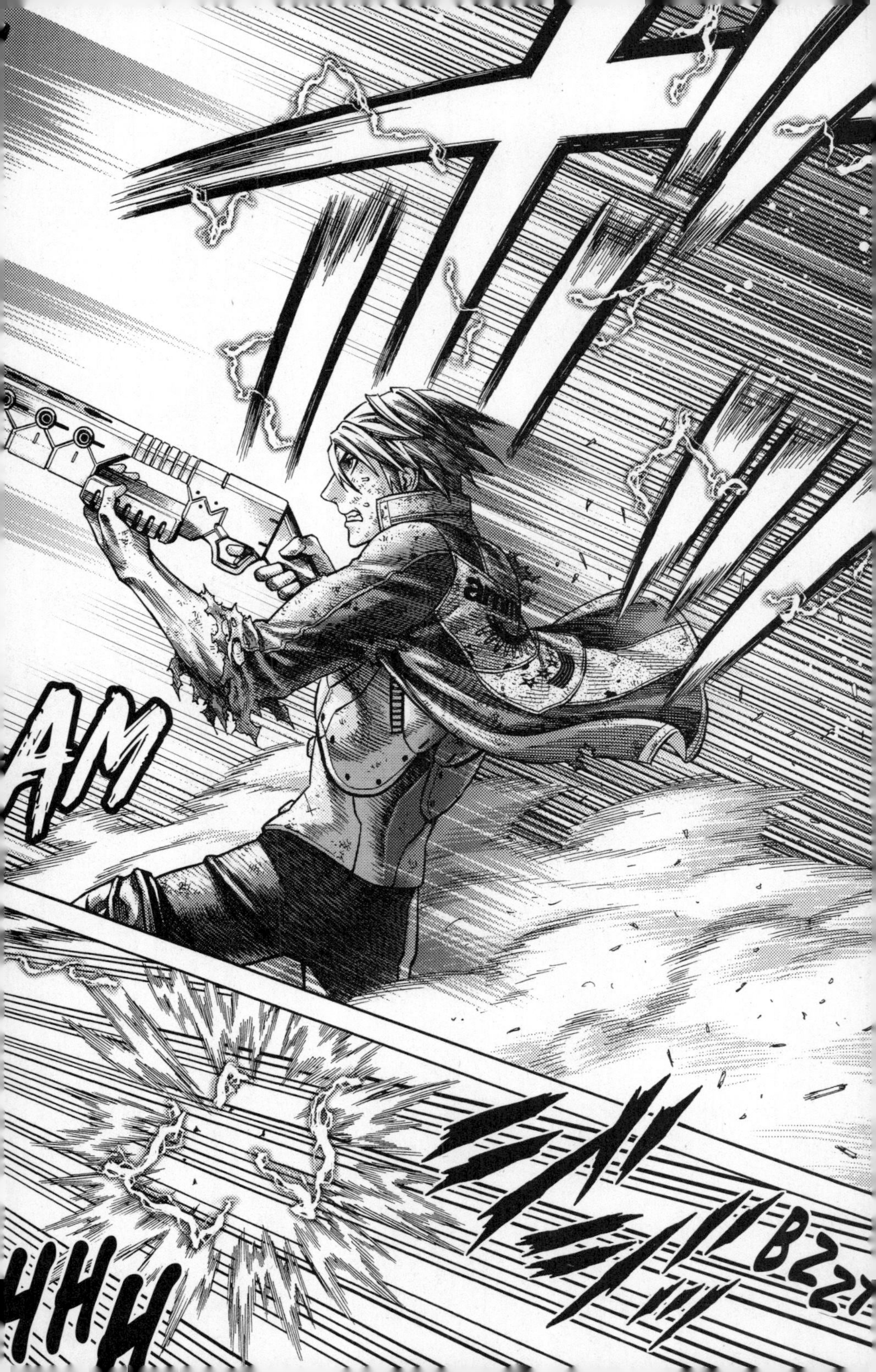

AM
army
HHH
BZZT

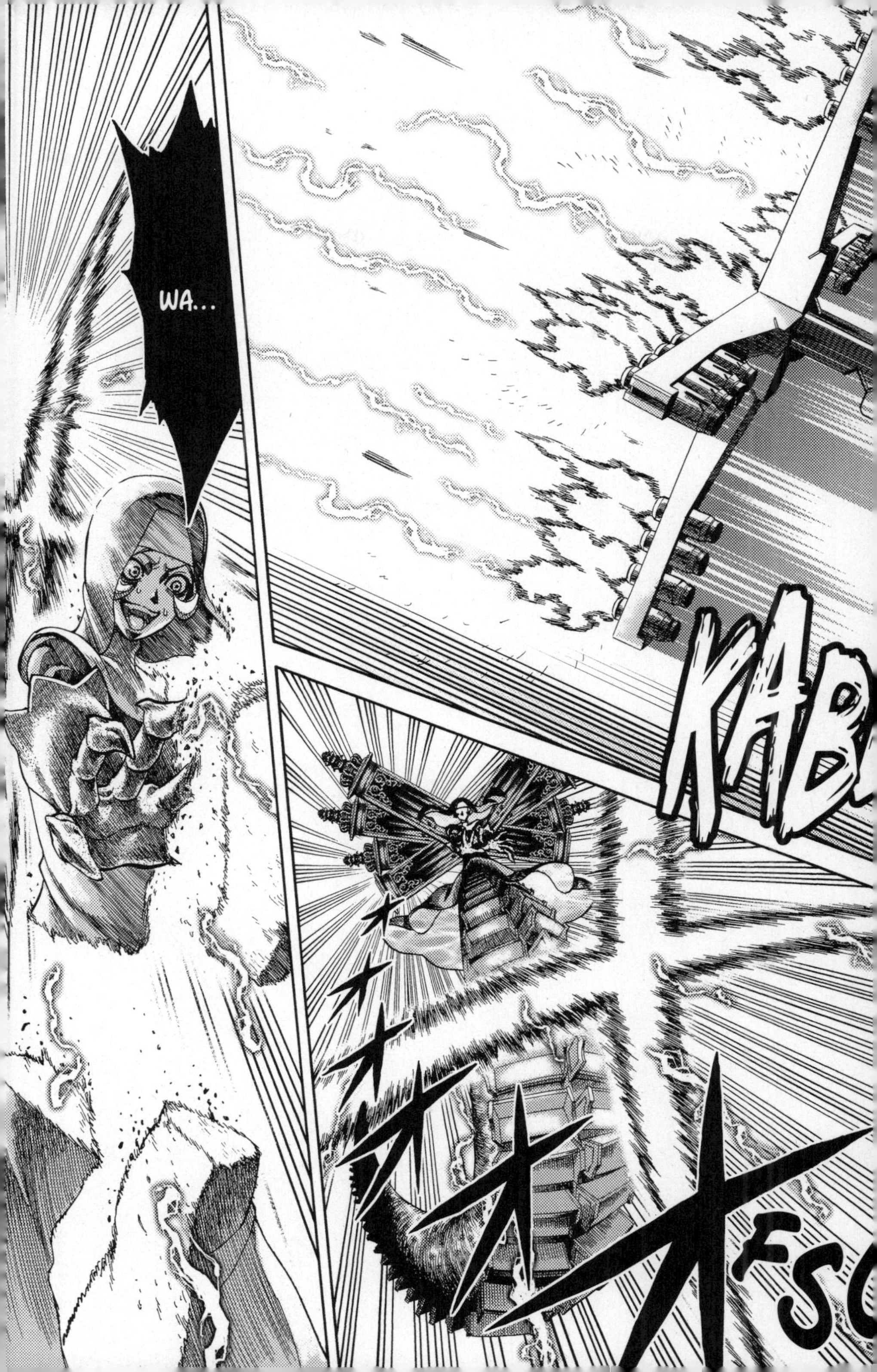
WA...
KAB
FS

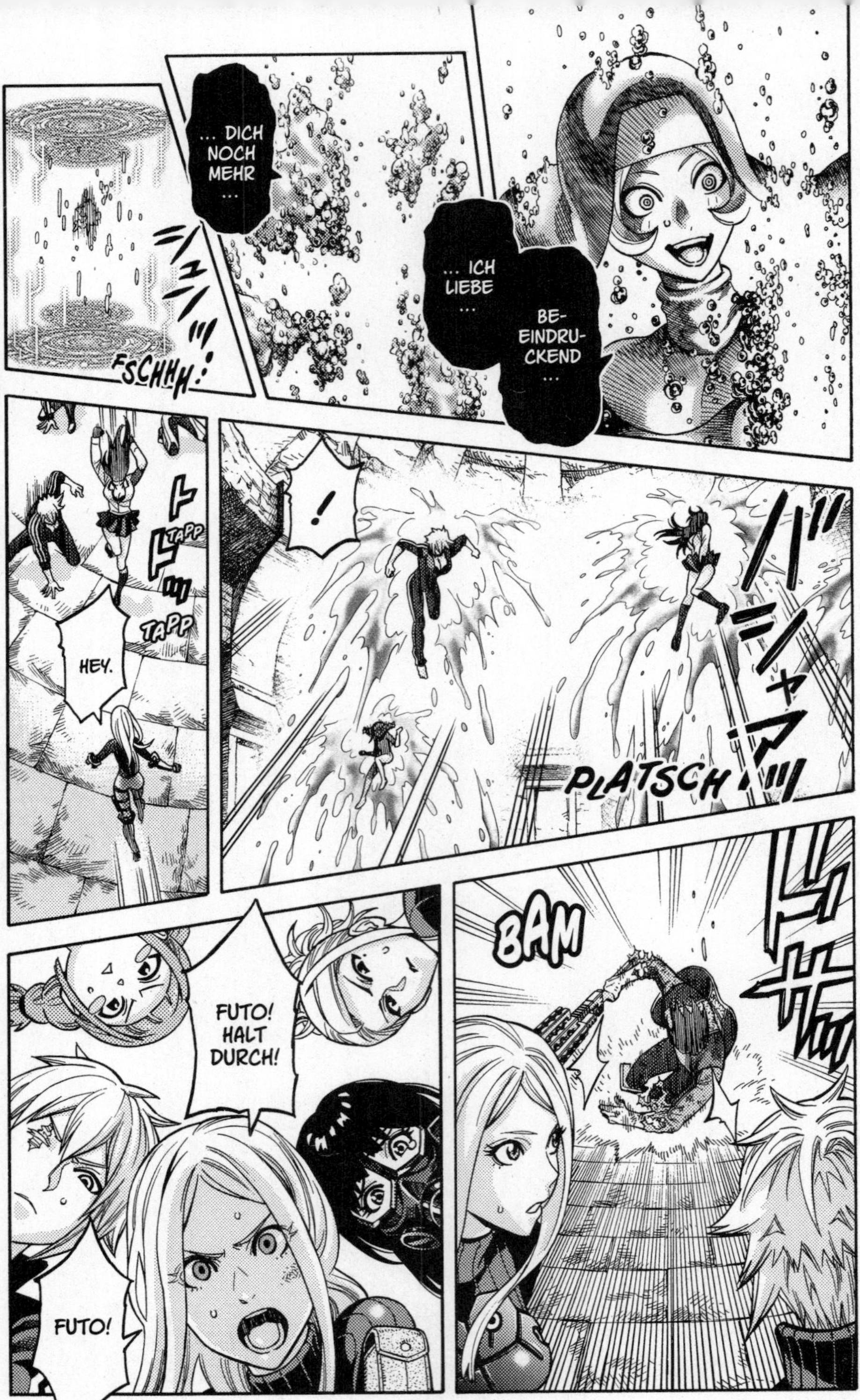

BE-EINDRUCKEND …
… ICH LIEBE …
… DICH NOCH MEHR …
FSCHHH
!
PLATSCH
TAPP
TAPP
HEY.
BAM
FUTO! HALT DURCH!
FUTO!

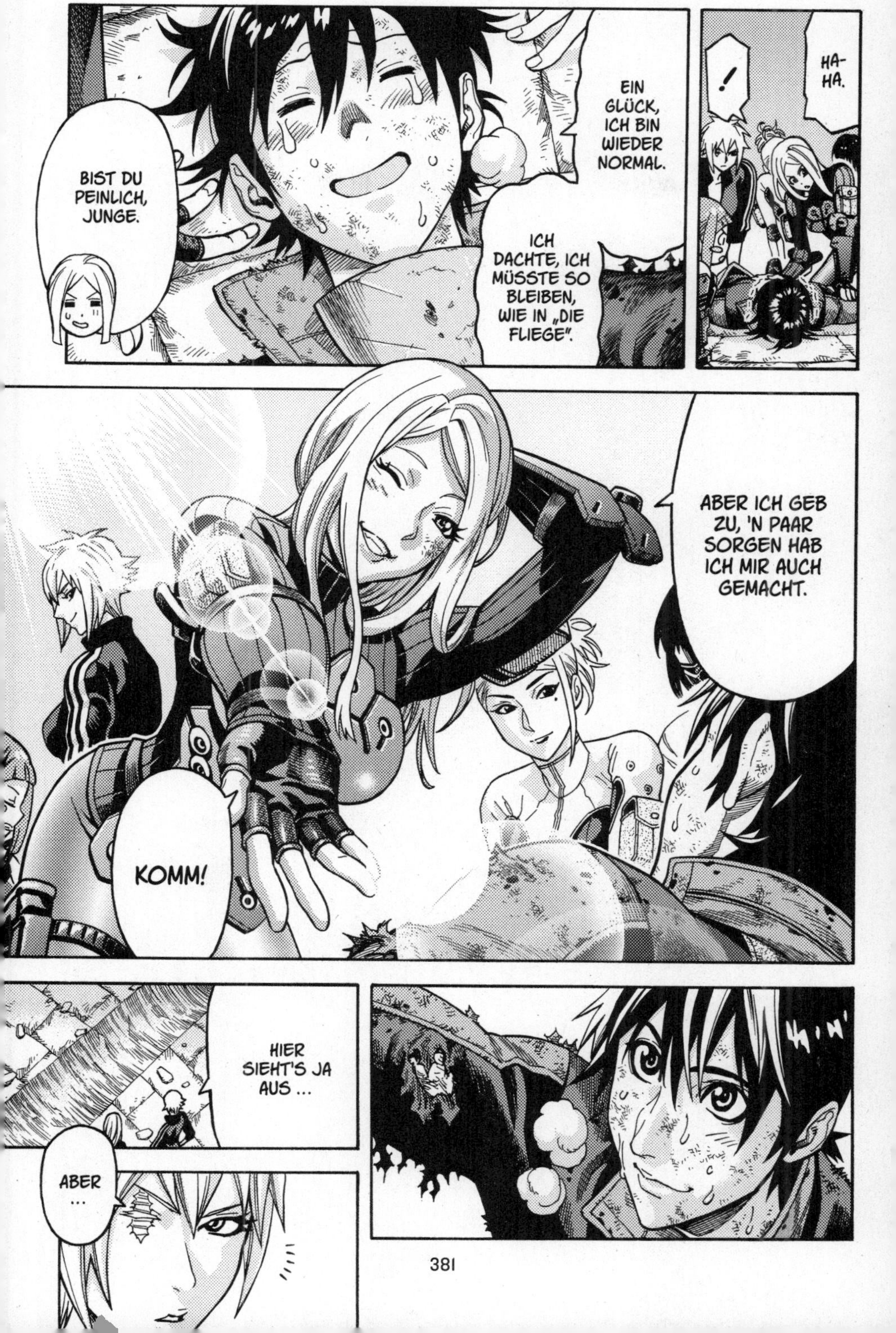
HA-HA.
!
EIN GLÜCK, ICH BIN WIEDER NORMAL.
ICH DACHTE, ICH MÜSSTE SO BLEIBEN, WIE IN „DIE FLIEGE“.
BIST DU PEINLICH, JUNGE.
ABER ICH GEB ZU, 'N PAAR SORGEN HAB ICH MIR AUCH GEMACHT.
KOMM!
HIER SIEHT'S JA AUS …
ABER …

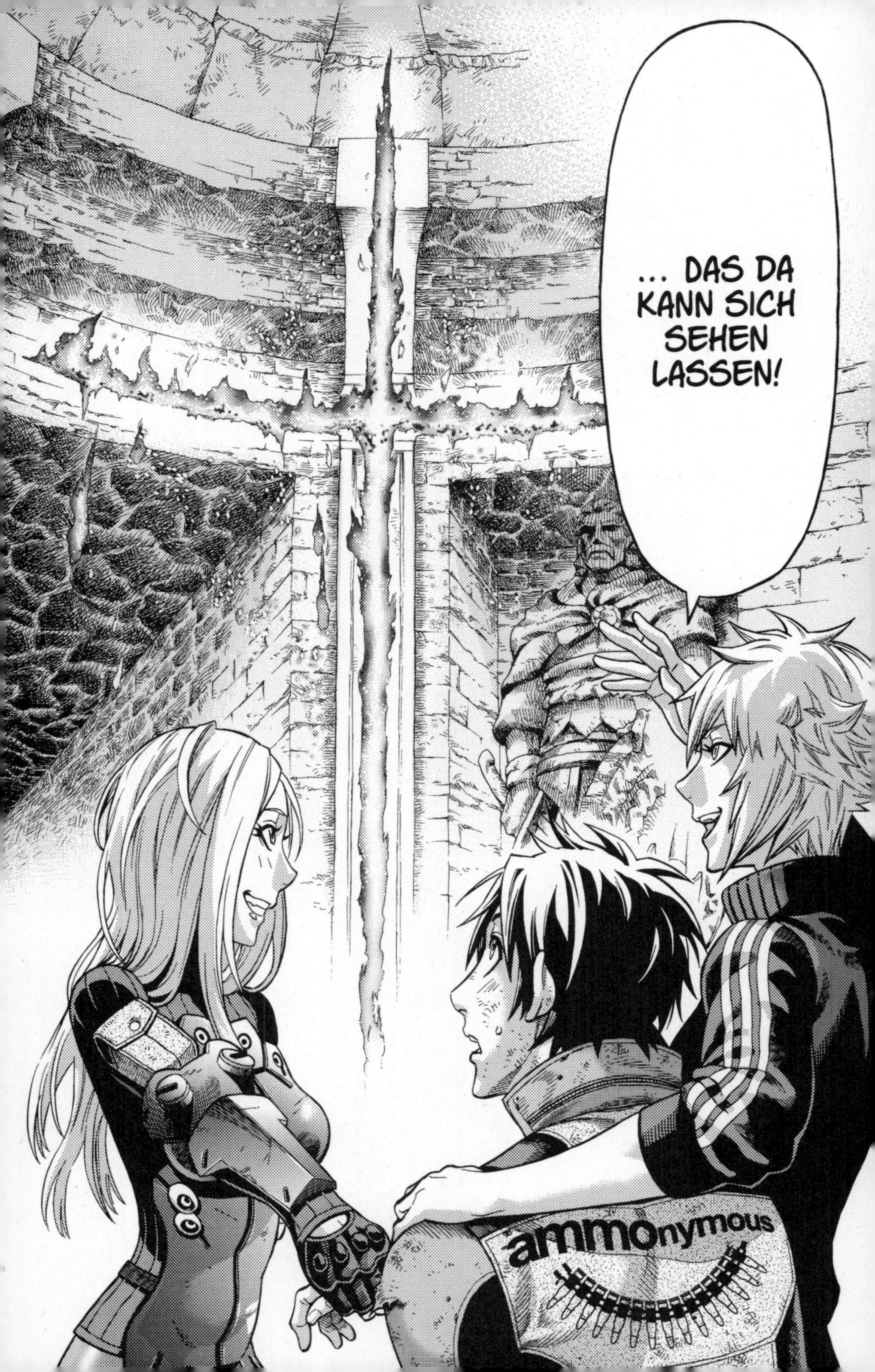
... DAS DA KANN SICH SEHEN LASSEN!
ammonymous

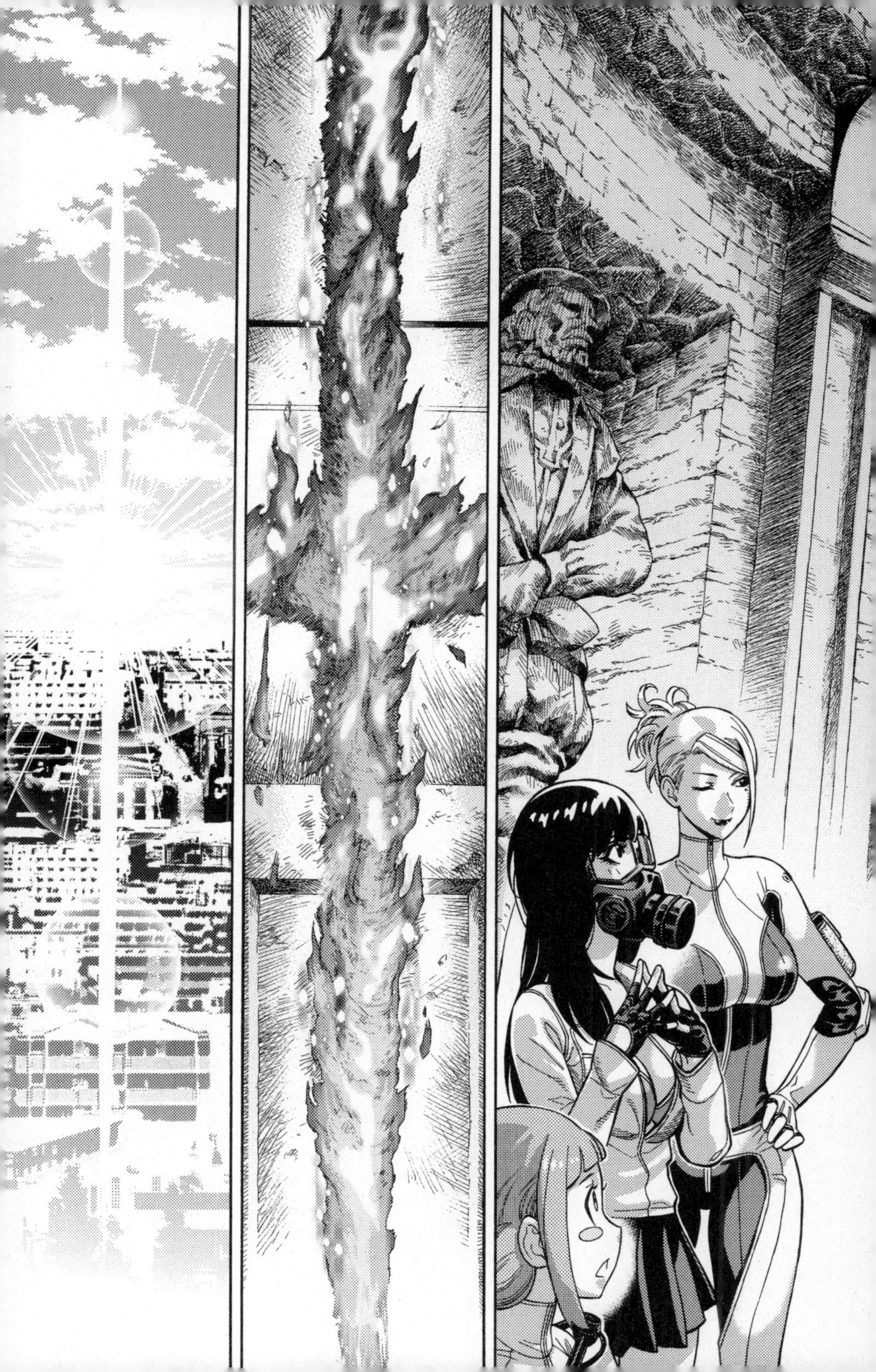

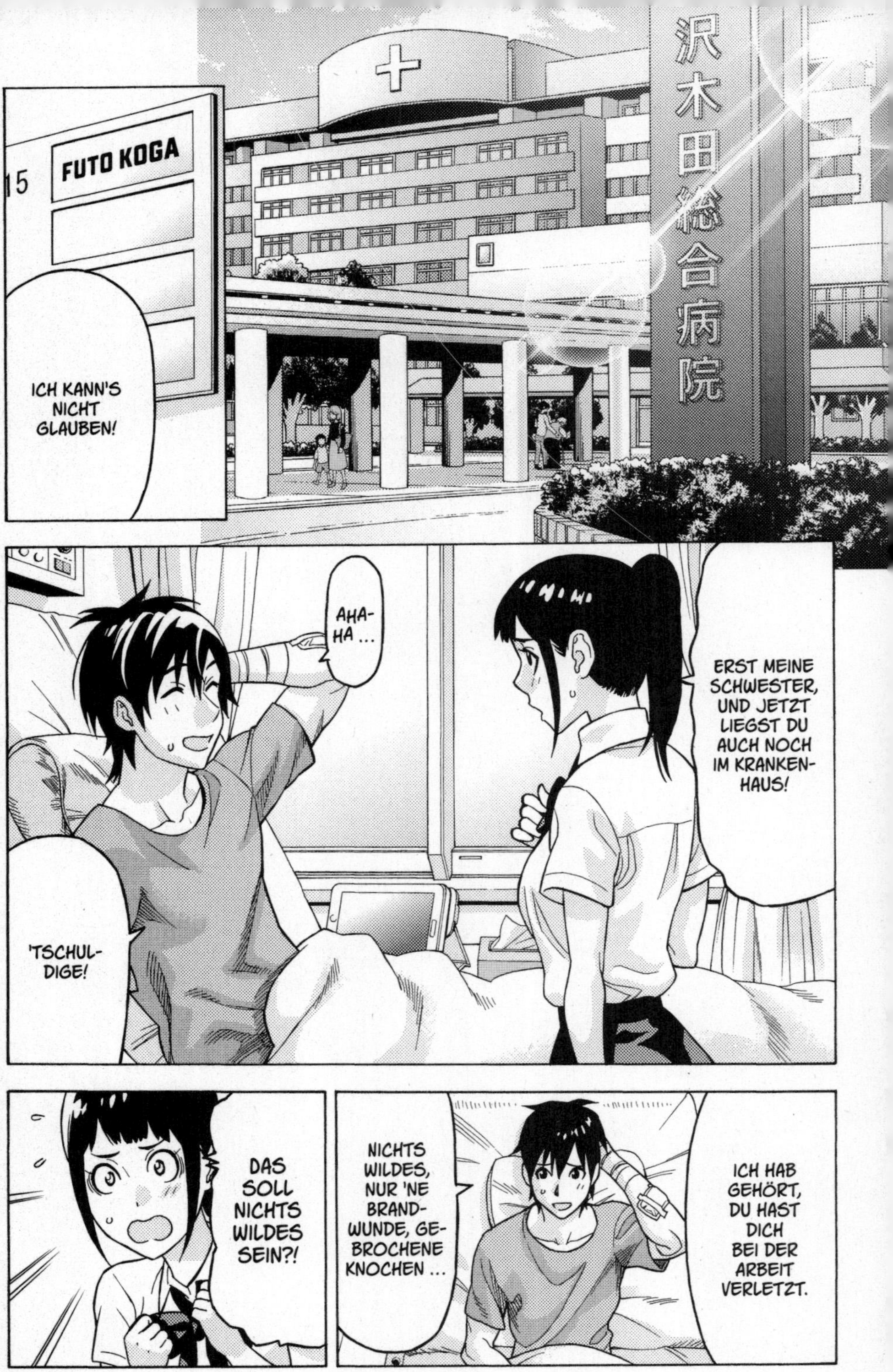
沢木田総合病院
15
FUTO KOGA
ICH KANN'S NICHT GLAUBEN!
ERST MEINE SCHWESTER, UND JETZT LIEGST DU AUCH NOCH IM KRANKENHAUS!
AHA-HA ...
'TSCHULDIGE!
ICH HAB GEHÖRT, DU HAST DICH BEI DER ARBEIT VERLETZT.
NICHTS WILDES, NUR 'NE BRANDWUNDE, GEBROCHENE KNOCHEN ...
DAS SOLL NICHTS WILDES SEIN?!

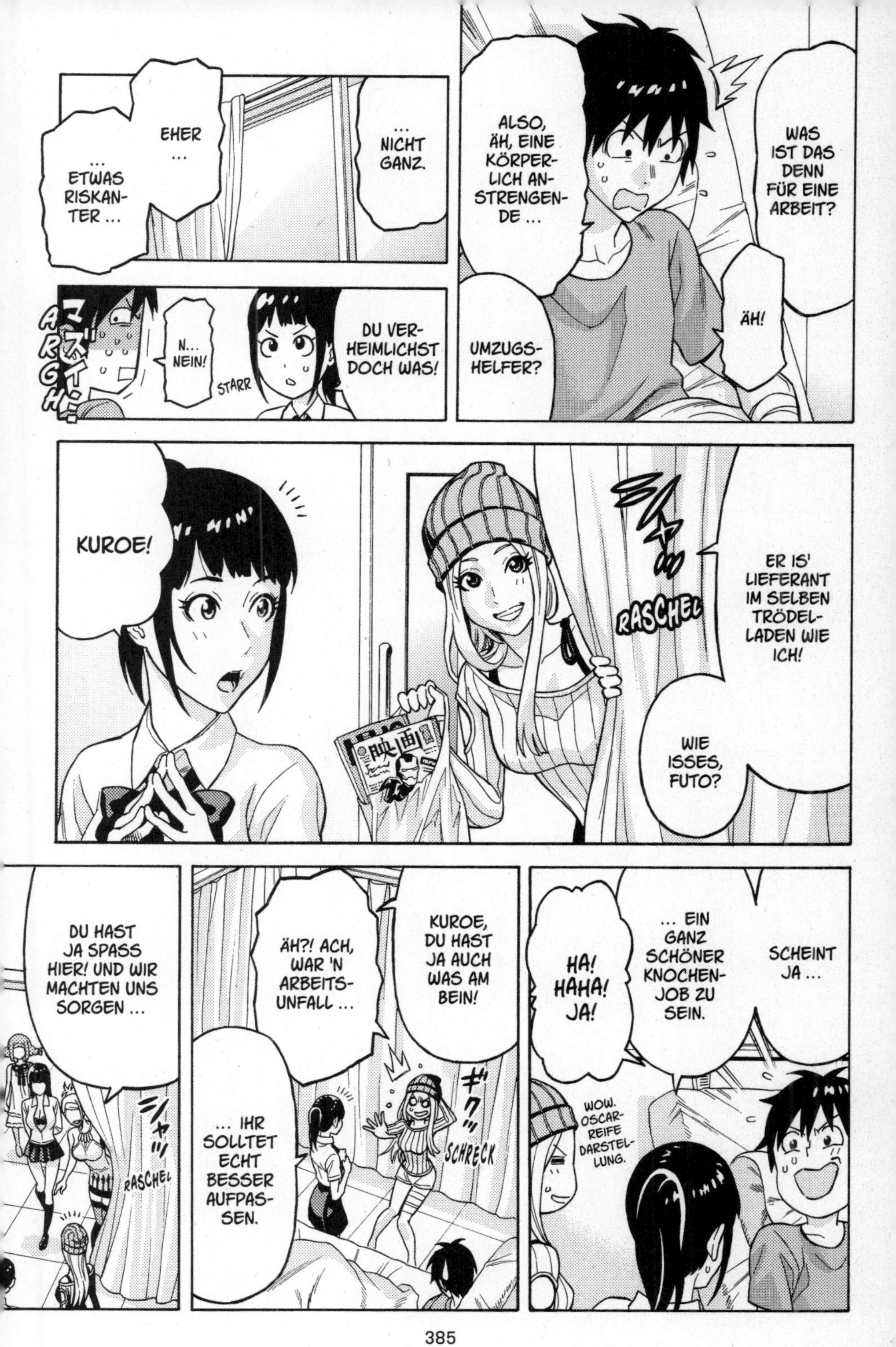
WAS IST DAS DENN FÜR EINE ARBEIT?
ALSO, ÄH, EINE KÖRPERLICH ANSTRENGENDE …
ÄH!
UMZUGSHELFER?
… NICHT GANZ.
EHER …
… ETWAS RISKANTER …
DU VERHEIMLICHST DOCH WAS!
STARR
N… NEIN!
ARGH!
ER IS' LIEFERANT IM SELBEN TRÖDELLADEN WIE ICH!
RASCHEL
WIE ISSES, FUTO?
KUROE!
SCHEINT JA …
… EIN GANZ SCHÖNER KNOCHENJOB ZU SEIN.
HA! HAHA! JA!
WOW. OSCARREIFE DARSTELLUNG.
KUROE, DU HAST JA AUCH WAS AM BEIN!
ÄH?! ACH, WAR 'N ARBEITSUNFALL …
SCHRECK
… IHR SOLLTET ECHT BESSER AUFPASSEN.
DU HAST JA SPASS HIER! UND WIR MACHTEN UNS SORGEN …
RASCHEL

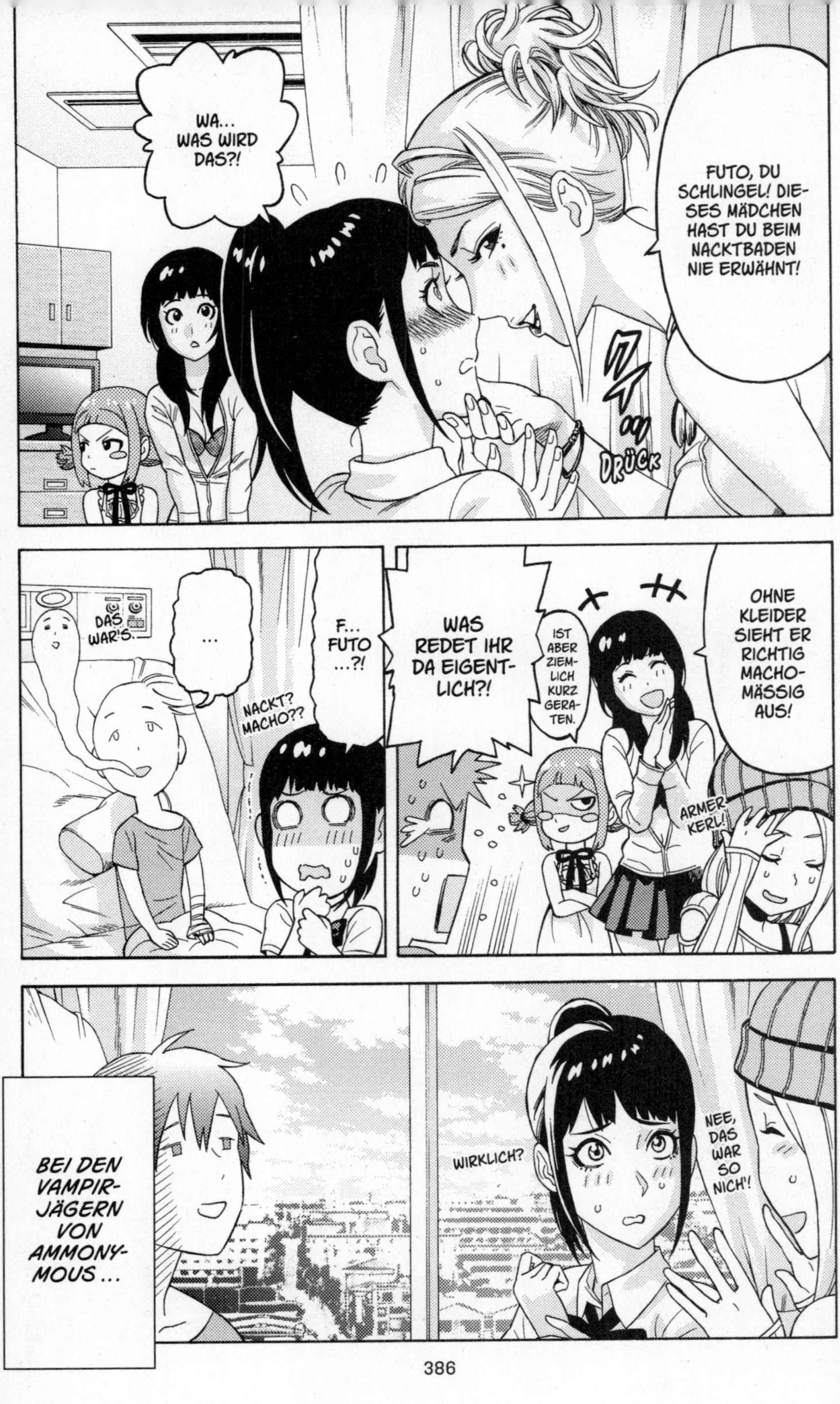
FUTO, DU SCHLINGEL! DIESES MÄDCHEN HAST DU BEIM NACKTBADEN NIE ERWÄHNT!
DRÜCK
WA... WAS WIRD DAS?!
OHNE KLEIDER SIEHT ER RICHTIG MACHO-MÄSSIG AUS!
ARMER KERL!
IST ABER ZIEMLICH KURZ GERATEN.
WAS REDET IHR DA EIGENTLICH?!
F... FUTO ...?!
NACKT? MACHO??
...
DAS WAR'S.
NEE, DAS WAR SO NICH'!
WIRKLICH?
BEI DEN VAMPIRJÄGERN VON AMMONYMOUS ...

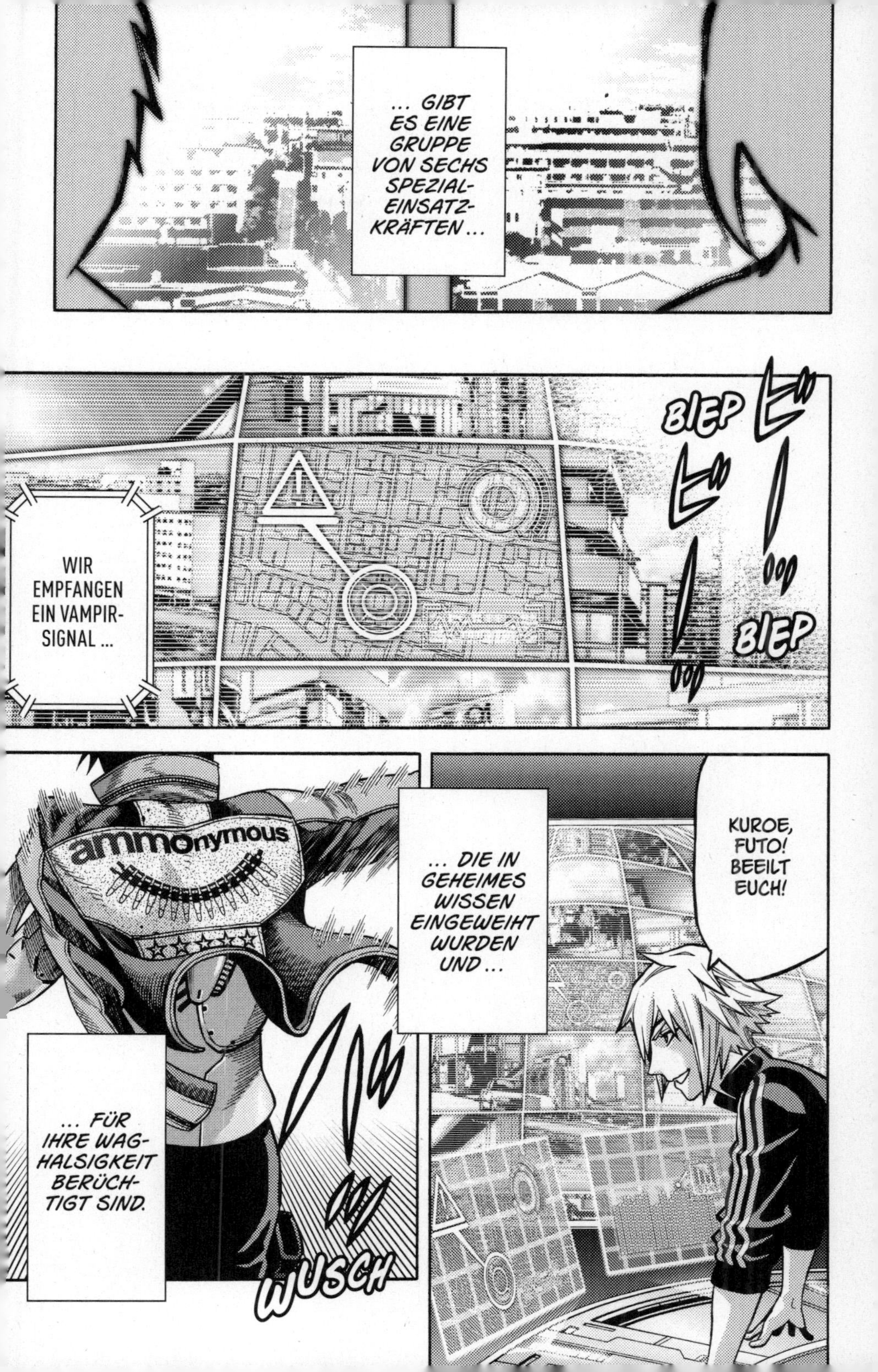
… GIBT ES EINE GRUPPE VON SECHS SPEZIAL-EINSATZ-KRÄFTEN …
BIEP
BIEP
WIR EMPFANGEN EIN VAMPIR-SIGNAL …
KUROE, FUTO! BEEILT EUCH!
… DIE IN GEHEIMES WISSEN EINGEWEIHT WURDEN UND …
ammonymous
… FÜR IHRE WAG-HALSIGKEIT BERÜCH-TIGT SIND.
WUSCH

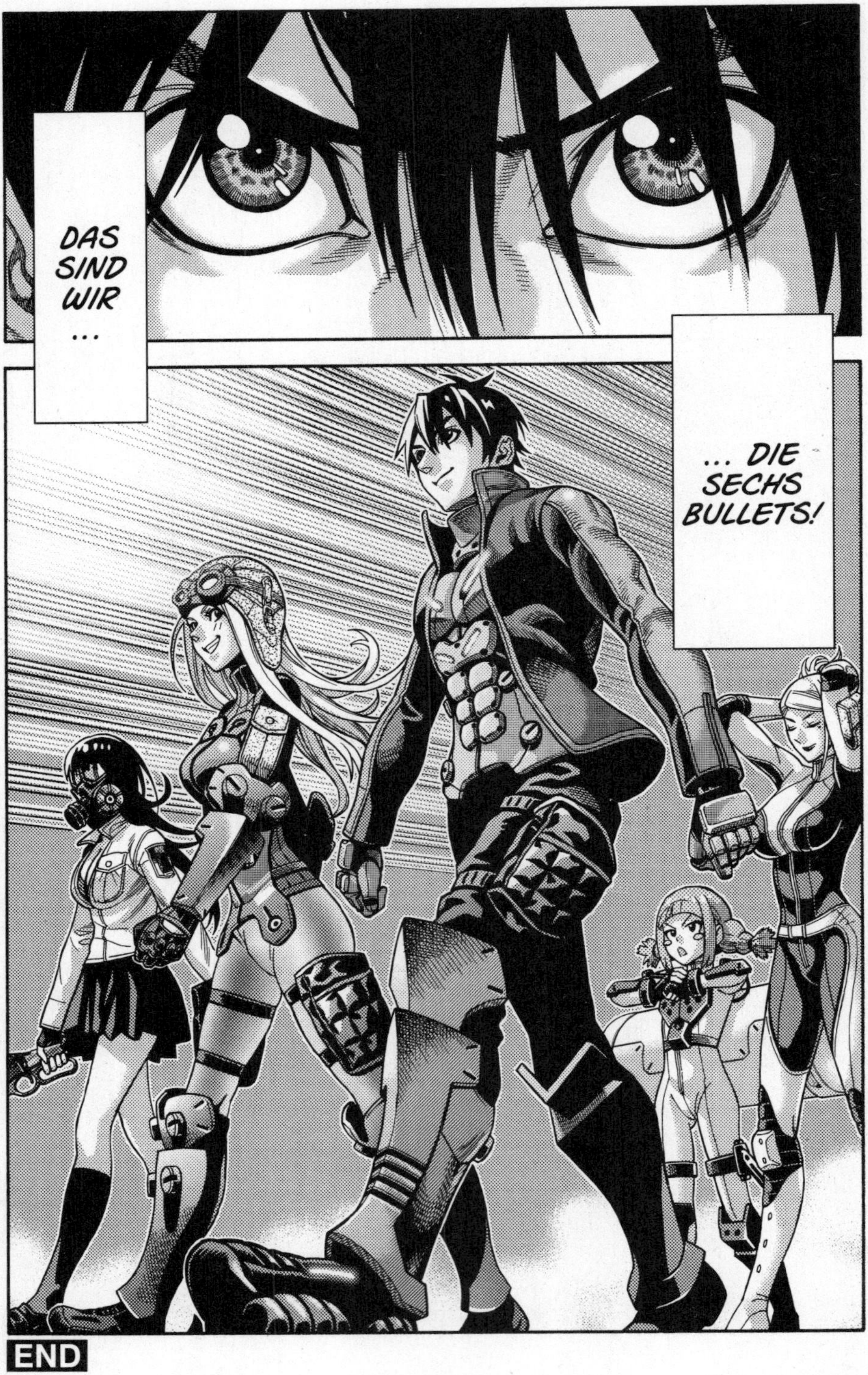
DAS SIND WIR ...
... DIE SECHS BULLETS!
END

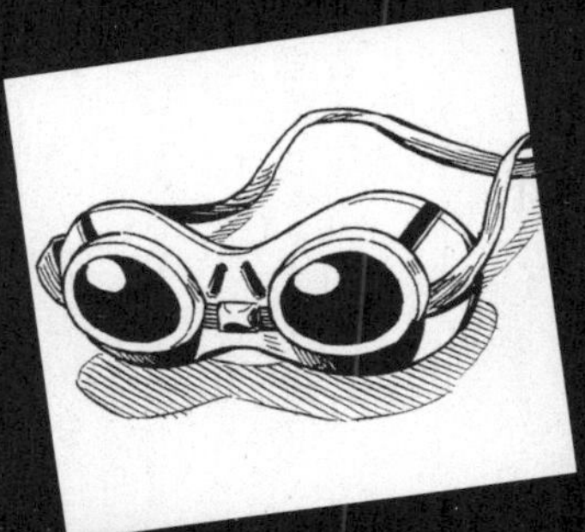

Die Zeit mit euch war kurz,
aber schön!
Danke, dass ihr dabei wart!
Bis zum nächsten Mal!

YUSUKE OSAWA

Special Thanks ★

★MAIN STAFF

- Nishiyama
- Konoshima
- Fukuzumi

★HELP STAFF

- Kitamura
- Onoda
- Narahara
- Nishio

★EDITOR

- Ozawa

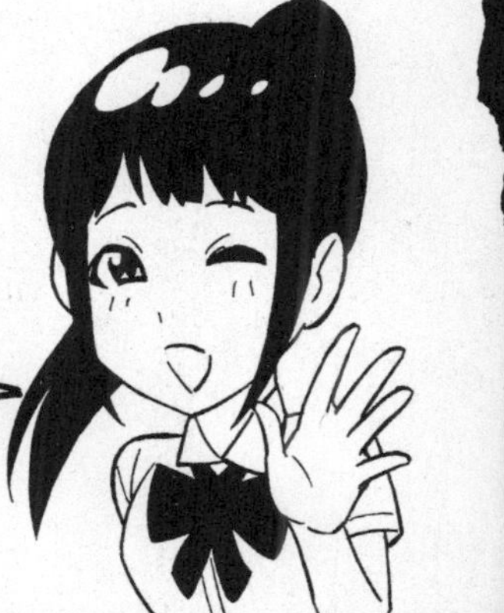

manga 漫画 cult

ammonymous

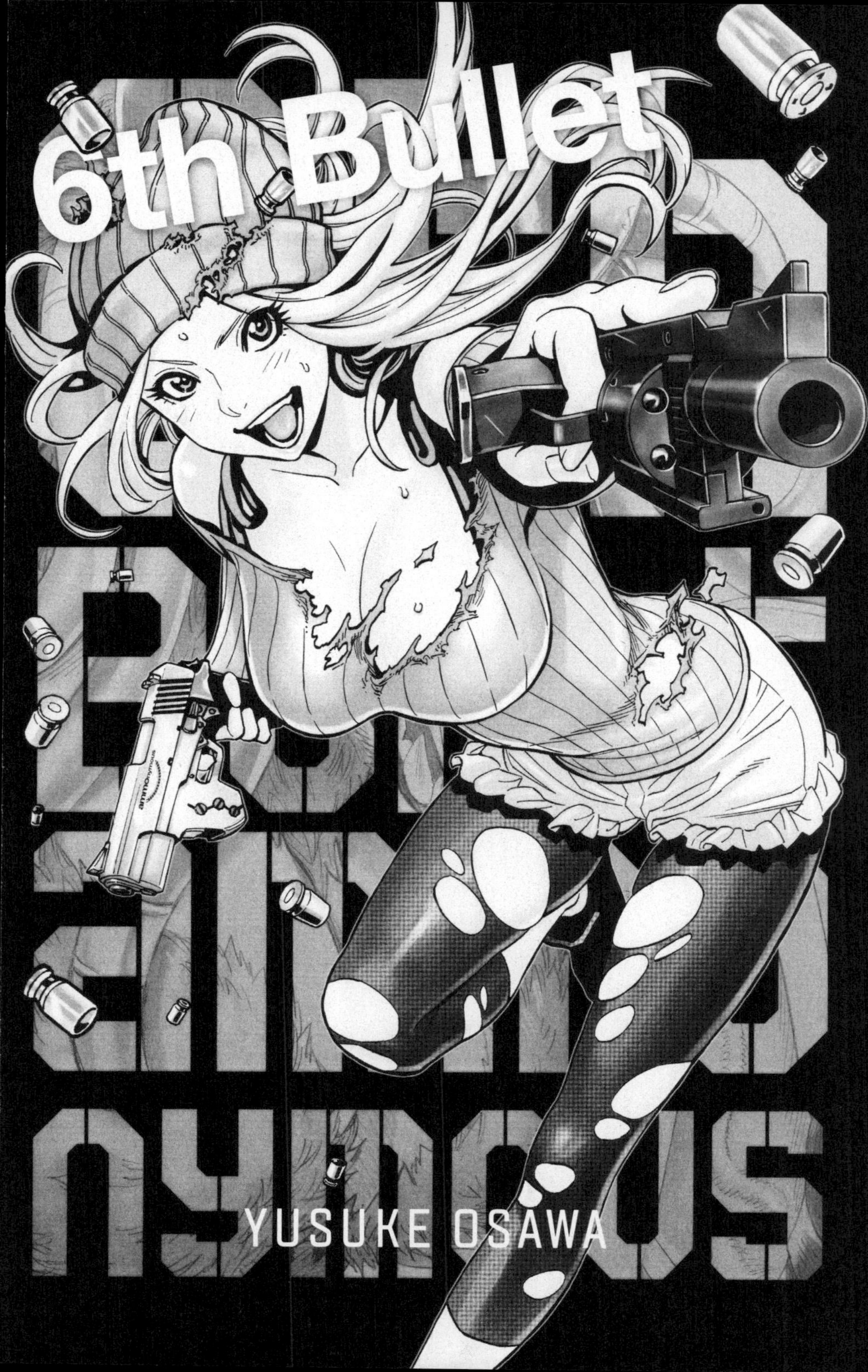
6th Bullet
YUSUKE OSAWA

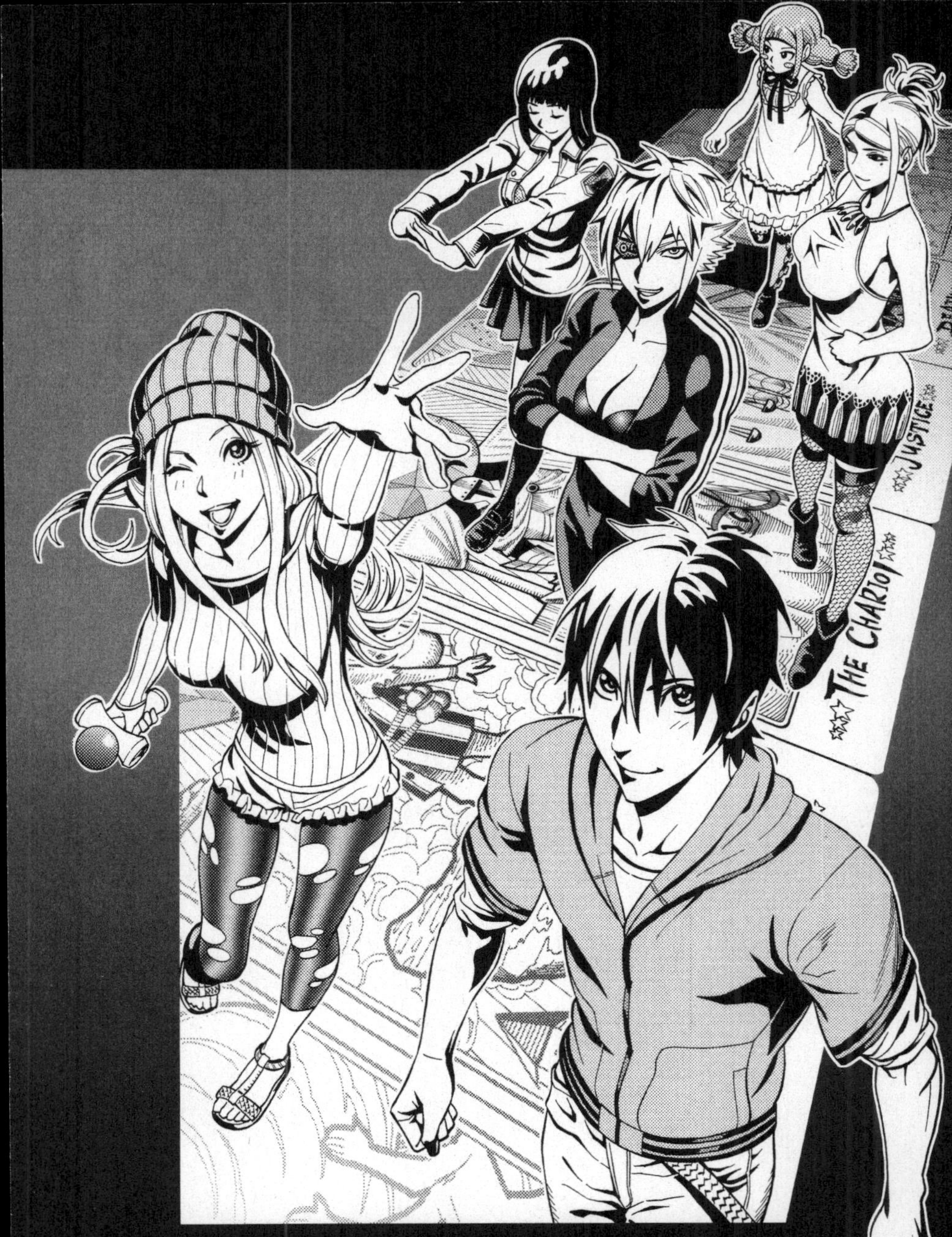

6th Bullet

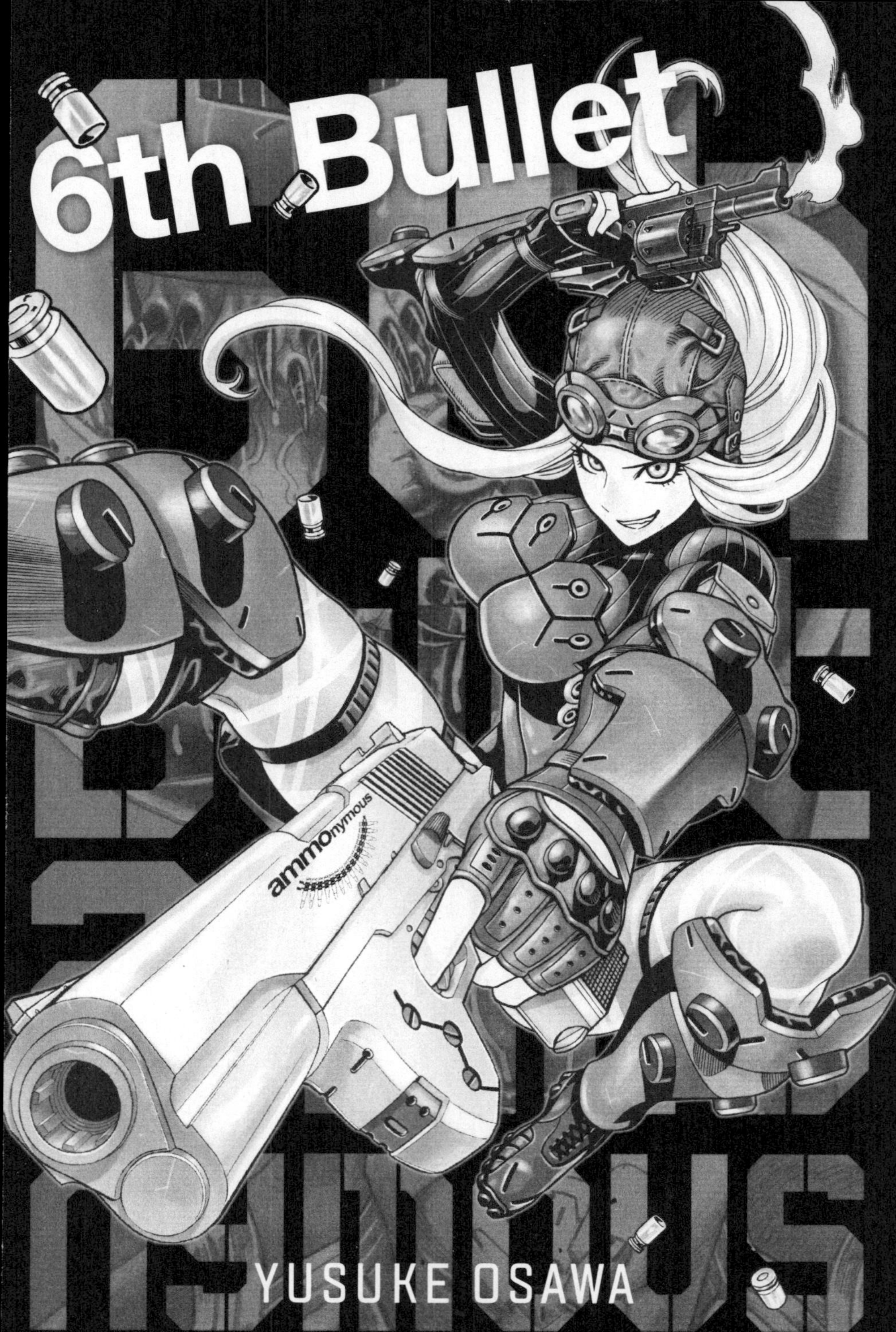
6th Bullet
ammonymous
YUSUKE OSAWA

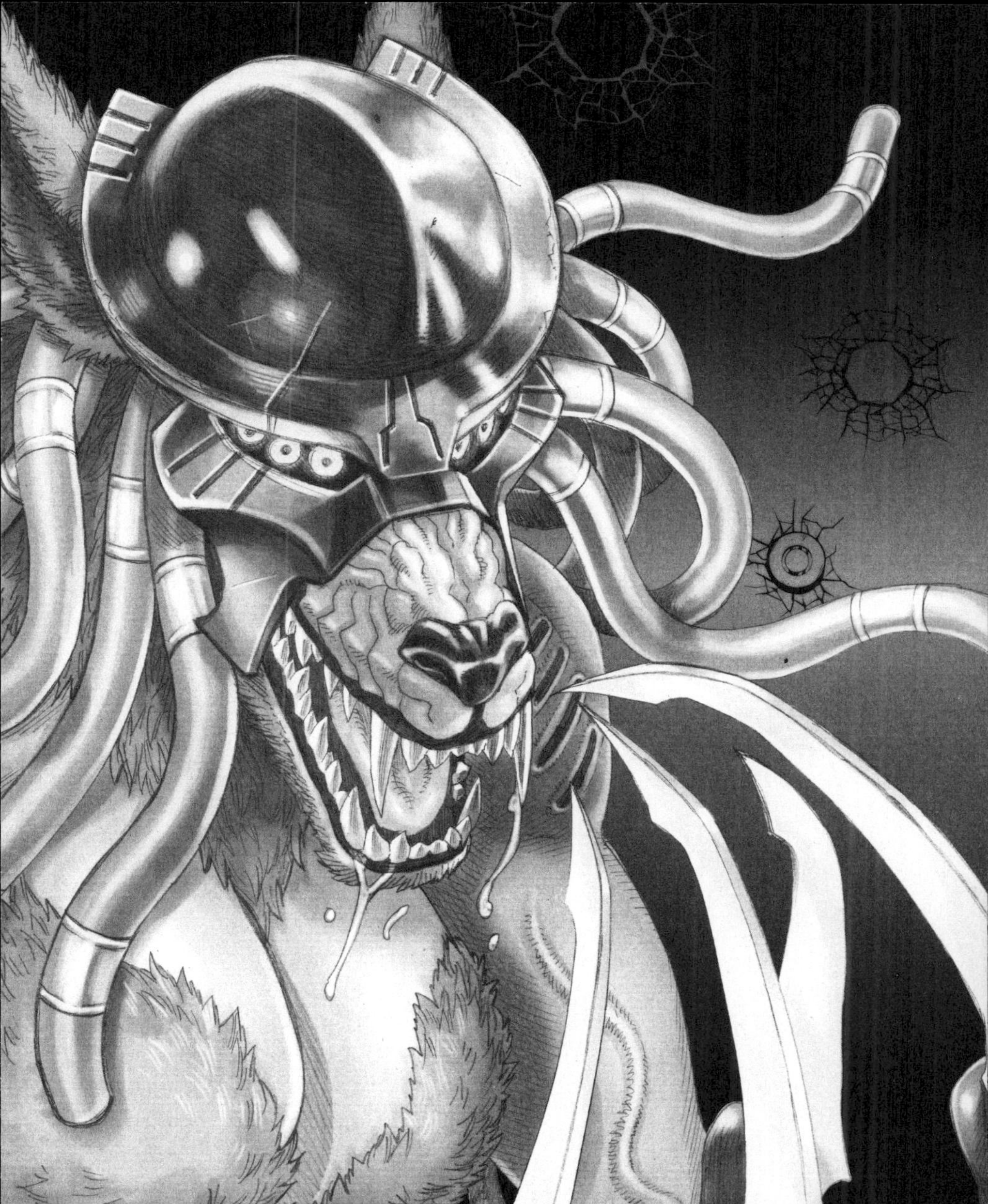

6th Bullet

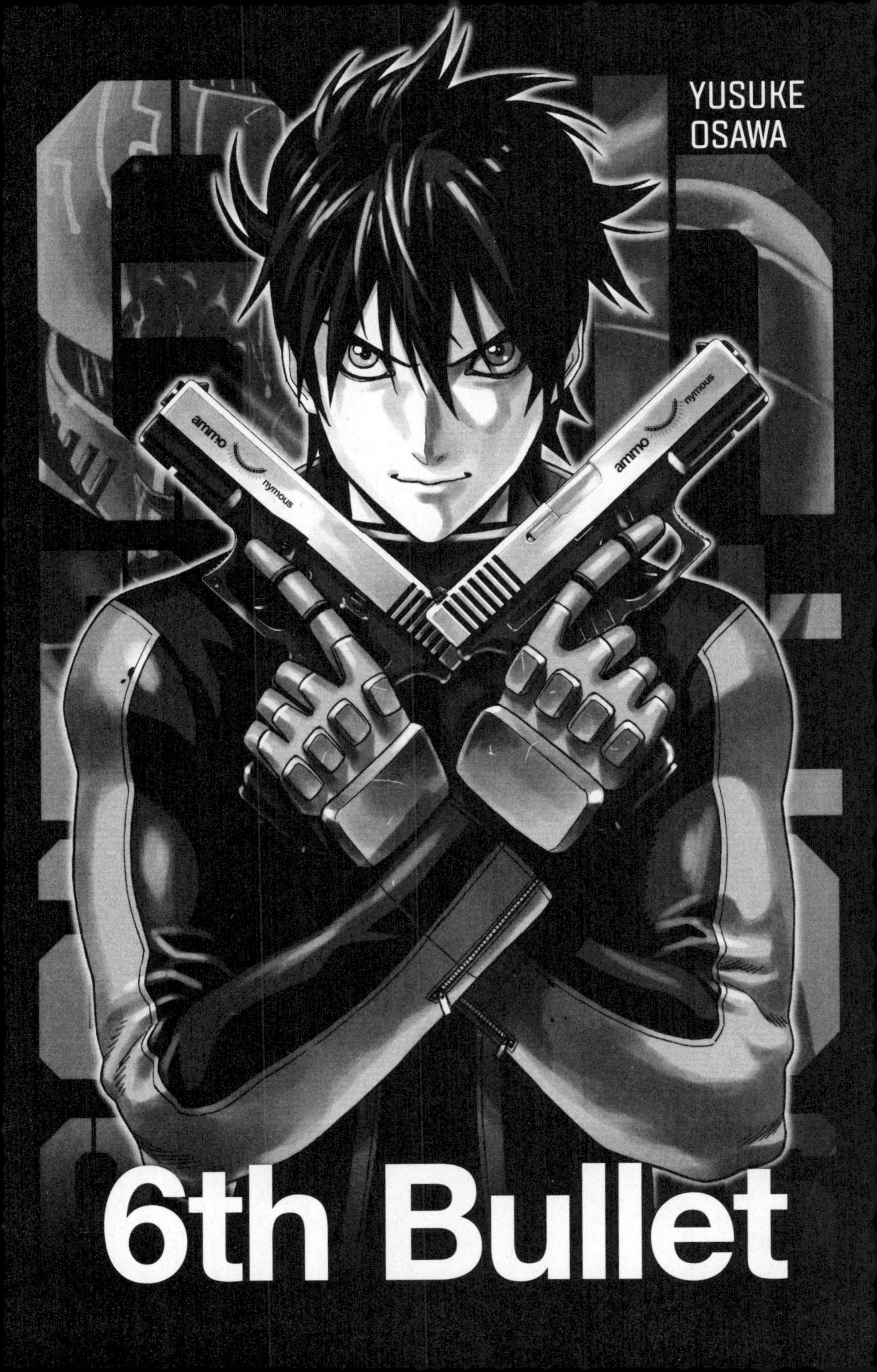
YUSUKE
OSAWA
ammo
nymous
ammo
nymous
6th Bullet

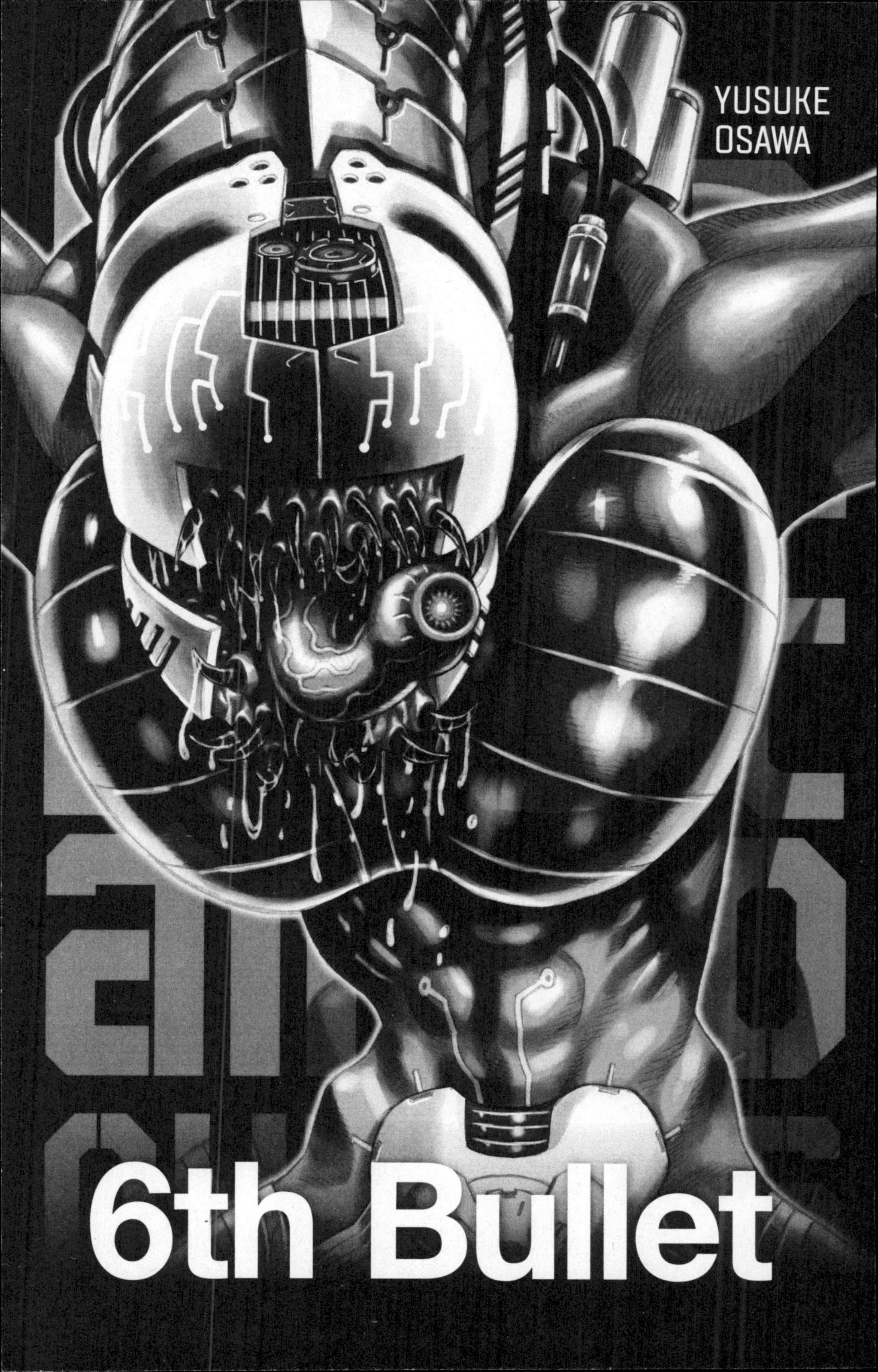
YUSUKE
OSAWA
6th Bullet

ammOnymous

Kuroe

Waffendesign

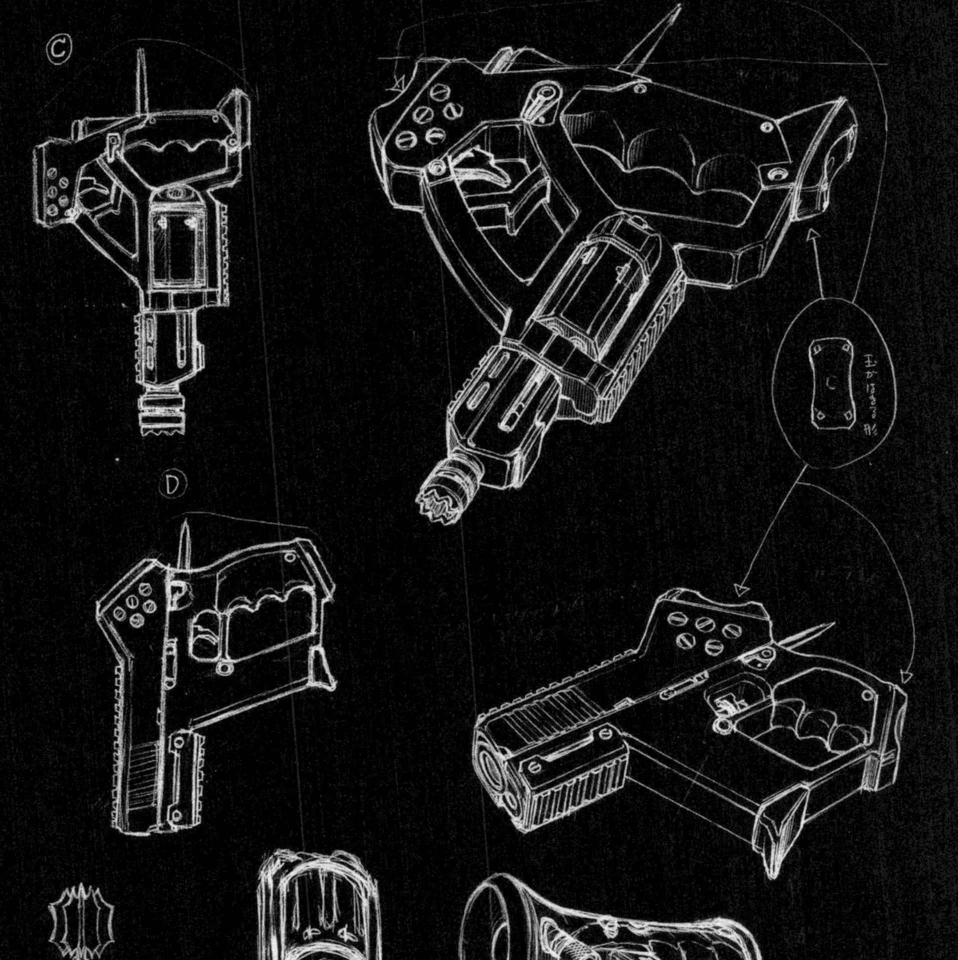

6th Bullet

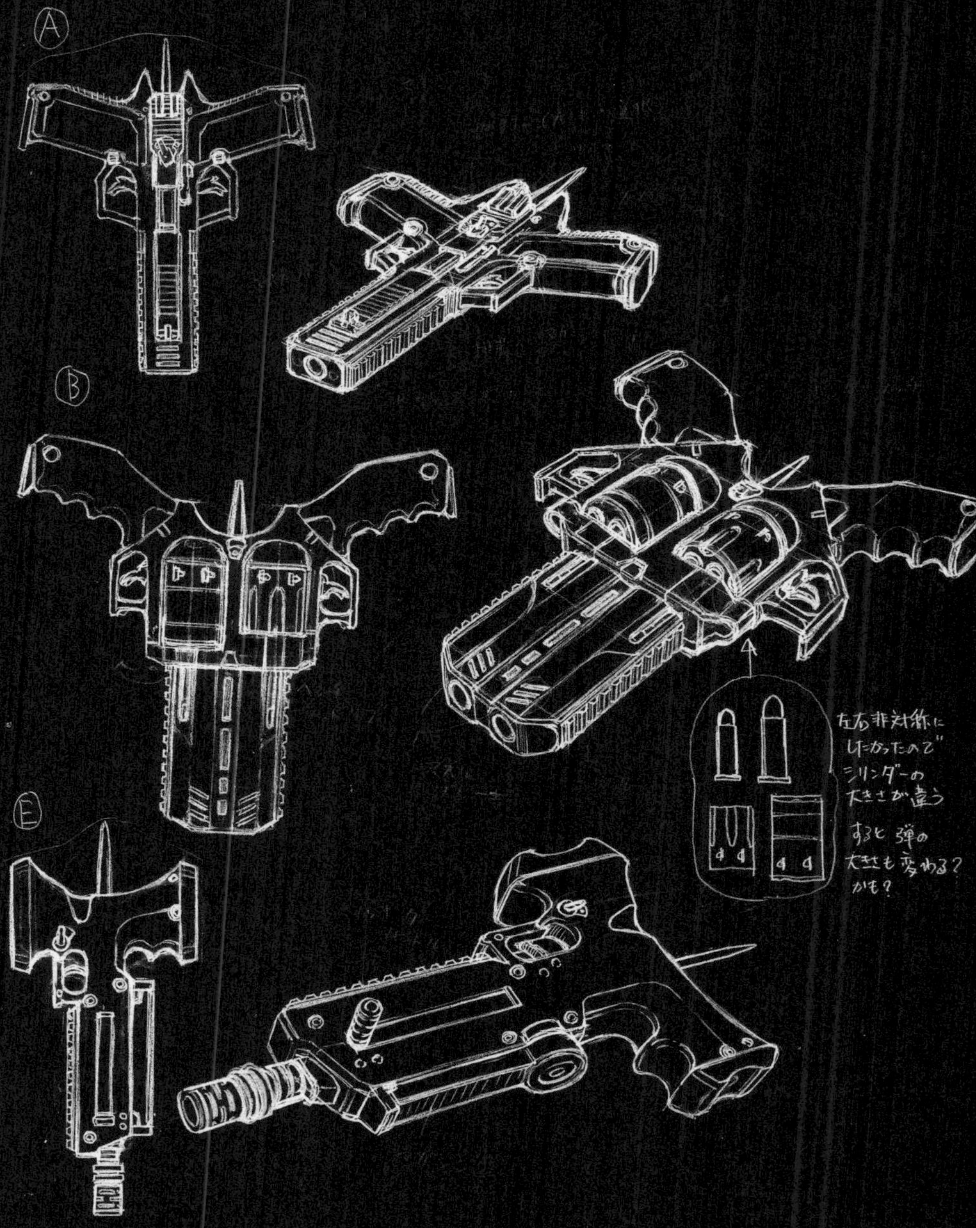

6th Bullet

ammOnymous

STOPP! DIES IST DIE LETZTE SEITE!

6TH BULLET ist ein Manga, und einen japanischen Comic liest man von hinten nach vorne. Auch die Lesereihenfolge der Bilder und Sprechblasen auf den Seiten ist anders als gewohnt: von rechts oben nach links unten.

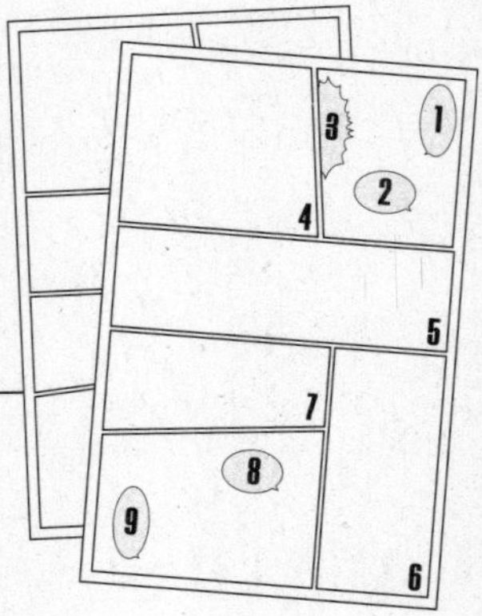

6TH BULLET

von
Yusuke Osawa

1. Auflage, 2018
Deutsche Ausgabe/German Edition

Aus dem Japanischen von Janine Wetherell

Programmleitung: Michael Schuster
Redaktion: Lea Heidenreich
Lektorat: Christof Bango
Layout und Lettering: Amigo Grafik GbR
Druck: GGP Media GmbH

Print-ISBN: 978-3-96433-088-8

www.manga-cult.de | Dezember 2018